CLASSIQUES EN POCHE

*Collection
dirigée
par
Hélène Monsacré*

LUCIEN

COMÉDIES HUMAINES

Introduction générale et notes
par
Anne-Marie Ozanam

Timon ou le Misanthrope
Texte établi par
Jacques Bompaire

Timon ou le Misanthrope, Contre l'inculte,
Le Parasite, Philopseudès, Sur les hôtes à gages
Lexiphanès, Dialogues des hétaïres
Textes traduits, introduits et annotés
par
Anne-Marie Ozanam

LES BELLES LETTRES

2010

Le texte de Timon
est repris du volume correspondant
dans la Collection des Universités de France (C.U.F.),
toujours disponible avec apparat critique et scientifique.
(Lucien, Œuvres, t. III)

© *2010, Société d'édition Les Belles Lettres,*
95 bd Raspail 75006 Paris.
www.lesbelleslettres.com

ISBN : 978-2-251-80015-8

INTRODUCTION

par Anne-Marie Ozanam*

Pour Jacques Menaut,
qui a relu ces traductions
avec son acribie coutumière,
χάρις ἀντὶ χάριτος.

Confidences autobiographiques ou fictions littéraires ?

« Il était un tout jeune homme, encore barbare de langage, et pour un peu, il portait un caftan à la mode assyrienne quand je l'ai rencontré errant encore en Ionie[1]. »

C'est en ces termes que Rhétorique évoque Syros (le Syrien) dans la *Double accusation*. Il n'est pas difficile de voir dans ce personnage anonyme, dont l'identité se réduit à son origine, un double de Lucien lui-même. Celui-ci est en effet né à Samosate, petite cité de Commagène, vers 120 après Jésus-Christ, et la langue « barbare » qu'il parlait était sans doute l'araméen. Il devait être d'origine modeste, si l'on en croit *Le Songe ou la carrière de Loukianos,* texte qui se donne pour autobiographique :

---

* Professeur de première supérieure au lycée Henri-IV de Paris.
1. *La Double accusation ou les tribunaux*, 30.

« Notre situation était modeste et réclamait que je sub-vienne rapidement à mes besoins[2]. » Il fut mis en apprentissage chez un oncle sculpteur parce qu'on avait cru déceler en lui des talents pour attraper la ressemblance :

« Mon père déclara : "Il a pour cet art d'heureuses dispositions naturelles." Il jugeait ainsi d'après de petites figures que je faisais avec de la cire. En effet, quand je revenais de l'école, je grattais la cire des tablettes et j'en façonnais des bœufs, des chevaux, et, par Zeus ! même des hommes, très ressemblants d'après mon père. Cela m'avait jadis valu d'être battu par mes maîtres[3]. »

Ce talent pour attraper la ressemblance annonçait-il le talent du futur écrivain pour camper des personnages ? Ou n'était-il qu'un souvenir des passe-temps du jeune Pheidippidès dans les *Nuées*[4] ? La présence dans le *Songe* de nombreuses réminiscences littéraires amène à s'interroger sur la véracité de notre auteur. Ne sacrifie-t-il pas la réalité au désir de faire un beau texte[5] ?

Si l'on choisit de croire le récit de Lucien, le malheureux apprenti cassa une plaque de marbre dès le premier jour : il fut battu, et retourna en pleurs à la maison. Après avoir vu, dans un songe encore très littéraire, où l'on retrouve le souvenir de l'apologue de Prodicos[6], Sculpture et Paideia (Culture) l'inviter chacune à le suivre, il choisit Paideia qui lui promettait de parer son esprit et de faire de ce « pauvre fils d'un inconnu[7] » un homme en vue.

Il étudia donc l'éloquence, peut-être à Antioche, où

---

2. *Le Songe ou la carrière de Loukianos*, 1.

3. *Ibid.*, 2.

4. ARISTOPHANE, *Nuées,* 878 sq.

5. Voir J. BOMPAIRE, *Lucien écrivain, imitation et création,* Paris, 1968, rééd. 2000, p. 531.

6. XÉNOPHON, *Mémorables,* 2, 1, 21-24.

7. *Le Songe ou la carrière de Loukianos*, 11.

l'on peut imaginer qu'il se consacra au métier d'avocat[8].
Puis il fit des tournées de déclamation en Grèce, en Ionie, en Italie, et même en Gaule, comme le raconte son
« épouse », Rhétorique :

« Comme il avait décidé de voyager pour montrer qu'il
avait fait un beau mariage, à cette occasion non plus, il ne
me laissa pas derrière lui : je le suivis partout et circulai par
monts et par vaux ; je fis sa célébrité et sa gloire en le pa-
rant et en soignant sa mise. Ses voyages en Grèce et en Ionie n'avaient rien d'excessif, mais lorsqu'il voulut passer
en Italie, je traversai la mer Ionienne avec lui, et pour finir,
je l'accompagnai jusqu'en Gaule, où je fis sa fortune[9]. »

Cependant, comme le souligne J. Bompaire, il est
difficile de connaître ces déplacements avec précision :
« Nous avons des échos de ses voyages […] encore qu'il
soit impossible de reconstituer leur succession […]. Le
bilan est maigre et on se demandera si tous les petits
faits qui semblent en constituer la part la plus solide sont
exempts d'élaboration livresque[10]. »

Vers l'âge de quarante ans, il se fixa à Athènes.
C'est de cette époque que date ce qu'on a pu appeler la
« conversion » de Lucien : son renoncement à la rhétorique pour se consacrer à la philosophie.

« Dès que j'eus pris conscience de tous les tracas qui
sont nécessairement le lot des orateurs, fourberies, cla-
meurs, bousculades et mille autres, je m'enfuis loin de
tout cela, comme il était naturel. Je m'élançai vers tes
bienfaits, Philosophie[11]. »

---

8. Selon la *Souda*. Voir J. Bompaire, édition des *Œuvres complètes*
dans la C.U.F., t. 1, p. XIII.

9. *La Double accusation ou les tribunaux*, 27.

10. J. Bompaire, *op. cit.*, p. 531.

11. *Les Ressuscités ou le pêcheur*, 29.

Cette conversion aurait été provoquée par sa rencontre à Rome avec le philosophe Nigrinos dont il reçut les paroles

« d'une âme attentive et ouverte et dès cet instant, je n'étais même plus en état de comprendre ce qui m'arrivait [...]. Comme emporté sur la mer, en pleine nuit, j'ai les yeux fixés sur lui comme sur un fanal ; je pense que cet homme assiste à tous mes actes et toujours, je l'entends pour ainsi dire me tenir le même langage[12] ».

Cependant, si conversion il y a – et ne s'agit-il pas encore une fois d'un motif littéraire ? – elle ne réside pas dans l'adhésion à une quelconque école, mais bien davantage dans le choix des philosophes comme objet d'étude et de satire. « Il se mit à observer les milieux intellectuels et à en dénoncer les vanités et les comédies : les rhéteurs et surtout les philosophes devinrent alors le sujet favori de sa plume railleuse[13]. »

Vers la même époque, il fit un séjour en Orient : il fréquenta l'empereur Lucius Vérus et la favorite de celui-ci, Panthéia, à laquelle il consacra *Les Portraits* et *Défense des portraits*[14]. Sa fin nous est mal connue : entre 171 et 175, il occupa un poste administratif en Égypte, puis regagna Athènes, avant de reprendre ses conférences itinérantes. On situe sa mort sous Commode, peu après 180. Selon la *Souda,* il aurait été déchiré par des chiens, mais peut-être sommes-nous en présence d'une métaphore mal comprise : l'histoire pourrait venir d'une confusion avec

---

12. *Nigrinos*, 4-5.

13. O. ZINK, *Lucien, Philosophes à vendre, suivis de le Pêcheur ou les ressuscités*, traduction, présentation et notes, Paris, 1996, p. 16.

14. Dans les années 163-164, ils séjournèrent à Antioche à l'occasion de la guerre Parthique.

les cyniques, auxquels on donnait ce surnom de Chiens[15] ;
Lucien les a souvent égratignés dans ses œuvres et ils
auraient pu le « déchirer » en paroles.

Nul sans doute n'a autant parlé de lui-même que Lucien. De nombreuses pièces sont écrites à la première
personne et il a multiplié dans son œuvre les doubles et
les porte-parole. Outre Syros et Loukianos, on rencontre
Lycinos, qui n'altère son nom que de deux lettres, Tychiadès (le fils de la Fortune), Parrhésiadès (l'enfant de la
Franchise). Cependant, l'auteur lui-même nous échappe.
Au moment précis où l'on croit qu'il se dévoile, on reconnaît une citation, une référence livresque. Ces ornements visent à enrichir et à embellir son écriture, selon
l'esthétique d'une époque qui met l'imitation des beaux
modèles – la *mimésis* – au-dessus de tout. Mais ce sont
aussi des masques derrière lesquels l'auteur se dissimule.
Les différents « je » qu'il met en scène sont autant de
personnages[16].

En effet, il ne faut jamais sous-estimer le rôle du mensonge littéraire, c'est-à-dire de la fiction, dans la création
de celui qui a écrit, sous le titre provocateur d'*Histoires
vraies,* une suite d'aventures plus invraisemblables les
unes que les autres. Le narrateur y joue en virtuose avec
le mensonge, puisqu'il se présente à la fois comme un
menteur qui dira la vérité au moins sur un point, en disant
qu'il ment[17], tout en déclarant un peu plus loin qu'il n'a

---

15. En raison d'une fausse étymologie, rattachant leur nom au radical
du mot chien *(cyn-).* Voir note 44, p. 330.

16. Voir S. SAÏD, « Le "je" de Lucien », dans *L'Invention de
l'autobiographie d'Hésiode à saint Augustin, Actes du deuxième colloque
de l'équipe de recherche sur l'hellénisme post-classique*, Paris, 1993,
p. 211-251, et T. WHITMARSH, *The Second Sophistic*, Oxford, 2005, p.
82-83.

17. *Histoires vraies* A, 4.

aucun mensonge sur la conscience[18]. Dans le même esprit, le Tychiadès du *Philopseudès* éprouve une vertueuse horreur devant les mensonges des philosophes, ce qui ne l'empêche pas de les raconter avec une jubilation évidente, étant à la fois l'incrédule et l'ami du mensonge.

L'héritage de la comédie

Dans *Charon ou les observateurs*, Lucien imagine que, guidé par Hermès, Charon, le batelier des Enfers, abandonnant provisoirement sa barque, vient observer « les hommes en personne, ce qu'ils font, ce qu'ils disent[19] » et qu'il rit en constatant la vanité de leurs activités. C'est à un divertissement du même genre que nous convie Lucien.

Les personnages qu'il nous présente sont nombreux : philosophes, parasites, flatteurs, avares, superstitieux, fanfarons, menteurs, nouveaux riches, hétaïres, misanthrope… Ce sont pour la plupart des « types » que la comédie grecque, et surtout la *Néa*, a abondamment mis en scène. L'influence des auteurs comiques, et plus particulièrement celle de Ménandre, est essentielle dans le *Timon* : l'intrigue est celle d'une pièce de théâtre, avec un dénouement en forme de farce, et on a pu comparer par bien des traits le personnage éponyme au Cnémon du *Dyscolos* de Ménandre[20]. Quant aux *Dialogues des hétaïres*, ils font intervenir, outre les hétaïres elles-mêmes qui jouent un rôle si important dans les intrigues de la comédie Moyenne ou Nouvelle, toute une galerie de figures

---

18. *Histoires vraies* B, 31.
19. *Charon ou les observateurs,* 6.
20. Voir *infra*, p. 5-6.

comiques : paysans, soldats fanfarons, adolescents[21]…

Les Anciens considéraient que Ménandre était, avec Homère, l'écrivain qui avait atteint à la plus profonde vérité sur l'humanité. Rappelons notamment la célèbre formule, attribuée au grammairien Aristophane de Byzance : « Ô Ménandre, et toi, Vie, lequel de vous deux a imité l'autre[22] ? » Les pièces de Ménandre et de la comédie nouvelle, par le biais des adaptations romaines, et surtout grâce aux différents genres littéraires (poésie élégiaque, roman) qui en sont issus, ont joué un rôle capital dans la littérature. Mais elles ont été englouties, pour la plupart, dans le naufrage qui nous a privés de tant de textes antiques : avant quelques découvertes récentes, nous ne possédions de Ménandre que des fragments bien minces. Or, il est vraisemblable que des phrases, voire des passages entiers de Lucien sont repris à des pièces comiques qui ne nous sont pas parvenues.

La parenté est si visible que Th. Kock, remarquant que certains passages, où Lucien est très proche d'Alciphron, autre imitateur et admirateur de Ménandre[23], contiennent des traces de trimètres ïambiques, en a déduit que leur source était un extrait de comédie réécrit par les deux auteurs. Faisant alors le travail inverse, modifiant la place de certains mots, en supprimant ou en ajoutant d'autres, il a recomposé ce qui selon lui serait le texte original de pièces perdues[24]. Aucune de ces reconstitutions

---

21. Voir *infra* p. 395-397.

22. Sur la popularité de Ménandre, voir de nombreux témoignages grecs et latins dans A. KÖRTE, *Menandri quae supersunt,* Leipzig, 1959 (2ᵉ éd.).

23. ALCIPHRON, *Lettres de pêcheurs, de paysans, de parasites et d'hétaïres,* Paris, 1999.

24. Th. KOCK, « Neue Bruchstücke attischer Komiker », *Hermes,* 21, 1886, p. 373-410; *Comicorum atticorum fragmenta,* t. III, Leipzig,

n'a jusqu'ici été confirmée par la découverte de papyrus, et cette méthode a suscité beaucoup de réserves. Les critiques rappellent notamment que le rythme ïambique est très proche du rythme naturel de la prose grecque et qu'on ne peut conclure grand-chose de la présence de trimètres ïambiques dans un texte[25].

Cependant, s'il est aventureux de se fonder sur les textes de Lucien pour retrouver les textes de Ménandre, son œuvre, et plus particulièrement le *Timon* et les *Dialogues des hétaïres,* a le mérite de nous conserver un écho, si assourdi soit-il, de ces pièces perdues qui donnaient à voir, sur la scène d'un théâtre, quelques aspects de la comédie humaine.

Richesse de la *mimésis*

Outre ces emprunts à la comédie, on trouve dans l'œuvre de Lucien d'innombrables autres références, directes ou paraphrasées, aux « grands » textes grecs des Vᵉ et IVᵉ siècles avant J.-C. Son panthéon littéraire comprend les orateurs attiques, les tragiques (surtout Euripide), Aristophane, Hérodote, Thucydide, Platon, Xénophon… Homère y occupe la première place.

Il partage cette vénération avec toute son époque. Le IIᵉ siècle est un siècle philhellène, tourné vers une Grèce antique fortement idéalisée. Les Antonins éprouvent pour elle une profonde admiration : Hadrien (117-138)

1888, p. 674-679 ; « Lucian und die Komödie », *Rheinisches Museum für Philologie,* 43, 1888, p. 35-44.

25. Ph.-E. LEGRAND, « Les dialogues des courtisanes comparés avec la comédie », *Revue des Études Grecques*, 20, 1907, p. 176-231 et 21, 1908, p. 39-79.

en est l'exemple le plus éclatant, mais après lui et comme lui, Antonin le Pieux (138-161) et Marc Aurèle (161-181) mettent Athènes à l'honneur. Ces empereurs embellissent la ville, en souvenir de la petite cité des Ve et IVe siècles av. J.-C. Ils « dotent la Grèce et Rome de chaires qui font rayonner rhétorique et philosophie grecques, et s'entourent de Grecs, pensent, écrivent eux-mêmes en grec[26] ».

Ce renouveau spectaculaire est fortement lié au mouvement culturel qu'on a appelé la « seconde sophistique », et dont la naissance, l'apogée et la disparition correspondent exactement aux dates de Lucien. Bien qu'ils se disent novateurs, voire révolutionnaires, les orateurs de la seconde sophistique sont profondément attachés au passé et au patrimoine littéraire de la Grèce[27] ; ils se caractérisent par « un retour aussi consciencieux et complet que possible à la langue des Ve et IVe siècle[28] ».

Plus qu'à tout autre époque, les auteurs comme le public goûtent les références savantes, et notamment les citations, qui sont considérées comme les parures obligées du discours. Elles sont particulièrement fréquentes dans l'œuvre de Lucien. Peut-être les multiplie-t-il parce qu'il souffre de ce qu'on a pu appeler un « complexe de métèque[29] » pour se créer une légitimité en affirmant ainsi son appartenance à la culture grecque.

À cette fonction ornementale s'ajoute un rôle d'autorité. Une citation a valeur d'argument irréfutable : si Homère a dit telle ou telle chose, c'est que c'est vrai. Elle fonde ainsi une démonstration : dans le *Parasite*, Simon

---

26. J. BOMPAIRE, *op. cit.*, p. 103.

27. *Ibid.*, p. 100-103.

28. B.P. REARDON, *Courants littéraires grecs des IIe et IIIe siècles après J.-C.*, Paris, 1971, p. 81. Voir aussi T. WHITMARSH, *op. cit.*, p. 41 sq.

29. J. BOMPAIRE, *op. cit.*, p. 150.

en fait grand usage pour faire l'éloge de son mode de vie. Elle sert aussi à accuser : l'auteur semble lancer à la figure de l'inculte des extraits d'Hésiode, le Thersite d'Homère, et deux vers d'Euripide pour flétrir ses mauvaises mœurs[30].

La familiarité de Lucien avec les œuvres classiques va jusqu'à lui inspirer des parodies et des pastiches. Le *Parasite* reprend la structure, le jeu des questions-réponses, et même certaines formules du dialogue platonicien. Le héros éponyme du *Lexiphanès* se flatte d'avoir composé un « anti-banquet ». Le *Timon* débute par une suite d'épithètes homériques de Zeus, dont l'accumulation devient comique. Les personnages n'hésitent pas à forcer le sens des citations d'Homère[31], les interprétations tendancieuses faisant partie du plaisir de lettré que Lucien nous propose.

Lucien avait-il lu tous les auteurs auxquels il se réfère, ou n'en avait-il qu'une connaissance superficielle, empruntée à des recueils scolaires, comme on l'a parfois pensé[32] ? La question importe peu finalement, tant il se les approprie avec virtuosité, à une époque qui, plus que tout autre, fait de la *mimésis* la condition première de la création littéraire.

---

30. *Contre l'inculte*, 3, 7, 28.
31. Voir *Parasite,* 44-47.
32. Voir G. ANDERSON, « Lucian's Classics: some shortcuts to culture », *BICS* 23, 1959, p. 59-68, et « Patterns in Lucian's Quotations », *BICS* 25, 1978, p. 97-100.

Le jeu social

Dans l'*Hermotimos*, le dialogue de Lucien sans doute le plus ambitieux, en ce qui concerne du moins la réflexion sur la philosophie[33], Lycinos affirme qu'il est vain de consacrer sa vie à des spéculations abstraites, car cette quête, vouée à l'échec, fait perdre un temps précieux. Celui-ci doit être consacré à l'action :

« Je veux que tu te lèves, que tu accomplisses les tâches nécessaires […]. Tu n'as pas encore compris, je crois, que la vertu réside dans l'action, c'est-à-dire dans la pratique de la justice, de la sagesse et du courage[34]. »

Et dans l'Icaroménippe le principal reproche que Zeus adresse aux philosophes, c'est de ne pas participer à la vie sociale :

« Sans faire eux-mêmes aucun travail public ou privés, ces êtres inutiles et superflus […] ne se privent pas d'accuser autrui. […]. Si l'on interrogeait cet homme qui se démène, crie et accuse les autres : "Eh toi ? que fais-tu donc ? En quoi, au nom des dieux peut-on dire que tu apportes ta contribution à la vie sociale ?", il répondrait, s'il voulait respecter la justice et la vérité : "Naviguer, labourer, servir comme soldat ou exercer un métier, c'est inutile et mauvais. Moi je crie, je suis sale, je me trempe dans l'eau froide, et je porte un manteau crasseux […]. Si un de mes amis ou de mes camarades est alité et malade, s'il a besoin d'assistance et de soins, je ne le connais plus"[35]. »

On voit donc l'importance du lien social pour Lucien. C'est en fonction de ce critère que sont présentés tous

---

33. J. BOMPAIRE (p. XX de son édition des *Œuvres complètes* dans la C.U.F.) a pu parler de « drame métaphysique ».

34. *Hermotimos*, 72 et 79.

35. *Icaroménippe*, 31.

les personnages qu'il met en scène. Même le parasite, qui semble n'avoir aucune activité dans la cité, démontre paradoxalement qu'il en est peut-être l'acteur le plus utile, pendant la guerre comme en temps de paix. Quant à Timon, qui ambitionne pourtant de vivre solitaire sans aucun rapport avec les hommes, il se fabrique une constitution pour lui tout seul – qu'il brûle aussitôt de faire connaître aux autres !

En moraliste, Lucien jette sur la société un regard sévère. Selon lui, les humains sont menés par la convoitise. D'où l'image insistante des poissons et de l'hameçon ou de l'appât qui clôt de façon burlesque le *Pêcheur ou les ressuscités*[36] et parcourt toute l'œuvre[37]. Cette convoitise est d'abord celle du ventre : les thèmes de la faim et de la nourriture rythment le *Parasite* et les *Hôtes à gages*[38]. C'est surtout le désir de l'or. La vue de « cette chose brillante avec des reflets jaunâtres et mêlée de rouge », que Charon juge seulement « propre à accabler ceux qui la portent[39] », inspire au brave savetier Micylle et au misanthrope Timon le même émerveillement et la même citation de Pindare[40]. L'admiration du luxe pousse les Grecs cultivés à s'avilir dans les maisons des riches Romains[41]. Quant aux hétaïres, elles se laissent séduire par des colifichets[42] et abandonnent sans pitié leurs amants ruinés[43]. Plus grave encore est le désir de la « vaine gloire ». C'est avant tout pour se faire admirer que Pérégrinos se jette dans le feu

---

36. *Le Pêcheur ou les ressuscités*, 47-52.
37. *Timon* 22 ; *Hôtes à gages*, 3 et 24.
38. *Parasite*, 13 ; *Hôtes à gages*, 15, 26.
39. *Charon ou les observateurs*, 11.
40. *Le Rêve ou le Coq*, 7 ; *Timon* 39 ; PINDARE, *Première Olympique*, 2-4.
41. *Hôtes à gages*, 7, 15-18.
42. *Dialogues des hétaïres*, 6, 1.
43. *Dialogue des hétaïres*, 14.

et Lucien n'est pas avare de mots haineux à son propos[44].
Dans le même esprit, il ridiculise la vanité de Lexiphanès,
et stigmatise avec une grande violence le désir de paraître
de l'inculte qui a toujours un livre à la main, mais ne le lit
jamais. Quant au Romain qui veut être vu en compagnie
d'un intellectuel grec sans s'intéresser le moins du monde
à son enseignement, et inversement au Grec qui pense que
l'admiration dont le Romain est entouré rejaillira sur lui,
il les trouve aussi méprisables l'un que l'autre. En fait, il
n'y a pas un seul de ses personnages qui soit exempt de
convoitise, sous une forme ou sous une autre.

Or le jeu des convoitises individuelles entraîne la per-
version de tout l'ordre social. Lucien se plaît à flétrir les
nouveaux riches[45], et surtout les Romains, entourés d'un
cortège de flatteurs, de clients et d'esclaves qui se jalousent et se méprisent entre eux. C'est un monde cruel où
triomphe la vulgarité[46]. Des parvenus soumettent un savant à la barbe longue et aux cheveux blancs à un examen
comme s'il allait encore à l'école[47], ou forcent un grand
orateur à déclamer durant une beuverie[48]. Les matrones
écoutent des leçons de philosophie en se faisant coiffer ou maquiller, et les interrompent pour écrire à leurs
amants[49] ; l'une d'elles contraint un vieux philosophe à
s'occuper de sa petite chienne qui va mettre bas[50]. Les
esclaves eux-même se plaisent à infliger aux intellectuels
d'innombrables vexations[51]. Les livres précieux sont aux

---

44. *Sur la mort de Pérégrinos.*
45. *Timon*, 22.
46. *Contre l'inculte*, 3 ; *Hôtes à gages*, 19-21.
47. *Hôtes à gages,* 12.
48. *Ibid.,* 35.
49. *Ibid.,* 36.
50. *Ibid.,* 34.
51. *Ibid.,* 10, 14, 15, 26, 28, 37.

mains de gens qui ne savent pas les lire et s'en servent pour essayer d'entrer dans les bonnes grâces de l'empereur[52], tandis que l'homme cultivé doit accepter les pires humiliations et renoncer à sa liberté[53].

Le moraliste s'applique donc à révéler ce que dissimulent les apparences et les beaux décors. D'où l'importance de l'image du masque[54] ou du livre dont la couverture somptueuse cache « de tragiques horreurs [55] ». Les masques arrachés, apparaît la vérité pitoyable et révoltante. Tout le monde est coupable : celui qui inflige les vexations comme celui qui, par cupidité et par veulerie, accepte de les subir[56].

La fin des *Hôtes à gages* est extrêmement noire : c'est sur un tableau de déchéance et de mort que s'achève le texte, qui est en cela beaucoup plus tragique que comique. C'est pourquoi on a pu penser que Lucien y exprimait une opposition violente à l'Empire romain[57]. Cependant les critiques qu'il formule rejoignent les grands thèmes de la satire et de la diatribe cynico-stoïcienne ; de plus, l'œuvre de Lucien se caractérise par son aspect éminemment livresque et la part très réduite qu'y joue l'actualité[58]. Ce serait donc forcer le trait que de voir dans les *Hôtes à gages* un texte politiquement engagé, même s'il eut un grand retentissement, à en croire l'*Apologie*[59].

52. *Contre l'inculte*, 22.

53. *Hôtes à gages*, 22-23.

54. *Timon*, 27-28.

55. *Hôtes à gages*, 41.

56. *Ibid.*, 4.

57. S. SWAIN, *Hellenism and Empire : Language, Classicism and Power in the Greek World a.d. 50-250,* Oxford, 1996.

58. M. CASTER, *Lucien et la pensée religieuse de son temps*, Paris, 1937, p. 255-260 ; J. BOMPAIRE, *op. cit.*, p. 471-538 ; B.P. REARDON, *op. cit.*, p. 177-180.

59. *Apologie*, 3.

Du reste, ce n'est pas seulement le monde romain que Lucien peint sous des couleurs très sombres. Sa critique s'étend à tout le jeu social. Après avoir observé les humains, Charon reprend, en la rendant beaucoup plus grinçante, la comparaison traditionnelle de la cité avec une ruche :

« Je vois leurs activités variées, leur vie pleine de trouble, leurs cités pareilles à des ruches où chacun a son propre aiguillon et pique son voisin, où même quelques rares individus, comme des guêpes, rançonnent les plus faibles[60]. »

Il poursuit en soulignant la vanité des luttes humaines :

« Je veux te dire, Hermès, à quoi on peut comparer selon moi les hommes et toute leur existence. Tu as déjà observé les bulles qui montent dans l'eau sous l'effet d'une source qui jaillit. Je parle des bulles dont l'ensemble forme l'écume. Parmi elles, certaines, petites, crèvent et disparaissent aussitôt. Certaines résistent plus longtemps, et quand les autres les rejoignent, elles gonflent démesurément et grandissent pour former une énorme masse. Mais ensuite, elles finissent de toutes façons par crever elles aussi : il ne peut en être autrement. Telle est l'existence des hommes. Tous sont gonflés par un souffle : certains plus gros, d'autres plus petits. Les uns ont un destin court et se gonflent pour peu de temps ; d'autres cessent d'exister au moment où ils se forment. Mais tous sont condamnés à crever. […] Et pourtant, tels qu'ils sont, tu vois comment ils se comportent et comment ils se disputent par ambition les charges, les honneurs, les possessions[61] ! »

---

60. *Charon ou les observateurs*, 15.
61. *Ibid.*, 19-20.

Les rires de Lucien[62]

Cependant, si sombre qu'il puisse être par moments, Lucien nous invite surtout à rire de l'absurdité de ces comportements. Dans *Ménippe ou la consultation des morts*, transposition burlesque de la *Nékuia* homérique, le devin Tirésias, « un petit vieillard aveugle, pâle, doté d'une voix grêle », rend à Ménippe l'oracle suivant :

« La seule chose que tu dois rechercher, en tout et pour tout, c'est comment bien user du présent : cours sans t'arrêter, ris le plus souvent et ne prends rien au sérieux[63]. »

Cette phrase pourrait définir l'écriture de Lucien : son goût pour les textes brefs qui « courent sans s'arrêter » (à l'exception des *Histoires vraies* et de l'*Hermotimos,* ses œuvres comportent rarement plus d'une trentaine de pages), et surtout pour le rire sous toutes ses formes. Il peut s'agir du comique de farce qui lui fait clore le *Timon* à grands coups de pioche et de pierre, ou le *Lexiphanès* par des vomissements et une purge. Plus fréquemment, c'est l'enjouement du conteur qui narre des fables plaisantes : c'est le cas des *Dialogues des hétaïres*, du *Parasite* et, dans une certaine mesure, du *Philopseudès*. Mais très souvent et très vite, le badinage cède le pas à un ton beaucoup plus mordant. Le narrateur du *Philopseudès* ne sourit plus quand il stigmatise les philosophes crédules dont les mensonges nourrissent la superstition : son rire est violent et agressif. Les *Hôtes à gages* présentent, nous

---

62. Nous empruntons ce titre, ainsi que l'expression « rire médecin » à une communication d'A. EISSEN, « Lucien personnage de fictions lucianesques », prononcée dans le cadre de la Journée d'étude « Lucien (de Samosate) et nous », le 17 octobre 2009, à Poitiers, bien qu'A. Eissen, en employant ces mots, se réfère moins à Lucien qu'aux auteurs occidentaux qui l'ont imité ou mis en scène.

63. *Ménippe ou la consultation des morts*, 21.

l'avons vu, une satire cinglante des vexations qu'imposent les riches Romains aux intellectuels grecs. Lucien manie même l'invective avec une grande virulence : le traité *Contre l'inculte* est d'une extrême dureté de ton ; on sent que Lucien exècre viscéralement le personnage bien réel auquel il s'adresse.

Plus profondément, le rire est pour Lucien une affaire sérieuse et l'on peut parler, à son propos, de « rire médecin ». À plusieurs reprises, on trouve des allusions à la médecine. Le médecin Antigonos semble apprécier le franc-parler de Tychiadès avant de se laisser lui-même gagner par la contagion superstitieuse[64]. Lexiphanès est purgé de ses paroles malsaines sous l'effet d'un *pharmakon* que lui administre le médecin Sopolis. Les deux interlocuteurs du *Philopseudès* comparent le mensonge à l'absorption excessive de vin doux qui rend le vomissement *(hémétos)* nécessaire[65], ou à la morsure de chiens enragés que l'on doit combattre avec un antidote puissant *(alexipharmakon)*[66]. L'inculte est considéré comme un malade[67]. Quand au narrateur des *Hôtes à gages*, il adopte vis-à-vis de son ami Timoclès l'attitude d'un conseiller qui essaie de prévenir le mal avant qu'il ne soit trop tard[68]. Le rire a donc valeur thérapeutique : le moraliste s'en sert, comme de l'hellébore, pour purger, soigner et guérir. Tychiadès n'invoque-t-il pas comme modèle de l'homme libre Démocrite d'Abdère[69], le rieur des *Vies de philosophes à vendre*[70] ?

---

64. *Philopseudès*, 8 et 21.
65. *Ibid.*, 39.
66. *Ibid.*, 40.
67. *Contre l'inculte*, 25.
68. *Hôtes à gages*, 3.
69. *Philopseudès*, 32.
70. *Vies de philosophes à vendre*, 13.

LUCIEN

COMÉDIES
HUMAINES

I. Introduction à *Timon ou le Misanthrope*

Timon a vraiment existé. Il a vécu à la fin du ve siècle, à Athènes, où il semble s'être comporté avec une insociabilité extrême. Aristophane évoque sa haine des hommes[1] et des dieux[2], tandis qu'un autre de ses contemporains, Platon le Comique, le met en scène. Sa misanthropie farouche est rapidement devenue légendaire. Antiphane, auteur appartenant à la Comédie Moyenne, a écrit un *Timon,* pièce qui ne nous est pas parvenue. À l'époque hellénistique, le personnage, à cause de son mépris des conventions sociales, est annexé à la tradition cynique : on exagère la grossièreté de son comportement, on le compare à un chien[3], et on lui prête un suicide philosophique. Ainsi vers 200 av. J.-C., Néanthe de Cyzique compose sa biographie, laquelle, semble-t-il, avait tout de l'« hagiographie cynique[4] ».

À l'époque romaine, Timon est resté célèbre. Cicéron le mentionne comme le type du misanthrope, ennemi de

---

1. *Lysistrata*, 809-820.
2. *Oiseaux*, 1547-9
3. Un chien qui peut mordre Cerbère lui-même (*Anthologie palatine*, VII, 319 : épigramme alexandrine citée par J. Bompaire, *op. cit.*, p. 169).
4. J. Bompaire, *op. cit.*, p. 170.

tout le genre humain[5] et Pline l'Ancien l'inclut dans un catalogue de Sages[6]. Plutarque consacre un long développement à sa sauvagerie dans la *Vie d'Antoine* : « Il avait été maltraité et payé d'ingratitude par ses amis et pour cette raison, il se défiait des hommes et leur en voulait à tous[7]. » Il raconte notamment que son tombeau était à l'image du personnage :

« Après sa mort, il fut enterré à Halaï, près de la mer ; le promontoire s'éboula et le flot entoura son tombeau, le rendant inaccessible et impossible à approcher. Il portait l'inscription suivante :

Depuis que j'ai brisé ma vie infortunée
Je gis ici. Mon nom vous ne le saurez pas.
Périssez, ô méchants, d'une méchante mort !

On dit qu'il avait composé cette épitaphe lui-même, de son vivant. Il y en a une autre qui circule et qui est l'œuvre de Callimaque :

Timon le misanthrope habite ici. Va-t'en !
Maudis-moi si tu veux pourvu que tu t'en ailles[8] ! »

Quant à Pausanias, il raconte qu'on lui a montré à Athènes « la tour de Timon, le seul homme qui ne vit d'autre moyen d'être heureux que de fuir la société de ses semblables[9] ».

Timon parvient donc à Lucien par tout un jeu de filtres littéraires qui ont élaboré sa figure. Ce Timon « revu par l'école[10] » est un cynique, assez proche de la figure

5. *Tusculanes*, IV, XI, 25 : *in hominum uniuersum genus* ; voir aussi le *De amicitia*, 87.
6. *Histoires naturelles*, VII, 19.
7. *Vie d'Antoine*, LXIX, 7.
8. *Vie d'Antoine*, LXX, 6-8. L'épitaphe attribuée à Callimaque serait, selon l'*Anthologie palatine*, due à Hégésippos.
9. I, 30, 4.
10. J. Bompaire, *op. cit.*, p. 171.

de Ménippe, qui a tant inspiré Lucien, un « chien » – et ce
n'est pas un hasard si Lucien, dans ses *Histoires vraies,* lui
assigne, à l'entrée de l'île des supplices, un rôle symétri-
que à celui de Cerbère, le chien qui garde les Enfers : « Il
y avait un seul accès, étroit, à travers tous les obstacles :
le portier qui le gardait était Timon d'Athènes. Cependant nous pûmes passer[11]. » Dans notre pièce, il élève en
modèle l'ἀνανθρωπία : il entend mener une vie « solitaire
comme celle des loups », dans l' « insociabilité, l'indifférence et le mépris à l'égard de tous », ce qui est tout à fait
typique de la morale cynique.

Indépendamment du cynisme, Timon est un caractère, un « type » psychologique, dans la tradition d'Aristote et de Théophraste – lequel a peint dans ses *Caractères* l'αὐθάδης[12] et le κακολόγος[13]. C'est le grincheux
(δύσκολος), le solitaire (μονότροπος), le misanthrope
(μισάνθρωπος[14]). Et par bien des points, il se rapproche
du mélancolique[15].

Or, comme on le sait, cette figure a connu un grand succès dans la comédie. Outre les pièces consacrées à Timon,
dont celle de Lucien conserve sans doute, au moins indi-
rectement, le souvenir, le type du Monotropos existe dès la
comédie ancienne puisqu'une pièce de Phrynicos, jouée la
même année que les *Oiseaux* d'Aristophane, était consacrée
à un solitaire, « vivant comme Timon, sans femme, sans
esclave, irascible, asocial, ennemi du rire et de la conversation[16] ». La pièce sans doute la plus célèbre consacrée à

---

11. *Histoires vraies,* II, 31.
12. *Caractères* 15.
13. *Caractères* 28 ; voir aussi 18 et 29.
14. Le mot est employé dans le sous-titre et au chapitre 44.
15. L'allusion à la mélancolie est explicite au chapitre 34.
16. Fragment 18, cité par G. Lacaze, *op. cit.,* p. 55.

ce sujet est le *Dyscolos* de Ménandre, qui a bien des points communs avec notre texte (ne serait-ce que la peau de bête (διφθέρα), la pioche (δίκελλα) et l'autel de Pan, près duquel se déroule l'action. Que Lucien ait connu directement ou non la pièce de Ménandre est discuté, mais la parenté de fond est indiscutable, et Timon ressemble beaucoup au Cnémon de Ménandre.

Comme le soulignent tous les commentateurs, notamment J. Bompaire dans son édition de la C.U.F. et G. Lacaze[17], plus que toute autre œuvre de Lucien, le *Timon*, même s'il est écrit en prose et ne comporte pas de chœur, mérite d'être qualifié de comédie. Par sa structure d'abord : après un prologue en Attique (les plaintes de Timon), un premier épisode se déroule sur l'Olympe (deux dialogues : entre Zeus et Hermès, puis entre Zeus et Ploutos) ; l'action se déplace ensuite dans l'air (dialogue entre Hermès et Ploutos), pour s'achever dans l'Attique. Là, après une brève rencontre avec Pénia, trois scènes se succèdent, articulées autour de la découverte de Trésor qui provoque le retournement de l'action : dialogue entre Hermès, Ploutos et Timon ; découverte de Trésor et résolutions de Timon ; arrivée puis déroute de quatre solliciteurs. Le dernier mouvement est le plus proche de la Comédie Ancienne : on peut penser à la fin des *Oiseaux*, où divers quémandeurs viennent solliciter leur admission à Coucouville-lès-Nuées et sont pareillement éconduits. Le dénouement, avec les coups de bêche et les jets de pierre, a tout de la farce : Timon se débarrasse rudement des importuns comme le Strepsiade des *Nuées* chassait ses créanciers en les bombardant de toutes sortes de projectiles, malgré leurs appels aux lois de la cité (motif que l'on retrouve dans la fin du *Timon*).

---

17. G. Lacaze, *Lucien, histoires vraies et autres œuvres*, Paris, 2003, p. 51-56.

Le thème – la découverte d'un trésor – est fréquent dans la comédie. Comme le rappelle J. Bompaire, on trouve « un grand nombre de pièces des moyenne et nouvelle comédies intitulées Θησαυρός ou Ὑδρία (ce vase pouvait servir de coffre-fort). De même, la mésaventure de l'homme juste du *Ploutos*, ruiné et trahi par ses amis, présente de grandes ressemblances avec le destin du Timon de Lucien[18]. » Et G. Lacaze[19] établit un parallèle entre l'aide que Timon, abandonné des hommes, reçoit des dieux, et l'intrigue de la *Paix* d'Aristophane.

Quant aux personnages, ils appartiennent tous à la galerie comique. Timon bien sûr, nous l'avons vu, mais aussi les différents flatteurs qui se présentent après sa découverte de Trésor. Le personnage du flatteur (le κόλαξ), proche du parasite, est à lui seul un « type » de comédie, et les quatre flatteurs que la fin du *Timon* met en scène en offrent une palette très variée. Le premier, Gnathonidès, est un parasite, comme l'indiquent son nom (de la mâchoire) et les références constantes à la nourriture et à la boisson dans les quelques répliques qui lui sont consacrées. Avec Philiadès, comme le signale le nom du personnage, c'est la fausse amitié qui est stigmatisée. Déméas représente le sycophante (là encore, son nom est lié à son emploi puisqu'il s'agit de démagogie) : après avoir proposé un décret aussi ridicule que tyrannique (il est prêt à modifier la date des Grandes Dionysies, donc tout le calendrier athénien, pour complaire à Timon), il accuse celui qui l'a éconduit de crimes imaginaires et invraisemblables contre l'État (incendie de l'Acropole, percement de l'opisthodome). Enfin Thrasyclès représente la catégorie à laquelle Lucien s'en

---

18. J. Bompaire, *op. cit.*, p. 173 ; voir Aristophane, *Ploutos*, 823-849.

19. G. Lacaze, *op. cit.*, p. 52-53.

prend le plus souvent et le plus volontiers, le philosophe imposteur, qui fait l'éloge de l'ascèse, mais s'adonne en secret à tous les plaisirs : le personnage doit son nom à un stoïcien bien réel, contemporain de Lucien, mais, par bien des traits, il hérite de la typologie du mauvais philosophe telle que l'a élaborée la Comédie Nouvelle[20].

Les dieux du *Timon* appartiennent à l'Olympe de fantaisie que Lucien aime tant. Cette tradition d'une mythologie « travestie » remonte au moins à Aristophane, qui donne une image plaisante des frasques amoureuses de Zeus (le personnage de Ζεὺς μοιχός est courant dans l'Ancienne Comédie[21]) ou de son impuissance à se faire honorer comme il le mérite. Dans *Timon,* comme dans le *Ploutos* d'Aristophane[22], Zeus voit son culte négligé par les hommes ; le maître de l'Olympe est un dieu faible et timoré, qui se laisse outrager et voler ; sa mémoire est aussi infidèle que sa foudre est émoussée, et Ploutos n'a pas de mal à le tromper en ne se donnant pas la peine de rechercher ceux qu'il lui a désignés. Hermès occupe ici son emploi traditionnel de messager ailé, qui exécute les ordres de son père sans se priver de rechigner et d'ironiser.

Le traitement de Ploutos est plus complexe. Comme chez Aristophane qui en faisait un vieillard sale et loqueteux, le Ploutos de Lucien est particulièrement laid : « aveugle… ayant de plus le teint blême et la démarche lourde », et pour éveiller la convoitise, il est obligé de porter un masque séduisant. Mais souvent, plus qu'un personnage de comédie, Ploutos est une allégorie, comme le montrent les noms de ses gardes du corps : Vanité, Folie, Arrogance, Mollesse, Insolence, Tromperie et des milliers

20. M. Caster, *op. cit.* p. 15-16 ; 112 sq.
21. J. Bompaire, *op. cit.*, p. 194.
22. *Ploutos*, 1177 sq.

d'autres fléaux[23]. Et c'est en tant qu'allégorie qu'il s'oppose à Pénia[24] : celle-ci, comme lui et symétriquement à lui, possède son escorte : « Labeur, Endurance, Sagesse, Courage, et la foule de leurs semblables qui se rangent sous le commandement de Famine : ils sont bien supérieurs à tes gardes du corps[25]. »

Ce passage et les trois dialogues où Ploutos débat avec Zeus, avec Hermès et avec Ploutos, donnent lieu chaque fois à un débat dialectique – un $\dot{\alpha}\gamma\dot{\omega}\nu$ – où les grands lieux communs de la diatribe cynico-stoïcienne rejoignent la tradition de la Comédie Ancienne : opposition du prodigue et de l'avare[26] (dans l'affrontement Ploutos/Zeus) ; critique des captateurs de testaments et de la grossièreté des nouveaux riches ; caractère illusoire de la richesse (dans le dialogue Ploutos/Hermès) ; séductions du luxe et éloge de la pauvreté (dans les dialogues Ploutos/Pénia et Ploutos/Timon).

Dans ces développements, la rhétorique est particulièrement soignée. On note l'ampleur de certaines phrases (très rare chez Lucien), l'abondance des images qui souvent se répondent : femme prostituée par un libertin pour stigmatiser la prodigalité ; femme enfermée par un jaloux pour flétrir l'avarice[27] ; image complémentaire du bateau qui fait eau et du tonneau des Danaïdes[28], évocation du thon, du filet et de l'hameçon[29], ou de l'attente bruyante des petits affamés de l'hirondelle[30].

Mais ce qui domine dans toute la pièce c'est le comi-

23. § 28.
24. Également présente chez Aristophane (*Ploutos,* 415 sq.).
25. § 31.
26. Souvenir des v. 234 sq. du *Ploutos*.
27. §§ 13-17.
28. § 18.
29. § 22.
30. § 29.

que. Comique de situation, avec le double renversement qui de Timon qui était riche fait un indigent, puis un personnage extrêmement riche. Même chose pour ses voisins qui étaient ses obligés et se montrent ingrats jusqu'à la plus noire méchanceté, puis flagorneurs jusqu'aux excès les plus incroyables – le sommet étant atteint quand Déméas, non encore marié, déclare qu'il a donné le nom de Timon à un fils non encore né... Comique de gestes, bien sûr, avec les bagarres et les jets de projectiles. Comique de mots : ainsi les objurgations adressées à Zeus à l'écouter « au nom de Zeus » ou plus subtilement les deux parodies de décret proposées par Timon puis par Déméas.

L'influence de ce texte est difficile à établir pour l'antiquité. Alciphron, qui évoque rapidement Timon[31], a-t-il vécu avant ou après Lucien ? S'inspire-t-il de lui ou les deux auteurs puisent-ils à une même source ? Mais elle est très riche dans notre littérature occidentale. La pièce de Lucien, redécouverte par les humanistes dès le Quattrocento[32] a eu une abondante postérité en Italie[33]. Érasme fait de nombreux emprunts au *Timon* dans ses *Colloquia*. Quant à la pièce célèbre de Shakespeare, elle doit sans doute plus à une traduction en latin de la *Vie d'Antoine* de Plutarque qu'au texte de Lucien, puisque celui-ci n'était pas traduit en anglais. J. Bompaire[34] signale également Swift et Fielding parmi les auteurs les plus fameux qui puisent dans le *Timon* de Lucien, sans

31. Lettre II, 32.
32. Voir J. Bompaire, préface à l'édition de la C.U.F., p. 266.
33. Pièces scolaires ou universitaires à tendance morale ; pièce en cinq actes de Matteo Boiardo (vers 1490/1491) ; comédie en cinq actes de Galeotto del Caretto (1497).
34. Préface à son édition dans la C.U.F., p. 267.

compter des Français moins connus, Jacques Tahureau
du Mans, Philibert de Vienne, et Delisle.

ΤΙΜΩΝ Η ΜΙΣΑΝΘΡΩΠΟΣ

1
ΤΙΜΩΝ

Ὦ Ζεῦ φίλιε καὶ ξένιε καὶ ἑταιρεῖε καὶ ἐφέστιε καὶ ἀστεροπητὰ καὶ ὅρκιε καὶ νεφεληγερέτα καὶ ἐρίγδουπε καὶ εἴ τί σε ἄλλο οἱ ἐμβρόντητοι ποιηταὶ καλοῦσι – καὶ μάλιστα ὅταν ἀπορῶσι πρὸς τὰ μέτρα· τότε γὰρ αὐτοῖς πολυώνυμος γινόμενος ὑπερείδεις τὸ πῖπτον τοῦ μέτρου καὶ ἀναπληροῖς τὸ κεχηνὸς τοῦ ῥυθμοῦ –, ποῦ σοι νῦν ἡ ἐρισμάραγος ἀστραπὴ καὶ ἡ βαρύβρομος βροντὴ καὶ ὁ αἰθαλόεις καὶ ἀργήεις καὶ σμερδαλέος κεραυνός ; Ἅπαντα γὰρ ταῦτα λῆρος ἤδη ἀναπέφηνε καὶ καπνὸς ἀτεχνῶς ποιητικὸς ἔξω τοῦ πατάγου τῶν ὀνομάτων. Τὸ δὲ ἀοίδιμόν σοι καὶ ἐκηβόλον ὅπλον καὶ πρόχειρον οὐκ οἶδ' ὅπως τελέως ἀπέσβη καὶ ψυχρόν ἐστι, μηδὲ ὀλίγον σπινθῆρα ὀργῆς κατὰ τῶν ἀδικούντων διαφυλάττον. 2 Θᾶττον γοῦν τῶν ἐπιορκεῖν τις ἐπιχειρούντων ἕωλον θρυαλλίδα φοβηθείη ἂν ἢ τὴν τοῦ πανδαμάτορος κεραυνοῦ φλόγα· οὕτω δαλόν τινα ἐπανατείνεσθαι δοκεῖς αὐτοῖς, ὡς πῦρ μὲν ἢ καπνὸν ἀπ' αὐτοῦ μὴ δεδιέναι, μόνον δὲ τοῦτο οἴεσθαι ἀπολαύειν τοῦ τραύματος, ὅτι ἀναπλησθήσονται τῆς

---

1. Le cri de détresse et l'invocation à Zeus sont une réminiscence d'Aristophane dont trois comédies (les *Nuées*, les *Thesmophories* et *Ploutos*) s'ouvrent pareillement par ὦ Ζεῦ.

TIMON OU LE MISANTHROPE

1. TIMON : Ô Zeus[1], dieu de l'amitié, de l'hospitalité, de la camaraderie, du foyer, des éclairs, des serments, assembleur des nuées au bruit retentissant[2], ou tout autre qualificatif que te donnent les poètes frappés par le tonnerre[3], surtout quand ils ont des embarras métriques : c'est alors qu'ils te dotent de mille noms, pour soutenir la chute du vers et remplir les blancs du rythme… – où sont passés à présent ton éclair dont le fracas sème la discorde, ton tonnerre au grondement profond, ta foudre qui brûle, brille et terrifie ? Tout cela se révèle donc bavardage, fumée purement poétique, en dehors du tintamarre des mots. Ton arme tant chantée, qui porte au loin et que tu tiens toujours à la main, s'est, je ne sais comment, complètement éteinte : elle est glacée, et ne conserve pas la moindre étincelle de colère contre les méchants. 2. Ceux qui veulent se parjurer redouteraient plutôt une vieille mèche que la flamme de la foudre qui dompte l'univers, tant ils ont l'impression que tu brandis un tison dont ils ne craignent ni le feu ni la fumée ; ils imaginent que le choc aura pour seul effet de les

---

2. La plupart de ces épithètes sont homériques.

3. Lucien joue sur le mot ἐμβρόντητος qui signifie ici frappé par le tonnerre de Zeus, mais dont le sens courant est stupide ou fou.

4. Fils d'Éole, il voulut rivaliser avec la foudre et le tonnerre : il construisit un char aux roues métalliques qu'il faisait rouler sur une route d'airain, en brandissant des torches enflammées : Zeus le foudroya.

ἀσβόλου. Ὥστε ἤδη διὰ ταῦτά σοι καὶ ὁ Σαλμωνεὺς ἀντιβροντᾶν ἐτόλμα, οὐ πάντη ἀπίθανος ὤν, πρὸς οὕτω ψυχρὸν τὴν ὀργὴν Δία θερμουργὸς ἀνὴρ μεγαλαυχούμενος. Πῶς γὰρ ⟨οὐ⟩, ὅπου γε καθάπερ ὑπὸ μανδραγόρα καθεύδεις, ὃς οὔτε τῶν ἐπιορκούντων ἀκούεις οὔτε τοὺς ἀδικοῦντας ἐπισκοπεῖς, λημᾷς δὲ καὶ ἀμβλυώττεις πρὸς τὰ γινόμενα καὶ τὰ ὦτα ἐκκεκώφησαι καθάπερ οἱ παρηβηκότες ;

3

Ἐπεὶ νέος γε ἔτι καὶ ὀξύθυμος ὢν καὶ ἀκμαῖος τὴν ὀργὴν πολλὰ κατὰ τῶν ἀδίκων καὶ βιαίων ἐποίεις καὶ οὐδέποτε ἦγες τότε πρὸς αὐτοὺς ἐκεχειρίαν, ἀλλ' ἀεὶ ἐνεργὸς πάντως ὁ κεραυνὸς ἦν καὶ ἡ αἰγὶς ἐπεσείετο καὶ ἡ βροντὴ ἐπαταγεῖτο καὶ ἡ ἀστραπὴ συνεχὲς ὥσπερ εἰς ἀκροβολισμὸν προηκοντίζετο· οἱ σεισμοὶ δὲ κοσκινηδὸν καὶ ἡ χιὼν σωρηδὸν καὶ ἡ χάλαζα πετρηδόν, ἵνα σοι φορτικῶς διαλέγωμαι, ὑετοί τε ῥαγδαῖοι καὶ βίαιοι, ποταμὸς ἑκάστη σταγών· ὥστε τηλικαύτη ἐν ἀκαρεῖ χρόνου ναυαγία ἐπὶ τοῦ Δευκαλίωνος ἐγένετο, ὡς ὑποβρυχίων ἁπάντων καταδεδυκότων μόγις ἕν τι κιβώτιον περισωθῆναι προσοκεῖλαν τῷ Λυκωρεῖ ζώπυρόν τι τοῦ ἀνθρωπίνου σπέρματος διαφυλάττον εἰς ἐπιγονὴν κακίας μείζονος.

couvrir de suie. Voilà pourquoi Salmoneus[4] osait déjà imiter ton tonnerre et il était assez convaincant, car comparé à un Zeus dont la colère est à ce point glacée, c'était un homme ardent et orgueilleux. Comment s'en étonner, quand tu dors comme sous l'effet de la mandragore, sans entendre les parjures, sans surveiller les criminels, les yeux chassieux et myopes devant ce qui arrive, dur d'oreille comme ceux dont la jeunesse est passée ?

3. Lorsque tu étais encore jeune, irascible, au plus fort de ta colère, tu agissais avec vigueur contre les coupables et les violents. Jamais en ce temps-là, tu ne faisais de trêve avec eux ; quoi qu'il arrive, la foudre entrait toujours en action, l'égide était secouée, le tonnerre grondait et l'éclair était sans cesse décoché à la volée, comme pour une escarmouche ; la terre tremblait pareille à un tamis, la neige s'abattait en monceaux, et la grêle comme pierres (pour te parler familièrement), les averses étaient impétueuses et violentes, chaque goutte était un fleuve. Voilà pourquoi à l'époque de Deucalion[5], il se produisit en un instant un naufrage tel que tout fut englouti sous les flots : c'est à peine si une seule petite arche fut sauvée et aborda au mont Lycoreus[6], préservant une étincelle de la semence humaine pour une postérité plus perverse.

---

5. Sur le ou les déluges qui engloutirent l'humanité, voir PLATON, *Lois,* 677. Sur Deucalion et Pyrrha, le couple survivant, voir OVIDE, *Métamorphoses,* I, 318-415. Lucien fait allusion à cette tradition (sans mentionner Pyrrha) dans *Sur la déesse syrienne,* 12, et *Sur la danse,* 39.

6. Un des deux sommets du Parnasse.

4

Τοιγάρτοι ἀκόλουθα τῆς ῥαθυμίας τἀπίχειρα κομίζῃ παρ' αὐτῶν, οὔτε θύοντος ἔτι σοί τινος οὔτε στεφανοῦντος, εἰ μή τις ἄρα πάρεργον Ὀλυμπίων, καὶ οὗτος οὐ πάνυ ἀναγκαῖα ποιεῖν δοκῶν, ἀλλ' εἰς ἔθος τι ἀρχαῖον συντελῶν· καὶ κατ' ὀλίγον Κρόνον σε, ὦ θεῶν γενναιότατε, ἀποφαίνουσιν, παρωσάμενοι τῆς τιμῆς. Ἐῶ λέγειν ποσάκις ἤδη σου τὸν νεὼν σεσυλήκασιν· οἱ δὲ καὶ αὐτῷ σοὶ τὰς χεῖρας Ὀλυμπίασιν ἐπιβεβλήκασιν, καὶ σὺ ὁ ὑψιβρεμέτης ὤκνησας ἢ ἀναστῆσαι τοὺς κύνας ἢ τοὺς γείτονας ἐπικαλέσασθαι, ὡς βοηδρομήσαντες αὐτοὺς συλλάβοιεν ἔτι συσκευαζομένους πρὸς τὴν φυγήν· ἀλλ' ὁ γενναῖος καὶ Γιγαντολέτωρ καὶ Τιτανοκράτωρ ἐκάθησο τοὺς πλοκάμους περικειρόμενος ὑπ' αὐτῶν, δεκάπηχυν κεραυνὸν ἔχων ἐν τῇ δεξιᾷ. Ταῦτα τοίνυν, ὦ θαυμάσιε, πηνίκα παύσεται οὕτως ἀμελῶς παρορώμενα ; Ἢ πότε κολάσεις τὴν τοσαύτην ἀδικίαν ; Πόσοι Φαέθοντες ἢ Δευκαλίωνες ἱκανοὶ πρὸς οὕτως ὑπέραντλον ὕβριν τοῦ βίου ; 5 Ἵνα γὰρ τὰ κοινὰ ἐάσας τἀμὰ εἴπω, τοσούτους Ἀθηναίων εἰς ὕψος ἄρας

---

7. On trouve un développement analogue dans JUVÉNAL, *Satires,* XIII, 113 sq.

8. Zeus est devenu semblable à son père Cronos, donc à un dieu vieilli qui a perdu le pouvoir. On trouve le même motif chez ARISTOPHANE, *Guêpes,* 1480.

9. Il s'agit de la célèbre statue chryséléphantine de Zeus, œuvre de Phidias.

10. Lucien fait allusion à ce sacrilège dans *Jupiter tragédien,* 25 ; dans *Le Banquet ou les Lapithes,* 32, il évoque le vol d'une chevelure en or, arrachée à la statue des Dioscures.

11. C'est-à-dire de 4, 44 m. En fait, la statue colossale de Zeus à Olympie tenait une Victoire dans la main droite et dans la gauche un sceptre surmonté d'un aigle. Peut-être Lucien a-t-il confondu, dans sa source, le mot σκῆπτρον (sceptre) avec le mot σκηπτός (orage) dont

4. Tu reçois donc en salaire des hommes les fruits de ta nonchalance[7]. Personne ne t'offre plus de sacrifices ni de couronnes, sauf en marge des concours Olympiques, et encore n'a-t-on pas l'impression d'accomplir un acte absolument nécessaire : on participe seulement à une coutume ancienne. Peu à peu, ô le plus noble des dieux, ils te transforment en Cronos[8] et t'excluent des honneurs. Je renonce à dire combien de fois déjà ils ont dépouillé tes temples ; certains ont même porté la main sur toi à Olympie[9]. Et toi qui grondes dans les hauteurs, tu as hésité à lâcher les chiens ou à appeler les voisins pour qu'ils accourent à grands cris et les arrêtent alors qu'ils étaient encore en train de plier bagage pour s'enfuir. Toi, le noble tueur des Géants, le vainqueur des Titans, tu n'as pas bougé, pendant qu'ils coupaient tes boucles[10] alors que tu tiens dans ta main droite un foudre de dix coudées[11]. Tout cela, dieu admirable, quand cesseras-tu de le tolérer avec tant d'indifférence ? Quand châtieras-tu une aussi grande injustice ? Combien de Phaétons et de Deucalions[12] suffiront face à un tel débordement d'insolence dans la vie ?

5. Pour laisser les généralités et parler de mon cas personnel, j'ai contribué à l'élévation de nombreux Athéniens : de miséreux qu'ils étaient, j'en ai fait des

il aurait donné un équivalent : κεραυνός (suggestion de G. Anderson). Peut-être, comme le propose N. Hopkinson, a-t-il pensé à la statue de Jupiter Optimus Maximus sur le Capitole.

12. Phaéton, qui avait voulu conduire le char du soleil, faillit incendier la terre ; Deucalion fut victime du déluge. Les deux figures suggèrent les deux formes d'anéantissement que les philosophes (et notamment les stoïciens) imaginaient pour l'humanité (avant son éventuelle renaissance) : l'embrasement (ἐκπύρωσις) et le déluge (κατακλυσμός).

καὶ πλουσίους ἐκ πενεστάτων ἀποφήνας καὶ πᾶσι τοῖς
δεομένοις ἐπικουρήσας, μᾶλλον δὲ ἀθρόον εἰς εὐερ-
γεσίαν τῶν φίλων ἐκχέας τὸν πλοῦτον, ἐπειδὴ πένης
διὰ ταῦτα ἐγενόμην, οὐκέτι οὐδὲ γνωρίζομαι πρὸς
αὐτῶν οὐδὲ προσβλέπουσιν οἱ τέως ὑποπτήσσοντες καὶ
προσκυνοῦντες κἀκ τοῦ ἐμοῦ νεύματος ἀνηρτημένοι,
ἀλλ'ἤν που καὶ ὁδῷ βαδίζων ἐντύχω τινὶ αὐτῶν, ὥσπερ
τινὰ στήλην παλαιοῦ νεκροῦ ὑπτίαν ὑπὸ τοῦ χρόνου
ἀνατετραμμένην παρέρχονται μηδὲ ἀναγνόντες. Οἱ δὲ
καὶ πόρρωθεν ἰδόντες ἑτέραν ἐκτρέπονται δυσάντητον
καὶ ἀποτρόπαιον θέαμα ὄψεσθαι ὑπολαμβάνοντες τὸν
οὐ πρὸ πολλοῦ σωτῆρα καὶ εὐεργέτην αὐτῶν γεγενημένον. 6 Ὥστε ὑπὸ τῶν κακῶν ἐπὶ ταύτην τὴν ἐσχατιὰν
τραπόμενος ἐναψάμενος διφθέραν ἐργάζομαι τὴν γὴν
ὑπόμισθος ὀβολῶν τεσσάρων, τῇ ἐρημίᾳ καὶ τῇ
δικέλλῃ προσφιλοσοφῶν. Ἐνταῦθα τοῦτο γοῦν μοι
δοκῶ κερδανεῖν, μηκέτι ὄψεσθαι πολλοὺς παρὰ τὴν
ἀξίαν εὖ πράττοντας· ἀνιαρότερον γὰρ τοῦτό γε. Ἤδη
ποτὲ οὖν, ὦ Κρόνου καὶ Ῥέας υἱέ, τὸν βαθὺν τοῦτον
ὕπνον ἀποσεισάμενος καὶ νήδυμον – ὑπὲρ τὸν Ἐπιμενίδην γὰρ κεκοίμησαι – καὶ ἀναρριπίσας τὸν
κεραυνὸν ἢ ἐκ τῆς Αἴτνης ἐναυσάμενος μεγάλην ποιήσας τὴν φλόγα ἐπιδείξαιό τινα χολὴν ἀνδρώδους καὶ
νεανικοῦ Διός, εἰ μὴ ἀληθῆ ἐστιν τὰ ὑπὸ Κρητῶν περὶ
σοῦ καὶ τῆς ἐκεῖ ταφῆς μυθολογούμενα.

---

13. Ce Crétois, poète et mage du VIIᵉ siècle av. J.-C., tomba dans
une grotte et y dormit 57 ans (PLATON, *Lois*, 642d ; DIOGÈNE LAËRCE, I,
110).

riches ; je suis allé au secours de tous les indigents, ou plutôt j'ai répandu ma fortune à profusion pour faire le bien de mes amis. Mais depuis que ces largesses ont fait de moi un pauvre, ils ne me connaissent ni ne me regardent plus, eux qui auparavant se faisaient tout petits et se prosternaient, suspendus à un signe de tête de ma part. Si d'aventure, me promenant sur une route, je rencontre l'un d'eux, il me dépasse comme on fait de la stèle d'un mort ancien que le temps a renversée, sans même lire l'inscription. D'autres, m'apercevant de loin, changent de direction, supposant que la vue de celui qui, voici peu de temps, était leur sauveur et leur bienfaiteur, sera funeste et abominable.

6. Voilà pourquoi, poussé par mes malheurs dans cette campagne au bout du monde, j'ai revêtu une peau de bête et je travaille la terre, me louant comme journalier pour quatre oboles, philosophant avec le désert et avec ma pioche. Ici, j'ai l'impression que je bénéficierai au moins d'un avantage : ne plus voir prospérer tant de gens qui ne le méritent pas, ce qui est vraiment trop amer. Eh bien, maintenant, fils de Cronos et de Rhéa, secoue donc enfin ce sommeil profond et délicieux ! Tu as dormi plus longtemps qu'Épiménide[13] ! Souffle sur ta foudre pour la raviver ou rallume-la à l'Etna, fais une grande flamme : puisses-tu montrer la colère d'un Zeus viril et jeune – à moins que ne soient vrais les récits que les Crétois font sur toi et le tombeau que tu aurais chez eux[14] !

---

14. Lieu commun de la critique philosophique (voir *Philopseudès*, 3). Cette idée d'un tombeau de Zeus reposerait sur une interprétation erronée de l'épitaphe de Minos : le premier mot, Minos, aurait été effacé, ne laissant subsister que les mots τοῦ Διός : de Zeus (alors qu'il fallait comprendre : de Minos, fils de Zeus).

7

ΖΕΥΣ

Τίς οὗτός ἐστιν, ὦ Ἑρμῆ, ὁ κεκραγὼς ἐκ τῆς Ἀττικῆς παρὰ τὸν Ὑμηττὸν ἐν τῇ ὑπωρείᾳ πιναρὸς ὅλος καὶ αὐχμῶν καὶ ὑποδίφθερος ; Σκάπτει δὲ οἶμαι ἐπικεκυφώς· λάλος ἄνθρωπος καὶ θρασύς. Ἦ που φιλόσοφός ἐστιν· οὐ γὰρ ἂν οὕτως ἀσεβεῖς τοὺς λόγους διεξήει καθ᾽ ἡμῶν.

ΕΡΜΗΣ

Τί φής, ὦ πάτερ ; Ἀγνοεῖς Τίμωνα τὸν Ἐχεκρατίδου τὸν Κολλυτέα ; Οὗτός ἐστιν ὁ πολλάκις ἡμᾶς καθ᾽ ἱερῶν τελείων ἑστιάσας, ὁ νεόπλουτος, ὁ τὰς ὅλας ἑκατόμβας, παρ᾽ ᾧ λαμπρῶς ἑορτάζειν εἰώθαμεν τὰ Διάσια.

ΖΕΥΣ

Φεῦ τῆς ἀλλαγῆς· ὁ καλὸς ἐκεῖνος, ὁ πλούσιος, περὶ ὃν οἱ τοσοῦτοι φίλοι ; Τί παθὼν οὖν τοιοῦτός ἐστιν, αὐχμηρός, ἄθλιος, καὶ σκαπανεὺς καὶ μισθωτός, ὡς ἔοικεν, οὕτω βαρεῖαν καταφέρων τὴν δίκελλαν ;

8

ΕΡΜΗΣ

Οὑτωσὶ μὲν εἰπεῖν, χρηστότης ἐπέτριψεν αὐτὸν καὶ φιλανθρωπία καὶ ὁ πρὸς τοὺς δεομένους ἅπαντας οἶκτος, ὡς δὲ ἀληθεῖ λόγῳ, ἄνοια καὶ εὐήθεια καὶ ἀκρισία περὶ τῶν φίλων, ὃς οὐ συνίει κόραξι καὶ λύκοις χαριζόμενος, ἀλλ᾽ ὑπὸ γυπῶν τοσούτων ὁ κακοδαίμων κειρόμενος τὸ ἧπαρ φίλους εἶναι αὐτοὺς καὶ ἑταίρους

---

15. Dème au sud-ouest d'Athènes, dont était originaire Platon.
16. Fête de Zeus Meilichios, célébrée à Athènes chaque année au printemps.

7. ZEUS : Quel est cet homme, Hermès, qui braille depuis l'Attique, près de l'Hymette, au pied de la montagne ? Il est tout crasseux, négligé et vêtu d'une peau de bête. Il bêche, je crois, le dos courbé. C'est un bavard, un impudent. Sans doute un philosophe, sinon il n'enchaînerait pas contre nous des paroles aussi impies.

HERMÈS : Que dis-tu, père ? Tu ne reconnais pas Timon, fils d'Échécratès, du dème de Collytos[15] ? Il nous a souvent régalés en s'acquittant de sacrifices parfaits. Il venait d'être riche, il nous offrait des hécatombes entières, et nous avions l'habitude de fêter brillamment les Diasies[16] chez lui.

ZEUS : Hélas ! quel changement ! Lui autrefois beau et riche, entouré de tant d'amis ! Que lui est-il arrivé pour qu'il soit dans cet état, sale, misérable, travaillant la terre comme journalier, semble-t-il, en maniant une pioche si lourde ?

8. HERMÈS : On pourrait dire que sa bonté, son humanité, sa compassion pour tous les indigents ont causé sa perte, mais en vérité, c'est sa folie, sa candeur, son manque de discernement pour choisir ses amis. Il ne comprenait pas qu'il était généreux avec des corbeaux et des loups. Alors que le pauvre diable avait le foie dévoré par tant de vautours, il pensait que c'étaient des amis et des compagnons qui appréciaient cette pâture par amitié. Mais eux, après avoir soigneusement mis à nu tous ses os

ᾤετο, ὑπ' εὐνοίας τῆς πρὸς αὐτὸν χαίροντας τῇ βορᾷ·
οἱ δὲ τὰ ὀστᾶ γυμνώσαντες ἀκριβῶς καὶ περιτραγόντες,
εἰ δέ τις καὶ μυελὸς ἐνῆν, ἐκμυζήσαντες καὶ τοῦτον εὖ
μάλα ἐπιμελῶς, ᾤχοντο αὖον αὐτὸν καὶ τὰς ῥίζας ὑπο-
τετμημένον ἀπολιπόντες, οὐδὲ γνωρίζοντες ἔτι ἢ προσ-
βλέποντες (πόθεν γάρ ;) ἢ ἐπικουροῦντες ἢ ἐπιδιδόν-
τες ἐν τῷ μέρει. Διὰ ταῦτα δικελλίτης καὶ διφθερίας,
ὡς ὁρᾷς, ἀπολιπὼν ὑπ' αἰσχύνης τὸ ἄστυ μισθοῦ
γεωργεῖ μελαγχολῶν τοῖς κακοῖς, ὅτι οἱ πλουτοῦντες
παρ' αὐτοῦ μάλα ὑπεροπτικῶς παρέρχονται οὐδὲ
τοὔνομα, εἰ Τίμων καλοῖτο, εἰδότες.

9

ΖΕΥΣ

Καὶ μὴν οὐ παροπτέος ἀνὴρ οὐδὲ ἀμελητέος· εἰκότως
γὰρ ἠγανάκτει δυστυχῶν· ἐπεὶ καὶ ὅμοια ποιήσομεν
τοῖς καταράτοις κόλαξιν ἐκείνοις ἐπιλελησμένοι ἀνδρὸς τοσαῦτα μηρία ταύρων τε καὶ αἰγῶν πιότατα καύ-
σαντος ἡμῖν ἐπὶ τῶν βωμῶν· ἔτι γοῦν ἐν ταῖς ῥισὶ τὴν
κνῖσαν αὐτῶν ἔχω. Πλὴν ὑπ' ἀσχολίας τε καὶ θορύβου
πολλοῦ τῶν ἐπιορκούντων καὶ βιαζομένων καὶ
ἁρπαζόντων, ἔτι δὲ καὶ φόβου τοῦ παρὰ τῶν ἱεροσυ-
λούντων – πολλοὶ γὰρ οὗτοι καὶ δυσφύλακτοι καὶ οὐδὲ
ὀλίγον καταμύσαι ἡμῖν ἐφιᾶσιν – πολὺν ἤδη χρόνον
οὐδὲ ἀπέβλεψα ἐς τὴν Ἀττικήν, καὶ μάλιστα ἐξ οὗ
φιλοσοφία καὶ λόγων ἔριδες ἐπεπόλασαν αὐτοῖς· μαχο-
μένων γὰρ πρὸς ἀλλήλους καὶ κεκραγότων οὐδὲ ἐπα-
κούειν ἔστι τῶν εὐχῶν· ὥστε ἢ ἐπιβυσάμενον χρὴ τὰ
ὦτα καθῆσθαι ἢ ἐπιτριβῆναι πρὸς αὐτῶν, ἀρετήν τινα
καὶ ἀσώματα καὶ λήρους μεγάλῃ τῇ φωνῇ ξυνειρόντων.
Διὰ ταῦτά τοι καὶ τοῦτον ἀμεληθῆναι ξυνέβη πρὸς
ἡμῶν οὐ φαῦλον ὄντα.

et les avoir rongés, après avoir sucé également avec grand
soin la moelle qui pouvait se trouver à l'intérieur, ils sont
partis en le laissant tout sec, les racines coupées. Ils ne le
connaissent ni ne le regardent plus. Pourquoi le feraient-ils ?
Ils ne viennent pas à son secours et ne lui donnent rien à
leur tour. Voilà pourquoi, une pioche à la main, vêtu d'une
peau de bête, comme tu vois, ayant été poussé par la honte
à quitter la ville, il travaille la terre comme journalier. Ses
malheurs l'ont rendu mélancolique, parce que ceux qui lui
doivent leur richesse passent près de lui avec dédain sans
même savoir s'il s'appelle Timon.

9. ZEUS : Eh bien, nous ne devons pas ignorer ni
négliger cet homme. Son indignation devant son infortune
était compréhensible. Sinon, nous agirons comme ces
maudits flatteurs en oubliant quelqu'un qui a fait brûler
pour nous tant de cuisses grasses de taureaux et de chèvres
– j'en ai encore le fumet dans les narines. Mais par manque
de loisir, à cause de tout le désordre occasionné par les
parjures, les violents et les pillards, et aussi de la peur que
m'inspirent les sacrilèges (ils sont nombreux, difficiles à
surveiller et ne nous laissent pas fermer l'œil un instant),
voici bien longtemps que je n'ai tourné mes regards vers
l'Attique, surtout depuis que la philosophie et les querelles
oratoires y sont à la mode : pendant qu'ils bataillent et
criaillent entre eux, il est même impossible d'entendre
les prières. Il faut donc soit rester inactif en se bouchant
les oreilles, soit être assommé par les discours qu'ils
enchaînent à pleine voix concernant je ne sais quelle
vertu, des réalités incorporelles et autres inepties. Voilà
pourquoi nous avons négligé cet homme qui n'est pas
le premier venu.

10

Ὅμως δὲ τὸν Πλοῦτον, ὦ Ἑρμῆ, παραλαβὼν ἄπιθι παρ' αὐτὸν κατὰ τάχος· ἀγέτω δὲ ὁ Πλοῦτος καὶ τὸν Θησαυρὸν μεθ' αὑτοῦ καὶ μενέτωσαν ἄμφω παρὰ τῷ Τίμωνι μηδὲ ἀπαλλαττέσθωσαν οὕτω ῥᾳδίως, κἂν ὅτι μάλιστα ὑπὸ χρηστότητος αὖθις ἐκδιώκῃ αὐτοὺς τῆς οἰκίας. Περὶ δὲ τῶν κολάκων ἐκείνων καὶ τῆς ἀχαριστίας ἣν ἐπεδείξαντο πρὸς αὐτόν, καὶ αὖθις μὲν σκέψομαι καὶ δίκην δώσουσιν, ἐπειδὰν τὸν κεραυνὸν ἐπισκευάσω· κατεαγέναι γὰρ αὐτοῦ καὶ ἀπεστομῶναι εἰσὶ δύο ἀκτῖνες αἱ μέγισται, ὁπότε φιλοτιμότερον ἠκόντισα πρῴην ἐπὶ τὸν σοφιστὴν Ἀναξαγόραν, ὃς ἔπειθε τοὺς ὁμιλητὰς μηδὲ ὅλως εἶναί τινας ἡμᾶς τοὺς θεούς. Ἀλλ' ἐκείνου μὲν διήμαρτον – ὑπερέσχε γὰρ αὐτοῦ τὴν χεῖρα Περικλῆς – ὁ δὲ κεραυνὸς εἰς τὸ Ἀνάκειον παρασκήψας ἐκεῖνό τε κατέφλεξε καὶ αὐτὸς ὀλίγου δεῖν συνετρίβη περὶ τῇ πέτρᾳ. Πλὴν ἱκανὴ ἐν τοσούτῳ καὶ αὕτη τιμωρία ἔσται αὐτοῖς, ὑπερπλουτοῦντα τὸν Τίμωνα ὁρῶσιν.

11

ΕΡΜΗΣ

Οἷον ἦν τὸ μέγα κεκραγέναι καὶ ὀχληρὸν εἶναι καὶ θρασύν. Οὐ τοῖς δικαιολογοῦσι μόνοις, ἀλλὰ καὶ τοῖς εὐχομένοις τοῦτο χρήσιμον· ἰδού γέ τοι αὐτίκα μάλα πλούσιος ἐκ πενεστάτου καταστήσεται ὁ Τίμων βοήσας καὶ παρρησιασάμενος ἐν τῇ εὐχῇ καὶ ἐπιστρέψας τὸν Δία· εἰ δὲ σιωπῇ ἔσκαπτεν ἐπικεκυφώς, ἔτι ἂν ἔσκαπτεν ἀμελούμενος.

17. Anaxagore de Clazomènes enseigna à Athènes (environ 456-436) et fut le maître de Périclès. Quand il fut poursuivi pour impiété, pour avoir soutenu que le soleil et la lune étaient des réalités matérielles et non des

10. Eh bien, malgré tout, Hermès, prends avec toi Ploutos, et va le trouver au plus vite. Que Ploutos emmène aussi Trésor et que tous deux restent chez Timon : qu'ils ne s'en aillent pas aussi facilement que la première fois, même si par bonté, il fait à nouveau tous ses efforts pour les chasser de chez lui. Quant à ces flatteurs et à l'ingratitude qu'ils lui ont témoignée, je m'en occuperai une autre fois. Ils seront punis quand j'aurai fait réparer ma foudre : ses deux plus grands rayons ont été brisés et épointés lorsque je les ai décochés trop vivement l'autre jour contre le sophiste Anaxagore[17] qui tentait de persuader ses auditeurs que nous autres, les dieux, n'avions absolument aucune existence. Je l'ai manqué, parce que Périclès a étendu la main pour le protéger : la foudre, frappant par erreur l'Anakeion[18], l'incendia et faillit se briser elle-même sur la falaise. Mais pour l'instant, ils seront suffisamment punis en voyant Timon immensément riche.

11. HERMÈS : Ce que c'est que de vociférer, d'importuner et de se montrer hardi ! C'est utile aux avocats et même à ceux qui prient. En voici bien l'exemple : Timon, d'indigent qu'il était, va devenir très riche pour avoir crié, parlé avec franchise dans sa prière et attiré l'attention de Zeus. S'il était resté silencieux à bêcher la terre le dos courbé, il continuerait à bêcher sans qu'on s'occupe de lui.

divinités, le procès visait aussi Périclès, qui l'aida à quitter Athènes (voir PLUTARQUE, *Vie de Périclès*, XXXII ; *Vie de Nicias*, XXIII).

18. Temple des Dioscures, situé sur la pente nord-ouest de l'Acropole.

ΠΛΟΥΤΟΣ

Ἀλλ' ἐγὼ οὐκ ἂν ἀπέλθοιμι, ὦ Ζεῦ, παρ' αὐτόν.

ΖΕΥΣ

Διὰ τί, ὦ ἄριστε Πλοῦτε, καὶ ταῦτα ἐμοῦ κελεύσαντος ;

12

ΠΛΟΥΤΟΣ

Ὅτι νὴ Δία ὕβριζεν εἰς ἐμὲ καὶ ἐξεφόρει καὶ ἐς πολλὰ κατεμέριζε, καὶ ταῦτα πατρῷον αὐτῷ φίλον ὄντα, καὶ μονονουχὶ δικράνοις ἐξεώθει με τῆς οἰκίας καθάπερ οἱ τὸ πῦρ ἐκ τῶν χειρῶν ἀπορριπτοῦντες. Αὖθις οὖν ἀπέλθω παρασίτοις καὶ κόλαξι καὶ ἑταίραις παραδοθησόμενος ; Ἐπ' ἐκείνους, ὦ Ζεῦ, πέμπε με τοὺς ἡσθησομένους τῇ δωρεᾷ, τοὺς περιέψοντας, οἷς τίμιος ἐγὼ καὶ περιπόθητος· οὗτοι δὲ οἱ λάροι τῇ πενίᾳ ξυνέστωσαν, ἣν προτιμῶσιν ἡμῶν, καὶ διφθέραν παρ' αὐτῆς λαβόντες καὶ δίκελλαν ἀγαπάτωσαν ἄθλιοι τέτταρας ὀβολοὺς ἀποφέροντες, οἱ δεκαταλάντους δωρεὰς ἀμελητὶ προϊέμενοι.

13

ΖΕΥΣ

Οὐδὲν ἔτι τοιοῦτον ὁ Τίμων ἐργάσεται περὶ σέ· πάνυ γὰρ αὐτὸν ἡ δίκελλα πεπαιδαγώγηκεν, εἰ μὴ παντάπασιν ἀνάλγητός ἐστι τὴν ὀσφῦν, ὡς χρῆν σὲ ἀντὶ τῆς πενίας προαιρεῖσθαι. Σὺ μέντοι πάνυ μεμψίμοιρος εἶναί μοι δοκεῖς, ὃς νῦν μὲν τὸν Τίμωνα αἰτιᾷ, διότι σοι τὰς θύρας ἀναπετάσας ἠφίει περινοστεῖν ἐλευθέρως οὔτε ἀποκλείων οὔτε ζηλοτυπῶν· ἄλλοτε δὲ τοὐναντίον

PLOUTOS : Je ne veux pas m'en aller chez lui,
Zeus !

ZEUS : Pourquoi donc, mon bon Ploutos, quand c'est
moi qui te le demande ?

12. PLOUTOS : Par Zeus, parce qu'il m'insultait, me
mettait dehors, me partageait en mille morceaux, alors que
j'étais un hôte de sa famille. C'est tout juste s'il ne m'a
pas chassé de chez lui à coups de fourche, comme ceux
qui jettent un objet enflammé qu'ils ont dans les mains.
Que je retourne, moi, pour être distribué à des parasites,
des flatteurs et des hétaïres ? Envoie-moi, Zeus, chez des
gens qui se réjouiront du cadeau, qui seront aux petits soins
pour moi, qui me trouveront précieux, hautement désirable.
Quant à ces individus aussi stupides que des mouettes[19],
qu'ils restent en compagnie de Pauvreté puisqu'ils la
préfèrent à nous ! Qu'ils reçoivent d'elle une peau de bête
et une pioche, et se contentent, les misérables, de gagner
quatre oboles*, eux qui laissent négligemment échapper
les dizaines de talents* qu'on leur offre !

13. ZEUS : Timon ne te traitera plus du tout ainsi. La
pioche a été pour lui un bon maître d'école et, à moins
que ses reins ne soient complètement insensibles, elle lui
a enseigné qu'il fallait te choisir de préférence à Pauvreté.
Quant à toi, tu me sembles bien mécontent de ton sort. À
présent, tu accuses Timon d'avoir ouvert sa porte pour te
laisser circuler librement, au lieu de t'enfermer et de te
garder jalousement. Mais en d'autres occasions, c'était le

---

19. Dans les *Hôtes à gages*, 3, la mouette symbolise la cupidité
aveugle ; ici, l'accent est mis sur la stupidité. Aristophane traite les
démagogues de mouettes (*Nuées*, 591 ; *Cavaliers,* 956).

ἠγανάκτεις κατὰ τῶν πλουσίων κατακεκλεῖσθαι λέγων
πρὸς αὐτῶν ὑπὸ μοχλοῖς καὶ κλεισὶ καὶ σημείων ἐπι-
βολαῖς, ὡς μηδὲ παρακύψαι σοι ἐς τὸ φῶς δυνατὸν
εἶναι. Ταῦτα γοῦν ἀπωδύρου πρός με, ἀποπνίγεσθαι
λέγων ἐν πολλῷ τῷ σκότῳ· καὶ διὰ τοῦτο ὠχρὸς ἡμῖν
ἐφαίνου καὶ φροντίδος ἀνάπλεως, συνεσπακὼς τοὺς
δακτύλους πρὸς τὸ ἔθος τῶν λογισμῶν καὶ ἀπο-
δράσεσθαι ἀπειλῶν, εἰ καιροῦ λάβοιο, παρ' αὐτῶν· καὶ
ὅλως τὸ πρᾶγμα ὑπέρδεινον ἐδόκει σοι, ἐν χαλκῷ ἢ
σιδηρῷ τῷ θαλάμῳ καθάπερ τὴν Δανάην παρθε-
νεύεσθαι ὑπ' ἀκριβέσι καὶ παμπονήροις παιδαγωγοῖς
ἀνατρεφόμενον, τῷ Τόκῳ καὶ τῷ Λογισμῷ. 14 Ἄτοπα
γοῦν ποιεῖν ἔφασκες αὐτοὺς ἐρῶντας μὲν εἰς ὑπερβολήν, ἐξὸν δὲ ἀπολαύειν οὐ τολμῶντας, οὐδὲ ἐπ'
ἀδείας χρωμένους τῷ ἔρωτι κυρίους γε ὄντας, ἀλλὰ
φυλάττειν ἐγρηγορότας, ἐς τὸ σημεῖον καὶ τὸν μοχλὸν
ἀσκαρδαμυκτὶ βλέποντας, ἱκανὴν ἀπόλαυσιν οἰομέ-
νους οὐ τὸ αὐτοὺς ἀπολαύειν ἔχειν, ἀλλὰ τὸ μηδενὶ
μεταδιδόναι τῆς ἀπολαύσεως, καθάπερ τὴν ἐν τῇ
φάτνῃ κύνα μήτε αὐτὴν ἐσθίουσαν τῶν κριθῶν μήτε τῷ
ἵππῳ πεινῶντι ἐπιτρέπουσαν. Καὶ προσέτι γε καὶ κατε-
γέλας αὐτῶν φειδομένων καὶ φυλαττόντων καὶ τὸ
καινότατον αὐτοὺς ζηλοτυπούντων, ἀγνοούντων δὲ ὡς
κατάρατος οἰκέτης ἢ οἰκονόμος πεδότριψ ἐπεισιὼν
λαθραίως ἐμπαροινήσει, τὸν κακοδαίμονα καὶ ἀνέρασ-
τον δεσπότην πρὸς ἀμαυρόν τι καὶ μικρόστομον λυχνί-
διον καὶ διψαλέον θρυαλλίδιον ἐπαγρυπνεῖν ἐάσας τοῖς
τόκοις. Πῶς οὖν οὐκ ἄδικα ταῦτά σου, πάλαι μὲν ἐκεῖνα
αἰτιᾶσθαι, νῦν δὲ τῷ Τίμωνι τὰ ἐναντία ἐπικαλεῖν;

15

ΠΛΟΥΤΟΣ

Καὶ μὴν εἴ γε τἀληθὲς ἐξετάζοις, ἄμφω σοι εὔλογα
δόξω ποιεῖν· τοῦ τε γὰρ Τίμωνος τὸ πάνυ τοῦτο ἀνειμέ-

contraire : tu t'indignais contre les riches, leur reprochant de te maintenir derrière des verrous et des clés et d'apposer sur toi des sceaux, si bien que tu ne pouvais même pas mettre le nez à la lumière – du moins, c'était ce dont tu te lamentais devant moi : tu disais que tu étouffais dans de profondes ténèbres. C'est pourquoi tu te présentais devant nous pâle, accablé de soucis, les doigts crispés par l'habitude de compter, et tu menaçais de t'enfuir de chez eux à la première occasion. Bref, il te semblait épouvantable d'être enfermé dans une chambre d'airain ou de fer comme Danaé, pour rester vierge, sous la férule de deux pédagogues sévères et très méchants, Intérêt et Calcul. 14. Tu disais que leur attitude était absurde : ils t'aimaient à la folie, mais alors qu'ils pouvaient jouir de toi, ils n'osaient le faire ; sans avoir rien à craindre, ils ne satisfaisaient pas leur amour alors qu'ils étaient maîtres de le faire ; ils restaient éveillés à te surveiller, regardant sans ciller le sceau et le verrou et considérant que leur jouissance était suffisante si, sans jouir eux-mêmes, ils ne permettaient à personne de le faire, comme la chienne qui dans l'écurie ne mange pas l'orge elle-même, mais empêche le cheval affamé d'y toucher. En outre, tu te moquais de les voir économiser, monter la garde, et, chose fort saugrenue, se jalouser eux-mêmes, sans savoir qu'un maudit serviteur ou un pendard d'intendant allait entrer en cachette et s'enivrer, laissant leur pauvre diable de maître privé d'amour veiller toute la nuit pour calculer ses intérêts à la lueur d'un faible lumignon dont le col est petit et la mèche assoiffée. N'est-ce pas injuste de ta part, quand jadis tu proférais de telles accusations, de reprocher maintenant le contraire à Timon ?

15. PLOUTOS : Pourtant, si tu examines la réalité, tu verras que j'ai raison dans les deux cas. Il serait naturel de

νον ἀμελὲς καὶ οὐκ εὐνοϊκὸν ὡς πρὸς ἐμὲ εἰκότως ἂν
δοκοίη· τούς τε αὖ κατάκλειστον ἐν θύραις καὶ σκότῳ
φυλάττοντας, ὅπως αὐτοῖς παχύτερος γενοίμην καὶ
πιμελὴς καὶ ὑπέρογκος ἐπιμελουμένους, οὔτε προσαπ-
τομένους αὐτοὺς οὔτε ἐς τὸ φῶς προάγοντας, ὡς μηδὲ
ὀφθείην πρός τινος, ἀνοήτους ἐνόμιζον εἶναι καὶ
ὑβριστάς, οὐδὲν ἀδικοῦντά με ὑπὸ τοσούτοις δεσμοῖς
κατασήποντας, οὐκ εἰδότας ὡς μετὰ μικρὸν ἀπίασιν
ἄλλῳ τινὶ τῶν εὐδαιμόνων με καταλιπόντες. 16 Οὔτ'
οὖν ἐκείνους οὔτε τοὺς πάνυ προχείρους εἰς ἐμὲ τούτους ἐπαινῶ, ἀλλὰ τούς, ὅπερ ἄριστόν ἐστι, μέτρον
ἐπιθήσοντας τῷ πράγματι καὶ μήτε ἀφεξομένους τὸ
παράπαν μήτε προησομένους τὸ ὅλον. Σκόπει γάρ, ὦ
Ζεῦ, πρὸς τοῦ Διός. Εἴ τις νόμῳ γήμας γυναῖκα νέαν
καὶ καλὴν ἔπειτα μήτε φυλάττοι μήτε ζηλοτυποῖ τὸ
παράπαν, ἀφιεὶς καὶ βαδίζειν ἔνθα ἐθέλοι νύκτωρ καὶ
μεθ' ἡμέραν καὶ ξυνεῖναι τοῖς βουλομένοις, μᾶλλον δὲ
αὐτὸς ἀπάγοι μοιχευθησομένην ἀνοίγων τὰς θύρας καὶ
μαστροπεύων καὶ πάντας ἐπ' αὐτὴν καλῶν, ἆρα ὁ
τοιοῦτος ἐρᾶν δόξειεν ἄν ; Οὐ σύ γε, ὦ Ζεῦ, τοῦτο
φαίης ἄν, ἐρασθεὶς πολλάκις. 17 Εἰ δέ τις ἔμπαλιν
ἐλευθέραν γυναῖκα εἰς τὴν οἰκίαν νόμῳ παραλαβὼν ἐπ'
ἀρότῳ παίδων γνησίων, ὁ δὲ μήτε αὐτὸς προσάπτοιτο
ἀκμαίας καὶ καλῆς παρθένου μήτε ἄλλῳ προσβλέπειν
ἐπιτρέποι, ἄγονον δὲ καὶ στεῖραν κατακλείσας παρ-
θενεύοι, καὶ ταῦτα ἐρᾶν φάσκων καὶ δῆλος ὢν ἀπὸ τῆς
χρόας καὶ τῆς σαρκὸς ἐκτετηκυίας καὶ τῶν ὀφθαλμῶν
ὑποδεδυκότων, ἔσθ' ὅπως ὁ τοιοῦτος οὐ παραπαίειν
δόξειεν ἄν, δέον παιδοποιεῖσθαι καὶ ἀπολαύειν τοῦ
γάμου, καταμαραίνων εὐπρόσωπον οὕτω καὶ ἐπέρασ-

voir dans la grande prodigalité de Timon de la négligence
et un manque de sympathie à mon égard. Mais à l'inverse,
ceux qui me gardaient enfermé derrière leurs portes, dans
l'ombre, veillant à me voir devenir plus gros, gras, obèse,
sans me toucher eux-mêmes ni m'amener à la lumière de
crainte qu'on ne me vît me semblaient insensés et insolents
de me laisser, moi qui n'avais rien fait de mal, pourrir
sous tant de chaînes, sans réfléchir qu'ils s'en iraient
bientôt et me laisseraient à quelque homme fortuné.
16. Je n'approuve ni ces gens, ni ceux qui se montrent
trop libéraux avec moi, mais ceux qui observeront la
mesure en la matière (c'est la meilleure solution), sans
s'abstenir totalement ni tout prodiguer. Réfléchis donc,
Zeus, nom de Zeus ! Si quelqu'un épousait en justes
noces une femme jeune et belle, et ensuite ne la surveillait
pas, ne montrait absolument aucune jalousie, la laissait
se promener nuit et jour où elle veut et s'unir avec le
premier venu, ou plutôt s'il la poussait lui-même à
l'adultère, ouvrant les portes, la prostituant, invitant tous
les hommes à la rejoindre, jugerait-on qu'un tel homme
l'aime ? Bien sûr, tu dirais que non, toi, Zeus, qui fus
si souvent amoureux. 17. Mais à l'inverse si quelqu'un
prenait chez lui pour épouse légitime une femme de
condition libre afin d'en avoir des enfants légitimes,
et sans toucher lui-même cette belle fille nubile, sans
permettre à un autre de la regarder, l'enfermait, la laissait
vierge, stérile, sans postérité, et cela, en prétendant qu'il
l'aime et le prouvant par son teint, son corps amaigri et
ses yeux cernés… – comment ne pas considérer un tel
homme comme frappé de folie ? Alors qu'il doit avoir
des enfants et jouir de son mariage, il laisse se faner
une jeune fille si gracieuse et si désirable, comme si
celle qu'il entretenait devait rester à jamais prêtresse

τον κόρην καθάπερ ἱέρειαν τῇ Θεσμοφόρῳ τρέφων διὰ
παντὸς τοῦ βίου ; Ταῦτα καὶ αὐτὸς ἀγανακτῶ, πρὸς
ἐνίων μὲν ἀτίμως λακτιζόμενος καὶ λαφυσσόμενος καὶ
ἐξαντλούμενος, ὑπ' ἐνίων δὲ ὥσπερ στιγματίας δρα-
15 πέτης πεπεδημένος.

18
ΖΕΥΣ
Τί οὖν ἀγανακτεῖς κατ' αὐτῶν ; Διδόασι γὰρ ἄμφω
καλὴν τὴν δίκην, οἱ μὲν ὥσπερ ὁ Τάνταλος ἄποτοι καὶ
ἄγευστοι καὶ ξηροὶ τὸ στόμα, ἐπικεχηνότες μόνον τῷ
5 χρυσίῳ, οἱ δὲ καθάπερ ὁ Φινεὺς ἀπὸ τῆς φάρυγγος τὴν
τροφὴν ὑπὸ τῶν Ἁρπυιῶν ἀφαιρούμενοι. Ἀλλ' ἄπιθι
ἤδη σωφρονεστέρῳ παρὰ πολὺ τῷ Τίμωνι ἐντευξόμε-
νος.

ΠΛΟΥΤΟΣ
10 Ἐκεῖνος γάρ ποτε παύσεται ὥσπερ ἐκ κοφίνου τετρυπ-
ημένου, πρὶν ὅλως εἰσρυῆναί με, κατὰ σπουδὴν
ἐξαντλῶν, φθάσαι βουλόμενος τὴν ἐπιρρόην, μὴ ὑπέρ-
αντλος εἰσπεσὼν ἐπικλύσω αὐτόν ; Ὥστε ἐς τὸν τῶν
Δαναϊδων πίθον ὑδροφορήσειν μοι δοκῶ καὶ μάτην
ἐπαντλήσειν, τοῦ κύτους μὴ στέγοντος, ἀλλὰ πρὶν
εἰσρυῆναι σχεδὸν ἐκχυθησομένου τοῦ ἐπιρρέοντος·
οὕτως εὐρύτερον τὸ πρὸς τὴν ἔκχυσιν κεχηνὸς τοῦ
πίθου καὶ ἀκώλυτος ἡ ἔξοδος.

20. Déméter, la déesse législatrice, fêtée avec Koré lors des
Thesmophories (à l'époque des semailles) par les femmes mariées. La
fête était précédée par une abstinence rituelle de nourriture et de rapports
sexuels. Lucien semble suggérer ici, et dans le *Dialogue des Hétaïres* 7,
que les déesses thesmophores avaient des prêtresses qui observaient une
chasteté constante, mais on n'en trouve aucune autre mention nulle part.

21. Les esclaves fugitifs étaient marqués au front d'une lettre décrivant
leur crime : Δ pour les fugitifs (δραπέτης), KK pour κακός, à Rome
FVR pour un voleur.

de la déesse thesmophore[20] ? Voilà de quoi je m'indigne
moi aussi, quand certains me piétinent, me dévorent et
m'épuisent, et certains autres m'ont entravé comme un
esclave fugitif marqué au fer rouge[21].

18. ZEUS : Pourquoi t'indigner contre eux ? Les uns et
les autres sont joliment punis. Dans un cas, comme Tantale,
ils ne boivent pas, ne mangent pas et gardent la bouche
sèche, se contentant de regarder l'or bouche-bée. Dans
l'autre, comme Phinée[22], ils se font arracher la nourriture
de la gorge par les Harpyes. Allons, pars maintenant auprès
de Timon. Tu le trouveras beaucoup plus raisonnable.

PLOUTOS : Cessera-t-il jamais de me jeter en hâte
par dessus bord, comme d'une barque percée[23], écopant de
toutes ses forces sans attendre que j'aie entièrement coulé à
l'intérieur, voulant prendre de vitesse l'inondation de peur
que mon flux ne le submerge et ne le fasse sombrer ? Il
me semble que je vais mettre de l'eau dans le tonneau des
Danaïdes et l'apporter inutilement puisque le récipient ne
garde rien, et que ce qu'on y fait couler aura fui presque
avant qu'on l'y ait versé : tant la bonde du tonneau est
large et la sortie mal gardée.

---

22. Roi de Thrace, devin et aveugle, il était persécuté par les Harpyes,
démons ailés qui lui arrachaient ses aliments ou les souillaient ; elles furent
chassées par les Argonautes (APOLLONIOS DE RHODES, II, 178-290).

23. On peut voir ici l'image du panier (sens le plus courant du mot
κόφινος) percé, qui annoncerait celle du tonneau des Danaïdes ; mais
le mot ἄντλος, qui désigne la sentine d'un bateau dont il faut vider
l'eau, suggère fortement l'image du navire qui prend l'eau. Les deux
images de ce paragraphe évoquent des problèmes liés à l'eau, mais dans
la première partie, il s'agit de vider un trop plein, dans la seconde de
remplir un récipient percé.

19

ΖΕΥΣ

Οὐκοῦν, ἢν μὴ ἐμφράξηται τὸ κεχηνὸς τοῦτο καὶ ἐς τὸ ἅπαξ ἀναπεπταμένον, ἐκχυθέντος ἐν βραχεῖ σου ῥᾳδίως εὑρήσει τὴν διφθέραν αὖθις καὶ τὴν δίκελλαν ἐν τῇ τρυγὶ τοῦ πίθου. Ἀλλ᾿ ἄπιτε ἤδη καὶ πλουτίζετε αὐτόν· σὺ δὲ μέμνησο, ὦ Ἑρμῆ, ἐπανιὼν πρὸς ἡμᾶς ἄγειν τοὺς Κύκλωπας ἐκ τῆς Αἴτνης, ὅπως τὸν κεραυνὸν ἀκονήσαντες ἐπισκευάσωσιν· ὡς ἤδη γε τεθηγμένου αὐτοῦ δεησόμεθα.

20

ΕΡΜΗΣ

Προΐωμεν, ὦ Πλοῦτε. Τί τοῦτο ; Ὑποσκάζεις ; Ἐλελήθεις με, ὦ γεννάδα, οὐ τυφλὸς μόνον ἀλλὰ καὶ χωλὸς ὤν.

ΠΛΟΥΤΟΣ

Οὐκ ἀεὶ τοῦτο, ὦ Ἑρμῆ, ἀλλ᾿ ὁπόταν μὲν ἀπίω παρά τινα πεμφθεὶς ὑπὸ τοῦ Διός, οὐκ οἶδα ὅπως βραδύς εἰμι καὶ χωλὸς ἀμφοτέροις, ὡς μόγις τελεῖν ἐπὶ τὸ τέρμα, προγηράσαντος ἐνίοτε τοῦ περιμένοντος, ὁπόταν δὲ ἀπαλλάττεσθαι δέῃ, πτηνὸν ὄψει, πολὺ τῶν ὀνείρων ὠκύτερον· ἅμα γοῦν ἔπεσεν ἡ ὕσπληξ, κἀγὼ ἤδη ἀνακηρύττομαι νενικηκώς, ὑπερπηδήσας τὸ στάδιον οὐδὲ ἰδόντων ἐνίοτε τῶν θεατῶν.

ΕΡΜΗΣ

Οὐκ ἀληθῆ ταῦτα φῄς· ἐγώ γέ τοι πολλοὺς ἂν εἰπεῖν ἔχοιμί σοι χθὲς μὲν οὐδὲ ὀβολὸν ὥστε πρίασθαι βρόχον ἐσχηκότας, ἄφνω δὲ τήμερον πλουσίους καὶ πολυτελεῖς ἐπὶ λευκοῦ ζεύγους ἐξελαύνοντας, οἷς οὐδὲ κἂν ὄνος ὑπῆρξε πώποτε. Καὶ ὅμως πορφυροῖ καὶ

19. ZEUS : Eh bien, s'il ne bouche pas cette bonde, si elle reste ouverte une fois pour toutes, tu t'écouleras vite à l'extérieur, et lui retrouvera sans difficulté dans le fond du tonneau sa peau de bête et sa pioche. Allons, partez maintenant : enrichissez-le. Quant à toi, Hermès, n'oublie pas en revenant de nous amener de l'Etna les Cyclopes, pour qu'ils aiguisent la foudre et la remettent en état[24]. Nous aurons très bientôt besoin d'elle bien pointue.

20. HERMÈS : Allons-y, Ploutos. Mais quoi ? Tu boitilles ? Je n'avais pas remarqué, mon noble ami, que tu étais non seulement aveugle mais boiteux.

PLOUTOS : Ce n'est pas toujours le cas, Hermès. Mais, je ne sais pourquoi, chaque fois que Zeus m'envoie auprès de quelqu'un, je suis lent et boite des deux jambes, si bien que j'ai beaucoup de mal à parvenir à destination : parfois celui qui m'attend est entre temps devenu un vieillard. En revanche, quand je devrai repartir, tu me verras ailé et beaucoup plus rapide que les songes : à peine le cordeau du départ enlevé, j'ai déjà été proclamé vainqueur, j'ai traversé le stade d'un bond, parfois sans que les spectateurs m'aient vu.

HERMÈS : Ce n'est pas vrai[25]. Je pourrais te citer bien des gens qui hier n'avaient pas même une obole* pour acheter la corde pour se pendre, et qui aujourd'hui, devenus soudain riches, vivent dans le luxe et se font tirer par un attelage de chevaux blancs[26], eux qui n'avaient jamais possédé même un âne. Pourtant, ils circulent vêtus de pourpre et les mains

---

24. Il s'agit des Cyclopes tels que les peint HÉSIODE (*Théogonie*, 139-146), Brontès, Stéropès et Argès, qui s'occupent de la foudre de Zeus pour le remercier de les avoir libérés. Comme Héphaïstos, ce sont des forgerons ; ils travaillent dans l'Etna.

25. Cette contestation porte sur la première partie de la phrase.

26. Les chevaux blancs étaient particulièrement appréciés : associés à la divinité, ils servaient notamment à tirer le char du triomphateur.

χρυσόχειρες περιέρχονται οὐδ' αὐτοὶ πιστεύοντες οἶμαι
ὅτι μὴ ὄναρ πλουτοῦσιν.

21
ΠΛΟΥΤΟΣ

Ἑτεροῖον τοῦτ' ἐστίν, ὦ Ἑρμῆ, καὶ οὐχὶ τοῖς ἐμαυτοῦ
ποσὶ βαδίζω τότε, οὐδὲ ὁ Ζεὺς ἀλλ' ὁ Πλούτων ἀπο-
στέλλει με παρ' αὐτοὺς ἅτε πλουτοδότης καὶ μεγαλό-
δωρος καὶ αὐτὸς ὤν· δηλοῖ γοῦν καὶ τῷ ὀνόματι.
Ἐπειδὰν τοίνυν μετοικισθῆναι δέῃ με παρ' ἑτέρου πρὸς
ἕτερον, ἐς δέλτον ἐμβαλόντες με καὶ κατασημηνάμενοι
ἐπιμελῶς φορηδὸν ἀράμενοι μετακομίζουσιν· καὶ ὁ μὲν
νεκρὸς ἐν σκοτεινῷ που τῆς οἰκίας πρόκειται ὑπὲρ τὰ
γόνατα παλαιᾷ τῇ ὀθόνῃ σκεπόμενος, περιμάχητος
ταῖς γαλαῖς, ἐμὲ δὲ οἱ ἐπελπίσαντες ἐν τῇ ἀγορᾷ περιμένουσι κεχηνότες ὥσπερ τὴν χελιδόνα προσπετο-
μένην τετριγότες οἱ νεοττοί. 22 Ἐπειδὰν δὲ τὸ σημεῖον
ἀφαιρεθῇ καὶ τὸ λίνον ἐντμηθῇ καὶ ἡ δέλτος ἀνοιχθῇ
καὶ ἀνακηρυχθῇ μου ὁ καινὸς δεσπότης ἤτοι συγγενής
τις ἢ κόλαξ ἢ καταπύγων οἰκέτης ἐκ παιδικῶν τίμιος,
ὑπεξυρημένος ἔτι τὴν γνάθον, ἀντὶ ποικίλων καὶ παν-
τοδαπῶν ἡδονῶν ἃς ἤδη ἔξωρος ὢν ὑπηρέτησεν αὐτῷ
μέγα τὸ μίσθωμα ὁ γενναῖος ἀπολαβών, ἐκεῖνος μέν,
ὅστις ἂν ᾖ ποτε, ἁρπασάμενός με αὐτῇ δέλτῳ θέει
φέρων ἀντὶ τοῦ τέως Πυρρίου ἢ Δρόμωνος ἢ Τιβείου
Μεγακλῆς ἢ Μεγάβυζος ἢ Πρώταρχος μετονομασθείς,

27. Ploutos fut confondu avec Hadès (qui s'enrichit toujours) pour
devenir Plouton (en latin Pluto).
28. Il s'agit de l'exposition rituelle du mort, la πρόθησις. Cette
cérémonie était généralement très solennelle ; mais ici, à peine mort, le
défunt est oublié sans honneur.
29. Même image dans JUVÉNAL, *Satires*, X, 231-232.

chargées d'or. J'imagine qu'ils ne parviennent pas à croire eux-mêmes que ce n'est pas en rêve qu'ils sont riches.

21. PLOUTOS : C'est autre chose, Hermès. Dans ce cas, je n'y vais pas sur mes jambes, et ce n'est pas Zeus qui m'envoie, mais Pluton, car lui aussi est dispensateur de richesses et généreux donateur, comme l'indique d'ailleurs son nom[27]. Quand je dois passer d'un possesseur à l'autre, on me met sur des tablettes, on me scelle soigneusement, on me soulève et on m'emporte en litière. Pendant que le mort est exposé[28] dans un coin sombre de la maison, les genoux couverts d'une vieille guenille, et que des belettes se le disputent, ceux qui m'espèrent attendent sur l'agora, bouche ouverte, comme les oisillons qui piaillent en attendant le retour de l'hirondelle[29]. 22. Une fois le sceau enlevé, le cordon de lin coupé, la tablette ouverte[30] et le nom de mon nouveau maître proclamé – ce peut être un parent, un flatteur ou un esclave inverti, à l'honneur depuis son enfance de mignon du défunt, les joues encore rasées de près : en échange des plaisirs multiples et divers que même après son jeune âge il a continué à rendre à son maître, le noble personnage reçoit une grande récompense… Mon nouveau possesseur donc, quel qu'il soit au bout du compte, se saisissant de moi en même temps que de la tablette, part en courant : il change son nom de Pyrrhias, Dromon ou Tibios en Mégaclès, Mégabyzos ou Protarchos[31], laissant ceux qui

30. Le testament était écrit comme une lettre sur deux tablettes de cire qui étaient refermées l'une contre l'autre et reliées par un cordon sur lequel l'auteur apposait son sceau en présence de témoins.
31. Les trois premiers sont les noms d'esclaves (le Roux, le Coureur, le Paphlagonien), les trois autres suggèrent la grandeur ou le pouvoir. Sur ces changements de nom, courants chez les nouveaux riches, voir *Le Rêve ou le coq,* 14, où l'obscur Simon prend, une fois enrichi, le nom noble de Simonidès.

τοὺς μάτην κεχηνότας ἐκείνους ἐς ἀλλήλους ἀποβλέποντας καταλιπὼν ἀληθὲς ἄγοντας τὸ πένθος, οἷος
αὐτοὺς ὁ θύννος ἐκ μυχοῦ τῆς σαγήνης διέφυγεν οὐκ
ὀλίγον τὸ δέλεαρ καταπιών. 23 Ὁ δὲ ἐμπεσὼν ἀθρόως
εἰς ἐμὲ ἀπειρόκαλος καὶ παχύδερμος ἄνθρωπος, ἔτι τὴν
πέδην πεφρικὼς καὶ εἰ παριὼν ἄλλως μαστίξειέ τις
ὄρθιον ἐφιστὰς τὸ οὖς καὶ τὸν μυλῶνα ὥσπερ τὸ Ἀνάκ-
τορον προσκυνῶν, οὐκέτι φορητός ἐστιν τοῖς ἐντυγχάνουσιν, ἀλλὰ τούς τε ἐλευθέρους ὑβρίζει καὶ τοὺς ὁμο-
δούλους μαστιγοῖ ἀποπειρώμενος εἰ καὶ αὐτῷ τὰ
τοιαῦτα ἔξεστιν, ἄχρι ἂν ἢ ἐς πορνίδιόν τι ἐμπεσὼν ἢ
ἱπποτροφίας ἐπιθυμήσας ἢ κόλαξι παραδοὺς ἑαυτὸν
ὀμνύουσιν, ἦ μὴν εὐμορφότερον μὲν Νιρέως εἶναι αὐτόν,
εὐγενέστερον δὲ τοῦ Κέκροπος ἢ Κόδρου, συνετώτερον
δὲ τοῦ Ὀδυσσέως, πλουσιώτερον δὲ συνάμα Κροίσων
ἑκκαίδεκα, ἐν ἀκαρεῖ τοῦ χρόνου ἄθλιος ἐκχέῃ τὰ κατ᾽
ὀλίγον ἐκ πολλῶν ἐπιορκιῶν καὶ ἁρπαγῶν καὶ πανου-
ργιῶν συνειλεγμένα.

24

ΕΡΜΗΣ

Αὐτά που σχεδὸν φῇς τὰ γινόμενα· ὁπόταν δ᾽ οὖν
αὐτόπους βαδίζῃς, πῶς οὕτω τυφλὸς ὢν εὑρίσκεις τὴν
ὁδόν ; Ἢ πῶς διαγινώσκεις ἐφ᾽ οὓς ἄν σε ὁ Ζεὺς ἀπος-
τείλῃ κρίνας εἶναι τοῦ πλουτεῖν ἀξίους ;

---

32. La métaphore de la pêche est double : ce sont d'abord les
prétendants à l'héritage qui ouvraient grand la bouche, tels des poissons
avides, puis le défunt, qu'ils avaient cru capturer (avec un appât et une
senne) et qui leur a échappé.

33. Il a la peau épaisse, parce que c'est une brute stupide et aussi
parce qu'il a été abondamment battu quand il était esclave.

34. Châtiment redouté par les esclaves qui devaient faire tourner la
meule. La prosternation suggère la peur panique et peut-être aussi l'attitude
(penchée en avant) de l'esclave qui fait tourner la meule.

avaient ouvert inutilement la bouche se regarder entre eux et mener un deuil sincère, en voyant quel beau thon leur a échappé du fond de la senne, après avoir gobé l'énorme appât[32]. 23. Quant à celui qui s'est jeté sur moi d'un bond, un rustre à la peau épaisse[33], qui frissonne encore en voyant des entraves, qui dresse l'oreille si quelqu'un le dépasse en faisant claquer un fouet pour un motif n'ayant rien à voir avec lui, et qui se prosterne devant le moulin[34] comme si c'était l'Anactoron[35], il est désormais insupportable avec ceux qui croisent sa route. Il insulte les hommes libres, et fouette ses anciens camarades d'esclavage, pour vérifier si lui aussi a le droit de se conduire ainsi, jusqu'au moment où il tombe entre les mains d'une prostituée, se prend de passion pour l'élevage de chevaux ou se livre à des flatteurs qui jurent qu'il est plus beau que Nirée[36], plus noble que Cécrops[37] ou Codros[38], plus astucieux qu'Ulysse, plus riche que seize Crésus réunis. Alors le misérable dépense en un instant ce qui avait été accumulé peu à peu à force de parjures, de vols et de scélératesses.

24. HERMÈS : Ce que tu dis correspond à peu près à la réalité. Mais quand tu te déplaces sur tes propres pieds, comment parviens-tu à trouver ton chemin, aveugle comme tu es ? Comment distingues-tu ceux vers qui Zeus t'envoie parce qu'il les a jugés dignes d'être riches ?

---

35. Sanctuaire des deux déesses d'Éleusis, Déméter et Korè.
36. Le guerrier le plus beau, après Achille, qui soit venu sous les murs d'Ilion (*Iliade,* II, 672 sq.) ; Lucien le met en scène dans les *Dialogues des morts,* 30 (25).
37. Premier roi d'Athènes, né du sol de l'Attique.
38. Dernier roi d'Athènes, descendant de Deucalion.

ΠΛΟΥΤΟΣ

Οἴει γὰρ εὑρίσκειν με οἵτινές εἰσι ; Μὰ τὸν Δία οὐ πάνυ·
οὐ γὰρ ἂν Ἀριστείδην καταλιπὼν Ἱππονίκῳ καὶ Καλλίᾳ
προσῄειν καὶ πολλοῖς ἄλλοις Ἀθηναίων οὐδὲ ὀβολοῦ
ἀξίοις.

ΕΡΜΗΣ

Πλὴν ἀλλὰ τί πράττεις καταπεμφθείς ;

ΠΛΟΥΤΟΣ

Ἄνω καὶ κάτω πλανῶμαι, περινοστῶν ἄχρι ἂν λάθω
τινὶ ἐμπεσών· ὁ δέ, ὅστις ἂν πρῶτός μοι περιτύχῃ, ἀπαγαγὼν παρ' αὑτὸν ἔχει, σὲ τὸν Ἑρμῆν ἐπὶ τῷ παρα-
λόγῳ τοῦ κέρδους προσκυνῶν.

25

ΕΡΜΗΣ

Οὐκοῦν ἐξηπάτηται ὁ Ζεὺς οἰόμενός σε κατὰ τὰ αὑτῷ
δοκοῦντα πλουτίζειν ὅσους ἂν οἴηται τοῦ πλουτεῖν
ἀξίους ;

ΠΛΟΥΤΟΣ

Καὶ μάλα δικαίως, ὦγαθέ, ὅς γε τυφλὸν ὄντα εἰδὼς
ἔπεμπεν ἀναζητήσοντα δυσεύρετον οὕτω χρῆμα καὶ
πρὸ πολλοῦ ἐκλελοιπὸς ἐκ τοῦ βίου, ὅπερ οὐδ' ὁ Λυγ-
κεὺς ἂν ἐξεύροι ῥᾳδίως ἀμαυρὸν οὕτω καὶ μικρὸν ὄν.
Τοιγαροῦν ἅτε τῶν μὲν ἀγαθῶν ὀλίγων ὄντων, πονηρῶν
δὲ πλείστων ἐν ταῖς πόλεσιν τὸ πᾶν ἐπεχόντων, ῥᾷον ἐς
τοὺς τοιούτους ἐμπίπτω περιιὼν καὶ σαγηνεύομαι πρὸς
αὐτῶν.

ΕΡΜΗΣ

Εἶτα πῶς ἐπειδὰν καταλίπῃς αὐτοὺς ῥᾳδίως φεύγεις,
οὐκ εἰδὼς τὴν ὁδόν ;

---

39. La pauvreté et la justice d'Aristide étaient légendaires.
40. Callias, cousin d'Aristide, était extrêmement riche (voir PLUTARQUE,
Aristide, 25, 4-9). Dans sa famille, les fils aînés portaient en alternance

PLOUTOS : Tu penses que je trouve qui ils sont ? Par Zeus, absolument pas. Sinon, je n'aurais pas négligé Aristide[39] pour aborder Hipponicos, Callias[40], et beaucoup d'autres Athéniens qui ne méritaient même pas une obole*.

HERMÈS : Mais alors que fais-tu quand on t'envoie ?

PLOUTOS : J'erre en tous sens, je tourne jusqu'au moment où, sans l'avoir cherché, je tombe sur quelqu'un. Alors celui-là, le premier qui m'a rencontré, quel qu'il soit, m'emmène et me garde chez lui, en te vénérant, Hermès, pour le caractère inattendu de ce profit[41].

25. HERMÈS : Donc Zeus est trompé quand il croit que tu enrichis conformément à ses décisions tous ceux qu'il pense dignes d'être riches ?

PLOUTOS : Oui et c'est bien fait pour lui, mon bon ami, puisqu'il savait que j'étais aveugle, quand il m'a envoyé chercher un trésor aussi difficile à trouver, qui a disparu depuis longtemps du monde et que même un Lyncée[42] n'apercevrait pas facilement, tant il est peu visible et petit. C'est pourquoi, les hommes de bien étant rares et les coquins très nombreux à tout contrôler dans les cités, je tombe plus facilement sur ce genre d'individus quand je circule, et ils me prennent dans leurs filets.

HERMÈS : Mais ensuite, quand tu les quittes, comment parviens-tu à t'enfuir facilement, puisque tu ne connais pas la route ?

les noms de Callias et d'Hipponicos. Deux Hipponicos furent accusés de malversation (PLUTARQUE, *Solon,* XV, 9-11).

41. On attribue à Hermès la bonne trouvaille, l'aubaine qui porte son nom, ἕρμαιον.

42. Pilote de la nef Argô, il avait la vue tellement perçante qu'il voyait même à travers le bois ; il a donné naissance, par paronomase, à notre expression œil de lynx (cet animal n'a pas du tout une vue perçante).

ΠΛΟΥΤΟΣ

Ὀξυδερκὴς τότε πως καὶ ἀρτίπους γίνομαι πρὸς μόνον τὸν καιρὸν τῆς φυγῆς.

26

ΕΡΜΗΣ

Ἔτι δή μοι καὶ τοῦτο ἀπόκριναι, πῶς τυφλὸς ὤν – εἰρήσεται γάρ – καὶ προσέτι ὠχρὸς καὶ βαρὺς ἐκ τοῖν σκελοῖν τοσούτους ἐραστὰς ἔχεις, ὥστε πάντας ἀποβλέπειν εἰς σέ, καὶ τυχόντας μὲν εὐδαιμονεῖν οἴεσθαι, εἰ δὲ ἀποτύχοιεν οὐκ ἀνέχεσθαι ζῶντας ; Οἶδα γοῦν τινας οὐκ ὀλίγους αὐτῶν οὕτως σου δυσέρωτας ὄντας ὥστε καὶ ἐς βαθυκήτεα πόντον φέροντες ἔρριψαν αὑτοὺς καὶ πετρῶν κατ' ἠλιβάτων, ὑπερορᾶσθαι νομίζοντες ὑπὸ σοῦ ὅτιπερ οὐδὲ τὴν ἀρχὴν ἑώρας αὐτούς. Πλὴν ἀλλὰ καὶ σὺ ἂν εὖ οἶδα ὅτι ὁμολογήσειας, εἴ τι ξυνίης σαυτοῦ, κορυβαντιᾶν αὐτοὺς ἐρωμένῳ τοιούτῳ ἐπιμεμηνότας.

27

ΠΛΟΥΤΟΣ

Οἴει γὰρ τοιοῦτον οἷός εἰμι ὁρᾶσθαι αὐτοῖς, χωλὸν ἢ τυφλὸν ἢ ὅσα ἄλλα μοι πρόσεστιν ;

ΕΡΜΗΣ

Ἀλλὰ πῶς, ὦ Πλοῦτε, εἰ μὴ τυφλοὶ καὶ αὐτοὶ πάντες εἰσίν ;

43. Théognis, 175-176. Cette citation est reprise dans les *Hôtes à gages*, 5.

44. Compagnons de Rhéa en Phrygie et parfois confondus avec les Courètes de Delphes. Alcibiade les évoque pour dire le trouble amoureux que Socrate provoque en lui (Platon, *Banquet,* 215e).

PLOUTOS : Mon œil devient alors perçant et mes pieds agiles, mais seulement au moment de ma fuite.

26. HERMÈS : Réponds encore, je t'en prie, à la question suivante. Comment se fait-il qu'étant aveugle (il faut dire ce qui est), ayant de plus le teint blême et la démarche lourde, à cause de tes jambes, tu aies tant d'amants ? Que tous aient les yeux fixés sur toi et se considèrent comme heureux de t'obtenir, alors que, s'ils échouent, ils ne supportent plus la vie ? J'en connais, et beaucoup, que l'amour malheureux qu'ils te portaient a poussés *dans la mer aux gouffres profonds*, et qui se sont jetés volontairement *du haut de rocs inaccessibles*[43] : ils croyaient que tu les regardais de haut parce qu'en fait tu ne les voyais pas du tout. D'ailleurs je pense que tu reconnaîtras toi aussi, si tu sais ce que tu es, qu'ils sont pris d'un délire de Corybantes[44] de s'éprendre de quelqu'un comme toi.

27. PLOUTOS : Penses-tu donc qu'ils me voient tel que je suis, boiteux, aveugle, sans parler de tous mes autres défauts ?

HERMÈS : Comment imaginer le contraire, Ploutos, à moins qu'ils ne soient tous aveugles eux aussi ?

ΠΛΟΥΤΟΣ

Οὐ τυφλοί, ὦ ἄριστε, ἀλλ' ἡ ἄγνοια καὶ ἡ ἀπάτη, αἵπερ νῦν κατέχουσι τὰ πάντα, ἐπισκιάζουσιν αὐτούς· ἔτι δὲ καὶ αὐτός, ὡς μὴ παντάπασιν ἄμορφος εἴην, προσωπεῖόν τι ἐρασμιώτατον περιθέμενος, διάχρυσον καὶ λιθοκόλλητον, καὶ ποικίλα ἐνδὺς ἐντυγχάνω αὐτοῖς· οἱ δὲ αὐτοπρόσωπον οἰόμενοι ὁρᾶν τὸ κάλλος ἐρῶσι καὶ ἀπόλλυνται μὴ τυγχάνοντες. Ὡς εἴ γέ τις αὐτοῖς ὅλον ἀπογυμνώσας ἐπέδειξέ με, δῆλον ὡς κατεγίνωσκον ἂν αὑτῶν ἀμβλυώττοντες τὰ τηλικαῦτα καὶ ἐρῶντες ἀνεράστων καὶ ἀμόρφων πραγμάτων.

28

ΕΡΜΗΣ

Τί οὖν ὅτι καὶ ἐν αὐτῷ ἤδη τῷ πλουτεῖν γενόμενοι καὶ τὸ προσωπεῖον αὐτοὶ περιθέμενοι ἔτι ἐξαπατῶνται, καὶ ἤν τις ἀφαιρῆται αὐτούς, θᾶττον ἂν τὴν κεφαλὴν ἢ τὸ προσωπεῖον πρόοιντο ; Οὐ γὰρ δὴ καὶ τότε ἀγνοεῖν εἰκὸς αὐτοὺς ὡς ἐπίχριστος ἡ εὐμορφία ἐστίν, ἔνδοθεν τὰ πάντα ὁρῶντας.

ΠΛΟΥΤΟΣ

Οὐκ ὀλίγα, ὦ Ἑρμῆ, καὶ πρὸς τοῦτό μοι συναγωνίζεται.

ΕΡΜΗΣ

Τὰ ποῖα ;

ΠΛΟΥΤΟΣ

Ἐπειδάν τις ἐντυχὼν τὸ πρῶτον ἀναπετάσας τὴν θύραν εἰσδέχηταί με, συμπαρεισέρχεται μετ' ἐμοῦ λαθὼν ὁ τῦφος καὶ ἡ ἄνοια καὶ ἡ μεγαλαυχία καὶ μαλακία καὶ ὕβρις καὶ ἀπάτη καὶ ἄλλα ἄττα μυρία· ὑπὸ δὴ τούτων ἁπάντων καταληφθεὶς τὴν ψυχὴν θαυμάζει τε τὰ οὐ θαυμαστὰ καὶ ὀρέγεται τῶν φευκτῶν κἀμὲ τὸν πάντων ἐκείνων πατέρα τῶν εἰσεληλυθότων κακῶν τέθηπε δορυφορούμενον ὑπ' αὐτῶν καὶ πάντα πρότερον πάθοι ἂν ἢ ἐμὲ προέσθαι ὑπομείνειεν ἄν.

PLOUTOS : Ils ne sont pas aveugles, mon excellent ami, mais l'ignorance et la tromperie qui actuellement dominent tout, leur obscurcissent la vue. De plus, pour ne pas être absolument hideux, je mets un masque très séduisant, orné d'or et de pierreries, et revêts des habits chamarrés avant de les rencontrer. Croyant voir la beauté sous son visage véritable, ils se prennent d'amour pour moi, et meurent s'ils ne m'obtiennent pas. Car si on me déshabillait et me montrait à eux entièrement nu, ils se reprocheraient évidemment d'avoir la vue aussi basse et d'aimer ce qui n'est ni aimable ni beau.

28. HERMÈS : Mais une fois qu'ils sont au sein même de la richesse, lorsqu'ils ont mis à leur tour le masque sur leur propre visage, comment donc est-il possible qu'ils se laissent encore tromper ? Si on veut leur enlever ce masque, ils préféreraient qu'on leur arrache plutôt la tête. Il est invraisemblable qu'ils ignorent à ce moment-là que cette beauté est factice, puisqu'ils voient tout de l'intérieur.

PLOUTOS : Bien des éléments, Hermès, m'aident encore à produire cet effet.

HERMÈS : Lesquels ?

PLOUTOS : Lorsque quelqu'un me rencontre pour la première fois et ouvre sa porte pour m'accueillir, il ne voit pas qu'il laisse aussi entrer avec moi Vanité, Folie, Arrogance, Mollesse, Insolence, Tromperie et des milliers d'autres fléaux. Une fois que son âme est possédée par tous ces vices, il admire ce qui n'est pas admirable, recherche ce qu'il faut fuir et reste fasciné par moi, le père de tous ces maux qui sont entrés, en me voyant de tels gardes du corps. Il accepterait n'importe quoi plutôt que de se résigner à me perdre.

29

ΕΡΜΗΣ

Ὡς δὲ λεῖος εἶ καὶ ὀλισθηρός, ὦ Πλοῦτε, καὶ δυσκά-
τοχος καὶ διαφευκτικός, οὐδεμίαν ἀντιλαβὴν παρεχό-
μενος βεβαίαν ἀλλ' ὥσπερ αἱ ἐγχέλεις ἢ οἱ ὄφεις διὰ
τῶν δακτύλων δραπετεύεις οὐκ οἶδα ὅπως· ἡ Πενία
δ'ἔμπαλιν ἰξώδης τε καὶ εὐλαβὴς καὶ μυρία τὰ ἄγκισ-
τρα ἐκπεφυκότα ἐξ ἅπαντος τοῦ σώματος ἔχουσα, ὡς
πλησιάσαντας εὐθὺς ἔχεσθαι καὶ μὴ ἔχειν ῥᾳδίως ἀπο-
λυθῆναι. Ἀλλὰ μεταξὺ φλυαροῦντας ἡμᾶς πρᾶγμα οὐ
μικρὸν διέλαθεν.

ΠΛΟΥΤΟΣ

Τὸ ποῖον ;

ΕΡΜΗΣ

Ὅτι τὸν Θησαυρὸν οὐκ ἐπηγαγόμεθα, οὗπερ ἔδει
μάλιστα.

30

ΠΛΟΥΤΟΣ

Θάρρει τούτου γε ἕνεκα· ἐν τῇ γῇ αὐτὸν ἀεὶ καταλείπων
ἀνέρχομαι πρὸς ὑμᾶς ἐπισκήψας ἔνδον μένειν ἐπι-
κλεισάμενον τὴν θύραν, ἀνοίγειν δὲ μηδενί, ἢν μὴ ἐμοῦ
ἀκούσῃ βοήσαντος.

ΕΡΜΗΣ

Οὐκοῦν ἐπιβαίνωμεν ἤδη τῆς Ἀττικῆς· καί μοι ἕπου
ἐχόμενος τῆς χλαμύδος, ἄχρι ἂν πρὸς τὴν ἐσχατιὰν
ἀφίκωμαι.

ΠΛΟΥΤΟΣ

Εὖ ποιεῖς, ὦ Ἑρμῆ, χειραγωγῶν· ἐπεὶ ἤν γε ἀπολίπῃς
με, Ὑπερβόλῳ τάχα ἢ Κλέωνι ἐμπεσοῦμαι περινοστῶν.
Ἀλλὰ τίς ὁ ψόφος οὗτός ἐστιν καθάπερ σιδήρου πρὸς
λίθον ;

29. HERMÈS : C'est que tu es lisse et glissant, Ploutos, difficile à retenir et fuyant. Tu n'offres aucune prise solide : comme les anguilles ou les serpents, tu files, je ne sais comment, entre les doigts. Au contraire, Pauvreté est collante, facile à attraper : elle a d'innombrables hameçons qui hérissent tout son corps : c'est pourquoi ceux qui s'approchent d'elle sont aussitôt pris et ne peuvent facilement se détacher. Mais tandis que nous bavardions, nous ne nous sommes pas aperçus de quelque chose d'important.

PLOUTOS : Quoi ?

HERMÈS : Nous n'avons pas emmené Trésor dont nous avons pourtant le plus grand besoin.

30. PLOUTOS : Ne t'inquiète pas pour cela. Je le laisse toujours sur la terre quand je monte vous rejoindre, en lui recommandant de rester à l'intérieur, de fermer la porte et de n'ouvrir à personne sauf s'il m'entend appeler.

HERMÈS : Atterrissons donc à présent en Attique. Tiens-toi à ma chlamyde, et suis moi, jusqu'à ce que je parvienne dans cette campagne au bout du monde.

PLOUTOS : Tu as raison de me guider, Hermès : si tu me laissais, je risquerais de m'égarer et de tomber peut-être sur Hyperbolos ou Cléon[45]. Mais quel est ce bruit ? On dirait du fer qui heurte de la pierre.

---

45. Célèbres démagogues qui firent carrière après la mort de Périclès. Cléon était un riche tanneur, qui mourut au combat en 422 : Aristophane le raille souvent et le représente dans les *Cavaliers* sous les traits du Paphlagonien ; Hyperbolos, marchand de lampes, succéda à Cléon à la tête du parti démagogue : ostracisé en 417, il mourut en exil (voir Aristophane, *Nuées*, 551 sq., *Paix,* 681 sq.).

31

ΕΡΜΗΣ

Ὁ Τίμων οὑτοσὶ σκάπτει πλησίον ὀρεινὸν καὶ ὑπόλιθον γῄδιον. Παπαί, καὶ ἡ Πενία πάρεστιν καὶ ὁ Πόνος ἐκεῖνος, ἡ Καρτερία τε καὶ ἡ Σοφία καὶ ἡ Ἀνδρεία καὶ ὁ τοιοῦτος ὄχλος τῶν ὑπὸ τῷ Λιμῷ ταττομένων ἁπάντων, πολὺ ἀμείνους τῶν σῶν δορυφόρων.

ΠΛΟΥΤΟΣ

Τί οὖν οὐκ ἀπαλλαττόμεθα, ὦ Ἑρμῆ, τὴν ταχίστην ; Οὐ γὰρ ἄν τι ἡμεῖς δράσαιμεν ἀξιόλογον πρὸς ἄνδρα ὑπὸ τηλικούτου στρατοπέδου περιεσχημένον.

ΕΡΜΗΣ

Ἄλλως ἔδοξε τῷ Διί· μὴ ἀποδειλιῶμεν οὖν.

32

ΠΕΝΙΑ

Ποῖ τοῦτον ἀπάγεις, ὦ Ἀργειφόντα, χειραγωγῶν ;

ΕΡΜΗΣ

Ἐπὶ τουτονὶ τὸν Τίμωνα ἐπέμφθημεν ὑπὸ τοῦ Διός.

ΠΕΝΙΑ

Νῦν ὁ Πλοῦτος ἐπὶ Τίμωνα, ὁπότε αὐτὸν ἐγὼ κακῶς ἔχοντα ὑπὸ τῆς Τρυφῆς παραλαβοῦσα, τουτοισὶ παραδοῦσα, τῇ Σοφίᾳ καὶ τῷ Πόνῳ, γενναῖον ἄνδρα καὶ πολλοῦ ἄξιον ἀπέδειξα ; Οὕτως ἄρα εὐκαταφρόνητος ὑμῖν ἡ Πενία δοκῶ καὶ εὐαδίκητος, ὥσθ' ὃ μόνον κτῆμα εἶχον ἀφαιρεῖσθαί με, ἀκριβῶς πρὸς ἀρετὴν ἐξειργασμένον, ἵνα αὖθις ὁ Πλοῦτος παραλαβὼν αὐτὸν Ὕβρει καὶ Τύφῳ ἐγχειρίσας ὅμοιον τῷ πάλαι μαλθακὸν καὶ ἀγεννῆ καὶ ἀνόητον ἀποφήνας ἀποδῷ πάλιν ἐμοὶ ῥάκος ἤδη γεγενημένον ;

ΕΡΜΗΣ

Ἔδοξε ταῦτα, ὦ Πενία, τῷ Διί.

31. HERMÈS : C'est Timon qui bêche un terrain escarpé et caillouteux tout près. Ma parole, Pauvreté est ici, ainsi que Labeur, Endurance, Sagesse, Courage, et la foule de leurs semblables qui se rangent sous le commandement de Famine : ils sont bien supérieurs à tes gardes du corps.

PLOUTOS : Pourquoi ne pas nous en aller au plus vite, Hermès ? Nous ne pouvons obtenir aucun résultat sérieux face à un homme entouré d'une telle armée.

HERMÈS : Zeus en a décidé autrement. Ne renonçons donc pas lâchement.

32. PAUVRETÉ : Où emmènes-tu l'homme que tu conduis par la main, Argéiphontès[46] ?

HERMÈS : Nous sommes envoyés par Zeus auprès de Timon que voici.

PAUVRETÉ : C'est maintenant que Ploutos vient vers Timon ? Quand je l'ai recueilli, alors que Luxe l'avait mis dans un si triste état, que je l'ai confié à ces deux-là, Sagesse et Labeur, que j'en ai fait un homme vaillant et digne d'estime ? Est-ce que moi, Pauvreté, je vous semble à ce point mériter le mépris et l'offense, que vous m'enleviez le seul bien que j'avais, cet homme que j'ai dressé rigoureusement à la vertu ? Est-ce pour que Ploutos le reprenne, le livre à Insolence et à Vanité, le rende mou, lâche, insensé, comme il était autrefois, puis me le redonne quand il sera devenu définitivement une loque ?

HERMÈS : Zeus en a décidé ainsi, Pauvreté.

---

46. Épithète homérique d'Hermès dont la signification est controversée : meurtrier d'Argos, brillant ?

33

ΠΕΝΙΑ

Ἀπέρχομαι· καὶ ὑμεῖς δέ, ὦ Πόνε καὶ Σοφία καὶ οἱ λοιποί, ἀκολουθεῖτέ μοι. Οὗτος δὲ τάχα εἴσεται, οἵαν με οὖσαν ἀπολείψει, ἀγαθὴν συνεργὸν καὶ διδάσκαλον τῶν ἀρίστων, ᾗ συνὼν ὑγιεινὸς μὲν τὸ σῶμα, ἐρρωμένος δὲ τὴν γνώμην διετέλεσεν, ἀνδρὸς βίον ζῶν καὶ πρὸς αὑτὸν ἀποβλέπων, τὰ δὲ περιττὰ καὶ πολλὰ ταῦτα, ὥσπερ ἐστίν, ἀλλότρια ὑπολαμβάνων.

ΕΡΜΗΣ

Ἀπέρχονται· ἡμεῖς δὲ προσίωμεν αὐτῷ.

34

ΤΙΜΩΝ

Τίνες ἐστέ, ὦ κατάρατοι ; Ἢ τί βουλόμενοι δεῦρο ἥκετε ἄνδρα ἐργάτην καὶ μισθοφόρον ἐνοχλήσοντες ; Ἀλλ᾽ οὐ χαίροντες ἄπιτε μιαροὶ πάντες ὄντες· ἐγὼ γὰρ ὑμᾶς αὐτίκα μάλα βάλλων τοῖς βώλοις καὶ τοῖς λίθοις συντρίψω.

ΕΡΜΗΣ

Μηδαμῶς, ὦ Τίμων, μὴ βάλῃς· οὐ γὰρ ἀνθρώπους ὄντας βαλεῖς, ἀλλ᾽ ἐγὼ μὲν Ἑρμῆς εἰμι, οὑτοσὶ δὲ ὁ Πλοῦτος· ἔπεμψε δὲ ὁ Ζεὺς ἐπακούσας τῶν εὐχῶν, ὥστε ἀγαθῇ τύχῃ δέχου τὸν ὄλβον ἀποστὰς τῶν πόνων.

ΤΙΜΩΝ

Καὶ ὑμεῖς οἰμώξεσθε ἤδη καίτοι θεοὶ ὄντες, ὥς φατε· πάντας γὰρ ἅμα καὶ ἀνθρώπους καὶ θεοὺς μισῶ, τουτονὶ δὲ τὸν τυφλόν, ὅστις ἂν ᾖ, καὶ ἐπιτρίψειν μοι δοκῶ τῇ δικέλλῃ.

ΠΛΟΥΤΟΣ

Ἀπίωμεν, ὦ Ἑρμῆ, πρὸς τοῦ Διός, μελαγχολᾶν γὰρ ὁ ἄνθρωπος οὐ μετρίως μοι δοκεῖ, μή τι κακὸν ἀπέλθω προσλαβών.

33. PAUVRETÉ : Je m'en vais. Et vous aussi, Labeur, Sagesse et tous les autres, suivez-moi. Cet homme comprendra vite ce qu'il va perdre avec moi : une bonne collègue de travail, qui lui enseignait l'excellence, en compagnie de laquelle il n'a cessé d'avoir le corps sain et la pensée robuste, menant une existence virile, ne comptant que sur lui-même et tenant tous ces biens superflus pour ce qu'ils sont, extérieurs à lui-même.

HERMÈS : Ils s'en vont. Et nous, approchons-nous de lui.

34. TIMON : Qui êtes-vous, maudits ? Et dans quelle intention venez-vous importuner un travailleur, un journalier ? Ah ! vous n'allez pas repartir sans le payer, méchants, tous tant que vous êtes. Je m'en vais de ce pas vous écraser sous des mottes de terre et des pierres[47].

HERMÈS : Non, non, Timon, ne tire pas. Car tu ne tireras pas sur des hommes : je suis Hermès, et lui, c'est Ploutos. Zeus nous a envoyés : il a entendu tes prières. Bonne chance à toi ! Accueille la prospérité et cesse tes travaux.

TIMON : Vous aussi vous allez gémir bientôt, même si vous êtes des dieux, comme vous le prétendez. Je déteste tout le monde, homme et dieux réunis. Quant à cet aveugle, qu'il soit qui il veut ! Je vais l'écraser aussi, je crois, avec ma pioche.

PLOUTOS : Par Zeus, allons-nous-en, Hermès. L'homme souffre d'une mélancolie peu ordinaire. J'ai peur de recevoir un mauvais coup avant de repartir.

---

47. Souvenir de Ménandre : Cnémon accueille l'esclave Pyrrhias à coups de pierres et de mottes de terre (*Dyscolos*, 120).

35

ΕΡΜΗΣ

Μηδὲν σκαιόν, ὦ Τίμων, ἀλλὰ τὸ πάνυ τοῦτο ἄγριον
καὶ τραχὺ καταβαλὼν προτείνας τὼ χεῖρε λάμβανε τὴν
ἀγαθὴν τύχην καὶ πλούτει πάλιν καὶ ἴσθι Ἀθηναίων τὰ
πρῶτα καὶ ὑπερόρα τῶν ἀχαρίστων ἐκείνων μόνος
αὐτὸς εὐδαιμονῶν.

ΤΙΜΩΝ

Οὐδὲν ὑμῶν δέομαι· μὴ ἐνοχλεῖτέ μοι· ἱκανὸς ἐμοὶ
πλοῦτος ἡ δίκελλα, τὰ δ᾽ ἄλλα εὐδαιμονέστατός εἰμι
μηδενός μοι πλησιάζοντος.

ΕΡΜΗΣ

Οὕτως, ὦ τάν, ἀπανθρώπως ; « Τόνδε φέρω Διὶ μῦθον
ἀπηνέα τε κρατερόν τε ; » Καὶ μὴν εἰκὸς ἦν μισάν-
θρωπον μὲν εἶναί σε τοσαῦτα ὑπ᾽ αὐτῶν δεινὰ πεπον-
θότα, μισόθεον δὲ μηδαμῶς, οὕτως ἐπιμελουμένων σου
τῶν θεῶν.

36

ΤΙΜΩΝ

Ἀλλὰ σοὶ μέν, Ἑρμῆ, καὶ τῷ Διὶ πλείστη χάρις τῆς ἐπι-
μελείας, τουτονὶ δὲ τὸν Πλοῦτον οὐκ ἂν λάβοιμι.

ΕΡΜΗΣ

Τί δή ;

ΤΙΜΩΝ

Ὅτι καὶ πάλαι μυρίων μοι κακῶν αἴτιος οὗτος κατέστη
κόλαξί τε παραδοὺς καὶ ἐπιβούλους ἐπαγαγὼν καὶ
μῖσος ἐπεγείρας καὶ ἡδυπαθείᾳ διαφθείρας καὶ ἐπίφ-
θονον ἀποφήνας, τέλος δὲ ἄφνω καταλιπὼν οὕτως
ἀπίστως καὶ προδοτικῶς· ἡ βελτίστη δὲ Πενία πόνοις

---

48. Dans le *Dyscolos* (6-7), Cnémon est défini comme
ἀπανθρωπός.

35. HERMÈS : Pas de bêtises, Timon. Allons, abandonne ces manières sauvages et rudes, tends les deux mains pour recevoir ta bonne fortune. Sois riche de nouveau. Occupe le premier rang parmi les Athéniens, regarde de haut ces ingrats, et garde ton bonheur pour toi seul.

TIMON : Je ne vous demande rien. Ne m'importunez pas. La richesse qui me suffit, c'est ma pioche. Pour le reste, je suis le plus heureux des hommes à condition que personne ne s'approche de moi.

HERMÈS : Tant d'inhumanité[48], mon bon ami ?
Dois-je porter à Zeus ces mots durs et violents[49] *?*

Bien sûr, il est naturel que tu détestes les hommes qui t'ont infligé tant de mauvais traitements, mais tu ne dois pas t'en prendre aux dieux, qui prennent soin de toi comme ils le font.

36. TIMON : Très bien ! Je vous remercie beaucoup, toi et Zeus, de votre sollicitude. Mais Ploutos ici présent, je ne saurais l'accepter.

HERMÈS : Pourquoi ?

TIMON : Parce qu'autrefois déjà il m'a attiré d'innombrables maux, me livrant à des flatteurs, attirant à moi des intrigants, suscitant contre moi de la haine, me gâtant par la vie facile, m'exposant à l'envie, et pour finir, me quittant soudain avec tant de déloyauté et de traîtrise. En revanche, l'excellente Pauvreté, en m'entraînant aux

---

49. *Iliade*, XV, 202 : mots adressés par Iris à Poséidon qui s'obstine à combattre.

με τοῖς ἀνδρικωτάτοις καταγυμνάσασα καὶ μετ' ἀληθείας καὶ παρρησίας προσομιλοῦσα τά τε ἀναγκαῖα
κάμνοντι παρεῖχεν καὶ τῶν πολλῶν ἐκείνων καταφρονεῖν ἐπαίδευεν, ἐξ αὐτοῦ ἐμοῦ τὰς ἐλπίδας ἀπαρτή-
σασά μοι τοῦ βίου καὶ δείξασα ὅστις ἦν ὁ πλοῦτος ὁ
ἐμός, ὃν οὔτε κόλαξ θωπεύων οὔτε συκοφάντης φοβῶν,
οὐ δῆμος παροξυνθείς, οὐκ ἐκκλησιαστὴς ψηφοφορή-
σας, οὐ τύραννος ἐπιβουλεύσας ἀφελέσθαι δύναιτ' ἄν.
37 Ἐρρωμένος τοιγαροῦν ὑπὸ τῶν πόνων τὸν ἀγρὸν
τουτονὶ φιλοπόνως ἐπεργαζόμενος, οὐδὲν ὁρῶν τῶν ἐν
ἄστει κακῶν, ἱκανὰ καὶ διαρκῆ ἔχω τὰ ἄλφιτα παρὰ τῆς
δικέλλης. Ὥστε παλίνδρομος ἄπιθι, ὦ Ἑρμῆ, τὸν
Πλοῦτον ἀπαγαγὼν τῷ Διΐ· ἐμοὶ δὲ τοῦτο ἱκανὸν ἦν,
πάντας ἀνθρώπους ἡβηδὸν οἰμώζειν ποιῆσαι.

ΕΡΜΗΣ
Μηδαμῶς, ὦγαθέ· οὐ γὰρ πάντες εἰσὶν ἐπιτήδειοι πρὸς
οἰμωγήν. Ἀλλ' ἔα τὰ ὀργίλα ταῦτα καὶ μειρακιώδη καὶ
τὸν Πλοῦτον παράλαβε. Οὗτοι ἀπόβλητά ἐστιν τὰ
δῶρα τὰ παρὰ τοῦ Διός.

ΠΛΟΥΤΟΣ
Βούλει, ὦ Τίμων, δικαιολογήσομαι πρὸς σέ ; Ἢ χαλε-
πανεῖς μοι λέγοντι ;

ΤΙΜΩΝ
Λέγε, μὴ μακρὰ μέντοι, μηδὲ μετὰ προοιμίων, ὥσπερ οἱ
ἐπίτριπτοι ῥήτορες· ἀνέξομαι γάρ σε ὀλίγα λέγοντα διὰ
τὸν Ἑρμῆν τουτονί.

38
ΠΛΟΥΤΟΣ
Ἐχρῆν μέντοι ἴσως καὶ μακρὰ εἰπεῖν, οὕτω πολλὰ ὑπὸ
σοῦ κατηγορηθέντα· ὅμως δὲ ὅρα εἴ τί σε, ὡς φής,

travaux les plus virils, en me traitant avec vérité et franchise, m'a procuré le nécessaire par la fatigue, et m'a appris à mépriser tous mes biens d'autrefois, faisant dépendre de moi seul mes espoirs de subsistance et me montrant en quoi consistait ma richesse, que ni les cajoleries d'un flatteur, ni les menaces d'un sycophante, ni l'excitation du peuple, ni le vote d'un membre de l'ecclésia, ni les machinations d'un tyran ne pourraient m'enlever. 37. Voilà pourquoi, fortifié par mes travaux, je travaille avec courage le champ que voici, sans voir aucun des maux de la ville : ma pioche me procure ma part de pain suffisante et assurée. Fais donc demi-tour, Hermès, va-t'en et reconduis Ploutos à Zeus. Pour moi, une seule chose me suffirait : faire se lamenter tous les hommes, jeunes et vieux.

HERMÈS : Non, non, mon bon ami. Ils ne méritent pas tous de gémir. Laisse cette colère, ces mouvements d'humeur puérils, et accepte Ploutos :

Il ne faut rejeter les dons que Zeus envoie[50].

PLOUTOS : Me permets-tu de plaider ma cause devant toi, Timon ? Ou te fâcheras-tu si je parle ?

TIMON : Parle, mais pas de longueurs, pas de préambule comme les orateurs retors. Par égard pour Hermès ici présent, je supporterai que tu dises quelques mots.

38. PLOUTOS : J'aurais peut-être besoin de parler longuement pour répondre aux nombreuses accusations que tu m'as adressées, mais vois si je t'ai fait du tort, comme tu

---

50. *Iliade*, III, 65.

ἠδίκηκα, ὃς τῶν μὲν ἡδίστων ἁπάντων αἴτιός σοι
κατέστην, τιμῆς καὶ προεδρίας καὶ στεφάνων καὶ τῆς
ἄλλης τρυφῆς, περίβλεπτός τε καὶ ἀοίδιμος δι' ἐμὲ
ἦσθα καὶ περισπούδαστος· εἰ δέ τι χαλεπὸν ἐκ τῶν
κολάκων πέπονθας, ἀναίτιος ἐγώ σοι· μᾶλλον δὲ αὐτὸς
ἠδίκημαι τοῦτο ὑπὸ σοῦ, διότι με οὕτως ἀτίμως ὑπέβα-
λες ἀνδράσι καταράτοις ἐπαινοῦσι καὶ καταγοητεύουσι
καὶ πάντα τρόπον ἐπιβουλεύουσί μοι· καὶ τό γε τελευταῖον ἔφησθα, ὡς προδέδωκά σε, τοὐναντίον δὲ αὐτὸς
ἐγκαλέσαιμί σοι πάντα τρόπον ἀπελαθεὶς ὑπὸ σοῦ καὶ
ἐπὶ κεφαλὴν ἐξωσθεὶς τῆς οἰκίας. Τοιγαροῦν ἀντὶ
μαλακῆς χλανίδος ταύτην τὴν διφθέραν ἡ τιμιωτάτη
σοι Πενία περιτέθεικεν. Ὥστε μάρτυς ὁ Ἑρμῆς οὑτοσί,
πῶς ἱκέτευον τὸν Δία μηκέθ' ἥκειν παρὰ σὲ οὕτως δυσ-
μενῶς μοι προσενηνεγμένον.

39
ΕΡΜΗΣ
Ἀλλὰ νῦν ὁρᾷς, ὦ Πλοῦτε, οἷος ἤδη γεγένηται ; Ὥστε
θαρρῶν ξυνδιάτριβε αὐτῷ· καὶ σὺ μὲν σκάπτε ὡς ἔχεις·
σὺ δὲ τὸν Θησαυρὸν ὑπάγαγε τῇ δικέλλῃ· ὑπακούσεται
γὰρ ἐμβοήσαντί σοι.
ΤΙΜΩΝ
Πειστέον, ὦ Ἑρμῆ, καὶ αὖθις πλουτητέον. Τί γὰρ ἂν
καὶ πάθοι τις, ὁπότε οἱ θεοὶ βιάζοιντο ; Πλὴν ὅρα γε
εἰς οἷά με πράγματα ἐμβάλλεις τὸν κακοδαίμονα, ὃς
ἄχρι νῦν εὐδαιμονέστατα διάγων χρυσὸν ἄφνω τοσοῦτον λήψομαι οὐδὲν ἀδικήσας καὶ τοσαύτας φροντίδας
ἀναδέξομαι.

le prétends. Je t'ai procuré les plus doux plaisirs, honneurs, préséances, couronnes sans parler du luxe : grâce à moi tu as été considéré, célébré, courtisé. Si les flatteurs t'ont malmené, je n'en suis pas responsable. C'est d'ailleurs plutôt moi qui ai été maltraité par toi : tu m'as livré avec tant de mépris à de maudits personnages qui te louaient, t'envoûtaient et intriguaient contre moi de mille façons. Tu as dit pour finir que je t'avais trahi, mais c'est moi bien au contraire qui pourrais t'accuser, car tu m'as rejeté par tous les moyens et tu m'as chassé de ta maison la tête la première. Voilà pourquoi ta si précieuse Pauvreté t'a revêtu de cette peau de bête au lieu d'une délicate chlamyde. Hermès ici présent est témoin que j'ai supplié Zeus de ne plus m'envoyer chez toi qui m'as traité si méchamment.

39. HERMÈS : Eh bien, Ploutos, tu vois maintenant quel homme il est devenu. Courage donc et n'hésite pas à vivre avec lui. Quant à toi, Timon, continue à bêcher comme tu le fais. Et toi, Ploutos, place Trésor sous sa pioche : il entendra ton appel.

TIMON : Il faut obéir, Hermès, et redevenir riche.

Que peut faire un mortel quand les dieux le contraignent[51] ?

Mais vois dans quels tracas tu me plonges, pauvre diable que je suis. Je menais jusqu'ici une existence très heureuse et je vais soudain, alors que je n'ai rien fait de mal, recevoir tant d'or et accueillir tant de soucis.

---

51. Citation d'auteur inconnu.

40

ΕΡΜΗΣ

Ὑπόστηθι, ὦ Τίμων, δι᾽ ἐμέ, καὶ εἰ χαλεπὸν τοῦτο καὶ οὐκ οἰστόν ἐστιν, ὅπως οἱ κόλακες ἐκεῖνοι διαρραγῶσιν ὑπὸ τοῦ φθόνου· ἐγὼ δὲ ὑπὲρ τὴν Αἴτνην ἐς τὸν οὐρανὸν ἀναπτήσομαι.

ΠΛΟΥΤΟΣ

Ὁ μὲν ἀπελήλυθεν, ὡς δοκεῖ· τεκμαίρομαι γὰρ τῇ εἰρεσίᾳ τῶν πτερῶν· σὺ δὲ αὐτοῦ περίμενε· ἀναπέμψω γάρ σοι τὸν Θησαυρὸν ἀπελθών· μᾶλλον δὲ παῖε. Σέ φημι, Θησαυρὲ χρυσοῦ, ὑπάκουσον Τίμωνι τουτῳὶ καὶ παράσχες ἑαυτὸν ἀνελέσθαι. Σκάπτε, ὦ Τίμων, βαθείας καταφέρων. Ἐγὼ δὲ ὑμῖν ἀποστήσομαι.

41

ΤΙΜΩΝ

Ἄγε, ὦ δίκελλα, νῦν μοι ἐπίρρωσον σεαυτὴν καὶ μὴ κάμῃς ἐκ τοῦ βάθους τὸν Θησαυρὸν ἐς τοὐμφανὲς προκαλουμένη. Ὦ Ζεῦ τεράστιε καὶ φίλοι Κορύβαντες καὶ Ἑρμῆ κερδῷε, πόθεν τοσοῦτον χρυσίον ; Ἦ που ὄναρ ταῦτά ἐστιν ; Δέδια γοῦν μὴ ἄνθρακας εὕρω ἀνεγρόμενος· ἀλλὰ μὴν χρυσίον ἐστὶν ἐπίσημον, ὑπέρυθρον, βαρὺ καὶ τὴν πρόσοψιν ὑπερήδιστον. « Ὦ χρυσέ, δεξίωμα κάλλιστον βροτοῖς· » « αἰθόμενον γὰρ πῦρ ἅτε διαπρέπεις » καὶ νύκτωρ καὶ μεθ᾽ ἡμέραν. Ἐλθέ, ὦ φίλτατε καὶ ἐρασμιώτατε. Νῦν πείθομαί γε καὶ Δία ποτὲ γενέσθαι χρυσόν· τίς γὰρ οὐκ ἂν παρθένος ἀναπεπταμένοις τοῖς κόλποις ὑπεδέξατο οὕτω καλὸν

---

52. Voir § 9.

53. Voir § 26 et la note. Les Corybantes sont peut-être évoqués par allusion à l'étymologie de leur nom, rattaché à κρύπτειν.

54. Voir § 24 et la note.

40. HERMÈS : Endure-les, Timon, par égard pour moi, même si c'est pénible et insupportable, afin que tes flatteurs de naguère en crèvent d'envie. Moi, je vais survoler l'Etna[52] et remonter au ciel à tire d'aile.

PLOUTOS : Il est parti, on dirait, si j'en crois le battement de ses ailes. Toi, attends ici. Je pars t'envoyer Trésor. Ou plutôt, continue à frapper. Je t'appelle, Trésor doré, obéis à Timon que voici et laisse-le te déterrer. Continue à bêcher, Timon, creuse plus profond. Je vais vous laisser.

41. TIMON : Allons, ma pioche, c'est le moment d'être forte. Ne te lasse pas, appelle Trésor des profondeurs à la lumière. Zeus, dieu des prodiges ! Bienveillants Corybantes[53] ! Hermès dieu des aubaines[54] ! D'où vient tant d'or ? Est-ce un songe ? Je crains de trouver des cendres[55] à mon réveil. Non, c'est de l'or monnayé, un peu rouge, pesant, à l'aspect fort engageant.

Or le plus beau présent qui soit fait aux mortels[56] !
Oui, vraiment,
Tel un feu brûlant tu brilles[57]
nuit et jour. Viens mon chéri, mon amour. Oui, maintenant je me laisse persuader que Zeus lui aussi s'est un jour transformé en or. Quelle vierge ne voudrait offrir ses seins pour accueillir si bel amant coulant en pluie à travers le

---

55. Proverbe que l'on rencontre souvent chez Lucien : *Philopseudès,* 32 ; *Le navire ou les vœux,* 26 ; *Zeuxis,* 2 ; *Hermotimos,* 71.
56. Fragment de la *Danaé* d'Euripide.
57. PINDARE, *Olympiques,* I, 2-4 ; ce vers est également cité par Lucien dans *le Rêve ou le coq,* 7.

ἐραστὴν διὰ τοῦ τέγους καταρρέοντα ; 42 Ὦ Μίδα καὶ
Κροῖσε καὶ τὰ ἐν Δελφοῖς ἀναθήματα, ὡς οὐδὲν ἄρα
ἦτε ὡς πρὸς Τίμωνα καὶ τὸν Τίμωνος πλοῦτον, ᾧ γε
οὐδὲ βασιλεὺς ὁ Περσῶν ἴσος. Ὦ δίκελλα καὶ φιλτάτη
διφθέρα, ὑμᾶς μὲν τῷ Πανὶ τούτῳ ἀναθεῖναι καλόν·
αὐτὸς δὲ ἤδη πᾶσαν πριάμενος τὴν ἐσχατιάν, πυργίον
οἰκοδομησάμενος ὑπὲρ τοῦ θησαυροῦ μόνῳ ἐμοὶ ἱκανὸν
ἐνδιαιτᾶσθαι, τὸν αὐτὸν καὶ τάφον ἀποθανὼν ἕξειν μοι
τὸν ἐπίλοιπον βίον, ἀμιξίᾳ πρὸς ἅπαντας καὶ ἀγνωσίᾳ
καὶ ὑπεροψίᾳ· φίλος δὲ ἢ ξένος ἢ ἑταῖρος ἢ Ἐλέου
βωμὸς ὕθλος πολύς· καὶ τὸ οἰκτεῖραι δακρύοντα ἢ ἐπι-
κουρῆσαι δεομένῳ παρανομία καὶ κατάλυσις τῶν ἐθῶν·
μονήρης δὲ ἡ δίαιτα καθάπερ τοῖς λύκοις, καὶ φίλος εἷς
Τίμων. 43 Οἱ δὲ ἄλλοι πάντες ἐχθροὶ καὶ ἐπίβουλοι·
καὶ τὸ προσομιλῆσαί τινι αὐτῶν μίασμα· καὶ ἤν τινα
ἴδω μόνον, ἀποφρὰς ἡ ἡμέρα· καὶ ὅλως ἀνδριάντων

58. Nouvelle allusion à la légende de Danaé (voir § 17).
59. Sur les offrandes de Crésus à Delphes voir HÉRODOTE, I, 50-51.
60. Il s'agit d'une statue de Pan : elles étaient fréquentes dans le monde rural. Dans le *Dyscolos* de Ménandre une statue de Pan assiste à la pièce ; chez ALCIPHRON, IV, 13 les hétaïres invitent leurs amants à s'unir à elles en désignant un Pan sans doute ithyphallique (« Par le dieu Pan que tu vois ! regarde comme il est amoureux : il serait bien content de nous voir faire la fête ici »). Imitant les riches Lydiens, Midas et Crésus, qui ont consacré une partie de leur or à Delphes, Timon offre à Pan les symboles de sa vie pauvre et rustique.

toit[58] ? 42. Vous n'étiez vraiment rien, Midas et Crésus, avec vos offrandes à Delphes[59], à côté de Timon et de la richesse de Timon, que n'égale même pas le Grand Roi des Perses.

Quant à vous, ma pioche et ma peau de bête chérie, il convient de vous consacrer à Pan que voici[60]. Pour moi, je décide maintenant d'acheter cette campagne au bout du monde et de bâtir au-dessus du trésor une tour[61] juste assez grande pour moi seul, d'y vivre et d'en faire mon tombeau après ma mort.

Et que soient arrêtées et prennent force de loi pour le reste de ma vie les dispositions suivantes :

Insociabilité, indifférence et mépris à l'égard de tous. Qu'ami, hôte, camarade, autel de la pitié[62] soient considérés comme pures balivernes. Que plaindre un homme en pleurs ou secourir un indigent soit une violation des lois et une subversion des mœurs. Que ma vie soit solitaire comme celle des loups et que je n'aie qu'un seul ami, Timon. 43. Que tous les autres soient des ennemis et des conspirateurs. Que le contact avec l'un d'entre eux soit une souillure ; que sa seule vue rende le jour néfaste[63] ; bref qu'à nos yeux

---

61. Pausanias (I, 30, 4) mentionne cette tour de Timon, mais la place près de l'Académie et non au pied de l'Hymette.

62. Les Athéniens étaient fiers d'être la seule cité à avoir un autel de la pitié *(ara clementiae)*. Il est décrit par Stace (*Thébaïde*, 12, 481-505).

63. Le mot ἀποφράς signifie littéralement: innommable. C'est l'équivalent du latin *nefas*. Le treizième et les trois derniers jours du mois athénien étaient considérés comme néfastes : à ces dates, aucune affaire officielle n'était traitée et l'on évitait de partir en voyage. Dans le *Pseudologiste*, Lucien s'en prend avec violence à un de ses adversaires qui ignorait le sens du mot ἀποφράς et lui reprochait de l'avoir employé.

λιθίνων ἢ χαλκῶν μηδὲν ἡμῖν διαφερέτωσαν· καὶ μήτε
κήρυκα δεχώμεθα παρ' αὐτῶν μήτε σπονδὰς σπεν-
δώμεθα. Ἡ ἐρημία δὲ ὅρος ἔστω πρὸς αὐτούς. Φυλέται
δὲ καὶ φράτορες καὶ δημόται καὶ ἡ πατρὶς αὐτὴ ψυχρὰ
καὶ ἀνωφελῆ ὀνόματα καὶ ἀνοήτων ἀνδρῶν φιλοτιμή-
ματα. Πλουτείτω δὲ Τίμων μόνος καὶ ὑπεροράτω
ἁπάντων καὶ τρυφάτω μόνος καθ' ἑαυτὸν κολακείας
καὶ ἐπαίνων φορτικῶν ἀπηλλαγμένος· καὶ θεοῖς θυέτω
καὶ εὐωχείτω μόνος, ἑαυτῷ γείτων καὶ ὅμορος, ἐξιὼν
τῶν ἄλλων. Καὶ ἅπαξ ἑαυτὸν δεξιώσασθαι δεδόχθω, ἢν
δέῃ ἀποθανεῖν, καὶ αὑτῷ στέφανον ἐπενεγκεῖν. 44 Καὶ
ὄνομα μὲν ἔστω ὁ Μισάνθρωπος ἥδιστον, τοῦ τρόπου
δὲ γνωρίσματα δυσκολία καὶ τραχύτης καὶ σκαιότης
καὶ ὀργὴ καὶ ἀπανθρωπία· εἰ δέ τινα ἴδοιμι ἐν πυρὶ
καταδιαφθειρόμενον καὶ σβεννύναι ἱκετεύοντα, πίττῃ
καὶ ἐλαίῳ κατασβεννύναι· καὶ ἢν τινα τοῦ χειμῶνος ὁ
ποταμὸς παραφέρῃ, ὁ δὲ τὰς χεῖρας ὀρέγων ἀντιλα-
βέσθαι δέηται, ὠθεῖν καὶ τοῦτον ἐπὶ κεφαλὴν βαπτί-
ζοντα, ὡς μηδὲ ἀνακύψαι δυνηθείη· οὕτω γὰρ ἂν τὴν
ἴσην ἀπολάβοιεν. Εἰσηγήσατο τὸν νόμον Τίμων Ἐχεκρατίδου Κολλυτεύς, ἐπεψήφισεν τῇ ἐκκλησίᾳ Τίμων ὁ
αὐτός ». Εἶεν, ταῦτα ἡμῖν δεδόχθω καὶ ἀνδρικῶς ἐμμέ-
νωμεν αὐτοῖς.

---

64. Souvenir de Ménandre : Cnémon souhaite avoir le pouvoir
de Persée pour changer les hommes en pierre et il déclare que rien ne
serait plus fréquent que des statues de pierre, s'il avait ce don (*Dyscolos*,
158-159).

65. Il s'agit de la salutation suprême, voir EURIPIDE, *Alceste*, 191,
XÉNOPHON, *Cyropédie*, VIII, 7, 28, et les stèles funéraires qui représentent
couramment l'adieu du vivant au mort.

ils ne diffèrent en rien de statues de pierre ou de bronze[64].
Interdiction de recevoir aucune ambassade de leur part et
de conclure une trêve. Que le désert soit la frontière avec
eux. Que tribu*, phratrie*, dème* et même patrie soient
des noms glacés et inutiles, dont s'honorent des insensés.
Que Timon soit riche seul, qu'il méprise tout le monde et
vive dans le luxe avec lui seul pour compagnie, délivré de
la flatterie et des éloges grossiers. Qu'il sacrifie aux dieux
et se régale seul, voisin et limitrophe de lui seul, loin du
reste du monde. Qu'il soit décidé une fois pour toutes qu'il
se donnera à lui-même le dernier adieu[65] *quand il faudra*
mourir et placera sur lui-même la couronne funèbre[66].
44. Que son nom préféré soit le misanthrope. Que les traits
de son caractère soient l'humeur sombre, la rudesse, la
grossièreté, la colère, l'inhumanité. Si je vois quelqu'un
mourir dans un incendie et supplier qu'on l'éteigne,
l'éteindre avec de la poix et de l'huile. Si le fleuve grossi par
l'hiver entraîne quelqu'un qui tend les mains et demande
qu'on le retienne, le repousser lui aussi et lui enfoncer la
tête dans l'eau pour qu'il ne puisse plus la relever. Ainsi,
ils auront ce qu'ils méritent. Auteur de la proposition de
loi, Timon, fils d'Echécratidès du dème de Collytos ; loi
mise aux voix à l'assemblée par Timon lui-même. Soit.
Que cela soit décidé. Tenons-nous-y bravement.

66. C'était une coutume grecque de placer des couronnes funéraires
sur les corps des défunts avant l'enterrement (ARISTOPHANE, *Ploutos*,
216 ; *Lysistrata*, 602 sq.).

45

Πλὴν ἀλλὰ περὶ πολλοῦ ἂν ἐποιησάμην ἅπασι γνώ-
ριμά πως ταῦτα γενέσθαι, διότι ὑπερπλουτῶ· ἀγχόνη
γὰρ ἂν τὸ πρᾶγμα γένοιτο αὐτοῖς. Καίτοι τί τοῦτο ;
Φεῦ τοῦ τάχους. Πανταχόθεν συνθέουσιν κεκονιμένοι
καὶ πνευστιῶντες, οὐκ οἶδα ὅθεν ὀσφραινόμενοι τοῦ
χρυσίου. Πότερον οὖν ἐπὶ τὸν πάγον τοῦτον ἀναβὰς
ἀπελαύνω αὐτοὺς τοῖς λίθοις ἐξ ὑπερδεξίων ἀκροβο-
λιζόμενος, ἢ τό γε τοσοῦτον παρανομήσομεν εἰσάπαξ
αὐτοῖς ὁμιλήσαντες, ὡς πλέον ἀνιῷντο ὑπερορώμενοι ;
Τοῦτο οἶμαι καὶ ἄμεινον. Ὥστε δεχώμεθα ἤδη αὐτοὺς
ὑποστάντες. Φέρε ἴδω, τίς ὁ πρῶτος αὐτῶν οὗτός
ἐστιν ; Γναθωνίδης ὁ κόλαξ, ὁ πρῴην ἔρανον αἰτήσαντί
μοι ὀρέξας τὸν βρόχον, πίθους ὅλους παρ' ἐμοὶ πολλάκις ἐμημεκώς. Ἀλλ' εὖ γε ἐποίησεν ἀφικόμενος· οἰμώξεται γὰρ πρὸ τῶν ἄλλων.

46

ΓΝΑΘΩΝΙΔΗΣ
Οὐκ ἐγὼ ἔλεγον ὡς οὐκ ἀμελήσουσι Τίμωνος ἀγαθοῦ
ἀνδρὸς οἱ θεοί ; Χαῖρε Τίμων εὐμορφότατε καὶ ἥδιστε
καὶ συμποτικώτατε.

ΤΙΜΩΝ
Νὴ καὶ σύ γε, ὦ Γναθωνίδη, γυπῶν ἁπάντων βορώτατε
καὶ ἀνθρώπων ἐπιτριπτότατε.

ΓΝΑΘΩΝΙΔΗΣ
Ἀεὶ φιλοσκώμμων σύ γε. Ἀλλὰ ποῦ τὸ συμπόσιον ; Ὡς
καινόν τί σοι ᾆσμα τῶν νεοδιδάκτων διθυράμβων ἥκω
κομίζων.

45. Cependant, j'aurais beaucoup aimé que tous sachent, d'une manière ou d'une autre, que je suis immensément riche. Cela leur donnerait envie de se pendre. Mais qu'est-ce ? Ah ! Quelle vitesse ! Ils accourent de tous côtés, couverts de poussière, haletants. Ils ont flairé mon or, je ne sais comment. Vais-je monter sur cette colline et les repousser d'un tir nourri de pierres depuis cette position dominante ? Ou enfreindre la loi, juste une fois, et leur parler pour qu'ils s'affligent davantage d'être méprisés ? C'est le mieux, je crois. Attendons-les maintenant de pied ferme. Allons, voyons quel est le premier d'entre eux. C'est Gnathonidès[67], le flatteur qui, l'autre jour, quand je lui demandais un prêt, m'a tendu une corde, alors que chez moi il avait souvent vomi des jarres entières de vin. Il a bien fait de venir. Il gémira avant les autres.

46. GNATHONIDÈS : Ne disais-je pas que les dieux n'oublieraient pas un homme de bien comme Timon ? Salut à toi, Timon, le plus gracieux, le plus doux et le meilleur convive qui soit.

TIMON : À toi aussi, Gnathonidès, le plus vorace de tous les vautours et le plus retors des hommes.

GNATHONIDÈS : Toujours le mot pour rire, toi ! Eh bien, où est le banquet ? Je t'apporte un chant tout nouveau : c'est un des dithyrambes[68] qu'on a produits récemment.

---

67. Nom typique de parasite (comme Alciphron s'amuse à en forger de cocasses) qui signifie : de la mâchoire. On trouve des parasites nommés Gnathon dans le *Kolax* de Ménandre, repris dans l'*Eunuque* de Térence, et dans *Daphnis et Chloé* de Longus.

68. Ces chants lyriques choraux en l'honneur de Dionysos étaient présentés en compétition lors des festivals athéniens dans la première moitié du ve siècle.

ΤΙΜΩΝ

Καὶ μὴν ἐλεγεῖά γε ᾄσῃ μάλα περιπαθῶς ὑπὸ ταύτῃ τῇ δικέλλῃ.

ΓΝΑΘΩΝΙΔΗΣ

Τί τοῦτο ; Παίεις, ὦ Τίμων ; Μαρτύρομαι· ὦ Ἡράκλεις, ἰοὺ ἰού, προκαλοῦμαί σε τραύματος εἰς Ἄρειον πάγον.

ΤΙΜΩΝ

Καὶ μὴν ἄν γε μικρὸν ἐπιβραδύνῃς, φόνου τάχα προκεκλήσομαι.

ΓΝΑΘΩΝΙΔΗΣ

Μηδαμῶς· ἀλλὰ σύ γε πάντως τὸ τραῦμα ἴασαι μικρὸν ἐπιπάσας τοῦ χρυσίου· δεινῶς γὰρ ἴσχαιμόν ἐστι τὸ φάρμακον.

ΤΙΜΩΝ

Ἔτι γὰρ μένεις ;

ΓΝΑΘΩΝΙΔΗΣ

Ἄπειμι· σὺ δὲ οὐ χαιρήσεις οὕτω σκαιὸς ἐκ χρηστοῦ γενόμενος.

47

ΤΙΜΩΝ

Τίς οὗτός ἐστιν ὁ προσιών, ὁ ἀναφαλαντίας ; Φιλιάδης, κολάκων ἁπάντων ὁ βδελυρώτατος. Οὗτος δὲ ἀγρὸν ὅλον παρ' ἐμοῦ λαβὼν καὶ τῇ θυγατρὶ προῖκα δύο τάλαντα, μισθὸν τοῦ ἐπαίνου, ὁπότε ᾄσαντά με πάντων σιωπώντων μόνος ὑπερεπήνεσεν ἐπομοσάμενος ᾠδικώτερον εἶναι τῶν κύκνων, ἐπειδὴ νοσοῦντα πρῴην εἶδέ με καὶ προσῆλθον ἐπικουρίας δεόμενος, πληγὰς ὁ γενναῖος προσενέτεινεν.

---

69. L'élégie est traditionnellement associée à la tristesse, comme le suggère l'étymologie qu'on donnait à ce mot (ἒ ἒ λέγειν : dire hélas ! hélas !).

TIMON : Tu chanteras plutôt une élégie[69] sur un ton fort pathétique sous la dictée de cette pioche.

GNATHONIDÈS : Qu'est-ce ? Tu me frappes, Timon ? Des témoins ! Héraclès, ouille, ouille ! Je vais te traduire devant l'Aréopage pour voies de fait.

TIMON : Oui, et si tu tardes un peu, je serai peut-être traduit pour meurtre.

GNATHONIDÈS : Non, non ! Soigne au moins la blessure en y versant un peu d'or. C'est un remède qui arrête merveilleusement le sang.

TIMON : Tu es encore là ?

GNATHONIDÈS : Je m'en vais. Quant à toi, qui étais si généreux, tu regretteras d'être devenu aussi grossier.

47. TIMON : Quel est celui qui vient et dont le front commence à se dégarnir ? C'est Philiadès[70], le plus écœurant de tous les flatteurs. Je lui ai donné un champ entier et deux talents* pour doter sa fille. C'était le salaire de ses louanges, car un jour où j'avais chanté, alors que tous gardaient le silence, lui seul s'est répandu en éloges hyperboliques, jurant que ma voix était plus mélodieuse que celle des cygnes. Mais l'autre jour, quand il m'a vu malade et que suis allé lui demander de l'aide, le généreux personnage m'a proposé... des coups.

---

70. Le nom du personnage suggère qu'il s'agit de quelqu'un qui se présente comme un ami. Le thème de la fausse amitié domine son intervention.

48

ΦΙΛΙΑΔΗΣ

Ὦ τῆς ἀναισχυντίας. Νῦν Τίμωνα γνωρίζετε ; Νῦν Γναθωνίδης φίλος καὶ συμπότης ; Τοιγαροῦν δίκαια πέπονθεν οὕτως ἀχάριστος ὤν. Ἡμεῖς δὲ οἱ πάλαι ξυνήθεις καὶ ξυνέφηβοι καὶ δημόται ὅμως μετριάζομεν, ὡς μὴ ἐπιπηδᾶν δοκῶμεν. Χαῖρε, ὦ δέσποτα, καὶ ὅπως τοὺς μιαροὺς τούτους κόλακας φυλάξῃ, τοὺς ἐπὶ τῆς τραπέζης μόνον, τὰ ἄλλα δὲ κοράκων οὐδὲν διαφέροντας. Οὐκέτι πιστευτέα τῶν νῦν οὐδενί· πάντες ἀχάριστοι καὶ πονηροί. Ἐγὼ δὲ τάλαντόν σοι κομίζων, ὡς ἔχοις πρὸς τὰ κατεπείγοντα χρῆσθαι, καθ᾽ ὁδὸν ἤδη πλησίον ἤκουσα, ὡς πλουτοίης ὑπερμεγέθη τινὰ πλοῦτον. Ἥκω τοιγαροῦν ταῦτά σε νουθετήσων· καίτοι σύ γε οὕτω σοφὸς ὢν οὐδὲν ἴσως δεήσῃ τῶν παρ᾽ ἐμοῦ λόγων, ὃς καὶ τῷ Νέστορι τὸ δέον παραινέσειας ἄν.

ΤΙΜΩΝ

Ἔσται ταῦτα, ὦ Φιλιάδη. Πλὴν ἀλλὰ πρόσιθι, ὡς καὶ σὲ φιλοφρονήσωμαι τῇ δικέλλῃ.

ΦΙΛΙΑΔΗΣ

Ἄνθρωποι, κατέαγα τοῦ κρανίου ὑπὸ τοῦ ἀχαρίστου, διότι τὰ συμφέροντα ἐνουθέτουν αὐτόν.

49

ΤΙΜΩΝ

Ἰδοὺ τρίτος οὗτος ὁ ῥήτωρ Δημέας προσέρχεται ψήφισμα ἔχων ἐν τῇ δεξιᾷ καὶ συγγενὴς ἡμέτερος εἶναι λέγων. Οὗτος ἑκκαίδεκα παρ᾽ ἐμοῦ τάλαντα μιᾶς ἡμέρας ἐκτίσας τῇ πόλει — καταδεδίκαστο γὰρ καὶ ἐδέ-

---

71. Nestor est dans l'*Iliade* et dans l'*Odyssée* le type même du sage aux conseils avisés.

48. PHILIADÈS : Quelle impudence ! C'est maintenant que vous connaissez Timon ! C'est maintenant que Gnathonidès est son ami et son compagnon de beuverie ! En tout cas, il est bien récompensé de s'être montré aussi ingrat. Quant à moi, qui suis familier de Timon depuis longtemps, son camarade d'éphébie*, membre du même dème* que lui, je reste discret pour ne pas avoir l'air de me précipiter. Salut à toi, maître. Méfie-toi de ces maudits flatteurs qui ne s'intéressent qu'à tes dîners, et qui pour le reste ne diffèrent en rien des corbeaux. On ne peut plus faire confiance aux gens d'aujourd'hui : ce sont tous des ingrats et des coquins. Je t'apportais un talent* pour subvenir à tes besoins pressants, quand j'ai appris en chemin, tout près d'ici, que tu étais riche, immensément riche. Voilà pourquoi je suis venu, afin de te donner ces avertissements. Mais sage comme tu es, tu n'auras sans doute pas besoin de mes avis, toi qui conseillerais Nestor[71] lui-même sur ce qu'il doit faire.

TIMON : Entendu, Philiadès. Approche quand même, pour que je te dise mon amitié avec… ma pioche.

PHILIADÈS : Au secours ! L'ingrat m'a brisé le crâne parce que je le conseillais dans son intérêt.

49. TIMON : En voici un troisième, l'orateur Déméas[72]. Il tient un décret dans la main droite et il prétend m'être apparenté. Il a payé à la cité seize talents* que je lui ai donnés en un seul jour ; il avait été condamné et emprisonné parce qu'il ne s'acquittait pas de sa dette : j'ai eu pitié de

---

72. Le nom de ce troisième quémandeur le rattache aux démagogues : tout son discours est d'inspiration politique.

δετο οὐκ ἀποδιδούς, κἀγὼ ἐλεήσας ἐλυσάμην αὐτόν –,
ἐπειδὴ πρῴην ἔλαχεν τῇ Ἐρεχθηΐδι φυλῇ διανέμειν τὸ
θεωρικὸν κἀγὼ προσῆλθον αἰτῶν τὸ γινόμενον, οὐκ
ἔφη γνωρίζειν πολίτην ὄντα με.

50

ΔΗΜΕΑΣ

Χαῖρε, ὦ Τίμων, τὸ μέγα ὄφελος τοῦ γένους, τὸ ἔρεισμα
τῶν Ἀθηνῶν, τὸ πρόβλημα τῆς Ἑλλάδος· καὶ μὴν
πάλαι σε ὁ δῆμος ξυνειλεγμένος καὶ αἱ βουλαὶ ἀμφότε-
ραι περιμένουσι. Πρότερον δὲ ἄκουσον τὸ ψήφισμα, ὃ
ὑπὲρ σοῦ γέγραφα· « Ἐπειδὴ Τίμων [ὁ] Ἐχεκρατίδου
Κολλυτεύς, ἀνὴρ οὐ μόνον καλὸς κἀγαθός, ἀλλὰ καὶ
σοφὸς ὡς οὐκ ἄλλος ἐν τῇ Ἑλλάδι, παρὰ πάντα χρόνον
διατελεῖ τὰ ἄριστα πράττων τῇ πόλει, νενίκηκεν δὲ πὺξ
καὶ πάλην καὶ δρόμον ἐν Ὀλυμπίᾳ μιᾶς ἡμέρας καὶ
τελείῳ ἅρματι καὶ συνωρίδι πωλικῇ ... »

ΤΙΜΩΝ

Ἀλλ' οὐδὲ ἐθεώρησα ἐγὼ πώποτε εἰς Ὀλυμπίαν.

ΔΗΜΕΑΣ

Τί οὖν ; Θεωρήσεις ὕστερον· τὰ τοιαῦτα δὲ πολλὰ

---

73. Le théorique était à l'origine destiné à financer l'accès des pauvres
au spectacle en leur offrant l'équivalent d'une journée de travail.

74. Inadvertance de Lucien : appartenant au dème Collytos, Timon
faisait partie de la tribu Égéide.

75. Formule emphatique qu'à en croire ESCHINE (*Ambassade,* 24),
Démosthène s'appliquait à lui même.

76. D'après un fragment de Pindare cité par Lucien dans l'*Éloge
de Démosthène,* 10, et proche d'une formule d'*Œdipe à Colone,*58.
L'article défini qui précède ces trois apostrophes suggère qu'il s'agit
de citations.

77. Donc l'Ecclésia, composée de tous les citoyens.

lui et l'ai fait libérer. Mais l'autre jour, quand il a été tiré au sort pour répartir l'indemnité du spectacle[73] à la tribu Érechthéide[74] et que je me suis présenté pour demander ce qui me revenait, il a déclaré ne pas me reconnaître comme citoyen.

50. DÉMÉAS : Salut, Timon, forte sauvegarde[75] de ta famille, soutien d'Athènes[76], rempart de la Grèce. Depuis longtemps le peuple réuni en assemblée[77] et les deux conseils[78] t'attendent. Écoute d'abord le décret que j'ai proposé en ta faveur :

Attendu que Timon fils d'Echécratès du dème de Collytos, homme non seulement distingué mais encore plus sage que tout autre en Grèce, ne cesse pas un instant de servir les intérêts de la cité, qu'il a remporté la victoire à Olympie le même jour au pugilat, à la lutte et à la course, et qu'avec un quadrige de chevaux adultes[79] et un bige de poulains...

TIMON : Mais je n'ai jamais été seulement théore[80] à Olympie.

DÉMÉAS : Quelle importance ? Tu seras théore plus tard. Il vaut mieux ajouter beaucoup de précisions de ce genre.

---

78. Le Conseil des Cinq Cents (la Boulè) et celui de l'Aréopage. Il est évident que l'Ecclésia, la Boulé et l'Aréopage ne se réunissaient jamais en même temps : la flatterie de Déméas est donc particulièrement forcée et grotesque.

79. Il faut donner à τέλειος le sens d'accompli, donc adulte (par opposition au poulain).

80. Les théores étaient les délégués officiels envoyés par Athènes aux diverses panégyries. Peut-être Timon emploie-t-il le mot au sens banal de spectateur, Déméas le reprenant en lui donnant son sens officiel et honorifique.

προσκεῖσθαι ἄμεινον. « Καὶ ἠρίστευσε δὲ ὑπὲρ τῆς πόλεως πέρυσι πρὸς Ἀχαρναῖς καὶ κατέκοψε Πελοποννησίων δύο μοίρας ... »

51

ΤΙΜΩΝ

Πῶς ; Διὰ γὰρ τὸ μὴ ἔχειν ὅπλα οὐδὲ προὐγράφην ἐν τῷ καταλόγῳ.

ΔΗΜΕΑΣ

Μέτρια τὰ περὶ σαυτοῦ λέγεις, ἡμεῖς δὲ ἀχάριστοι ἂν εἴημεν ἀμνημονοῦντες. « Ἔτι δὲ καὶ ψηφίσματα γράφων καὶ ξυμβουλεύων καὶ στρατηγῶν οὐ μικρὰ ὠφέλησε τὴν πόλιν· ἐπὶ τούτοις ἅπασι δεδόχθω τῇ βουλῇ καὶ τῷ δήμῳ καὶ τῇ Ἡλιαίᾳ κατὰ φυλὰς καὶ τοῖς δήμοις ἰδίᾳ καὶ κοινῇ πᾶσι χρυσοῦν ἀναστῆσαι τὸν Τίμωνα παρὰ τὴν Ἀθηνᾶν ἐν τῇ ἀκροπόλει κεραυνὸν ἐν τῇ δεξιᾷ ἔχοντα καὶ ἀκτῖνας ἐπὶ τῇ κεφαλῇ καὶ στεφανῶσαι αὐτὸν χρυσοῖς στεφάνοις ἑπτὰ καὶ ἀνακηρυχθῆναι τοὺς στεφάνους σήμερον Διονυσίοις τραγῳδοῖς καινοῖς – ἀχθῆναι γὰρ δι᾽ αὐτὸν δεῖ τήμερον τὰ Διονύσια. Εἶπε τὴν γνώμην Δημέας ὁ ῥήτωρ, συγγενὴς αὐτοῦ ἀγχιστεὺς καὶ μαθητὴς ὤν· καὶ γὰρ ῥήτωρ ἄριστος ὁ Τίμων καὶ τὰ ἄλλα πάντα ὁπόσα ἂν ἐθέλοι ».

---

81. Le plus grand dème de l'Attique : il fut ravagé par les Spartiates au début de la guerre du Péloponnèse (voir Thucydide, II, 19 et Aristophane, *Acharniens*).
82. Les hoplites athéniens devaient fournir leur équipement. La liste des hommes aptes au service militaire était établie par le taxiarque de chaque tribu.
83. La statue d'Athéna, œuvre de Phidias, dans le Parthénon.

Et qu'il s'est distingué pour la cité l'an dernier à Acharnes[81], qu'il a taillé en pièces deux bataillons de Péloponnésiens…

51. TIMON : Je n'ai pas d'armes, et pour cette raison je n'ai même pas été inscrit sur la liste d'enrôlement[82].

DÉMÉAS : Tu parles de toi avec modestie, mais nous serions ingrats de ne pas en faire mention.

Attendu d'autre part que tant par les décrets qu'il a proposés, que par ses conseils et son activité de stratège, il a rendu à la cité des services inappréciables,

Pour toutes ces raisons, plaise au Conseil, au peuple, à l'Héliée, tribu* par tribu, et à tous les dèmes*, séparément et collectivement, d'ériger un Timon en or près d'Athéna[83] sur l'Acropole, tenant le foudre dans sa main droite, avec des rayons sur la tête, de couronner Timon de sept couronnes d'or[84] et de proclamer ces couronnes aujourd'hui, aux Dionysies, lors des nouvelles tragédies, car il faut qu'en son honneur on célèbre les Dionysies aujourd'hui[85].

Auteur de la proposition l'orateur Déméas, son proche parent et son disciple car Timon est le meilleur orateur et il excelle également dans tous les domaines qu'il veut.

---

84. Exagération ridicule: on ne proposait qu'une unique couronne pour récompenser les services exceptionnels (voir DÉMOSTHÈNE, *Sur la couronne*).

85. Lors des grandes Dionysies, on présentait ordinairement les nouvelles tragédies. L'idée de déplacer cette fête majeure, qui avait lieu à la fin mars, équivaut à changer toutes les règles de la cité. On voit combien la flagornerie de Déméas est démesurée.

52

Τουτὶ μὲν οὖν σοι τὸ ψήφισμα. Ἐγὼ δὲ καὶ τὸν υἱὸν ἐβουλόμην ἀγαγεῖν παρὰ σέ, ὃν ἐπὶ τῷ σῷ ὀνόματι Τίμωνα ὠνόμακα.

ΤΙΜΩΝ

Πῶς, ὦ Δημέα, ὃς οὐδὲ γεγάμηκας, ὅσα γε καὶ ἡμᾶς εἰδέναι ;

ΔΗΜΕΑΣ

Ἀλλὰ γαμῶ, ἢν διδῷ θεός, ἐς νέωτα καὶ παιδοποιήσομαι καὶ τὸ γεννηθησόμενον – ἄρρεν γὰρ ἔσται – Τίμωνα ἤδη καλῶ.

ΤΙΜΩΝ

Οὐκ οἶδα εἰ γαμήσειεις ἔτι, ὦ οὗτος, τηλικαύτην παρ' ἐμοῦ πληγὴν λαμβάνων.

ΔΗΜΕΑΣ

Οἴμοι· τί τοῦτο ; Τυραννίδι Τίμων ἐπιχειρεῖς καὶ τύπτεις τοὺς ἐλευθέρους οὐ καθαρῶς ἐλεύθερος οὐδ' ἀστὸς ὤν. Ἀλλὰ δώσεις ἐν τάχει τὴν δίκην τά τε ἄλλα καὶ ὅτι τὴν ἀκρόπολιν ἐνέπρησας.

53

ΤΙΜΩΝ

Ἀλλ' οὐκ ἐμπέπρησται, ὦ μιαρέ, ἡ ἀκρόπολις· ὥστε δῆλος εἶ συκοφαντῶν.

ΔΗΜΕΑΣ

Ἀλλὰ καὶ πλουτεῖς τὸν ὀπισθόδομον διορύξας.

ΤΙΜΩΝ

Οὐ διώρυκται οὐδὲ οὗτος, ὥστε ἀπίθανά σου καὶ ταῦτα.

ΔΗΜΕΑΣ

Διορυχθήσεται μὲν ὕστερον· ἤδη δὲ σὺ πάντα τὰ ἐν αὐτῷ ἔχεις.

52. Tiens, voici le décret. J'aurais voulu amener également mon fils que j'ai nommé Timon en ton honneur.

TIMON : Comment, Déméas ? Tu n'es même pas marié, que je sache !

DÉMÉAS : Mais je me marie l'an prochain, si Zeus le veut. J'aurai un enfant, et celui qui naîtra – ce sera un garçon –, je l'appelle dès à présent Timon.

TIMON : Je ne sais pas si tu pourras encore te marier, mon bon, après le grand coup que je te donne.

DÉMÉAS : Ah ! Qu'est-ce que cela ? Tu aspires à la tyrannie, Timon, tu frappes les hommes libres alors que ta qualité d'homme libre et de citoyen n'est pas nette. Tu seras bientôt puni, et entre autres pour l'incendie de l'Acropole.

53. TIMON : Mais l'Acropole n'a pas brûlé, crapule. On voit bien que tu es un sycophante.

DÉMÉAS : Eh bien, si tu es riche, c'est parce que tu as percé le mur de l'opisthodome[86].

TIMON : Mais lui non plus n'a pas été percé. Cette accusation aussi est invraisemblable.

DÉMÉAS : Il sera percé plus tard mais tu possèdes déjà tout ce que contenait le sanctuaire.

---

86. Partie ouest de l'Acropole où était conservé au IVe siècle av. J.-C. le trésor public.

ΤΙΜΩΝ
Οὐκοῦν καὶ ἄλλην λάμβανε.

ΔΗΜΕΑΣ
Οἴμοι τὸ μετάφρενον.

ΤΙΜΩΝ
Μὴ κέκραχθι· κατοίσω γάρ σοι καὶ τρίτην· ἐπεὶ καὶ γελοῖα πάμπαν ⟨ἂν⟩ πάθοιμι δύο μὲν Λακεδαιμονίων μοίρας κατακόψας ἄνοπλος, ἓν δὲ μιαρὸν ἀνθρώπιον μὴ ἐπιτρίψας· μάτην γὰρ ἂν εἴην καὶ νενικηκὼς Ὀλύμπια πὺξ καὶ πάλην.

54
Ἀλλὰ τί τοῦτο ; Οὐ Θρασυκλῆς ὁ φιλόσοφος οὗτός ἐστιν ; Οὐ μὲν οὖν ἄλλος· ἐκπετάσας γοῦν τὸν πώγωνα καὶ τὰς ὀφρῦς ἀνατείνας καὶ βρενθυόμενός τι πρὸς αὑτὸν ἔρχεται, τιτανῶδες βλέπων, ἀνασεσοβημένος τὴν ἐπὶ τῷ μετώπῳ κόμην, Αὐτοβορέας τις ἢ Τρίτων, οἵους ὁ Ζεῦξις ἔγραψεν. Οὗτος ὁ τὸ σχῆμα εὐσταλὴς καὶ κόσμιος τὸ βάδισμα καὶ σωφρονικὸς τὴν ἀναβολὴν ἕωθεν μυρία ὅσα περὶ ἀρετῆς διεξιὼν καὶ τῶν ἡδονῇ χαιρόντων κατηγορῶν καὶ τὸ ὀλιγαρκὲς ἐπαινῶν, ἐπειδὴ λουσάμενος ἀφίκοιτο ἐπὶ τὸ δεῖπνον καὶ ὁ παῖς μεγάλην τὴν κύλικα ὀρέξειεν αὐτῷ – τῷ ζωροτέρῳ δὲ χαίρει μάλιστα – καθάπερ τὸ Λήθης ὕδωρ ἐκπιὼν ἐναντιώτατα ἐπιδείκνυται τοῖς ἑωθινοῖς ἐκείνοις λόγοις, προαρπάζων ὥσπερ ἴκτινος τὰ ὄψα καὶ τὸν πλησίον παραγκωνιζόμενος, καρύκης τὸ γένειον ἀνάπλεως, κυνηδὸν ἐμφορούμενος, ἐπικεκυφὼς καθάπερ ἐν ταῖς λοπάσι τὴν ἀρετὴν εὑρήσειν προσδοκῶν, ἀκριβῶς τὰ

---

87. Son nom suggère l'impudence. Le philosophe hypocrite est une cible fréquente de Lucien (voir l'anthologie intitulée *Portraits de Philosophes* dans la collection « Classiques en poche », n° 89).

TIMON : Eh bien, prends encore ce coup.

DÉMÉAS : Aïe ! mon dos !

TIMON : Ne crie pas ou je t'en donne un troisième. Je serais dans une situation vraiment ridicule si après avoir taillé en pièces sans armes deux bataillons de Lacédémoniens je n'écrasais pas un seul abominable coquin : j'aurais triomphé à Olympie à la boxe et à la lutte en pure perte.

54. Mais que vois-je ? N'est-ce pas le philosophe Thrasyclès[87] ? C'est lui et pas un autre. La barbe déployée, haussant le sourcil et se pavanant, tout imbu de lui-même, il s'avance avec le regard d'un Titan, les cheveux de son front rejetés en arrière. C'est Borée[88] en personne ou Triton[89] tels que Zeuxis les a peints. Cet homme aux bonnes manières, à la démarche distinguée et au manteau modeste, tient dès l'aube mille discours sur la vertu, condamnant ceux qui aiment le plaisir et louant la frugalité. Mais quand, après le bain, il arrive au dîner et que le petit esclave lui tend une coupe pleine (il aime surtout le vin bien pur[90]), c'est comme s'il avait bu l'eau du Léthé[91] : il fait preuve d'un comportement totalement opposé à ses propos de l'aube. Il se jette sur les plats tel un milan ; il repousse du coude son voisin ; son menton est plein de sauce ; il se gave à la manière d'un chien, courbé sur les plats comme s'il s'attendait à y découvrir la vertu ; il essuie consciencieusement les

---

88. Borée était traditionnellement représenté comme un être ailé, avec un chapeau et une barbe.

89. Dieu marin, compagnon de Poséidon. Ces peintures de Zeuxis ne nous sont connues que par ce passage.

90. Les Grecs mêlaient le vin avec de l'eau dans le cratère : boire le vin pur était un comportement de barbare.

91. L'eau du fleuve infernal qui procure l'oubli.

τρύβλια τῷ λιχανῷ ἀποσμήχων ὡς μηδὲ ὀλίγον τοῦ
μυττωτοῦ καταλίποι, 55 μεμψίμοιρος ἀεί, κἂν τὸν πλακοῦντα ὅλον ἢ τὸν σῦν μόνος τῶν ἄλλων λάβῃ, ὅ τι περ
λιχνείας καὶ ἀπληστίας ὄφελος, μέθυσος καὶ πάροινος
οὐκ ἄχρι ᾠδῆς καὶ ὀρχηστύος μόνον, ἀλλὰ καὶ λοι-
δορίας καὶ ὀργῆς. Προσέτι καὶ λόγοι πολλοὶ ἐπὶ τῇ
κύλικι, τότε δὴ καὶ μάλιστα, περὶ σωφροσύνης καὶ
κοσμιότητος· καὶ ταῦτά φησιν ἤδη ὑπὸ τοῦ ἀκράτου
πονηρῶς ἔχων καὶ ὑποτραυλίζων γελοίως· εἶτα ἔμετος
ἐπὶ τούτοις· καὶ τὸ τελευταῖον, ἀράμενοί τινες ἐκφέρου-
σιν αὐτὸν ἐκ τοῦ συμποσίου τῆς αὐλητρίδος ἀμφοτέραις ἐπειλημμένον. Πλὴν ἀλλὰ καὶ νήφων οὐδενὶ τῶν
πρωτείων παραχωρήσειεν ἂν ψεύσματος ἕνεκα ἢ θρα-
σύτητος ἢ φιλαργυρίας· ἀλλὰ καὶ κολάκων ἐστὶ τὰ
πρῶτα καὶ ἐπιορκεῖ προχειρότατα, καὶ ἡ γοητεία προ-
ηγεῖται καὶ ἡ ἀναισχυντία παρομαρτεῖ, καὶ ὅλως πάνσοφόν τι χρῆμα καὶ πανταχόθεν ἀκριβὲς καὶ ποικίλως
ἐντελές. Οἰμώξεται τοιγαροῦν οὐκ εἰς μακρὰν χρηστὸς
ὤν. Τί τοῦτο ; Παπαί, χρόνιος ἡμῖν Θρασυκλῆς.

56

ΘΡΑΣΥΚΛΗΣ

Οὐ κατὰ ταὐτά, ὦ Τίμων, τοῖς πολλοῖς τούτοις ἀφῖγμαι, ὥσπερ οἱ τὸν πλοῦτόν σου τεθηπότες ἀργυρίου
καὶ χρυσίου καὶ δείπνων πολυτελῶν ἐλπίδι συνδε-
δραμήκασιν, πολλὴν τὴν κολακείαν ἐπιδειξόμενοι πρὸς
ἄνδρα οἷον σὲ ἁπλοϊκὸν καὶ τῶν ὄντων κοινωνικόν·
οἶσθα γὰρ ὡς μᾶζα μὲν ἐμοὶ δεῖπνον ἱκανόν, ὄψον δὲ
ἥδιστον θύμον ἢ κάρδαμον ἢ εἴ ποτε τρυφῴην, ὀλίγον

assiettes de l'index, pour ne pas laisser même le plus petit reste de tapenade. 55. Il est toujours mécontent de son sort, même s'il obtient pour lui tout seul le gâteau entier ou le sanglier : c'est le comble de la gourmandise et de la gloutonnerie. Il s'enivre et a le vin mauvais : non content de chanter et de danser, il insulte les gens et s'emporte. En outre, quand il tient la coupe, il parle longuement, et plus que jamais, de la sagesse et de la décence ; or il tient ces propos alors que le vin pur l'a mis dans un triste état et le fait bégayer de façon ridicule. Puis pour couronner le tout, il vomit. Finalement, des gens le saisissent et l'emmènent tandis qu'il enlace des deux mains la joueuse d'aulos*[92]. D'ailleurs même sobre, il ne cèderait à personne la palme du mensonge, de l'impudence et de la cupidité. Il occupe le premier rang parmi les flatteurs et il est le plus prompt à se parjurer : l'imposture guide sa marche, l'indécence chemine à ses côtés. En un mot c'est une merveille de sagesse parfaite, de rigueur absolue, et la perfection sous toutes ses formes. Voilà pourquoi il gémira sous peu d'être un homme de qualité. Que vois-je ? Ma parole, Thrasyclès qui vient nous voir après si longtemps !

56. THRASYCLÈS : Je ne viens pas, Timon, pour la même raison que la foule de ces gens. Fascinés par ta richesse, ils sont accourus, espérant de l'argent, de l'or, des dîners somptueux, et ils déploient toutes leurs flatteries devant un homme simple comme toi, si disposé à partager ce qu'il a. Tu sais qu'une galette me suffit pour dîner, que l'assaisonnement que j'apprécie le plus est le thym, le cresson ou, si je veux m'accorder quelque douceur, un

---

92. Même comportement de la part du cynique Alcidamas dans *Le Banquet ou les Lapithes,* 46.

τῶν ἁλῶν· ποτὸν δὲ ἡ ἐννεάκρουνος· ὁ δὲ τρίβων οὗτος
ἧς βούλει πορφυρίδος ἀμείνων. Τὸ χρυσίον μὲν γὰρ
οὐδὲν τιμιώτερον τῶν ἐν τοῖς αἰγιαλοῖς ψήφων μοι
δοκεῖ. Σοῦ δὲ αὐτοῦ χάριν ἐστάλην, ὡς μὴ διαφθείρῃ
σε τὸ κάκιστον τοῦτο καὶ ἐπιβουλότατον κτῆμα ὁ
πλοῦτος, ὁ πολλοῖς πολλάκις αἴτιος ἀνηκέστων συμφορῶν γεγενημένος· εἰ γάρ μοι πείθοιο, μάλιστα ὅλον
ἐς τὴν θάλατταν ἐμβαλεῖς αὐτὸν οὐδὲν ἀναγκαῖον
ἀνδρὶ ἀγαθῷ ὄντα καὶ τὸν φιλοσοφίας πλοῦτον ὁρᾶν
δυναμένῳ· μὴ μέντοι ἐς βάθος, ὦγαθέ, ἀλλ' ὅσον ἐς
βουβῶνας ἐπεμβὰς ὀλίγον πρὸ τῆς κυματωγῆς, ἐμοῦ
ὁρῶντος μόνου. 57 Εἰ δὲ μὴ τοῦτο βούλει, σὺ δὲ ἄλλον
τρόπον ἀμείνω κατὰ τάχος ἐκφόρησον αὐτὸν ἐκ τῆς
οἰκίας μηδ' ὀβολὸν αὑτῷ ἀνείς, διαδιδοὺς ἅπασι τοῖς
δεομένοις, ᾧ μὲν πέντε δραχμάς, ᾧ δὲ μνᾶν, ᾧ δὲ ἡμιτά-
λαντον· εἰ δέ τις φιλόσοφος εἴη, διμοιρίαν ἢ τριμοιρίαν
φέρεσθαι δίκαιος· ἐμοὶ δέ – καίτοι οὐκ ἐμαυτοῦ χάριν
αἰτῶ, ἀλλ' ὅπως μεταδῶ τῶν ἑταίρων τοῖς δεομένοις –
ἱκανὸν εἰ ταύτην τὴν πήραν ἐμπλήσας παράσχοις οὐδὲ
ὅλους δύο μεδίμνους χωροῦσαν Αἰγινητικούς. Ὀλι-
γαρκῆ δὲ καὶ μέτριον χρὴ εἶναι τὸν φιλοσοφοῦντα καὶ
μηδὲν ὑπὲρ τὴν πήραν φρονεῖν.

93. Célèbre fontaine d'Athènes. Elle s'appelait originellement
Callirrhoé mais reçut le nom d'Ennéacrounos (aux neuf sources) quand
elle fut aménagée par Pisistrate.

94. Le τρίβων est le vieux manteau râpé (de τρίβω : frotter, user)
qui est presque l'uniforme des philosophes stoïciens ou cyniques.

95. On dit que Diogène persuada Cratès de jeter sa richesse dans
la mer (DIOGÈNE LAËRCE, 6, 87) ; sur ce conseil, voir LUCIEN, Vie de
philosophes à vendre, 9.

peu de sel. Ma boisson est l'eau de l'Ennéacrounos[93] et je préfère ce vieux manteau[94] à n'importe quel vêtement de pourpre. Quant à l'or, il n'est nullement plus précieux, à mon avis, que les galets des plages. Non, c'est pour toi seul que je me suis mis en route, craignant que tu ne te laisses corrompre par une possession tellement calamiteuse et insidieuse, la richesse, qui a causé tant de fois à tant de gens des malheurs irréparables. Si tu m'en crois, jette-la plutôt tout entière dans la mer[95], car elle n'est nullement nécessaire à un homme de bien qui sait voir la richesse de la philosophie. Mais ne la jette pas au fond, mon bon ami, contente-toi d'entrer dans l'eau jusqu'à la ceinture, un peu en avant du rivage, sans autre témoin que moi. 57. Si tu ne veux pas, choisis une autre solution encore meilleure : emporte-la vite hors de ta maison et, sans en laisser une obole* pour toi, distribue-la à tous les indigents : cinq drachmes* à l'un, une mine* à l'autre, à un autre un demi-talent*. Et s'il y a un philosophe, il est juste qu'il emporte double ou triple part. Quant à moi – ce n'est pas pour moi que je demande mais pour partager entre ceux de mes amis qui sont dans le besoin –, il me suffit que tu remplisses cette besace[96] : elle ne contient pas tout à fait deux médimnes d'Égine[97]. Il faut que celui qui philosophe se contente de peu et soit modeste, sans viser plus loin que sa besace.

---

96. Avec le vieux manteau et le bâton, c'est une des caractéristiques du philosophe itinérant (surtout du cynique).

97. Soit près de 104 litres ! Le médimne attique de Solon valait environ 52 litres, et le médimne d'Égine, appartenant au système antérieur, était équivalent.

ΤΙΜΩΝ

Ἐπαινῶ ταῦτά σου, ὦ Θρασύκλεις· πρὸ γοῦν τῆς πήρας, εἰ δοκεῖ, φέρε σοι τὴν κεφαλὴν ἐμπλήσω κονδύλων ἐπιμετρήσας τῇ δικέλλῃ.

ΘΡΑΣΥΚΛΗΣ

Ὦ δημοκρατία καὶ νόμοι, παιόμεθα ὑπὸ τοῦ καταράτου ἐν ἐλευθέρᾳ τῇ πόλει.

ΤΙΜΩΝ

Τί ἀγανακτεῖς, ὦγαθέ; Μῶν παρακέκρουσμαί σε; Καὶ μὴν ἐπεμβαλῶ χοίνικας ὑπὲρ τὸ μέτρον τέτταρας.

58

Ἀλλὰ τί τοῦτο; Πολλοὶ ξυνέρχονται· Βλεψίας ἐκεῖνος καὶ Λάχης καὶ Γνίφων καὶ ὅλως τὸ σύνταγμα τῶν οἰμωξομένων. Ὥστε τί οὐκ ἐπὶ τὴν πέτραν ταύτην ἀνελθὼν τὴν μὲν δίκελλαν ὀλίγον ἀναπαύω πάλαι πεπονηκυῖαν, αὐτὸς δὲ ὅτι πλείστους λίθους ξυμφορήσας ἐπιχαλαζῶ πόρρωθεν αὐτούς;

ΘΡΑΣΥΚΛΗΣ

Μὴ βάλλε, ὦ Τίμων· ἄπιμεν γάρ.

ΤΙΜΩΝ

Ἀλλ᾽ οὐκ ἀναιμωτί γε ὑμεῖς οὐδὲ ἄνευ τραυμάτων.

TIMON : Je loue tes propos, Thrasyclès. Mais au lieu de ta besace, apporte-moi si tu veux ta tête : je la bourrerai… de coups de poing[98] mesurés avec ma pioche.

THRASYCLÈS : Ô démocratie ! Ô lois ! Nous sommes frappés par un abominable coquin dans une cité libre.

TIMON : Pourquoi t'indignes-tu, mon bon ? Ne t'aurais-je, d'aventure, pas donné ton compte ? Eh bien, je vais ajouter quatre chénices[99], pour faire bonne mesure. Mais que se passe-t-il ? Ils accourent en foule. Voilà Blepsias, Lachès, Gniphon… toute la troupe de ceux qui vont gémir. Pourquoi ne pas monter sur cette falaise, pour laisser un peu de repos à ma pioche qui est à la peine depuis longtemps, et ramasser moi-même le plus de pierres possible pour les faire pleuvoir de loin sur eux comme grêle ?

BLÉPSIAS : Ne tire pas, Timon, nous partons.

TIMON : Oui, mais ce ne sera pas sans effusion de sang ni sans blessures.

---

98. Peut-être y a-t-il un jeu entre κονδύλων (génitif de κόνδυλος, coup de poing) et κοτυλῶν (génitif de κοτύλη, cotyle, unité de mesure valant un quart de litre).

99. Soit 4,32 litres. Le chénice attique correspond à un peu plus d'un litre.

II. Introduction à

Contre l'inculte qui achète de nombreux livres

Cette pièce porte le n° 58 dans la Vulgate et occupe la 31e place dans le *corpus* du *Vatic. gr.* Γ. Elle a été écrite aux environs de 170, comme l'indique l'allusion au suicide de Pérégrinos, qu'on date généralement de 165, et qui est évoqué ici au passé. L'empereur « qui honore la culture au plus haut point » est de toute évidence Marc Aurèle.

Il s'agit ici d'une diatribe, véritable genre littéraire[1], cher aux Cyniques et aux Stoïciens, qui puise souvent dans un répertoire de lieux communs (critique de la gourmandise, de la débauche, de la richesse, de l'ambition, de la vaine gloire...), et peut parfois avoir quelque chose d'artificiel. Mais ici, le texte n'a rien d'un exercice scolaire. Il tient surtout du pamphlet, voire de l'invective, et se caractérise par une violence extrême. Comme l'écrit M. Caster, un pamphlet de Lucien est un « ouvrage de guerre exécuté avec la totale absence de scrupule... de règle dans la circons-

---

1. Voir A. OLTRAMARE, *Les Origines de la diatribe romaine*, Lausanne, 1926. Le caractère de genre littéraire à part entière de la diatribe a parfois été contesté (voir BOYANCÉ, *R.E.G.*, 1951, 307, et J. BOMPAIRE, *op. cit.*, p. 353, n. 2).

tance[2]. »

Lucien vise ici une personne bien précise, que les auditeurs pouvaient reconnaître sans peine. Il s'agit d'un Syrien, sans doute proche de la cour de Marc Aurèle : Lucien l'accuse de s'être enrichi en s'insinuant dans les bonnes grâces d'un vieillard fortuné, ou même en falsifiant son testament. L'invective est particulièrement violente et dure ; les mœurs du personnage sont flétries sans la moindre nuance.

On traduit d'ordinaire le titre de cet opuscule par l'*Ignorant bibliophile* ou l'*Ignorant bibliomane*. Ces formules sont piquantes, mais elles risquent de conduire à une interprétation erronée. Le personnage sur lequel Lucien s'acharne n'aime pas les livres, à en croire notre auteur. Il se sert d'eux pour se faire bien voir dans le monde, mais il ne connaît pas leur contenu et n'a même aucune compétence pour juger de la qualité de l'édition : le mot « bibliophile » est donc impropre. Et encore davantage celui de « bibliomane », qui impliquerait l'existence d'une passion irrépressible. Il s'agit ici de commerce (le thème de l'achat et de l'argent revient tout au long du texte) : il nous semble donc important de conserver le mot « acheter » dans la traduction. Quant à l'adjectif ἀπαίδευτος, il renvoie au thème qui court dans tout l'ouvrage et dont on sait à quel point il est cher à Lucien, celui de la παιδεία. C'est Paideia qui apparaît au jeune Loukianos, dans le songe qui suit son expérience malheureuse d'apprenti sculpteur ; elle promet de lui enseigner « les nombreuses œuvres des hommes de l'Antiquité, leurs actions admirables et leurs discours[3] », et d'orner

---

2. M. Caster, *Études sur* Alexandre ou le faux-prophète *de Lucien*, Paris, 1938, p. 88.

3. *Le Songe ou la carrière de Loukianos*, 10.

son âme « de nombreuses parures : sagesse, justice, piété, douceur, mesure, intelligence, endurance, amour du beau, ardeur pour ce qui est le plus sublime[4] ». Il s'agit donc de beaucoup plus que du savoir opposé à l'ignorance. C'est la culture intellectuelle, solide, littéraire, tournée vers les grandes œuvres du passé, impliquant l'effort assidu, la soif inextinguible de connaissances et surtout de lectures. Paideia est pour Lucien « source de toutes joies et de toutes vertus[5] ».

Dès lors, on comprend mieux la violence de ce pamphlet. En voulant s'approprier indûment une culture pour laquelle il n'a ni étudié ni peiné, l'ἀπαίδευτος – l'inculte donc, plus que l'ignorant – remet en question tout le système de valeurs sur lequel Lucien a fondé sa vie. Comme il l'écrit au § 4 : « Si la possession de livres rendait aussi leur propriétaire cultivé, en vérité, elle vous serait réservée à vous, les riches, puisque vous pourriez les acheter… en enchérissant sur nous, les pauvres. » Ce serait le triomphe de la vulgarité, du bien mal acquis, un renversement scandaleux.

En effet pour Lucien, héritier en cela d'Isocrate, la vraie culture implique une bonne vie : le commerce intime des œuvres littéraires doit enrichir et ennoblir les actions et les pensées des lecteurs. Si l'inculte touche les livres avec une âme et des mains souillées, il se rend coupable d'une véritable profanation.

4. *Ibid.*, 11.
5. J. Bompaire, *op. cit.*, p. 129.

ΠΡΟΣ ΤΟΝ ΑΠΑΙΔΕΥΤΟΝ
ΚΑΙ ΠΟΛΛΑ ΒΙΒΛΙΑ ΩΝΟΥΜΕΝΟΝ

1. Καὶ μὴν ἐναντίον ἐστὶν οὗ ἐθέλεις ὃ νῦν ποιεῖς. Οἴει μὲν γὰρ ἐν παιδείᾳ καὶ αὐτὸς εἶναί τις δόξειν σπουδῇ συνωνούμενος τὰ κάλλιστα τῶν βιβλίων· τὸ δέ σοι περὶ τὰ κάτω χωρεῖ, καὶ ἔλεγχος γίγνεται τῆς ἀπαιδευσίας πως τοῦτο. Μάλιστα δὲ οὐδὲ τὰ κάλλιστα ὠνῇ, ἀλλὰ πιστεύεις τοῖς ὡς ἔτυχεν ἐπαινοῦσι καὶ ἕρμαιον εἶ τῶν τὰ τοιαῦτα ἐπιψευδομένων τοῖς βιβλίοις καὶ θησαυρὸς ἕτοιμος τοῖς καπήλοις αὐτῶν. Ἢ πόθεν γάρ σοι διαγνῶναι δυνατόν, τίνα μὲν παλαιὰ καὶ πολλοῦ ἄξια, τίνα δὲ φαῦλα καὶ ἄλλως σαπρά, εἰ μὴ τῷ διαβεβρῶσθαι καὶ κατακεκόφθαι αὐτὰ τεκμαίροιο καὶ συμβούλους τοὺς σέας ἐπὶ τὴν ἐξέτασιν παραλαμβάνοις; ἐπεὶ τοῦ ἀκριβοῦς ἢ ἀσφαλοῦς ἐν αὐτοῖς τίς ἢ ποία διάγνωσις;

CONTRE L'INCULTE
QUI ACHÈTE DE NOMBREUX LIVRES

1. À vrai dire ce que tu fais en ce moment est le contraire de ce que tu veux. Tu t'imagines que tu auras l'air, toi aussi, d'une personne cultivée si tu t'appliques à acheter les livres les plus beaux, mais ta tentative est un échec et devient, d'une certaine façon, la preuve de ton inculture. Et surtout tu n'achètes même pas les plus beaux livres : tu fais confiance aux gens qui louent n'importe quoi, tu es une aubaine pour ceux qui attribuent mensongèrement aux livres telle ou telle qualité, et la fortune assurée des bouquinistes qui les vendent. Comment te serait-il possible de distinguer les livres anciens et précieux de ceux qui ne valent rien, et qui n'ont d'autre mérite que d'être moisis ? À moins que tu ne te fondes sur le fait qu'ils sont rongés et déchirés, et que pour les examiner, tu ne prennes les vers comme conseillers ! Quant à la précision et à l'exactitude de leur contenu, sur quels critères te fondes-tu ? Et que valent-ils ?

2. Ἵνα δέ σοι δῶ αὐτὰ ἐκεῖνα κεκρικέναι, ὅσα
ὁ Καλλῖνος εἰς κάλλος ἢ ὁ ἀοίδιμος Ἀττικὸς
σὺν ἐπιμελείᾳ τῇ πάσῃ ἔγραψαν, σοὶ τί ὄφελος,
ὦ θαυμάσιε, τοῦ κτήματος οὔτε εἰδότι τὸ κάλλος
αὐτῶν οὔτε χρησομένῳ ποτὲ οὐδὲν μᾶλλον ἢ
τυφλὸς ἄν τις ἀπολαύσειε κάλλους παιδικῶν; σὺ δὲ
ἀνεῳγμένοις μὲν τοῖς ὀφθαλμοῖς ὁρᾷς τὰ βιβλία,
καὶ νὴ Δία κατακόρως, καὶ ἀναγιγνώσκεις ἔνια
πάνυ ἐπιτρέχων, φθάνοντος τοῦ ὀφθαλμοῦ τὸ στόμα·
οὐδέπω δὲ τοῦτό μοι ἱκανόν, ἢν μὴ εἰδῇς τὴν
ἀρετὴν καὶ κακίαν ἑκάστου τῶν ἐγγεγραμμένων καὶ
συνίῃς ὅστις μὲν ὁ νοῦς σύμπασιν, τίς δὲ ἡ τάξις
τῶν ὀνομάτων, ὅσα τε πρὸς τὸν ὀρθὸν κανόνα τῷ
συγγραφεῖ ἀπηκρίβωται καὶ ὅσα κίβδηλα καὶ νόθα
καὶ παρακεκομμένα.

3. Τί οὖν; φῂς καὶ ταὐτὰ μὴ μαθὼν ἡμῖν εἰδέναι;
πόθεν, εἰ μή ποτε παρὰ τῶν Μουσῶν κλῶνα δάφνης
καθάπερ ὁ ποιμὴν ἐκεῖνος λαβών; Ἑλικῶνα μὲν
γάρ, ἵνα διατρίβειν αἱ θεαὶ λέγονται, οὐδὲ ἀκήκοας
οἶμαί ποτε, οὐδὲ τὰς αὐτὰς διατριβὰς ἡμῖν ἐν παισὶν
ἐποιοῦ· σοὶ καὶ μεμνῆσθαι Μουσῶν ἀνόσιον. Ἐκεῖναι
γὰρ ποιμένι μὲν οὐκ ἂν ᾤκνησαν φανῆναι σκληρῷ
ἀνδρὶ καὶ δασεῖ καὶ πολὺν τὸν ἥλιον ἐπὶ τῷ σώματι
ἐμφαίνοντι, οἵῳ δὲ σοί – καί μοι πρὸς τῆς Λιβανίτιδος

---

1. Les deux personnages sont mentionnés de nouveau comme
copistes au chapitre 24. Sur Callinos, on n'a aucun renseignement ;
Atticos est peut-être, comme son nom l'indique, éditeur de textes
attiques ; il est tentant de l'identifier avec T. Pomponius Atticus, le
célèbre correspondant de Cicéron, qui était un ardent bibliophile.

2. Apostrophe souvent ironique chez Platon.

3. La pratique de la lecture silencieuse n'est pas répandue dans
l'Antiquité.

4. Il s'agit d'Hésiode : tandis qu'il gardait ses troupeaux sur le
mont Hélicon, en Béotie, il rencontra les Muses qui lui donnèrent une
branche de laurier (*Théogonie*, 30).

2. Je veux bien t'accorder que tu as choisi les ouvrages qu'ont copiés Callinos en cherchant la beauté ou l'illustre Atticos[1] avec une extrême attention, mais à quoi te sert de les posséder, mon admirable ami[2], puisque tu n'as pas conscience de leur beauté et que tu n'en profiteras pas plus qu'un aveugle ne peut jouir de celle des jeunes garçons ? Certes tu as les yeux ouverts, tu vois les livres, et t'en repais jusqu'à satiété, par Zeus ! tu lis même certains passages au pas de course, l'œil devançant la bouche[3]. Mais à mon avis c'est encore insuffisant, si tu ne connais pas les qualités et les défauts de chaque écrit, si tu ignores le sens général de l'ensemble, l'ordre correct des mots, les passages où l'auteur a respecté avec rigueur les justes règles, et ceux qui sont falsifiés, corrompus ou de mauvais aloi.

3. Mais quoi ? Diras-tu que sans avoir étudié, tu en sais autant que nous ? À moins peut-être que tu n'aies reçu des Muses une branche de laurier comme le célèbre berger[4] ? J'imagine que tu n'as jamais même entendu parler de l'Hélicon où les déesses, dit-on, passent leur temps[5]. Jamais dans ton enfance tu n'as fait les mêmes études que nous, et la seule mention des Muses est sacrilège dans ta bouche. Elles n'auraient pas hésité à se montrer à un berger – un homme rude, velu, dont le corps révélait de fréquentes expositions au soleil. Mais un individu tel que toi (permets-moi, par la déesse du mont Lébanon[6] de ne pas être plus explicite pour

---

5. Au début de la *Théogonie* (1-21), Hésiode décrit la danse des Muses sur le mont Hélicon.
6. Allusion probable à Aphrodite (ou à une déesse qui lui est assimilée), honorée à Aphaca sur le mont Lébanon. Cette allusion est peut-être inspirée à Lucien par les orgies et la prostitution sacrée qui avaient lieu à cet endroit, au moment où il évoque (avec de lourds sous-entendus) la vie sexuelle de son adversaire syrien. Il mentionne également ce temple dans *Sur la déesse syrienne*, 9.

ἄφες ἐν τῷ παρόντι τὸ μὴ σύμπαντα σαφῶς εἰπεῖν –
οὐδὲ ἐγγὺς γενέσθαι ποτ' ἂν εὖ οἶδ' ὅτι ἠξίωσαν,
ἀλλ' ἀντὶ τῆς δάφνης μυρρίνῃ ἂν ἢ καὶ μαλάχης
φύλλοις μαστιγοῦσαι ἀπήλλαξαν ἂν τῶν τοιούτων,
ὡς μὴ μιᾶναι μήτε τὸν Ὀλμειὸν μήτε τὴν τοῦ
Ἵππου κρήνην, ἅπερ ἢ ποιμνίοις διψῶσιν ἢ ποιμένων
στόμασι καθαροῖς πότιμα.

Καίτοι οὐδέ, εἰ καὶ πάνυ ἀναίσχυντος εἶ καὶ
ἀνδρεῖος τὰ τοιαῦτα, τολμήσειας ἂν ποτε εἰπεῖν
ὡς ἐπαιδεύθης ἢ ἐμέλησέ σοι πώποτε τῆς ἐν χρῷ
πρὸς τὰ βιβλία συνουσίας ἢ ὡς διδάσκαλός σοι ὁ
δεῖνα ἢ τῷ δεῖνι συνεφοίτας. 4. Ἀλλ' ἐνὶ τούτῳ
μόνῳ πάντα ἐκεῖνα ἀναδραμεῖσθαι νῦν ἐλπίζεις, τῷ
κτᾶσθαι πολλὰ βιβλία. Κατὰ δὴ ταῦτα, ἐκεῖνα ἔχε
συλλαβὼν τὰ τοῦ Δημοσθένους ὅσα τῇ χειρὶ τῇ αὑτοῦ
ὁ ῥήτωρ ἔγραψε, καὶ τὰ τοῦ Θουκυδίδου ὅσα παρὰ
τοῦ Δημοσθένους καὶ αὐτὰ ὀκτάκις μεταγεγραμμένα
εὑρέθη, καὶ ὅλως ἅπαντα ἐκεῖνα ὅσα ὁ Σύλλας
Ἀθήνηθεν εἰς Ἰταλίαν ἐξέπεμψε· τί ἂν πλέον ἐκ
τούτου εἰς παιδείαν κτήσαιο, κἂν ὑποβαλόμενος
αὐτὰ ἐπικαθεύδῃς ἢ συγκολλήσας καὶ περιβαλόμενος
περινοστῇς; Πίθηκος γὰρ ὁ πίθηκος, ἡ παροιμία

---

7. Plante consacrée à Aphrodite.

8. Le choix de cette plante est dicté par son rapprochement avec le verbe μαλάσσω (amollir), et surtout par ses propriétés émollientes et purgatives. Dans les *Histoires vraies,* B, 26, Minos fait fouetter avec des mauves des amants adultères.

9. L'Olmeios est un cours d'eau de Béotie (STRABON, IX, 2, 30); l'Hippocrène, une source que fit jaillir Pégase sur les flancs de l'Hélicon (ARATOS, 216-224). Dans la *Théogonie,* 6, Hésiode dit que les muses se baignent « dans l'Hippocrène ou dans le saint Olmeios ».

10. Seule mention connue de manuscrits autographes de Démosthène.

le moment), je sais bien qu'elles n'auraient jamais voulu ne
serait-ce que l'approcher. Au lieu de te donner du laurier,
c'est avec des branches de myrte[7] ou des feuilles de mauve[8]
qu'elles fouetteraient et chasseraient des individus comme
toi, pour éviter qu'ils ne souillent les eaux de l'Olmeios
ou de l'Hippocrène[9] que boivent des troupeaux assoiffés
ou des bergers dont la bouche est pure.

Sans doute, malgré ton impudence extrême et ta mâle
assurance en de telles matières, tu n'oserais jamais prétendre
que tu es cultivé, que tu t'es un jour soucié de fréquenter
intimement les livres, qu'Un tel a été ton maître ou que
tu as suivi les cours de tel autre. 4. Le seul moyen par
lequel tu espères à présent remédier à toutes ces lacunes,
c'est d'acheter beaucoup de livres. Eh bien, en suivant ce
raisonnement, tu peux bien collectionner et posséder les
discours de Démosthène, tous ceux que l'orateur a écrits de
sa propre main[10], tous ceux de Thucydide qu'on a retrouvés
recopiés huit fois par Démosthène[11] et en un mot, tous les
livres que Sylla a envoyés d'Athènes en Italie[12] : quel profit
pourrais-tu en retirer pour ta culture, même si tu couchais
et dormais dessus, si tu les collais tous ensemble et t'en
faisais un manteau quand tu te déplaces ? Un singe reste un

---

11. L'allusion n'est pas très claire. Pour N. Hopkinson, ὀκτάκις
pourrait évoquer non huit copies identiques d'extraits de Thucydide
faites de la main de Démosthène, mais les huit livres de la *Guerre du
Péloponnèse* de Thucydide que l'orateur aurait recopiés.

12. En 86 av. J.-C., au début de la guerre contre Mithridate,
Sylla s'appropria la bibliothèque d'Apellicon de Téos qui contenait
des ouvrages d'Aristote et de Théophraste (Plutarque, *Vie de Sylla*,
XXVI). Rapportée à Rome par Sylla, cette bibliothèque fut cédée à son
fils Faustus, qui dut la vendre aux enchères pour payer ses dettes. Elle
passa au professeur de grammaire Tyrannion, qui avec Andronicos de
Rhodes présenta des œuvres d'Aristote une édition classée par thèmes
et pourvue d'index.

φησί, κἂν χρύσεα ἔχῃ σύμβολα. Καὶ σὺ τοίνυν
βιβλίον μὲν ἔχεις ἐν τῇ χειρὶ καὶ ἀναγιγνώσκεις
ἀεί, τῶν δὲ ἀναγιγνωσκομένων οἶσθα οὐδέν, ἀλλ'
ὄνος λύρας ἀκούεις κινῶν τὰ ὦτα.

Ὡς εἴ γε τὸ κεκτῆσθαι τὰ βιβλία καὶ πεπαιδευμένον
ἀπέφαινε τὸν ἔχοντα, πολλοῦ ἂν ὡς ἀληθῶς τὸ
κτῆμα ἦν ἄξιον καὶ μόνων ὑμῶν τῶν πλουσίων, εἰ
ὥσπερ ἐξ ἀγορᾶς ἦν πρίασθαι τοὺς πένητας ἡμᾶς
ὑπερβάλλοντας. Τίς δὲ τοῖς ἐμπόροις καὶ τοῖς
βιβλιοκαπήλοις ἤρισεν ἂν περὶ παιδείας τοσαῦτα
βιβλία ἔχουσι καὶ πωλοῦσιν, ἀλλ' εἴ γε διελέγχειν
ἐθέλεις, ὄψει μηδ' ἐκείνους πολύ σου τὰ εἰς παιδείαν
ἀμείνους, ἀλλὰ βαρβάρους μὲν τὴν φωνὴν ὥσπερ
σύ, ἀξυνέτους δὲ τῇ γνώσει, οἵους εἰκὸς εἶναι τοὺς
μηδὲν τῶν καλῶν καὶ αἰσχρῶν καθεωρακότας. Καίτοι
σὺ μὲν δύο ἢ τρία παρ' αὐτῶν ἐκείνων πριάμενος
ἔχεις, οἱ δὲ νύκτωρ καὶ μεθ' ἡμέραν διὰ χειρὸς
ἔχουσιν αὐτά. 5. Τίνος οὖν ἀγαθοῦ ὠνὴ ταῦτα,
εἰ μὴ καὶ τὰς ἀποθήκας αὐτὰς τῶν βιβλίων ἡγῇ
πεπαιδεῦσθαι τοσαῦτα περιεχούσας παλαιῶν ἀνδρῶν
συγγράμματα;

Καί μοι, εἰ δοκεῖ, ἀπόκριναι· μᾶλλον δέ, ἐπεὶ
τοῦτό σοι ἀδύνατον, ἐπίνευσον γοῦν ἢ ἀνάνευσον
πρὸς τὰ ἐρωτώμενα. Εἴ τις αὐλεῖν μὴ ἐπιστάμενος
κτήσαιτο τοὺς Τιμοθέου αὐλοὺς ἢ τοὺς Ἰσμηνίου,
οὓς ἑπτὰ ταλάντων ὁ Ἰσμηνίας ἐν Κορίνθῳ ἐπρίατο,
ἆρ' ἂν διὰ τοῦτο καὶ αὐλεῖν δύναιτο, ἢ οὐδὲν ὄφελος
αὐτῷ τοῦ κτήματος οὐκ ἐπισταμένῳ χρήσασθαι

13. Il s'agit des objets de reconnaissance, laissés auprès des enfants
abandonnés, qui jouent un si grand rôle dans la comédie.
14. Suite de questions, à la manière socratique, portant sur des
exemples concrets. De même que Thrasyclès dans le livre I de la
République (350c-351c), l'interlocuteur de Lucien est réduit à répondre

singe, comme dit le proverbe, même s'il a des médaillons[13] en or. Tu as un livre à la main et tu lis sans cesse, mais si tu ne comprends pas un mot de ce que tu lis, tu es un âne qui remue les oreilles en écoutant la lyre.

Si la possession de livres rendait aussi leur propriétaire cultivé, elle serait réellement précieuse et vous serait réservée à vous, les riches, puisque vous pourriez les acheter comme au marché, en enchérissant sur nous, les pauvres. Et qui aurait pu rivaliser en culture avec les marchands et les bouquinistes qui possèdent et vendent tant de livres ? Mais si tu veux les interroger, tu verras que ces gens-là ne sont guère plus cultivés que toi. Ils sont barbares comme toi par leur langage, leur esprit est borné – ce qui est naturel pour des gens qui n'ont aucune idée de ce qu'est le bien ou le mal. Pourtant, alors que tu as deux ou trois livres qu'ils t'ont vendus, ils en ont jour et nuit entre les mains. 5. Dans ces conditions, à quoi bon les acheter ? À moins que tu ne penses que les bibliothèques elles-mêmes sont cultivées puisqu'elles contiennent tant d'écrits d'auteurs anciens !

Réponds-moi s'il te plaît, ou plutôt, puisque cela t'est impossible, fais un signe de tête positif ou négatif à chaque question[14]. Si quelqu'un qui ne sait pas jouer de l'aulos*, achetait les instruments de Timothéos ou d'Isménias[15] que ce dernier avait payés sept talents* à Corinthe, serait-il pour autant capable de jouer de l'aulos* ? Cet achat lui sert-il à quoi que ce soit s'il ne sait pas en faire usage suivant les règles de l'art ? Fort bien : tu as fait signe que non.

---

par signes de tête, mais ici c'est parce qu'il ne sait pas construire une phrase.

15. Célèbres aulètes thébains du IVe siècle. Lucien évoque Timothéos dans les deux premiers chapitres d'*Harmonidès*. Isménias est mentionné par PLUTARQUE, *Vie de Périclès*, I, 6 ; *Vie de Démétrios*, I, 2.

κατὰ τὴν τέχνην; Εὖ γε ἀνένευσας· οὐδὲ γὰρ τοὺς
Μαρσύου ἢ Ὀλύμπου κτησάμενος αὐλήσειεν ἂν
μὴ μαθών. Τί δ' εἴ τις τοῦ Ἡρακλέους τὰ τόξα
κτήσαιτο μὴ Φιλοκτήτης ὢν ὡς δύνασθαι ἐντείνασθαί
τε αὐτὰ καὶ ἐπίσκοπα τοξεῦσαι; Τί σοι καὶ οὗτος
δοκεῖ; Ἆρ' ἂν ἐπιδείξασθαί τι ἔργον τοξότου ἄξιον;
Ἀνένευσας καὶ τοῦτο. Κατὰ ταὐτὰ δὴ καὶ ὁ κυβερνᾶν
οὐκ εἰδὼς καὶ ἱππεύειν μὴ μεμελετηκὼς εἰ ὁ μὲν
ναῦν καλλίστην παραλάβοι, τοῖς πᾶσι καὶ εἰς κάλλος
καὶ εἰς ἀσφάλειαν κάλλιστα ἐξειργασμένην, ὁ δὲ
ἵππον κτήσαιτο Μῆδον ἢ κενταυρίδην ἢ κοππαφόρον,
ἐλέγχοιτο ἄν, οἶμαι, ἑκάτερος οὐκ εἰδὼς ὅ τι
χρήσαιτο ἑκατέρῳ. Ἐπινεύεις καὶ τοῦτο; Πείθου δὴ
καὶ τοῦτό μοι ἐπίνευσον· εἴ τις ὥσπερ σὺ ἀπαίδευτος
ὢν ὠνοῖτο πολλὰ βιβλία, οὐ σκώμματα οὗτος εἰς
ἀπαιδευσίαν καθ' ἑαυτοῦ ἐκφέροι; Τί ὀκνεῖς καὶ
τοῦτο ἐπινεύειν; Ἔλεγχος γάρ, οἶμαι, σαφὴς οὗτος,
καὶ τῶν ὁρώντων ἕκαστος εὐθὺς τὸ προχειρότατον
ἐκεῖνο ἐπιφθέγγεται, "τί κυνὶ καὶ βαλανείῳ;"

6. Καὶ ἐγένετό τις οὐ πρὸ πολλοῦ ἐν Ἀσίᾳ
πλούσιος ἀνὴρ ἐκ συμφορᾶς ἀποτμηθεὶς τοὺς πόδας
ἀμφοτέρους, ἀπὸ κρύους, οἶμαι, ἀποσαπέντας ἐπειδή

---

16. Marsyas défia Apollon avec son aulos et fut écorché par le dieu
(Ovide, *Métamorphoses*, VI, 382-400).

17. Célèbre aulète (voir Aristophane, *Cavaliers*, 9 ; Platon, *Minos*, 318b).

18. Il assista le héros lors de ses derniers instants, l'aidant à allumer
son bûcher sur l'Œta et hérita de ses armes (Sophocle, *Philoctète*, 801-
803 ; Ovide, *Métamorphoses*, IX, 229-265).

19. Ces chevaux, notamment ceux de la plaine de Nisaeon, étaient
très recherchés (Hérodote, III, 106 ; VII, 40).

Aurait-il même l'aulos* de Marsyas[16] ou d'Olympos[17], il ne pourrait en jouer s'il n'a pas appris. Et si quelqu'un achetait l'arc d'Héraclès sans être Philoctète[18] pour le tendre et atteindre sa cible, que penses-tu encore de cet homme ? Pourrait-il montrer le moindre geste qui soit digne d'un archer ? Là encore, tu as fait signe que non. En suivant le même raisonnement pour celui qui ne sait pas piloter et celui qui n'a pas appris à monter à cheval, si l'on donnait au premier un navire magnifique, parfaitement construit à la fois pour la beauté et la sécurité, si le second achetait un cheval mède[19], centaure[20] ou marqué d'un koppa[21], on verrait vite à l'épreuve, je crois, que ni l'un ni l'autre ne sait faire usage de son acquisition. Fais-tu ici, dis-moi, un signe positif ? Laisse-toi donc convaincre et fais-moi le plaisir d'opiner également sur ce point. Si quelqu'un d'aussi inculte que toi achetait beaucoup de livres, ne susciterait-il pas lui-même les railleries contre son inculture ? Pourquoi hésites-tu à opiner sur ce point encore ? Pourtant la démonstration est claire. À cette vue, chacun prononce aussitôt la phrase si connue : « Quel rapport entre un chien et une baignoire[22] ? »

6. Il y avait récemment en Asie un homme riche qui avait été par suite d'une circonstance malheureuse amputé des deux pieds : ils avaient été gelés alors qu'il voyageait à

20. Les centaures, mi-hommes, mi-chevaux, étaient associés à la Thrace ou à la Thessalie, pays de très bons chevaux (*Iliade,* X, 544-563 ; Hérodote, VII, 196).

21. Cheval de Corinthe. Le koppa (Ϙ) équivalait au kappa dans l'alphabet corinthien et était utilisé comme abréviation pour Κορίνθιος.

22. Proverbe qui correspond un peu à notre formule : « On dirait une poule qui a trouvé un couteau ! » Lucien le cite également dans le *Parasite,* 51.

ποτε διὰ χιόνος ὁδοιπορῆσαι συνέβη αὐτῷ. Οὗτος
τοίνυν τοῦτο μὲν ἐλεεινὸν ἐπεπόνθει, καὶ θεραπεύων
τὴν δυστυχίαν ξυλίνους πόδας πεποίητο, καὶ τούτους
ὑποδούμενος ἐβάδιζεν ἐπιστηριζόμενος ἅμα τοῖς
οἰκέταις. Ἐκεῖνο δὲ γελοῖον ἐποίει, κρηπῖδας γὰρ
καλλίστας ἐωνεῖτο νεοτμήτους ἀεί, καὶ τὴν πλείστην
πραγματείαν περὶ ταύτας εἶχεν, ὡς καλλίστοις
ὑποδήμασι κεκοσμημένα εἴη αὐτῷ τὰ ξύλα. Οὐ ταὐτὰ
οὖν καὶ σὺ ποιεῖς χωλὴν μὲν ἔχων καὶ συκίνην τὴν
γνώμην, ὠνούμενος δὲ χρυσοῦς ἐμβάτας, οἷς μόλις
ἄν τις καὶ ἀρτίπους ἐμπεριπατήσειεν;

7. Ἐπεὶ δὲ ἐν τοῖς ἄλλοις καὶ τὸν Ὅμηρον
ἐπρίω πολλάκις, ἀναγνώτω σοί τις αὐτοῦ λαβὼν
τὴν δευτέραν τῆς Ἰλιάδος ῥαψῳδίαν, ἧς τὰ μὲν
ἄλλα μὴ ἐξετάζειν· οὐδὲν γὰρ αὐτῶν πρὸς σέ·
πεποίηται δέ τις αὐτῷ δημηγορῶν παγγέλοιος
ἄνθρωπος, διάστροφος τὸ σῶμα καὶ λελωβημένος.
Ἐκεῖνος τοίνυν ὁ Θερσίτης ὁ τοιοῦτος εἰ λάβοι
τὴν Ἀχιλλέως πανοπλίαν, οἴει ὅτι αὐτίκα διὰ
τοῦτο καὶ καλὸς ἅμα καὶ ἰσχυρὸς ἂν γένοιτο, καὶ
ὑπερπηδήσεται μὲν τὸν ποταμόν, ἐπιθολώσει δὲ
αὐτοῦ τὸ ῥεῖθρον τῷ φόνῳ τῶν Φρυγῶν, ἀποκτενεῖ
δὲ τὸν Ἕκτορα καὶ πρὸ αὐτοῦ τὸν Λυκάονα καὶ
τὸν Ἀστεροπαῖον, μηδὲ φέρειν ἐπὶ τῶν ὤμων τὴν
μελίαν δυνάμενος; Οὐκ ἂν εἴποις· ἀλλὰ καὶ γέλωτα
ἂν ὀφλισκάνοι χωλεύων ὑπὸ τῇ ἀσπίδι καὶ ἐπὶ
στόμα καταπίπτων ὑπὸ τοῦ βάρους καὶ ὑπὸ τῷ

23. Avoir un bâton en bois de figuier signifie avoir une chose qui ne sert
à rien : à la différence de l'olivier, le figuier est un bois souple, sur lequel
on ne peut trouver un solide appui. Voir le *Corpus Paræmiographorum
Graecorum*, t. 2, p. 210-11, et ALCIPHRON, *Lettres* IV, 14.

24. Chaussures de l'acteur tragique, fortement surélevées.

25. Malgré la remarque du § 2 sur la rapidité de lecture de son
adversaire, Lucien semble suggérer ici qu'il ne sait pas lire.

travers une contrée enneigée, je crois. Son sort était digne
de pitié, et pour remédier à son malheur, il s'était fait
fabriquer des pieds de bois : il se les attachait et marchait, en
s'appuyant sur ses serviteurs. Mais il avait un comportement
ridicule : il achetait les souliers les plus beaux, toujours
récemment taillés, et il en prenait le plus grand soin, veillant
à ce que ses bouts de bois soient parés des plus belles
chaussures. N'est-ce pas ce que tu fais aussi ? Alors que
ta pensée est boiteuse, pareille à du bois de figuier[23], tu
achètes des cothurnes[24] d'or avec lesquels on aurait du mal
à se déplacer, même avec des pieds bien faits.

7. Puisque entre autres acquisitions, tu as souvent acheté
Homère, prends le deuxième chant de l'*Iliade* (ne cherche
pas à étudier le reste de l'ouvrage : rien de ce qui s'y trouve
ne te concerne !) et fais-le-toi lire[25]. Le poète y a fait le
portrait d'un individu totalement ridicule qui harangue le
peuple : il a le corps tordu et mutilé[26]. Eh bien, penses-tu
que ce Thersite, tel qu'il est décrit, s'il obtenait l'armure
complète d'Achille, pourrait aussitôt pour cette raison
devenir beau et fort à la fois ? Traversera-t-il d'un bond
le fleuve ? Troublera-t-il ses flots du sang des Phrygiens ?
Tuera-t-il Hector, et avant lui Lycaon et Astéropaios, lui
qui ne peut même pas porter la hampe de frêne[27] sur ses
épaules ? Non, dirais-tu. Bien au contraire, il ferait rire à ses
dépens, boitant sous le bouclier, tombant face contre terre,
écrasé par son poids, montrant sous le casque, chaque fois
qu'il relèvera la tête, ses yeux qui louchent[28], soulevant la
cuirasse avec la bosse de son dos, traînant les jambières, bref

---

26. *Iliade*, II, 212 sq.
27. *Iliade*, XIX, 387 sq.
28. Le Thersite d'Homère ne louche pas. Peut-être Lucien a-t-il
emprunté ce détail au portrait des Prières *(Litai)* dans l'*Iliade*, IX, 503.

κράνει ὁπότε ἀνανεύσειε δεικνὺς τοὺς παραβλῶπας
ἐκείνους αὐτοῦ ὀφθαλμοὺς καὶ τὸν θώρακα ἐπαίρων
τῷ τοῦ μεταφρένου κυρτώματι καὶ τὰς κνημῖδας
ἐπισυρόμενος, καὶ ὅλως αἰσχύνων ἀμφοτέρους, καὶ
τὸν δημιουργὸν αὐτῶν καὶ τὸν δεσπότην. Τὸ αὐτὸ
δὴ καὶ σὺ πάσχων οὐχ ὁρᾷς, ὁπόταν τὸ μὲν βιβλίον
ἐν τῇ χειρὶ ἔχῃς πάγκαλον, πορφυρᾶν μὲν ἔχον τὴν
διφθέραν, χρυσοῦν δὲ τὸν ὀμφαλόν, ἀναγιγνώσκῃς δὲ
αὐτὸ βαρβαρίζων καὶ καταισχύνων καὶ διαστρέφων,
ὑπὸ μὲν τῶν πεπαιδευμένων καταγελώμενος, ὑπὸ
δὲ τῶν συνόντων σοι κολάκων ἐπαινούμενος, οἳ
καὶ αὐτοὶ πρὸς ἀλλήλους ἐπιστρεφόμενοι γελῶσι
τὰ πολλά;

8. Θέλω γοῦν σοι διηγήσασθαί τι Πυθοῖ γενόμενον.
Ταραντῖνος Εὐάγγελος τοὔνομα τῶν οὐκ ἀφανῶν ἐν
τῷ Τάραντι ἐπεθύμησεν νικῆσαι Πύθια. Τὰ μὲν οὖν
τῆς γυμνῆς ἀγωνίας αὐτίκα ἐδόκει αὐτῷ ἀδύνατον εἶ
ναι μήτε πρὸς ἰσχὺν μήτε πρὸς ὠκύτητα εὖ πεφυκότι,
κιθάρα δὲ καὶ ᾠδῇ ῥᾳδίως κρατήσειν ἐπείσθη ὑπὸ
καταράτων ἀνθρώπων οὓς εἶχε περὶ αὐτὸν ἐπαινούντων
καὶ βοώντων ὁπότε καὶ τὸ σμικρότατον ἐκεῖνος
ἀνακρούσαιτο. Ἧκεν οὖν εἰς τοὺς Δελφοὺς τοῖς
τε ἄλλοις λαμπρὸς καὶ δὴ καὶ ἐσθῆτα χρυσόπαστον
ποιησάμενος καὶ στέφανον δάφνης χρυσῆς κάλλιστον,
ὡς ἀντὶ καρποῦ τῆς δάφνης σμαράγδους εἶναι
ἰσομεγέθεις τῷ καρπῷ· τὴν μέν γε κιθάραν αὐτήν,
ὑπερφυές τι χρῆμα εἰς κάλλος καὶ πολυτέλειαν,
χρυσοῦ μὲν τοῦ ἀκηράτου πᾶσαν, σφραγῖσι δὲ καὶ
λίθοις ποικίλοις κατακεκοσμημένην, Μουσῶν μεταξὺ
καὶ Ἀπόλλωνος καὶ Ὀρφέως ἐντετορνευμένων, θαῦμα
μέγα τοῖς ὁρῶσιν.

déshonorant à la fois celui qui a fabriqué ces armes et leur propriétaire. Ne vois-tu pas que tu es dans la même situation, chaque fois que tu tiens à la main un très beau livre, avec une couverture de pourpre, un cabochon[29] en or, et que tu le lis en prononçant comme un barbare, en le déshonorant et en le déformant, sous les rires des gens cultivés, et les louanges des flatteurs qui t'entourent, lesquels le plus souvent échangent eux-aussi des regards et rient ?

8. Je veux te raconter un incident qui s'est produit à Pytho. Un Tarentin nommé Évangélos, un des notables de Tarente, conçut le désir de remporter une victoire aux jeux Pythiques[30]. Pour les luttes gymniques, cela lui sembla tout de suite impossible car il n'était naturellement doté ni de force ni d'agilité ; mais des scélérats qu'il avait dans son entourage le persuadèrent qu'il l'emporterait facilement à la cithare et au chant[31] : ils le louaient et se récriaient d'admiration chaque fois qu'il effleurait, si peu que ce soit, les cordes de son instrument. Il arriva donc à Delphes dans un brillant équipage : il s'était fait notamment confectionner un vêtement brodé d'or et une couronne de laurier en or avec en place des baies des émeraudes de la taille des fruits. Quant à la cithare, elle était extraordinairement belle et somptueuse, tout entière en or massif, décorée de pierres ciselées et de toutes sortes de gemmes, et portait gravés en relief au milieu les Muses, Apollon et Orphée – grande merveille pour ceux qui la voyaient !

---

29. Bouton décoratif placé aux deux extrémités de la baguette autour de laquelle on enroulait les volumes.

30. Les jeux Pythiques furent célébrés à Delphes jusqu'au IVe siècle après J.-C. L'empereur Néron y remporta la victoire à la cithare.

31. On pouvait être seulement joueur de cithare (cithariste) ou chanter en s'accompagnant de cet instrument (citharède) ; c'est comme citharède que concourt Évangélos.

9. Ἐπεὶ δ' οὖν ποτε καὶ ἧκεν ἡ τοῦ ἀγῶνος ἡμέρα, τρεῖς μὲν ἦσαν, ἔλαχεν δὲ μέσος αὐτῶν ὁ Εὐάγγελος ᾄδειν· καὶ μετὰ Θέσπιν τὸν Θηβαῖον οὐ φαύλως ἀγωνισάμενον εἰσέρχεται ὅλος περιλαμπόμενος τῷ χρυσῷ καὶ τοῖς σμαράγδοις καὶ βηρύλλοις καὶ ὑακίνθοις· καὶ ἡ πορφύρα δὲ ἐνέπρεπε τῆς ἐσθῆτος, ἣ μεταξὺ τοῦ χρυσοῦ διεφαίνετο. Τούτοις ἅπασι προεκπλήξας τὸ θέατρον καὶ θαυμαστῆς ἐλπίδος ἐμπλήσας τοὺς θεατάς, ἐπειδή ποτε καὶ ᾆσαι καὶ κιθαρίσαι πάντως ἔδει, ἀνακρούεται μὲν ἀνάρμοστόν τι καὶ ἀσύντακτον, ἀπορρήγνυσι δὲ τρεῖς ἅμα χορδὰς σφοδρότερον τοῦ δέοντος ἐμπεσὼν τῇ κιθάρᾳ, ᾄδειν δὲ ἄρχεται ἀπόμουσόν τι καὶ λεπτόν, ὥστε γέλωτα μὲν παρὰ πάντων γενέσθαι τῶν θεατῶν, τοὺς ἀθλοθέτας δὲ ἀγανακτήσαντας ἐπὶ τῇ τόλμῃ μαστιγώσαντας αὐτὸν ἐκβαλεῖν τοῦ θεάτρου· ὅτεπερ καὶ γελοιότατος ὤφθη δακρύων ὁ χρυσοῦς Εὐάγγελος καὶ ὑπὸ τῶν μαστιγοφόρων συρόμενος διὰ μέσης τῆς σκηνῆς καὶ τὰ σκέλη καθηματωμένος ἐκ τῶν μαστίγων καὶ συλλέγων χαμάθεν τῆς κιθάρας τὰς σφραγῖδας· ἐξεπεπτώκεσαν γὰρ κἀκείνης συμμαστιγουμένης αὐτῷ.

10. Μικρὸν δὲ ἐπισχὼν μετ' αὐτὸν Εὔμηλός τις Ἠλεῖος εἰσέρχεται, κιθάραν μὲν παλαιὰν ἔχων, ξυλίνους δὲ κόλλοπας ἐπικειμένην, ἐσθῆτα δὲ μόγις σὺν τῷ στεφάνῳ δέκα δραχμῶν ἀξίαν· ἀλλ' οὗτός γε ᾄσας δεξιῶς καὶ κιθαρίσας κατὰ τὸν νόμον τῆς τέχνης ἐκράτει καὶ ἀνεκηρύττετο καὶ τοῦ Εὐαγγέλου κατεγέλα μάτην ἐμπομπεύσαντος τῇ κιθάρᾳ καὶ ταῖς σφραγῖσιν ἐκείναις. Καὶ εἰπεῖν γε λέγεται πρὸς αὐτόν· Ὦ Εὐάγγελε, σὺ μὲν χρυσῆν δάφνην περίκεισαι, πλουτεῖς γάρ, ἐγὼ δὲ ὁ πένης τὴν Δελφικήν. Πλὴν τοῦτό γε μόνον ὤνησο τῆς σκευῆς,

9. Quand arriva enfin le jour de la compétition, les concurrents étaient au nombre de trois, et le tirage au sort le désigna pour chanter entre les deux autres. Après que le Thébain Thespis eut concouru de façon fort honorable, il fait son entrée, tout resplendissant d'or, d'émeraudes, de béryls, d'hyacinthes[32] ; la pourpre de son vêtement était magnifique et brillait au milieu de l'or. Cette vue avait frappé à l'avance chacun d'étonnement et empli les spectateurs d'une espérance extraordinaire. Mais comme enfin il fallait absolument chanter et jouer de la cithare, il frappa les cordes sans harmonie et sans ordre, en brisa trois d'un coup en se jetant trop violemment sur l'instrument, puis commença à faire entendre un chant désagréable et grêle de sorte que les spectateurs se mirent tous à rire, et les arbitres, indignés de son audace, le firent fouetter et expulser du théâtre. Alors on vit, spectacle fort ridicule, pleurer cet Évangélos en or, tandis que les surveillants armés de fouets le traînaient au milieu de la scène, les jambes ensanglantées par les coups : il ramassait par terre les pierreries de sa cithare qui étaient tombées tandis que l'instrument aussi était fouetté avec lui.

10. Quelques instants plus tard, entra après lui un certain Eumélos d'Élée. Il avait une vieille cithare, montée avec des clés de bois, et un habit qui valait à peine dix drachmes*, couronne comprise. Mais lui au moins chanta habilement et joua de la cithare selon les règles de l'art : il triompha et fut proclamé vainqueur. Il se moqua d'Évangélos qui était venu en grande pompe avec sa cithare et ses pierreries – tout cela pour rien – et lui déclara, dit-on : « Évangélos, tu es ceint d'une couronne en or car tu es riche, mais moi qui suis pauvre, j'ai celle de Delphes. Pourtant ces ornements

---

32. Pierre précieuse bleu-pâle, peut-être l'aigue-marine.

ὅτι μηδὲ ἐλεούμενος ἐπὶ τῇ ἥττῃ ἀπέρχῃ, ἀλλὰ
μισούμενος προσέτι διὰ τὴν ἄτεχνόν σου ταύτην
τρυφήν." Περὶ πόδα δή σοι καὶ Εὐάγγελος οὗτος,
παρ' ὅσον σοί γε οὐδ' ὀλίγον μέλει τοῦ γέλωτος
τῶν θεατῶν.

11. Οὐκ ἄκαιρον δ' ἂν γένοιτο καὶ Λέσβιον μῦθόν
τινα διηγήσασθαί σοι πάλαι γενόμενον. Ὅτε τὸν
Ὀρφέα διεσπάσαντο αἱ Θρᾷτται, φασὶ τὴν κεφαλὴν
αὐτοῦ σὺν τῇ λύρᾳ εἰς τὸν Ἕβρον ἐμπεσοῦσαν
ἐκβληθῆναι εἰς τὸν μέλανα κόλπον, καὶ ἐπιπλεῖν
γε τὴν κεφαλὴν τῇ λύρᾳ, τὴν μὲν ᾄδουσαν θρῆνόν
τινα ἐπὶ τῷ Ὀρφεῖ, ὡς λόγος, τὴν λύραν δὲ αὐτὴν
ὑπηχεῖν τῶν ἀνέμων ἐμπιπτόντων ταῖς χορδαῖς,
καὶ οὕτω μετ' ᾠδῆς προσενεχθῆναι τῇ Λέσβῳ,
κἀκείνους ἀνελομένους τὴν μὲν κεφαλὴν καταθάψαι
ἵναπερ νῦν τὸ Βακχεῖον αὐτοῖς ἐστι, τὴν λύραν δὲ
ἀναθεῖναι εἰς τοῦ Ἀπόλλωνος τὸ ἱερόν, καὶ ἐπὶ
πολύ γε σώζεσθαι αὐτήν. 12. Χρόνῳ δὲ ὕστερον
Νέανθον τὸν τοῦ Πιττακοῦ τοῦ τυράννου ταῦτα ὑπὲρ
τῆς λύρας πυνθανόμενον, ὡς ἐκήλει μὲν θηρία καὶ
φυτὰ καὶ λίθους, ἐμελῴδει δὲ καὶ μετὰ τὴν τοῦ
Ὀρφέως συμφορὰν μηδενὸς ἁπτομένου, εἰς ἔρωτα
τοῦ κτήματος ἐμπεσεῖν καὶ διαφθείραντα τὸν ἱερέα
μεγάλοις χρήμασι πεῖσαι ὑποθέντα ἑτέραν ὁμοίαν

---

33. Comme le souligne N. Hopkinson, des anecdotes de ce genre
devaient être fréquemment racontées dans les écoles de rhétorique,
pour opposer la vantardise à la véritable vertu, et montrer que le
manque de talent entraîne plus d'humiliation pour l'homme en vue que
pour celui qui est obscur. On en trouve des exemples chez XÉNOPHON,
Mémorables, I, 7, 2, et dans la *Rhétorique à Hérennius*, 4,60. Lucien
adapte ces motifs à la diatribe en donnant un cadre plus travaillé au
récit et des noms aux personnages. Évangélos et Eumélos ne sont pas
connus par ailleurs. Ces noms sont vraisemblablement fictifs : Eumélos
est le nom d'un célèbre poète épique de Corinthe ; Évangélos (celui qui
annonce bien) peut suggérer la vantardise.

t'ont au moins servi à quelque chose : tu repars sans même inspirer la pitié pour ta défaite ; bien au contraire, tu t'es en plus attiré la haine par cet étalage de luxe dont l'art est absent[33]. » En vérité, cet Évangélos est ton portrait parfaitement ressemblant[34], sauf que toi, tu ne te soucies pas le moins du monde du rire des spectateurs.

11. Il ne serait pas hors de propos de te raconter également une histoire survenue il y a longtemps à Lesbos. On dit que, lorsque les femmes de Thrace eurent déchiré Orphée[35], sa tête et sa lyre tombèrent dans l'Hèbre[36] et furent rejetées dans le golfe Mélas[37]. La tête flottait sur la lyre, chantant un thrène en l'honneur d'Orphée, dit-on, et de son côté la lyre faisait entendre des sons tandis que les vents frappaient ses cordes : ainsi, accompagnées par le chant, tête et lyre furent portées à Lesbos où les habitants les recueillirent. Ils enterrèrent la tête à l'endroit où se trouve maintenant le sanctuaire de Bacchos et consacrèrent la lyre dans le temple d'Apollon où elle fut conservée longtemps. 12. Or par la suite, Néanthos, fils du tyran Pittacos[38], apprit ce qu'on racontait de la lyre – qu'elle envoûtait les bêtes sauvages, les plantes et les rochers, et qu'elle avait continué à être mélodieuse même après la triste fin d'Orphée, alors que personne ne la touchait. Il fut pris du désir de la posséder. Il soudoya le prêtre et le persuada de substituer à cette lyre une autre semblable

---

34. Littéralement : qui s'adapte parfaitement à ton pied.

35. Orphée fut déchiré par des Ménades de Thrace, furieuses d'être méprisées par le chanteur qui se lamentait continuellement sur la mort d'Eurydice (VIRGILE, *Géorgiques*, IV, 520-522 ; OVIDE, *Métamorphoses*, IX, 7-19).

36. Fleuve de Thrace.

37. Ce golfe Noir est aujourd'hui le golfe de Saros, à l'ouest de la Chersonèse de Thrace, au nord de la mer Égée (STRABON, I, 2, 20).

38. Tyran de Lesbos aux VIe-Ve siècles avant J.-C.

λύραν δοῦναι αὐτῷ τὴν τοῦ Ὀρφέως. Λαβόντα δὲ
μεθ' ἡμέραν μὲν ἐν τῇ πόλει χρῆσθαι οὐκ ἀσφαλὲς
οἴεσθαι εἶναι, νύκτωρ δὲ ὑπὸ κόλπου ἔχοντα μόνον
προελθεῖν εἰς τὸ προάστειον καὶ προχειρισάμενον
κρούειν καὶ συνταράττειν τὰς χορδὰς ἄτεχνον καὶ
ἄμουσον νεανίσκον, ἐλπίζοντα μέλη τινὰ θεσπέσια
ὑπηχήσειν τὴν λύραν ὑφ' ὧν πάντας καταθέλξειν καὶ
κηλήσειν, καὶ ὅλως μακάριον ἔσεσθαι κληρονομήσαντα
τῆς Ὀρφέως μουσικῆς· ἄχρι δὴ συνελθόντας τοὺς
κύνας πρὸς τὸν ἦχον – πολλοὶ δὲ ἦσαν αὐτόθι –
διασπάσασθαι αὐτόν, ὡς τοῦτο γοῦν ὅμοιον τῷ
Ὀρφεῖ παθεῖν καὶ μόνους ἐφ' ἑαυτὸν συγκαλέσαι
τοὺς κύνας. Ὅτεπερ καὶ σαφέστατα ὤφθη ὡς οὐχ
ἡ λύρα ἡ θέλγουσα ἦν, ἀλλὰ ἡ τέχνη καὶ ἡ ᾧ
δή, ἃ μόνα ἐξαίρετα τῷ Ὀρφεῖ παρὰ τῆς μητρὸς
ὑπῆρχεν· ἡ λύρα δὲ ἄλλως κτῆμα ἦν, οὐδὲν ἄμεινον
τῶν ἄλλων βαρβίτων.

13. Καὶ τί σοι τὸν Ὀρφέα ἢ τὸν Νέανθον
λέγω, ὅπου καὶ καθ' ἡμᾶς αὐτοὺς ἐγένετό τις
καὶ ἔτι ἐστίν, οἶμαι, ὃς τὸν Ἐπικτήτου λύχνον
τοῦ Στωϊκοῦ κεραμεοῦν ὄντα τρισχιλίων δραχμῶν
ἐπρίατο; Ἤλπιζεν γὰρ οἶμαι κἀκεῖνος, εἰ τῶν νυκτῶν
ὑπ' ἐκείνῳ τῷ λύχνῳ ἀναγιγνώσκοι, αὐτίκα μάλα
καὶ τὴν Ἐπικτήτου σοφίαν ὄναρ ἐπικτήσεσθαι
καὶ ὅμοιος ἔσεσθαι τῷ θαυμαστῷ ἐκείνῳ γέροντι.
14. Χθὲς δὲ καὶ πρώην ἄλλος τις τὴν Πρωτέως

39. Une des Muses : Calliopé (APOLLONIOS DE RHODES, I, 23-25) ou
Polymnie (selon une scholie des vers d'Apollonios).
40. En achetant cette lampe en terre cuite, l'acquéreur a montré
qu'il ne comprenait pas la pensée du philosophe. En effet dans les
Entretiens, I, 18, 15, Épictète a raconté comment, sa lampe de métal
lui ayant été volée, il se résolut philosophiquement à acheter une lampe
plus pauvre, en terre cuite, pour mettre en pratique son détachement des

et de lui donner celle d'Orphée. Quand il l'eut, jugeant imprudent de s'en servir le jour dans la cité, il l'emporta de nuit sous ses vêtements et se rendit seul dans un faubourg. La prenant entre ses mains, cet adolescent, dépourvu de technique et d'inspiration espérait que la lyre ferait entendre des mélodies divines grâce auxquelles il charmerait et envoûterait tout le monde et serait parfaitement heureux, ayant hérité de la musique d'Orphée. Cela dura jusqu'au moment où le bruit attira des chiens – il y en avait beaucoup à cet endroit – et ils le déchirèrent, de sorte que, sous ce rapport au moins, il connut un sort semblable à Orphée ! Les chiens furent les seuls à répondre à son chant. Alors on vit très clairement que ce n'était pas la lyre qui envoûtait les auditeurs, mais l'art et le chant, ces dons exceptionnels qui étaient tout ce qu'Orphée avait reçu de sa mère[39]. Quant à la lyre, ce n'était qu'un simple objet : elle ne valait pas mieux que n'importe quel autre instrument à cordes.

13. Mais pourquoi te parler d'Orphée et de Néanthos, quand même de notre temps, il s'est trouvé quelqu'un (il est encore vivant, je crois) pour acheter trois mille drachmes* la lampe en terre cuite du stoïcien Épictète[40] ? Cet homme espérait lui aussi, j'imagine, que s'il lisait la nuit à la lumière de cette lampe, il acquerrait aussitôt de surcroît la sagesse d'Épictète en songe et qu'il deviendrait semblable à l'admirable vieillard. 14. Voici quelques jours, un autre acheta également pour un talent* le bâton que le cynique Protée[41] déposa avant de sauter dans le feu. Il garde cette

biens matériels. En accordant de l'importance à cet objet, l'acquéreur fait donc un contresens.

41. Dans *Sur la mort de Pérégrinos*, Lucien évoque avec un grand mépris le suicide de ce philosophe cynique. Pérégrinos, qui avait pris le surnom de Protée, se précipita sur un bûcher après les concours Olympiques, sans doute en 165. Lucien l'accuse d'avoir sacrifié sa vie à son désir de vaine gloire.

τοῦ Κυνικοῦ βακτηρίαν, ἣν καταθέμενος ἥλατο εἰς
τὸ πῦρ, ταλάντου κἀκεῖνος ἐπρίατο, καὶ ἔχει μὲν
τὸ κειμήλιον τοῦτο καὶ δείκνυσιν ὡς Τεγεᾶται τοῦ
Καλυδωνίου ὑὸς τὸ δέρμα καὶ Θηβαῖοι τὰ ὀστᾶ τοῦ
Γηρυόνου καὶ Μεμφῖται τῆς Ἴσιδος τοὺς πλοκάμους·
αὐτὸς δὲ ὁ τοῦ θαυμαστοῦ κτήματος δεσπότης καὶ
αὐτὸν σὲ τῇ ἀπαιδευσίᾳ καὶ βδελυρίᾳ ὑπερηκόντισεν.
Ὁρᾷς ὅπως κακοδαιμόνως διάκειται, βακτηρίας εἰς
τὴν κεφαλὴν ὡς ἀληθῶς δεόμενος.

15. Λέγεται δὲ καὶ Διονύσιον τραγῳδίαν ποιεῖν
φαύλως πάνυ καὶ γελοίως, ὥστε τὸν Φιλόξενον
πολλάκις δι᾽ αὐτὴν εἰς τὰς λατομίας ἐμπεσεῖν
οὐ δυνάμενον κατέχειν τὸν γέλωτα. Οὗτος τοίνυν
πυθόμενος ὡς ἐγγελᾶται, τὸ Αἰσχύλου πυξίον εἰς
ὃ ἐκεῖνος ἔγραφε σὺν πολλῇ σπουδῇ κτησάμενος
καὶ αὐτὸς ᾤετο ἔνθεος ἔσεσθαι καὶ κάτοχος ἐκ τοῦ
πυξίου· ἀλλ᾽ ὅμως ἐν αὐτῷ ἐκείνῳ μακρῷ γελοιότερα
ἔγραφεν, οἷον κἀκεῖνο τό·

Δωρὶς τέθνηκεν ἡ Διονυσίου γυνή.

καὶ πάλιν·

Οἴμοι, γυναῖκα χρησίμην ἀπώλεσα.

καὶ τοῦτο γὰρ ἐκ τοῦ πυξίου, καὶ τό·

Αὑτοῖς γὰρ ἐμπαίζουσιν οἱ μωροὶ βροτῶν.

Τοῦτο μέν γε πρὸς σὲ μάλιστα εὐστόχως
ἂν εἰρημένον εἴη τῷ Διονυσίῳ, καὶ δι᾽ αὐτὸ χρυσῶσαι
αὐτοῦ ἔδει ἐκεῖνο τὸ πυξίον.

---

42. Denys l'Ancien, tyran de Syracuse de 431 à 367. On a conservé
des fragments de ses pièces (NAUCK, *Tragica Graeca Fragmenta,*
1242-1246). Il participa aux compétitions tragiques à Athènes, obtint
souvent la seconde ou la troisième place, et la première avec la *Rançon
d'Hector.* Une tradition dit qu'il mourut de plaisir quand il remporta un
concours dramatique à Athènes (DIODORE DE SICILE, XV, 74, 1-4).

relique et la montre comme les Tégéates montrent la peau du sanglier de Calydon, les Thébains les os de Géryon, et les habitants de Memphis les boucles d'Isis. Cependant le propriétaire de cette acquisition merveilleuse t'a même dépassé en inculture et en impudence. Tu vois dans quel état misérable il se trouve ! Il aurait vraiment besoin d'un bâton… asséné sur son crâne !

15. On dit aussi que Denys[42] composait des tragédies fort médiocres et ridicules, ce qui valut souvent à Philoxénos[43] d'être jeté dans les Latomies parce qu'il ne pouvait s'empêcher de rire. Apprenant qu'on se moquait de lui, Denys réussit, au prix de bien des efforts, à acquérir la tablette en buis sur laquelle écrivait Eschyle[44]. Il pensait qu'il serait pris d'enthousiasme lui aussi et inspiré par la tablette. Pourtant ce fut précisément sur elle qu'il écrivit des vers encore plus ridicules, par exemple celui-ci :

Elle est morte Doris, épouse de Denys !

Et encore :

J'ai perdu là, hélas ! une épouse pratique !

Voilà ce que lui inspirait la tablette. Et ceci :

Les mortels insensés s'illusionnent eux-mêmes.

Cependant, en composant ce dernier vers, Denys pourrait bien t'avoir visé avec beaucoup d'adresse, et pour cela, on devrait couvrir d'or la tablette en question.

43. Poète contemporain de Denys, il reprit à Homère le personnage du cyclope Polyphème, qu'il montra épris de la nymphe marine Galatée. Cette œuvre lui aurait été inspirée par sa haine de Denys, dont il aurait séduit la femme, et qu'il aurait peint sous les traits de Polyphème.

44. Une variante de la même histoire dit qu'il aurait acheté la harpe, la tablette et le stylet d'Euripide (*Vie d'Euripide,* 5).

16. Τίνα γὰρ ἐλπίδα καὶ αὐτὸς ἔχων εἰς τὰ
βιβλία καὶ ἀνατυλίττεις ἀεὶ καὶ διακολλᾷς καὶ
περικόπτεις καὶ ἀλείφεις τῷ κρόκῳ καὶ τῇ κέδρῳ
καὶ διφθέρας περιβάλλεις καὶ ὀμφαλοὺς ἐντίθης, ὡς
δή τι ἀπολαύσων αὐτῶν; Πάνυ γοῦν ἤδη βελτίων
γεγένησαι διὰ τὴν ὠνήν, ὃς τοιαῦτα μὲν φθέγγῃ
– μᾶλλον δὲ τῶν ἰχθύων ἀφωνότερος εἶ – βιοῖς δὲ
ὡς οὐδ' εἰπεῖν καλόν, μῖσος δὲ ἄγριον, φασί, παρὰ
πάντων ἔχεις ἐπὶ τῇ βδελυρίᾳ· ὡς εἰ τοιούτους
ἀπειργάζετο τὰ βιβλία, φυγῇ φευκτέον ἂν ἦν ὅτι
πορρωτάτω ἀπ' αὐτῶν. 17. Δυοῖν δὲ ὄντοιν ἅττ' ἂν
παρὰ τῶν παλαιῶν τις κτήσαιτο, λέγειν τε δύνασθαι
καὶ πράττειν τὰ δέοντα ζήλῳ τῶν ἀρίστων καὶ φυγῇ
τῶν χειρόνων, ὅταν μήτε ἐκεῖνα μήτε ταῦτα φαίνηταί
τις παρ' αὐτῶν ὠφελούμενος, τί ἄλλο ἢ τοῖς μυσὶ
διατριβὰς ὠνεῖται καὶ ταῖς τίλφαις οἰκήσεις καὶ
πληγὰς ὡς ἀμελοῦσι τοῖς οἰκέταις;
18. Πῶς δὲ οὐ κἀκεῖνο αἰσχρόν, εἴ τις ἐν τῇ
χειρὶ ἔχοντά σε βιβλίον ἰδών – ἀεὶ δέ τι πάντως
ἔχεις – ἔροιτο οὗτινος ἢ ῥήτορος ἢ συγγραφέως
ἢ ποιητοῦ ἐστι, σὺ δὲ ἐκ τῆς ἐπιγραφῆς εἰδὼς
πράως εἴποις τοῦτό γε· εἶτα, ὡς φιλεῖ τὰ τοιαῦτα
ἐν συνουσίᾳ προχωρεῖν εἰς μῆκος λόγων, ὁ μὲν
ἐπαινοῖ τι ἢ αἰτιῷτο τῶν ἐγγεγραμμένων, σὺ δὲ
ἀποροίης καὶ μηδὲν ἔχοις εἰπεῖν; Οὐκ εὔξῃ τότε

---

45. Le relieur (κολλητής, en latin *glutinator*) était un spécialiste
employé dans les grandes bibliothèques (CICÉRON, *Ad Att.*, 4, 4, 1).
Il pouvait réparer les ouvrages endommagés ou combiner dans un
uolumen unique plusieurs textes courts.

46. Les deux bases du volume étaient rognées au rasoir et polies à la
pierre ponce ; le papyrus était enduit d'huile de cèdre qui le conservait
et le teintait en jaune. Dans les *Tristes*, I, 1, 7 et 11, Ovide se lamente sur
son pauvre livre d'exilé qui n'aura pas droit à ces ornements : « Point
d'huile de cèdre pour embellir ta feuille... Que la tendre pierre ponce

16. Quel espoir fondes-tu donc sur ces livres pour les dérouler sans cesse, les coller[45], les ébarber[46], les enduire d'huile de safran et de cèdre, les habiller de couvertures et leur adapter des cabochons comme si tu pouvais en tirer quelque profit ? Assurément, cet achat t'a déjà rendu bien meilleur : il suffit de voir comment tu t'exprimes (et d'ailleurs non! tu es plus muet qu'un poisson !), la vie que tu mènes (en parler seulement est déshonorant !), toi qui inspires à tous, à cause de ta conduite répugnante, une haine sauvage, comme on dit. Si les livres rendaient les gens semblables à toi, il faudrait s'enfuir le plus loin possible d'eux. 17. En fait, les textes anciens apportent deux bienfaits : ils rendent habile à parler et enseignent à faire son devoir en imitant les meilleurs exemples et en se détournant des pires. Quand de toute évidence un homme ne tire des livres ni l'un ni l'autre de ces profits, qu'achète-t-il sinon des distractions pour les rats, des logis pour les blattes et des prétextes pour frapper les serviteurs en leur reprochant leur négligence ?

18. Et comment la situation suivante ne serait-elle pas honteuse elle aussi ? Si quelqu'un, te voyant un livre à la main (de toute manière, tu en as toujours un), te demandait de qui il est – orateur, historien ou poète ? – tu pourrais sans doute répondre aisément sur ce point précis : tu le sais à cause du titre[47]. Mais ensuite, si la conversation se prolongeait, comme d'ordinaire en société, s'il louait ou critiquait un passage, tu serais dans l'embarras et ne trouverais rien à dire. Ne souhaiterais-tu pas alors que la

ne polisse pas tes deux tranches et laisse voir le hérissement de tes barbes éparses. »

47. Le titre de l'ouvrage était inscrit à la fin de l'ouvrage et souvent sur une bande de parchemin (σίλλυβος) collée sur le rouleau. Comme le personnage est censé ne pas lire les livres qu'il achète, c'est à cette étiquette que Lucien fait allusion.

χανεῖν σοι τὴν γῆν, κατὰ σεαυτοῦ ὁ Βελλεροφόντης
περιφέρων τὸ βιβλίον;

19. Δημήτριος δὲ ὁ Κυνικὸς ἰδὼν ἐν Κορίνθῳ
ἀπαίδευτόν τινα βιβλίον κάλλιστον ἀναγιγνώσκοντα –
τὰς Βάκχας οἶμαι τοῦ Εὐριπίδου, κατὰ τὸν ἄγγελον
δὲ ἦν τὸν διηγούμενον τὰ τοῦ Πενθέως πάθη καὶ
τὸ τῆς Ἀγαύης ἔργον – ἁρπάσας διέσπασεν αὐτὸ
εἰπών· "Ἀμεινόν ἐστι τῷ Πενθεῖ ἅπαξ σπαραχθῆναι
ὑπ᾿ ἐμοῦ ἢ ὑπὸ σοῦ πολλάκις."

Ζητῶν δὲ ἀεὶ πρὸς ἐμαυτὸν οὔπω καὶ τήμερον
εὑρεῖν δεδύνημαι τίνος ἕνεκα τὴν σπουδὴν ταύτην
ἐσπούδακας περὶ τὴν ὠνὴν τῶν βιβλίων· ὠφελείας
μὲν γὰρ ἢ χρείας τῆς ἀπ᾿ αὐτῶν οὐδ᾿ ἂν οἰηθείη
τις τῶν καὶ ἐπ᾿ ἐλάχιστόν σε εἰδότων, οὐ μᾶλλον
ἢ φαλακρὸς ἄν τις πρίαιτο κτένας ἢ κάτοπτρον ὁ
τυφλὸς ἢ ὁ κωφὸς αὐλητὴν ἢ παλλακὴν ὁ εὐνοῦχος
ἢ ὁ ἠπειρώτης κώπην ἢ ὁ κυβερνήτης ἄροτρον. Ἀλλὰ
μὴ ἐπίδειξιν πλούτου σοι τὸ πρᾶγμα ἔχει καὶ βούλει
τοῦτο ἐμφῆναι ἅπασιν, ὅτι καὶ εἰς τὰ μηδέν σοι
χρήσιμα ὅμως ἐκ πολλῆς τῆς περιουσίας ἀναλίσκεις;
Καὶ μὴν ὅσα γε κἀμὲ Σύρον ὄντα εἰδέναι, εἰ μὴ
σαυτὸν φέρων ταῖς τοῦ γέροντος ἐκείνου διαθήκαις
παρενέγραψας, ἀπωλώλεις ἂν ὑπὸ λιμοῦ ἤδη καὶ
ἀγορὰν προὐτίθεις τῶν βιβλίων. 20. Λοιπὸν οὖν δὴ
ἐκεῖνο, πεπεισμένον ὑπὸ τῶν κολάκων ὡς οὐ μόνον
καλὸς εἶ καὶ ἐράσμιος ἀλλὰ σοφὸς καὶ ῥήτωρ καὶ
συγγραφεὺς οἷος οὐδ᾿ ἕτερος, ὠνεῖσθαι τὰ βιβλία,
ὡς ἀληθεύοις τοὺς ἐπαίνους αὐτῶν. Φασὶ δὲ σὲ καὶ
λόγους ἐπιδείκνυσθαι αὐτοῖς ἐπὶ δείπνῳ κἀκείνους

---

48. Bellérophon apporta au roi de Lycie un message demandant
qu'il soit mis à mort (*Iliade,* VI, 152-211).

49. Philosophe du 1er siècle après J.-C., ami de Sénèque.

50. Il s'agit de discours d'apparat (épidictiques) tels que les
rhéteurs se plaisaient à en faire.

terre s'entrouvre puisque tu portes, comme Bellérophon[48], un écrit qui te perd ?

19. Démétrios le Cynique[49], voyant à Corinthe un homme inculte lire un livre magnifique (les *Bacchantes* d'Euripide, je crois, au moment où le messager raconte le sort de Penthée et l'acte d'Agavé), le lui arracha et le déchira en disant : « Mieux vaut que Penthée soit mis en pièces une fois pour toutes par moi que par toi à de nombreuses reprises. »

J'ai beau y réfléchir sans cesse en moi-même, je n'ai pas encore réussi à ce jour à découvrir dans quel but tu mets autant d'ardeur à acheter des livres. Aucun de ceux qui te connaissent, si peu que ce soit, ne pourrait penser qu'ils te soient utiles ou nécessaires – pas plus qu'un chauve n'achèterait un peigne, un aveugle un miroir, un sourd un aulète, un eunuque une concubine, un homme de l'intérieur des terres une rame, ou un navigateur une charrue. À moins qu'il ne s'agisse pour toi d'étaler ta richesse et que tu ne veuilles montrer à tous que sur l'énorme quantité de ton superflu, tu dépenses de l'argent même pour des objets qui ne te servent à rien. Mais autant que je sache (je suis Syrien comme toi !) si tu ne t'étais pas précipité pour inscrire ton nom dans le testament d'un certain vieillard, tu mourrais de faim à présent et mettrais tes livres en vente. 20. Il ne reste donc qu'une explication : les flatteurs t'ont persuadé que tu es non seulement beau et désirable, mais encore un sage, un orateur et un historien à nul autre pareil, et tu achètes des livres pour justifier leurs éloges. On dit que tu fais étalage devant eux de beaux discours[50] pendant les dîners et eux, pareils à des grenouilles tirées de l'eau[51], coassent

51. Même image dans *Hôtes à gages*, 28.

χερσαίων βατράχων δίκην διψῶντας κεκραγέναι, ἢ
μὴ πίνειν, ἢν μὴ διαρραγῶσι βοῶντες.

Καὶ γὰρ οὐκ οἶδ' ὅπως ῥᾷστος εἶ τῆς ῥινὸς
ἕλκεσθαι, καὶ πιστεύεις αὐτοῖς ἅπαντα, ὅς ποτε
κἀκεῖνο ἐπείσθης, ὡς βασιλεῖ τινι ὡμοιώθης τὴν
ὄψιν, καθάπερ ὁ ψευδαλέξανδρος καὶ ὁ ψευδοφίλιππος
ἐκεῖνος κναφεὺς καὶ ὁ κατὰ τοὺς προπάτορας ἡμῶν
ψευδονέρων καὶ εἴ τις ἄλλος τῶν ὑπὸ τῷ ψευδο
τεταγμένων. 21. Καὶ τί θαυμαστὸν εἰ τοῦτο ἔπαθες,
ἀνόητος καὶ ἀπαίδευτος ἄνθρωπος, καὶ προήεις
ἐξυπτιάζων καὶ μιμούμενος βάδισμα καὶ σχῆμα
καὶ βλέμμα ἐκείνου ᾧ σεαυτὸν εἰκάζων ἔχαιρες,
ὅπου καὶ Πύρρον φασὶ τὸν Ἠπειρώτην, τὰ ἄλλα
θαυμαστὸν ἄνδρα, οὕτως ὑπὸ κολάκων ἐπὶ τῷ ὁμοίῳ
ποτὲ διαφθαρῆναι ὡς πιστεύειν ὅτι ὅμοιος ἦν
Ἀλεξάνδρῳ ἐκείνῳ; Καίτοι τὸ τῶν μουσικῶν τοῦτο,
δὶς διὰ πασῶν τὸ πρᾶγμα ἦν· εἶδον γὰρ καὶ τὴν τοῦ
Πύρρου εἰκόνα· καὶ ὅμως ἐπέπειστο ἐκμεμάχθαι τοῦ
Ἀλεξάνδρου τὴν μορφήν. Ἀλλ' ἕνεκα μὲν δὴ τούτων
ὕβρισταί μοι εἰς τὸν Πύρρον, ὅτι σὲ εἴκασα κατὰ
τοῦτο αὐτῷ· τὸ δὲ ἀπὸ τούτου καὶ πάνυ σοι πρέπον
ἂν εἴη. Ἐπεὶ γὰρ οὕτω διέκειτο ὁ Πύρρος καὶ ταῦτα
ὑπὲρ ἑαυτοῦ ἐπέπειστο, οὐδεὶς ὅστις οὐ συνετίθετο
καὶ συνέπασχεν αὐτῷ, ἄχρι δή τις ἐν Λαρίσῃ
πρεσβῦτις ξένη αὐτῷ τἀληθὲς εἰποῦσα ἔπαυσεν αὐτὸν
τῆς κορύζης. Ὁ μὲν γὰρ Πύρρος ἐπιδείξας αὐτῇ
εἰκόνα Φιλίππου καὶ Περδίκκου καὶ Ἀλεξάνδρου καὶ

52. En 153 av. J.-C, poussé par Attale Iᵉʳ de Pergame et Ptolémée VI Philométor d'Égypte, Balas, prétendit être le fils d'Anthiochus IV Épiphane, à qui il ressemblait et revendiqua le trône des Séleucides. Il régna de 150 à 146 sous le nom d'Alexandre Iᵉʳ Balas.

53. Après la défaite de Persée, Andriscos, un foulon d'Adramyttium en Mysie, prétendit être son fils et prit le nom de Philippe. Il régna de 148 à 146 avant d'être défait par Q. Métellus.

parce qu'ils ont soif et qu'ils n'auraient pas à boire s'ils ne se rompaient la gorge à force de crier.

Je ne sais ce qui te rend aussi facile à mener par le bout du nez : tu crois tout ce qu'ils disent, toi qui te laissas un jour persuader que tu ressemblais physiquement à un roi, comme il y eut un faux Alexandre[52], un faux Philippe[53], qui était foulon, et un faux Néron[54] du temps de nos grands-pères – sans compter tant d'autres qui ont pu se ranger sous la bannière du préfixe pseudo-. 21. Qu'y aurait-il d'étonnant à te voir dans cette situation, toi qui n'as ni intelligence ni culture, t'avancer en te rengorgeant, imitant la démarche, le costume et le regard de celui auquel tu aurais plaisir à ressembler, puisqu'on dit que Pyrrhus d'Épire[55] lui-même, homme par ailleurs admirable, se laissa jadis corrompre par des gens qui le flattaient sur sa ressemblance au point de se croire l'image du grand Alexandre ? Pourtant, pour parler comme les musiciens, il s'en fallait de deux octaves, car j'ai vu le portrait de Pyrrhus. Néanmoins, il était convaincu qu'il était physiquement la réplique exacte d'Alexandre. Certes, je fais injure à Pyrrhus en te comparant à lui sur ce point ; en revanche ce qui va suivre te conviendrait fort bien. Quand Pyrrhus était dans cet état d'esprit et qu'il se faisait cette idée de lui-même, tous sans exception abondaient dans son sens et partageaient son point de vue, jusqu'au jour où, à Larissa, une vieille femme étrangère lui dit la vérité et dissipa le brouillard qui lui embrumait le cerveau. Pyrrhus lui montra les portraits de Philippe,

---

54. Il y eut plusieurs faux Nérons au premier siècle ap. J.-C. (car l'empereur, détesté du Sénat, était très populaire). Le plus connu fut soutenu par les Parthes qui refusèrent de le livrer à Rome.

55. Pyrrhus (319-272) avait selon PLUTARQUE, *Vie de Pyrrhus,* III, 6, la mâchoire supérieure difforme.

Κασσάνδρου καὶ ἄλλων βασιλέων ἤρετο τίνι ὅμοιος
εἴη, πάνυ πεπεισμένος ἐπὶ τὸν Ἀλέξανδρον ἥξειν
αὐτήν, ἡ δὲ πολὺν χρόνον ἐπισχοῦσα, "Βατραχίωνι,"
ἔφη, "τῷ μαγείρῳ·" καὶ γὰρ ἦν τις ἐν τῇ Λαρίσῃ
Βατραχίων μάγειρος τῷ Πύρρῳ ὅμοιος.

22. Καὶ σὺ δὴ ᾧτινι μὲν τῶν τοῖς ὀρχησταῖς
συνόντων κιναίδων ἔοικας οὐκ ἂν εἴποιμι, ὅτι δὲ
μανίαν ἐρρωμένην ἔτι καὶ νῦν μαίνεσθαι δοκεῖς
ἅπασιν ἐπ' ἐκείνῃ τῇ εἰκόνι, πάνυ σαφῶς οἶδα.
Οὔκουν θαυμαστόν, εἰ ἀπίθανος οὕτως ζωγράφος
ὢν καὶ τοῖς πεπαιδευμένοις ἐξομοιοῦσθαι ἐθέλεις,
πιστεύων τοῖς τὰ τοιαῦτά σε ἐπαινοῦσι.

Καίτοι τί ταῦτα ληρῶ; Πρόδηλος γὰρ ἡ αἰτία
τῆς περὶ τὰ βιβλία σπουδῆς, εἰ καὶ ὑπὸ νωθείας
ἐγὼ μὴ πάλαι κατεῖδον· σοφὸν γάρ, ὡς γοῦν οἴει,
τοῦτ' ἐπινενόηκας καὶ ἐλπίδας οὐ μικρὰς ἔχεις περὶ
τοῦ πράγματος, εἰ βασιλεὺς μάθοι ταῦτα σοφὸς
ἀνὴρ καὶ παιδείαν μάλιστα τιμῶν· εἰ δὲ ταῦτα ὑπὲρ
σοῦ ἐκεῖνος ἀκούσειεν, ὡς ὠνῇ βιβλία καὶ συνάγεις
πολλά, πάντα ἐν βραχεῖ παρ' αὐτοῦ ἔσεσθαί σοι
νομίζεις. 23. Ἀλλ', ὦ κατάπυγον, οἴει τοσοῦτον
μανδραγόραν κατακεχύσθαι αὐτοῦ ὡς ταῦτα μὲν

56. Roi de Macédoine de 450 à 413.

57. Il se nomma lui-même roi de Macédoine vers 316, pendant les
troubles qui suivirent la mort d'Alexandre.

58. Nom comique qui signifie grenouille, ce qui relie l'anecdote à
l'image des flatteurs du § 20.

59. Les danseurs de pantomime, auxquels Lucien a consacré
un ouvrage *(Sur la danse)*, scandalisaient les moralistes par leurs
mouvements lascifs et leur vie débauchée (HORACE, *Satires,* I, 9, 24-
25 ; JUVÉNAL, VI, 63 ; MARTIAL, V, 78, 27-28).

de Perdiccas[56], d'Alexandre, de Cassandros[57] et d'autres rois et lui demanda à qui il ressemblait, persuadé qu'elle choisirait Alexandre. Mais après avoir hésité quelque temps, elle déclara : « À Batrachion[58], le cuisinier. » De fait il y avait à Larissa un cuisinier nommé Batrachion qui ressemblait à Pyrrhos.

22. Quant à toi je ne saurais dire auquel des invertis qui fréquentent les danseurs de pantomimes[59] tu ressembles. Mais que tous te jugent atteint encore aujourd'hui d'une folie toute puissante pour cette belle image, cela, je le sais clairement. Il n'est donc pas étonnant que, peintre tellement incapable de créer la ressemblance, tu veuilles te rendre pareil aux gens cultivés en te fiant à ceux qui te louent comme ils le font.

Mais pourquoi ces bavardages ? La raison de ta passion pour les livres est évidente, et j'aurais dû la voir depuis longtemps si je n'avais été aussi stupide. Tu as formé un projet subtil, tu le crois du moins, sur lequel tu fondes des espoirs considérables : que l'empereur[60], un homme savant, qui apprécie la culture au plus haut point, apprenne tes activités. S'il entend dire de toi que tu achètes des livres et que tu en as une grande collection, tu penses que tu obtiendras bientôt n'importe quoi de lui. 23. Mais, vil débauché[61], penses-tu qu'on lui ait versé tant de mandragore[62] qu'il puisse apprendre cela sans connaître

---

60. Il s'agit de Marc Aurèle, dont on sait le goût pour les lettres (il rédigea les *Pensées* en grec).

61. Κατάπυγων est un terme qu'on trouve notamment chez Aristophane (*Acharniens*, 79 ; *Thesmophories*, 200) pour flétrir l'homosexualité passive.

62. Plante entraînant l'engourdissement.

ἀκούειν, ἐκεῖνα δὲ μὴ εἰδέναι, οἷος μέν σου ὁ μεθ'
ἡμέραν βίος, οἷοι δέ σοι πότοι, ὁποῖαι δὲ νύκτες
καὶ οἵοις καὶ ἡλίκοις συγκαθεύδεις; Οὐκ οἶσθα ὡς
ὦτα καὶ ὀφθαλμοὶ πολλοὶ βασιλέως; Τὰ δὲ σὰ οὕτω
περιφανῆ ἐστιν ὡς καὶ τυφλοῖς εἶναι καὶ κωφοῖς
γνώριμα· εἰ γὰρ καὶ φθέγξαιο μόνον, εἰ γὰρ καὶ
λουόμενος ἀποδύσαιο, μᾶλλον δὲ μὴ ἀποδύσῃ, εἰ
δοκεῖ, οἱ δ' οἰκέται μόνον ἢν ἀποδύσωνταί σου, τί
οἴει; Μὴ αὐτίκα ἔσεσθαι πάντα σου πρόδηλα τὰ
τῆς νυκτὸς ἀπόρρητα; Εἰπὲ γοῦν μοι καὶ τόδε, εἰ
Βάσσος ὁ ὑμέτερος ἐκεῖνος σοφιστὴς ἢ Βάταλος
ὁ αὐλητὴς ἢ ὁ κίναιδος Ἡμιθέων ὁ Συβαρίτης,
ὃς τοὺς θαυμαστοὺς ὑμῖν νόμους συνέγραψεν, ὡς
χρὴ λεαίνεσθαι καὶ παρατίλλεσθαι καὶ πάσχειν
καὶ ποιεῖν ἐκεῖνα, εἰ τούτων τις νυνὶ λεοντῆν
περιβαλόμενος καὶ ῥόπαλον ἔχων βαδίζοι, τί οἴει
φανεῖσθαι τοῖς ὁρῶσιν; Ἡρακλέα εἶναι αὐτόν; Οὔκ,
εἴ γε μὴ χύτραις λημῶντες τυγχάνοιεν. Μυρία γάρ
ἐστι τὰ ἀντιμαρτυροῦντα τῷ σχήματι, βάδισμα καὶ
βλέμμα καὶ φωνὴ καὶ τράχηλος ἐπικεκλασμένος
καὶ ψιμύθιον καὶ μαστίχη καὶ φῦκος, οἷς ὑμεῖς
κοσμεῖσθε, καὶ ὅλως κατὰ τὴν παροιμίαν, θᾶττον
ἂν πέντε ἐλέφαντας ὑπὸ μάλης κρύψειας ἢ ἕνα
κίναιδον. Εἶτα ἡ λεοντῆ μὲν τὸν τοιοῦτον οὐκ
ἂν ἔκρυψεν, σὺ δ' οἴει λήσειν σκεπόμενος βιβλίῳ;

63. La formule dérive peut-être de la *Cyropédie*, VIII, 2, 10-12, où
Xénophon évoque les « yeux » et les « oreilles » de Cyrus.

64. Personnage inconnu par ailleurs.

65. PLUTARQUE, *Vie de Démosthène*, IV, 3, rapporte que le jeune
Démosthène était surnommé Batalos et il donne de ce surnom trois
explications : référence à un aulète efféminé, à un mauvais écrivain, ou
au nom commun désignant le postérieur.

66. OVIDE, *Tristes*, II, 417, fait allusion à des *Sybaritica* à propos de
littérature immorale, mais il ne donne pas le nom d'Hémithéon.

également le reste : à quoi ressemble la vie que tu mènes le jour, à quoi ressemblent tes beuveries, tes nuits, quels sont ceux avec qui tu couches et quel est leur âge ? Ne sais-tu pas que nombreux sont les oreilles et les yeux d'un roi[63] ? Ta conduite est tellement notoire que même les aveugles et les sourds la connaissent. Il suffit que tu ouvres la bouche, que tu te déshabilles au bain, ou plutôt, ne te déshabille pas, si tu veux : il suffit que tes serviteurs se dénudent, eux – et qu'est-ce que tu imagines ? Que tous les secrets de tes nuits ne seront pas aussitôt révélés ? Réponds-moi donc encore : si Bassos[64], votre fameux sophiste, si l'aulète Batalos[65], ou si l'inverti Hémithéon de Sybaris[66] qui a rédigé avec vous les admirables lois, selon lesquelles il faut avoir la peau lisse, se faire épiler, jouer les rôles passifs et actifs qu'on sait, si donc un de ces individus s'enveloppait d'une peau de lion et s'avançait une massue à la main, quelle image donnerait-il, crois-tu, à ceux qui le verraient ? Le prendraient-ils pour Héraclès en personne[67] ? Non, à moins qu'ils n'aient sur les yeux des grains de chassie gros comme des marmites ? D'innombrables détails contredisent le costume : votre démarche, votre regard, votre voix, votre cou ondulant, votre maquillage blanc, la gomme de lentisque que vous mâchez, le fard rouge dont vous vous parez ; bref, comme dit le proverbe, il serait plus facile de dissimuler sous une aisselle[68] cinq éléphants qu'un seul inverti. Eh bien, si la peau de lion ne saurait cacher un tel individu, crois-tu, toi pouvoir échapper aux regards en t'abritant derrière

---

67. Allusion peut-être au début des *Grenouilles* d'Aristophane, où Dionysos se déguise en Héraclès, arborant une peau de lion et une massue, avant de descendre chez Hadès.

68. Proverbe inconnu par ailleurs, en ce qui concerne les éléphants. Mais Platon emploie à deux reprises (*Gorgias,* 469d ; *Lois,* 789c) l'expression « cacher sous l'aisselle ». Peut-être Lucien la modifie-t-il en introduisant l'éléphant à des fins comiques.

ἀλλ' οὐ δυνατόν· προδώσει γάρ σε καὶ ἀποκαλύψει
τὰ ἄλλα ὑμῶν γνωρίσματα.

24. Τὸ δ' ὅλον ἀγνοεῖν μοι δοκεῖς ὅτι τὰς ἀγαθὰς
ἐλπίδας οὐ παρὰ τῶν βιβλιοκαπήλων δεῖ ζητεῖν, ἀλλὰ
παρ' αὐτοῦ καὶ τοῦ καθ' ἡμέραν βίου λαμβάνειν.
Σὺ δ' οἴει συνήγορον κοινὸν καὶ μάρτυρα ἔσεσθαί
σοι τὸν Ἀττικὸν καὶ Καλλῖνον τοὺς βιβλιογράφους;
Οὔκ, ἀλλ' ὠμούς τινας ἀνθρώπους ἐπιτρίψοντάς
σε, ἢν οἱ θεοὶ ἐθέλωσι, καὶ πρὸς ἔσχατον πενίας
συνελάσοντας· δέον ἔτι νῦν σωφρονήσαντα ἀποδόσθαι
μέν τινι τῶν πεπαιδευμένων τὰ βιβλία ταῦτα καὶ
σὺν αὐτοῖς τὴν νεόκτιστον ταύτην οἰκίαν, ἀποδοῦναι
δὲ τοῖς ἀνδραποδοκαπήλοις μέρος γοῦν ἀπὸ πολλῶν
τῶν ὀφειλομένων.

25. Καὶ γὰρ κἀκεῖνα· περὶ δύο ταῦτα δεινῶς
ἐσπούδακας, βιβλίων τε τῶν πολυτελῶν κτῆσιν καὶ
μειρακίων τῶν ἐξώρων καὶ ἤδη καρτερῶν ὠνήν, καὶ
τὸ πρᾶγμά σοι πάνυ σπουδάζεται καὶ θηρεύεται.
Ἀδύνατον δὲ πένητα ὄντα πρὸς ἄμφω διαρκεῖν.
Σκόπει τοίνυν ὡς ἱερὸν χρῆμα συμβουλή. Ἀξιῶ
γάρ σε ἀφέμενον τῶν μηδὲν προσηκόντων τὴν
ἑτέραν νόσον θεραπεύειν καὶ τοὺς ὑπηρέτας ἐκείνους
ὠνεῖσθαι, ὅπως μὴ ἐπιλειπόντων σε τῶν οἴκοθεν
μεταστέλλοιό τινας τῶν ἐλευθέρων, οἷς ἀκίνδυνον
ἀπελθοῦσιν, ἢν μὴ λάβωσιν ἅπαντα, ἐξαγορεῦσαι
τὰ πραχθέντα ὑμῖν μετὰ τὸν πότον, οἷα καὶ πρῴην
αἴσχιστα περὶ σοῦ διηγεῖτο ἐξελθὼν ὁ πόρνος, ἔτι
καὶ δήγματα ἐπιδεικνύς. Ἀλλ' ἔγωγε καὶ μάρτυρας

un livre ? Impossible. Les autres signes à quoi on vous reconnaît te trahiront et te feront découvrir.

24. De manière générale, tu me sembles ignorer que ce n'est pas chez les bouquinistes qu'il faut rechercher les espoirs de réussite, mais en soi-même et dans sa vie quotidienne. Penses-tu que les copistes Atticos et Callinos[69] seront publiquement pour toi des avocats et témoigneront en ta faveur ? Non, ils seront cruels, prêts à t'écraser, si les dieux le veulent, et à te réduire à une extrême pauvreté. Maintenant encore, si tu avais du bon sens, tu devrais vendre à un homme cultivé ces livres ainsi que ta maison nouvellement bâtie, et rembourser aux marchands d'esclaves une partie au moins des sommes immenses que tu leur dois.

25. Car voici encore autre chose. Tu consacres une énergie extraordinaire à deux activités : acquérir des livres coûteux et acheter des jeunes gens mûrs et déjà vigoureux : tel est l'objet de ta quête passionnée, de ta chasse. Or, étant pauvre, tu ne peux suffire à ces deux dépenses. Vois donc combien un conseil est un bienfait divin. J'estime que tu dois te débarrasser de ce qui ne te concerne en rien, pour soigner ta seconde maladie et acheter ces bons serviteurs. Il ne faudrait pas que, faute de gens dans ta maison, tu envoies chercher des hommes libres qui, s'ils n'ont pas tout leur compte[70], peuvent sans risque repartir et raconter ce qui se fait chez vous après boire. C'est ainsi que l'autre jour, un prostitué qui sortait de chez toi racontait des horreurs à ton sujet : il exhibait même des morsures. En ce qui me concerne, je pourrais t'amener les gens qui étaient présents

---

69. Voir § 2 et la note.
70. Comme le suggère N. Hopkinson, il y a une ambiguïté volontaire : il peut s'agir d'argent mais aussi de satisfaction sexuelle.

ἂν παρασχοίμην τοὺς τότε παρόντας ὡς ἠγανάκτησα
καὶ ὀλίγου πληγὰς ἐνέτριψα αὐτῷ χαλεπαίνων ὑπὲρ
σοῦ, καὶ μάλισθ᾽ ὅτε καὶ ἄλλον ἐπεκαλέσατο μάρτυρα
τῶν ὁμοίων καὶ ἄλλον ταὐτὰ καὶ λόγοις διηγουμένους.
Πρὸς δὴ ταῦτα, ὦγαθέ, ταμιεύου τἀργύριον καὶ
φύλαττε, ὡς οἴκοι καὶ κατὰ πολλὴν ἀσφάλειαν ταῦτα
ποιεῖν καὶ πάσχειν ἔχῃς. Ὥστε μὲν γὰρ μηκέτι
ἐργάζεσθαι τίς ἂν μεταπείσειέ σε; Οὐδὲ γὰρ κύων
ἅπαξ παύσαιτ᾽ ἂν σκυτοτραγεῖν μαθοῦσα. 26. Τὸ δ᾽
ἕτερον ῥάδιον, τὸ μηκέτι ὠνεῖσθαι βιβλία. ἱκανῶς
πεπαίδευσαι, ἅλις σοι τῆς σοφίας, μόνον οὐκ ἐπ᾽
ἄκρου τοῦ χείλους ἔχεις τὰ παλαιὰ πάντα, Πᾶσαν
μὲν ἱστορίαν οἶσθα, πάσας δὲ λόγων τέχνας καὶ
κάλλη αὐτῶν καὶ κακίας καὶ ὀνομάτων χρῆσιν τῶν
Ἀττικῶν· πάνσοφόν τι χρῆμα καὶ ἄκρον ἐν παιδείᾳ
γεγένησαι διὰ τὸ πλῆθος τῶν βιβλίων. Κωλύει
γὰρ οὐδὲν κἀμέ σοι ἐνδιατρίβειν, ἐπειδὴ χαίρεις
ἐξαπατώμενος.

27. Ἡδέως δ᾽ ἂν καὶ ἐροίμην σε, τὰ τοσαῦτα
βιβλία ἔχων τί μάλιστα ἀναγιγνώσκεις αὐτῶν; Τὰ
Πλάτωνος; Τὰ Ἀντισθένους; Τὰ Ἀρχιλόχου; Τὰ
Ἱππώνακτος; Ἢ τούτων μὲν ὑπερφρονεῖς, ῥήτορες
δὲ μάλιστά σοι διὰ χειρός; Εἰπέ μοι, καὶ Αἰσχίνου
τὸν κατὰ Τιμάρχου λόγον ἀναγιγνώσκεις; Ἢ ἐκεῖνά

---

71. Proverbe qu'on trouve aussi chez HORACE, *Satires* II, 5, 83.

72. Il vaut mieux ne pas traduire « sur le bout de la langue », bien
que cette expression soit plus proche du grec : il ne s'agit pas ici de
l'oubli momentané d'une connaissance qui va « revenir », mais d'un
savoir exhaustif que Lucien prête, ironiquement, à son adversaire.

73. Disciple austère de Socrate, considéré par certains comme le
fondateur de la tradition cynique.

ce jour-là : ils témoigneront que je me suis indigné et que j'ai failli le rouer de coups, tant j'étais révolté pour toi, surtout quand il a demandé à un autre de confirmer son récit, puis à un autre encore, et que tous dans leurs propos aussi racontaient les mêmes faits. Dans cette situation, mon bon ami, économise ton argent, garde-le afin de pouvoir te livrer à ces ébats en étant actif et passif chez toi, en toute sécurité. En effet, qui pourrait te persuader de changer de conduite ? La chienne non plus ne saurait s'arrêter, une fois qu'elle a appris à ronger le cuir[71]. 26. La plus facile des deux solutions est donc celle-ci : ne plus acheter de livres. Ta culture est suffisante ; tu as assez de savoir. Tu possèdes presque tous les écrits anciens sur le bout des doigts[72] ; tu connais toute l'histoire, toutes les techniques oratoires, leurs beautés et leurs défauts et l'usage du vocabulaire attique. Tu es devenu une merveille de savoir, le comble de la culture à cause de la quantité de tes livres… Tu vois, rien ne m'empêche de m'amuser avec toi à mon tour, puisque tu aimes te laisser tromper.

27. Et puisque tu possèdes tant de livres, j'aimerais beaucoup te demander lesquels tu lis de préférence. Ceux de Platon ? D'Antisthène[73] ? D'Archiloque ? D'Hipponax[74] ? Ou bien, méprisant ces auteurs, préfères-tu prendre les orateurs ? Dis-moi, lis-tu le *Contre Timarque*[75] d'Eschine ?

74. Archiloque (VIIe siècle) et Hippomax (VIe siècle) étaient des poètes réputés pour leur franchise brutale et pour une certaine obscénité.

75. Ce discours est évidemment choisi pour sa critique de l'homosexualité passive : Eschine y accuse Timarque, un allié de Démosthène, de s'être prostitué.

γε πάντα οἶσθα καὶ γιγνώσκεις αὐτῶν ἕκαστον,
τὸν δὲ Ἀριστοφάνην καὶ τὸν Εὔπολιν ὑποδέδυκας;
Ἀνέγνως καὶ τοὺς Βάπτας, τὸ δρᾶμα ὅλον; Εἶτ᾽
οὐδέν σου τἀκεῖ καθίκετο, οὐδ᾽ ἠρυθρίασας γνωρίσας
αὐτά; Τοῦτο γοῦν καὶ μάλιστα θαυμάσειεν ἄν τις,
τίνα ποτὲ ψυχὴν ἔχων ἅπτῃ τῶν βιβλίων, ὁποίαις
αὐτὰ χερσὶν ἀνελίττεις. Πότε δὲ ἀναγιγνώσκεις;
Μεθ᾽ ἡμέραν; Ἀλλ᾽ οὐδεὶς ἑώρακε τοῦτο ποιοῦντα.
Ἀλλὰ νύκτωρ; Πότερον ἐπιτεταγμένος ἤδη ἐκείνοις
ἢ πρὸ τῶν λόγων; Ἀλλὰ πρὸς Κότυος μηκέτι μὴ
τολμήσῃς τοιοῦτο μηδέν. 28. Ἄφες δὲ τὰ βιβλία
καὶ μόνα ἐργάζου τὰ σαυτοῦ. Καίτοι ἐχρῆν μηκέτι
μηδὲ ἐκεῖνα, αἰδεσθῆναι δὲ τὴν τοῦ Εὐριπίδου
Φαίδραν καὶ ὑπὲρ τῶν γυναικῶν ἀγανακτοῦσαν καὶ
λέγουσαν·

   Οὐδὲ σκότον φρίσσουσι τὸν συνεργάτην
   τέρεμνά τ᾽ οἴκων μή ποτε φθογγὴν ἀφῇ.

   Εἰ δὲ πάντως ἐμμένειν τῇ ὁμοίᾳ νόσῳ διέγνωσται,
ἴθι, ὠνοῦ μὲν βιβλία καὶ οἴκοι κατακλείσας ἔχε καὶ
καρποῦ τὴν δόξαν τῶν κτημάτων. Ἱκανόν σοι καὶ
τοῦτο. Προσάψῃ δὲ μηδέποτε μηδὲ ἀναγνῷς μηδὲ
ὑπαγάγῃς τῇ γλώττῃ παλαιῶν ἀνδρῶν λόγους καὶ
ποιήματα μηδὲν δεινόν σε εἰργασμένα.

   Οἶδα ὡς μάτην ταῦτά μοι λελήρηται καὶ κατὰ
τὴν παροιμίαν Αἰθίοπα σμήχειν ἐπιχειρῶ· σὺ γὰρ
ὠνήσῃ καὶ χρήσῃ εἰς οὐδὲν καὶ καταγελασθήσῃ

76 . Le verbe est choisi pour introduire l'allusion aux *Baptes*,
puisque ὑποδύω et βάπτω signifient plonger.

77. Les *Baptes* d'Eupolis semblent avoir présenté une satire des
dévots de Cotys, Cotyto ou Cotytto, déesse thrace dont le culte connut
une certaine popularité à Athènes à la fin du vᵉ siècle : il comportait des
rites orgiaques (travestissement, danses extatiques). Ces dévots étaient
appelés baptes, soit parce qu'ils pratiquaient un baptême rituel, soit
parce qu'ils se teignaient les cheveux (βάπτω peut signifier teindre).

Ou, si tu sais tout cela, si tu en connais chaque détail, t'es-tu plongé[76] dans Aristophane et Eupolis ? As-tu lu les *Baptes*[77], la pièce entière ? N'as-tu été touché par aucune des allusions qu'on y trouve ? N'as-tu pas rougi en les reconnaissant ? En vérité, ce qui pourrait surprendre le plus, c'est l'âme avec laquelle tu touches les livres, les mains avec lesquelles tu les déroules[78]. D'ailleurs quand lis-tu ? Le jour ? Personne ne t'a vu faire. La nuit ? Quand tu as déjà donné tes instructions[79] à ces gens-là ou avant vos pourparlers. Eh bien, par Cotys, renonce à une telle impudence. 28. Laisse les livres et contente-toi de ce que tu sais faire. Pourtant tu devrais aussi abandonner ces pratiques, par respect pour la Phèdre d'Euripide qui s'indigne au nom des femmes, quand elle déclare :

Ils ne redoutent pas que la nuit, leur complice,
Ou les toits des maisons ne prennent la parole[80].

Cependant, si tu as décidé de rester, quoi qu'il arrive, en proie à la même maladie, va, achète des livres, garde-les sous clef chez toi, et jouis de la gloire de les posséder. Cela doit te suffire. Mais ne les touche jamais, ne les lis pas, ne livre pas à ta langue la prose et la poésie des auteurs anciens qui ne t'ont fait aucun mal.

Je sais que mes propos ne sont que vains bavardages, et que, comme dit le proverbe, j'essaie de blanchir un Éthiopien. Tu les achèteras, tu n'en feras aucun usage, et tu

---

78. L'âme et les mains du collectionneur sont souillées par la débauche à laquelle il se livre.

79. Nous traduisons par un moyen mais ἐπιτεταγμένος peut être un passif : il est possible d'imaginer, comme le propose N. Hopkinson, que le personnage, dans un rapport masochiste avec ses partenaires, reçoive d'eux des ordres.

80. *Hippolyte*, 417-418.

πρὸς τῶν πεπαιδευμένων, οἷς ἀπόχρη ὠφελεῖσθαι
οὐκ ἐκ τοῦ κάλλους τῶν βιβλίων οὐδ' ἐκ τῆς
πολυτελείας αὐτῶν, ἀλλ' ἐκ τῆς φωνῆς καὶ τῆς
γνώμης τῶν γεγραφότων. 29. Σὺ δὲ οἴει θεραπεύσειν
τὴν ἀπαιδευσίαν καὶ ἐπικαλύψειν τῇ δόξῃ ταύτῃ
καὶ ἐκπλήξειν τῷ πλήθει τῶν βιβλίων, οὐκ εἰδὼς
ὅτι καὶ οἱ ἀμαθέστατοι τῶν ἰατρῶν τὸ αὐτὸ σοὶ
ποιοῦσιν, ἐλεφαντίνους νάρθηκας καὶ σικύας ἀργυρᾶς
ποιούμενοι καὶ σμίλας χρυσοκολλήτους· ὁπόταν δὲ
καὶ χρήσασθαι τούτοις δέῃ, οἱ μὲν οὐδὲ ὅπως χρὴ
μεταχειρίσασθαι αὐτὰ ἴσασιν· παρελθὼν δέ τις εἰς
τὸ μέσον τῶν μεμαθηκότων φλεβότομον εὖ μάλα
ἠκονημένον ἔχων ἰοῦ τἆλλα μεστὸν ἀπήλλαξε τῆς
ὀδύνης τὸν νοσοῦντα. Ἵνα δὲ καὶ γελοιοτέρῳ τινὶ
τὰ σὰ εἰκάσω, τοὺς κουρέας τούτους ἐπίσκεψαι, καὶ
ὄψει τοὺς μὲν τεχνίτας αὐτῶν ξυρὸν καὶ μαχαιρίδας
καὶ κάτοπτρον σύμμετρον ἔχοντας, τοὺς δὲ ἀμαθεῖς
καὶ ἰδιώτας πλῆθος μαχαιρίδων προτιθέντας καὶ
κάτοπτρα μεγάλα, οὐ μὴν λήσειν γε διὰ ταῦτα οὐδὲν
εἰδότας. Ἀλλὰ τὸ γελοιότατον ἐκεῖνο πάσχουσιν,
ὅτι κείρονται μὲν οἱ πολλοὶ παρὰ τοῖς γείτοσιν
αὐτῶν, πρὸς δὲ τὰ ἐκείνων κάτοπτρα προσελθόντες
τὰς κόμας εὐθετίζουσιν. 30. Καὶ σὺ τοίνυν ἄλλῳ
μὲν δεηθέντι χρήσειας ἂν τὰ βιβλία, χρήσασθαι
δὲ αὐτὸς οὐκ ἂν δύναιο. Καίτοι οὐδὲ ἔχρησάς τινι
βιβλίον πώποτε, ἀλλὰ τὸ τῆς κυνὸς ποιεῖς τῆς ἐν
τῇ φάτνῃ κατακειμένης, ἣ οὔτε αὐτὴ τῶν κριθῶν
ἐσθίει οὔτε τῷ ἵππῳ δυναμένῳ φαγεῖν ἐπιτρέπει.

Ταῦτα τό γε νῦν εἶναι ὑπὲρ μόνων τῶν βιβλίων
παρρησιάζομαι πρὸς σέ, περὶ δὲ τῶν ἄλλων ὅσα
κατάπτυστα καὶ ἐπονείδιστα ποιεῖς, αὖθις ἀκούσῃ
πολλάκις.

seras la risée des gens cultivés pour qui ce qui compte n'est pas le bel aspect des livres ou leur prix : ils se contentent de profiter de la langue et de la pensée de ceux qui les ont écrits. 29. Penses-tu que, par la quantité de tes livres, tu pourras remédier à ton inculture, la cacher sous ce faux-semblant et impressionner les gens ? Ne sais-tu pas que les médecins les plus ignorants agissent comme toi ? Ils ont des boîtes d'ivoire, des ventouses en argent, des bistouris plaqués d'or, mais quand ils doivent s'en servir, ils ne savent même pas comment il faut les tenir. En revanche si un de ceux qui ont étudié intervient, avec une lancette fort bien aiguisée, même si par ailleurs elle est couverte de rouille[81], il délivre le malade de sa souffrance. Ou pour comparer ta situation à quelque chose d'encore plus drôle, observe les barbiers. Tu verras que ceux qui connaissent leur métier ont un rasoir, des petits couteaux et un miroir d'une taille ordinaire, tandis que les ignorants et les amateurs étalent devant eux une foule de couteaux, d'immenses miroirs ; malgré cela, ils ne cacheront pas qu'ils n'y connaissent rien. Ils se retrouvent dans la situation la plus ridicule : la plupart des gens vont se faire raser chez leurs voisins, mais viennent se placer devant leurs miroirs pour se recoiffer. 30. Ainsi en est-il de toi : tu pourrais prêter des livres à quelqu'un qui en a besoin, mais tu ne saurais t'en servir toi-même. D'ailleurs tu n'as jamais prêté un livre à personne : tu ressembles à la chienne couchée dans l'écurie, qui ne mange pas elle-même les grains d'orge mais ne permet pas au cheval, qui peut le faire, d'y toucher.

Voilà pour l'instant ce que je te dis avec franchise en me contentant de parler des livres. Quant au reste de ta conduite abominable et détestable, tu en entendras parler à d'autres reprises, et souvent.

---

81. Pour reprendre le commentaire de N. Hopkinson, heureusement que Lucien n'était pas médecin !

III. Introduction au *Parasite*

Ce dialogue porte le n° 48 dans la vulgate et occupe la 33ᵉ place dans le *corpus* du *Vatic. gr.* Γ. Pour A. M. Harmon, le vocabulaire, la syntaxe et le style ne ressemblent pas à ceux de Lucien : la critique adressée à Aristote au chapitre 36 lui fait dire que « même l'humour est d'une qualité différente[1] ». Il en conclut que le *Parasite* est une œuvre de l'extrême vieillesse de Lucien, ou plus probablement celle d'un autre auteur qui tenterait de l'imiter. L'ouvrage est cependant considéré comme authentique par la plupart des critiques[2], et J. Bompaire lui trouve un « cachet très lucianesque[3] ».

On voit en général dans ce texte un éloge paradoxal[4]. Dans ce genre littéraire, qui tient de la plaisanterie de lettré (παίγνιον), le défi relevé par l'auteur est de célébrer une réalité en général considérée comme sans intérêt ou décriée : ce peut être la purée de lentilles[5], la chevelure, le perroquet ou le moucheron[6], l'insomnie, la fumée, la

---

1. A. M. HARMON, *Lucian,* t.III, Londres, 1969, p. 235.
2. Voir J. BOMPAIRE, *op. cit.,* p. 284 et la note 5.
3. *Ibid.,* p. 285.
4. *Ibid.,* p. 284.
5. Mentionné dans le traité *De elocutione* de Démétrios.
6. Œuvres de Dion.

poussière[7], la calvitie[8], le bourdon, le sel[9]... Ainsi, dans l'*Éloge de la mouche*, Lucien s'amuse à louer le diptère : « Inactive et sans travail, la mouche recueille le fruit du labeur d'autrui. Elle trouve partout table ouverte. On trait les chèvres pour elle ; l'abeille travaille tout autant pour les mouches que pour les hommes. C'est pour la mouche que les cuisiniers assaisonnent les plats. Elle les goûte avant les rois eux-mêmes : elle se promène sur leurs tables, mange avec eux et profite de tout[10]. » Il poursuit dans cette veine, jusqu'au moment où il s'arrête « de peur d'avoir l'air de faire d'une mouche un éléphant[11] ».

Le *Parasite* semble en effet obéir à ce même principe. Il s'agit de démontrer que le parasite, loin d'être un fardeau inutile à la société, comme on le croit, y joue au contraire un rôle fondamental. Il est notamment beaucoup plus utile à la cité, en temps de guerre comme dans la paix, que l'orateur ou le philosophe. C'est l'occasion pour Lucien d'égratigner ces deux corporations, surtout celle des philosophes, dont il caricature, comme à son habitude, les disputes incessantes, l'air sombre et le physique piteux. Orateurs et philosophes deviennent, par le jeu du renversement paradoxal, inutiles à la cité : en les voyant sur le champ de bataille, on les prendrait pour des criminels que la cité, faute de défenseurs, a libérés pour combattre. Le parasite au contraire est aussi aimable convive que guerrier valeureux.

Comme le veut la tradition, Lucien fait grand usage des classiques pour nourrir son argumentation. Veut-il

---

7. Fronton (voir J. Bompaire, *op. cit.*, p. 286 et la note 1).
8. Synésios de Cyrène.
9. Isocrate, *Éloge d'Hélène*, 12.
10. *Éloge de la mouche*, 8.
11. *Ibid.*, 12.

s'en prendre à l'attitude ambiguë d'Eschine vis-à-vis de
Philippe, il reprend à son compte les discours de Démosthène. Inversement, pour flétrir la poltronnerie de Démosthène, il suit Eschine. Il explique qu'Isocrate n'ait pas pra-
tiqué l'éloquence judiciaire par sa pusillanimité, non par
la faiblesse de sa voix, ce qui devait être une plaisanterie
d'écolier[12]. Il ne se prive pas de railler le goût de Socrate
pour les jeunes garçons, comme il le fait si souvent dans
son œuvre[13], ou de critiquer les Stoïciens et les Épicuriens.
Mais la référence principale est, comme toujours, Homère,
dont il n'hésite pas à forcer les vers, car cette relecture
orientée fait partie du plaisir. D'abord (§ 10) il s'appuie
sur le début du chant IX de l'*Odyssée* pour démontrer que
l'art de vivre que le poète chérit le plus est le parasitisme.
Ensuite (§§ 44-45), il transforme un héros aussi austère
que le sage Nestor en parasite d'Agamemnon, ce qui produit, bien sûr, un effet comique. Pour finir, il en vient à
Patrocle (§§ 46-47), figure qui lui permet d'introduire un
lien entre amour et parasitisme.

La démonstration s'appuie sur l'idée, qui semble elle
aussi paradoxale, que le parasite, aussi oisif en apparence
que la mouche, possède une véritable τέχνη. Tout le début
du dialogue (§§ 2 à 12) s'applique à le démontrer. Ce mot
de τέχνη, comme son correspondant latin *ars*, a un sens
très large : art et même artifice, savoir-faire, technique,
métier. Aucun mot français ne peut rendre cette polysé-
mie. Les traducteurs hésitent généralement entre « art »

---

12. A. M. Harmon souligne l'aspect scolaire d'une telle plaisanterie : « Every school boy knew – such was the interest in rhetoric – that
Isocrates did not practice in the courts because his voice was too weak »
(*op. cit.*, p. 287).

13. Voir entre autres *Histoires vraies, B,* 19 ; *Dialogues des morts,*
6 (20), 6.

ou « métier ». Il est tentant, notamment pour rendre le sous-titre (« que le parasitisme est une τέχνη»), de le traduire par « art », de même qu'on a pu parler de « l'assassinat comme un des beaux-arts ». Mais il nous a semblé que « métier » rendait mieux le caractère paradoxal du propos : il s'agit de montrer que le parasite, qui semble ne rien faire, exerce en fait une véritable activité, laquelle exige un apprentissage et légitime son existence dans la cité. Cependant, il nous a paru impossible de nous en tenir à un mot unique tout au long du texte. Nous ne nous sommes pas interdit d'employer parfois les mots art, savoir-faire, technique, ou discipline, quand le contexte nous paraissait l'imposer.

La réflexion est ici présentée sous la forme d'un dialogue entre Tychiadès, un des avatars de Lucien (on le rencontre aussi dans le *Philopseudès*) et un certain Simon. Celui-ci est présenté comme un bonimenteur, instruit de toutes les ressources de la rhétorique, traitant son sujet selon tous les aspects répertoriés dans les manuels. Il est clair que Lucien éprouve une jubilation intellectuelle intense à se servir de lui comme porte-parole pour critiquer certains travers de la société, tout en s'amusant de son enthousiasme et de sa mauvaise foi[14]

Ce dialogue se présente comme une parodie des dialogues platoniciens, et notamment du *Gorgias*[15]. Par le vocabulaire, comme le suggère l'abondance des formules directement démarquées de Platon : πάνυ μὲν οὖν... πῶς λέγεις ; πῶς γὰρ οὔ ; ὡς ἔοικεν... Par la structure également, surtout dans les §§ 2-13, où il s'agit d'élabo-

---

14. Voir l'emploi insistant des καὶ μήν dans les §§ 14-22, et la manière dont il fait le sourd face à une question embarrassante (§ 22).

15. « On ne peut méconnaître une intention parodique à l'égard du *Gorgias* » (J. BOMPAIRE, *op. cit.*, p. 284).

rer une définition, à la suite de tout un jeu de questions-réponses. À la fin du dialogue, Tychiadès est non seulement convaincu, mais aussi « converti ».

Or il est intéressant de constater qu'à la différence des autres textes dans lesquels il se met en scène, Lucien attribue ici à son double, Tychiadès, non le rôle du sage (comme il le fait pour Parrhèsiadès dans les *Ressuscités ou le Pêcheur,* ou pour Lycinos dans le *Navire ou les vœux,* le *Banquet ou les Lapithes*), mais celui du naïf interlocuteur, tandis que la fonction de Socrate est tenue par Simon, le parasite. Signe peut-être que, par-delà le paradoxe, ce texte est sans doute plus sérieux qu'il n'y paraît, Lucien y proposant parfois, malgré le jeu ou grâce à lui, une véritable réflexion sur la société. Il est donc tentant de penser à un autre éloge paradoxal, qui peut avoir été inspiré par notre texte, celui que propose Rabelais, grand lecteur de Lucien comme on sait, dans le prologue de son *Tiers livre,* l'Éloge des débiteurs et emprunteurs. Dans les deux cas, il s'agit de faire l'éloge de celui qu'on méprise d'habitude et qu'on tient pour asocial : le parasite ou le débiteur, qui vivent aux crochets d'autrui. Et dans les deux cas, par-delà le jeu rhétorique, la réflexion aboutit à l'esquisse de rapports sociaux différents, placés sous le signe du plaisir et, c'est le comble du paradoxe pour ces deux êtres qu'on jugerait asociaux, de l'échange.

ΠΕΡΙ ΠΑΡΑΣΙΤΟΥ
ΟΤΙ ΤΕΧΝΗ Η ΠΑΡΑΣΙΤΙΚΗ

1. ΤΥΧΙΑΔΗΣ. Τί ποτε ἄρα, ὦ Σίμων, οἱ μὲν ἄλλοι ἄνθρωποι καὶ ἐλεύθεροι καὶ δοῦλοι τέχνην ἕκαστός τινα ἐπίστανται δι' ἧς αὑτοῖς τέ εἰσιν καὶ ἄλλῳ χρήσιμοι, σὺ δέ, ὡς ἔοικεν, ἔργον οὐδὲν ἔχεις δι' οὗ ἄν τι ἢ αὐτὸς ἀπόναιο ἢ ἄλλῳ μεταδοίης;

ΣΙΜΩΝ. Πῶς τοῦτο ἐρωτᾷς, ὦ Τυχιάδη; Οὐδέπω οἶδα. Πειρῶ δὴ σαφέστερον ἐρωτᾶν.

ΤΥΧΙΑΔΗΣ. Ἔστιν ἥντινα τυγχάνεις ἐπιστάμενος τέχνην, οἷον μουσικήν;

ΣΙΜΩΝ. Μὰ Δία.

ΤΥΧΙΑΔΗΣ. Τί δέ, ἰατρικήν;

ΣΙΜΩΝ. Οὐδὲ ταύτην.

ΤΥΧΙΑΔΗΣ. Ἀλλὰ γεωμετρίαν;

ΣΙΜΩΝ. Οὐδαμῶς.

ΤΥΧΙΑΔΗΣ. Τί δέ, ῥητορικήν; Φιλοσοφίας μὲν γὰρ τοσοῦτον ἀπέχεις ὅσον καὶ ἡ κακία.

ΣΙΜΩΝ. Ἐγὼ μέν, εἰ οἷόν τε εἶναι, καὶ πλεῖον. Ὥστε μὴ δόκει τοῦτο καθάπερ ἀγνοοῦντι ὀνειδίσαι· φημὶ γὰρ κακὸς εἶναι καὶ χείρων ἢ σὺ δοκεῖς.

ΤΥΧΙΑΔΗΣ. Ναί. Ἀλλὰ ταύτας μὲν ἴσως τὰς τέχνας οὐκ ἐξέμαθες διὰ μέγεθος αὐτῶν καὶ δυσκολίαν, τῶν δὲ δημοτικῶν τινα, τεκτονικὴν ἢ

LE PARASITE

QUE LE PARASITISME EST UN MÉTIER

1. TYCHIADÈS : Pourquoi donc, Simon, alors que tous, libres ou esclaves, connaissent chacun un métier qui leur permet d'être utiles à eux-mêmes et à autrui, n'exerces-tu, toi, semble-t-il, aucune activité dont tu puisses tirer profit ou faire bénéficier quelqu'un d'autre ?

SIMON : Que signifie ta question, Tychiadès ? Je ne parviens pas encore à le savoir. Tâche d'être plus clair.

TYCHIADÈS : Y a-t-il un art que tu connaisses, la musique, par exemple ?

SIMON : Non, par Zeus.

TYCHIADÈS : Ou bien la médecine ?

SIMON : Non plus.

TYCHIADÈS : La géométrie ?

SIMON : Pas du tout.

TYCHIADÈS : Alors, la rhétorique ? Car pour la philosophie, tu en es aussi éloigné que le vice en personne.

SIMON : Encore davantage, si c'est possible. Ne t'imagine donc pas que tu m'insultes en disant cela comme si je n'en étais pas conscient. J'affirme être mauvais, pire encore que tu ne penses.

TYCHIADÈS : Soit. Mais peut-être n'as-tu appris aucun de ces arts, à cause de leur ampleur et de leur difficulté.

σκυτοτομικήν; καὶ γὰρ οὐδὲ τἆλλα οὕτως ἔχει σοι,
ὡς μὴ καὶ τοιαύτης ἂν δεηθῆναι τέχνης.

ΣΙΜΩΝ. Ὀρθῶς λέγεις, ὦ Τυχιάδη· ἀλλ᾿ οὐδὲ
γὰρ τούτων οὐδεμιᾶς ἐπιστήμων εἰμί.

ΤΥΧΙΑΔΗΣ. Τίνος οὖν ἑτέρας;

ΣΙΜΩΝ. Τίνος; Ὡς ἐγὼ οἶμαι, γενναίας· ἣν εἰ
μάθοις, καὶ σὲ ἐπαινέσειν οἴομαι. Ἔργῳ μὲν οὖν
κατορθοῦν φημι ἤδη, εἰ δέ σοι καὶ λόγῳ, οὐκ ἔχω
εἰπεῖν.

ΤΥΧΙΑΔΗΣ. Τίνα ταύτην;

ΣΙΜΩΝ. Οὔπω μοι δοκῶ τοὺς περὶ ταύτην
ἐκμεμελετηκέναι λόγους. Ὥστε ὅτι τέχνην μέν
τινα ἐπίσταμαι, ὑπάρχει ἤδη σοι γιγνώσκειν καὶ
μὴ διὰ τοῦτο χαλεπῶς μοι ἔχειν· ἥντινα δέ, αὖ
θις ἀκούσῃ.

ΤΥΧΙΑΔΗΣ. Ἀλλ᾿ οὐκ ἀνέξομαι.

ΣΙΜΩΝ. Τό γε τῆς τέχνης παράδοξον ἴσως
φανεῖταί σοι ἀκούσαντι.

ΤΥΧΙΑΔΗΣ. Καὶ μὴν διὰ τοῦτο σπουδάζω
μαθεῖν.

ΣΙΜΩΝ. Εἰσαῦθις, ὦ Τυχιάδη.

ΤΥΧΙΑΔΗΣ. Μηδαμῶς, ἀλλ᾿ ἤδη λέγε, εἰ μή περ
ἄρα αἰσχύνῃ.

ΣΙΜΩΝ. Ἡ παρασιτική.

2. ΤΥΧΙΑΔΗΣ. Κᾆτα εἰ μὴ μαίνοιτό τις, ὦ
Σίμων, τέχνην ταύτην φαίη ἄν;

ΣΙΜΩΝ. Ἔγωγε· εἰ δέ σοι μαίνεσθαι δοκῶ, τοῦ
μηδεμίαν ἄλλην ἐπίστασθαι τέχνην αἰτίαν εἶναί
μοι τὴν μανίαν δόκει καί με τῶν ἐγκλημάτων ἤδη
ἀφίει. Φασὶ γὰρ τὴν δαίμονα ταύτην τὰ μὲν ἄλλα
χαλεπὴν εἶναι τοῖς ἔχουσι, παραιτεῖσθαι δὲ τῶν
ἁμαρτημάτων αὐτοὺς ὥσπερ διδάσκαλον ἢ παιδαγωγὸν
τούτων ἀναδεχομένην εἰς αὑτὴν τὰς αἰτίας.

Cependant, tu connais sans doute un des métiers du peuple, la menuiserie ou la cordonnerie ? Car par ailleurs ta situation ne te permet pas de te passer d'un tel gagne-pain.

SIMON : Tu as raison, Tychiadès. Je n'ai pourtant aucune connaissance de ces métiers non plus.

TYCHIADÈS : Alors quel autre ?

SIMON : Lequel ? Il est noble, à mon avis, et si tu le connaissais, je pense que toi aussi tu en ferais l'éloge. Dans les faits, j'affirme que je réussis déjà fort bien, mais si tu parles de la théorie, je ne saurais dire.

TYCHIADÈS : Quel est ce métier ?

SIMON : Je ne pense pas être encore assez exercé pour en parler. Contente-toi donc pour l'instant de savoir que je connais un métier, et que tu n'as pas à me chercher querelle pour cela. Quel métier ? Tu le sauras une autre fois.

TYCHIADÈS : Je n'aurai pas la patience d'attendre.

SIMON : Cela te paraîtra sans doute un paradoxe, si je te le dis.

TYCHIADÈS : C'est bien pourquoi j'ai hâte de savoir.

SIMON : Une autre fois, Tychiadès.

TYCHIADÈS : Pas question. Parle maintenant, à moins peut-être que tu n'aies honte.

SIMON : C'est le parasitisme.

2. TYCHIADÈS : Quoi ? À moins d'être fou, Simon, qui pourrait appeler cela un métier ?

SIMON : Je le fais. Et si tu me crois fou, considère que c'est la folie qui m'empêche de connaître aucun autre métier, et dispense-moi désormais de tes reproches. On dit que la folie, divinité par ailleurs cruelle avec ceux qu'elle habite, les absout de leurs fautes : on en rejette la responsabilité sur elle comme on le fait sur un maître ou un pédagogue.

ΤΥΧΙΑΔΗΣ. Οὐκοῦν, ὦ Σίμων, ἡ παρασιτικὴ τέχνη ἐστί;

ΣΙΜΩΝ. Τέχνη γάρ, κἀγὼ ταύτης δημιουργός.

ΤΥΧΙΑΔΗΣ. Καὶ σὺ ἄρα παράσιτος;

ΣΙΜΩΝ. Πάνυ ὠνείδισας, ὦ Τυχιάδη.

ΤΥΧΙΑΔΗΣ. Ἀλλ' οὐκ ἐρυθριᾷς παράσιτον σαυτὸν καλῶν;

ΣΙΜΩΝ. Οὐδαμῶς· αἰσχυνοίμην γὰρ ἄν, εἰ μὴ λέγοιμι.

ΤΥΧΙΑΔΗΣ. Καὶ νὴ Δία ὁπόταν σε βουλώμεθα γνωρίζειν τῶν οὐκ ἐπισταμένων τῳ, ὅτε χρήζοι μαθεῖν, ὁ παράσιτος δῆλον ὅτι φήσομεν εὖ λέγοντες;

ΣΙΜΩΝ. Πολὺ μᾶλλον τοῦτο λέγοντες ἐμὲ ἢ Φειδίαν ἀγαλματοποιόν· χαίρω γὰρ τῇ τέχνῃ οὐδέν τι ἧττον ἢ Φειδίας ἔχαιρε τῷ Διί.

ΤΥΧΙΑΔΗΣ. Καὶ μὴν ἐκεῖνό μοι σκοποῦντι προοῖσται γέλως πάμπολυς.

ΣΙΜΩΝ. Τὸ ποῖον;

ΤΥΧΙΑΔΗΣ. Εἴ γε καὶ ταῖς ἐπιστολαῖς ἄνωθεν ὥσπερ ἔθος ἐπιγράφοιμεν, Σίμωνι παρασίτῳ.

ΣΙΜΩΝ. Καὶ μὴν ἂν ἐμοὶ μᾶλλον χαρίζοιο ἢ Δίωνι ἐπιγράφων φιλοσόφῳ.

3. ΤΥΧΙΑΔΗΣ. Ἀλλὰ σὺ μὲν ὅπως χαίρεις καλούμενος, οὐδέν ἢ μικρόν μοι μέλει· σκοπεῖν δὲ δεῖ καὶ τὴν ἄλλην ἀτοπίαν.

ΣΙΜΩΝ. Τίνα μήν;

ΤΥΧΙΑΔΗΣ. Εἰ καὶ ταύτην ταῖς ἄλλαις τέχναις ἐγκαταλέξομεν, ὥστε ἐπειδὰν πυνθάνηταί τις, ὁποία τις αὕτη τέχνη ἐστί, λέγειν, οἷον γραμματικὴ ἢ ἰατρική, παρασιτική.

TYCHIADÈS : Alors, Simon, le parasitisme est un métier ?

SIMON : Un métier, oui, et je l'exerce.

TYCHIADÈS : Tu es donc parasite ?

SIMON : Tu as dit cela comme un reproche, Tychiadès.

TYCHIADÈS : Mais tu ne rougis pas de te donner ce nom de parasite ?

SIMON : Pas du tout : j'aurais honte de ne pas l'employer.

TYCHIADÈS : Alors, par Zeus ! quand nous voudrons te présenter à quelqu'un qui ne te connaît pas, lorsqu'il voudra savoir qui tu es, nous dirons évidemment : « le parasite », et nous aurons raison ?

SIMON : Il est beaucoup plus juste de parler de moi ainsi que de présenter Phidias comme un statuaire : je tire autant de joie de mon métier qu'il en tirait de son Zeus[1].

TYCHIADÈS : Vraiment ! à bien y réfléchir, voici qui me fera rire aux éclats.

SIMON : Quoi donc ?

TYCHIADÈS : Si en tête des lettres, nous inscrivions, selon l'usage : *À Simon, parasite.*

SIMON : Cela me ferait beaucoup plus plaisir qu'à Dion l'en-tête : *À un philosophe*[2].

3. TYCHIADÈS : Eh bien ! fais-toi appeler comme tu le souhaites, je ne m'en soucie pas, ou fort peu. C'est l'absurdité de l'ensemble qu'il faut examiner.

SIMON : Quelle absurdité ?

TYCHIADÈS : Si nous rangeons ton métier avec les autres, quand on nous demandera de quel genre de métier il s'agit, nous devrons donc dire parasitisme, comme on dit grammaire ou médecine.

---

1. La célèbre statue de Zeus, à Olympie (voir *Timon,* 4).
2. Allusion aux lettres que Platon envoya à Dion.

ΣΙΜΩΝ. Ἐγὼ μέν, ὦ Τυχιάδη, πολὺ μᾶλλον ταύτην ἤ τινα ἑτέραν τέχνην φαίην ἄν. Εἰ δέ σοι φίλον ἀκούειν, καὶ ὅπως οἴομαι λέγοιμι ἄν, καίπερ οὐ παντάπασιν ὤν, ὡς ἔφθην εἰπών, ἐπὶ τοῦτο παρεσκευασμένος.

ΤΥΧΙΑΔΗΣ. Οὐθέν, εἰ καὶ σμικρὰ λέγοις, ἀληθῆ δέ, διοίσει.

ΣΙΜΩΝ. Ἴθι δὴ πρῶτον, εἴ σοι δοκεῖ, περὶ τῆς τέχνης, ἥτις ποτὲ οὖσα τυγχάνει τῷ γένει, σκοπῶμεν· οὑτωσὶ γὰρ ἐπακολουθήσαιμεν ἂν καὶ ταῖς κατ' εἶδος τέχναις, εἴπερ ἄρα ὀρθῶς μετέχοιεν αὐτῆς.

ΤΥΧΙΑΔΗΣ. Τί ποτ' οὖν ἐστιν ἡ τέχνη; Πάντως ἐπίστασαι.

ΣΙΜΩΝ. Πάνυ μὲν οὖν.

ΤΥΧΙΑΔΗΣ. Μὴ τοίνυν ὄκνει λέγειν αὐτήν, εἴπερ οἶσθα.

4. ΣΙΜΩΝ. Τέχνη ἐστίν, ὡς ἐγὼ διαμνημονεύω σοφοῦ τινος ἀκούσας, σύστημα ἐκ καταλήψεων συγγεγυμνασμένων πρός τι τέλος εὔχρηστον τῷ βίῳ.

ΤΥΧΙΑΔΗΣ. Ὀρθῶς ἐκεῖνός γε εἰπὼν σύ τε ἀπομνημονεύσας.

ΣΙΜΩΝ. Εἰ δὲ μετέχοι τούτων ἁπάντων ἡ παρασιτική, τί ἂν ἄλλο ἢ καὶ αὐτὴ τέχνη εἴη;

ΤΥΧΙΑΔΗΣ. Τέχνη γάρ, εἴπερ οὕτως ἔχοι.

ΣΙΜΩΝ. Φέρε δὴ καθ' ἕκαστον τοῖς τῆς τέχνης εἴδεσιν ἐφαρμόζοντες τὴν παρασιτικήν, εἰ συνά δει σκοπῶμεν ἢ ὁ περὶ αὐτῆς λόγος, καθάπερ αἱ

---

3. L'opposition entre γένος (le général) et εἶδος (le cas particulier), qui se retrouve quelques lignes plus loin, est d'inspiration platonicienne (voir *Parménide*, 129c).

SIMON : Pour ma part, Tychiadès, je dirais que cette activité mérite, beaucoup plus que toute autre, le nom de métier. Et si tu veux bien m'écouter, je t'expliquerai comment je vois la chose, bien que je n'y sois pas du tout préparé, comme je l'ai dit tout à l'heure.

TYCHIADÈS : Peu importera que tes paroles soient brèves si elles sont vraies.

SIMON : Alors, examinons d'abord, s'il te plaît, ce qu'est un métier en général. Cela posé, nous passerons en revue les différents métiers, les uns après les autres[3], pour voir s'ils correspondent bien à la définition.

TYCHIADÈS : Qu'est-ce donc qu'un métier ? Tu le sais sans aucun doute.

SIMON : Tout à fait.

TYCHIADÈS : Alors, dis-le sans hésiter, si toutefois tu le sais.

4. SIMON : Un métier, c'est – je me souviens de l'avoir entendu dire par un sage – un ensemble de connaissances mises en pratique pour un but utile à la vie[4].

TYCHIADÈS : Il a bien parlé et tu as bien retenu.

SIMON : Si le parasitisme correspond à tous ces points, qu'est-ce sinon un métier ?

TYCHIADÈS : C'est un métier si tel est le cas.

SIMON : Eh bien, rapprochons le parasitisme de chaque aspect du métier, l'un après l'autre, et voyons si ce que nous en disons est en harmonie avec eux, ou rend un son fêlé comme lorsqu'on frappe un récipient défectueux. Il

---

4. Bien qu'on ignore à quel sage Simon fait allusion, cette définition stoïcienne nous est connue par Sextus Empiricus, *Contre les Rhéteurs*, 10 et Quintilien, *Institution oratoire*, II, 17, 41.

πονηραὶ χύτραι διακρουόμεναι, σαθρὸν ἀποφθέγγεται.
Δεῖ τοίνυν πᾶσαν τέχνην σύστημα ἐκ καταλήψεων
... Πρῶτον μὲν τὸ δοκιμάζειν καὶ διακρίνειν ὅστις
ἂν ἐπιτήδειος γένοιτο τρέφειν αὐτόν, καὶ ὅτῳ
παρασιτεῖν ἀρξάμενος οὐκ ἂν μεταγνοίη. Ἢ τὸν
μὲν ἀργυρογνώμονα τέχνην τινὰ φήσομεν ἔχειν,
εἴπερ ἐπίσταται διαγιγνώσκειν τά τε κίβδηλα τῶν
νομισμάτων καὶ τὰ μή, τοῦτον δὲ ἄνευ τέχνης
διακρίνειν τούς τε κιβδήλους τῶν ἀνθρώπων καὶ
τοὺς ἀγαθούς, καὶ ταῦτα οὐχ ὥσπερ τῶν νομισμάτων
καὶ τῶν ἀνθρώπων φανερῶν εὐθὺς ὄντων; Αὐτὰ
μέντοι ταῦτα καὶ ὁ σοφὸς Εὐριπίδης καταμέμφεται
λέγων·

ἀνδρῶν δ' ὅτῳ χρὴ τὸν κακὸν διειδέναι,
οὐδεὶς χαρακτὴρ ἐμπέφυκε σώματι.

ᾧ δὴ καὶ μείζων ἡ τοῦ παρασίτου τέχνη, ἥ γε
καὶ τὰ οὕτως ἄδηλα καὶ ἀφανῆ μᾶλλον τῆς μαντικῆς
γνωρίζει τε καὶ οἶδεν.

5. Τὸ δέ γε ἐπίστασθαι λόγους λέγειν ἐπιτηδείους καὶ
πράγματα πράττειν δι' ὧν οἰκειώσεται καὶ εὐνούστατον
ἑαυτὸν τῷ τρέφοντι ἀποδείξει, ἆρ' οὐ συνέσεως καὶ
καταλήψεως ἐρρωμένης εἶναί σοι δοκεῖ;

ΤΥΧΙΑΔΗΣ. Καὶ μάλα.

ΣΙΜΩΝ. Τὸ δέ γε ἐν ταῖς ἑστιάσεσιν αὐταῖς
ὅπως παντὸς ἀπέλθοι πλέον ἔχων καὶ παρευδοκιμῶν
τοὺς μὴ τὴν αὐτὴν αὐτῷ κεκτημένους τέχνην, ἄνευ
τινὸς λόγου καὶ σοφίας πράττεσθαι οἴει;

ΤΥΧΙΑΔΗΣ. Οὐδαμῶς.

---

5. EURIPIDE, *Médée*, 518-9. Nous reprenons ici la paraphrase qu'en
propose Racine dans sa *Phèdre* (acte IV, scène 2). Le texte d'Euripide dit
littéralement : le corps ne porte aucune empreinte permettant de reconnaître le méchant parmi les hommes.

faut d'abord que tout métier soit « un ensemble de connaissances » (…lacune…) <Or le parasite> doit d'abord examiner et déterminer qui est en mesure de le nourrir et chez
qui il peut commencer à vivre en parasite, sans avoir à le
regretter. Si nous admettons que le contrôleur de monnaie
a un métier s'il sait distinguer les pièces fausses de celles qui ne le sont pas, dirons-nous en revanche qu'il n'y a
pas besoin de métier pour distinguer les hommes faux et
les gens de bien, alors que, contrairement aux pièces de
monnaie, on ne voit pas immédiatement ce que sont les
hommes ? C'est précisément ce que déplore le sage Euripide, quand il dit :

Et ne devrait-on pas à des signes certains,
Reconnaître le cœur des perfides humains[5] ?

Cela rend donc le métier du parasite encore plus grand
puisque, mieux que la divination, il découvre et connaît
des réalités tellement obscures et invisibles.

5. Par ailleurs, savoir tenir les propos appropriés et
agir comme il convient pour te concilier celui qui va te
nourrir et lui montrer ton profond dévouement, cela ne
te semble-t-il pas réclamer une intelligence et de solides
connaissances ?

TYCHIADÈS : Assurément.

SIMON : Et dans ces banquets, s'arranger pour repartir
avec plus que tout le monde[6] et obtenir davantage de succès
que ceux qui ne possèdent pas ce métier, penses-tu que ce
soit possible sans un peu de raison et de sagesse ?

TYCHIADÈS : En aucune manière.

---

6. Dans *Le Banquet ou les Lapithes,* 11, Lucien évoque la coutume
qui consistait à remporter les restes des repas.

ΣΙΜΩΝ. Τί δέ, τὸ ἐπίστασθαι τὰς ἀρετὰς καὶ κακίας τῶν σιτίων καὶ τῶν ὄψων πολυπραγμοσύνην ἀτέχνου τινὸς εἶναί σοι δοκεῖ, καὶ ταῦτα τοῦ γενναιοτάτου Πλάτωνος οὑτωσὶ λέγοντος· "Τοῦ μέλλοντος ἑστιάσεσθαι μὴ μαγειρικοῦ ὄντος, σκευαζομένης θοίνης ἀκυροτέρα ἡ κρίσις";

6. Ὅτι γε μὴν οὐκ ἐκ καταλήψεως μόνον, ἀλλὰ συγγεγυμνασμένης ἐστὶν ἡ παρασιτική, μάθοις ἂν ἐνθένδε ῥᾳδίως· αἱ μὲν γὰρ τῶν ἄλλων τεχνῶν καταλήψεις καὶ ἡμέρας καὶ νύκτας καὶ μῆνας καὶ ἐνιαυτοὺς πολλάκις ἀσυγγύμναστοι μένουσιν, καὶ ὅμως οὐκ ἀπόλλυνται παρὰ τοῖς κεκτημένοις αἱ τέχναι, ἡ δὲ τοῦ παρασίτου κατάληψις εἰ μὴ καθ' ἡμέραν εἴη ἐν γυμνασίᾳ, ἀπόλλυσιν οὐ μόνον, οἶμαι, τὴν τέχνην, ἀλλὰ καὶ αὐτὸν τὸν τεχνίτην.

7. Τό γε μὴν "πρός τι τέλος εὔχρηστον τῷ βίῳ" μὴ καὶ μανίας ᾖ ζητεῖν. Ἐγὼ γὰρ τοῦ φαγεῖν καὶ τοῦ πιεῖν οὐδὲν εὐχρηστότερον εὑρίσκω ἐν τῷ βίῳ, ὧν οὐδὲ ζῆν γε ἄνευ ἔστιν.

ΤΥΧΙΑΔΗΣ. Πάνυ μὲν οὖν.

8. ΣΙΜΩΝ. Καὶ μὴν οὐδὲ τοιοῦτόν τί ἐστιν ἡ παρασιτικὴ ὁποῖον τὸ κάλλος καὶ ἡ ἰσχύς, ὥστε τέχνην μὲν μὴ δοκεῖν αὐτήν, δύναμιν δέ τινα τοιαύτην.

ΤΥΧΙΑΔΗΣ. Ἀληθῆ λέγεις.

ΣΙΜΩΝ. Ἀλλὰ μέντοι οὐδὲ ἀτεχνία ἐστίν· ἡ γὰρ ἀτεχνία οὐδέποτε οὐδὲν κατορθοῖ τῷ κεκτημένῳ. Φέρε γάρ, εἰ ἐπιτρέψειας σὺ σεαυτῷ ναῦν ἐν θαλάττῃ καὶ χειμῶνι μὴ ἐπιστάμενος κυβερνᾶν, σωθείης ἄν;

ΤΥΧΙΑΔΗΣ. Οὐδαμῶς.

ΣΙΜΩΝ. Τί δ', εἰ ἵππους ἐπιτραφθείη τις μὴ ἐπιστάμενος ἡνιοχεῖν;

SIMON : Et dis-moi, connaître les qualités et des défauts des plats et des sauces, penses-tu que ce soit l'intérêt déplacé d'une personne sans expérience, quand le très noble Platon déclare : « Celui qui va dîner sans être cuisinier porte sur le festin qu'on sert un jugement sans valeur[7]. »

6. Que le métier de parasite exige non seulement « des connaissances », mais « des connaissances mises en pratique », tu vas le comprendre sans peine. Dans les autres métiers, on laisse souvent des jours, des nuits, des mois, des années, ses connaissances sans les mettre en pratique : pourtant, le métier ne se perd pas chez ceux qui le possèdent. Mais si les connaissances du parasite ne sont pas mises en pratique chaque jour, c'en est fait non seulement du métier mais aussi de celui qui l'exerce.

7. Enfin, quant à « pour un but utile à la vie », il faudrait être fou pour se poser la question. Pour ma part, je ne trouve rien dans la vie de plus utile que la nourriture et la boisson, car sans elles, il n'est même pas possible de vivre.

TYCHIADÈS : Tout à fait.

8. SIMON : Cependant le parasitisme ne ressemble pas non plus à la beauté ou à la force, ce qui obligerait à juger que c'est, non un métier, mais une faculté comme elles.

TYCHIADÈS : Tu dis vrai.

SIMON : Par ailleurs ce n'est pas non plus de l'inexpérience[8], car celle-ci ne fait jamais réussir celui qui en est affligé. Voyons, si tu te chargeais d'un navire en pleine mer durant une tempête sans savoir tenir un gouvernail, pourrais-tu te sauver ?

TYCHIADÈS : En aucune manière.

SIMON : Et celui à qui on confierait des chevaux, alors qu'il ne saurait pas tenir les rênes ?

---

7. *Théétète*, 178d.
8. Littéralement : l'absence de métier.

ΤΥΧΙΑΔΗΣ. Οὐδ' οὗτος.

ΣΙΜΩΝ. Τί δή ποτε, ἢ τῷ μὴ ἔχειν τέχνην, δι' ἧς δυνήσεται σῴζειν ἑαυτόν;

ΤΥΧΙΑΔΗΣ. Καὶ μάλα.

ΣΙΜΩΝ. Οὐκοῦν καὶ παράσιτος ὑπὸ τῆς παρασιτικῆς, εἴπερ ἦν ἀτεχνία, οὐκ ἂν ἐσῴζετο;

ΤΥΧΙΑΔΗΣ. Ναί.

ΣΙΜΩΝ. Οὐκοῦν τέχνη σῴζεται, ἀτεχνίᾳ δὲ οὔ;

ΤΥΧΙΑΔΗΣ. Πάνυ μὲν οὖν.

ΣΙΜΩΝ. Τέχνη ἄρα ἐστὶν ἡ παρασιτική.

ΤΥΧΙΑΔΗΣ. Τέχνη, ὡς ἔοικεν.

ΣΙΜΩΝ. Καὶ μὴν κυβερνήτας μὲν ἀγαθοὺς ναυαγίᾳ περιπεσόντας καὶ ἡνιόχους τεχνίτας ἐκπεσόντας τῶν δίφρων οἶδα ἐγὼ πολλάκις, καὶ τοὺς μὲν συντριβέντας, τοὺς δὲ καὶ πάμπαν διαφθαρέντας, παρασίτου δὲ ναυάγιον οὐδὲ εἷς ἔχοι τοιοῦτον εἰπεῖν. Οὐκοῦν εἰ μήτε ἀτεχνία ἐστὶν ἡ παρασιτικὴ μήτε δύναμις, σύστημα δέ τι ἐκ καταλήψεων γεγυμνασμένων, τέχνη δῆλον ὅτι διωμολόγηται ἡμῖν σήμερον.

9. ΤΥΧΙΑΔΗΣ. Ὅσον ἐκ τούτου εἰκάζω· ἀλλ' ἐκεῖνο, ὅπως καὶ ὅρον ἡμῖν τινα γενναῖον ἀποδῷς τῆς παρασιτικῆς.

ΣΙΜΩΝ. Ὀρθῶς σύ γε λέγων. Δοκεῖ γὰρ δή μοι οὕτως ἂν μάλιστα ὡρίσθαι· παρασιτική ἐστιν τέχνη ποτέων καὶ βρωτέων καὶ τῶν διὰ ταῦτα λεκτέων καὶ πρακτέων, τέλος δὲ αὐτῆς τὸ ἡδύ.

TYCHIADÈS : Lui non plus.

SIMON : Pourquoi donc, sinon parce qu'il ne possède pas la compétence[9] qui lui permettrait de se sauver ?

TYCHIADÈS : Assurément.

SIMON : Par conséquent, le parasite lui non plus ne serait pas sauvé par le parasitisme, s'il ne s'agissait pas d'un métier ?

TYCHIADÈS : Non.

SIMON : C'est donc à un métier qu'il doit son salut, non à de l'inexpérience ?

TYCHIADÈS : Tout à fait.

SIMON : Le parasitisme est donc un métier.

TYCHIADÈS : Un métier oui, semble-t-il.

SIMON : D'ailleurs, je connais bien des pilotes habiles qui ont fait naufrage, bien des conducteurs expérimentés qui sont tombés de leurs chars : certains ont été écrasés, d'autres se sont tués. Mais nul ne peut dire qu'un parasite ait subi pareil naufrage. Par conséquent, si le parasitisme n'est ni de l'inexpérience ni une faculté, mais un « ensemble de connaissances mises en pratique », il est évident que c'est un métier, comme nous en sommes convenus aujourd'hui.

9. TYCHIADÈS : Autant que je puisse le supposer à partir de ce qui précède. Eh bien ! tâche maintenant de nous donner une belle définition du parasitisme.

SIMON : Oui, tu as raison. Voici donc quelle serait la meilleure définition, me semble-t-il : le parasitisme est un métier qui concerne la boisson et la nourriture ainsi que les paroles et les actes nécessaires pour les obtenir ; son but est le plaisir.

---

9 Ici le sens de τέχνη (opposé à ἀτεχνία) est clairement celui de savoir-faire, expérience.

ΤΥΧΙΑΔΗΣ. Ὑπέρευγέ μοι δοκεῖς ὁρίσασθαι τὴν
σεαυτοῦ τέχνην· ἀλλ' ἐκεῖνο σκόπει, μὴ πρὸς ἐνίους
τῶν φιλοσόφων μάχη σοι περὶ τοῦ τέλους ᾖ.

ΣΙΜΩΝ. Καὶ μὴν ἀπόχρη γε εἴπερ ἔσται τὸ αὐτὸ
τέλος εὐδαιμονίας καὶ παρασιτικῆς. 10. Φανεῖται
δὲ οὕτως· ὁ γὰρ σοφὸς Ὅμηρος τὸν τοῦ παρασίτου
βίον θαυμάζων ὡς ἄρα μακάριος καὶ ζηλωτὸς εἴη
μόνος, οὕτω φησίν·

Οὐ γὰρ ἔγωγέ τί φημι τέλος χαριέστερον εἶναι,
ἢ ὅτ' ἂν εὐφροσύνη μὲν ἔχῃ κάτα δῆμον ἅπαντα,
δαιτυμόνες δ' ἀνὰ δώματ' ἀκουάζωνται ἀοιδοῦ
ἥμενοι ἑξείης, παρὰ δὲ πλήθωσι τράπεζαι
σίτου καὶ κρειῶν, μέθυ δ' ἐκ κρητῆρος ἀφύσσων
οἰνοχόος φορέῃσι καὶ ἐγχείῃ δεπάεσσι.

Καὶ ὡς οὐχ ἱκανῶς ταῦτα θαυμάζων μᾶλλον τὴν
αὑτοῦ γνώμην ποιεῖ φανερωτέραν εὖ λέγων·

Τοῦτό τί μοι κάλλιστον ἐνὶ φρεσὶν εἴδεται εἶναι,

οὐχ ἕτερόν τι, ἐξ ὧν φησιν, ἢ τὸ παρασιτεῖν
εὔδαιμον νομίζων. Καὶ μὴν οὐδὲ τῷ τυχόντι ἀνδρὶ
περιτέθεικε τούτους τοὺς λόγους, ἀλλὰ τῷ σοφωτάτῳ
τῶν ὅλων. Καίτοι γε εἴπερ ἐβούλετο Ὀδυσσεὺς τὸ
κατὰ τοὺς Στωϊκοὺς ἐπαινεῖν τέλος, ἐδύνατο ταυτὶ
λέγειν ὅτε τὸν Φιλοκτήτην ἀνήγαγεν ἐκ τῆς Λήμνου,
ὅτε τὸ Ἴλιον ἐξεπόρθησεν, ὅτε τοὺς Ἕλληνας
φεύγοντας κατέσχεν, ὅτε εἰς Τροίαν εἰσῆλθεν ἑαυτὸν
μαστιγώσας καὶ κακὰ καὶ Στωϊκὰ ῥάκη ἐνδύς· ἀλλὰ
τότε οὐκ εἶπε τοῦτο τέλος χαριέστερον. Ἀλλὰ μὴν

---

10. Les épicuriens voient le plaisir comme but suprême, mais pour
les stoïciens, c'est le bien moral et la vertu. Peu à peu, le sens de τέλος
s'est élargi pour amener la citation homérique, où il a le sens de réalisation du but, d'accomplissement parfait.

TYCHIADÈS : Tu me sembles avoir très bien défini ton métier Mais attention : certains philosophes pourraient t'attaquer sur le but[10].

SIMON : Il me suffit que le but du bonheur et celui du parasite soient identiques. 10. Je vais te le montrer. Le sage Homère admire la vie du parasite, la seule, selon lui, heureuse et digne d'envie. Il déclare :

Je dis qu'il n'y a pas de but plus délicieux
Que voir la joie régner partout dans le pays :
Dans le palais les hôtes écoutent l'aède,
Assis bien alignés auprès des tables pleines
De viandes et de pain. L'échanson au cratère,
Puise et porte le vin dont il remplit les coupes[11].

Et comme s'il ne montrait pas suffisamment son admiration, il rend sa pensée encore plus claire, en disant fort justement :

Voilà ce qui paraît le plus beau à mon goût[12].

Comme le montrent ces paroles, il considère qu'il n'y a d'autre bonheur que le parasitisme. Or Homère n'a pas mis ces mots dans la bouche du premier venu, mais du plus sage de tous les hommes. Assurément, si Ulysse avait voulu faire l'éloge du but suprême selon les Stoïciens, il aurait pu parler ainsi quand il ramena Philoctète de Lemnos[13], quand il détruisit Ilion[14], quand il dissuada les Grecs de fuir[15], quand il entra dans Troie après s'être fouetté lui-même et avoir revêtu de méchants haillons bien stoïciens[16] : mais à ces moments-là, il ne parle pas de « but plus déli-

---

11. *Odyssée,* IX, 5-10.
12. *Odyssée,* IX, 11.
13. L'allusion n'est pas homérique, mais évoque une tradition que reprend le *Philoctète* de Sophocle.
14. *Odyssée,* I, 2.
15. *Iliade,* II, 182-206.
16. *Odyssée,* IV, 240 sq.

καὶ ἐν τῷ τῶν Ἐπικουρείων βίῳ γενόμενος αὖθις
παρὰ τῇ Καλυψοῖ, ὅτε αὐτῷ ὑπῆρχεν ἐν ἀργίᾳ τε
βιοτεύειν καὶ τρυφᾶν καὶ βινεῖν τὴν Ἄτλαντος
θυγατέρα καὶ κινεῖν πάσας τὰς λείας κινήσεις, οὐδὲ
τότε εἶπε τοῦτο τὸ τέλος χαριέστερον, ἀλλὰ τὸν
τῶν παρασίτων βίον. Ἐκαλοῦντο δὲ δαιτυμόνες οἱ
παράσιτοι τότε. Πῶς οὖν λέγει; Πάλιν γὰρ ἄξιον
ἀναμνησθῆναι τῶν ἐπῶν· οὐδὲν γὰρ οἷον ἀκούειν
αὐτῶν πολλάκις λεγομένων· "δαιτυμόνες καθήμενοι
ἐξείης·" καί·

Παρὰ δὲ πλήθωσι τράπεζαι
σίτου καὶ κρειῶν.

11. Ὅ γε μὴν Ἐπίκουρος σφόδρα ἀναισχύντως
ὑφελόμενος τὸ τῆς παρασιτικῆς τέλος τῆς καθ᾽
αὑτὸν εὐδαιμονίας τέλος αὐτὸ ποιεῖ. Καὶ ὅτι κλοπὴ
τὸ πρᾶγμά ἐστιν καὶ οὐδὲν Ἐπικούρῳ μέλει τὸ ἡδύ,
ἀλλὰ τῷ παρασίτῳ, οὕτω μάθοις ἄν. Ἔγωγε ἡγοῦμαι
τὸ ἡδὺ πρῶτον μὲν τὸ τῆς σαρκὸς ἀόχλητον, ἔπειτα
τὸ μὴ θορύβου καὶ ταραχῆς τὴν ψυχὴν ἐμπεπλῆσθαι.
Τούτων τοίνυν ὁ μὲν παράσιτος ἑκατέρων τυγχάνει,
ὁ δὲ Ἐπίκουρος οὐδὲ θατέρου· ὁ γὰρ ζητῶν περὶ
σχήματος γῆς καὶ κόσμων ἀπειρίας καὶ μεγέθους
ἡλίου καὶ ἀποστημάτων καὶ πρώτων στοιχείων καὶ
περὶ θεῶν, εἴτε εἰσὶν εἴτε οὐκ εἰσί, καὶ περὶ αὐτοῦ
τοῦ τέλους ἀεὶ πολεμῶν καὶ διαφερόμενος πρός τινας
οὐ μόνον ἐν ἀνθρωπίναις, ἀλλὰ καὶ ἐν κοσμικαῖς
ἐστιν ὀχλήσεσιν. Ὁ δὲ παράσιτος πάντα καλῶς
ἔχειν οἰόμενος καὶ πεπιστευκὼς μὴ ἄλλως ταῦτα
ἔχειν ἄμεινον ἢ ἔχει, μετὰ πολλῆς ἀδείας καὶ
γαλήνης, οὐδενὸς αὐτῷ τοιούτου παρενοχλοῦντος,
ἐσθίει καὶ κοιμᾶται ὕπτιος ἀφεικὼς τοὺς πόδας

cieux ». D'autre part, lorsqu'à l'inverse il mena la vie des Épicuriens chez Calypso, quand il pouvait vivre dans l'inaction et le luxe en besognant la fille d'Atlas et laisser libre cours à toutes les douces émotions, alors non plus il n'emploie pas cette expression « but plus délicieux ». Il la réserve à la vie des parasites, car c'est eux qu'on appelait « hôtes » en ce temps-là. Que dit-il donc ? Il vaut la peine de rappeler de nouveau ces vers car il n'y a rien de tel que de les entendre dire à plusieurs reprises :

« *les hôtes… assis bien alignés* »

et :

« *auprès des tables pleines*
de viandes et de pain ».

11. En vérité, Épicure s'approprie avec beaucoup d'impudence le but du parasitisme pour en faire celui du bonheur tel qu'il le conçoit. C'est du vol : celui qui se soucie du plaisir, ce n'est pas Épicure mais le parasite, tu vas le comprendre. Le plaisir, selon moi, c'est d'abord ne pas être troublé dans sa chair, ensuite avoir l'âme exempte d'agitation et de désordre. Or le parasite jouit de ces deux avantages, tandis qu'Épicure n'en a même pas un seul. En effet, celui qui s'interroge sur la forme de la terre, l'infinité des mondes, la grandeur du soleil, les distances célestes, les éléments primordiaux, qui se demande si les dieux existent ou non, qui se bat et se dispute sans cesse avec d'autres sur le but même de la vie, celui-là est en proie à des tourments non seulement humains mais cosmiques. Le parasite, lui, considérant que tout est bien, assuré que les choses ne peuvent être meilleures autrement qu'elles ne sont, empli d'une sécurité et d'une sérénité parfaites, sans être effleuré par la moindre question de ce genre, mange puis dort couché sur le dos, pieds et mains

καὶ τὰς χεῖρας ὥσπερ Ὀδυσσεὺς τῆς Σχερίας
ἀποπλέων οἴκαδε.

12. Καὶ μὴν οὐχὶ κατὰ ταῦτα μόνον οὐδὲν
προσήκει τὸ ἡδὺ τῷ Ἐπικούρῳ, ἀλλὰ καὶ κατ' ἐκεῖνα·
ὁ γὰρ Ἐπίκουρος οὗτος, ὅστις ποτέ ἐστιν ὁ σοφός,
ἤτοι φαγεῖν ἔχει ἢ οὔ· εἰ μὲν οὐκ ἔχει, οὐχ ὅπως
ἡδέως ζήσεται, ἀλλ' οὐδὲ ζήσεται· εἰ δὲ ἔχει, εἴτε
παρ' ἑαυτοῦ εἴτε παρ' ἄλλου· εἰ μὲν οὖν παρ' ἄλλου
τὸ φαγεῖν ἔχοι, παράσιτός ἐστι καὶ οὐχ ὃς λέγει·
εἰ δὲ παρ' ἑαυτοῦ, οὐχ ἡδέως ζήσεται.

ΤΥΧΙΑΔΗΣ. Πῶς οὐχ ἡδέως;

ΣΙΜΩΝ. Εἰ γὰρ ἔχοι τὸ φαγεῖν παρ' ἑαυτοῦ,
πολλά τοι, ὦ Τυχιάδη, τὰ ἀηδέα τῷ τοιούτῳ βίῳ
παρακολουθεῖν ἀνάγκη· καὶ ἄθρει πόσα. Δεῖ τὸν
μέλλοντα βιώσεσθαι καθ' ἡδονὴν τὰς ἐγγιγνομένας
ὀρέξεις ἁπάσας ἀναπληροῦν. Ἢ τί φής;

ΤΥΧΙΑΔΗΣ. Κἀμοὶ δοκεῖ.

ΣΙΜΩΝ. Οὐκοῦν τῷ μὲν συχνὰ κεκτημένῳ ἴσως
τοῦτο παρέχει, τῷ δὲ ὀλίγα καὶ μηδὲν οὐκέτι·
ὥστε πένης οὐκ ἂν σοφὸς γένοιτο οὐδὲ ἐφίκοιτο
τοῦ τέλους, λέγω δὴ τοῦ ἡδέος. Ἀλλ' οὐδὲ μὴν
ὁ πλούσιος, ὁ παρὰ τῆς οὐσίας ἀφθόνως ταῖς
ἐπιθυμίαις χορηγῶν, δυνήσεται τοῦδε ἐφικέσθαι. Τί
δή ποτε; Ὅτι πᾶσα ἀνάγκη τὸν ἀναλίσκοντα τὰ
ἑαυτοῦ πολλαῖς περιπίπτειν ἀηδίαις, τοῦτο μὲν τῷ
μαγείρῳ κακῶς σκευάσαντι τὸ ὄψον μαχόμενον ἢ εἰ
μὴ μάχοιτο φαῦλα παρὰ τοῦτο ἐσθίοντα τὰ ὄψα καὶ
τοῦ ἡδέος ὑστεροῦντα, τοῦτο δὲ τῷ οἰκονομοῦντι τὰ
κατὰ τὴν οἰκίαν, εἰ μὴ καλῶς οἰκονομοίη, μαχόμενον.
Ἢ οὐχ οὕτως;

détendus, tel Ulysse quand il quittait Schéria en bateau
pour rentrer chez lui[17].

12. Et ce n'est pas seulement sous ce rapport que le
plaisir est étranger à Épicure. Voici encore une autre différence. Cet Épicure – qui que puisse être ce sage personnage – a soit de quoi manger soit non. S'il n'a rien à manger, non seulement il ne vivra pas dans le plaisir, mais il
ne vivra même pas. S'il a quelque chose, il le tient soit de
lui-même, soit d'autrui. S'il tient sa nourriture d'autrui,
c'est un parasite et non ce qu'il prétend être ; s'il la tient
de lui-même il ne vivra pas dans le plaisir.

TYCHIADÈS : Pourquoi pas dans le plaisir ?

SIMON : S'il se procure lui-même sa nourriture, ce
mode de vie entraîne forcément une foule de désagréments,
Tychiadès. Vois comme ils sont nombreux. Celui qui veut
vivre selon le plaisir doit satisfaire tous les désirs qui lui
viennent. Qu'en dis-tu ?

TYCHIADÈS : Je le pense aussi.

SIMON : Celui qui possède des biens en abondance y
parvient peut-être, mais pour celui qui a peu ou n'a rien,
ce n'est plus possible. Par conséquent, un pauvre ne saurait
devenir un sage, ni atteindre le but suprême, je veux dire
le plaisir. Et même le riche qui, grâce à ses biens, pour-
voit généreusement à ses désirs, ne pourra pas y parvenir.
Pourquoi donc ? Parce que, de toute nécessité, celui qui
dépense ses propres biens se heurte à de nombreux désagréments, bataillant tantôt contre son cuisinier qui a mal
préparé la sauce – ou s'il ne bataille pas, mangeant de mauvais plats et n'obtenant pas le plaisir -, tantôt contre l'intendant de sa maison, si celui-ci ne l'administre pas bien.
N'est-ce pas vrai ?

17. *Odyssée*, XIII, 79.

ΤΥΧΙΑΔΗΣ. Νὴ Δία, κἀμοὶ δοκεῖ.

ΣΙΜΩΝ. Τῷ μὲν οὖν Ἐπικούρῳ πάντα συμβαίνειν εἰκός, ὥστε οὐδέποτε τεύξεται τοῦ τέλους· τῷ δὲ παρασίτῳ οὔτε μάγειρός ἐστιν ᾧ χαλεπῆναι, οὔτε ἀγρὸς οὔτε οἶκος οὔτε ἀργύρια, ὑπὲρ ὧν ἀπολλυμένων ἀχθεσθείη, ὥστε καὶ φάγοι καὶ πίοι μόνος οὗτος ὑπὸ μηδενός, ὧν ἐκείνους ἀνάγκη, ἐνοχλούμενος.

13. Ἀλλ' ὅτι μὲν τέχνη ἐστὶν ἡ παρασιτική, κἀκ τούτων καὶ τῶν ἄλλων ἱκανῶς δέδεικται. Λοιπὸν ὅτι καὶ ἀρίστη δεικτέον, καὶ τοῦτο οὐχ ἁπλῶς, ἀλλὰ πρῶτον μέν, ὅτι κοινῇ πασῶν διαφέρει τῶν τεχνῶν, εἶτα ὅτι καὶ ἰδίᾳ ἑκάστης.

Κοινῇ μὲν οὖν ἁπασῶν οὕτω διαφέρει· πάσης γὰρ τέχνης ἀνάγκη προάγειν μάθησιν πόνον φόβον πληγάς, ἅπερ οὐκ ἔστιν ὅστις οὐκ ἂν ἀπεύξαιτο· ταύτην δὲ τὴν τέχνην, ὡς ἔοικεν, μόνην ἔξεστι μαθεῖν ἄνευ πόνου. Τίς γὰρ ἀπὸ δείπνου ποτὲ ἀπῆλθεν κλαίων, ὥσπερ τινὰς ἐκ τῶν διδασκάλων ὁρῶμεν, τίς δ' ἐπὶ δεῖπνον ἀπιὼν ὤφθη σκυθρωπός, ὥσπερ οἱ εἰς διδασκαλεῖα φοιτῶντες; Καὶ μὴν ὁ μὲν παράσιτος ἑκὼν αὐτὸς ἐπὶ δεῖπνον ἔρχεται μάλα ἐπιθυμῶν τῆς τέχνης, οἱ δὲ τὰς ἄλλας τέχνας μανθάνοντες μισοῦσιν αὐτάς, ὥστε ἔνιοι δι' αὐτὰς ἀποδιδράσκουσι.

TYCHIADÈS : Si, par Zeus, je le pense aussi.

SIMON : Tout cela arrive donc vraisemblablement à Épicure : c'est pourquoi il n'atteindra jamais le but qu'il recherche. Le parasite, lui, n'a pas de cuisinier contre qui s'irriter, ni de terre, ni de maison, ni d'argenterie, dont la perte pourrait l'affliger ; il est donc le seul qui puisse manger et boire sans être contrarié par rien de ce qui accable inévitablement les autres.

13. Que la vie de parasite soit un métier a été suffisamment démontré par ces derniers arguments et par ceux qui précédaient. Reste à établir que c'est le meilleur. Je ne le ferai pas en une seule étape : je prouverai d'abord qu'il est supérieur à tous les métiers pris ensemble, puis à chacun séparément.

Voici comment il les surpasse tous ensemble. L'acquisition d'un métier, quel qu'il soit, est forcément précédé d'un apprentissage, d'efforts, de crainte, de coups – épreuves que chacun souhaiterait éviter. Or le métier de parasite semble le seul qu'on puisse apprendre sans effort. Qui est jamais revenu d'un dîner en pleurant – état dans lequel nous voyons certains élèves au sortir des cours ? Qui a-t-on jamais vu se rendre à un dîner le visage chagrin comme ceux qui vont à l'école ? À coup sûr, le parasite va dîner volontiers : il désire vivement pratiquer son métier, tandis que ceux qui étudient les autres disciplines les détestent tellement qu'elles poussent même certains à s'enfuir[18].

---

18. On peut penser au récit présenté comme autobiographique dans *Le Songe ou la vie de Lucien* 4 ; le narrateur, alors adolescent, s'enfuit de l'atelier de sculpture de son oncle, qui l'avait pris comme apprenti : « Je prends la fuite et rentre à la maison en sanglotant continuellement, les yeux pleins de larmes. »

Τί δέ, οὐ κἀκεῖνο ἐννοῆσαί σε δεῖ, ὅτι καὶ τοὺς
ἐν ἐκείναις ταῖς τέχναις προκόπτοντας οἱ πατέρες
καὶ μητέρες τούτοις τιμῶσι μάλιστα, οἷς καθ'
ἡμέραν καὶ τὸν παράσιτον, "Καλῶς νὴ Δία ἔγραψεν
ὁ παῖς," λέγοντες, "δότε αὐτῷ φαγεῖν." "Οὐκ ἔγραψεν
ὀρθῶς, μὴ δότε;" Οὕτω τὸ πρᾶγμα καὶ ἔντιμον καὶ
ἐν τιμωρίᾳ μέγα φαίνεται.

14. Καὶ μὴν αἱ ἄλλαι τέχναι τὸ τέλος ὕστερον
τοῦτο ἔχουσι, μετὰ τὸ μαθεῖν καὶ τοὺς καρποὺς
ἡδέως ἀπολαμβάνουσαι· πολλὴ γὰρ "καὶ ὄρθιος
οἶμος ἐς αὐτάς·" ἡ δὲ παρασιτικὴ μόνη τῶν ἄλλων
εὐθὺς ἀπολαύει τῆς τέχνης ἐν αὐτῷ τῷ μανθάνειν,
καὶ ἅμα τε ἄρχεται καὶ ἐν τῷ τέλει ἐστίν. Καὶ
μέντοι τῶν ἄλλων τεχνῶν οὐ τινές, ἀλλὰ πᾶσαι ἐπὶ
μόνην τὴν τροφὴν γεγόνασιν, ὁ δὲ παράσιτος εὐθὺς
ἔχει τὴν τροφὴν ἅμα τῷ ἄρξασθαι τῆς τέχνης. Ἢ
οὐκ ἐννοεῖς ὅτι ὁ μὲν γεωργὸς γεωργεῖ οὐ τοῦ
γεωργεῖν ἕνεκα καὶ ὁ τέκτων τεκταίνεται οὐχὶ τοῦ
τεκταίνεσθαι ἕνεκα, ὁ δὲ παράσιτος οὐχ ἕτερον
μέν τι διώκει, ἀλλὰ τὸ αὐτὸ καὶ ἔργον μὲν ἐστὶν
αὐτοῦ καὶ οὗ ἕνεκα γίγνεται;

15. Καὶ μὴν ἐκεῖνά γε οὐδείς ἐστιν ὅστις οὐκ
ἐπίσταται, ὅτι οἱ μὲν τὰς λοιπὰς τέχνας ἐργαζόμενοι
τὸν μὲν ἄλλον χρόνον ταλαιπωροῦσι, μίαν δὲ ἢ
δύο μόνας τοῦ μηνὸς ἡμέρας ἱερὰς ἄγουσι, καὶ
εὐφραίνεσθαι λέγονται τότε· ὁ δὲ παράσιτος τοῦ
μηνὸς τὰς τριάκονθ' ἡμέρας ἱερὰς ἄγει· πᾶσαι γὰρ
αὐτῷ δοκοῦσιν εἶναι τῶν θεῶν.

16. Ἔτι οἱ μὲν βουλόμενοι τὰς ἄλλας τέχνας
κατορθοῦν ὀλιγοσιτίαις καὶ ὀλιγοποσίαις χρῶνται
καθάπερ οἱ νοσοῦντες, πολυποσίαις δὲ καὶ πολυσιτίαις
οὐκ ἔστιν εὐφραινόμενον μανθάνειν.

Et quoi ? ne dois-tu pas également prendre en considération le point suivant ? Lorsque les enfants font des progrès dans les autres métiers, les pères et les mères les récompensent principalement avec ce que le parasite obtient chaque jour : « Par Zeus ! le petit a joliment écrit : donnez-lui à manger. » ou : « Il n'a pas bien écrit, ne lui donnez rien. » Tant la nourriture semble précieuse et, quand il s'agit de punir, importante.

14. En outre, les autres métiers atteignent leur but plus tard ; c'est après l'apprentissage qu'ils portent leurs fruits plaisants, car il est long,

Escarpé le chemin qui nous conduit vers eux[19].

Mais seul entre tous, le parasite profite de son métier au moment même où il l'apprend : dès qu'il débute, il atteint son but. En vérité, tous les métiers, sans exception, existent seulement pour se nourrir : mais le parasite obtient sa nourriture dès qu'il débute dans son métier. Réfléchis donc : ce n'est pas pour l'agriculture que l'agriculteur travaille la terre ni pour la charpenterie que le charpentier fait des charpentes, mais le parasite, lui, ne recherche rien d'autre que ce qu'il fait car son travail est à lui-même sa propre fin.

15. En outre, nul n'ignore que ceux qui exercent les autres métiers sont constamment à la peine, sauf un ou deux jours de fête par mois, pendant lesquels ils se donnent du bon temps, comme on dit ; le parasite lui, connaît trente jours de fête par mois : ils lui paraissent tous consacrés aux dieux.

16. De plus, ceux qui veulent réussir dans les autres métiers mangent et boivent peu, comme les malades, car il est impossible d'apprendre en se régalant avec beaucoup de boisson et de nourriture.

19. HÉSIODE, *Les Travaux et les Jours,* 290. Lucien évoque également ce vers dans *Hermotimos,* 2.

17. Καὶ αἱ μὲν ἄλλαι τέχναι χωρὶς ὀργάνων οὐδαμῶς τῷ κεκτημένῳ ὑπηρετεῖν δύνανται· οὔτε γὰρ αὐλεῖν ἔνι χωρὶς αὐλῶν οὔτε ψάλλειν ἄνευ λύρας οὔτε ἱππεύειν ἄνευ ἵππου· αὕτη δὲ οὕτως ἐστὶν ἀγαθὴ καὶ οὐ βαρεῖα τῷ τεχνίτῃ, ὥστε ὑπάρχει καὶ μηδὲν ἔχοντι ὅπλον χρῆσθαι αὐτῇ.

18. Καὶ ὡς ἔοικεν ἄλλας τέχνας μανθάνομεν μισθὸν διδόντες, ταύτην δὲ λαμβάνοντες. 19. Ἔτι τῶν μὲν ἄλλων τεχνῶν εἰσι διδάσκαλοί τινες, τῆς δὲ παρασιτικῆς οὐδείς, ἀλλ᾿ ὥσπερ ἡ ποιητικὴ κατὰ Σωκράτη καὶ αὕτη τινὶ θείᾳ μοίρᾳ παραγίγνεται.

20. Κἀκεῖνο δὲ σκόπει, ὅτι τὰς μὲν ἄλλας τέχνας ὁδεύοντες ἢ πλέοντες οὐ δυνάμεθα διαπράττεσθαι, ταύτῃ δέ ἐστι χρῆσθαι καὶ ἐν ὁδῷ καὶ πλέοντι.

21. ΤΥΧΙΑΔΗΣ. Πάνυ μὲν οὖν.

ΣΙΜΩΝ. Καὶ μέντοι, ὦ Τυχιάδη, αἱ μὲν ἄλλαι τέχναι δοκοῦσί μοι ταύτης ἐπιθυμεῖν, αὕτη δὲ οὐδεμιᾶς ἑτέρας.

ΤΥΧΙΑΔΗΣ. Τί δέ, οὐχ οἱ τὰ ἀλλότρια λαμβάνοντες ἀδικεῖν σοι δοκοῦσι;

ΣΙΜΩΝ. Πῶς γὰρ οὔ;

ΤΥΧΙΑΔΗΣ. Πῶς οὖν ὁ παράσιτος τὰ ἀλλότρια λαμβάνων οὐκ ἀδικεῖ μόνος;

22. ΣΙΜΩΝ. Οὐκ ἔχω λέγειν. Καὶ μὴν τῶν ἄλλων τεχνῶν αἱ ἀρχαὶ φαῦλαί τινες καὶ εὐτελεῖς εἰσι, τῆς δὲ παρασιτικῆς ἀρχὴ πάνυ γενναία τις· τὸ γὰρ θρυλούμενον τοῦτο τῆς φιλίας ὄνομα οὐκ ἂν ἄλλο τι εὕροις ἢ ἀρχὴν παρασιτικῆς.

17. Et les autres métiers sont absolument inutiles à celui qui les a acquis s'il n'a pas d'instrument : impossible de jouer de l'aulos sans aulos, de pincer les cordes d'une lyre sans lyre, de monter à cheval sans cheval. Mais le parasitisme est si utile et léger pour celui qui l'exerce que même sans aucun outil, on peut le pratiquer.

18. Et à ce qu'il semble, pour apprendre les autres métiers, nous payons, mais pour celui-ci, c'est nous qui sommes payés. 19. De plus, pour les autres métiers, il y a des maîtres, mais pour le parasitisme, il n'y en a pas : comme la poésie selon Socrate[20], il nous échoit par une grâce divine.

20. Considère encore qu'il nous est impossible de pratiquer les autres métiers en voyageant par terre ou par mer, alors que le parasitisme peut être utile même en route et sur un bateau.

21. TYCHIADÈS : Tout à fait.

SIMON : En vérité, Tychiadès, les autres métiers me semblent désirer celui-ci, alors que lui ne désire aucun autre.

TYCHIADÈS : Mais dis-moi, ceux qui prennent le bien d'autrui ne te semblent-ils pas coupables ?

SIMON : Comment en serait-il autrement ?

TYCHIADÈS : Alors comment le parasite, qui prend ce qui appartient à autrui, est-il le seul à n'être pas coupable ?

22. SIMON : Je ne peux répondre. En outre[21], dans les autres métiers, les débuts sont grossiers et communs, mais le début du parasitisme est plein de noblesse, car n'est-ce pas l'amitié – dont le nom est sur toutes les lèvres –, et elle seule, que tu trouves au début du parasitisme ?

---

21. Le changement brutal de sujet a parfois surpris les commentateurs qui ont été tentés d'attribuer le début de cette réplique à Tychiadès. Mais, comme le souligne A.H. Harmon dans son édition, cette dérobade (Simon n'a pas le courage de reconnaître qu'il a tort) est un effet comique voulu par Lucien.

ΤΥΧΙΑΔΗΣ. Πῶς λέγεις;

ΣΙΜΩΝ. Ὅτι οὐδεὶς ἐχθρὸν ἢ ἀγνῶτα ἄνθρωπον ἀλλ' οὐδὲ συνήθη μετρίως ἐπὶ δεῖπνον καλεῖ, ἀλλὰ δεῖ πρότερον οἶμαι τοῦτον γενέσθαι φίλον, ἵνα κοινωνήσῃ σπονδῶν καὶ τραπέζης καὶ τῶν τῆς τέχνης ταύτης μυστηρίων. Ἐγὼ γοῦν πολλάκις ἤκουσά τινων λεγόντων· "Ποταπὸς δὲ οὗτος φίλος ὅστις οὔτε βέβρωκεν οὔτε πέπωκεν μεθ' ἡμῶν," δῆλον ὅτι τὸν συμπίνοντα καὶ συνεσθίοντα μόνον πιστὸν φίλον ἡγουμένων.

23. Ὅτι γε μὴν ἡ βασιλικωτάτη τῶν τεχνῶν ἔστιν αὕτη, μάθοις ἂν καὶ ἐκ τοῦδε οὐχ ἥκιστα· τὰς μὲν γὰρ λοιπὰς τέχνας οὐ μόνον κακοπαθοῦντες καὶ ἱδροῦντες, ἀλλὰ νὴ Δία καθήμενοι καὶ ἑστῶτες ἐργάζονται ὥσπερ ἀμέλει δοῦλοι τῶν τεχνῶν, ὁ δὲ παράσιτος μεταχειρίζεται τὴν αὑτοῦ τέχνην ὡς βασιλεὺς κατακείμενος.

24. Ἐκεῖνα μὲν γὰρ τί δεῖ λέγειν περὶ τῆς εὐδαιμονίας αὐτοῦ, ὅτι δὴ μόνος κατὰ τὸν σοφὸν Ὅμηρον "οὔτε φυτεύει χερσὶ φυτὸν οὔτε ἀροῖ, ἀλλὰ τά γ' ἄσπαρτα καὶ ἀνήροτα πάντα" νέμεται;

25. Καὶ μὴν ῥήτορά τε καὶ γεωμέτρην καὶ χαλκέα οὐδὲν κωλύει τὴν ἑαυτοῦ τέχνην ἐργάζεσθαι ἐάν τε πονηρὸς ἐάν τε καὶ μωρὸς ᾖ, παρασιτεῖν δὲ οὐδεὶς δύναται ἢ μωρὸς ὢν ἢ πονηρός.

ΤΥΧΙΑΔΗΣ. Παπαί, οἷον χρῆμα ἀποφαίνῃ τὴν παρασιτικήν· ὥστε καὶ αὐτὸς ἤδη βούλεσθαι δοκῶ μοι παράσιτος εἶναι ἀντὶ τούτου ὅς εἰμι.

26. ΣΙΜΩΝ. Ὡς μὲν τοίνυν κοινῇ πασῶν διαφέρει, δεδεῖχθαί μοι δοκῶ. Φέρε δὴ ὡς καὶ κατ' ἰδίαν ἑκάστης διαφέρει σκοπῶμεν. Τὸ μὲν δὴ ταῖς βαναύσοις τέχναις παραβάλλειν αὐτὴν ἀνόητόν ἐστιν, καὶ

TYCHIADÈS : Comment cela ?

SIMON : Nul n'invite à dîner un ennemi, un inconnu, ou même une vague relation. Il faut d'abord, me semble-t-il, être devenu un ami pour être associé aux libations, à la table et aux mystères de cet art. J'ai souvent entendu les gens dire : « Comment pourrait-il être un ami, lui qui n'a ni mangé ni bu avec nous ? » C'est évidemment parce qu'ils considèrent que seul celui qui boit et mange avec eux est un ami digne de foi.

23. C'est le plus royal des métiers, comme te l'apprendra surtout l'observation suivante. Dans les autres métiers, les travailleurs peinent et transpirent, et en outre, par Zeus, ils restent assis[22] ou debout, vraiment comme s'ils étaient esclaves de leur tâche. Le parasite, lui, accomplit son métier, allongé comme un roi.

24. Et que dire de son bonheur, puisque lui seul obtient, comme dit le sage Homère :

Sans planter de ses mains, sans faire aucun labour,
Tout sans avoir semé, sans avoir labouré[23].

25. En outre, rien n'empêche un orateur, un géomètre ou un forgeron d'exercer son métier s'il est méchant ou même s'il est stupide, alors que nul ne peut être parasite s'il est stupide ou méchant.

TYCHIADÈS : Ma parole ! quelle merveille tu fais du parasitisme ! C'est au point que maintenant, me semble-t-il, je veux être un parasite au lieu de l'homme que je suis.

26. SIMON : Eh bien, que ce métier l'emporte sur tous les autres pris ensemble, je crois l'avoir démontré. Examinons maintenant en quoi il surpasse chacun d'eux pris séparément. Il est stupide de le comparer aux métiers des

---

22. Pour les Grecs, c'est l'attitude du suppliant, donc un signe d'humilité, voire d'humiliation.

23. *Odyssée,* IX, 108-109 : il s'agit des Cyclopes.

μᾶλλόν πως καθαιροῦντος τὸ ἀξίωμα τῆς τέχνης.
Ὅτι γε μὴν τῶν καλλίστων καὶ μεγίστων τεχνῶν
διαφέρει δεικτέον. Ὡμολόγηται δὴ πρὸς πάντων τήν
τε ῥητορικὴν καὶ τὴν φιλοσοφίαν, ἃς διὰ γενναιότητα
καὶ ἐπιστήμας ἀποφαίνονταί τινες ... Ἐπειδὰν καὶ
τούτων ἀποδείξαιμι τὴν παρασιτικὴν πολὺ κρατοῦσαν,
δῆλον ὅτι τῶν ἄλλων τεχνῶν δόξει προφερεστάτη
καθάπερ ἡ Ναυσικάα τῶν θεραπαινίδων.

27. Κοινῇ μὲν οὖν ἀμφοῖν διαφέρει καὶ τῆς
ῥητορικῆς καὶ τῆς φιλοσοφίας, πρῶτον κατὰ τὴν
ὑπόστασιν· ἡ μὲν γὰρ ὑφέστηκεν, αἱ δὲ οὔ. Οὔτε
γὰρ τὴν ῥητορικὴν ἕν τι καὶ τὸ αὐτὸ νομίζομεν, ἀλλ᾽
οἱ μὲν τέχνην, οἱ δὲ τοὐναντίον ἀτεχνίαν, ἄλλοι δὲ
κακοτεχνίαν, ἄλλοι δὲ ἄλλο τι. Ὁμοίως δὲ καὶ τὴν
φιλοσοφίαν οὐ κατὰ τὰ αὐτὰ καὶ ὡσαύτως ἔχουσαν,
ἑτέρως μὲν γὰρ Ἐπικούρῳ δοκεῖ τὰ πράγματα
ἔχειν, ἑτέρως δὲ τοῖς ἀπὸ τῆς Στοᾶς, ἑτέρως δὲ
τοῖς ἀπὸ τῆς Ἀκαδημίας, ἑτέρως δὲ τοῖς ἀπὸ
τοῦ Περιπάτου, καὶ ἁπλῶς ἄλλος ἄλλην ἀξιοῖ τὴν
φιλοσοφίαν εἶναι· καὶ μέχρι γε νῦν οὔτε οἱ αὐτοὶ
γνώμης κρατοῦσιν οὔτε αὐτῶν ἡ τέχνη μία φαίνεται.
Ἐξ ὧν δῆλον ὅ τι τεκμαίρεσθαι καταλείπεται.
Ἀρχὴν γάρ φημι μηδὲ εἶναι τέχνην ἧς οὐκ ἔστιν
ὑπόστασις. Ἐπεὶ τί δή ποτε ἀριθμητικὴ μὲν μία
ἐστὶ καὶ ἡ αὐτὴ καὶ δὶς δύο παρά τε ἡμῖν καὶ
παρὰ Πέρσαις τέσσαρά ἐστιν καὶ συμφωνεῖ ταῦτα
καὶ παρὰ Ἕλλησι καὶ βαρβάροις, φιλοσοφίας δὲ
πολλὰς καὶ διαφόρους ὁρῶμεν καὶ οὔτε τὰς ἀρχὰς
οὔτε τὰ τέλη σύμφωνα πασῶν;

ouvriers ; ou plutôt ce serait vouloir en ravaler la dignité. Mais il faut montrer qu'il est supérieur aux activités les plus belles et les plus grandes. De l'aveu de tous, la rhétorique et la philosophie, que certains appellent même sciences à cause de leur noblesse (…lacune…). Si je démontre que le parasitisme est bien supérieur à ces deux-là, on admettra évidemment qu'il dépasse les autres comme Nausicaa les petites servantes[24].

27. Sur la rhétorique et la philosophie réunies, il l'emporte d'abord par sa réalité : il en a une, les autres non. En effet, nous ne considérons pas tous la rhétorique comme une seule et même chose : les uns y voient un art, d'autres à l'inverse, une absence d'art, certains un art dévoyé[25], d'autres quelque chose de différent encore. De même, pour la philosophie : elle n'est pas considérée de manière uniforme et identique[26]. Épicure conçoit le monde d'une façon, les Stoïciens d'une autre, les disciples de l'Académie autrement, les Péripatéticiens encore autrement. Bref, chacun soutient une philosophie différente : jusqu'à nos jours ce ne sont pas les mêmes dont l'opinion prévaut, et de toute évidence leur discipline n'est pas une. Ce qui montre la place laissée au jugement. Je soutiens en effet qu'il ne peut absolument pas y avoir d'art sans une réalité qui le fonde. D'où vient donc que l'arithmétique soit une et toujours identique, que deux fois deux fassent quatre chez nous comme chez les Perses et qu'il y ait accord sur ce point chez les Grecs et les barbares, tandis que nous voyons tant de philosophies différentes, dont ni les principes ni les fins ne s'accordent ?

---

24. *Odyssée,* VI, 102-109.
25. Voir QUINTILIEN, *Institution oratoire,* II, 15, 2-3.
26. Formule redondante, d'origine platonicienne (*Phèdre,* 78 b ; *Sophiste,* 248b).

ΤΥΧΙΑΔΗΣ. Ἀληθῆ λέγεις· μίαν μὲν γὰρ τὴν φιλοσοφίαν εἶναι λέγουσιν, αὐτοὶ δὲ αὐτὴν ποιοῦσι πολλάς.

ΣΙΜΩΝ. 28. Καὶ μὴν καὶ τὰς μὲν ἄλλας τέχνας, εἰ καί τι κατὰ ταύτας ἀσύμφωνον εἴη, κἂν παρέλθοι τις συγγνώμης ἀξιώσας, ἐπεὶ μέσαι τε δοκοῦσι καὶ αἱ καταλήψεις αὐτῶν οὐκ εἰσὶν ἀμετάπτωτοι. Φιλοσοφίαν δὲ τίς ἂν καὶ ἀνάσχοιτο μὴ μίαν εἶναι καὶ μηδὲ σύμφωνον αὐτὴν ἑαυτῇ μᾶλλον τῶν ὀργάνων; Μία μὲν οὖν οὐκ ἔστι φιλοσοφία, ἐπειδὴ ὁρῶ καὶ ἄπειρον οὖσαν· πολλαὶ δὲ οὐ δύνανται εἶναι, ἐπειδήπερ ἡ σοφία μία.

29. Ὁμοίως δὲ καὶ περὶ τῆς ὑποστάσεως τῆς ῥητορικῆς ταὐτὰ φαίη τις ἄν· τὸ γὰρ περὶ ἑνὸς προκειμένου ταὐτὰ μὴ λέγειν ἅπαντας, ἀλλὰ μάχην εἶναι φορᾶς ἀντιδόξου, ἀπόδειξις μεγίστη τοῦ μηδὲ ἀρχὴν εἶναι τοῦτο οὗ μία κατάληψις οὐκ ἔστιν· τὸ γὰρ ζητεῖν τό, τί μᾶλλον αὐτό ἐστιν, καὶ τὸ μηδέποτε ὁμολογεῖν ἓν εἶναι, τοῦτο αὐτὴν ἀναιρεῖ τοῦ ζητουμένου τὴν οὐσίαν.

30. Ἡ μέντοι παρασιτικὴ οὐχ οὕτως ἔχει, ἀλλὰ καὶ ἐν Ἕλλησι καὶ βαρβάροις μία ἐστὶν καὶ κατὰ ταὐτὰ καὶ ὡσαύτως, καὶ οὐκ ἂν εἴποι τις ἄλλως μὲν τούσδε, ἑτέρως δὲ τούσδε παρασιτεῖν, οὐδέ εἰσιν ὡς ἔοικεν ἐν παρασίτοις τινες οἷον Στωϊκοὶ ἢ Ἐπικούρειοι δόγματα ἔχοντες διάφορα, ἀλλὰ πᾶσι πρὸς ἅπαντας ὁμολογία τίς ἐστιν καὶ συμφωνία τῶν ἔργων καὶ τοῦ τέλους. Ὥστε ἔμοιγε δοκεῖ ἡ παρασιτικὴ κινδυνεύειν κατά γε τοῦτο καὶ σοφία εἶναι.

31. ΤΥΧΙΑΔΗΣ. Πάνυ μοι δοκεῖς ἱκανῶς ταῦτα εἰρηκέναι. Ὡς δὲ καὶ τὰ ἄλλα χείρων ἐστὶν ἡ φιλοσοφία τῆς σῆς τέχνης, πῶς ἀποδεικνύεις;

TYCHIADÈS : Tu dis vrai. Ils affirment que la philosophie est une, mais la rendent eux mêmes multiple.

28. SIMON Si c'était dans les autres disciplines qu'on observait quelques discordances, on passerait, les jugeant excusables, car on les considère comme médiocres, et les connaissances qu'on en a sont sujettes à variation. Mais pour la philosophie, comment accepter qu'elle ne soit pas une et qu'il n'y ait moins d'harmonie en elle que dans les instruments de musique ? La philosophie n'est pas une, puisque j'en vois une quantité infinie : or il ne peut y en avoir plusieurs, puisque la sagesse est une.

29. On peut en dire autant de la réalité de la rhétorique. Quand sur un sujet donné, tous ne tiennent pas le même discours mais que des opinions contradictoires s'affrontent, cela prouve de façon éclatante que l'objet dont la compréhension n'est pas une n'existe absolument pas, car chercher si c'est ceci plutôt que cela sans qu'il y ait jamais d'accord sur son unicité, c'est nier la réalité même de l'objet recherché.

30. Or le parasitisme n'est pas ainsi. Chez les Grecs comme chez les barbares, il est un, considéré de la même manière et identique : nul ne pourrait dire que certains parasites agissent d'une façon, d'autres d'une autre. De toute évidence, il n'y a pas chez eux de gens qui, comme les Stoïciens ou les Épicuriens, ont des doctrines différentes. Il y a entre tous comme un accord et une harmonie parfaite dans les actes et dans le but ; si bien que, me semble-t-il, le parasitisme pourrait bien, au moins sous ce rapport, être même une sagesse.

31. TYCHIADÈS : Ce que tu as dit là me paraît tout à fait satisfaisant Mais comment démontres-tu que la philosophie est également inférieure à ton métier dans les autres domaines ?

ΣΙΜΩΝ. Οὐκοῦν ἀνάγκη πρῶτον εἰπεῖν ὅτι φιλοσοφίας μὲν οὐδέποτε ἠράσθη παράσιτος, παρασιτικῆς δὲ πάμπολλοι ἐπιθυμήσαντες μνημονεύονται φιλόσοφοι, καὶ μέχρι γε νῦν ἐρῶσιν.

ΤΥΧΙΑΔΗΣ. Καὶ τίνας ἂν ἔχοις εἰπεῖν φιλοσόφους παρασιτεῖν σπουδάσαντας;

ΣΙΜΩΝ. Οὕστινας μέντοι, ὦ Τυχιάδη; Οὓς καὶ σὺ γιγνώσκων ὑποκρίνῃ ἀγνοεῖν κἀμὲ κατασοφίζῃ ὥς τινος αὐτοῖς αἰσχύνης ἐντεῦθεν γιγνομένης, οὐχὶ τιμῆς.

ΤΥΧΙΑΔΗΣ. Οὐ μὰ τὸν Δία, ὦ Σίμων, ἀλλὰ καὶ σφόδρα ἀπορῶ οὕστινας καὶ εὕροις εἰπεῖν.

ΣΙΜΩΝ. Ὦ γενναῖε, σύ μοι δοκεῖς ἀνήκοος εἶναι καὶ τῶν ἀναγραψάντων τοὺς ἐκείνων βίους, ἐπεὶ πάντως ἂν καὶ ἐπιγνῶναι οὕστινας λέγω δύναιο.

ΤΥΧΙΑΔΗΣ. Καὶ μέντοι νὴ τὸν Ἡρακλέα ποθῶ δὴ ἀκούειν τίνες εἰσίν.

ΣΙΜΩΝ. Ἐγώ σοι καταλέξω αὐτοὺς ὄντας οὐχὶ τοὺς φαύλους, ἀλλ' ὡς ἐγὼ δοκῶ, τοὺς ἀρίστους καὶ οὓς ἥκιστα σὺ οἴει. 32. Αἰσχίνης μέντοι ὁ Σωκρατικός, οὗτος ὁ τοὺς μακροὺς καὶ ἀστείους διαλόγους γράψας, ἧκέν ποτε εἰς Σικελίαν κομίζων αὐτούς, εἴ πως δύναιτο δι' αὐτῶν γνωσθῆναι Διονυσίῳ τῷ τυράννῳ, καὶ τὸν Μιλτιάδην ἀναγνοὺς καὶ δόξας εὐδοκιμηκέναι λοιπὸν ἐκάθητο ἐν Σικελίᾳ παρασιτῶν Διονυσίῳ καὶ ταῖς Σωκράτους διατριβαῖς ἐρρῶσθαι φράσας. 33. Τί δέ, καὶ Ἀρίστιππος ὁ Κυρηναῖος οὐχὶ τῶν δοκίμων φαίνεταί σοι φιλοσόφων;

27. Philosopohe grec disciple de Socrate, à ne pas confondre avec l'orateur du même nom. D'après Diogène Laërce, il avait composé des dialogues « à la manière de Socrate ». La pauvreté le contraignit à passer quelque temps en Sicile à la cour de Denys.

SIMON : D'abord, on est obligé d'admettre que jamais un parasite ne s'est pris d'amour pour la philosophie, alors qu'on rapporte que de nombreux philosophes ont désiré mener la vie de parasite et y aspirent encore même de nos jours.

TYCHIADÈS : Eh bien, quels philosophes pourrais-tu nommer qui se sont efforcés de devenir parasites ?

SIMON : Lesquels, Tychiadès ? Tu les connais toi aussi, mais tu feins de l'ignorer, et tu fais le sophiste avec moi comme si c'était une honte pour eux, non un honneur.

TYCHIADÈS : Mais non, Simon, par Zeus, je ne sais vraiment pas qui tu pourrais trouver à désigner.

SIMON : J'ai l'impression, mon noble ami, que tu n'as pas lu leurs biographes, sinon tu saurais forcément de qui je parle.

TYCHIADÈS : En vérité, par Héraclès, je suis impatient d'apprendre de qui il s'agit.

SIMON : Je vais t'en dresser une liste : ce ne sont pas des gens médiocres, mais les meilleurs à mon avis, et ceux auxquels tu t'attends le moins. 32. Eschine[27], le disciple de Socrate, l'auteur de ces dialogues longs et élégants, alla un jour les porter en Sicile pour voir si grâce à eux il pourrait se faire connaître de Denys le tyran : il lut son *Miltiade* et on jugea qu'il s'était tellement distingué qu'il s'installa définitivement en Sicile comme parasite de Denys, tournant le dos aux entretiens socratiques. 33. Et Aristippe de Cyrène[28] ? Ne te semble-t-il pas faire partie des philosophes reconnus ?

---

28. Après avoir été disciple de Socrate, il fonda en 399 l'école dite du Cyrénaïsme qui prônait l'hédonisme. Dans *Vies de Philosophes à vendre*, 12, Lucien le montre ivre et raille sa vie de courtisan auprès de Denys.

ΤΥΧΙΑΔΗΣ. Καὶ πάνυ.

ΣΙΜΩΝ. Καὶ οὗτος μέντοι κατὰ τὸν αὐτὸν χρόνον διέτριβεν ἐν Συρακούσαις παρασιτῶν Διονυσίῳ. Πάντων γοῦν ἀμέλει τῶν παρασίτων αὐτὸς ηὐδοκίμει παρ' αὐτῷ· καὶ γὰρ ἦν πλέον τι τῶν ἄλλων πρὸς τὴν τέχνην εὐφυής, ὥστε τοὺς ὀψοποιοὺς ὁσημέραι ἔπεμπεν παρὰ τοῦτον ὁ Διονύσιος ὥς τι παρ' αὐτοῦ μαθησομένους.

Οὗτος μέντοι δοκεῖ καὶ κοσμῆσαι τὴν τέχνην ἀξίως. 34. Ὁ δὲ Πλάτων ὑμῶν ὁ γενναιότατος καὶ αὐτὸς μὲν ἧκεν εἰς Σικελίαν ἐπὶ τούτῳ, καὶ ὀλίγας παρασιτήσας ἡμέρας τῷ τυράννῳ τοῦ παρασιτεῖν ὑπὸ ἀφυΐας ἐξέπεσε, καὶ πάλιν Ἀθήναζε ἀφικόμενος καὶ φιλοπονήσας καὶ παρασκευάσας ἑαυτὸν αὖθις δευτέρῳ στόλῳ ἐπέπλευσε τῇ Σικελίᾳ καὶ δειπνήσας πάλιν ὀλίγας ἡμέρας ὑπὸ ἀμαθίας ἐξέπεσε· καὶ αὕτη ἡ συμφορὰ Πλάτωνι περὶ Σικελίαν ὁμοία δοκεῖ γενέσθαι τῇ Νικίου.

ΤΥΧΙΑΔΗΣ. Καὶ τίς, ὦ Σίμων, περὶ τούτου λέγει;

35. ΣΙΜΩΝ. Πολλοὶ μὲν καὶ ἄλλοι, Ἀριστόξενος δὲ ὁ μουσικός, πολλοῦ λόγου ἄξιος.

Εὐριπίδης μὲν γὰρ ὅτι Ἀρχελάῳ μέχρι μὲν τοῦ θανάτου παρεσίτει καὶ Ἀνάξαρχος Ἀλεξάνδρῳ πάντως ἐπίστασαι. 36. Καὶ Ἀριστοτέλης δὲ τῆς παρασιτικῆς ἤρξατο μόνον ὥσπερ καὶ τῶν ἄλλων τεχνῶν.

37. Φιλοσόφους μὲν οὖν, ὥσπερ ἦν, παρασιτεῖν σπουδάσαντας ἔδειξα· παράσιτον δὲ οὐδεὶς ἔχει φράσαι φιλοσοφεῖν ἐθελήσαντα.

TYCHIADÈS : Si, tout à fait.

SIMON : Eh bien, lui aussi, vers la même époque, séjourna à Syracuse comme parasite de Denys. Et c'est lui, sans aucun doute, qui, parmi tous les parasites, obtint le plus de succès auprès du tyran car il était plus doué que les autres pour ce métier : c'était au point que chaque jour Denys lui envoyait ses cuisiniers pour prendre ses instructions[29].

Cet homme me semble avoir illustré notre métier comme il le mérite. 34. En revanche votre très noble Platon se rendit lui aussi en Sicile dans ce but : après avoir été quelques jours parasite du tyran, il fut chassé de cet emploi pour inaptitude. Il regagna Athènes et se donna bien du mal pour s'entraîner, puis il fit une deuxième expédition et s'embarqua de nouveau pour la Sicile. Mais une fois de plus, après avoir dîné quelques jours avec le tyran, il fut chassé pour incompétence. Platon semble avoir connu un désastre de Sicile semblable à celui de Nicias[30].

TYCHIADÈS : Et qui donc raconte cela, Simon ?

35. SIMON : Beaucoup d'auteurs, notamment le musicien Aristoxénos[31], écrivain de grande valeur. Quant à Euripide il fut le parasite d'Archélaos[32] jusqu'à sa mort, et Anarxarchos celui d'Alexandre, tu le sais sûrement. 36. Aristote, lui, se contenta des rudiments du parasitisme, comme il le fit d'ailleurs pour toutes les disciplines.

37. Je t'ai donc démontré – et c'était la vérité – que des philosophes se sont efforcés de devenir parasites. En revanche personne ne peut citer un parasite qui ait voulu devenir philosophe.

30. Nicias conduisit la désastreuse expédition de Sicile.
31. Disciple d'Aristote, il écrivit une vie de Platon qui fut utilisée par Diogène Laërce.
32. Roi de Macédoine (413-399 av. J.-C.). Euripide mourut à sa cour en 406.

38. Καὶ μέντοι εἰ ἔστιν εὔδαιμον τὸ μὴ πεινῆν μηδὲ διψῆν μηδὲ ῥιγοῦν, ταῦτα οὐδενὶ ἄλλῳ ὑπάρχει ἢ παρασίτῳ. Ὥστε φιλοσόφους μὲν ἄν τις πολλοὺς καὶ ῥιγοῦντας καὶ πεινῶντας εὕροι, παράσιτον δὲ οὔ· ἢ οὐκ ἂν εἴη παράσιτος, ἀλλὰ δυστυχής τις καὶ πτωχὸς ἄνθρωπος καὶ φιλοσόφῳ ὅμοιος.

39. ΤΥΧΙΑΔΗΣ. Ἱκανῶς ταῦτά γε. Ὅτι δὲ κατὰ τἄλλα διαφέρει φιλοσοφίας καὶ ῥητορικῆς ἡ παρασιτικὴ πῶς ἐπιδεικνύεις;

ΣΙΜΩΝ. Εἰσίν, ὦ βέλτιστε, καιροὶ τοῦ τῶν ἀνθρώπων βίου, ὁ μέν τις εἰρήνης, οἶμαι, ὁ δ' αὖ πολέμου. ἐν δὴ τούτοις πᾶσα ἀνάγκη φανερὰς γίγνεσθαι τὰς τέχνας καὶ τοὺς ἔχοντας ταύτας ὁποῖοί τινές εἰσιν. Πρότερον δέ, εἰ δοκεῖ, σκοπώμεθα τὸν τοῦ πολέμου καιρόν, καὶ τίνες ἂν εἶεν μάλιστα χρησιμώτατοι ἰδίᾳ τε ἕκαστος αὐτῷ καὶ κοινῇ τῇ πόλει.

ΤΥΧΙΑΔΗΣ. Ὡς οὐ μέτριον ἀγῶνα καταγγέλλεις τῶν ἀνδρῶν· καὶ ἔγωγε πάλαι γελῶ κατ' ἐμαυτὸν ἐννοῶν ποῖος ἂν εἴη συμβαλλόμενος παρασίτῳ φιλόσοφος.

40. ΣΙΜΩΝ. Ἵνα τοίνυν μὴ πάνυ θαυμάζῃς μηδὲ τὸ πρᾶγμά σοι δοκῇ χλεύης ἄξιον, φέρε προτυπωσώμεθα παρ' ἡμῖν αὐτοῖς ἠγγέλθαι μὲν αἰφνίδιον εἰς τὴν χώραν ἐμβεβληκέναι πολεμίους, εἶναι δὲ ἀνάγκην ἐπεξιέναι καὶ μὴ περιορᾶν ἔξω δῃουμένην τὴν γῆν, τὸν στρατηγὸν δὲ παραγγέλλειν ἅπαντας εἰς τὸν κατάλογον τοὺς ἐν ἡλικίᾳ, καὶ δὴ χωρεῖν τοὺς ἄλλους, ἐν δὲ δὴ τούτοις φιλοσόφους τινὰς καὶ ῥήτορας καὶ παρασίτους. Πρῶτον τοίνυν ἀποδύσωμεν αὐτούς· ἀνάγκη γὰρ τοὺς μέλλοντας ὁπλίζεσθαι γυμνοῦσθαι πρότερον. Θεῶ δὴ τοὺς ἄνδρας, ὦ γενναῖε, καθ' ἕκαστον καὶ δοκίμαζε

38. De plus, si le bonheur consiste à n'avoir ni faim ni soif ni froid, le parasite est seul à le connaître. On trouverait de nombreux philosophes qui ont froid ou faim, mais aucun parasite : sinon, ce ne serait pas un parasite, mais un malheureux, un mendiant, semblable à un philosophe.

39. TYCHIADÈS : Sur ce point, tes arguments sont satisfaisants. Mais comment démontres-tu que la vie de parasite est supérieure à la philosophie et à la rhétorique dans les autres domaines ?

SIMON : Je crois qu'il existe, mon cher ami, deux saisons dans la vie humaine : temps de paix et temps de guerre. En ces occasions se révèlent nécessairement ce que valent les métiers et ceux qui les pratiquent. Si tu veux bien, examinons d'abord la guerre et voyons quels hommes sont les plus utiles, individuellement à eux-mêmes et collectivement à la cité.

TYCHIADÈS : Quelle lutte prodigieuse tu m'annonces là entre ces hommes ! Voici longtemps que je ris à part moi en me demandant ce que donnerait un philosophe comparé à un parasite.

40. SIMON : Eh bien ! pour que tu n'admires pas trop et que l'affaire ne te semble pas risible non plus, allons ! imaginons entre nous la situation suivante. On annonce soudain que les ennemis ont envahi le pays, qu'il faut faire une sortie contre eux et ne pas les laisser ravager la terre hors des remparts. Le stratège donne consigne de s'enrôler à tous ceux qui en ont l'âge. Parmi ceux qui se présentent on trouve entre autres des philosophes, des orateurs et des parasites. Pour commencer, déshabillons-les, car ceux qui vont porter les armes doivent auparavant se montrer nus. Considère les hommes, l'un après l'autre, mon noble ami ; examine leurs corps. Tu en verras certains que les privations

τὰ σώματα. Τοὺς μὲν τοίνυν αὐτῶν ὑπὸ ἐνδείας
ἴδοις ἂν λεπτοὺς καὶ ὠχρούς, πεφρικότας, ὥσπερ
ἤδη τραυματίας παρειμένους· ἀγῶνα μὲν γὰρ καὶ
μάχην σταδίαν καὶ ὠθισμὸν καὶ κόνιν καὶ τραύματα
μὴ γελοῖον ἦ λέγειν δύνασθαι φέρειν ἀνθρώπους
ὥσπερ ἐκείνους τινὸς δεομένους ἀναλήψεως.
41. Ἄθρει δὲ πάλιν μεταβὰς τὸν παράσιτον ὁποῖός
τις φαίνεται. Ἆρ᾽ οὐχ ὁ μὲν τὸ σῶμα πρῶτον πολὺς
καὶ τὸ χρῶμα ἡδύς, οὐ μέλας δὲ οὐδὲ λευκός – τὸ
μὲν γὰρ γυναικί, τὸ δὲ δούλῳ προσέοικεν – ἔπειτα
θυμοειδής, δεινὸν βλέπων ὁποῖον ἡμεῖς, μέγα καὶ
ὕφαιμον; Οὐ γὰρ καλὸν δεδοικότα καὶ θῆλυν ὀφθαλμὸν
εἰς πόλεμον φέρειν. Ἆρ᾽ οὐχ ὁ τοιοῦτος καλὸς
μὲν γένοιτ᾽ ἂν καὶ ζῶν ὁπλίτης, καλὸς δὲ καὶ εἰ
ἀποθάνοι νεκρός;
42. Ἀλλὰ τί δεῖ ταῦτα εἰκάζειν ἔχοντας αὐτῶν
παραδείγματα; Ἁπλῶς γὰρ εἰπεῖν, ἐν πολέμῳ τῶν
πώποτε ῥητόρων ἢ φιλοσόφων οἱ μὲν οὐδὲ ὅλως
ὑπέμειναν ἔξω τοῦ τείχους προελθεῖν, εἰ δέ τις
καὶ ἀναγκασθεὶς παρετάξατο, φημὶ τοῦτον λείψαντα
τὴν τάξιν ὑποστρέφειν.

ΤΥΧΙΑΔΗΣ. Ὡς θαυμάσια πάντα καὶ οὐδὲν
ὑπισχνῇ μέτριον. Λέγε δὲ ὅμως.

ΣΙΜΩΝ. Τῶν μὲν τοίνυν ῥητόρων Ἰσοκράτης
οὐχ ὅπως εἰς πόλεμον ἐξῆλθέν ποτε, ἀλλ᾽ οὐδ᾽
ἐπὶ δικαστήριον ἀνέβη, διὰ δειλίαν, οἶμαι, ὅτι
οὐδὲ τὴν φωνὴν διὰ τοῦτο εἶχεν ἔτι. Τί δ᾽; Οὐχὶ
Δημάδης μὲν καὶ Αἰσχίνης καὶ Φιλοκράτης ὑπὸ δέους

ont rendus maigres, pâles, tremblants, comme s'ils avaient déjà été blessés. Ne serait-il pas ridicule de dire que de tels individus peuvent supporter le combat, la bataille rapprochée[33], la mêlée, la poussière, les blessures, alors qu'ils ont besoin de convalescence ? 41. Tourne-toi maintenant vers le parasite et regarde à quoi il ressemble. Son corps d'abord n'est-il pas bien en chair, son teint plaisant, ni noir ni blanc (l'une de ces couleurs convient à une femme, l'autre à un esclave[34]) ? Ensuite, n'a-t-il pas l'air martial, le regard terrible – comme le nôtre ! – farouche et sanguinaire (il n'est pas beau de venir à la guerre avec des yeux craintifs, efféminés) ? Un tel homme ne ferait-il pas, de son vivant, un bel hoplite, et s'il meurt, un beau cadavre ?

42. D'ailleurs, à quoi bon ces hypothèses, puisque nous disposons d'exemples réels ? Pour le dire tout net, à la guerre, parmi les orateurs ou les philosophes de tous les temps, les uns n'ont pas même osé s'avancer hors des remparts, et si d'aventure, sous la contrainte, l'un d'entre eux a rejoint son poste, j'affirme qu'il l'a abandonné et qu'il a pris la fuite.

TYCHIADÈS : Tout cela est étonnant et ce que tu avances est extraordinaire. Parle pourtant.

SIMON : Prenons les orateurs. Non seulement Isocrate n'est jamais allé à la guerre, mais il n'a même pas pris part aux activités du tribunal, par pusillanimité, je crois, ce qui lui faisait perdre jusqu'à la voix. Quant à Démade, Eschine et Philocrate, pris de peur dès que la guerre contre Philippe

---

33. Mot que Lucien emprunte peut-être, ainsi que le suivant, ὠθισμός, à Thucydide.

34. Bien évidemment, le blanc convient à la femme, qui ne quitte pas l'ombre du gynécée. L'esclave est noir : peut-être parce qu'il est de race africaine, ou à cause de la crasse accumulée par le travail.

εὐθὺς τῇ καταγγελίᾳ τοῦ Φιλίππου πολέμου τὴν
πόλιν προὔδοσαν καὶ σφᾶς αὐτοὺς τῷ Φιλίππῳ καὶ
διετέλεσαν Ἀθήνησιν ἀεὶ τὰ ἐκείνου πολιτευόμενοι,
ὃς εἴ γε καὶ ἄλλος τις Ἀθηναίοις κατὰ ταῦτα
ἐπολέμει· κἀκεῖνος ἐν αὐτοῖς ἦν φίλος. Ὑπερίδης
δὲ καὶ Δημοσθένης καὶ Λυκοῦργος, οἵ γε δοκοῦντες
ἀνδρειότεροι κἂν ταῖς ἐκκλησίαις ἀεὶ θορυβοῦντες
καὶ λοιδορούμενοι τῷ Φιλίππῳ, τί ποτε ἀπειργάσαντο
γενναῖον ἐν τῷ πρὸς αὐτὸν πολέμῳ; Καὶ Ὑπερίδης
μὲν καὶ Λυκοῦργος οὐδὲ ἐξῆλθον, ἀλλ' οὐδὲ ὅλως
ἐτόλμησαν μικρὸν ἔξω παρακῦψαι τῶν πυλῶν, ἀλλ'
ἐντειχίδιοι ἐκάθηντο παρ' αὐτοῖς ἤδη πολιορκούμενοι
γνωμίδια καὶ προβουλευμάτια συντιθέντες. Ὁ δὲ
δὴ κορυφαιότατος αὐτῶν, ὁ ταυτὶ λέγων ἐν ταῖς
ἐκκλησίαις συνεχῶς· "Φίλιππος γὰρ ὁ Μακεδὼν
ὄλεθρος, ὅθεν οὐδὲ ἀνδράποδον πρίαιτό τίς ποτε,"
τολμήσας   προελθεῖν εἰς τὴν Βοιωτίαν, πρὶν ἢ
συμμῖξαι τὰ στρατόπεδα καὶ συμβαλεῖν εἰς χεῖρας
ῥίψας τὴν ἀσπίδα ἔφυγεν. Ἦ οὐδέπω ταῦτα πρότερον
διήκουσας οὐδενός, πάνυ γνώριμα ὄντα οὐχ ὅπως
Ἀθηναίοις, ἀλλὰ Θρᾳξὶ καὶ Σκύθαις, ὅθεν ἐκεῖνο
τὸ κάθαρμα ἦν;

43. ΤΥΧΙΑΔΗΣ. Ἐπίσταμαι ταῦτα· ἀλλ' οὗτοι
μὲν ῥήτορες καὶ λόγους λέγειν ἠσκηκότες, ἀρετὴν
δὲ οὔ. Τί δὲ περὶ τῶν φιλοσόφων λέγεις; Οὐ γὰρ
δὴ τούτους ἔχεις ὥσπερ ἐκείνους αἰτιᾶσθαι.

ΣΙΜΩΝ. Οὗτοι πάλιν, ὦ Τυχιάδη, οἱ περὶ τῆς
ἀνδρείας ὁσημέραι διαλεγόμενοι καὶ κατατρίβοντες
τὸ τῆς ἀρετῆς ὄνομα πολλῷ μᾶλλον τῶν ῥητόρων
φανοῦνται δειλότεροι καὶ μαλακώτεροι. Σκόπει δὴ

35. DÉMOSTHÈNE, Troisième Philippique, 31.
36. ESCHINE, Contre Ctésiphon, 244 et 253 ; PLUTARQUE, Vie de
Démosthène, XX ; AULU-GELLE, Nuits Attiques, 17, 21.

fut annoncée, ne lui ont-ils pas remis leur cité et leur personne ? À Athènes, ils ne cessèrent de mener une politique favorable à cet homme, qui faisait la guerre plus que
tout autre aux Athéniens pour cela – et il était pour eux
un ami. Hypéride, Démosthène et Lycurgue semblaient
plus courageux, et dans les assemblées, ils ne cessaient de
manifester bruyamment en insultant Philippe ; mais dans
la guerre contre lui, quel acte de bravoure accomplirent-ils
jamais ? Hypéride et Lycurgue ne partirent même pas en
campagne ; ils n'osèrent même pas du tout mettre le nez,
si peu que ce soit, hors des portes de la ville ; abrités par
les remparts, ils restèrent assis chez eux, déjà assiégés, à
rédiger de jolies maximes et de petits décrets. Quant à leur
porte-parole le plus éminent, qui répétait sans trêve dans
les assemblées : « Philippe, le fléau de Macédoine, pays
d'où personne n'achèterait jamais même un esclave[35]… »,
il osa s'avancer jusqu'en Béotie. Mais sans même attendre
le choc des armées et le combat au corps à corps, il jeta
son bouclier et prit la fuite[36]. Personne ne t'a encore rapporté ces faits ? Ils sont bien connus, non seulement des
Athéniens, mais aussi des peuplades de Thrace et de Scy-
thie d'où cette ordure était originaire[37].

43. TYCHIADÈS : Je les connais, mais il s'agissait
d'orateurs, entraînés aux discours, non à la vertu. Que
dis-tu des philosophes ? Ceux-là, tu ne peux les accuser
comme les autres.

SIMON : Au contraire, Tychiadès ! Ils discourent chaque jour sur le courage, usant et abusant du mot « vertu »,
mais nous constaterons qu'ils sont beaucoup plus lâches et
mous que les orateurs. Regarde donc. D'abord, il est impos-

---

37. Simon reprend ici les accusations d'Eschine qui prétendait que
la mère de Démosthène était scythe (*Contre Ctésiphon*, 171).

οὕτως. Πρῶτον μὲν οὐκ ἔστιν ὅστις εἰπεῖν ἔχοι φιλόσοφον ἐν πολέμῳ τετελευτηκότα· ἤτοι γὰρ οὐδὲ ὅλως ἐστρατεύσαντο, ἢ εἴπερ ἐστρατεύσαντο, πάντες ἔφυγον. Ἀντισθένης μὲν οὖν καὶ Διογένης καὶ Κράτης καὶ Ζήνων καὶ Πλάτων καὶ Αἰσχίνης καὶ Ἀριστοτέλης καὶ πᾶς οὗτος ὁ ὅμιλος οὐδὲ εἶδον παράταξιν· μόνος δὲ τολμήσας ἐξελθεῖν εἰς τὴν ἐπὶ Δηλίῳ μάχην ὁ σοφὸς αὐτῶν Σωκράτης φεύγων ἐκεῖθεν ἀπὸ τῆς Πάρνηθος εἰς τὴν Ταυρέου παλαίστραν κατέφυγεν. Πολὺ γὰρ αὐτῷ ἀστειότερον ἐδόκει μετὰ τῶν μειρακυλλίων καθεζόμενον ὀαρίζειν καὶ σοφισμάτια προβάλλειν τοῖς ἐντυγχάνουσιν ἢ ἀνδρὶ Σπαρτιάτῃ μάχεσθαι.

ΤΥΧΙΑΔΗΣ. Ὦ γενναῖε, ταῦτα μὲν ἤδη καὶ παρ' ἄλλων ἐπυθόμην, οὐ μὰ Δία σκώπτειν αὐτοὺς καὶ ὀνειδίζειν βουλομένων· ὥστε οὐδέν τί μοι δοκεῖς χαριζόμενος τῇ σεαυτοῦ τέχνῃ καταψεύδεσθαι τῶν ἀνδρῶν. 44. Ἀλλ' εἰ δοκεῖ ἤδη, φέρε καὶ σὺ τὸν παράσιτον ὁποῖός τίς ἐστιν ἐν πολέμῳ λέγε, καὶ εἰ καθόλως λέγεται παράσιτός τις γενέσθαι τῶν παλαιῶν;

ΣΙΜΩΝ. Καὶ μήν, ὦ φιλότης, οὐδεὶς οὕτως ἀνήκοος Ὁμήρου, οὐδ' ἂν πάμπαν ἰδιώτης τύχῃ, ὃς οὐκ ἐπίσταται παρ' αὐτῷ τοὺς ἀρίστους τῶν ἡρώων παρασίτους ὄντας. Ὅ τε γὰρ Νέστωρ ἐκεῖνος, οὗ ἀπὸ τῆς γλώττης ὥσπερ μέλι ὁ λόγος ἀπέρρει, αὐτοῦ τοῦ βασιλέως παράσιτος ἦν, καὶ οὔτε τὸν Ἀχιλλέα, ὅσπερ ἐδόκει τε καὶ ἦν τὸ σῶμα γενναιότατος, οὔτε τὸν Διομήδην οὔτε τὸν Αἴαντα ὁ Ἀγαμέμνων οὕτως ἐπαινεῖ τε καὶ θαυμάζει ὥσπερ τὸν Νέστορα. Οὐδὲ γὰρ δέκα Αἴαντας εὔχεται γενέσθαι αὐτῷ οὔτε δέκα Ἀχιλλέας· πάλαι δ' ἂν ἑαλωκέναι τὴν Τροίαν, εἰ τοιούτους ὁποῖος ἦν οὗτος ὁ παράσιτος,

sible de nommer un philosophe qui soit mort à la guerre : soit ils n'ont pas combattu du tout, soit, s'ils l'ont fait, ils ont tous pris la fuite. Antisthène, Diogène, Cratès, Zénon, Platon, Eschine, Aristote, et toute la bande n'ont jamais vu une bataille rangée. Seul leur sage Socrate osa partir combattre à Délion[38], mais il s'enfuit de là, et du Parnès[39] il trouva refuge dans la palestre de Tauréas[40]. Il trouvait beaucoup plus élégant de rester assis à conter fleurette aux jouvenceaux et de proposer des sophismes aux premiers venus que de combattre un soldat spartiate[41].

TYCHIADÈS : Mon noble ami, j'avais déjà entendu ces récits dans la bouche d'autres personnes qui, par Zeus, ne voulaient pas railler ni insulter les philosophes ; c'est pourquoi je ne pense pas que tu calomnies ces hommes par complaisance pour ton art. 44. Mais si tu veux bien, parle-moi maintenant du parasite : comment est-il à la guerre ? Et d'ailleurs, dit-on seulement qu'il y avait des parasites parmi les anciens héros ?

SIMON : En vérité, mon doux ami, nul homme, si inculte soit-il, n'est assez ignorant d'Homère pour ignorer que les meilleurs de ses héros étaient des parasites. Le célèbre Nestor, dont la langue faisait couler des paroles semblables à du miel, était parasite du roi en personne[42], et ni Achille qui passait pour être physiquement le plus noble – ce qu'il était effectivement –, ni Diomède, ni Ajax n'obtiennent d'Agamemnon autant d'éloges et d'admiration que Nestor. Le roi ne souhaite pas avoir à ses côtés dix Ajax ou dix Achille : il déclare que Troie aurait été prise

38. Selon Platon, Socrate montra beaucoup de courage dans la retraite qui suivit la bataille de Délion (*Lachès,* 181b) où les Athéniens furent vaincus par les Thébains en 424 av. J.-C.
39. Chaîne de montagne, entre l'Attique et la Béotie.
40. Souvenir du début du *Charmide.*
41. Il n'y avait pas de Spartiates à la bataille de Délion.
42. Agamemnon.

καίπερ γέρων ὤν, στρατιώτας εἶχεν δέκα. Καὶ
τὸν Ἰδομενέα τὸν τοῦ Διὸς ἔγγονον παράσιτον
Ἀγαμέμνονος ὁμοίως λέγει.

45. ΤΥΧΙΑΔΗΣ. Ταῦτα μὲν καὶ αὐτὸς ἐπίσταμαι·
οὔπω γε μὴν δοκῶ μοι γιγνώσκειν, πῶς δὴ τὼ ἄνδρε
τὼ Ἀγαμέμνονι παράσιτοι ἦσαν.

ΣΙΜΩΝ. Ἀναμνήσθητι, ὦ γενναῖε, τῶν ἐπῶν
ἐκείνων ὦνπερ αὐτὸς ὁ Ἀγαμέμνων πρὸς τὸν
Ἰδομενέα λέγει.

ΤΥΧΙΑΔΗΣ. Ποίων;

ΣΙΜΩΝ. Σὸν δὲ πλεῖον δέπας αἰεὶ
ἕστηχ' ὥσπερ ἐμοὶ πιέειν ὅτε θυμὸς ἀνώγοι.
Ἐνταῦθα γὰρ τὸ αἰεὶ πλεῖον δέπας εἴρηκεν οὐχ
ὅτι τὸ ποτήριον διὰ παντὸς πλῆρες ἑστήκει τῷ
Ἰδομενεῖ καὶ μαχομένῳ καὶ καθεύδοντι, ἀλλ' ὅτι
αὐτῷ δι' ὅλου τοῦ βίου μόνῳ συνδειπνεῖν ὑπῆρχεν
τῷ βασιλεῖ, οὐχ ὥσπερ τοῖς λοιποῖς στρατιώταις
πρὸς ἡμέρας τινὰς καλουμένοις. Τὸν μὲν γὰρ
Αἴαντα, ἐπεὶ καλῶς ἐμονομάχησεν τῷ Ἕκτορι,
"εἰς Ἀγαμέμνονα δῖον ἄγον," φησίν, κατὰ τιμὴν
ἀξιωθέντα ὀψὲ τοῦ παρὰ τῷ βασιλεῖ δείπνου. Ὁ δὲ
Ἰδομενεὺς καὶ ὁ Νέστωρ ὁσημέραι συνεδείπνουν τῷ
βασιλεῖ, ὡς αὐτός φησιν. Νέστωρ δὲ παράσιτός μοι
δοκεῖ τῶν βασιλέων μάλιστα τεχνίτης καὶ ἀγαθὸς
γενέσθαι· οὐ γὰρ ἐπὶ τοῦ Ἀγαμέμνονος ἄρξασθαι
τῆς τέχνης, ἀλλὰ ἄνωθεν ἐπὶ Καινέως καὶ Ἐξαδίου·
δοκεῖ δὲ οὐδὲ ἂν παύσασθαι παρασιτῶν, εἰ μὴ ὁ
Ἀγαμέμνων ἀπέθανεν.

ΤΥΧΙΑΔΗΣ. Οὑτοσὶ μὲν γενναῖος ὁ παράσιτος.
εἰ δὲ καὶ ἄλλους τινὰς οἶσθα, πειρῶ λέγειν.

43. *Iliade,* II, 371-374.
44. *Iliade,* IV, 257-263.

depuis longtemps avec dix soldats semblables à ce parasite, si âgé qu'il fût[43]. Quant à Idoménée, fils de Zeus, Homère l'appelle également parasite d'Agamemnon[44].

45. TYCHIADÈS : Je connais ces passages moi aussi. Mais je ne comprends pas bien encore, je crois, comment ces deux héros pouvaient être parasites d'Agamemnon.

SIMON : Souviens-toi, mon noble ami, de ces vers qu'Agamemnon lui-même adresse à Idoménée.

TYCHIADÈS : Lesquels ?

SIMON : *Comme pour moi ta coupe a toujours été pleine*

Chaque fois qu'en ton cœur venait l'envie de boire[45].

S'il parle ici d'une coupe toujours pleine, ce n'est pas qu'Idoménée avait près de lui un gobelet plein, en toutes circonstances, même quand il combattait ou dormait : mais il était le seul à avoir le droit, sa vie durant, de dîner avec le roi, à la différence des autres guerriers qui n'étaient invités que certains jours. Lorsque Ajax livra glorieusement un combat singulier contre Hector, Homère écrit :

On l'amena près du divin Agamemnon[46],

car il était enfin jugé digne de l'honneur de dîner auprès du roi. Mais Idoménée et Nestor dînaient chaque jour avec lui, Homère le dit. Nestor me semble avoir été un parasite particulièrement compétent et bienfaisant auprès des rois, car il n'entra pas dans le métier au temps d'Agamemnon, mais auparavant, à l'époque de Caineus et d'Exadios[47]. Et si Agamemnon n'était pas mort, il n'aurait pas cessé d'être parasite, semble-t-il.

TYCHIADÈS : C'était un noble parasite. Si tu en connais quelques autres, essaie d'en parler.

45. *Iliade*, IV, 262-263.
46. *Iliade*, VII, 312.
47. C'est-à-dire deux générations plus tôt. Voir *Iliade*, I, 250, 264.

46. ΣΙΜΩΝ. Τί οὖν, ὦ Τυχιάδη, οὐχὶ καὶ Πάτροκλος τοῦ Ἀχιλλέως παράσιτος ἦν, καὶ ταῦτα οὐδενὸς τῶν ἄλλων Ἑλλήνων φαυλότερος οὔτε τὴν ψυχὴν οὔτε τὸ σῶμα νεανίας ὤν; Ἐγὼ γὰρ οὐδ' αὐτοῦ μοι δοκῶ τοῦ Ἀχιλλέως τεκμαίρεσθαι τοῖς ἔργοις αὐτοῦ χείρω εἶναι· τόν τε γὰρ Ἕκτορα ῥήξαντα τὰς πύλας καὶ παρὰ ταῖς ναυσὶν εἴσω μαχόμενον οὗτος ἐξέωσεν καὶ τὴν Πρωτεσιλάου ναῦν ἤδη καιομένην ἔσβεσεν, καίτοι ἐπεβάτευον αὐτῆς οὐχ οἱ φαυλότατοι, ἀλλ' οἱ τοῦ Τελαμῶνος Αἴας τε καὶ Τεῦκρος, ὁ μὲν ὁπλίτης ἀγαθός, ὁ δὲ τοξότης. Καὶ πολλοὺς μὲν ἀπέκτεινε τῶν βαρβάρων, ἐν δὲ δὴ τούτοις καὶ Σαρπηδόνα τὸν παῖδα τοῦ Διός, ὁ παράσιτος τοῦ Ἀχιλλέως. Καὶ ἀπέθανεν δὲ οὐχὶ τοῖς ἄλλοις ὁμοίως, ἀλλὰ τὸν μὲν Ἕκτορα Ἀχιλλεὺς ἀπέκτεινεν, εἷς ἕνα, καὶ αὐτὸν τὸν Ἀχιλλέα Πάρις, τὸν δὲ παράσιτον θεὸς καὶ δύο ἄνθρωποι. Καὶ τελευτῶν δὲ φωνὰς ἀφῆκεν οὐχ οἵας ὁ γενναιότατος Ἕκτωρ καὶ προσπίπτων τὸν Ἀχιλλέα καὶ ἱκετεύων ὅπως ὁ νεκρὸς αὐτοῦ τοῖς οἰκείοις ἀποδοθῇ, ἀλλ' οἵας εἰκὸς ἀφεῖναι παράσιτον. Τίνας δὴ ταύτας;

Τοιοῦτοι δ' εἴπερ μοι ἐείκοσιν ἀντεβόλησαν,
πάντες κ' αὐτόθ' ὄλοντο ἐμῷ ὑπὸ δουρὶ δαμέντες.

47. ΤΥΧΙΑΔΗΣ. Ταῦτα μὲν ἱκανῶς· ὅτι δὲ μὴ φίλος ἀλλὰ παράσιτος ἦν ὁ Πάτροκλος τοῦ Ἀχιλλέως πειρῶ λέγειν.

ΣΙΜΩΝ. Αὐτόν, ὦ Τυχιάδη, τὸν Πάτροκλον ὅτι παράσιτος ἦν λέγοντά σοι παρέξομαι.

ΤΥΧΙΑΔΗΣ. Θαυμαστὰ λέγεις.

46. SIMON : Eh bien, Tychiadès, Patrocle n'était-il pas le parasite d'Achille ? Or il ne le cédait à aucun des Grecs ni pour l'âme, ni pour le corps, malgré son jeune âge. À en juger par ses exploits, il me semble même qu'il n'était pas moins brave qu'Achille en personne. Quand Hector, après avoir brisé les portes du camp grec, combattait à l'intérieur, près des navires[48], Patrocle le repoussa et éteignit le feu qui brûlait déjà le bateau de Protésilas – pourtant, ceux qui étaient à bord étaient loin d'être obscurs : il s'agissait des fils de Télamon, Ajax et Teucros, le premier excellent hoplite, le second archer. Le parasite d'Achille tua beaucoup de barbares, entre autres Sarpédon, fils de Zeus. Et sa mort ne ressembla pas à celle des autres : alors qu'Hector fut tué par Achille (un homme contre un homme) et Achille à son tour par Pâris, le parasite fut tué par un dieu et deux hommes[49]. Quant aux paroles qu'il fit entendre en mourant, elles sont bien différentes de celles du très noble Hector qui se jette aux genoux d'Achille et le supplie de rendre son corps à ses proches. Ce furent bien les paroles qui convenaient à un parasite. Que dit-il ?

Si vingt guerriers pareils s'étaient jetés sur moi,
Tous seraient morts ici terrassés par ma lance[50].

47. TYCHIADÈS : Sur ce sujet, cela suffit. Essaie plutôt de me montrer que Patrocle n'était pas l'ami d'Achille mais son parasite.

SIMON : Je te citerai Patrocle lui-même qui déclare être un parasite.

TYCHIADÈS : Tu m'étonnes.

---

48. *Iliade* XV, 306 et XVI début.
49. Apollon, Hector et Euphorbe (*Iliade*, XVI, 849-850).
50. *Iliade*, XVI, 847-848.

ΣΙΜΩΝ. Ἄκουε τοίνυν αὐτῶν τῶν ἐπῶν·

Μὴ ἐμὰ σῶν ἀπάνευθε τιθήμεναι ὀστέ', Ἀχιλλεῦ,
ἀλλ' ὁμοῦ, ὡς ἐτράφην περ ἐν ὑμετέροισι δόμοισι.

Καὶ πάλιν ὑποβάς·

"Καὶ νῦν με δεξάμενος," φησίν, "ὁ Πηλεὺς
ἔτρεφεν ἐνδυκέως καὶ σὸν θεράποντ' ὀνόμηνε."

τουτέστι παράσιτον εἶχεν. Εἰ μὲν τοίνυν φίλον
ἐβούλετο τὸν Πάτροκλον λέγειν, οὐκ ἂν αὐτὸν
ὠνόμαζεν θεράποντα· ἐλεύθερος γὰρ ἦν ὁ Πάτροκλος.
Τίνας τοίνυν λέγει τοὺς θεράποντας, εἰ μήτε τοὺς
δούλους μήτε τοὺς φίλους; Τοὺς παρασίτους δῆλον
ὅτι· ᾗ καὶ τὸν Μηριόνην τοῦ Ἰδομενέως καὶ αὐτὸν
θεράποντα ὀνομάζει.

Σκόπει δὲ ὅτι καὶ ἐνταῦθα τὸν μὲν Ἰδομενέα
Διὸς ὄντα υἱὸν οὐκ ἀξιοῖ λέγειν "ἀτάλαντον Ἄρηϊ,"
Μηριόνην δὲ τὸν παράσιτον αὐτοῦ.

48. Τί δέ; Οὐχὶ καὶ Ἀριστογείτων, δημοτικὸς
ὢν καὶ πένης, ὥσπερ Θουκυδίδης φησί, παράσιτος
ἦν Ἁρμοδίου; Τί δέ; Οὐχὶ καὶ ἐραστής; Ἐπιεικῶς
γὰρ οἱ παράσιτοι καὶ ἐρασταὶ τῶν τρεφόντων εἰσίν.
Οὗτος τοίνυν πάλιν ὁ παράσιτος τὴν Ἀθηναίων
πόλιν τυραννουμένην εἰς ἐλευθερίαν ἀφείλετο, καὶ νῦν
ἔστηκε χαλκοῦς ἐν τῇ ἀγορᾷ μετὰ τῶν παιδικῶν.

Οὗτοι μὲν δή, τοιοίδε ὄντες, μάλα ἀγαθοὶ
παράσιτοι ἦσαν.

---

51. *Iliade,* XXIII, 83.

52. J'emprunte cette traduction de θεράπων à Cl. Terreaux (*Lucien
de Samosate, Éloge du parasite*, Paris, 2001, p. 40), même si l'étymologie du mot français fait référence au cheval, ce qui n'est pas le cas de
θεράπων. Le θεράπων désigne un serviteur qui n'est pas d'origine servile : c'est un homme de naissance noble qui remplit volontairement un
service honorable.

SIMON : Écoute donc les vers eux-mêmes :
Ne place pas mes os loin des tiens, Achille,
Mais avec eux : je fus nourri dans ta maison[51].
Et encore, un peu plus loin :
Alors, m'ayant reçu,
dit-il,
Pélée avec grand soin
M'a nourri puis il m'a nommé ton écuyer[52].
c'est-à-dire qu'il l'avait avec lui comme un parasite. S'il
avait voulu dire que Patrocle était un ami, il ne l'aurait pas
nommé « écuyer », car Patrocle était un homme libre. Qui
appelle-t-il donc écuyers, si ce ne sont ni des esclaves ni
des amis ? Les parasites évidemment. Dans le même esprit,
il nomme également Mérion « écuyer d'Idoménée[53] ».

Observe d'ailleurs que dans ce dernier passage, ce
n'est pas Idoménée, pourtant fils de Zeus, qu'il juge bon
d'appeler « de même poids qu'Arès », mais son parasite
Mérion[54].

48. Que dire encore ? Aristogiton, un homme du peuple, un pauvre, comme l'affirme Thucydide[55], n'était-il
pas le parasite d'Harmodios. Bien plus, n'était-il pas aussi
son amant ? Car il convient que les parasites soient aussi
les amants de ceux qui les nourrissent. Or c'est celui-là
– un parasite, encore une fois ! – qui rendit la liberté à la
cité des Athéniens qu'opprimaient des tyrans, et maintenant, il se dresse en bronze sur l'agora, à côté de celui
qu'il aimait.

Ainsi ces hommes si remarquables étaient d'excel-
lents parasites.

53. *Iliade,* XIII, 246.
54. *Iliade,* XIII, 295.
55. THUCYDIDE, VI, 54, 2.

49. Σὺ δὲ δὴ ποῖόν τινα εἰκάζεις ἐν πολέμῳ τὸν παράσιτον; Οὐχὶ πρῶτον μὲν ὁ τοιοῦτος ἀριστοποιησάμενος ἔξεισιν ἐπὶ τὴν παράταξιν, καθάπερ καὶ ὁ Ὀδυσσεὺς ἀξιοῖ; Οὐ γὰρ ἄλλως ἐν πολέμῳ μάχεσθαι, φησίν, ἔστιν, εἰ καὶ εὐθὺς ἅμα ἕῳ μάχεσθαι δέοι. Καὶ ὃν ἄλλοι στρατιῶται χρόνον ὑπὸ δέους ὁ μέν τις ἀκριβῶς ἁρμόζει τὸ κράνος, ὁ δὲ θωράκιον ἐνδύεται, ὁ δὲ αὐτὸ τὸ δεινὸν ὑποπτεύων τοῦ πολέμου τρέμει, οὗτος δὲ ἐσθίει τότε μάλα φαιδρῷ τῷ προσώπῳ καὶ μετὰ τὴν ἔξοδον εὐθὺς ἐν πρώτοις διαγωνίζεται· ὁ δὲ τρέφων αὐτὸν ὄπισθεν ὑποτέτακται τῷ παρασίτῳ, κἀκεῖνος αὐτὸν ὥσπερ ὁ Αἴας τὸν Τεῦκρον ὑπὸ τῷ σάκει καλύπτει, καὶ τῶν βελῶν ἀφιεμένων γυμνώσας ἑαυτὸν τοῦτον σκέπει· βούλεται γὰρ ἐκεῖνον μᾶλλον σώζειν ἢ ἑαυτόν.

50. Εἰ δὲ δὴ καὶ πέσοι παράσιτος ἐν πολέμῳ, οὐκ ἂν ἐπ᾽ αὐτῷ δήπου οὔτε λοχαγὸς οὔτε στρατιώτης αἰσχυνθείη μεγάλῳ τε ὄντι νεκρῷ καὶ ὥσπερ ἐν συμποσίῳ καλῷ καλῶς κατακειμένῳ. Ὡς ἄξιόν γε φιλοσόφου νεκρὸν ἰδεῖν τούτῳ παρακείμενον, ξηρόν, ῥυπῶντα, μακρὸν πωγώνιον ἔχοντα, προτεθνηκότα τῆς μάχης, ἀσθενῆ ἄνθρωπον. Τίς οὐκ ἂν καταφρονήσειε ταύτης τῆς πόλεως τοὺς ὑπασπιστὰς αὐτῆς οὕτως κακοδαίμονας ὁρῶν; Τίς δὲ οὐκ ἂν εἰκάσαι, χλωροὺς καὶ κομήτας ὁρῶν ἀνθρωπίσκους κειμένους, τὴν πόλιν ἀποροῦσαν συμμάχων τοὺς ἐν τῇ εἱρκτῇ κακούργους ἐπιλῦσαι τῷ πολέμῳ;

Τοιοῦτοι μὲν ἐν πολέμῳ πρὸς ῥήτορας καὶ φιλοσόφους εἰσὶν οἱ παράσιτοι. 51. Ἐν εἰρήνῃ δὲ τοσούτῳ μοι δοκεῖ διαφέρειν παρασιτικὴ φιλοσοφίας ὅσον αὐτὴ ἡ εἰρήνη πολέμου.

Καὶ πρῶτον, εἰ δοκεῖ, σκοπῶμεν τὰ τῆς εἰρήνης χωρία.

ΤΥΧΙΑΔΗΣ. Οὔπω συνίημι ὅ τι τοῦτό πως βούλεται, σκοπῶμεν δὲ ὅμως.

49. Et toi, comment te représentes-tu le parasite à la guerre ? D'abord, un tel homme ne prend-il pas un déjeuner avant de prendre son poste au combat ? C'est ce qu'Ulysse recommande lui aussi : sinon, dit-il, impossible de lutter à la guerre, dût-on combattre dès l'aurore[56]. Le temps que d'autres soldats, pris de peur, passent l'un à ajuster soigneusement son casque, l'autre à revêtir sa cuirasse, l'autre à trembler en imaginant par avance le danger lié à la guerre, il le consacre à manger, le visage épanoui ; et dès qu'on sort, il combat au premier rang. Celui qui le nourrit se place derrière le parasite, lequel le couvre de son bouclier, comme Ajax abritait Teucros : quand on lance les traits, il s'expose à découvert pour le protéger, car il préfère le sauver à se sauver lui-même.

50. Si le parasite tombe au combat, assurément ni un chef ni un soldat ne rougiraient de lui : son cadavre est grand, allongé de belle manière comme dans un beau festin. Il faut voir, étendu près de lui, le cadavre d'un philosophe : sec, sale, la barbe longue, mort avant la bataille, un individu sans force. Qui ne mépriserait cette cité, en constatant que ses défenseurs sont de si pauvres diables ? Qui ne supposerait, en voyant à terre des avortons pâles et chevelus, que manquant de défenseurs, elle a libéré les criminels en prison pour les envoyer à la guerre.

Voilà donc comment se conduisent les parasites à la guerre, comparés aux orateurs et aux philosophes. 51. En temps de paix, la vie du parasite me semble l'emporter sur la philosophie autant que la paix elle même l'emporte sur la guerre. Examinons d'abord, si tu veux bien, les lieux de la paix.

TYCHIADÈS : Je ne comprends pas encore ce que cela peut vouloir dire, mais examinons-les quand même.

56. *Iliade*, XIX, 160-163.

ΣΙΜΩΝ. Οὐκοῦν ἀγορὰν καὶ δικαστήρια καὶ παλαίστρας καὶ γυμνάσια καὶ κυνηγέσια καὶ συμπόσια ἔγωγε φαίην ἂν πόλεως χωρία.

ΤΥΧΙΑΔΗΣ. Πάνυ μὲν οὖν.

ΣΙΜΩΝ. Ὁ τοίνυν παράσιτος εἰς ἀγορὰν μὲν καὶ δικαστήρια οὐ πάρεισιν, ὅτι, οἶμαι, τοῖς συκοφάνταις πάντα τὰ χωρία ταῦτα μᾶλλον προσήκει καὶ ὅτι οὐδὲν μέτριόν ἐστιν τῶν ἐν τούτοις γιγνομένων, τὰς δὲ παλαίστρας καὶ τὰ γυμνάσια καὶ τὰ συμπόσια διώκει καὶ κοσμεῖ μόνος οὗτος. Ἐπεὶ τίς ἐν παλαίστρᾳ φιλόσοφος ἢ ῥήτωρ ἀποδὺς ἄξιος συγκριθῆναι παρασίτου τῷ σώματι; Ἢ τίς ἐν γυμνασίῳ τούτων ὀφθεὶς οὐκ αἰσχύνη μᾶλλον τοῦ χωρίου ἐστί; Καὶ μὴν ἐν ἐρημίᾳ τούτων οὐδεὶς ἂν ὑποσταίη θηρίον ὁμόσε ἰόν, ὁ δὲ παράσιτος αὐτά τε ἐπιόντα μένει καὶ δέχεται ῥᾳδίως, μεμελετηκὼς αὐτῶν ἐν τοῖς δείπνοις καταφρονεῖν, καὶ οὔτε ἔλαφος οὔτε σῦς αὐτὸν ἐκπλήττει πεφρικώς, ἀλλὰ κἂν ἐπ' αὐτὸν ὁ σῦς τὸν ὀδόντα θήγῃ, καὶ ὁ παράσιτος ἐπὶ τὸν σῦν ἀντιθήγει. Τοὺς μὲν γὰρ λαγὼς διώκει μᾶλλον τῶν κυνῶν. Ἐν δὲ δὴ συμποσίῳ τίς ἂν καὶ ἁμιλλήσαιτο παρασίτῳ ἤτοι παίζοντι ἢ ἐσθίοντι; Τίς δ' ἂν μᾶλλον εὐφράναι τοὺς συμπότας; Πότερόν ποτε οὗτος ᾄδων καὶ σκώπτων, ἢ ἄνθρωπος μὴ γελῶν, ἐν τριβωνίῳ κείμενος, εἰς τὴν γῆν ὁρῶν, ὥσπερ ἐπὶ πένθος οὐχὶ συμπόσιον ἥκων; Καὶ ἔμοιγε δοκεῖ, ἐν συμποσίῳ φιλόσοφος τοιοῦτόν ἐστιν οἷον ἐν βαλανείῳ κύων.

52. Φέρε δὴ ταῦτα ἀφέντες ἐπ' αὐτὸν ἤδη βαδίζωμεν τὸν βίον τοῦ παρασίτου, σκοποῦντες ἅμα καὶ παραβάλλοντες ἐκεῖνον. Πρῶτον τοίνυν ἴδοι τις

SIMON : Eh bien ! l'agora, les tribunaux, les palestres, les gymnases, les parties de chasse et les banquets sont, selon moi, les lieux de la vie civique.

TYCHIADÈS : Tout à fait.

SIMON : Le parasite ne se rend pas à l'agora ni aux tribunaux, parce que tous ces lieux conviennent mieux aux sycophantes et que rien de ce qui s'y passe ne respecte la mesure. Mais il recherche les palestres, les gymnases et les banquets, et lui seul en fait l'ornement. Dans une palestre, quel philosophe, quel orateur, une fois déshabillé, pourrait soutenir physiquement la comparaison avec un parasite ? Et si on voit un de ces hommes dans un gymnase, n'est-il pas plutôt la honte du lieu ? À coup sûr, aucun d'eux, dans un endroit désert, ne résisterait à l'assaut d'une bête sauvage, tandis que le parasite attend les animaux de pied ferme et leur tient tête aisément, car il s'est exercé à les regarder de haut dans les dîners. Ce n'est pas un cerf ni un sanglier hérissé qui peuvent lui faire peur : si le sanglier aiguise ses dents contre lui, le parasite aiguise en retour les siennes contre le sanglier. Quant aux lièvres, il les pourchasse avec plus d'ardeur que les chiens. Dans un banquet, enfin, qui pourrait rivaliser avec un parasite, qu'il s'agisse de plaisanter ou de manger ? Qui sait le mieux égayer les convives, l'homme qui chante et se moque, ou celui qui ne rit pas, qui allongé dans un mauvais manteau, regarde le sol, comme s'il était venu à un enterrement, non à un banquet ? À mon avis, un philosophe dans un banquet ressemble à un chien dans une baignoire[57].

52. Mais laissons cela et venons-en maintenant au mode de vie du parasite. Examinons-le et comparons-le aux autres. On peut d'abord observer que le parasite méprise

---

57. Proverbe cité également dans *Contre l'inculte,* 5.

ἂν τὸν μὲν παράσιτον ἀεὶ δόξης καταφρονοῦντα
καὶ οὐδὲν αὐτῷ μέλον ὅ τι ἂν οἱ ἄνθρωποι οἴωνται
περὶ αὐτοῦ, ῥήτορας δὲ καὶ φιλοσόφους εὕροι τις
ἂν οὐ τινάς, ἀλλὰ πάντας ὑπὸ τύφου καὶ δόξης
τριβέντας, καὶ οὐ δόξης μόνον, ἀλλὰ καὶ ὃ τούτου
αἴσχιόν ἐστιν, ὑπ' ἀργυρίου. Καὶ ὁ μὲν παράσιτος
οὕτως ἔχει πρὸς ἀργύριον ὡς οὐκ ἄν τις οὐδὲ πρὸς
τὰς ἐν τοῖς αἰγιαλοῖς ψηφῖδας ἀμελῶς ἔχοι, καὶ
οὐδὲν αὐτῷ δοκεῖ διαφέρειν τὸ χρυσίον τοῦ πυρός.
Οἵ γε μὴν ῥήτορες, καὶ ὃ δεινότερόν ἐστιν, καὶ οἱ
φιλοσοφεῖν φάσκοντες πρὸς αὐτὰ οὕτως διάκεινται
κακοδαιμόνως, ὥστε τῶν μάλιστα νῦν εὐδοκιμούντων
φιλοσόφων – περὶ μὲν γὰρ τῶν ῥητόρων τί δεῖ λέγειν;
– ὁ μὲν δικάζων δίκην δώροις ἐπ' αὐτῇ ἑάλω, ὁ
δὲ παρὰ βασιλέως ὑπὲρ τοῦ συνεῖναι μισθὸν αἰτεῖ
καὶ οὐκ αἰσχύνεται ὅτι πρεσβύτης ἀνὴρ διὰ τοῦτο
ἀποδημεῖ καὶ μισθοφορεῖ καθάπερ Ἰνδὸς ἢ Σκύθης
αἰχμάλωτος, καὶ οὐδὲ αὐτὸ τὸ ὄνομα αἰσχύνεται
ὃ λαμβάνει.

53. Εὕροις δ' ἂν οὐ μόνον ταῦτα περὶ τούτους,
ἀλλὰ καὶ ἄλλα πάθη, οἷον λύπας καὶ ὀργὰς καὶ
φθόνους καὶ παντοίας ἐπιθυμίας. Ὅ γε μὴν
παράσιτος ἔξωθεν τούτων ἐστὶν ἁπάντων· οὔτε
γὰρ ὀργίζεται δι' ἀνεξικακίαν καὶ ὅτι οὐκ ἔστιν
αὐτῷ ὅτῳ ὀργισθείη· καὶ εἰ ἀγανακτήσειεν δέ ποτε,
ἡ ὀργὴ αὐτοῦ χαλεπὸν μὲν οὐδὲ σκυθρωπὸν οὐδὲν
ἀπεργάζεται, μᾶλλον δὲ γέλωτα, καὶ εὐφραίνει τοὺς
συνόντας. Λυπεῖταί γε μὴν ἥκιστα πάντων, τοῦτο
τῆς τέχνης παρασκευαζούσης αὐτῷ καὶ χαριζομένης,

58. À l'époque de Lucien, les riches Romains pensionnaient et
entretenaient chez eux des intellectuels grecs C'est le sujet de *Sur les
hôtes à gages*.

constamment l'opinion d'autrui et ne se soucie nullement
de ce que les gens pensent de lui, alors qu'on voit les orateurs et les philosophes, tous sans exception, tourmentés
par les fumées de l'orgueil et le désir de gloire – et non
seulement de gloire, mais ce qui est encore plus vil, d'argent. Vis-à-vis de l'argent, le parasite montre autant d'indifférence qu'on en a pour les galets de la plage, et l'or
ne lui paraît en rien préférable au feu. Mais les orateurs,
et ce qui est plus grave, ceux qui se prétendent philosophes, ont pour les richesses un penchant si malheureux que
parmi les philosophes les plus en vue de nos jours (à quoi
bon parler des orateurs ?), l'un qui rendait la justice a été
condamné pour corruption ; un autre réclame un salaire
à l'empereur pour habiter chez lui[58]. Il n'a pas honte, lui
un vieillard, de quitter son pays pour cela et de louer ses
services comme un prisonnier indien ou scythe ! Il n'est
même pas humilié par le nom qu'il reçoit[59] !

53. Outre ces comportements, on pourrait observer également bien d'autres passions chez les philosophes : chagrin, colère, haine, désirs de toutes sortes. Le parasite, lui,
est exempt de tous ces maux. Il ne se met pas en colère,
car il est patient et n'a personne contre qui s'irriter : s'il
s'emporte parfois, la colère ne le pousse ni à la sévérité
ni à l'humeur morose, mais plutôt à rire, et à réjouir les
assistants. Pour le chagrin, il en éprouve moins que qui-

---

59. Comme le signale A. M. Harmon, il n'est pas facile d'identifier
le personnage auquel Lucien fait allusion. L'empereur est probablement
Marc Aurèle : le philosophe peut être Sextus de Chéronée ou Apollonios
que Lucien mentionne dans *Démonax,* 31.

μὴ ἔχειν ὑπὲρ ὅτου λυπηθείη· οὔτε γὰρ χρήματά
ἐστιν αὐτῷ οὔτε οἶκος οὔτε οἰκέτης οὔτε γυνὴ
οὔτε παῖδες, ὧν διαφθειρομένων πᾶσα ἀνάγκη ἐστὶ
λυπεῖσθαι τὸν ἔχοντα αὐτά. Ἐπιθυμεῖ δὲ οὔτε δόξης
οὔτε χρημάτων, ἀλλ' οὐδὲ ὡραίου τινός.
54. ΤΥΧΙΑΔΗΣ. Ἀλλ', ὦ Σίμων, εἰκός γε ἐνδείᾳ
τροφῆς λυπηθῆναι αὐτόν.
ΣΙΜΩΝ. Ἀγνοεῖς, ὦ Τυχιάδη, ὅτι ἐξ ἀρχῆς οὐδὲ
παράσιτός ἐστιν οὗτος, ὅστις ἀπορεῖ τροφῆς· οὐδὲ
γὰρ ἀνδρεῖος ἀπορίᾳ ἀνδρείας ἐστὶν ἀνδρεῖος, οὐδὲ
φρόνιμος ἀπορίᾳ φρενῶν ἐστιν φρόνιμος· ἄλλως γὰρ
οὐδὲ παράσιτος ἂν εἴη. Πρόκειται δὲ ἡμῖν περὶ
παρασίτου ζητεῖν ὄντος, οὐχὶ μὴ ὄντος. Εἰ δὲ ὁ
ἀνδρεῖος οὐκ ἄλλως ἢ παρουσίᾳ ἀνδρειότητος καὶ
ὁ φρόνιμος παρουσίᾳ φρονήσεως, καὶ ὁ παράσιτος
δὲ παρουσίᾳ τοῦ παρασιτεῖν παράσιτος ἔσται· ὡς
εἴ γε τοῦτο μὴ ὑπάρχοι αὐτῷ, περὶ ἄλλου τινός,
καὶ οὐχὶ παρασίτου, ζητήσομεν.
ΤΥΧΙΑΔΗΣ. Οὐκοῦν οὐδέποτε ἀπορήσει παράσιτος
τροφῆς.
ΣΙΜΩΝ. Ἔοικεν· ὥστε οὔτ' ἐπὶ τούτῳ οὔτ' ἐπ'
ἄλλῳ ἐστὶν ὅτῳ λυπηθείη ἄν.
55. Καὶ μὴν καὶ πάντες ὁμοῦ καὶ φιλόσοφοι καὶ
ῥήτορες φοβοῦνται μάλιστα. Τούς γέ τοι πλείστους
αὐτῶν εὕροι τις ἂν μετὰ ξύλου προϊόντας, οὐκ
ἂν δή που, εἰ μὴ ἐφοβοῦντο, ὡπλισμένους, καὶ τὰς
θύρας δὲ μάλα ἐρρωμένως ἀποκλείοντας, μή τις
ἄρα νύκτωρ ἐπιβουλεύσειεν αὐτοῖς δεδιότας. Ὁ
δὲ τὴν θύραν τοῦ δωματίου προστίθησιν εἰκῇ, καὶ
τοῦτο ὡς μὴ ὑπ' ἀνέμου ἀνοιχθείη, καὶ γενομένου
ψόφου νύκτωρ οὐδέν τι μᾶλλον θορυβεῖται ἢ μὴ
γενομένου, καὶ δι' ἐρημίας δὲ ἀπιὼν ἄνευ ξίφους
ὁδεύει· φοβεῖται γὰρ οὐδὲν οὐδαμοῦ. Φιλοσόφους

conque : son métier lui accorde le bienfait de n'avoir aucun sujet d'affliction, puisqu'il ne possède ni richesses, ni maison, ni serviteur, ni femme, ni enfants dont la perte afflige nécessairement celui qui en a. Il ne désire ni la gloire ni les richesses, pas même un beau garçon.

54. TYCHIADÈS : Cependant, Simon, on peut imaginer qu'il s'afflige quand il est privé de nourriture.

SIMON : Tu ignores, Tychiadès, que par définition, celui qui manque de nourriture n'est pas un parasite, tout comme un homme courageux qui manque de courage n'est pas courageux, un homme sensé qui manque de bon sens n'est pas sensé. Il ne saurait en être autrement pour un parasite. Or nous nous proposons d'étudier le parasite, le vrai, non un parasite sans réalité. Si l'on ne peut être courageux qu'en ayant du courage, et sensé qu'en ayant du bon sens, le parasite ne sera parasite qu'en pratiquant le parasitisme. Par conséquent, si cela ne lui est pas donné, notre étude concernera quelqu'un d'autre, non un parasite.

TYCHIADÈS : Donc le parasite ne manquera jamais de nourriture.

SIMON : Évidemment ; c'est pourquoi il ne peut être affligé pour ce motif ni pour quoi que ce soit d'autre.

55. Par ailleurs, philosophes et orateurs sont tous pareillement fort craintifs. La plupart d'entre eux, tu peux le constater, sortent avec un bâton[60] : or s'ils n'avaient pas peur, ils ne s'armeraient pas. Ils ferment leurs portes très solidement, de peur d'être attaqués pendant la nuit. Le parasite pousse parfois la porte de sa pauvre maison, mais seulement à l'occasion, et dans ce cas, c'est pour éviter que le vent ne l'ouvre. S'il y a du bruit la nuit, il ne se trouble pas plus que s'il n'y en avait pas, et s'il part tout seul, il che-

---

60. Allusion notamment au bâton des cyniques, symbole de leur vie itinérante.

δὲ ἤδη ἐγὼ πολλάκις εἶδον, οὐδενὸς ὄντος δεινοῦ,
τόξα ἐνεσκευασμένους· ξύλα μὲν γὰρ ἔχουσιν καὶ
εἰς βαλανεῖον ἀπιόντες καὶ ἐπ' ἄριστον.

56. Παρασίτου μέντοι οὐδεὶς ἔχοι κατηγορῆσαι
μοιχείαν ἢ βίαν ἢ ἁρπαγὴν ἢ ἄλλο τι ἀδίκημα
ἁπλῶς· ἐπεὶ ὅ γε τοιοῦτος οὐκ ἂν εἴη παράσιτος,
ἀλλ' ἑαυτὸν ἐκεῖνος ἀδικεῖ. Ὥστ' εἰ μοιχεύσας τύχοι,
ἅμα τῷ ἀδικήματι καὶ τοὔνομα μεταλαμβάνει τοῦ
ἀδικήματος. Ὥσπερ γὰρ ὁ ἀγαθὸς φαῦλα ποιῶν διὰ
τοῦτο οὐκ ἀγαθός, ἀλλὰ φαῦλος εἶναι ἀναλαμβάνει,
οὕτως, οἶμαι, καὶ ὁ παράσιτος, ἐάν τι ἀδικῇ, αὐτὸ
μὲν τοῦτο ὅπερ ἐστὶν ἀποβάλλει, ἀναλαμβάνει δὲ ὃ
ἀδικεῖ. Ἀδικήματα δὲ τοιαῦτα ῥητόρων καὶ φιλοσόφων
ἄφθονα οὐ μόνον ἴσμεν αὐτοὶ γεγονότα καθ' ἡμᾶς,
ἀλλὰ κἂν τοῖς βιβλίοις ἀπολελειμμένα ὑπομνήματα
ἔχομεν ὧν ἠδίκησαν. Ἀπολογία μὲν γὰρ Σωκράτους
ἐστὶν καὶ Αἰσχίνου καὶ Ὑπερίδου καὶ Δημοσθένους
καὶ τῶν πλείστων σχεδόν τι ῥητόρων καὶ σοφῶν,
παρασίτου δὲ οὐκ ἔστιν ἀπολογία οὐδ' ἔχει τις
εἰπεῖν δίκην πρὸς παράσιτόν τινι γεγραμμένην.

57. Ἀλλὰ νὴ Δία ὁ μὲν βίος τοῦ παρασίτου
κρείττων ἐστὶν τοῦ τῶν ῥητόρων καὶ τῶν φιλοσόφων,
ὁ δὲ θάνατος φαυλότερος; Πάνυ μὲν οὖν τοὐναντίον
παρὰ πολὺ εὐδαιμονέστερος. Φιλοσόφους μὲν γὰρ
ἴσμεν ἅπαντας ἢ τοὺς πλείστους κακοὺς κακῶς
ἀποθανόντας, τοὺς μὲν ἐκ καταδίκης, ἑαλωκότας
ἐπὶ τοῖς μεγίστοις ἀδικήμασι, φαρμάκῳ, τοὺς
δὲ καταπρησθέντας τὸ σῶμα ἅπαν, τοὺς δὲ ἀπὸ
δυσουρίας φθινήσαντας, τοὺς δὲ φυγόντας. Παρασίτου
δὲ θάνατον οὐδεὶς ἔχει τοιοῦτον εἰπεῖν, ἀλλὰ τὸν

mine sans épée, car il ne craint personne nulle part. Mais j'ai souvent vu des philosophes équipés d'arcs, sans qu'il y ait le moindre danger ; ils ont des bâtons même quand ils se rendent aux bains ou à un déjeuner.

56. De plus, nul ne pourrait accuser un parasite d'adultère, de violence, d'enlèvement ou de n'importe quel autre crime. Un tel gredin ne pourrait être parasite : c'est à lui-même qu'il ferait du tort. Si par exemple il vient à commettre un adultère il reçoit, au moment même de sa faute, le nom de cette faute. De même que l'homme de bien, s'il commet un acte mauvais, cesse pour cette raison d'être homme de bien et prend sur lui de s'avilir, de même, à mon avis, le parasite qui se rend coupable cesse d'être ce qu'il est pour se charger de sa faute. Or non seulement nous savons que de notre temps des orateurs et des philosophes ont commis d'innombrables fautes de ce genre, mais nous trouvons aussi, conservées dans les livres, des relations de leurs méfaits passés. Il existe des apologies de Socrate, d'Eschine, d'Hypéride, de Démosthène et de la plupart, ou presque, des orateurs comme des sages, mais il n'y a pas d'apologie de parasite et nul ne peut dire que personne ait mis l'un d'eux en accusation.

57. Eh bien ! par Zeus, si la vie du parasite est supérieure à celle des orateurs et des philosophes, sa mort est-elle pire ? Bien au contraire, elle est beaucoup plus heureuse. Nous savons que tous les philosophes, ou du moins la plupart d'entre eux, ont connu, misérables, une mort misérable : certains, jugés coupables des plus grands crimes, ont été condamnés à périr par le poison, d'autres ont eu le corps entièrement brûlé ; d'autres sont morts d'une rétention d'urine[61], d'autres en exil. Mais nul ne saurait

---

61. Littéralement : d'une difficulté à uriner.

εὐδαιμονέστατον φαγόντος καὶ πιόντος. Εἰ δέ τις
καὶ δοκεῖ βιαίῳ τετελευτηκέναι θανάτῳ, ἀπεπτήσας
ἀπέθανεν.

58. ΤΥΧΙΑΔΗΣ. Ταῦτα μὲν ἱκανῶς διημίλληταί
σοι τὰ πρὸς τοὺς φιλοσόφους ὑπὲρ τοῦ παρασίτου.
Λοιπὸν δὲ εἰ καλὸν καὶ λυσιτελές ἐστιν τὸ κτῆμα
τοῦτο τῷ τρέφοντι, πειρῶ λέγειν· ἐμοὶ μὲν γὰρ
δοκοῦσιν ὥσπερ εὐεργετοῦντες καὶ χαριζόμενοι
τρέφειν αὐτοὺς οἱ πλούσιοι, καὶ εἶναι τοῦτο αἰσχύνην
τῷ τρεφομένῳ.

ΣΙΜΩΝ. Ὡς ἠλίθιά γε σου, ὦ Τυχιάδη, ταῦτα,
εἰ μὴ δύνασαι γινώσκειν ὅτι πλούσιος ἀνήρ, εἰ καὶ
τὸ Γύγου χρυσίον ἔχοι, μόνος ἐσθίων πένης ἐστὶν
καὶ προϊὼν ἄνευ παρασίτου πτωχὸς δοκεῖ, καὶ ὥσπερ
στρατιώτης χωρὶς ὅπλων ἀτιμότερος καὶ ἐσθὴς
ἄνευ πορφύρας καὶ ἵππος ἄνευ φαλάρων, οὕτω καὶ
πλούσιος ἄνευ παρασίτου ταπεινός τις καὶ εὐτελὴς
φαίνεται. Καὶ μὴν ὁ μὲν πλούσιος κοσμεῖται ὑπ᾽
αὐτοῦ, τὸν δὲ παράσιτον πλούσιος οὐδέποτε κοσμεῖ.
59. Ἄλλως τε οὐδὲ ὄνειδος αὐτῷ ἐστιν, ὡς σὺ φής,
τὸ παρασιτεῖν ἐκείνῳ, δῆλον ὅτι ὥς τινι κρείττονι
χείρονα, ὅπου γε μὴν τῷ πλουσίῳ τοῦτο λυσιτελές
ἐστιν, τὸ τρέφειν τὸν παράσιτον, ᾧ γε μετὰ τοῦ
κοσμεῖσθαι ὑπ᾽ αὐτοῦ καὶ ἀσφάλεια πολλὴ ἐκ τῆς
τούτου δορυφορίας ὑπάρχει· οὔτε γὰρ μάχῃ ῥα
δίως ἄν τις ἐπιχειρήσαι τῷ πλουσίῳ τοῦτον ὁρῶν
παρεστῶτα, ἀλλ᾽ οὐδ᾽ ἂν ἀποθάνοι φαρμάκῳ οὐδεὶς
ἔχων παράσιτον. Τίς γὰρ ἂν τολμήσειεν ἐπιβουλεῦσαί
τινι τούτου προεσθίοντος καὶ προπίνοντος; Ὥστε
ὁ πλούσιος οὐχὶ κοσμεῖται μόνον, ἀλλὰ καὶ ἐκ τῶν
μεγίστων κινδύνων ὑπὸ τοῦ παρασίτου σῴζεται.

dire qu'un parasite ait connu une telle mort au lieu de la mort bienheureuse, de quelqu'un qui a mangé et bu. Si l'un d'entre eux semble avoir péri de mort violente, c'est qu'il est mort d'indigestion.

58. TYCHIADÈS : Voilà défendue par toi la cause du parasite contre les philosophes de manière satisfaisante. Pour finir, peux-tu essayer de dire s'il est beau et utile[62] pour celui qui nourrit un parasite d'en acquérir un. À mon avis, les riches se comportent comme des bienfaiteurs et des personnes généreuses en les nourrissant, mais c'est une honte pour celui qui est nourri.

SIMON : Quelle naïveté de ta part, Tychiadès, de ne pas comprendre qu'un homme riche, aurait-il tout l'or de Gygès, est pauvre s'il mange seul, et que s'il sort sans parasite, il passe pour un mendiant ! Un soldat sans armes, un vêtement sans pourpre, un cheval sans harnachement perdent de leur valeur ; il en va de même pour le riche sans parasite : il paraît obscur et commun. Le parasite est un ornement pour le riche mais celui-ci n'en est pas un pour le parasite. 59. Pour ce dernier au demeurant, ce n'est pas même une insulte d'être le parasite de l'autre, comme tu le prétends en supposant sans doute qu'il est un inférieur auprès d'un supérieur, puisqu'assurément il est avantageux pour le riche de nourrir le parasite, qui non seulement lui sert d'ornement mais lui apporte en outre une grande sécurité en étant son garde du corps. Au combat, on ne saurait s'en prendre facilement au riche quand on voit cet homme à ses côtés, et nul ne risque de mourir empoisonné s'il a un parasite : qui oserait comploter contre lui, puisque le parasite mange et boit avant lui ? Par conséquent, non seulement le parasite sert d'ornement au riche, mais

---

62. Le beau et l'utile sont les deux arguments traditionnels de l'art oratoire (*honestum* et *utile* dans la rhétorique cicéronienne).

Οὕτω μὲν ὁ παράσιτος διὰ φιλοστοργίαν πάντα κίνδυνον ὑπομένει, καὶ οὐκ ἂν παραχωρήσειεν τῷ πλουσίῳ φαγεῖν μόνῳ, ἀλλὰ καὶ ἀποθανεῖν αἱρεῖται συμφαγών.

60. ΤΥΧΙΑΔΗΣ. Πάντα μοι δοκεῖς, ὦ Σίμων, διεξελθεῖν ὑστερήσας οὐδὲν τῆς σεαυτοῦ τέχνης, οὐχ ὥσπερ αὐτὸς ἔφασκες, ἀμελέτητος ὤν, ἀλλ᾽ ὥσπερ ἄν τις ὑπὸ τῶν μεγίστων γεγυμνασμένος. Λοιπόν, εἰ μὴ αἴσχιον αὐτὸ τὸ ὄνομά ἐστι τῆς παρασιτικῆς, θέλω μαθεῖν.

ΣΙΜΩΝ. Ὅρα δὴ τὴν ἀπόκρισιν, ἐάν σοι ἱκανῶς λέγεσθαι δοκῇ, καὶ πειρῶ πάλιν αὐτὸς ἀποκρίνασθαι πρὸς τὸ ἐρωτώμενον ᾗ ἄριστα οἴει. Φέρε γάρ, τὸν σῖτον οἱ παλαιοὶ τί καλοῦσι;

ΤΥΧΙΑΔΗΣ. Τροφήν.

ΣΙΜΩΝ. Τί δὲ τὸ σιτεῖσθαι, οὐχὶ τὸ ἐσθίειν;

ΤΥΧΙΑΔΗΣ. Ναί.

ΣΙΜΩΝ. Οὐκοῦν καθωμολόγηται τὸ παρασιτεῖν ὅτι οὐκ ἄλλο ἐστίν;

ΤΥΧΙΑΔΗΣ. Τοῦτο γάρ, ὦ Σίμων, ἐστὶν ὃ αἰσχρὸν φαίνεται.

61. ΣΙΜΩΝ. Φέρε δὴ πάλιν ἀπόκριναί μοι, πότερόν σοι δοκεῖ διαφέρειν, καὶ προκειμένων ἀμφοῖν πότερον ἂν αὐτὸς ἕλοιο, ἆρά γε τὸ πλεῖν ἢ τὸ παραπλεῖν;

ΤΥΧΙΑΔΗΣ. Τὸ παραπλεῖν ἔγωγε.

ΣΙΜΩΝ. Τί δέ, τὸ τρέχειν ἢ τὸ παρατρέχειν;

ΤΥΧΙΑΔΗΣ. Τὸ παρατρέχειν.

ΣΙΜΩΝ. Τί δέ, τὸ ἱππεύειν ἢ τὸ παριππεύειν;

ΤΥΧΙΑΔΗΣ. Τὸ παριππεύειν.

il le sauve des pires dangers, tant il est prêt par affection, à affronter n'importe quel danger : il ne saurait permettre au riche de manger seul, mais préfère mourir en mangeant avec lui.

60. TYCHIADÈS : Tu me sembles avoir tout exposé, Simon, sans te montrer en rien indigne de ton métier, et tu l'as fait, contrairement à ce que tu disais, non comme quelqu'un qui n'est pas préparé, mais comme un homme entraîné par les plus grands maîtres. Pour finir, je voudrais savoir si le mot même de « parasitisme » n'est pas un peu honteux.

SIMON : Vois si ma réponse te semble satisfaisante, et à ton tour essaie de répondre le mieux possible à une question. Dis-moi, qu'est-ce que les anciens appellent *sitos* ?

TYCHIADÈS : La nourriture.

SIMON : Et *siteisthai* signifie-t-il autre chose que manger ?

TYCHIADÈS : Non.

SIMON : Nous sommes donc d'accord sur le fait qu'être parasite ne signifie pas autre chose que manger chez quelqu'un ?

TYCHIADÈS : Justement, Simon, c'est cela qui semble honteux.

61. SIMON : Allons, réponds-moi donc de nouveau. Qu'est-ce qui te paraît le meilleur et que choisirais-tu si les deux possibilités t'étaient offertes : naviguer ou naviguer avec quelqu'un ?

TYCHIADÈS : Moi ? Naviguer avec quelqu'un.

SIMON : Courir ou courir avec quelqu'un ?

TYCHIADÈS : Courir avec quelqu'un.

SIMON : Aller à cheval ou aller à cheval avec quelqu'un ?

TYCHIADÈS : Aller à cheval avec quelqu'un.

ΣΙΜΩΝ. Τί δέ, τὸ ἀκοντίζειν ἢ τὸ παρακοντίζειν;

ΤΥΧΙΑΔΗΣ. Τὸ παρακοντίζειν.

ΣΙΜΩΝ. Οὐκοῦν ὁμοίως ἂν ἕλοιο καὶ τοῦ ἐσθίειν μᾶλλον τὸ παρασιτεῖν;

ΤΥΧΙΑΔΗΣ. Ὁμολογεῖν ἀνάγκη. Καί σοι λοιπὸν ὥσπερ οἱ παῖδες ἀφίξομαι καὶ ἕωος καὶ μετ᾽ ἄριστον μαθησόμενος τὴν τέχνην. Σὺ δέ με αὐτὴν δίκαιος διδάσκειν ἀφθόνως, ἐπεὶ καὶ πρῶτος μαθητής σοι γίγνομαι. Φασὶ δὲ καὶ τὰς μητέρας μᾶλλον τὰ πρῶτα φιλεῖν τῶν τέκνων.

SIMON : Lancer le javelot ou le lancer avec quelqu'un ?

TYCHIADÈS : Le lancer avec quelqu'un.

SIMON : Et de la même manière, tu préfèrerais donc manger avec quelqu'un, plutôt que manger seul ?

TYCHIADÈS : Je suis obligé d'en convenir. Désormais, comme les écoliers, je viendrai te trouver dès l'aurore et après déjeuner pour apprendre le métier. Quant à toi, il est juste que tu me l'enseignes généreusement, car je suis ton premier élève, et les mères, dit-on, préfèrent les aînés de leurs enfants.

IV. Introduction au *Philopseudès*

L'ouvrage occupe la 34ᵉ place dans le *corpus* du *Vatic. gr.* Γ et porte le n° 52 dans la vulgate. Le titre traditionnel est Φιλοψευδὴς ἢ ἀπιστῶν, mais à la suite d'une correction de Hartman et Rothstein, certains critiques pensent que le véritable titre était non Φιλοψευδής au singulier mais le pluriel Φιλοψευδεῖς[1]. Comme le remarque G. Lacaze, « En face de l'esprit fort Tychiade, Eucratès n'est que le coryphée d'un chœur de menteurs. »

Le mot φιλοψευδής est très ancien: il remonte à l'*Iliade* (XII, 164), et Platon l'emploie (*République,* 485d) par opposition à φιλόσοφος. Le ψεῦδος dont parle Lucien est le mensonge, moralement inacceptable : il s'oppose à l'ἀλήθεια, la vérité, et il est très dangereux, car il asservit l'homme à la superstition, et le prive de toute liberté. Même s'il faut se garder de confondre le φιλοψευδής et le δεισιδαίμων[2], Eucratès et ses enfants ont ici tous les traits du superstitieux, tels que les ont fixés Théophraste, puis Plutarque.

Il s'agit donc de s'en défendre par tous les moyens, et Tychiadès, le porte-parole de Lucien, préconise, à la

---

1. Voir J. Schwartz, *Édition commentée de* Philopseudès *et de* De Morte Peregrini, 2ᵉ éd., Strasbourg, 1963 ; et l'introduction de J. Bompaire dans le t. 1 de son édition dans la C.U.F., p. XXXI.
2 M. Caster, *Lucien et la pensée religieuse de son temps,* Paris, 1937, p. 331.

fin du dialogue, « un antidote puissant pour combattre de tels dangers, la vérité et la droite raison appliquée à toute chose. » C'est dire sa sévérité, qui n'est nullement affectée, à l'égard des récits qui font intervenir la magie, le surnaturel, les fantômes. Ils sont d'autant plus pernicieux qu'ils sont colportés par des philosophes, dont le prestige est considérable, notamment auprès de la jeunesse. La condamnation du narrateur est sans appel.

Cependant, le ψεῦδος est aussi lié à la création littéraire[3]. Il désigne l'invention qui n'est ni vraie ni vraisemblable, et se rapproche ainsi du πλάσμα (l'invention vraisemblable) et même du μῦθος (le récit fabuleux)[4]. Dans ces conditions, l'attitude de Lucien est forcément plus nuancée. S'il critique souvent la fiction et se défie des audaces de l'imagination, il est sensible aux charmes des récits inventés[5]. Quant aux notions de mensonge et de vérité, il en joue avec virtuosité dans les *Histoires vraies* (dont le titre est déjà tout un programme). S'il fait torturer dans l'île des Supplices les écrivains menteurs, notamment Hérodote et Ctésias[6], il n'hésite pas à inventer les histoires les plus échevelées, en se présentant lui-même comme un menteur :

« Puisque je n'avais rien de vrai à raconter, n'ayant jamais rien vécu d'intéressant, je me suis adonné au mensonge avec beaucoup plus d'honnêteté que les autres. Car

---

3. C'est sur cet aspect qu'a voulu insister G. Lacaze en traduisant le titre par *Les Affabulateurs*. Cependant, nous ne le suivons pas, car il nous semble ne pas rendre compte de l'aspect moralisant de la réflexion de Lucien qui le pousse, malgré son attirance pour le mensonge, à le rejeter comme source de la superstition.

4. Voir J. Bompaire, *op. cit.*, p. 694-696.

5. Voir J. Bompaire, *op. cit.*, p. 126-128.

6. *Histoires vraies* B, 31.

je dirai la vérité au moins sur un point : en disant que je mens[7]. »

Ce qui ne l'empêche pas d'affirmer, sans crainte de se contredire, qu'il a « conscience de n'avoir dit aucun mensonge[8] ».

Pour en revenir au *Philopseudès,* en dépit de la sévérité bien réelle de Lucien-Tychiadès, il est évident qu'il est fasciné par les récits extravagants qu'il vient d'entendre. Bien qu'il les condamne en adoptant le point de vue du moraliste, il se fait un plaisir de les raconter longuement. Et si l'on garde le double titre de l'ouvrage au singulier, tel que les manuscrits et la tradition nous les ont transmis, il nous propose une perspective peut-être plus intéressante que le pluriel, suggérant que le narrateur est à la fois l'incrédule (ἀπιστῶν) et l'ami du mensonge (φιλοψευδής).

Quant aux récits fantastiques qu'il rapporte, on en trouve des équivalents ou des parallèles dans divers folklores, orientaux pour la plupart, et notamment indiens, mais aussi lapons et alpins[9]. La mention des Hyperboréens[10] et de leurs pouvoirs magiques (extase, transes, don d'ubiquité) fait penser au chamanisme, lié à la culture des peuples du Nord avec laquelle les Grecs ont pu être en contact par les Thraces et les Scythes[11]. Le personnage de Pancratès a tout du chaman : il a suivi une longue formation et même subi une mort symbolique dans les sanctuaires souterrains ; il est rasé (signe de renoncement à la vie corporelle), capable de vivre parmi les animaux, d'animer les objets inanimés et

---

7. *Histoires vraies* A, 4.

8. *Histoires vraies* B, 31.

9. Pour la bibliographie des sources, voir J. Bompaire, *op. cit.,* p. 457, notes 1 et 2.

10. §§ 13-15.

11. Voir E.R. Dodds, *Les Grecs et l'irrationnel*, Berkeley, 1959 (trad. française, Paris, 1965).

de disparaître à volonté. Quant à la guérison du vigneron
mordu par une vipère, qui repart, en « soulevant lui-même
la litière sur laquelle on l'avait transporté », elle peut évoquer certains miracles du Christ, de même que la délivrance
des possédés, dont on chasse les démons. L'anneau magique évoqué aux §§ 17 et 24[12] se rencontre souvent dans les
contes orientaux. Les histoires de statues qui marchent ou
de fantômes sont également très courantes[13]. Comme dans
le *Toxaris*, Lucien propose donc une sorte de recueil d'anecdotes plus ou moins curieuses ou piquantes.

Dans ce recueil, on a pu remarquer la présence de deux
groupes d'anecdotes bien distinctes : les unes mettent en
scène des magiciens (ils sont successivement babylonien,
hyperboréen, syrien, égyptien) ; les autres rapportent des
aventures de fantômes et de statues animées. Les premiè-
res comme les secondes seraient tirées de diverses com-
pilations consacrées à des θαύμασια.

Encore une fois, il semble donc que les sources de
Lucien soient plus littéraires que de première main. L'histoire de la défunte venant réclamer à son mari une sandale qu'on a oublié de brûler reprend un épisode d'Hérodote[14] ; celle de la maison hantée est également rapportée par Pline le Jeune[15] ; la description du βόθρος, fosse
magique, mettant en contact avec le monde des Enfers,
remonte au chant XI de l'*Odyssée* ; l'attitude de Démocrite se moquant de jeunes gens déguisés en fantômes se
retrouve dans les *Histoires variées* d'Élien[16].

---

12. Le motif se trouve également dans le *Navire ou les vœux,*
42-45.
13. Voir J. B Bompaire, *op. cit.*, p. 457-460.
14. Hérodote, V, 92 : il s'agit de Mélissa, la femme de Périandre.
15. Pline le Jeune, *Lettres,* VII, 27.
16. Élien, *Histoires variées*, IX, 2. Cependant, le héros d'Élien n'est
pas Démocrite, mais Socrate.

Seul le célèbre épisode de l'« apprenti sorcier » semble isolé, bien qu'il puisse avoir été emprunté à un recueil
qui ne nous est pas parvenu[17]. Mais pourquoi ne serait-il
pas l'œuvre de l'imagination de Lucien, qui aurait voulu,
après avoir longuement imité, broder à son tour sur le
motif – à l'origine de toute poésie – de l'ἐπῳδή, la puis-
sance efficace du mot ?

17. Voir J. BOMPAIRE, *op. cit.*, p. 459 et 695-696.

ΦΙΛΟΨΕΥΔΗΣ

Η ΑΠΙΣΤΩΝ

ΤΥΧΙΑΔΗΣ. 1. Ἔχεις μοι, ὦ Φιλόκλεις, εἰπεῖν τί ποτε ἄρα ἐστὶν ὃ πολλοὺς εἰς ἐπιθυμίαν τοῦ ψεύδους προάγεται, ὡς αὐτούς τε χαίρειν μηδὲν ὑγιὲς λέγοντας καὶ τοῖς τὰ τοιαῦτα διεξιοῦσιν μάλιστα προσέχειν τὸν νοῦν;

ΦΙΛΟΚΛΗΣ. Πολλά, ὦ Τυχιάδη, ἐστὶν ἃ τοὺς ἀνθρώπους ἐνίους ἀναγκάζει τὰ ψευδῆ λέγειν εἰς τὸ χρήσιμον ἀποβλέποντας.

ΤΥΧΙΑΔΗΣ. Οὐδὲν πρὸς ἔπος ταῦτα, φασίν, οὐ γὰρ περὶ τούτων ἠρόμην ὁπόσοι τῆς χρείας ἕνεκα ψεύδονται· συγγνωστοὶ γὰρ οὗτοί γε, μᾶλλον δὲ καὶ ἐπαίνου τινὲς αὐτῶν ἄξιοι, ὁπόσοι ἢ πολεμίους ἐξηπάτησαν ἢ ἐπὶ σωτηρίᾳ τῷ τοιούτῳ φαρμάκῳ ἐχρήσαντο ἐν τοῖς δεινοῖς, οἷα πολλὰ καὶ ὁ Ὀδυσσεὺς ἐποίει τήν τε αὑτοῦ ψυχὴν ἀρνύμενος καὶ τὸν νόστον τῶν ἑταίρων. Ἀλλὰ περὶ ἐκείνων, ὦ ἄριστε, φημὶ οἳ αὐτὸ ἄνευ τῆς χρείας τὸ ψεῦδος πρὸ πολλοῦ τῆς ἀληθείας τίθενται, ἡδόμενοι τῷ πράγματι καὶ ἐνδιατρίβοντες ἐπ' οὐδεμιᾷ προφάσει ἀναγκαίᾳ. Τούτους οὖν ἐθέλω εἰδέναι τίνος ἀγαθοῦ τοῦτο ποιοῦσιν.

2. ΦΙΛΟΚΛΗΣ. Ἦ που κατανενόηκας ἤδη τινὰς τοιούτους, οἷς ἔμφυτος ὁ ἔρως οὗτός ἐστι πρὸς τὸ ψεῦδος;

PHILOPSEUDÈS

L'AMI DU MENSONGE[1] OU L'INCRÉDULE

1. TYCHIADÈS : Es-tu capable de m'expliquer, Philoclès, ce qui peut bien inspirer à tant de gens le goût du mensonge, au point qu'ils se plaisent à raconter des histoires insensées et prêtent la plus grande attention à ceux qui font des récits du même genre.

PHILOCLÈS : Bien des motifs, Tychiadès, peuvent contraindre certains hommes à mentir, s'ils considèrent leur intérêt.

TYCHIADÈS : Ta remarque est complètement hors sujet, comme on dit. Ma question ne portait pas sur tous ceux qui mentent par nécessité : eux du moins sont excusables, et certains méritent même des éloges, s'ils ont trompé des ennemis ou recouru à un tel expédient afin de sauver leur vie dans le danger : Ulysse l'a souvent fait pour assurer son salut et le retour de ses compagnons. Je parle, mon excellent ami, de ceux qui, sans nécessité, placent le mensonge bien avant la vérité parce qu'ils y trouvent du plaisir et qu'ils s'y adonnent alors qu'aucune contrainte ne le justifie. Ce sont eux dont je voudrais comprendre le comportement.

2. PHILOCLÈS : As-tu déjà observé des gens de cette sorte, qui portent en eux cet amour du mensonge ?

---

1. Pour les problèmes liés au titre, et à la traduction de τέχνη, voir l'introduction, p. 201-203.

ΤΥΧΙΑΔΗΣ. Καὶ μάλα πολλοί εἰσιν οἱ τοιοῦτοι.

ΦΙΛΟΚΛΗΣ. Τί δ᾽ οὖν ἄλλο ἢ ἄνοιαν χρὴ αἰτίαν εἶναι αὐτοῖς φάναι τοῦ μὴ τἀληθῆ λέγειν, εἴ γε τὸ χείριστον ἀντὶ τοῦ βελτίστου προαιροῦνται;

ΤΥΧΙΑΔΗΣ. Οὐδὲν οὐδὲ τοῦτο, ὦ Φιλόκλεις· ἐπεὶ πολλοὺς ἂν ἐγώ σοι δείξαιμι συνετοὺς τἆλλα καὶ τὴν γνώμην θαυμαστοὺς οὐκ οἶδ᾽ ὅπως ἑαλωκότας τούτῳ τῷ κακῷ καὶ φιλοψευδεῖς ὄντας, ὡς ἀνιᾶσθαί με, εἰ τοιοῦτοι ἄνδρες ἄριστοι τὰ πάντα ὅμως χαίρουσιν αὐτούς τε καὶ τοὺς ἐντυγχάνοντας ἐξαπατῶντες. Ἐκείνους μὲν γὰρ τοὺς παλαιοὺς πρὸ ἐμοῦ σὲ χρὴ εἰδέναι, τὸν Ἡρόδοτον καὶ Κτησίαν τὸν Κνίδιον καὶ πρὸ τούτων τοὺς ποιητὰς καὶ τὸν Ὅμηρον αὐτόν, ἀοιδίμους ἄνδρας, ἐγγράφῳ τῷ ψεύσματι κεχρημένους, ὡς μὴ μόνους ἐξαπατᾶν τοὺς τότε ἀκούοντας σφῶν, ἀλλὰ καὶ μέχρις ἡμῶν διικνεῖσθαι τὸ ψεῦδος ἐκ διαδοχῆς ἐν καλλίστοις ἔπεσι καὶ μέτροις φυλαττόμενον. Ἐμοὶ γοῦν πολλάκις αἰδεῖσθαι ὑπὲρ αὐτῶν ἔπεισιν, ὁπόταν Οὐρανοῦ τομὴν καὶ Προμηθέως δεσμὰ διηγῶνται καὶ Γιγάντων ἐπανάστασιν καὶ τὴν ἐν Ἅιδου πᾶσαν τραγῳδίαν, καὶ ὡς δι᾽ ἔρωτα ὁ Ζεὺς ταῦρος ἢ κύκνος ἐγένετο καὶ ὡς ἐκ γυναικός τις εἰς ὄρνεον ἢ εἰς ἄρκτον μετέπεσεν, ἔτι δὲ Πηγάσους καὶ Χιμαίρας καὶ Γοργόνας καὶ Κύκλωπας καὶ ὅσα τοιαῦτα, πάνυ ἀλλόκοτα καὶ τεράστια μυθίδια παίδων ψυχὰς κηλεῖν δυνάμενα ἔτι τὴν Μορμὼ καὶ τὴν Λάμιαν δεδιότων.

2. Pour πρὸ ἐμοῦ, A. M. Harmon propose la traduction : avant que je ne le mentionne. Il nous a semblé préférable de mettre ces mots en relation avec πρὸ τούτων qui suit : Tychiadès cherche et trouve des autorités dans le passé pour sa démonstration.

3. Lucien s'en prend plaisamment à ces mêmes auteurs pour la même raison dans les *Histoires vraies*. A, 3 ; B, 31.

TYCHIADÈS : Oui et il y en a même beaucoup.

PHILOCLÈS : Comment expliquer, sinon par la folie, qu'ils ne disent pas la vérité, puisqu'ils préfèrent ce qu'il y a de pire à ce qu'il y a de meilleur ?

TYCHIADÈS : Ce n'est pas cela non plus, Philoclès. Je pourrais te montrer bien des gens fort sensés par ailleurs et remarquablement intelligents, qui je ne sais comment, sont devenus prisonniers de ce vice : ils aiment le mensonge. Je m'attriste de voir des hommes comme eux, si accomplis à tous égards, prendre plaisir à s'abuser eux-mêmes et à tromper leurs interlocuteurs. Tu connais forcément ceux des anciens temps avant moi[2], Hérodote, Ctésias de Cnide, et avant eux les poètes, et Homère lui-même[3] – des auteurs dont on chante les louanges : ils ont mis par écrit leurs mensonges, de sorte que non seulement ils trompaient ceux qui les écoutaient en ce temps-là, mais que le mensonge, conservé dans des vers et des mètres de toute beauté, s'est transmis de génération en génération jusqu'à nous. Il m'arrive souvent d'avoir honte pour eux, quand ils racontent la castration d'Ouranos, les chaînes de Prométhée, la révolte des géants, toute la tragédie de l'Hadès, comment par amour Zeus s'est transformé en taureau[4] ou en cygne[5], comment une femme est devenue un oiseau[6] ou une ourse[7]. Et je ne parle pas des Pégases, des Chimères, des Gorgones, des Cyclopes et autres inventions du même genre, fables totalement extravagantes et monstrueuses, bonnes pour envoûter des âmes enfantines qui ont encore peur de Mormo[8] et de Lamia[9].

4. Lorsqu'il enleva Europe.

5. Pour s'unir avec Léda.

6. C'est le cas notamment d'Alcyon, de Procné et de Philomèle.

7. Callisto fut changée en ourse par Artémis.

8. Croquemitaine dont on menaçait les enfants (THÉOCRITE, *Syracusaines*, 40).

9. Monstre féminin qui passait pour voler et dévorer les enfants (ARISTOPHANE, *Paix*, 757 ; *Guêpes*, 1035).

3. Καίτοι τὰ μὲν τῶν ποιητῶν ἴσως μέτρια, τὸ δὲ καὶ πόλεις ἤδη καὶ ἔθνη ὅλα κοινῇ καὶ δημοσίᾳ ψεύδεσθαι πῶς οὐ γελοῖον; Εἰ Κρῆτες μὲν τὸν Διὸς τάφον δεικνύντες οὐκ αἰσχύνονται, Ἀθηναῖοι δὲ τὸν Ἐριχθόνιον ἐκ τῆς γῆς ἀναδοθῆναί φασιν καὶ τοὺς πρώτους ἀνθρώπους ἐκ τῆς Ἀττικῆς ἀναφῦναι καθάπερ τὰ λάχανα, πολὺ σεμνότερον οὗτοί γε τῶν Θηβαίων, οἳ ἐξ ὄφεως ὀδόντων Σπαρτούς τινας ἀναβεβλαστηκέναι διηγοῦνται. Ὃς δ' ἂν οὖν ταῦτα καταγέλαστα ὄντα μὴ οἴηται ἀληθῆ εἶναι, ἀλλ' ἐμφρόνως ἐξετάζων αὐτὰ Κοροίβου τινὸς ἢ Μαργίτου νομίζῃ τὸ πείθεσθαι ἢ Τριπτόλεμον ἐλάσαι διὰ τοῦ ἀέρος ἐπὶ δρακόντων ὑποπτέρων ἢ Πᾶνα ἥκειν ἐξ Ἀρκαδίας σύμμαχον εἰς Μαραθῶνα ἢ Ὠρείθυιαν ὑπὸ τοῦ Βορέου ἁρπασθῆναι, ἀσεβὴς οὗτός γε καὶ ἀνόητος αὐτοῖς ἔδοξεν οὕτω προδήλοις καὶ ἀληθέσι πράγμασιν ἀπιστῶν· εἰς τοσοῦτον ἐπικρατεῖ τὸ ψεῦδος.

4. ΦΙΛΟΚΛΗΣ. Ἀλλ' οἱ μὲν ποιηταί, ὦ Τυχιάδη, καὶ αἱ πόλεις δὲ συγγνώμης εἰκότως τυγχάνοιεν ἄν, οἱ μὲν τὸ ἐκ τοῦ μύθου τερπνὸν ἐπαγωγότατον ὂν ἐγκαταμιγνύντες τῇ γραφῇ, οὗπερ μάλιστα δέονται

---

10. Ce sont les menteurs par excellence : voir *Odyssée,* XIV et la formule attribuée à Épiménide (Kinkel, fragment 5) Κρῆτες ἀεὶ ψεῦσται : les Crétois sont tous des menteurs. On trouve aussi πρὸς Κρῆτας ου Κρῆτα κρητίζειν : mentir en Crétois ou avec un Crétois (POLYBE, 8, 21 ; PLUTARQUE, *Vie de Lysandre,* XX, 2).

11. Voir *Timon,* 6 et la note.

12. Un des premiers rois d'Athènes. Il serait né du désir d'Héphaïstos qui poursuivit en vain Athéna ; la déesse essuya son sperme avec de la laine, qui tomba à terre. Un enfant en naquit : il fut appelé Érichthonios à cause de la laine (ἔριον) et de la terre (χθών). Il y a souvent superposition entre Érichthonios et Érechthée.

13. Allusion cocasse au mythe de l'autochtonie des Athéniens, évoqué si souvent par les orateurs et les historiens grecs (voir notamment ISOCRATE, *Panégyrique,* 25).

3. Pour ce qui est des poètes, c'est peut-être acceptable, mais quand désormais des cités et des peuples entiers mentent, collectivement et officiellement, n'y a-t-il pas de quoi rire ? Des Crétois[10] n'ont pas honte de montrer le tombeau de Zeus[11] ; des Athéniens prétendent qu'Érichthonios a surgi de la terre[12], ou que les premiers hommes ont poussé du sol de l'Attique comme des légumes[13]. Et encore, ces récits sont beaucoup plus dignes de respect que ceux des Thébains qui racontent que des dents de serpent ont produit des Spartes[14]. Si l'on refuse d'admettre que ces histoires ridicules sont vraies, si les soumettant à un examen sensé, on juge seulement bon pour un Coroibos[15] ou un Margitès[16], de croire que Triptolème s'est élancé à travers les airs tiré par des serpents ailés[17], que Pan est venu d'Arcadie soutenir les Athéniens à Marathon[18], ou qu'Orithyie a été enlevé par Borée[19], on passe pour un impie, un insensé, de douter de faits aussi manifestes et avérés. Tant le mensonge étend loin son empire.

4. PHILOCLÈS : Cependant, Tychiadès, les poètes et les cités pourraient mériter notre indulgence : les premiers, parce qu'ils mêlent à leurs écrits le charme si séduisant de la fable, qui leur est bien nécessaire pour attirer les audi-

---

14. Les Spartes (leur nom signifie les hommes semés) naquirent des dents du dragon tué par Cadmos : ils s'entretuèrent, sauf cinq avec lesquels Cadmos bâtit la Cadmée (citadelle de Thèbes).

15. Personnage de fou traditionnel qui ne nous est connu que par ce passage.

16. Héros d'une épopée burlesque perdue, attribuée à Homère.

17. Héros d'Éleusis : il reçut de Déméter un char traîné par des dragons ailés sur lequel il devait parcourir le monde en semant des grains de blé.

18. Tradition rapportée par HÉRODOTE, VI, 105-106.

19. Platon évoque cette légende dans le *Phèdre*, 229, b-d.

πρὸς τοὺς ἀκροατάς, Ἀθηναῖοι δὲ καὶ Θηβαῖοι καὶ εἴ τινες ἄλλοι σεμνοτέρας ἀποφαίνοντες τὰς πατρίδας ἐκ τῶν τοιούτων. Εἰ γοῦν τις ἀφέλοι τὰ μυθώδη ταῦτα ἐκ τῆς Ἑλλάδος, οὐδὲν ἂν κωλύσειε λιμῷ τοὺς περιηγητὰς αὐτῶν διαφθαρῆναι μηδὲ ἀμισθὶ τῶν ξένων τἀληθὲς ἀκούειν ἐθελησάντων. Οἱ δὲ μηδεμιᾶς ἕνεκα αἰτίας τοιαύτης ὅμως χαίροντες τῷ ψεύσματι παγγέλοιοι εἰκότως δοκοῖεν ἄν.

5. ΤΥΧΙΑΔΗΣ. Εὖ λέγεις· ἐγώ γέ τοι παρὰ Εὐκράτους ἥκω σοι τοῦ πάνυ, πολλὰ τὰ ἄπιστα καὶ μυθώδη ἀκούσας· μᾶλλον δὲ μεταξὺ λεγομένων ἀπιὼν ᾠχόμην οὐ φέρων τοῦ πράγματος τὴν ὑπερβολήν, ἀλλά με ὥσπερ αἱ Ἐρινύες ἐξήλασαν πολλὰ τεράστια καὶ ἀλλόκοτα διεξιόντες.

ΦΙΛΟΚΛΗΣ. Καίτοι, ὦ Τυχιάδη, ἀξιόπιστός τις ὁ Εὐκράτης ἐστίν, καὶ οὐδεὶς ἂν οὐδὲ πιστεύσειεν ὡς ἐκεῖνος οὕτω βαθὺν πώγωνα καθειμένος ἑξηκοντούτης ἀνήρ, ἔτι καὶ φιλοσοφίᾳ συνὼν τὰ πολλά, ὑπομείνειεν ἂν καὶ ἄλλου τινὸς ψευδομένου ἐπακοῦσαι παρών, οὐχ ὅπως αὐτός τι τολμῆσαι τοιοῦτον.

ΤΥΧΙΑΔΗΣ. Οὐ γὰρ οἶσθα, ὦ ἑταῖρε, οἷα μὲν εἶπεν, ὅπως δὲ αὐτὰ ἐπιστώσατο, ὡς δὲ καὶ ἐπώμνυτο τοῖς πλείστοις, παραστησάμενος τὰ παιδία, ὥστε με ἀποβλέποντα εἰς αὐτὸν ποικίλα ἐννοεῖν, ἄρτι μὲν ὡς μεμήνοι καὶ ἔξω εἴη τοῦ καθεστηκότος, ἄρτι δὲ ὡς γόης ὢν ἄρα τοσοῦτον χρόνον ἐλελήθει με ὑπὸ τῇ λεοντῇ γελοῖόν τινα πίθηκον περιστέλλων· οὕτως ἄτοπα διηγεῖτο.

ΦΙΛΟΚΛΗΣ. Τίνα ταῦτα πρὸς τῆς Ἑστίας, ὦ Τυχιάδη; Ἐθέλω γὰρ εἰδέναι ἥντινα τὴν ἀλαζονείαν ὑπὸ τηλικούτῳ τῷ πώγωνι ἔσκεπεν.

teurs ; les Athéniens, les Thébains et d'autres éventuel-
lement, parce qu'ils rendent leur patrie plus prestigieuse
par de tels récits. En vérité, si l'on privait la Grèce de ces
légendes, les guides de ces contrées en seraient réduits à
mourir de faim, car les étrangers ne voudraient pas entendre
la vérité, même gratuitement. Mais ceux qui, sans aucun
motif de cet ordre, prennent quand même plaisir au mensonge, on aurait raison de les juger ridicules.

5. TYCHIADÈS : Bien parlé. Pour ma part, tel que
tu me vois, je reviens de chez Eucratès, ce grand personnage : j'y ai entendu une foule d'histoires incroyables et
fabuleuses. Ou plutôt je suis parti au milieu de la conversation car je ne supportais pas ces excès : ils m'ont forcé
à fuir, comme les Érinyes, devant tous les monstres et les
prodiges qu'ils énuméraient.

PHILOCLÈS : Pourtant, Eucratès est un homme digne
de foi, Tychiadès. Nul ne pourrait seulement croire qu'un
homme arborant une barbe aussi épaisse, âgé de soixante
ans et qui, de plus, consacre à la philosophie l'essentiel de
son temps, accepterait qu'on raconte des mensonges en sa
présence, et encore moins qu'il ose en raconter lui-même,

TYCHIADÈS : Mais tu ne sais pas, mon ami, quels
récits il a faits ! comment il en a garanti la vérité, allant
jusqu'à garantir par serment la plupart d'entre eux, alors
que ses enfants se tenaient près de lui, si bien qu'en le
regardant, j'étais partagé entre des pensées diverses : je
me disais tantôt qu'il était fou et avait perdu l'esprit, tantôt que ce devait être un mystificateur pour m'avoir caché
pendant si longtemps qu'il abritait sous sa peau de lion un
singe fort ridicule, tant il racontait d'absurdités.

PHILOCLÈS : Lesquelles, Tychiadès, par Hestia ? Je
veux savoir quelle imposture il dissimulait sous une barbe
aussi longue.

6. ΤΥΧΙΑΔΗΣ. Εἰώθειν μὲν καὶ ἄλλοτε, ὦ Φιλόκλεις, φοιτᾶν παρ' αὐτόν, εἴ ποτε πολλὴν τὴν σχολὴν ἄγοιμι, τήμερον δὲ Λεοντίχῳ συγγενέσθαι δεόμενος – ἑταῖρος δέ μοι, ὡς οἶσθα – ἀκούσας τοῦ παιδὸς ὡς παρὰ τὸν Εὐκράτην ἕωθεν ἀπέλθοι νοσοῦντα ἐπισκεψόμενος, ἀμφοῖν ἕνεκα, ὡς καὶ τῷ Λεοντίχῳ συγγενοίμην κἀκεῖνον ἴδοιμι – ἠγνοήκειν γὰρ ὡς νοσοίη – παραγίγνομαι πρὸς αὐτόν. Εὑρίσκω δὲ αὐτόθι τὸν μὲν Λεόντιχον οὐκέτι – ἐφθάκει γάρ, ὡς ἔφασκον, ὀλίγον προεξεληλυθώς – ἄλλους δὲ συχνούς, ἐν οἷς Κλεόδημός τε ἦν ὁ ἐκ τοῦ Περιπάτου καὶ Δεινόμαχος ὁ Στωϊκὸς καὶ Ἴων, οἶσθα τὸν ἐπὶ τοῖς Πλάτωνος λόγοις θαυμάζεσθαι ἀξιοῦντα ὡς μόνον ἀκριβῶς κατανενοηκότα τὴν γνώμην τοῦ ἀνδρὸς καὶ τοῖς ἄλλοις ὑποφητεῦσαι δυνάμενον. Ὁρᾷς οἵους ἄνδρας σοί φημι, πανσόφους καὶ παναρέτους, ὅ τι περ τὸ κεφάλαιον αὐτὸ ἐξ ἑκάστης προαιρέσεως, αἰδεσίμους ἅπαντας καὶ μονονουχὶ φοβεροὺς τὴν πρόσοψιν; Ἔτι καὶ ὁ ἰατρὸς Ἀντίγονος παρῆν, κατὰ χρείαν, οἶμαι, τῆς νόσου ἐπικληθείς. Καὶ ῥᾷον ἐδόκει ἤδη ἔχειν ὁ Εὐκράτης καὶ τὸ νόσημα τῶν συντρόφων ἦν· τὸ ῥεῦμα γὰρ εἰς τοὺς πόδας αὖθις αὐτῷ κατεληλύθει.

Καθέζεσθαι οὖν με παρ' αὐτὸν ἐπὶ τῆς κλίνης ὁ Εὐκράτης ἐκέλευεν, ἠρέμα ἐγκλίνας τῇ φωνῇ εἰς τὸ ἀσθενικὸν ὁπότε εἶδέ με, καίτοι βοῶντος αὐτοῦ καὶ διατεινομένου τι μεταξὺ εἰσιὼν ἐπήκουον. Κἀγὼ μάλα πεφυλαγμένως, μὴ ψαύσαιμι τοῖν ποδοῖν αὐτοῦ, ἀπολογησάμενος τὰ συνήθη ταῦτα, ὡς ἀγνοήσαιμι νοσοῦντα καὶ ὡς ἐπεὶ ἔμαθον δρομαῖος ἔλθοιμι, ἐκαθεζόμην πλησίον.

20. Certains traducteurs (notamment G. Lacaze) parlent de « goutte », et il est certain que les symptômes ainsi que le traitement prescrit par

6. TYCHIADÈS : J'avais déjà l'habitude auparavant, Philoclès, de me rendre chez lui si d'aventure j'avais beaucoup de temps libre. Or aujourd'hui, il fallait que je m'entretienne avec Léontichos (c'est un camarade à moi, comme tu sais). Son petit esclave me dit qu'il était parti dès l'aurore visiter Eucratès qui était malade. C'est donc pour ce double motif – m'entretenir avec Léontichos et voir Eucratès, dont j'ignorais la maladie –, que je me présentai chez lui.

Léontichos n'était plus là – il était parti peu avant mon arrivée, me dit-on ; mais je trouvai une foule d'autres visiteurs, dont Cléodémos, de l'école péripatéticienne, Deinomachos le stoïcien, et Ion – tu connais le personnage, celui qui veut qu'on l'admire comme s'il était le seul à avoir compris avec exactitude la pensée de Platon et à pouvoir l'expliquer aux autres. Tu vois de quels hommes je te parle : ils ne sont que sagesse et vertu, la fine fleur de chaque école, tous vénérables et presque terrifiants à regarder. Il y avait aussi le médecin Antigonos, qu'on avait appelé pour soigner la maladie, j'imagine. Eucratès d'ailleurs, semblait déjà mieux : il souffrait d'une affection habituelle chez lui, une nouvelle crise de rhumatisme[20] aux pieds.

Il me pria de m'asseoir près de lui sur son lit ; quand il m'avait vu, il avait baissé un peu la voix pour la rendre maladive, alors qu'en entrant, je l'avais entendu crier et soutenir bien haut quelque argument. Je fis bien attention de ne pas toucher ses deux pieds et prononçai les excuses habituelles : je ne savais pas qu'il était malade et j'étais arrivé en courant dès que je l'avais appris. Puis je m'assis près de lui.

Antigonos au § 8 peuvent s'appliquer à la goutte. Cependant, pour parler de goutte, Lucien emploie le mot ποδάγρα (voir *Hôtes à gages,* 39 et surtout la pièce intitulée Ποδάγρα, qui porte le n° 69 dans le *corpus* du *Vatic. gr.* Γ 90 et le n° 80 dans la vulgate). C'est pourquoi nous préférons user d'un mot différent.

7. Οἱ μὲν δὴ ἐτύγχανον οἶμαι περὶ τοῦ νοσήματος τὰ μὲν ἤδη πολλὰ προειρηκότες, τὰ δὲ καὶ τότε διεξιόντες, ἔτι δὲ καὶ θεραπείας τινὰς ἕκαστος ὑποβάλλοντες. Ὁ γοῦν Κλεόδημος· "Εἰ τοίνυν," φησίν, "τῇ ἀριστερᾷ τις ἀνελόμενος χαμᾶθεν τὸν ὀδόντα τῆς μυγαλῆς οὕτω φονευθείσης, ὡς προεῖπον, ἐνδήσειεν εἰς δέρμα λέοντος ἄρτι ἀποδαρέν, εἶτα περιάψειε περὶ τὰ σκέλη, αὐτίκα παύεται τὸ ἄλγημα."

"Οὐκ εἰς λέοντος," ἔφη ὁ Δεινόμαχος, "ἐγὼ ἤκουσα, ἐλάφου δὲ θηλείας ἔτι παρθένου καὶ ἀβάτου· καὶ τὸ πρᾶγμα οὕτω πιθανώτερον· ὠκὺ γὰρ ἡ ἔλαφος καὶ ἔρρωται μάλιστα ἐκ τῶν ποδῶν. Ὁ δὲ λέων ἄλκιμος μέν, καὶ τὸ λίπος αὐτοῦ καὶ ἡ χεὶρ ἡ δεξιὰ καὶ αἱ τρίχες ἐκ τοῦ πώγονος αἱ ὀρθαὶ μεγάλα δύνανται, εἴ τις ἐπίσταιτο αὐτοῖς χρῆσθαι μετὰ τῆς οἰκείας ἐπῳδῆς ἑκάστῳ· ποδῶν δὲ ἴασιν ἥκιστα ἐπαγγέλλεται."

"Καὶ αὐτός," ἦ δ' ὃς ὁ Κλεόδημος, "οὕτω πάλαι ἐγίγνωσκον, ἐλάφου χρῆναι τὸ δέρμα εἶναι, διότι ὠκὺ ἔλαφος· ἔναγχος δὲ Λίβυς ἀνὴρ σοφὸς τὰ τοιαῦτα μετεδίδαξέ με εἰπὼν ὠκυτέρους εἶναι τῶν ἐλάφων τοὺς λέοντας. ᾿Αμέλει, ἔφη, καὶ αἱροῦσιν αὐτὰς διώκοντες."

8. Ἐπήνεσαν οἱ παρόντες ὡς εὖ εἰπόντος τοῦ Λίβυος. Ἐγὼ δέ· "Οἴεσθε γάρ," ἔφην, "ἐπῳδαῖς τισιν τὰ τοιαῦτα παύεσθαι ἢ τοῖς ἔξωθεν παραρτήμασιν τοῦ κακοῦ ἔνδον διατρίβοντος;" Ἐγέλασαν ἐπὶ τῷ λόγῳ καὶ δῆλοι ἦσαν κατεγνωκότες μου πολλὴν τὴν ἄνοιαν, εἰ μὴ ἐπισταίμην τὰ προδηλότατα καὶ περὶ ὧν οὐδεὶς ἂν εὖ φρονῶν ἀντείποι μὴ οὐχὶ οὕτως ἔχειν. Ὁ μέντοι ἰατρὸς ᾿Αντίγονος ἐδόκει μοι ἡσθῆναι τῇ ἐρωτήσει μου· πάλαι γὰρ ἠμελεῖτο, οἶμαι, βοηθεῖν ἀξιῶν τῷ Εὐκράτει μετὰ τῆς τέχνης οἴνου

7. J'imagine qu'ils avaient déjà beaucoup parlé de sa maladie : ils s'en entretenaient encore, et chacun proposait un traitement. Quoi qu'il en soit, Cléodèmos disait : « Si l'on ramasse à terre de la main gauche la dent d'une musaraigne qui a été tuée comme je viens de l'expliquer, si on la fixe à la peau d'un lion fraîchement écorché, et qu'ensuite on en enveloppe la jambe, la douleur cesse aussitôt.

– Non, dit Deinomachos, on ne m'a pas dit cela d'une peau de lion mais de celle d'une biche encore vierge, qui n'a pas été saillie, et c'est plus logique : la biche est un animal rapide, dont la force réside essentiellement dans les pattes. Certes, le lion est brave, sa graisse, sa patte droite et les poils rigides de sa barbe ont un pouvoir souverain quand on sait s'en servir avec l'incantation qui convient à chaque élément. Mais pour soigner les pieds, on ne le recommande pas du tout.

– Moi aussi, dit Cléodémos, je croyais autrefois qu'il fallait employer la peau d'une biche, parce que c'est un animal rapide. Mais récemment un Libyen, expert en la matière, m'a fait changer d'avis, en disant que les lions sont plus rapides que les biches. "Pas de doute, déclarait-il. D'ailleurs, quand ils les poursuivent, ils les attrapent." »

8. Les convives se répandirent en éloges, assurant que le Libyen avait bien parlé. Alors moi :

« Croyez vous donc qu'on apaise ce genre d'indisposition par des incantations ou des applications externes, quand le mal siège à l'intérieur ? »

Ils rirent de mes propos : on voyait bien qu'ils condamnaient ma grande folie d'ignorer des choses aussi évidentes, dont aucun être doté de raison ne nierait la réalité. Cependant le médecin Antigonos me sembla content de ma question. Depuis longtemps je crois, on négligeait ses avis quand il prétendait soulager Eucratès avec son art, lui

τε παραγγέλλων ἀπέχεσθαι καὶ λάχανα σιτεῖσθαι καὶ ὅλως ὑφαιρεῖν τοῦ τόνου.

Ὁ δ' οὖν Κλεόδημος ὑπομειδιῶν ἅμα· "Τί λέγεις," ἔφη, "ὦ Τυχιάδη; ἄπιστον εἶναί σοι δοκεῖ τὸ ἐκ τῶν τοιούτων γίγνεσθαί τινας ὠφελείας εἰς τὰ νοσήματα;" "'Ἔμοιγε," ἦν δ' ἐγώ, "εἰ μὴ πάνυ κορύζης τὴν ῥῖνα μεστὸς εἴην, ὡς πιστεύειν τὰ ἔξω καὶ μηδὲν κοινωνοῦντα τοῖς ἔνδοθεν ἐπεγείρουσι τὰ νοσήματα μετὰ ῥηματίων, ὥς φατε, καὶ γοητείας τινὸς ἐνεργεῖν καὶ τὴν ἴασιν ἐπιπέμπειν προσαρτώμενα. Τὸ δ' οὐκ ἂν γένοιτο, οὐδ' ἦν εἰς τοῦ Νεμείου λέοντος τὸ δέρμα ἐνδήσῃ τις ἑκκαίδεκα ὅλας μυγαλᾶς· ἐγὼ γοῦν αὐτὸν τὸν λέοντα εἶδον πολλάκις χωλεύοντα ὑπ' ἀλγηδόνων ἐν ὁλοκλήρῳ τῷ αὐτοῦ δέρματι."

9. "Πάνυ γὰρ ἰδιώτης," ἔφη ὁ Δεινόμαχος, "εἰ καὶ τὰ τοιαῦτα οὐκ ἐμέλησέ σοι ἐκμαθεῖν ὅντινα τρόπον ὁμιλεῖ τοῖς νοσήμασι προσφερόμενα, κἀμοὶ δοκεῖς οὐδὲ τὰ προφανέστατα ἂν παραδέξασθαι ταῦτα, τῶν ἐκ περιόδου πυρετῶν τὰς ἀποπομπὰς καὶ τῶν ἑρπετῶν τὰς καταθέλξεις καὶ βουβώνων ἰάσεις καὶ τἆλλα ὁπόσα καὶ αἱ γρᾶες ἤδη ποιοῦσιν. Εἰ δὲ ἐκεῖνα γίγνεται ἅπαντα, τί δή ποτε οὐχὶ ταῦτα οἰήσῃ γίγνεσθαι ὑπὸ τῶν ὁμοίων;"

"'Ἀπέραντα," ἦν δ' ἐγώ, "σὺ περαίνεις, ὦ Δεινόμαχε, καὶ ἥλῳ, φασίν, ἐκκρούεις τὸν ἧλον· οὐδὲ γὰρ ἃ φὴς ταῦτα δῆλα μετὰ τοιαύτης δυνάμεως γιγνόμενα. Ἢν γοῦν μὴ πείσῃς πρότερον ἐπάγων τῷ λόγῳ διότι φύσιν ἔχει οὕτω γίγνεσθαι, τοῦ τε πυρετοῦ καὶ τοῦ οἰδήματος δεδιότος ἢ ὄνομα θεσπέσιον ἢ ῥῆσιν βαρβαρικὴν καὶ διὰ τοῦτο ἐκ τοῦ βουβῶνος

conseillant de s'abstenir de vin, de manger des légumes et, de manière générale, de relâcher sa tension.

Alors Cléodémos me lança avec un petit sourire.

« Que veux-tu dire, Tychiadès ? Trouves-tu invraisemblable que de tels procédés puissent être de quelque utilité contre les maladies ?

– Oui, répondis-je, à moins d'avoir le cerveau assez embrumé pour me figurer que des éléments externes, sans aucun rapport avec ceux qui de l'intérieur suscitent les maladies, puissent être efficaces et amener la guérison avec des formules, comme vous le dites, et je ne sais quelle sorcellerie. Ce serait impossible, même si on attachait à la peau du lion de Némée seize musaraignes entières. D'ailleurs, pour ma part, j'ai souvent vu le lion lui-même boiter de douleur, alors qu'il avait sur lui sa peau toute entière.

9. – C'est que tu n'y connais rien du tout, dit Deinomachos. Tu n'as pas pris soin d'apprendre comment de tels procédés combattent les maladies quand on les applique. Je suppose que tu refuserais même d'admettre les évidences les plus criantes : les fièvres périodiques que l'on conjure, les serpents qu'on charme, les tumeurs qu'on guérit, et tout ce que même les vieilles femmes font de nos jours. Si cela existe, pourquoi donc penses-tu que les opérations dont nous parlons ne peuvent aussi se produire par les mêmes moyens ?

– Tes conclusions n'en sont pas, répondis-je. Avec un clou, tu chasses l'autre, comme on dit. Il est clair que les guérisons que tu évoques ne sont pas réalisées grâce à un pouvoir de ce genre. Si tu ne me persuades pas d'abord avec des arguments rationnels qu'il est naturel que les choses se passent ainsi, la fièvre ou l'enflure redoutant un nom divin, une formule barbare, et s'enfuyant de la

δραπετεύοντος, ἔτι σοι γραῶν μῦθοι τὰ λεγόμενά ἐστι."

10. "Σύ μοι δοκεῖς," ἦ δ᾽ ὃς ὁ Δεινόμαχος, "τὰ τοιαῦτα λέγων οὐδὲ θεοὺς εἶναι πιστεύειν εἴ γε μὴ οἴει τὰς ἰάσεις οἷόν τε εἶναι ὑπὸ ἱερῶν ὀνομάτων γίγνεσθαι."

"Τοῦτο μέν," ἦν δ᾽ ἐγώ, "μὴ λέγε, ὦ ἄριστε· κωλύει γὰρ οὐδὲν καὶ θεῶν ὄντων ὅμως τὰ τοιαῦτα ψευδῆ εἶναι. Ἐγὼ δὲ καὶ θεοὺς σέβω καὶ ἰάσεις αὐτῶν ὁρῶ καὶ ἃ εὖ ποιοῦσι τοὺς κάμνοντας ὑπὸ φαρμάκων καὶ ἰατρικῆς ἀνιστάντες· ὁ γοῦν Ἀσκληπιὸς αὐτὸς καὶ οἱ παῖδες αὐτοῦ ἤπια φάρμακα πάσσοντες ἐθεράπευον τοὺς νοσοῦντας, οὐ λεοντᾶς καὶ μυγαλᾶς περιάπτοντες."

11. "Ἔα τοῦτον," ἔφη ὁ Ἴων, "ἐγὼ δὲ ὑμῖν θαυμάσιόν τι διηγήσομαι. Ἦν μὲν ἐγὼ μειράκιον ἔτι ἀμφὶ τὰ τεσσαρακαίδεκα ἔτη σχεδόν· ἧκεν δέ τις ἀγγέλλων τῷ πατρὶ Μίδαν τὸν ἀμπελουργόν, ἐρρωμένον εἰς τὰ ἄλλα οἰκέτην καὶ ἐργατικόν, ἀμφὶ πλήθουσαν ἀγορὰν ὑπὸ ἐχίδνης δηχθέντα κεῖσθαι ἤδη σεσηπότα τὸ σκέλος· ἀναδοῦντι γὰρ αὐτῷ τὰ κλήματα καὶ ταῖς χάραξι περιπλέκοντι προσερπύσαν τὸ θηρίον δακεῖν κατὰ τὸν μέγαν δάκτυλον, καὶ τὸ μὲν φθάσαι καὶ καταδῦναι αὖθις εἰς τὸν φωλεόν, τὸν δὲ οἰμώζειν ἀπολλύμενον ὑπ᾽ ἀλγηδόνων.

"Ταῦτά τε οὖν ἀπηγγέλλετο καὶ τὸν Μίδαν ἑωρῶμεν αὐτὸν ἐπὶ σκίμποδος ὑπὸ τῶν ὁμοδούλων προσκομιζόμενον, ὅλον ᾠδηκότα, πελιδνόν, μυδῶντα ἐπιπολῆς, ὀλίγον ἔτι ἐμπνέοντα. Λελυπημένῳ δὴ

tumeur pour cette raison, tes paroles ne sont encore que fables de vieilles femmes.

10. – Quand tu parles ainsi, dit Deinomachos, j'ai l'impression que tu ne crois même pas en l'existence des dieux, puisque tu penses que des guérisons ne peuvent être opérées par des noms sacrés.

– Ne dis pas cela, mon excellent ami, m'écriai-je. Même si les dieux existent, de telles histoires peuvent malgré tout être des mensonges. Pour ma part, je respecte les dieux, je vois les guérisons qu'ils opèrent et les bienfaits qu'ils accordent aux malades en les rétablissant grâce à des remèdes et à la médecine. Mais Asclépios lui-même et ses fils soignaient les malades « en leur administrant des drogues bienfaisantes[21] », non en les enveloppant de lions et de musaraignes.

11. – Laisse-le, intervint Ion. Moi je vais vous raconter une histoire étonnante. J'étais encore adolescent, j'avais environ quatorze ans, lorsqu'on vint annoncer à mon père que le vigneron Midas, serviteur habituellement vigoureux et travailleur, avait été mordu vers midi par une vipère, et qu'il était allongé, la jambe déjà putréfiée. Il était en train d'attacher les sarments et de les enrouler autour des tuteurs, quand la bête avait rampé vers lui et l'avait mordu au gros orteil ; puis elle était repartie en hâte s'enfouir dans son trou, tandis qu'il gémissait, en proie à des douleurs mortelles.

Voilà ce qu'on nous rapporta, et nous vîmes Midas lui-même, que ses camarades apportaient sur une civière : tout gonflé, livide, la peau tuméfiée, respirant encore faiblement. Mon père s'affligeait, mais un de ses amis, qui se

---

21. *Iliade*, IV, 218 ; XI, 830.

τῷ πατρὶ τῶν φίλων τις παρών· 'Θάρρει,' ἔφη, 'ἐγὼ
γάρ σοι ἄνδρα Βαβυλώνιον τῶν Χαλδαίων, ὥς φασιν,
αὐτίκα μέτειμι, ὃς ἰάσεται τὸν ἄνθρωπον.' Καὶ ἵνα
μὴ διατρίβω λέγων, ἧκεν ὁ Βαβυλώνιος καὶ ἀνέστησε
τὸν Μίδαν ἐπῳδῇ τινι ἐξελάσας τὸν ἰὸν ἐκ τοῦ
σώματος, ἔτι καὶ προσαρτήσας τῷ ποδὶ νεκρᾶς
παρθένου λίθον ἀπὸ τῆς στήλης ἐκκολάψας.

"Καὶ τοῦτο μὲν ἴσως μέτριον· καίτοι ὁ Μίδας
αὐτὸς ἀράμενος τὸν σκίμποδα ἐφ᾽ οὗ ἐκεκόμιστο
ᾤχετο εἰς τὸν ἀγρὸν ἀπιών· τοσοῦτον ἡ ἐπῳδὴ
ἐδυνήθη καὶ ὁ στηλίτης ἐκεῖνος λίθος. 12. Ὁ δὲ
καὶ ἄλλα ἐποίησε θεσπέσια ὡς ἀληθῶς· εἰς γὰρ
τὸν ἀγρὸν ἐλθὼν ἕωθεν, ἐπειπὼν ἱερατικά τινα
ἐκ βίβλου παλαιᾶς ὀνόματα ἑπτὰ καὶ θείῳ καὶ
δᾳδὶ καθαγνίσας τὸν τόπον περιελθὼν ἐς τρίς,
ἐξεκάλεσεν ὅσα ἦν ἑρπετὰ ἐντὸς τῶν ὅρων. Ἧκον
οὖν ὥσπερ ἑλκόμενοι πρὸς τὴν ἐπῳδὴν ὄφεις πολλοὶ
καὶ ἀσπίδες καὶ ἔχιδναι καὶ κεράσται καὶ ἀκοντίαι
φρῦνοί τε καὶ φύσαλοι, ἐλείπετο δὲ εἷς δράκων
παλαιός, ὑπὸ γήρως, οἶμαι, ἐξερπύσαι μὴ δυνάμενος
ἢ παρακούσας τοῦ προστάγματος· ὁ δὲ μάγος οὐκ
ἔφη παρεῖναι ἅπαντας, ἀλλ᾽ ἕνα τινὰ τῶν ὄφεων
τὸν νεώτατον χειροτονήσας πρεσβευτὴν ἔπεμψεν
ἐπὶ τὸν δράκοντα, καὶ μετὰ μικρὸν ἧκε κἀκεῖνος.
Ἐπεὶ δὲ συνηλίσθησαν, ἐνεφύσησε μὲν αὐτοῖς ὁ
Βαβυλώνιος, τὰ δὲ αὐτίκα μάλα κατεκαύθη ἅπαντα
ὑπὸ τῷ φυσήματι, ἡμεῖς δὲ ἐθαυμάζομεν."

22. Les Chaldéens, astronomes réputés, avaient aussi une réputation de thaumaturges. Dans *Ménippe ou la Consultation des morts, 6,*
Ménippe va consulter à Babylone « un des mages, qui sont les disciples
et les successeurs de Zoroastre » et prend pour guide « un Chaldéen, un
sage à l'art extraordinaire, aux cheveux blancs, à la barbe vénérable,
dont le nom était Mithrobarzane ».

trouvait là, lui dit : « Courage, je te ramène dans un instant un Babylonien, un des Chaldéens[22], dit-on : il guérira l'homme. ». Bref le Babylonien vint ; il ramena Midas à la vie, en chassant le venin de son corps par une incantation, et en attachant à son pied une pierre qu'il avait arrachée à la stèle d'une vierge morte[23].

Jusqu'ici, tout cela n'a peut-être rien d'extraordinaire, même si Midas souleva lui-même la litière sur laquelle on l'avait transporté et repartit aux champs : tel était le pouvoir de l'incantation et de cette pierre arrachée à une stèle. Mais ce que fit ensuite le Babylonien fut véritablement divin. 12. Se rendant au champ à l'aurore, il prononça sept noms sacrés tirés d'un livre ancien, puis avec du soufre et une torche, il purifia l'endroit dont il fit trois fois le tour : il ordonna à tout ce qu'il y avait de bêtes rampantes à l'intérieur des bornes de sortir. Vinrent répondre à l'incantation, comme attirés par elle, de nombreux reptiles, aspics, vipères, cérastes[24] acontia[25], crapauds et crapauds venimeux. Mais il restait un serpent, un vieux, qui en raison de son âge, je suppose, ne pouvait ramper ou avait mal entendu l'injonction. Alors le Babylonien déclara qu'ils n'étaient pas tous là, et désignant de la main le plus jeune des reptiles, il l'envoya comme ambassadeur auprès du serpent. Peu après, celui-ci se présenta aussi. Quand ils furent rassemblés, le Babylonien souffla sur eux. Aussitôt, ils furent tous brûlés par le souffle, et nous étions dans l'admiration.

23. Les sépultures réputées les plus efficaces à une opération magique étaient les tombeaux de jeunes filles et d'enfants, les ἄωροι (morts avant leur temps) dont on croyait qu'ils ne pouvaient trouver le repos avant que ne soient écoulées les années qu'ils auraient dû vivre.

24. Serpents à cornes. Voir LUCIEN, *Sur les Dipsades*, 3.

25. Littéralement petits javelots. C'est sans doute de ce serpent que parle LUCAIN, *Bellum ciuile*, IX, 720 ; 822 sq. Lucien le mentionne également dans *Sur les Dipsades*, 3.

13. "Εἰπέ μοι, ὦ Ἴων," ἦν δ' ἐγώ, "ὁ ὄφις δὲ ὁ πρεσβευτὴς ὁ νέος ἄρα καὶ ἐχειραγώγει τὸν δράκοντα ἤδη, ὡς φής, γεγηρακότα, ἢ σκίπωνα ἔχων ἐκεῖνος ἐπεστηρίζετο;"

"Σὺ μὲν παίζεις," ἔφη ὁ Κλεόδημος, "ἐγὼ δὲ καὶ αὐτὸς ἀπιστότερος ὤν σου πάλαι τὰ τοιαῦτα – ᾤμην γὰρ οὐδενὶ λόγῳ δυνατὸν γίγνεσθαι ἂν αὐτὰ – ὅμως ὅτε τὸ πρῶτον εἶδον πετόμενον τὸν ξένον τὸν βάρβαρον – ἐξ Ὑπερβορέων δὲ ἦν, ὡς ἔφασκεν – ἐπίστευσα καὶ ἐνικήθην ἐπὶ πολὺ ἀντισχών. Τί γὰρ ἔδει ποιεῖν αὐτὸν ὁρῶντα διὰ τοῦ ἀέρος φερόμενον ἡμέρας οὔσης καὶ ἐφ' ὕδατος βαδίζοντα καὶ διὰ πυρὸς διεξιόντα σχολῇ καὶ βάδην;"

"Σὺ ταῦτα εἶδες," ἦν δ' ἐγώ, "τὸν Ὑπερβόρεον ἄνδρα πετόμενον ἢ ἐπὶ τοῦ ὕδατος βεβηκότα;"

"Καὶ μάλα," ἦ δ' ὅς, "ὑποδεδεμένον γε καρβατίνας, οἷα μάλιστα ἐκεῖνοι ὑποδοῦνται. Τὰ μὲν γὰρ σμικρὰ ταῦτα τί χρὴ καὶ λέγειν ὅσα ἐπεδείκνυτο, ἔρωτας ἐπιπέμπων καὶ δαίμονας ἀνάγων καὶ νεκροὺς ἑώλους ἀνακαλῶν καὶ τὴν Ἑκάτην αὐτὴν ἐναργῆ παριστὰς καὶ τὴν Σελήνην καθαιρῶν; Ἐγὼ γοῦν διηγήσομαι ὑμῖν ἃ εἶδον γιγνόμενα ὑπ' αὐτοῦ ἐν Γλαυκίου τοῦ Ἀλεξικλέους.

14. "Ἄρτι γὰρ ὁ Γλαυκίας τοῦ πατρὸς ἀποθανόντος παραλαβὼν τὴν οὐσίαν ἠράσθη Χρυσίδος τῆς Δημέου γυναικός. Ἐμοὶ δὲ διδασκάλῳ ἐχρῆτο πρὸς τοὺς λόγους, καὶ εἴ γε μὴ ὁ ἔρως ἐκεῖνος ἀπησχόλησεν αὐτόν, ἅπαντα ἂν ἤδη τὰ τοῦ Περιπάτου ἠπίστατο, ὃς καὶ ὀκτωκαιδεκαέτης ὢν ἀνέλυε καὶ τὴν φυσικὴν

13. – Dis-moi, Ion, demandai-je, le serpent ambassadeur, le jeune, conduisait-il par la main le serpent qui était
déjà très âgé, comme tu dis ? Ou celui-ci avait-il un bâton
sur lequel il s'appuyait ?

– Tu n'es pas sérieux, répondit Cléodémos. Moi aussi
autrefois, j'étais encore plus incrédule que toi devant ce
genre de phénomènes : je pensais absolument impossible
qu'ils puissent se produire. Mais la première fois que j'ai
vu voler l'étranger barbare – il venait de chez les Hyperboréens[26], disait-il –, j'ai cru et j'ai été vaincu, après ma longue résistance. Que devais-je faire, en effet, en le voyant
se porter à travers les airs en plein jour, marcher sur l'eau,
et traverser le feu, tranquillement, à pied ?

– Tu as vu cela ? demandai-je. L'Hyperboréen voler
ou marcher sur l'eau ?

– Assurément, dit-il, et même il était chaussé de sabots,
comme en portent la plupart de ces gens-là. Inutile d'énumérer toutes les broutilles qu'il accomplissait : il envoyait
des Amours, faisait monter les démons, rappelait à la vie
des cadavres décomposés, faisait apparaître Hécate elle-
même, bien visible, et descendre la lune. Je vais quand
même vous raconter ce que je l'ai vu faire chez Glaucias,
fils d'Alexiclès.

14. Aussitôt après la mort de son père, Glaucias hérita de
sa fortune et tomba amoureux de Chrysis, fille de Déméas.
J'étais son professeur de philosophie, et si cet amour ne
l'avait pas distrait de l'étude, il connaîtrait à présent toute
la doctrine péripatéticienne, lui qui, à dix-huit ans, analy-
sait déjà les problèmes et avait suivi jusqu'au bout l'ensei-

26. Ceux qui vivent au-delà de Borée. Ces êtres semi-légendaires,
habitants des régions nordiques, sont mentionnés par HÉRODOTE, IV, 14.
Certains d'entre eux, à la fois poètes, philosophes, médecins, thaumaturges, se rapprochent du chaman : parmi ces « faiseurs de miracles », on a
pu ranger Aristéas, Épiménide et même Empédocle et Pythagore.

ἀκρόασιν μετεληλύθει εἰς τέλος. Ἀμηχανῶν δὲ
ὅμως τῷ ἔρωτι μηνύει μοι τὸ πᾶν, ἐγὼ δὲ ὥσπερ
εἰκὸς ἦν, διδάσκαλον ὄντα, τὸν Ὑπερβόρεον ἐκεῖνον
μάγον ἄγω παρ' αὐτὸν ἐπὶ μναῖς τέτταρσι μὲν
τὸ παραυτίκα – ἔδει γὰρ προτελέσαι τι εἰς τὰς
θυσίας – ἐκκαίδεκα δέ, εἰ τύχοι τῆς Χρυσίδος. Ὁ
δὲ αὐξομένην τηρήσας τὴν σελήνην – τότε γὰρ ὡς
ἐπὶ τὸ πολὺ τὰ τοιαῦτα τελεσιουργεῖται – βόθρον
τε ὀρυξάμενος ἐν ὑπαίθρῳ τινὶ τῆς οἰκίας περὶ
μέσας νύκτας ἀνεκάλεσεν ἡμῖν πρῶτον μὲν τὸν
Ἀλεξικλέα τὸν πατέρα τοῦ Γλαυκίου πρὸ ἑπτὰ μηνῶν
τεθνεῶτα· ἠγανάκτει δὲ ὁ γέρων ἐπὶ τῷ ἔρωτι καὶ
ὠργίζετο, τὰ τελευταῖα δὲ ὅμως ἐφῆκεν αὐτῷ ἐρᾶν.
Μετὰ δὲ τὴν Ἑκάτην τε ἀνήγαγεν ἐπαγομένην τὸν
Κέρβερον καὶ τὴν Σελήνην κατέσπασεν, πολύμορφόν
τι θέαμα καὶ ἄλλοτε ἀλλοῖόν τι φανταζόμενον· τὸ
μὲν γὰρ πρῶτον γυναικείαν μορφὴν ἐπεδείκνυτο,
εἶτα βοῦς ἐγίγνετο πάγκαλος, εἶτα σκύλαξ ἐφαίνετο.
Τέλος δ' οὖν ὁ Ὑπερβόρεος ἐκ πηλοῦ ἐρώτιόν τι
ἀναπλάσας· "Ἄπιθι, ἔφη, καὶ ἄγε Χρυσίδα. Καὶ ὁ μὲν
πηλὸς ἐξέπτατο, μετὰ μικρὸν δὲ ἐπέστη κόπτουσα
τὴν θύραν ἐκείνη καὶ εἰσελθοῦσα περιβάλλει τὸν
Γλαυκίαν ὡς ἂν ἐκμανέστατα ἐρῶσα καὶ συνῆν ἄχρι
δὴ ἀλεκτρυόνων ἠκούσαμεν ᾀδόντων. Τότε δὴ ἥ τε
Σελήνη ἀνέπτατο εἰς τὸν οὐρανὸν καὶ ἡ Ἑκάτη ἔδυ
κατὰ τῆς γῆς καὶ τὰ ἄλλα φάσματα ἠφανίσθη καὶ
τὴν Χρυσίδα ἐξεπέμψαμεν περὶ αὐτό που σχεδὸν
τὸ λυκαυγές. 15. Εἰ ταῦτα εἶδες, ὦ Τυχιάδη, οὐκ
ἂν ἔτι ἠπίστησας εἶναι πολλὰ ἐν ταῖς ἐπῳδαῖς
χρήσιμα."

"Εὖ λέγεις," ἦν δ' ἐγώ· "ἐπίστευον γὰρ ἄν, εἴ
γε εἶδον αὐτά, νῦν δὲ συγγνώμη, οἶμαι, εἰ μὴ
τὰ ὅμοια ὑμῖν ὀξυδορκεῖν ἔχω. Πλὴν ἀλλ' οἶδα

gnement de la physique. Mais devant l'amour, il ne savait que faire et il me révéla toute l'histoire. Moi, comme c'était naturel puisque j'étais son maître, je lui amène ce mage hyperboréen pour quatre mines* à payer tout de suite (il fallait faire une avance pour les sacrifices) et seize autres à verser ensuite, si Glaucias obtenait Chrysis. L'homme attendit la lune montante (période où l'on pratique en général ce genre d'opération), puis vers minuit, il creusa une fosse dans une partie découverte de la maison. Il évoqua d'abord devant nous Alexiclès, le père de Glaucias, qui était mort sept mois plus tôt ; le vieillard s'indigna de cet amour et se mit en colère, mais pour finir, il permit quand même à son fils d'aimer. Ensuite le mage fit monter Hécate, laquelle amena Cerbère, et il attira vers le sol Séléné, apparition qui prit de multiples formes et se montra différente à chaque fois : d'abord elle revêtit l'aspect d'une femme, puis ce fut une vache de toute beauté, puis un chiot. Pour finir, l'Hyperboréen, ayant façonné un petit Amour avec de la boue, lui dit : « Va, et ramène Chrysis ! » La boue s'envola, et peu après, Chrysis était là, frappant à la porte. Aussitôt entrée, voici qu'elle enlace Glaucias comme si elle l'aimait à la folie. Elle resta avec lui jusqu'au moment où nous entendîmes le chant des coqs. Alors Séléné s'envola dans le ciel, Hécate s'enfonça sous terre, les autres apparitions disparurent, puis à l'approche de l'aube, nous renvoyâmes Chrysis. 15. Si tu avais vu cela, Tychiadès, tu ne douterais plus de la grande efficacité des incantations.

– Tu as raison, dis-je, je le croirais si je l'avais vu. Mais dans l'état actuel des choses, on me pardonnera, je pense, de n'avoir pas le regard aussi perçant que vous. Cepen-

γὰρ τὴν Χρυσίδα ἣν λέγεις, ἐραστὴν γυναῖκα καὶ
πρόχειρον, οὐχ ὁρῶ δὲ τίνος ἕνεκα ἐδεήθητε ἐπ'
αὐτὴν τοῦ πηλίνου πρεσβευτοῦ καὶ μάγου τοῦ ἐξ
Ὑπερβορέων καὶ Σελήνης αὐτῆς, ἣν εἴκοσι δραχμῶν
ἀγαγεῖν εἰς Ὑπερβορέους δυνατὸν ἦν. Πάνυ γὰρ
ἐνδίδωσιν πρὸς ταύτην τὴν ἐπῳδὴν ἡ γυνὴ καὶ τὸ
ἐναντίον τοῖς φάσμασιν πέπονθεν· ἐκεῖνα μὲν γὰρ
ἢν ψόφον ἀκούσῃ χαλκοῦ ἢ σιδήρου, πέφευγε – καὶ
ταῦτα γὰρ ὑμεῖς φατε – αὕτη δὲ ἂν ἀργύριόν που
ψοφῇ, ἔρχεται πρὸς τὸν ἦχον. "Ἄλλως τε καὶ αὐτοῦ
θαυμάζω τοῦ μάγου, εἰ δυνάμενος αὐτὸς ἐρᾶσθαι
πρὸς τῶν πλουσιωτάτων γυναικῶν καὶ τάλαντα ὅλα
παρ' αὐτῶν λαμβάνειν, ὁ δὲ τεττάρων μνῶν πάνυ
σμικρολόγος ὢν Γλαυκίαν ἐπέραστον ἐργάζεται."

"Γελοῖα ποιεῖς," ἔφη ὁ Ἴων, "ἀπιστῶν ἅπασιν.
16. Ἐγὼ γοῦν ἡδέως ἂν ἐροίμην σε, τί περὶ
τούτων φὴς ὅσοι τοὺς δαιμονῶντας ἀπαλλάττουσι
τῶν δειμάτων οὕτω σαφῶς ἐξᾴδοντες τὰ φάσματα.
Καὶ ταῦτα οὐκ ἐμὲ χρὴ λέγειν, ἀλλὰ πάντες ἴσασι
τὸν Σύρον τὸν ἐκ τῆς Παλαιστίνης, τὸν ἐπὶ τούτῳ
σοφιστήν, ὅσους παραλαβὼν καταπίπτοντας πρὸς
τὴν σελήνην καὶ τὼ ὀφθαλμὼ διαστρέφοντας καὶ
ἀφροῦ πιμπλαμένους τὸ στόμα ὅμως ἀνίστησι καὶ
ἀποπέμπει ἀρτίους τὴν γνώμην, ἐπὶ μισθῷ μεγάλῳ
ἀπαλλάξας τῶν δεινῶν. Ἐπειδὰν γὰρ ἐπιστὰς
κειμένοις ἔρηται ὅθεν εἰσεληλύθασιν εἰς τὸ σῶμα,
ὁ μὲν νοσῶν αὐτὸς σιωπᾷ, ὁ δαίμων δὲ ἀποκρίνεται,
ἑλληνίζων ἢ βαρβαρίζων ὁπόθεν ἂν αὐτὸς ᾖ, ὅπως
τε καὶ ὅθεν εἰσῆλθεν εἰς τὸν ἄνθρωπον· ὁ δὲ ὅρκους

dant, je connais la Chrysis dont tu parles, une femme sen-
suelle et facile, et je ne vois pas pourquoi vous avez eu
besoin de cet ambassadeur de boue, du mage venu de chez
les Hyperboréens, et de Séléné en personne pour aller la
chercher, alors que pour vingt drachmes* vous auriez pu
l'emmener chez les Hyperboréens. C'est une femme qui
cède fort bien à cette incantation-là. Elle se comporte à
l'inverse des spectres : ceux-ci, quand ils entendent le
son du bronze ou du fer, prennent la fuite (du moins c'est
vous qui le dites), tandis que si de l'argent tinte quelque
part, elle se dirige vers le bruit. En tout cas j'admire ce
mage : alors qu'il pourrait se faire aimer, lui, des femmes
les plus riches, et recevoir d'elles des talents* entiers, il
prend quatre mines*, ce qui est vraiment mesquin, pour
rendre Glaucias désirable.

– Tu es ridicule de mettre tout en doute, dit Ion. 16. Je
voudrais au moins te demander ton avis sur tous ceux qui
délivrent les possédés de leurs terreurs, en exorcisant les
fantômes de manière si évidente. D'ailleurs, je n'ai pas
besoin d'en parler : tout le monde connaît le Syrien, originaire de Palestine[27], un expert en la matière. On lui amène
des quantités de gens qui se jetaient par terre en voyant
la lune, les yeux révulsés et la bouche pleine d'écume : il
les ramène pourtant à la vie et les renvoie sains d'esprit,
les ayant libérés de leurs terreurs, en échange d'un salaire
conséquent. Quand il se tient devant ces hommes étendus,
il demande : « D'où êtes-vous venus dans ce corps ? » Le
malade lui-même garde le silence, et c'est le démon qui
répond, en grec ou en langue barbare, expliquant d'où il
est originaire, comment il est entré dans l'homme, et d'où

27. Certains ont vu ici une allusion au Christ. Mais l'emploi du présent montre qu'il s'agit d'un contemporain de Lucien. Les exorcistes
étaient fréquents à cette époque.

ἐπάγων, εἰ δὲ μὴ πεισθείη, καὶ ἀπειλῶν ἐξελαύνει τὸν δαίμονα. Ἐγὼ γοῦν καὶ εἶδον ἐξιόντα μέλανα καὶ καπνώδη τὴν χρόαν."

"Οὐ μέγα," ἦν δ᾽ ἐγώ, "τὰ τοιαῦτά σε ὁρᾶν, ὦ Ἴων, ᾧ γε καὶ αἱ ἰδέαι αὐταὶ φαίνονται ἃ ὁ πατὴρ ὑμῶν Πλάτων δείκνυσιν, ἀμαυρόν τι θέαμα ὡς πρὸς ἡμᾶς τοὺς ἀμβλυώττοντας."

17. "Μόνος γὰρ Ἴων," ἔφη ὁ Εὐκράτης, "τὰ τοιαῦτα εἶδεν, οὐχὶ δὲ καὶ ἄλλοι πολλοὶ δαίμοσιν ἐντετυχήκασιν οἱ μὲν νύκτωρ, οἱ δὲ μεθ᾽ ἡμέραν; ἐγὼ δὲ οὐχ ἅπαξ ἀλλὰ μυριάκις ἤδη σχέδον τὰ τοιαῦτα τεθέαμαι· καὶ τὸ μὲν πρῶτον ἐταραττόμην πρὸς αὐτά, νῦν δὲ δὴ ὑπὸ τοῦ ἔθους οὐδέν τι παράλογον ὁρᾶν μοι δοκῶ, καὶ μάλιστα ἐξ οὗ μοι τὸν δακτύλιον ὁ Ἄραψ ἔδωκε σιδήρου τοῦ ἐκ τῶν σταυρῶν πεποιημένον καὶ τὴν ἐπῳδὴν ἐδίδαξεν τὴν πολυώνυμον, ἐκτὸς εἰ μὴ κἀμοὶ ἀπιστήσεις, ὦ Τυχιάδη."

"Καὶ πῶς ἄν," ἦν δ᾽ ἐγώ, "ἀπιστήσαιμι Εὐκράτει τῷ Δείνωνος, σοφῷ ἀνδρὶ καὶ μάλιστα ἐλευθερίῳ, τὰ δοκοῦντά οἱ λέγοντι οἴκοι παρ᾽ αὑτῷ ἐπ᾽ ἐξουσίας;"

18. "Τὸ γοῦν περὶ τοῦ ἀνδριάντος," ἦ δ᾽ ὃς ὁ Εὐκράτης, "ἅπασι τοῖς ἐπὶ τῆς οἰκίας ὅσαι νύκτες φαινόμενον καὶ παισὶ καὶ νεανίαις καὶ γέρουσι, τοῦτο οὐ παρ᾽ ἐμοῦ μόνον ἀκούσειας ἂν ἀλλὰ καὶ παρὰ τῶν ἡμετέρων ἁπάντων."

"Ποίου," ἦν δ᾽ ἐγώ, "ἀνδριάντος;"

"Οὐχ ἑώρακας," ἔφη, "εἰσιὼν ἐν τῇ αὐλῇ ἀνεστηκότα πάγκαλον ἀνδριάντα, Δημητρίου ἔργον τοῦ ἀνθρωποποιοῦ;"

---

28. Il s'agit des clous qui relient les deux planches de la croix, et de ceux avec lesquels les condamnés étaient fixés au bois. Tous les éléments liés à la mort violente étaient considérés comme particulièrement riches en pouvoirs magiques.

il vient. Ensuite, le Syrien chasse le démon en l'exorcisant, et s'il n'obéit pas, en le menaçant. J'en ai vu moi même sortir un : il était noir, avec une peau couleur de fumée.

– Ce n'est pas extraordinaire que tu voies des choses de ce genre, Ion, remarquai-je, puisque les idées t'apparaissent elles aussi, alors que pour nous autres, dont la vue est faible, elles ne sont qu'une image floue, comme le démontre Platon, votre père.

17. – Ion est-il seul à avoir vu de tels phénomènes ? intervint Eucratès. Beaucoup d'autres n'ont-ils pas eux aussi rencontré des démons, les uns de nuit, d'autres pendant la journée. Pour moi, j'ai déjà observé de telles manifestations – et près de dix-mille fois plutôt qu'une. Au début, j'en étais troublé, mais maintenant, avec l'habitude, il ne me semble rien voir d'extraordinaire, surtout depuis que l'Arabe m'a donné l'anneau fabriqué à partir du fer des croix[28] et qu'il m'a appris l'incantation aux multiples noms – mais sans doute, Tychiadès, refuseras-tu de me croire moi aussi.

– Et comment douterais-je d'Eucratès fils de Deinon, un homme sage et fort généreux, quand il exprime ses opinions dans sa demeure, chez lui, en toute indépendance ? demandai-je.

18. – En tout cas, reprit Eucratès, l'histoire de la statue, qui apparaît chaque nuit à tous ceux qui sont dans la maison, enfants, jeunes gens et vieillards, je ne suis pas seul à pouvoir te la raconter : tous mes gens le pourraient aussi.

– Quelle statue ?

– N'as-tu pas vu, en entrant, une statue de toute beauté qui se dresse dans la cour ? C'est l'œuvre de Démétrios, un sculpteur spécialisé dans les représentations humaines.

232 ΦΙΛΟΨΕΥΔΗΣ

"Μῶν τὸν δισκεύοντα," ἦν δ' ἐγώ, "φής, τὸν ἐπικεκυφότα κατὰ τὸ σχῆμα τῆς ἀφέσεως, ἀπεστραμμένον εἰς τὴν δισκοφόρον, ἠρέμα ὀκλάζοντα τῷ ἑτέρῳ, ἐοικότα συναναστησομένῳ μετὰ τῆς βολῆς;"

"Οὐκ ἐκεῖνον," ἦ δ' ὅς, "ἐπεὶ τῶν Μύρωνος ἔργων ἓν καὶ τοῦτό ἐστιν, ὁ δισκοβόλος ὃν λέγεις· οὐδὲ τὸν παρ' αὐτόν φημι, τὸν διαδούμενον τὴν κεφαλὴν τῇ ταινίᾳ, τὸν καλόν, Πολυκλείτου γὰρ τοῦτο ἔργον. Ἀλλὰ τοὺς μὲν ἐπὶ τὰ δεξιὰ εἰσιόντων ἄφες, ἐν οἷς καὶ τὰ Κριτίου καὶ Νησιώτου πλάσματα ἕστηκεν, οἱ τυραννοκτόνοι· σὺ δὲ εἴ τινα παρὰ τὸ ὕδωρ τὸ ἐπιρρέον εἶδες προγάστορα, φαλαντίαν, ἡμίγυμνον τὴν ἀναβολήν, ἠνεμωμένον τοῦ πώγωνος τὰς τρίχας ἐνίας, ἐπίσημον τὰς φλέβας, αὐτοανθρώπῳ ὅμοιον, ἐκεῖνον λέγω· Πέλλιχος ὁ Κορίνθιος στρατηγὸς εἶναι δοκεῖ."

19. "Νὴ Δί'," ἦν δ' ἐγώ, "εἶδόν τινα ἐπὶ δεξιὰ τοῦ κρουνοῦ, ταινίας καὶ στεφάνους ξηροὺς ἔχοντα, κατακεχρυσωμένον πετάλοις τὸ στῆθος."

"Ἐγὼ δέ," ὁ Εὐκράτης ἔφη, "ἐκεῖνα ἐχρύσωσα, ὁπότε μ' ἰάσατο διὰ τρίτης ὑπὸ τοῦ ἠπιάλου ἀπολλύμενον."

"Ἦ γὰρ καὶ ἰατρός," ἦν δ' ἐγώ, "ὁ βέλτιστος ἡμῖν Πέλλιχος οὗτός ἐστιν;"

"Μὴ σκῶπτε," ἦ δ' ὃς ὁ Εὐκράτης, "ἤ σε οὐκ εἰς μακρὰν μέτεισιν ὁ ἀνήρ· οἶδα ἐγὼ ὅσον δύναται οὗτος ὁ ὑπὸ σοῦ γελώμενος ἀνδριάς. Ἢ οὐ νομίζεις τοῦ αὐτοῦ εἶναι καὶ ἐπιπέμπειν ἠπιάλους οἷς ἂν ἐθέλῃ, εἴ γε καὶ ἀποπέμπειν δυνατὸν αὐτῷ;"

29. Sculpteur grec du vᵉ siècle av. J.-C. On peut voir une copie du Discobole au musée des Thermes de Rome.
30. Sculpteur grec du vᵉ siècle av. J.-C. Son Diadumène et son Doryphore sont les références de l'art classique grec.

– Tu parles de l'athlète au disque, celui qui est penché dans l'attitude d'un lanceur, tourné vers la main qui tient le disque, une jambe légèrement repliée, comme si elle allait se soulever quand il le lancera ?

– Pas celui-ci ; le Discobole dont tu parles est une des œuvres de Myron[29]. Il ne s'agit pas non plus de la statue voisine, le beau Diadumène, qui a la tête ceinte d'un bandeau, c'est une œuvre de Polyclète[30]. Laisse également celles qui sont à la droite en entrant, parmi lesquelles se trouvent les Tyrannoctones, sculptés par Critios et Nésiotès[31]. Mais si tu as remarqué, au bord de l'eau courante, un personnage au ventre proéminent, chauve, à demi-nu sous son manteau, quelques rares poils de barbe flottant au vent, les veines saillantes, l'image même d'un homme véritable, c'est la statue en question. Il paraît que c'est le général corinthien Pellichos[32].

19. – Oui, par Zeus, dis-je. J'ai vu quelqu'un à droite de la fontaine, avec des bandelettes et des couronnes sèches, la poitrine couverte de feuilles dorées.

– C'est moi qui les ai fait dorer, quand il m'a guéri alors qu'une fièvre tierce me tuait, dit Eucratès

– Il est donc aussi médecin, notre bon Pellichos ?

– Ne te moque pas, dit Eucratès, sinon avant peu, l'homme te punira. Je sais, moi, de quoi est capable cette statue dont tu ris. Penses-tu qu'elle ne puisse aussi envoyer des fièvres à qui elle veut, puisqu'elle est capable de les chasser ?

---

31. Les Tyrannochtones, Harmodios et Aristogiton, tuèrent le tyran athénien Hipparque en 414. Anténor avait fait une statue en leur honneur ; celle-ci fut emportée par Xerxès lors du sac d'Athènes en 480, et remplacée en 477 par un bronze de Critios et de Nésiotès.

32. Père d'Aristeus, général corinthien qui commanda l'expédition contre Epidamnos en 434. Le caractère réaliste d'une telle statue, telle que la décrivent Eucratès et Tychiadès, est étonnant pour une époque si ancienne, comme le souligne A.M. Harmon dans son édition. Mais Lucien précise que son identification n'est qu'une conjecture (δοκεῖ).

234ΦΙΛΟΨΕΥΔΗΣ

"Ἵλεως," ἦν δ᾽ ἐγώ, "ἔστω ὁ ἀνδριὰς καὶ ἤπιος
οὕτως ἀνδρεῖος ὤν. Τί δ᾽ οὖν καὶ ἄλλο ποιοῦντα
ὁρᾶτε αὐτὸν ἅπαντες οἱ ἐν τῇ οἰκίᾳ;"

"Ἐπειδὰν τάχιστα," ἔφη, "νὺξ γένηται, ὁ δὲ
καταβὰς ἀπὸ τῆς βάσεως ἐφ᾽ ᾗ ἕστηκε περίεισιν ἐν
κύκλῳ τὴν οἰκίαν, καὶ πάντες ἐντυγχάνομεν αὐτῷ
ἐνίοτε καὶ ᾄδοντι, καὶ οὐκ ἔστιν ὅντινα ἠδίκησεν·
ἐκτρέπεσθαι γὰρ χρὴ μόνον· ὁ δὲ παρέρχεται μηδὲν
ἐνοχλήσας τοὺς ἰδόντας. Καὶ μὴν καὶ λούεται τὰ
πολλὰ καὶ παίζει δι᾽ ὅλης τῆς νυκτός, ὥστε ἀκούειν
τοῦ ὕδατος ψοφοῦντος."

"Ὅρα τοίνυν," ἦν δ᾽ ἐγώ, "μὴ οὐχὶ Πέλλιχος ὁ
ἀνδριάς, ἀλλὰ Τάλως ὁ Κρὴς ὁ τοῦ Μίνωος ᾖ· καὶ
γὰρ ἐκεῖνος χαλκοῦς τις ἦν τῆς Κρήτης περίπολος.
Εἰ δὲ μὴ χαλκοῦ, ὦ Εὔκρατες, ἀλλὰ ξύλου πεποίητο,
οὐδὲν αὐτὸν ἐκώλυεν οὐ Δημητρίου ἔργον εἶναι,
ἀλλὰ τῶν Δαιδάλου τεχνημάτων· δραπετεύει γοῦν,
ὡς φής, ἀπὸ τῆς βάσεως καὶ οὗτος."

20. "Ὅρα," ἔφη, "ὦ Τυχιάδη, μή σοι μεταμελήσῃ
τοῦ σκώμματος ὕστερον. Οἶδα ἐγὼ οἷα ἔπαθεν ὁ
τοὺς ὀβολοὺς ὑφελόμενος οὓς κατὰ τὴν νουμηνίαν
ἑκάστην τίθεμεν αὐτῷ."

"Πάνδεινα ἐχρῆν," ἔφη ὁ Ἴων, "ἱερόσυλόν γε ὄντα.
Πῶς δ᾽ οὖν αὐτὸν ἠμύνατο, ὦ Εὔκρατες; Ἐθέλω
γὰρ ἀκοῦσαι, εἰ καὶ ὅτι μάλιστα οὑτοσὶ Τυχιάδης
ἀπιστήσει."

33. D'après Apollonios de Rhodes, *Argonautiques,* IV, 1638-1688,
cette statue géante en bronze faisait trois fois par jour le tour de la Crète.
Dans *La danse,* 56, Lucien évoque Talos comme « le gardien de bronze
de la Grèce ».
34. Pour G. Lacaze, Lucien semble confondre deux Dédales, « le
concepteur du fameux labyrinthe et le statuaire du VIIᵉ siècle qui a donné
son nom à la sculpture grecque du haut archaïsme ou sculpture déda-
lique ». Comme le rappelle A. Croiset, dans son édition du *Ménon* à la
C.U.F., ce sculpteur représentait « toute une période dans laquelle la sta-

– Puisse la statue se montrer favorable et bienveillante, dis-je, si elle est aussi puissante ! Que la voyez-vous donc faire d'autre, vous tous les habitants de la maison ?

– Dès que la nuit vient, dit-il, elle descend de son pié-destal et va se promener autour de la demeure. Nous la ren-controns tous : parfois même, elle chante. Elle n'a fait de mal à personne : il faut seulement s'écarter, et elle passe sans ennuyer ceux qui la voient. Ce n'est pas tout : sou-vent elle prend des bains et s'amuse toute la nuit, au point qu'on entend les éclaboussures.

– Prends garde, dis-je. Cette statue n'est peut-être pas Pellichos, mais le Crétois Talos, un fils de Minos[33]. Il était en bronze, lui aussi, et faisait des rondes en Crète. Et d'ailleurs, Eucratès, si cette statue au lieu d'être en bronze était en bois, rien n'empêcherait qu'elle soit, non une œuvre de Démétrios, mais une des inventions de Dédale[34] : en tout cas, lui aussi s'enfuit de son emplacement, comme tu le racontes.

20. – Prends garde, Tychiadès, dit-il, tu risques de regretter plus tard ta plaisanterie. Je sais ce qui est arrivé à celui qui avait volé les oboles que nous déposons devant elle à chaque nouvelle lune.

– Cela doit avoir été épouvantable puisque c'était un sacrilège, dit Ion. Comment donc Pellichos s'est il vengé de lui, Eucratès ? Je veux l'apprendre même si Tychiadès ici présent refuse absolument d'y croire.

---

tuaire s'était affranchie du type rigide issu du *xoanon* primitif. Il passait pour avoir le premier représenté l'homme nu, non plus les jambes join-tes, mais un pied porté en avant dans l'attitude de la marche. » C'est à lui que Platon fait allusion plaisamment, en plaisantant sur ces premiè-res apparitions du réalisme et de la vie dans la plastique. Dans l'*Euthy-phron,* 11 b-c, il dit de ses statues : « Elles détalent et se refusent à res-ter où l'on a bien pu les placer » ; dans *Ménon,* 97 c-e, il revient sur « les œuvres de ce grand sculpteur » qui « s'enfuient et s'évadent ».

"Πολλοί," ἦ δ' ὅς, "ἔκειντο ὀβολοὶ πρὸ τοῖν ποδοῖν
αὐτοῦ καὶ ἄλλα νομίσματα ἔνια ἀργυρᾶ πρὸς τὸν
μηρὸν κηρῷ κεκολλημένα καὶ πέταλα ἐξ ἀργύρου,
εὐχαί τινος ἢ μισθὸς ἐπὶ τῇ ἰάσει ὁπόσοι δι'
αὐτὸν ἐπαύσαντο πυρετῷ ἐχόμενοι. Ἦν δὲ ἡμῖν
Λίβυς τις οἰκέτης κατάρατος, ἱπποκόμος· οὗτος
ἐπεχείρησε νυκτὸς ὑφελέσθαι πάντα ἐκεῖνα καὶ
ὑφείλετο καταβεβηκότα ἤδη τηρήσας τὸν ἀνδριάντα.
Ἐπεὶ δὲ ἐπανελθὼν τάχιστα ἔγνω περισεσυλημένος
ὁ Πέλλιχος, ὅρα ὅπως ἠμύνατο καὶ κατεφώρασε τὸν
Λίβυν· δι' ὅλης γὰρ τῆς νυκτὸς περιῄει ἐν κύκλῳ
τὴν αὐλὴν ὁ ἄθλιος ἐξελθεῖν οὐ δυνάμενος ὥσπερ
εἰς λαβύρινθον ἐμπεσών, ἄχρι δὴ κατελήφθη ἔχων τὰ
φώρια γενομένης ἡμέρας. Καὶ τότε μὲν πληγὰς οὐκ
ὀλίγας ἔλαβεν ἁλούς, οὐ πολὺν δὲ ἐπιβιοὺς χρόνον
κακὸς κακῶς ἀπέθανεν μαστιγούμενος, ὡς ἔλεγεν,
κατὰ τὴν νύκτα ἑκάστην, ὥστε καὶ μώλωπας εἰς
τὴν ἐπιοῦσαν φαίνεσθαι αὐτοῦ ἐπὶ τοῦ σώματος.
Πρὸς ταῦτα, ὦ Τυχιάδη, καὶ τὸν Πέλλιχον σκῶπτε
κἀμὲ ὥσπερ τοῦ Μίνωος ἡλικιώτην παραπαίειν ἤδη
δόκει."

"Ἀλλ', ὦ Εὔκρατες," ἦν δ' ἐγώ, "ἔστ' ἂν χαλκὸς
μὲν ὁ χαλκός, τὸ δὲ ἔργον Δημήτριος ὁ Ἀλωπεκῆθεν
εἰργασμένος ᾖ, οὐ θεοποιός τις ἀλλ' ἀνθρωποποιὸς
ὤν, οὔποτε φοβήσομαι τὸν ἀνδριάντα Πελλίχου, ὃν
οὐδὲ ζῶντα πάνυ ἐδεδίειν ἂν ἀπειλοῦντά μοι."

21. Ἐπὶ τούτοις Ἀντίγονος ὁ ἰατρὸς εἶπε·

"Κἀμοί, ὦ Εὔκρατες, Ἱπποκράτης ἐστὶ χαλκοῦς
ὅσον πηχυαῖος τὸ μέγεθος· οὗτος ἐπειδὰν μόνον
ἡ θρυαλλὶς ἀποσβῇ, περίεισιν τὴν οἰκίαν ὅλην ἐν
κύκλῳ ψοφῶν καὶ τὰς πυξίδας ἀνατρέπων καὶ τὰ
φάρμακα συγχέων καὶ τὴν θυίαν περιτρέπων, καὶ

– De nombreuses oboles étaient déposées à ses pieds, dit Eucratès, et même quelques pièces d'argent, collées à la cire sur sa cuisse, ainsi que des feuilles en argent, offertes en prière ou en action de grâces pour une guérison par tous ceux qui avaient été délivrés grâce à lui de la fièvre qui les tenait. Or nous avions un abominable serviteur libyen, un palefrenier. Il décida de voler toutes ces offrandes pendant la nuit et il s'en empara après avoir guetté le moment où la statue serait descendue de son socle. Mais dès que Pellichos revint et comprit qu'il avait été dépouillé, voici comment il se vengea en faisant prendre le Libyen en flagrant délit : toute la nuit, le misérable tourna en rond dans la cour sans pouvoir en sortir, comme s'il était tombé dans un labyrinthe, jusqu'au moment où, le jour venu, il fut arrêté et trouvé en possession des objets volés. Une fois attrapé, il fut abondamment battu, et ne survécut pas longtemps ; ce méchant mourut de male mort : il était fouetté chaque nuit, disait-il, au point d'ailleurs qu'on voyait le lendemain des meurtrissures sur son corps. Après ce récit, Tychiadès, moque-toi de Pellichos et considère maintenant que je radote comme si j'étais né à l'époque de Minos.

– Allons, Eucratès, dis-je, tant que ce bronze sera en bronze et l'œuvre de Démétrios d'Alopéké, lequel ne représentait pas des dieux mais des hommes, je n'aurai jamais peur de la statue de Pellichos dont d'ailleurs je ne craindrais absolument pas les menaces, même s'il était vivant. »

21. Là-dessus, le médecin Antigonos déclara:

« Moi aussi, Eucratès, j'ai un bronze représentant Hippocrate, haut d'environ une coudée*. Dès que la mèche de ma lampe est éteinte, il fait le tour de toute la maison, à grand bruit, renversant les boîtes de remèdes, mélangeant les médicaments, et retournant le mortier, surtout si

μάλιστα ἐπειδὰν τὴν θυσίαν ὑπερβαλώμεθα, ἣν κατὰ
τὸ ἔτος ἕκαστον αὐτῷ θύομεν."

"Ἀξιοῖ γάρ," ἦν δ' ἐγώ, "καὶ ὁ Ἱπποκράτης ἤδη
ὁ ἰατρὸς θύεσθαι αὐτῷ, καὶ ἀγανακτεῖ ἢν μὴ κατὰ
καιρὸν ἐφ' ἱερῶν τελείων ἑστιαθῇ· "Ὃν ἔδει ἀγαπᾶν,
εἴ τις ἐναγίσειεν αὐτῷ ἢ μελίκρατον ἐπισπείσειεν
ἢ στεφανώσειε τὴν στήλην."

22. ""Ἄκουε τοίνυν," ἔφη ὁ Εὐκράτης," – τοῦτο
μὲν καὶ ἐπὶ μαρτύρων – ὃ πρὸ ἐτῶν πέντε εἶδον·
ἐτύγχανε μὲν ἀμφὶ τρυγητὸν τοῦ ἔτους ὄν, ἐγὼ
δὲ ἀνὰ τὸν ἀγρὸν μεσούσης ἡμέρας τρυγῶντας
ἀφεὶς τοὺς ἐργάτας κατ' ἐμαυτὸν εἰς τὴν ὕλην
ἀπῄειν μεταξὺ φροντίζων τι καὶ ἀνασκοπούμενος.
Ἐπεὶ δ' ἐν τῷ συνηρεφεῖ ἦν, τὸ μὲν πρῶτον
ὑλαγμὸς ἐγένετο κυνῶν, κἀγὼ εἴκαζον Μνάσωνα
τὸν υἱόν, ὥσπερ εἰώθει, παίζειν καὶ κυνηγετεῖν εἰς
τὸ λάσιον μετὰ τῶν ἡλικιωτῶν παρελθόντα. Τὸ δ'
οὐκ εἶχεν οὕτως, ἀλλὰ μετ' ὀλίγον σεισμοῦ τινος
ἅμα γενομένου καὶ βοῆς οἷον ἐκ βροντῆς γυναῖκα
ὁρῶ προσιοῦσαν φοβεράν, ἡμισταδιαίαν σχεδὸν τὸ
ὕψος. Εἶχεν δὲ καὶ δᾷδα ἐν τῇ ἀριστερᾷ καὶ ξίφος
ἐν τῇ δεξιᾷ ὅσον εἰκοσάπηχυ, καὶ τὰ μὲν ἔνερθεν
ὀφιόπους ἦν, τὰ δὲ ἄνω Γοργόνι ἐμφερής, τὸ βλέμμα
φημὶ καὶ τὸ φρικῶδες τῆς προσόψεως, καὶ ἀντὶ
τῆς κόμης τοὺς δράκοντας βοστρυχηδὸν καθεῖτο
εἰλουμένους περὶ τὸν αὐχένα καὶ ἐπὶ τῶν ὤμων
ἐνίους ἐσπειραμένους. Ὁρᾶτε," ἔφη, "ὅπως ἔφριξα,
ὦ φίλοι, μεταξὺ διηγούμενος."

35. Comme le souligne. G. Lacaze, Hippocrate dépasse ici la mesure :
« Les honneurs rendus à tout mort devraient lui suffire, sans qu'il réclame
en sus ceux qui reviennent à un dieu ou à un héros. »

nous avons laissé passer la date du sacrifice que nous lui offrons chaque année.

– Voilà maintenant le médecin Hippocrate qui réclame un sacrifice solennel ! dis-je. Il s'indigne s'il n'est pas régalé au bon moment de victimes sans tache ! Il devrait s'estimer heureux qu'on lui apporte des offrandes[35], qu'on lui offre des libations de lait et de miel, ou qu'on couronne sa stèle.

22. – Écoute donc ce que j'ai vu, il y a cinq ans, dit Eucratès. Je parle sous la garantie de témoins. C'était la saison des vendanges : traversant ma propriété vers midi, je laissai les ouvriers vendanger et m'en allai seul dans le bois, plongé dans mes pensées et mes réflexions. Quand je fus sous le couvert, j'entendis d'abord aboyer des chiens : je pensai que mon fils Mnason s'amusait à chasser, comme il en avait habitude, et qu'il était entré dans les halliers avec ses camarades. Mais ce n'était pas le cas. Peu après, il y eut un tremblement de terre et un bruit pareil à un coup de tonnerre : je vois alors approcher une femme terrifiante, d'une taille de près d'un demi-stade*[36]. Elle tenait une torche dans la main gauche et dans la droite une épée de près de vingt coudées*[37]. En bas, ses pieds étaient des serpents ; en haut elle ressemblait à Gorgone, je parle de son regard et de son aspect qui donnait le frisson. En guise de cheveux elle avait des serpents qui tombaient en boucles et s'enroulaient autour de sa nuque ; certains étiraient leurs anneaux sur ses épaules… Voyez, mes amis, ajouta-t-il, comme je frissonne en faisant ce récit. »

36. Environ 90 m.
37. Près de 9 m.

Καὶ ἅμα λέγων ἐδείκνυεν ὁ Εὐκράτης τὰς ἐπὶ τοῦ πήχεως τρίχας δῆθεν ὀρθὰς ὑπὸ τοῦ φόβου. 23. Οἱ μὲν οὖν ἀμφὶ τὸν Ἴωνα καὶ τὸν Δεινόμαχον καὶ τὸν Κλεόδημον κεχηνότες ἀτενὲς προσεῖχον αὐτῷ, γέροντες ἄνδρες ἑλκόμενοι τῆς ῥινός, ἠρέμα προσκυνοῦντες οὕτως ἀπίθανον κολοσσόν, ἡμισταδιαίαν γυναῖκα, γιγάντειόν τι μορμολύκειον. Ἐγὼ δὲ ἐνενόουν μεταξὺ οἷοι ὄντες αὐτοὶ νέοις τε ὁμιλοῦσιν ἐπὶ σοφίᾳ καὶ ὑπὸ πολλῶν θαυμάζονται, μόνῃ τῇ πολιᾷ καὶ τῷ πώγωνι διαφέροντες τῶν βρεφῶν, τὰ δ' ἄλλα καὶ αὐτῶν ἐκείνων εὐαγωγότεροι πρὸς τὸ ψεῦδος.

24. Ὁ γοῦν Δεινόμαχος, "Εἰπέ μοι," ἔφη, "ὦ Εὔκρατες, οἱ κύνες δὲ τῆς θεοῦ πηλίκοι τὸ μέγεθος ἦσαν;"

"Ἐλεφάντων," ἦ δ' ὅς, "ὑψηλότεροι τῶν Ἰνδικῶν, μέλανες καὶ αὐτοὶ καὶ λάσιοι πιναρᾷ καὶ αὐχμώσῃ τῇ λάχνῃ. Ἐγὼ μὲν οὖν ἰδὼν ἔστην ἀναστρέψας ἅμα τὴν σφραγῖδα ἥν μοι ὁ Ἄραψ ἔδωκεν εἰς τὸ εἴσω τοῦ δακτύλου· ἡ Ἑκάτη δὲ πατάξασα τῷ δρακοντείῳ ποδὶ τοὔδαφος ἐποίησεν χάσμα παμμέγεθες, ἡλίκον Ταρτάρειον τὸ βάθος· εἶτα ᾤχετο μετ' ὀλίγον ἀλλομένη εἰς αὐτό. Ἐγὼ δὲ θαρρήσας ἐπέκυψα λαβόμενος δένδρου τινὸς πλησίον πεφυκότος, ὡς μὴ σκοτοδινιάσας ἐμπέσοιμι ἐπὶ κεφαλήν· εἶτα ἑώρων τὰ ἐν Ἅιδου ἅπαντα, τὸν Πυριφλεγέθοντα, τὴν λίμνην, τὸν Κέρβερον, τοὺς νεκρούς, ὥστε γνωρίζειν ἐνίους αὐτῶν· τὸν γοῦν πατέρα εἶδον ἀκριβῶς αὐτὰ ἐκεῖνα ἔτι ἀμπεχόμενον ἐν οἷς αὐτὸν κατεθάψαμεν."

"Τί δὲ ἔπραττον," ὁ Ἴων ἔφη, "ὦ Εὔκρατες, αἱ ψυχαί;"

"Τί δ' ἄλλο," ἦ δ' ὅς, "ἢ κατὰ φῦλα καὶ φρήτρας μετὰ τῶν φίλων καὶ συγγενῶν διατρίβουσιν ἐπὶ τοῦ

Tout en parlant, Eucratès nous montrait les poils de son avant-bras qui en effet se dressaient sous l'effet de la peur. 23. Ion, Deinomachos et Cléodèmos l'écoutaient attentivement, bouche bée : eux, des vieillards, ils se laissaient mener par le bout du nez et adoraient sans broncher un colosse si peu vraisemblable, une femme d'un demi-stade*, un croquemitaine géant. Pendant ce temps, je me disais : Et tels qu'ils sont, ils vont à la rencontre des jeunes gens pour leur enseigner la sagesse ! Et ils ont de nombreux admirateurs, alors que seuls leurs cheveux blancs et leur barbe les distinguent des marmots et que, pour le reste, ils sont, plus encore que ceux-ci, enclins à croire au mensonge..

24. Voici par exemple ce que demandait Deinomachos :

« Dis-moi, Eucratès, les chiens de la déesse, quelle taille avaient-ils ?

– Ils étaient plus grands que les éléphants des Indiens, noirs comme eux, couverts d'une toison sale et poussiéreuse. À cette vue, je m'arrêtai, tournant vers l'intérieur de mon doigt le sceau de la bague que l'Arabe m'avait donnée. Hécate, frappant le sol de son pied de serpent, fit s'ouvrir un gouffre immense, aussi profond que le Tartare ; peu après elle sauta dedans et disparut. Reprenant courage, je me penchai, me tenant à un arbre qui poussait tout près, de peur d'avoir le vertige et de tomber la tête la première. Alors, je vis tout ce qu'il y a dans l'Hadès, le Pyriphlégéton, le marais, Cerbère, et les morts, si nettement que j'en reconnus certains, mon père, par exemple, que j'aperçus distinctement : il portait les vêtements mêmes dans lequel nous l'avions enterré.

– Et que faisaient les âmes, Eucratès ? demanda Ion.

– Que pourraient-elles faire, répondit-il, sinon passer le temps, allongées sur l'asphodèle, regroupées par tribus*

ἀσφοδέλου κατακείμενοι."

"'Αντιλεγέτωσαν νῦν ἔτι," ἦ δ' ὃς ὁ Ἴων, "οἱ ἀμφὶ τὸν Ἐπίκουρον τῷ ἱερῷ Πλάτωνι καὶ τῷ περὶ τῶν ψυχῶν λόγῳ. Σὺ δὲ μὴ καὶ τὸν Σωκράτην αὐτὸν καὶ τὸν Πλάτωνα εἶδες ἐν τοῖς νεκροῖς;"

"Τὸν Σωκράτην ἔγωγε," ἦ δ' ὅς, "οὐδὲ τοῦτον σαφῶς, ἀλλὰ εἰκάζων ὅτι φαλακρὸς καὶ προγάστωρ ἦν· τὸν Πλάτωνα δὲ οὐκ ἐγνώρισα· χρὴ γάρ, οἶμαι, πρὸς φίλους ἄνδρας τἀληθῆ λέγειν. ""Αμα δ' οὖν ἐγώ τε ἅπαντα ἱκανῶς ἑωράκειν, καὶ τὸ χάσμα συνῄει καὶ συνέμυε· καί τινες τῶν οἰκετῶν ἀναζητοῦντές με, καὶ Πυρρίας οὗτος ἐν αὐτοῖς, ἐπέστησαν οὔπω τέλεον μεμυκότος τοῦ χάσματος. Εἰπέ, Πυρρία, εἰ ἀληθῆ λέγω."

""Νὴ Δί'," ἔφη ὁ Πυρρίας, "καὶ ὑλακῆς δὲ ἤκουσα διὰ τοῦ χάσματος καὶ πῦρ τι ὑπέλαμπεν, ἀπὸ τῆς δᾳδός μοι δοκεῖν."

Κἀγὼ ἐγέλασα ἐπιμετρήσαντος τοῦ μάρτυρος τὴν ὑλακὴν καὶ τὸ πῦρ.

25. Ὁ Κλεόδημος δέ· "Οὐ καινά," εἶπεν, "οὐδὲ ἄλλοις ἀόρατα ταῦτα εἶδες, ἐπεὶ καὶ αὐτὸς οὐ πρὸ πολλοῦ νοσήσας τοιόνδε τι ἐθεασάμην· ἐπεσκόπει δέ με καὶ ἐθεράπευεν Ἀντίγονος οὗτος. Ἑβδόμη μὲν ἦν ἡμέρα, ὁ δὲ πυρετὸς οἷος καῦσος σφοδρότατος. Ἅπαντες δέ με ἀπολιπόντες ἐπ' ἐρημίας ἐπικλεισάμενοι τὰς θύρας ἔξω περιέμενον· οὕτω γὰρ αὐτὸς ἐκέλευσας, ὦ Ἀντίγονε, εἴ πως δυνηθείην εἰς ὕπνον τραπέσθαι. Τότε οὖν ἐφίσταταί μοι νεανίας ἐγρηγορότι πάγκαλος λευκὸν ἱμάτιον περιβεβλημένος, εἶτα ἀναστήσας ἄγει διά τινος χάσματος εἰς τὸν "Αιδην, ὡς αὐτίκα

et par phratries* avec leurs amis et leurs parents ?

– Eh bien ! que les Épicuriens essaient encore de contredire le vénérable Platon et sa doctrine concernant les âmes !
dit Ion. Quant à toi, n'as-tu pas vu Socrate en personne et
Platon parmi les morts ?

– Socrate, je l'ai vu, moi, oui, dit-il, mais pas clairement : j'ai supposé que c'était lui parce qu'il était chauve
et ventru. Quant à Platon, je ne l'ai pas reconnu : je pense
qu'il faut dire la vérité à ses amis. Dès que j'eus tout observé
suffisamment, le gouffre se resserra et se referma. Certains
de mes serviteurs qui me cherchaient, dont Pyrrhias ici
présent, arrivèrent, alors que le gouffre n'était pas encore
entièrement fermé. Dis-leur, Pyrrhias, si c'est la vérité.

– Oui par Zeus, dit Pyrrhias. J'ai même entendu des
aboiements à travers le gouffre, et un feu brillait faiblement : il venait de la[38] torche, je crois. »

Je me mis à rire en entendant le témoin ajouter, pour
faire bonne mesure, l'aboiement et le feu.

25. Cléodémos déclara :

« Ce que tu as vu là n'a rien de nouveau qui n'ait été
vu par d'autres. Moi-même, il n'y a pas longtemps, quand
j'ai été malade, j'ai eu une vision de ce genre. Antigonos
ici présent me visitait et me soignait. Depuis sept jours,
la fièvre était très forte, telle une brûlure. Tous m'avaient
laissé seul : ils avaient fermé les portes et attendaient dehors,
conformément à tes prescriptions, Antigonos, au cas où
je parviendrais à m'endormir. J'étais encore éveillé lorsque s'approche de moi un jeune homme de toute beauté,
vêtu d'un manteau blanc ; me faisant lever, il m'entraîne
par un gouffre devant Hadès, comme je le compris tout

38. L'emploi de l'article défini dénonce le caractère forgé du témoi-
gnage, car si Pyrrhias n'avait assisté qu'à la fermeture du gouffre, il ne
devrait pas savoir de quelle torche il s'agit.

ἐγνώρισα Τάνταλον ἰδὼν καὶ Τιτυὸν καὶ Σίσυφον.
Καὶ τὰ μὲν ἄλλα τί ἂν ὑμῖν λέγοιμι; Ἐπεὶ δὲ κατὰ
τὸ δικαστήριον ἐγενόμην – παρῆν δὲ καὶ ὁ Αἰακὸς
καὶ ὁ Χάρων καὶ αἱ Μοῖραι καὶ αἱ Ἐρινύες – ὁ μέν
τις ὥσπερ βασιλεὺς (ὁ Πλούτων, μοι δοκεῖ) καθῆστο
ἐπιλεγόμενος τῶν τεθνηξομένων τὰ ὀνόματα, οὓς
ἤδη ὑπερημέρους τῆς ζωῆς συνέβαινεν εἶναι. Ὁ
δὲ νεανίσκος ἐμὲ φέρων παρέστησεν αὐτῷ· ὁ δὲ
Πλούτων ἠγανάκτησέν τε καὶ πρὸς τὸν ἀγαγόντα
με· 'Οὔπω πεπλήρωται,' φησίν, 'τὸ νῆμα αὐτῷ, ὥστε
ἀπίτω. Σὺ δὲ δὴ τὸν χαλκέα Δημύλον ἄγε· ὑπὲρ
γὰρ τὸν ἄτρακτον βιοῖ.' Κἀγὼ ἄσμενος ἀναδραμὼν
αὐτὸς μὲν ἤδη ἀπύρετος ἦν, ἀπήγγελλον δὲ ἅπασιν
ὡς τεθνήξεται Δημύλος· ἐν γειτόνων δὲ ἡμῖν ᾤκει
νοσῶν τι καὶ αὐτός, ὡς ἀπηγγέλλετο. Καὶ μετὰ
μικρὸν ἠκούομεν οἰμωγῆς ὀδυρομένων ἐπ' αὐτῷ."

26. "Τί θαυμαστόν;" εἶπεν ὁ Ἀντίγονος· "ἐγὼ
γὰρ οἶδά τινα μετὰ εἰκοστὴν ἡμέραν ἧς ἐτάφη
ἀναστάντα, θεραπεύσας καὶ πρὸ τοῦ θανάτου καὶ
ἐπεὶ ἀνέστη τὸν ἄνθρωπον."

"Καὶ πῶς," ἦν δ' ἐγώ, "ἐν εἴκοσιν ἡμέραις οὔτ'
ἐμύθησεν τὸ σῶμα οὔτε ἄλλως ὑπὸ λιμοῦ διεφθάρη;
Εἰ μή τινα Ἐπιμενίδην σύ γε ἐθεράπευες."

27. "Ἅμα ταῦτα λεγόντων ἡμῶν ἐπεισῆλθον οἱ
τοῦ Εὐκράτους υἱοὶ ἐκ τῆς παλαίστρας, ὁ μὲν ἤδη
ἐξ ἐφήβων, ὁ δὲ ἕτερος ἀμφὶ τὰ πεντεκαίδεκα ἔτη,
καὶ ἀσπασάμενοι ἡμᾶς ἐκαθέζοντο ἐπὶ τῆς κλίνης
παρὰ τῷ πατρί· ἐμοὶ δὲ εἰσεκομίσθη θρόνος. Καὶ
ὁ Εὐκράτης ὥσπερ ἀναμνησθεὶς πρὸς τὴν ὄψιν
τῶν υἱέων·

"Οὕτως ὀναίμην," ἔφη, "τούτων" – ἐπιβαλὼν αὐτοῖν
τὴν χεῖρα – "ἀληθῆ, ὦ Τυχιάδη, πρός σε ἐρῶ. Τὴν

de suite, en voyant Tantale, Tityos et Sisyphe. À quoi
bon vous dire le reste ? Je fus conduit devant le tribunal – Éaque, Charon, les Moires, les Érinyes étaient près
de moi – sur lequel siégeait quelqu'un qui ressemblait à
un roi – c'était Pluton, je crois : il lisait les noms de ceux
qui allaient mourir parce qu'ils avaient déjà dépassé leur
temps de vie. Le jeune homme me fit approcher en hâte,
mais Pluton se mit en colère et dit à mon guide : " Son fil
n'est pas encore dévidé ; qu'il s'en aille ! Et toi, amène-
moi plutôt le forgeron Démylos : sa vie dépasse ce que permet son fuseau. " Alors tout joyeux, je remontai en courant. Je n'avais déjà plus de fièvre et j'annonçai à tout le
monde que Démylos allait mourir : il habitait dans notre
voisinage et il était malade lui aussi, à ce qu'on rappor-
tait. Peu après, nous entendîmes les lamentations de ceux
qui le pleuraient.

26. – Qu'y a-t-il là d'étonnant ? dit Antigonos. Je connais
quelqu'un qui est revenu à la vie vingt jours après avoir
été enterré : je l'ai soigné avant sa mort et après sa résur-
rection.

– Comment se fait-il, demandai-je, qu'en vingt jours
le corps ne se soit pas putréfié ou n'ait pas succombé à la
faim ? À moins que tu n'aies soigné un Épiménide[39]. »

27. Nous parlions ainsi quand les fils d'Eucratès revin-
rent de la palestre : l'un était déjà sorti de la classe des
éphèbes*, l'autre avait environ quinze ans. Ils nous saluè-
rent et s'assirent sur le lit à côté de leur père : on m'apporta un fauteuil. Alors Eucratès, comme si la vue de ses
fils lui rappelait un souvenir :

« Aussi vrai que je souhaite voir grandir ces enfants,
dit-il en posant la main sur chacun des deux garçons, je

---

39. Voir *Timon*, 6 et la note.

μακαρῖτίν μου γυναῖκα τὴν τούτων μητέρα πάντες
ἴσασιν ὅπως ἠγάπησα, ἐδήλωσα δὲ οἷς περὶ αὐτὴν
ἔπραξα οὐ ζῶσαν μόνον, ἀλλὰ καὶ ἐπεὶ ἀπέθανεν, τόν
τε κόσμον ἅπαντα συγκατακαύσας καὶ τὴν ἐσθῆτα
ᾗ ζῶσα ἔχαιρεν. Ἑβδόμη δὲ μετὰ τὴν τελευτὴν
ἡμέρᾳ ἐγὼ μὲν ἐνταῦθα ἐπὶ τῆς κλίνης ὥσπερ νῦν
ἐκείμην παραμυθούμενος τὸ πένθος· ἀνεγίγνωσκον
γὰρ τὸ περὶ ψυχῆς τοῦ Πλάτωνος βιβλίον ἐφ'
ἡσυχίας· ἐπεισέρχεται δὲ μεταξὺ ἡ Δημαινέτη αὐτὴ
ἐκείνη καὶ καθίζεται πλησίον ὥσπερ νῦν Εὐκρατίδης
οὑτοσί," δείξας τὸν νεώτερον τῶν υἱέων· ὁ δὲ αὐτίκα
ἔφριξε μάλα παιδικῶς, καὶ πάλαι ἤδη ὠχρὸς ὢν
πρὸς τὴν διήγησιν.

    "Ἐγὼ δέ," ἦ δ' ὃς ὁ Εὐκράτης, "ὡς εἶδον,
περιπλακεὶς αὐτῇ ἐδάκρυον ἀνακωκύσας· ἡ δὲ οὐκ
εἴα βοᾶν, ἀλλ' ᾐτιᾶτό με ὅτι τὰ ἄλλα πάντα
χαρισάμενος αὐτῇ θάτερον τοῖν σανδάλοιν χρυσοῖν
ὄντοιν οὐ κατακαύσαιμι, εἶναι δὲ αὐτὸ ἔφασκεν ὑπὸ
τῇ κιβωτῷ παραπεσόν, καὶ διὰ τοῦτο ἡμεῖς οὐχ
εὑρόντες θάτερον μόνον ἐκαύσαμεν. Ἔτι δὲ ἡμῶν
διαλεγομένων κατάρατόν τι κυνίδιον ὑπὸ τῇ κλίνῃ
ὂν Μελιταῖον ὑλάκτησεν, ἡ δὲ ἠφανίσθη πρὸς τὴν
ὑλακήν. Τὸ μέντοι σανδάλιον εὑρέθη ὑπὸ τῇ κιβωτῷ
καὶ κατεκαύθη ὕστερον. 28. "Ἔτι ἀπιστεῖν τούτοις,
ὦ Τυχιάδη, ἄξιον ἐναργέσιν οὖσιν καὶ κατὰ τὴν
ἡμέραν ἑκάστην φαινομένοις;"

    "Μὰ Δί'," ἦν δ' ἐγώ· "ἐπεὶ σανδάλῳ γε χρυσῷ
εἰς τὰς πυγὰς ὥσπερ τὰ παιδία παίεσθαι ἄξιοι ἂ
ν εἶεν οἱ ἀπιστοῦντες καὶ οὕτως ἀναισχυντοῦντες
πρὸς τὴν ἀλήθειαν."

vais te raconter une histoire véritable, Tychiadès. Chacun
sait combien je chérissais ma défunte épouse, leur mère.
On l'a vu à la manière dont je l'ai traitée, non seulement de
son vivant, mais même après sa mort : j'ai brûlé avec elle
tous ses bijoux et les vêtements qu'elle aimait quand elle
était en vie. Or, sept jours après sa mort, je me trouvais sur
le lit sur lequel je suis allongé maintenant, essayant d'apaiser mon chagrin : je lisais tranquillement le livre que Platon a consacré à l'âme[40]. Sur ces entrefaites voici qu'entre
Démainété en personne ; elle s'assied près de moi, comme
maintenant Eucratidès que vous voyez. » Il montrait son
plus jeune fils, qui frissonna aussitôt d'une manière très
enfantine : depuis longtemps déjà, il était pâle en entendant cette histoire.

« Pour moi, reprit Eucratès, dès que je la vis, je l'enla-
çai et me mis à pleurer en sanglotant. Sans me laisser me
lamenter, elle me dit que je l'avais honorée en tous points,
mais qu'elle avait un reproche à me faire : ne pas avoir
brûlé une de ses sandales en or. La chaussure, me dit-elle,
était sous le coffre à côté duquel elle était tombée : voilà
pourquoi nous ne l'avions pas trouvée et n'en avions brûlé
qu'une. Nous parlions encore lorsqu'un maudit petit chien
de Malte, qui était sous le lit, se mit à aboyer ; à cet aboiement, elle disparut. Quant à la sandale, on la trouva sous
le coffre et on la brûla par la suite. 28. Trouves-tu encore,
Tychiadès, qu'on ait le droit de ne pas croire à des apparitions incontestables, qui se produisent chaque jour ?

– Non, par Zeus ! répondis-je. Ils mériteraient d'être
fessés avec une sandale en or comme de petits enfants,
les incrédules qui traitent la vérité avec tant d'imperti-
nence. »

40. Il s'agit du *Phédon*.

29. Ἐπὶ τούτοις ὁ Πυθαγορικὸς Ἀρίγνωτος
εἰσῆλθεν, ὁ κομήτης, ὁ σεμνὸς ἀπὸ τοῦ προσώπου,
οἶσθα τὸν ἀοίδιμον ἐπὶ τῇ σοφίᾳ, τὸν ἱερὸν
ἐπονομαζόμενον. Κἀγὼ μὲν ὡς εἶδον αὐτὸν ἀνέπνευσα,
τοῦτ᾽ ἐκεῖνο ἥκειν μοι νομίσας πέλεκύν τινα κατὰ
τῶν ψευσμάτων. "Ἐπιστομιεῖ γὰρ αὐτούς," ἔλεγον,
"ὁ σοφὸς ἀνὴρ οὕτω τεράστια διεξιόντας," καὶ τὸ
τοῦ λόγου, θεὸν ἀπὸ μηχανῆς ἐπεισκυκληθῆναί μοι
τοῦτον ᾤμην ὑπὸ τῆς Τύχης· ὁ δὲ ἐπεὶ ἐκαθέζετο
ὑπεκστάντος αὐτῷ τοῦ Κλεοδήμου, πρῶτα μὲν περὶ
τῆς νόσου ἤρετο, καὶ ὡς ῥᾷον ἤδη ἔχειν ἤκουσεν
παρὰ τοῦ Εὐκράτους, "Τί δέ," ἔφη, "πρὸς αὐτοὺς
ἐφιλοσοφεῖτε; Μεταξὺ γὰρ εἰσιὼν ἐπήκουσα, καί μοι
ἐδοκεῖτε εἰς καλὸν διατεθήσεσθαι τὴν διατριβήν."

"Τί δ᾽ ἄλλο," εἶπεν ὁ Εὐκράτης, "ἢ τουτονὶ τὸν
ἀδαμάντινον πείθομεν" –δείξας ἐμέ– "ἡγεῖσθαι δαίμονάς
τινας εἶναι καὶ φάσματα καὶ νεκρῶν ψυχὰς περιπολεῖν
ὑπὲρ γῆς καὶ φαίνεσθαι οἷς ἂν ἐθέλωσιν."

Ἐγὼ μὲν οὖν ἠρυθρίασα καὶ κάτω ἔνευσα
αἰδεσθεὶς τὸν Ἀρίγνωτον.

Ὁ δέ· "Ὅρα," ἔφη, "ὦ Εὔκρατες, μὴ τοῦτό φησιν
Τυχιάδης, τὰς τῶν βιαίως ἀποθανόντων μόνας ψυχὰς
περινοστεῖν, οἷον εἴ τις ἀπήγξατο ἢ ἀπετμήθη τὴν
κεφαλὴν ἢ ἀνεσκολοπίσθη ἢ ἄλλῳ γέ τῳ τρόπῳ
τοιούτῳ ἀπῆλθεν ἐκ τοῦ βίου, τὰς δὲ τῶν κατὰ
μοῖραν ἀποθανόντων οὐκέτι· ἢν γὰρ τοῦτο λέγῃ, οὐ
πάνυ ἀπόβλητα φήσει."

"Μὰ Δί᾽," ἦ δ᾽ ὃς ὁ Δεινόμαχος, "ἀλλ᾽ οὐδὲ ὅλως εἶ
ναι τὰ τοιαῦτα οὐδὲ συνεστῶτα ὁρᾶσθαι οἴεται."

41. Lucien juxtapose ici deux machineries de théâtre : l'eccyclème,
plateau tournant qui permettait de montrer aux spectateurs ce qui s'est
passé derrière la σκηνή (généralement dans les appartements, à l'intérieur
du palais) et la μηχανή, dispositif qui permettait, au dénouement, de faire
apparaître au-dessus de la scène un dieu qui dénouait le drame.

29. Sur ces entrefaites entra le pythagoricien Arignotos, l'homme aux cheveux longs, au visage imposant – celui dont on vénère la sagesse et qu'on surnomme l'homme sacré, tu le connais. À sa vue, je respirai, pensant voir arriver à mon secours une hache prête à tailler en pièces les mensonges. Le sage personnage, me dis-je, va leur fermer la bouche s'ils continuent à tenir des propos aussi monstrueux. Je pensais que la Fortune m'avait envoyé par l'eccyclème un *deus ex machina*[41], comme on dit. Cléodémos lui ayant fait place, il s'assit et s'enquit d'abord de la maladie. Quand Eucratès eut déclaré qu'il se sentait déjà mieux, il demanda : « De quoi philosophiez-vous ensemble ? Je vous ai interrompus en entrant, mais j'ai entendu quelques mots, et vous me sembliez sur le point d'engager la discussion dans une belle direction.

– Nous tentions seulement de persuader cet esprit aussi dur que l'acier, dit Eucratès en me désignant, de croire à l'existence de démons et de spectres, et d'admettre que les âmes des morts circulent sur terre et se montrent à qui elles veulent. »

Je rougis et baissai les yeux, par respect pour Arignotos. Celui-ci déclara :

« Peut-être, Eucratès, Tychiadès veut-il dire que les âmes qui reviennent sont seulement celles de gens victimes de morts violentes – quelqu'un qui s'est pendu par exemple, qui a été décapité, empalé, ou qui a quitté la vie d'une manière semblable –, tandis que celles qui ont connu une mort naturelle[42] ne le font plus. Si c'est ce qu'il veut dire, ses paroles ne devront pas être totalement rejetées.

– Non, par Zeus, expliqua Deinomachos. Il pense que les phénomènes de ce genre n'existent pas du tout et n'ont aucune consistance permettant de les voir.

---

42. Littéralement : la mort qui était leur lot.

30. "Πῶς λέγεις," ἦ δ' ὃς ὁ Ἀρίγνωτος, δριμὺ ἀπιδὼν εἰς ἐμέ, "οὐδέν σοι τούτων γίγνεσθαι δοκεῖ, καὶ ταῦτα πάντων, ὡς εἰπεῖν, ὁρώντων;"

"Ἀπολόγησαι," ἦν δ' ἐγώ, "ὑπὲρ ἐμοῦ, εἰ μὴ πιστεύω, διότι μηδὲ ὁρῶ μόνος τῶν ἄλλων· εἰ δὲ ἑώρων, καὶ ἐπίστευον ἂν δηλαδὴ ὥσπερ ὑμεῖς."

"Ἀλλά," ἦ δ' ὅς, "ἤν ποτε εἰς Κόρινθον ἔλθῃς, ἐροῦ ἔνθα ἐστὶν ἡ Εὐβατίδου οἰκία, καὶ ἐπειδάν σοι δειχθῇ παρὰ τὸ Κράνειον, παρελθὼν εἰς αὐτὴν λέγε πρὸς τὸν θυρωρὸν Τίβειον ὡς ἐθέλοις ἰδεῖν ὅθεν τὸν δαίμονα ὁ Πυθαγορικὸς Ἀρίγνωτος ἀνορύξας ἀπήλασε καὶ πρὸς τὸ λοιπὸν οἰκεῖσθαι τὴν οἰκίαν ἐποίησεν."

31. "Τί δὲ τοῦτο ἦν, ὦ Ἀρίγνωτε;" ἤρετο ὁ Εὐκράτης.

"Ἀοίκητος ἦν," ἦ δ' ὅς, "ἐκ πολλοῦ ὑπὸ δειμάτων, εἰ δέ τις οἰκήσειεν εὐθὺς ἐκπλαγεὶς ἔφευγεν, ἐκδιωχθεὶς ὑπό τινος φοβεροῦ καὶ ταραχώδους φάσματος. Συνέπιπτεν οὖν ἤδη καὶ ἡ στέγη κατέρρει, καὶ ὅλως οὐδεὶς ἦν ὁ θαρρήσων παρελθεῖν εἰς αὐτήν. Ἐγὼ δὲ ἐπεὶ ταῦτα ἤκουσα, τὰς βίβλους λαβὼν—εἰσὶ δέ μοι Αἰγύπτιαι μάλα πολλαὶ περὶ τῶν τοιούτων—ἧκον εἰς τὴν οἰκίαν περὶ πρῶτον ὕπνον ἀποτρέποντος τοῦ ξένου καὶ μόνον οὐκ ἐπιλαμβανομένου, ἐπεὶ ἔμαθεν οἷ βαδίζοιμι, εἰς προῦπτον κακόν, ὡς ᾤετο. Ἐγὼ δὲ λύχνον λαβὼν μόνος εἰσέρχομαι, καὶ ἐν τῷ μεγίστῳ οἰκήματι καταθεὶς τὸ φῶς ἀνεγίγνωσκον ἡσυχῇ χαμαὶ καθεζόμενος· ἐφίσταται δὲ ὁ δαίμων ἐπί τινα τῶν πολλῶν ἥκειν νομίζων καὶ δεδίξεσθαι κἀμὲ ἐλπίζων ὥσπερ τοὺς ἄλλους, αὐχμηρὸς καὶ

---

43. L'Égypte, sans doute à cause des hiéroglyphes, est un lieu de rêveries ésotériques pour les Grecs. C'est là que Solon est allé chercher la sagesse après avoir établi ses lois (PLUTARQUE, *Vie de Solon*, XXVI, 1) ;

30. – Comment ? s'écria Arignotos, en me lançant un regard dur. Tu crois qu'aucune de ces choses n'existe, alors que chacun, ou presque, les voit.

– Prends ma défense, demandai-je. Si je ne crois pas, c'est parce que je suis le seul de tous à ne pas voir. Si je voyais, je croirais, bien sûr, comme vous.

– Eh bien ! reprit-il, si un jour tu vas à Corinthe, demande où se trouve la maison d'Eubatidès, et quand on te la montrera, près du Craneion, vas-y. Dis au portier Tibios que tu voudrais voir l'endroit d'où le pythagoricien Arignotos a chassé le démon après l'avoir déterré, rendant désormais la maison habitable.

31. – Que s'est-il donc passé, Arignotos ? demanda Eucratès.

– Cette maison, dit-il, était inhabitée depuis longtemps en raison de la crainte qu'elle inspirait. Si quelqu'un s'y installait, il s'enfuyait aussitôt, frappé d'épouvante, poursuivi par un spectre effroyable et terrifiant. Elle tombait déjà en ruine, le toit s'effondrait, il n'y avait absolument personne pour oser s'en approcher. Quand j'appris cela, je pris mes livres (j'ai quantité de livres égyptiens[43] consacrés à de telles matières), et je me rendis dans cette maison, à l'heure du premier sommeil, malgré les efforts de mon hôte pour m'en détourner : il faillit me retenir de force quand il apprit où j'allais, c'est-à-dire, selon lui, à une catastrophe inévitable. Une lampe à la main, j'entre, seul. Posant la lumière dans la plus grande pièce, je me mis à lire tranquillement, assis par terre. Alors le démon survient, croyant s'approcher d'un homme du commun, espérant me terrifier comme les autres ; il était sale, che-

Platon reprend et parodie cette tradition dans le *Timée*, 21c sq. ; dans le *Phèdre*, 274c sq., il écrit à son tour une « histoire égyptienne », le mythe de l'invention de l'écriture.

κομήτης καὶ μελάντερος τοῦ ζόφου. Καὶ ὁ μὲν
ἐπιστὰς ἐπειρᾶτό μου, πανταχόθεν προσβάλλων εἴ
ποθεν κρατήσειεν, καὶ ἄρτι μὲν κύων ἄρτι δὲ ταῦρος
γιγνόμενος ἢ λέων. Ἐγὼ δὲ προχειρισάμενος τὴν
φρικωδεστάτην ἐπίρρησιν αἰγυπτιάζων τῇ φωνῇ
συνήλασα κατάδων αὐτὸν εἴς τινα γωνίαν σκοτεινοῦ
οἰκήματος· ἰδὼν δὲ αὐτὸν οἷ κατέδυ, τὸ λοιπὸν
ἀνεπαυόμην.

"Ἕωθεν δὲ πάντων ἀπεγνωκότων καὶ νεκρὸν
εὑρήσειν με οἰομένων καθάπερ τοὺς ἄλλους, προελθὼν
ἀπροσδόκητος ἅπασι πρόσειμι τῷ Εὐβατίδῃ, εὖ
ἀγγέλλων ὅτι καθαρὰν αὐτῷ καὶ ἀδείμαντον ἤδη ἐξῆν
τὴν οἰκίαν οἰκεῖν. Παραλαβὼν οὖν αὐτόν τε καὶ τῶν
ἄλλων πολλοὺς – εἵποντο γὰρ τοῦ παραδόξου ἕνεκα
– ἐκέλευον ἀγαγὼν ἐπὶ τὸν τόπον οὗ καταδεδυκότα
τὸν δαίμονα ἑωράκειν, σκάπτειν λαβόντας δικέλλας
καὶ σκαφεῖα, καὶ ἐπειδὴ ἐποίησαν, εὑρέθη ὅσον ἐπ'
ὀργυιὰν κατορωρυγμένος τις νεκρὸς ἕωλος μόνα τὰ
ὀστᾶ κατὰ σχῆμα συγκείμενος. Ἐκεῖνον μὲν οὖν
ἐθάψαμεν ἀνορύξαντες, ἡ οἰκία δὲ τὸ ἀπ' ἐκείνου
ἐπαύσατο ἐνοχλουμένη ὑπὸ τῶν φασμάτων."

32. Ὡς δὲ ταῦτα εἶπεν ὁ Ἀρίγνωτος, ἀνὴρ
δαιμόνιος τὴν σοφίαν καὶ ἅπασιν αἰδέσιμος, οὐδεὶς
ἦν ἔτι τῶν παρόντων ὃς οὐχὶ κατεγίγνωσκέ μου
πολλὴν τὴν ἄνοιαν τοῖς τοιούτοις ἀπιστοῦντος,
καὶ ταῦτα Ἀριγνώτου λέγοντος. Ἐγὼ δὲ ὅμως
οὐδὲν τρέσας οὔτε τὴν κόμην οὔτε τὴν δόξαν τὴν
περὶ αὐτοῦ· "Τί τοῦτ'," ἔφην, "ὦ Ἀρίγνωτε; Καὶ σὺ
τοιοῦτος ἦσθα, ἡ μόνη ἐλπὶς τῆς ἀληθείας καπνοῦ
μεστὸς καὶ ἰνδαλμάτων; Τὸ γοῦν τοῦ λόγου ἐκεῖνο,
ἄνθρακες ἡμῖν ὁ θησαυρὸς πέφηνε."

velu, plus noir que les ténèbres. Il s'approcha de moi et me mit à l'épreuve, m'attaquant de tous côtés pour voir s'il pourrait me terrasser de quelque manière : il se changeait tantôt en chien, tantôt en taureau, tantôt en lion. Alors moi, choisissant l'imprécation la plus terrifiante, je la prononçai en langue égyptienne et je l'acculai par mes incantations dans le coin d'une pièce obscure. Ayant observé où il s'était enfoncé, je me reposai le reste de la nuit.

Dès l'aurore, alors que tous désespéraient, pensant me trouver mort comme les autres, je sors, à la surprise générale. Je vais trouver Eubatidès à qui j'annonce la bonne nouvelle : sa maison est purifiée, il peut désormais l'habiter sans avoir rien à craindre. Le prenant avec moi, ainsi qu'une foule d'hommes qui me suivaient pour voir le prodige, je le conduisis à l'endroit où j'avais vu le démon s'enfoncer sous terre : j'ordonnai à tous de prendre des pioches et des bêches et de creuser. Cela fait, on découvrit, enfoui à une profondeur d'environ une brasse*, un cadavre décomposé, dont seuls les os avaient gardé forme humaine. Nous le dégageâmes et lui donnâmes une sépulture. Dès lors la maison cessa d'être troublée par les apparitions. »

32. Après le récit d'Arignotos, homme d'une sagesse divine, révéré de tous, il n'y eut plus aucun des assistants qui ne me condamnât pour ma grande folie de douter d'histoires semblables, surtout lorsque le narrateur était Arignotos. Quant à moi cependant, sans trembler le moins du monde devant sa chevelure ou la réputation qui l'entourait, je m'écriai :

« Que se passe-t-il, Arignotos ? Toi aussi, le seul espoir de la vérité, tu étais donc comme les autres, plein de fumée et de vaines apparences ! Alors, ce qu'on dit est bien vrai : « Notre trésor s'est révélé n'être que des cendres[44]. »

44. Sur ce proverbe voir *Timon*, 39 et la note.

"Σὺ δέ," ἦ δ' ὃς ὁ Ἀρίγνωτος, "εἰ μήτε ἐμοὶ
πιστεύεις μήτε Δεινομάχῳ ἢ Κλεοδήμῳ τουτῳὶ μήτε
αὐτῷ Εὐκράτει, φέρε εἰπὲ τίνα περὶ τῶν τοιούτων
ἀξιοπιστότερον ἡγῇ τἀναντία ἡμῖν λέγοντα;"

"Νὴ Δί'," ἦν δ' ἐγώ, "μάλα θαυμαστὸν ἄνδρα
τὸν Ἀβδηρόθεν ἐκεῖνον Δημόκριτον, ὃς οὕτως ἄρα
ἐπέπειστο μηδὲν οἷόν τε εἶναι συστῆναι τοιοῦτον
ὥστε, ἐπειδὴ καθείρξας ἑαυτὸν εἰς μνῆμα ἔξω πυλῶν
ἐνταῦθα διετέλει γράφων καὶ συντάττων καὶ νύκτωρ
καὶ μεθ' ἡμέραν, καί τινες τῶν νεανίσκων ἐρεσχελεῖν
αὐτὸν βουλόμενοι καὶ δειματοῦν στειλάμενοι νεκρικῶς
ἐσθῆτι μελαίνῃ καὶ προσωπείοις εἰς τὰ κρανία
μεμιμημένοις περιστάντες αὐτὸν περιεχόρευον ὑπὸ
πυκνῇ τῇ βάσει ἀναπηδῶντες, ὁ δὲ οὔτε ἔδεισεν τὴν
προσποίησιν αὐτῶν οὔτε ὅλως ἀνέβλεψεν πρὸς αὐτούς,
ἀλλὰ μεταξὺ γράφων, 'Παύσασθε,' ἔφη, 'παίζοντες·'
οὕτω βεβαίως ἐπίστευε μηδὲν εἶναι τὰς ψυχὰς ἔτι
ἔξω γενομένας τῶν σωμάτων."

"Τοῦτο φής," ἦ δ' ὃς ὁ Εὐκράτης, "ἀνόητόν τινα
ἄνδρα καὶ τὸν Δημόκριτον γενέσθαι, εἴ γε οὕτως
ἐγίγνωσκεν.

33. Ἐγὼ δὲ ὑμῖν καὶ ἄλλο διηγήσομαι αὐτὸς
παθών, οὐ παρ' ἄλλου ἀκούσας· τάχα γὰρ ἂν καὶ
σύ, ὦ Τυχιάδη, ἀκούων προσβιβασθείης πρὸς τὴν
ἀλήθειαν τῆς διηγήσεως.

"Ὁπότε γὰρ ἐν Αἰγύπτῳ διῆγον ἔτι νέος ὤν,
ὑπὸ τοῦ πατρὸς ἐπὶ παιδείας προφάσει ἀποσταλείς,
ἐπεθύμησα εἰς Κοπτὸν ἀναπλεύσας ἐκεῖθεν ἐπὶ τὸν
Μέμνονα ἐλθὼν ἀκοῦσαι τὸ θαυμαστὸν ἐκεῖνο ἠχοῦντα
πρὸς ἀνίσχοντα τὸν ἥλιον. Ἐκείνου μὲν οὖν ἤκουσα
οὐ κατὰ τὸ κοινὸν τοῖς πολλοῖς ἄσημόν τινα φωνήν,

– Eh bien, dit Arignotos, si tu ne me crois pas, si tu ne crois pas non plus Deinomachos, ni Cléodémos ici présent, ni même Eucratès, allons, parle. Qui peux-tu nommer qui soit plus digne de foi sur de tels sujets, et qui soutienne le contraire de ce que nous affirmons ?

– Un homme, dis-je, qui mérite par Zeus ! une grande admiration : le fameux Démocrite d'Abdère. Il était tellement convaincu qu'aucune apparition de ce genre ne peut avoir la moindre consistance, qu'il s'enferma dans un tombeau hors de la ville. Il y passa son temps à écrire et à composer, de jour comme de nuit. Des jeunes gens voulurent se moquer de lui et lui faire peur : enfilant des vêtements noirs d'un goût macabre et des masques qui imitaient des crânes, ils se placèrent autour de lui et firent la ronde à toute vitesse, en bondissant. Mais leur mascarade ne l'effraya pas ; sans même tourner les yeux vers eux, il continua d'écrire en leur lançant : « Cessez de plaisanter ! » Tant il croyait fermement que les âmes ne sont plus rien dès qu'elles ont quitté les corps.

– Ce que tu racontes prouve que Démocrite était lui aussi un insensé, si du moins il pensait ainsi, dit Eucratès. 33. Mais je veux vous faire un autre récit : on ne me l'a pas raconté, il s'agit d'une expérience personnelle. En l'entendant, même toi, Tychiadès, tu devrais te laisser convaincre de la vérité de mon récit.

Quand j'étais encore un jeune homme et que je vivais en Égypte (mon père m'y avait envoyé pour compléter mon éducation), il me prit envie de remonter le fleuve jusqu'à Coptos[45], et de là, d'aller écouter Memnon qui fait retentir un son admirable au soleil levant. Or je n'entendis pas le bruit dépourvu de sens qu'il adresse à la

---

45. Ville de Moyenne-Égypte, de nos jours Quft.

ἀλλά μοι καὶ ἔχρησεν ὁ Μέμνων αὐτὸς ἀνοίξας γε
τὸ στόμα ἐν ἔπεσιν ἑπτά, καὶ εἴ γε μὴ περιττὸν
ἦν, αὐτὰ ἂν ὑμῖν εἶπον τὰ ἔπη. 34. Κατὰ δὲ τὸν
ἀνάπλουν ἔτυχεν ἡμῖν συμπλέων Μεμφίτης ἀνὴρ τῶν
ἱερῶν γραμματέων, θαυμάσιος τὴν σοφίαν καὶ τὴν
παιδείαν πᾶσαν εἰδὼς τὴν Αἰγύπτιον· ἐλέγετο δὲ
τρία καὶ εἴκοσιν ἔτη ἐν τοῖς ἀδύτοις ὑπόγειος ᾧ
κηκέναι μαγεύειν παιδευόμενος ὑπὸ τῆς Ἴσιδος."

"Παγκράτην," ἔφη ὁ Ἀρίγνωτος, "λέγεις ἐμὸν
διδάσκαλον, ἄνδρα ἱερόν, ἐξυρημένον, ἐν ὀθονίοις,
ἀεὶ νοήμονα, οὐ καθαρῶς ἑλληνίζοντα, ἐπιμήκη,
σιμόν, πρόχειλον, ὑπόλεπτον τὰ σκέλη."

"Αὐτόν," ἦ δ᾽ ὅς, "ἐκεῖνον τὸν Παγκράτην· καὶ τὰ
μὲν πρῶτα ἠγνόουν ὅστις ἦν, ἐπεὶ δὲ ἑώρων αὐτὸν εἴ
ποτε ὁρμίσαιμεν τὸ πλοῖον ἄλλα τε πολλὰ τεράστια
ἐργαζόμενον, καὶ δὴ καὶ ἐπὶ κροκοδείλων ὀχούμενον
καὶ συννέοντα τοῖς θηρίοις, τὰ δὲ ὑποπτήσσοντα καὶ
σαίνοντα ταῖς οὐραῖς, ἔγνων ἱερόν τινα ἄνθρωπον
ὄντα, κατὰ μικρὸν δὲ φιλοφρονούμενος ἔλαθον ἑταῖρος
αὐτῷ καὶ συνήθης γενόμενος, ὥστε πάντων ἐκοινώνει
μοι τῶν ἀπορρήτων.

"Καὶ τέλος πείθει με τοὺς μὲν οἰκέτας ἅπαντας
ἐν τῇ Μέμφιδι καταλιπεῖν, αὐτὸν δὲ μόνον
ἀκολουθεῖν μετ᾽ αὐτοῦ, μὴ γὰρ ἀπορήσειν ἡμᾶς τῶν
διακονησομένων· καὶ τὸ μετὰ τοῦτο οὕτω διήγομεν.
35. Ἐπειδὴ δὲ ἔλθοιμεν εἴς τι καταγώγιον, λαβὼν
ἂν ὁ ἀνὴρ ἢ τὸν μοχλὸν τῆς θύρας ἢ τὸ κόρηθρον
ἢ καὶ τὸ ὕπερον περιβαλὼν ἱματίοις ἐπειπών τινα

46. Ce prodige est mentionné dans le Papyrus magique XIII (voir
H.D. Betz, *The Greek Magical papyri in translation, including demotic*

plupart des gens ordinaires : Memnon en personne ouvrit
la bouche et me rendit un oracle en sept vers que je vous
aurais répété si cela n'exigeait une digression trop longue.
34. Or durant notre remontée du fleuve, il y avait à bord
avec nous un homme de Memphis, un des scribes sacrés,
d'une sagesse admirable, qui connaissait tout l'enseignement des Égyptiens. On disait qu'il avait vécu vingt-trois
ans sous terre dans les sanctuaires et qu'il avait été instruit à la magie par Isis.

– C'est de Pancratès, mon maître, que tu parles, dit Arignotos. Un homme sacré, rasé, vêtu d'une tunique légère,
toujours pensif, ne s'exprimant pas en un grec très pur,
assez grand, avec un nez camus, des lèvres proéminen-
tes, des jambes un peu grêles.

– C'est lui, dit l'autre, c'est ce Pancratès. Au début,
j'ignorais qui il était, mais lorsque je le vis, chaque fois
que le bateau était à l'ancre, accomplir de nombreux prodiges, notamment chevaucher des crocodiles[46] et nager au
milieu des bêtes sauvages – celles-ci se blottissaient d'effroi
et agitaient la queue[47] – alors, je sus qu'il était un homme
sacré. Peu à peu, à force de prévenances, je devins insensiblement son ami et son familier, si bien qu'il partageait
avec moi toutes ses connaissances secrètes.

Pour finir, il me persuade de laisser tous mes serviteurs à Memphis, et de l'accompagner seul, car nous ne
manquerions pas de gens pour nous servir, me dit-il. Voici
comment nous vécûmes ensuite. 35. Chaque fois que
nous entrions dans une auberge, l'homme prenait la barre
de la porte, le balai, ou même le pilon : il l'entourait de

---

spells, Chicago, 1986, 2ᵉ éd. modifiée, 1992, et P. CHARVET et A.-M. OZA-
NAM, La Magie, voix secrètes de l'Antiquité, Paris, 1994, p. 113).
    47. Souvenir de l'Odyssée, X, 214-219.

ἐπῳδὴν ἐποίει βαδίζειν, τοῖς ἄλλοις ἅπασιν ἄνθρωπον εἶναι δοκοῦντα. Τὸ δὲ ἀπιὸν ὕδωρ τε ἐμπίπλη καὶ ὠψώνει καὶ ἐσκεύαζεν καὶ πάντα δεξιῶς ὑπηρέτει καὶ διηκονεῖτο ἡμῖν· εἶτα ἐπειδὴ ἅλις ἔχοι τῆς διακονίας, αὖθις κόρηθρον τὸ κόρηθρον ἢ ὕπερον τὸ ὕπερον ἄλλην ἐπῳδὴν ἐπειπὼν ἐποίει ἄν.

Τοῦτο ἐγὼ πάνυ ἐσπουδακὼς οὐκ εἶχον ὅπως ἐκμάθοιμι παρ' αὐτοῦ· ἐβάσκαινε γάρ, καίτοι πρὸς τὰ ἄλλα προχειρότατος ὤν. Μιᾷ δέ ποτε ἡμέρᾳ λαθὼν ἐπήκουσα τῆς ἐπῳδῆς, ἦν δὲ τρισύλλαβος σχεδόν, ἐν σκοτεινῷ ὑποστάς. Καὶ ὁ μὲν ᾤχετο εἰς τὴν ἀγορὰν ἐντειλάμενος τῷ ὑπέρῳ ἃ ἔδει ποιεῖν. 36. Ἐγὼ δὲ εἰς τὴν ὑστεραίαν ἐκείνου τι κατὰ τὴν ἀγορὰν πραγματευομένου λαβὼν τὸ ὕπερον σχηματίσας ὁμοίως, ἐπειπὼν τὰς συλλαβάς, ἐκέλευσα ὑδροφορεῖν. Ἐπεὶ δὲ ἐμπλησάμενον τὸν ἀμφορέα ἐκόμισε, 'Πέπαυσο,' ἔφην, 'καὶ μηκέτι ὑδροφόρει, ἀλλ' ἴσθι αὖθις ὕπερον·' τὸ δὲ οὐκέτι μοι πείθεσθαι ἤθελεν, ἀλλ' ὑδροφόρει ἀεί, ἄχρι δὴ ἐνέπλησεν ἡμῖν ὕδατος τὴν οἰκίαν ἐπαντλοῦν. Ἐγὼ δὲ ἀμηχανῶν τῷ πράγματι – ἐδεδίειν γὰρ μὴ ὁ Παγκράτης ἐπανελθὼν ἀγανακτήσῃ, ὅπερ καὶ ἐγένετο – ἀξίνην λαβὼν διακόπτω τὸ ὕπερον εἰς δύο μέρη· τὰ δέ, ἑκάτερον τὸ μέρος, ἀμφορέας λαβόντα ὑδροφόρει καὶ ἀνθ' ἑνὸς δύο μοι ἐγεγένηντο οἱ διάκονοι. Ἐν τούτῳ καὶ ὁ Παγκράτης ἐφίσταται καὶ συνεὶς τὸ γενόμενον ἐκεῖνα μὲν αὖθις ἐποίησε ξύλα, ὥσπερ ἦν πρὸ τῆς ἐπῳδῆς, αὐτὸς δὲ ἀπολιπών με λαθὼν οὐκ οἶδ' ὅποι ἀφανὴς ᾤχετο ἀπιών.'

Νῦν οὖν,' ἔφη ὁ Δεινόμαχος, 'οἶσθα κἂν ἐκεῖνο, ἄνθρωπον ποιεῖν ἐκ τοῦ ὑπέρου;'

vêtements, prononçait sur lui une incantation, et le faisait
marcher. Tout le monde le prenait pour un être humain.
Il sortait puiser de l'eau et chercher des provisions, puis
les préparait : il nous assistait en tout et nous servait habilement. Quand Pancratès avait été suffisamment servi, il
refaisait du balai un balai, ou du pilon un pilon, en prononçant sur lui une autre incantation.

Malgré tous mes efforts, je ne trouvais pas le moyen
d'apprendre ce secret de lui ; il le dissimulait jalousement,
bien qu'il fût très obligeant par ailleurs. Mais un jour, j'entendis à son insu l'incantation qui se composait seulement
de trois syllabes : j'étais caché dans l'ombre. Puis Pancratès partit à l'agora, après avoir indiqué au pilon ce qu'il
devait faire. 36. Alors moi, j'attendis le lendemain, pendant qu'il était occupé à l'agora, je pris le pilon, l'habillai
de la même manière, prononçai sur lui les syllabes et lui
ordonnai d'aller chercher de l'eau. Quand il rapporta l'amphore pleine, je lui dis : « Arrête, n'apporte plus d'eau,
redeviens un pilon. » Mais il ne voulait plus m'obéir : il
apportait sans cesse de l'eau, jusqu'au moment où à force
de puiser, il eut inondé notre maison. Je ne savais que faire
dans une telle situation, je craignais que Pancratès à son
retour ne se mît en colère, ce qui d'ailleurs se produisit. Je
prends une hache et je coupe le pilon en deux morceaux.
Alors ceux-ci – chacun des deux morceaux – saisirent des
amphores et se mirent à apporter de l'eau : au lieu d'un
serviteur, j'en avais deux. Sur ces entrefaites survient Pancratès. Comprenant ce qui s'était passé, il refit d'eux des
bouts de bois, ce qu'ils étaient avant l'incantation, puis il
me quitta sans que je m'en aperçus ; il devint invisible et
s'en alla je ne sais où.

– Alors maintenant, dit Deinomachos, tu saurais au
moins transformer un pilon en être humain ?

"Νὴ Δί'," ἦ δ' ὅς, "ἐξ ἡμισείας γε· οὐκέτι γὰρ
εἰς τὸ ἀρχαῖον οἷόν τέ μοι ἀπάγειν αὐτό, ἣν ἅπαξ
γένηται ὑδροφόρος, ἀλλὰ δεήσει ἡμῖν ἐπικλυσθῆναι
τὴν οἰκίαν ἐπαντλουμένην."

37. "Οὐ παύσεσθε," ἦν δ' ἐγώ, "τὰ τοιαῦτα
τερατολογοῦντες γέροντες ἄνδρες; εἰ δὲ μή, ἀλλὰ κἂν
τούτων γε τῶν μειρακίων ἕνεκα εἰς ἄλλον τινὰ καιρὸν
ὑπερβάλλεσθε τὰς παραδόξους ταύτας καὶ φοβερὰς
διηγήσεις, μή πως λάθωσιν ἡμῖν ἐμπλησθέντες
δειμάτων καὶ ἀλλοκότων μυθολογημάτων. Φείδεσθαι
οὖν χρὴ αὐτῶν μηδὲ τοιαῦτα ἐθίζειν ἀκούειν, ἃ διὰ
παντὸς τοῦ βίου συνόντα ἐνοχλήσει καὶ ψοφοδεεῖς
ποιήσει ποικίλης τῆς δεισιδαιμονίας ἐμπιπλάντα."

38. "Εὖ γε ὑπέμνησας," ἦ δ' ὃς ὁ Εὐκράτης,
"εἰπὼν τὴν δεισιδαιμονίαν. Τί γάρ σοι, ὦ Τυχιάδη,
περὶ τῶν τοιούτων δοκεῖ, λέγω δὴ χρησμῶν καὶ
θεσφάτων καὶ ὅσα θεοφορούμενοί τινες ἀναβοῶσιν ἢ
ἐξ ἀδύτων ἀκούεται ἢ παρθένος ἔμμετρα φθεγγομένη
προθεσπίζει τὰ μέλλοντα; Ἡ δηλαδὴ καὶ τοῖς
τοιούτοις ἀπιστήσεις; Ἐγὼ δὲ ὅτι μὲν καὶ δακτύλιόν
τινα ἱερὸν ἔχω Ἀπόλλωνος τοῦ Πυθίου εἰκόνα
ἐκτυποῦντα τὴν σφραγῖδα καὶ οὗτος ὁ Ἀπόλλων
φθέγγεται πρὸς ἐμέ, οὐ λέγω, μή σοι ἄπιστα δόξω
περὶ ἐμαυτοῦ μεγαλαυχεῖσθαι· ἃ δὲ Ἀμφιλόχου τε
ἤκουσα ἐν Μαλλῷ, τοῦ ἥρωος ὕπαρ διαλεχθέντος μοι
καὶ συμβουλεύσαντος περὶ τῶν ἐμῶν, καὶ ἃ εἶδον
αὐτός, ἐθέλω ὑμῖν εἰπεῖν, εἶτα ἑξῆς ἃ ἐν Περγάμῳ
εἶδον καὶ ἃ ἤκουσα ἐν Πατάροις.

48. Allusion sans doute à la Pythie de Delphes qui rendait à l'origine ses oracles en hexamètres (voir PLUTARQUE, *Pourquoi la Pythie ne
rend plus ses oracles en vers*).

49. Fils d'Alcméon et de Mantô, fondateur de la ville et de l'oracle de Mallos, en Cilicie. Lucien ironise sur cet oracle dans le *Dialogue des morts* 10 (ou 3).

– Oui par Zeus, répondit-il, mais à moitié seulement, car une fois qu'il est devenu porteur d'eau, je ne suis plus capable de le ramener à son état antérieur : notre maison devra donc être engloutie par l'eau qu'il aura puisée.

37. – N'allez vous pas cesser, m'écriai-je, de raconter de telles monstruosités, vous, des vieillards ? Si vous en êtes incapables, vous devriez au moins reporter à une autre occasion vos récits invraisemblables et terrifiants par égard pour ces adolescents, sinon, sans que vous vous en rendiez compte, ils seront contaminés par des terreurs et des fables extravagantes. Vous devez les ménager et ne pas les habituer à entendre des histoires pareilles qui les troubleront et les obséderont toute leur vie, leur faisant redouter le moindre son et leur communiquant la superstition sous toutes ses formes.

38. – Tu fais bien de mentionner la superstition, dit Eucratès. Quel est ton avis, Tychiadès, sur ce genre de phénomènes : je veux parler des oracles, des prédictions divines, des paroles que profèrent ceux qui sont possédés par un dieu, celles qui viennent des abîmes ou qu'une vierge fait entendre en vers[48] en annonçant l'avenir ? Sans doute refuseras-tu aussi d'ajouter foi à ce genre de phénomènes ? Quant à moi, j'ai un anneau sacré, avec l'image d'Apollon pythien gravée sur le sceau, et cet Apollon me parle - mais je n'en dis rien, de peur que tu ne croies que je me vante de choses impossibles à croire. Mais ce que j'ai entendu d'Amphilochos[49], à Mallos, quand le héros m'a parlé, alors que j'étais éveillé, et m'a conseillé sur mes affaires, et ce que j'ai vu de mes yeux, je désire vous le raconter, ainsi que ce que j'ai vu aussitôt après, à Pergame, et ce que j'ai entendu à Patara.

"Οπότε γὰρ ἐξ Αἰγύπτου ἐπανήειν οἴκαδε ἀκούων
τὸ ἐν Μαλλῷ τοῦτο μαντεῖον ἐπιφανέστατόν τε
καὶ ἀληθέστατον εἶναι καὶ χρᾶν ἐναργῶς πρὸς
ἔπος ἀποκρινόμενον οἷς ἂν ἐγγράψας τις εἰς τὸ
γραμματεῖον παραδῷ τῷ προφήτῃ, καλῶς ἔχειν
ἡγησάμην ἐν παράπλῳ πειραθῆναι τοῦ χρηστηρίου
καί τι περὶ τῶν μελλόντων συμβουλεύσασθαι τῷ
θεῷ..."

39. Ταῦτα ἔτι τοῦ Εὐκράτους λέγοντος ἰδὼν οἷ
τὸ πρᾶγμα προχωρήσειν ἔμελλε καὶ ὡς οὐ μικρᾶς
ἐνήρχετο τῆς περὶ τὰ χρηστήρια τραγῳδίας, οὐ
δοκιμάσας μόνος ἀντιλέγειν ἅπασιν, ἀπολιπὼν αὐτὸν
ἔτι διαπλέοντα ἐξ Αἰγύπτου εἰς τὴν Μαλλόν – καὶ
γὰρ συνίειν ὅτι μοι ἄχθονται παρόντι καθάπερ
ἀντισοφιστῇ τῶν ψευσμάτων – "Ἀλλ' ἐγὼ ἄπειμι,"
ἔφην, "Λεόντιχον ἀναζητήσων· δέομαι γάρ τι αὐτῷ
συγγενέσθαι. Ὑμεῖς δὲ ἐπείπερ οὐχ ἱκανὰ ἡγεῖσθε τὰ
ἀνθρώπινα εἶναι, καὶ αὐτοὺς ἤδη τοὺς θεοὺς καλεῖτε
συνεπιληψομένους ὑμῖν τῶν μυθολογουμένων·" καὶ ἅμα
λέγων ἐξήειν. Οἱ δὲ ἄσμενοι ἐλευθερίας λαβόμενοι
εἱστίων, ὡς τὸ εἰκός, αὐτοὺς καὶ ἐνεφοροῦντο τῶν
ψευσμάτων.

Τοιαῦτά σοι, ὦ Φιλόκλεις, παρὰ Εὐκράτει ἀκούσας
περίειμι νὴ τὸν Δία ὥσπερ οἱ τοῦ γλεύκους πιόντες
ἐμπεφυσημένος τὴν γαστέρα ἐμέτου δεόμενος. Ἡδέως
δ' ἄν ποθεν ἐπὶ πολλῷ ἐπριάμην ληθεδανόν τι
φάρμακον ὧν ἤκουσα, ὡς μή τι κακὸν ἐργάσηταί
με ἡ μνήμη αὐτῶν ἐνοικουροῦσα· τέρατα γοῦν καὶ
δαίμονας καὶ Ἑκάτας ὁρᾶν μοι δοκῶ.

40. ΦΙΛΟΚΛΗΣ. Καὶ αὐτός, ὦ Τυχιάδη, τοιοῦτόν
τι ἀπέλαυσα τῆς διηγήσεως. Φασί γέ τοι μὴ μόνον
λυττᾶν καὶ τὸ ὕδωρ φοβεῖσθαι ὁπόσους ἂν οἱ
λυττῶντες κύνες δάκωσιν, ἀλλὰ κἄν τινα ὁ δηχθεὶς

Donc, comme je revenais d'Égypte dans mon pays, apprenant que cet oracle de Mallos était particulièrement illustre et véridique, et qu'il répondait clairement, mot pour mot, aux questions qu'on écrivait sur la tablette et qu'on remettait à l'interprète, je me dis que, puisque je naviguais dans les parages, il serait bon de mettre cet oracle à l'épreuve et de consulter le dieu sur l'avenir… »

39. Eucratès parlait encore quand, voyant la direction que l'affaire allait prendre, et comprenant que c'était le prélude d'une tragédie consacrée aux oracles, qui ne serait pas courte, me jugeant incapable de parler seul contre tous, je le laissai, alors qu'il naviguait encore de l'Égypte vers Mallos. Je comprenais que ma présence leur pesait, comme celle d'un raisonneur attaquant leurs mensonges. Je dis : « Eh bien ! je pars à la recherche de Léontichos : j'ai besoin de m'entretenir avec lui. Quant à vous, puisque vous pensez que le monde humain ne suffit pas, appelez donc maintenant les dieux pour qu'ils vous assistent dans vos récits mythologiques. » Tout en parlant, je sortis. Quant à eux, joyeux de retrouver leur liberté, il est vraisemblable qu'ils se régalèrent et se rassasièrent de mensonges.

Voilà, Philoclès, quelles histoires j'ai entendues chez Eucratès, et depuis, par Zeus ! je vais et je viens comme ceux qui ont bu du vin doux : j'ai le ventre gonflé et besoin de vomir. J'aimerais acheter quelque part, même cher, une drogue qui me ferait oublier les propos que j'ai entendus, car je crains que leur souvenir ne me fasse du mal en demeurant en moi : j'ai l'impression de voir des monstres, des démons, des Hécates.

40. PHILOCLÈS : Moi aussi, Tychiadès ! C'est à peu près le même profit que j'ai retiré de ton récit. On dit non seulement que tous ceux qui ont été mordus par des chiens enragés deviennent enragés et craignent l'eau, mais aussi

ἄνθρωπος δάκῃ, ἴσα τῷ κυνὶ δύναται τὸ δῆγμα, καὶ
τὰ αὐτὰ κἀκεῖνος φοβεῖται. Καὶ σὺ τοίνυν ἔοικας
αὐτὸς ἐν Εὐκράτους δηχθεὶς ὑπὸ πολλῶν ψευσμάτων
μεταδεδωκέναι κἀμοὶ τοῦ δήγματος· οὕτω δαιμόνων
μοι τὴν ψυχὴν ἐνέπλησας.

ΤΥΧΙΑΔΗΣ. Ἀλλὰ θαρρῶμεν, ὦ φιλότης, μέγα
τῶν τοιούτων ἀλεξιφάρμακον ἔχοντες τὴν ἀλήθειαν
καὶ τὸν ἐπὶ πᾶσι λόγον ὀρθόν, ᾧ χρωμένους ἡμᾶς
μηδὲν μὴ ταράξῃ τῶν κενῶν καὶ ματαίων τούτων
ψευσμάτων.

que, si celui qui a été mordu mord quelqu'un d'autre, sa morsure a le même effet que celle du chien et sa victime éprouve les mêmes craintes. Tu as été mordu chez Eucratès par de nombreux mensonges, et apparemment tu m'as transmis à ton tour la morsure, tant tu as rempli mon âme de démons.

TYCHIADÈS : Eh bien ! ne perdons pas courage, mon doux ami. Nous disposons d'un antidote puissant pour combattre de tels dangers : la vérité et la droite raison appliquée à toute chose. Si nous en faisons usage, nous ne serons troublés par aucun de ces mensonges creux et vains.

V. Introduction à *Sur les hôtes à gages*

Cet ouvrage porte le n°17 dans la vulgate et occupe la 36ᵉ place dans le *corpus* du *Vatic. gr.* Γ. Le titre περὶ τῶν ἐπὶ μισθῷ συνόντων a été diversement traduit : J. Bompaire propose *Sur les salariés des grands*, et M. Caster les *Gens de lettres aux gages des riches*. Il nous a semblé que ces traductions comportaient une glose (les « grands » ou les « riches » n'étant pas plus évoqués en grec que les « gens de lettres ») et ne rendaient pas ce que le verbe συνεῖναι implique d'intimité, de cohabitation – une relation d'hospitalité qui est ici faussée, puisqu'elle est rémunérée, donc pervertie.

Le texte prend la forme d'une longue lettre adressée à un certain Philoclès dont le nom (celui qui aspire à la gloire) est tout un programme. Il s'agit d'un personnage déjà âgé (le § 12 évoque ses cheveux gris), qui a reçu une éducation grecque et philosophique (§ 24) ; il désire entrer dans une famille romaine pour y exercer la fonction de maître de philosophie.

Il n'était pas rare en effet que de riches Romains, curieux de philosophie ou de littérature, invitent et pensionnent chez eux des Grecs. L'exemple le plus célèbre remonte au IIᵉ siècle avant notre ère : il s'agit du « cercle » organisé autour de Scipion Émilien, qui mit à l'honneur de grands intellectuels originaires de Grèce (Polybe,

Térence…), « acculturant » ainsi dans le monde latin les modèles grecs, qu'il s'agisse de tragédie, de comédie, d'histoire, de philosophie… Cet usage dura pendant des générations : Cicéron rappelle qu'à son époque Caton le Jeune, imitant Scipion, lequel avait hébergé Panaitios, fit venir d'Asie le stoïcien Athénodore[1], et que le poète grec Archias, originaire d'Antioche, vécut chez les principaux personnages de Rome, notamment chez les Catulus[2]. La pratique existait encore au Ier siècle après J.-C., comme en témoigne la *Satire* III où Juvénal proteste vertement contre l'influence, selon lui excessive, qu'exerçaient les Grecs dans les grandes maisons romaines.

Mais Lucien refuse de croire à la curiosité intellectuelle et au désintéressement des mécènes romains. Il tente donc de détourner Philoclès de son projet. Dans un premier temps (§§ 1-9), il passe en revue les justifications invoquées par les intellectuels grecs qui aspirent à devenir les hôtes salariés des Romains pour conclure que, quoi qu'ils prétendent, leur seule véritable motivation est la cupidité et le goût du luxe. Ensuite, il évoque la vie qui attend Philoclès : les difficultés qu'il devra surmonter pour que sa candidature soit retenue (§§ 10-12), le supplice que représentera le premier repas (§§ 13-18), les brimades quotidiennes qu'il essuiera (§§ 19-38), et pour finir son renvoi ignominieux et la misère à laquelle il sera réduit.

Si le texte n'est guère indulgent à l'égard du Grec cupide, prêt à renoncer à sa liberté et à se faire esclave pour satisfaire ses appétits (les §§ 23 et 24 sont particulièrement durs), il est encore plus féroce pour les riches Romains. Ils sont présentés comme des rustres qui font

1. *Pro Murena*, 66.
2. *Pro Archia*, 6.

mine de s'intéresser à la culture grecque, mais ne font venir chez eux un philosophe que par vanité, afin que sa barbe et son manteau grec donnent au cortège des clients qui les escortent un air de gravité.

Cette critique rejoint, par bien des points, celle qu'il fait dans le *Nigrinos* où il ridiculise un Romain parvenu en visite à Athènes :

« Insupportable par l'importance de son escorte, par son vêtement chatoyant et par son or, il se croyait envié par tous les Athéniens et regardé par eux comme un homme heureux, alors qu'ils considéraient ce petit personnage comme un malheureux et qu'ils essayaient de l'éduquer sans aigreur[3]. »

Car Rome, à l'inverse d'Athènes, est présentée comme une cité de perdition :

« Pourquoi laisser… la Grèce, le bonheur et la liberté qu'on y trouve pour venir voir le désordre qui règne ici, les sycophantes, les salutations orgueilleuses, les dîners, les flatteurs, les meurtres sacrilèges, l'attente des testaments, les amitiés hypocrites[4] ? (…) Comment ne pas trouver risibles les riches qui arborent les vêtements de pourpre… et montrent un manque complet de goût ? Le plus étrange, c'est qu'ils saluent ceux qu'ils rencontrent par la voix d'un tiers[5]. »

On le voit, si la critique de Rome occupe relativement peu de place dans l'œuvre de Lucien (elle ne se rencontre pratiquement que dans ces deux ouvrages[6]), elle est ex-

---

3. *Nigrinos,* 13.
4. *Nigrinos,* 17.
5. *Nigrinos,* 21. Allusion au *nomenclator* qu'évoque aussi *Sur les hôtes à gages* 10.
6. Même si l'on trouve des allusions à la *salutatio* matinale des « clients » à leur « patron » dans le *Navire ou les vœux,* 22, ou dans *Ménippe ou la consultation des morts,* 12. Voir J. Bompaire, *op. cit.*, p. 500.

trêmement violente. S'agit-il d'une attaque réaliste, fondée sur une expérience personnelle de l'auteur ? Ou d'un lieu commun de la diatribe cynico-stoïcienne[7] ? C'est vers cette deuxième hypothèse que penche J. Bompaire. En effet, « les détails vraiment romains ne frappent guère l'attention… Certains lapsus sont révélateurs : ce sont les fêtes de Cronos et les Panathénées qui sont l'occasion des présents (§ 37), et pour les honoraires mêmes, on les paie par deux ou quatre oboles (§ 38). En fait… on a les données conventionnelles de la vie des riches qui ne sont guère plus de Rome que d'Athènes, mais plutôt du magasin des accessoires pour prédicant de carrefour[8] ».

D'autre part, on observe entre le texte de Lucien et certains passages des *Satires* de Juvénal des ressemblances certaines, qui ne peuvent être l'objet du hasard. Ainsi, dans la *Satire* III, le poète latin s'en prend violemment à l'influence des Grecs qui entrent dans les grandes familles romaines :

« Quelle nation est à présent la plus appréciés de nos riches et que je fuirai plus que tout, je me hâte de le déclarer ; la honte ne m'en empêchera pas. Je ne puis, Quirites, supporter une Rome grecque… Les voilà sur le point d'être les entrailles, les maîtres des grandes maisons… Et cet homme signera les contrats avant moi ; il s'allongera à table à une place meilleure que la mienne[9] ! »

Les plaintes des convives romains des *Hôtes à gages*, 17, semblent faire écho au satiriste romain, et presque le citer, quand ils s'écrient : « La ville de Rome n'est

---

7. Dans laquelle Pérégrinos puisait sans doute l'inspiration de ses attaques violentes contre l'empire romain (voir *Sur la mort de Pérégrinos*, 18).

8. J. BOMPAIRE, *op. cit.*, p. 502.

9. JUVÉNAL, *Satire* III, 58-82, *passim*.

ouverte qu'à ces Grecs ! »

Pareillement, quand dans le même passage de Lucien, un autre convive remarque méchamment : « Tu n'as pas vu tout ce qu'il a bu, comment il s'est emparé de tous les plats posés devant lui, et les a dévorés ? C'est un grossier personnage, un crève-la-faim », ou quand, au § 40, Lucien décrit les Grecs aventuriers qui se parent de savoirs inventés et prétendent notamment s'y connaître en magie, comment ne pas penser au *Graeculus esuriens* de Juvénal ?

« Intelligence rapide, audace effrénée, langue prompte, plus torrentueuse que celle d'Isée. Dis-moi, qu'est-ce qu'un Grec à ton avis ? Il apporte avec nous un homme à tout faire : grammairien, rhéteur, géomètre, peintre, masseur, augure, danseur de corde, médecin, mage, il sait tout faire, le Grécaillon affamé[10]. ».

Dans la *Satire* V, Juvénal adopte le point de vue du flatteur humilié par son riche protecteur, et là encore, les ressemblances avec le texte de Lucien sont frappantes, y compris le tutoiement – mélange de commisération et de mépris – employé pour désigner le malheureux :

« Quel dîner pourtant ! Un vin que refuserait la laine pour se dégraisser… Lui boit un vin mis en amphores sous un consul chevelu… jamais il n'en ferait passer une coupe à un ami dont le cœur est malade… À toi on ne confie aucune vaisselle en or, ou si on t'en accorde, un gardien se plante à tes côtés pour compter les pierres précieuses et surveiller tes ongles crochus… Devant lui se tient un jeune esclave, la fleur de l'Asie… Mais toi, quand tu auras soif, tourne-toi vers un Ganymède gétule. Un enfant acheté tant de milliers

10. *Ibid.*, III, 75-78.

de sesterces ne sait pas faire le mélange pour les pauvres : sa beauté et son âge justifient son dédain. Quand vient-il jamais près de toi ? Quand ce serviteur qui mélange l'eau chaude et froide répond-il à tes appels ? Toutes les grandes maisons sont pleines de ces esclaves insolents. Voici qu'un autre esclave te tend – et il faut voir comme il soupire ! – un pain à peine rompu, des morceaux déjà moisis faits d'une farine épaisse qui épuisent la mâchoire sans se laisser mordre. Le pain tendre, d'un blanc neigeux, en douce fleur de froment, est réservé au maître. Si tu veux tricher un peu, il y a là quelqu'un qui te forcera à le reposer : "Veux-tu bien, insolent convive, te remplir le ventre à la corbeille habituelle et connaître la couleur de ton pain ?" C'est donc pour cela que souvent, abandonnant ma femme, j'ai grimpé à la course la côte des Esquilies glaciales quand Jupiter au printemps faisait gronder une grêle cruelle et que mon manteau ruisselait de pluie ! (…) Tu te crois un homme libre et le convive du roi ; lui, il te considère comme prisonnier des odeurs de sa cuisine ; et il n'a pas tort… C'est l'espoir d'un bon dîner qui vous trompe. "Attention ! On va bientôt servir un reste de lièvre, un bout d'arrière-train de sanglier ; une volaille de deuxième choix va bientôt parvenir jusqu'à nous." Alors, le pain tout prêt, intact et brandi, vous voici tous muets. Celui qui te traite ainsi a bien raison. Si tu peux supporter n'importe quoi, il faut te l'infliger. Un jour, le crâne rasé, tu offriras ta tête aux coups et tu ne craindras pas la brûlure du fouet : tu seras digne d'un tel festin et d'un tel ami[11]. »

De même, on a pu trouver des ressemblances – moins

---

11. Juvénal, *Satire V, passim.*

frappantes, celles-ci – entre le banquet décrit aux §§ 13-18 des *Hôtes à gages* et le festin de Trimalcion dans le *Satiricon,* ou avec certains passages d'Horace, de Perse ou de Martial[12]. Lucien a-t-il lu ces auteurs ? C'est tout à fait possible, puisqu'il savait le latin, comme le prouve le commentaire qu'il fait de la salutation latine *Vale* dans *Sur une faute commise en saluant,* 13. Cependant certains critiques pensent plutôt qu'il a puisé ces motifs à une source commune grecque, appartenant au vieux fonds de la diatribe cynico-stoïcienne. Quoi qu'il en soit, « que l'on explique les analogies de la satire lucianesque et de la satire latine par l'existence d'une tradition diatribique grecque enrichie d'images spécifiquement romaines ou par la lecture des ouvrages latins eux-mêmes… Lucien ne s'est pas promené au Suburre… un carnet de croquis à la main… Une fois de plus, c'est de sa bibliothèque qu'il est le débiteur[13] ».

Si littéraire qu'elle soit, cette œuvre est très noire et profondément pessimiste. Comme dans le *Contre l'inculte,* Lucien y exprime une véritable souffrance à voir la παιδεία foulée aux pieds par la vulgarité des parvenus. Et l'image finale du philosophe qui a tout perdu – santé, honneur, vie – est plus violente qu'amusante.

Ce texte eut un grand retentissement, à en croire Lucien, lorsqu'il l'évoque par la suite dans une *Apologie*[14] adressée à un certain Sabinus auquel il prête les mots suivants :

« Cet écrit t'a valu depuis longtemps une grande considération, aussi bien quand il a été récité devant une foule nombreuse, comme me l'ont raconté ceux qui l'ont

---

12. J. Bompaire, *op. cit.,* p. 506.

13 *Ibid.,* p. 509.

14. N°18 dans la vulgate, ce texte occupe la 65ᵉ place dans le *corpus* du *Vatic. gr.* Γ.

entendu alors, qu'à titre privé, de la part de gens cultivés qui ont jugé bon de le lire assidûment et de l'avoir entre les mains[15]. »

Or, lorsqu'il écrit l'*Apologie,* Lucien, qui vient d'obtenir un poste administratif en Égypte, est gêné par le succès de son ancien ouvrage. Il reconnaît que le lecteur peut être choqué par la « grande incohérence entre sa vie actuelle et son texte[16]». Le public, dit-il, sera tenté de rire en le voyant, après tant de belles déclarations, se courber lui aussi devant les puissants :

« Je ne vois pas quelle défense peut te permettre de garder la face… surtout si on loue le texte et la liberté qui s'y exprime et qu'on voit l'auteur lui-même esclave, plaçant volontairement sa nuque sous le joug[17]. »

Mais d'après lui, sa situation en Égypte n'a rien à voir avec la servitude volontaire qu'acceptent les intellectuels qui se font pensionner par de riches Romains :

« Il y a une grande différence entre s'introduire comme salarié dans la maison d'un riche pour subir tout ce que mon livre décrit, et s'engager dans un service officiel pour la communauté, gérer les affaires le mieux possible et recevoir pour cela un salaire de l'empereur[18]. »

On le voit, malgré le titre consacré par l'usage, l'*Apologie* ne constitue en rien une remise en question de *Sur les hôtes à gages* et encore moins une palinodie. Il s'agit d'une apologie « *pro Luciano*[19]» dans laquelle il tente de justifier, non son traité, qu'il assume pleinement, mais

---

15. *Apologie,* 3
16. *Apologie,* 1.
17. *Apologie,* 3.
18. *Apologie,* 11.
19. J. Bompaire, *op. cit.,* p. 246, n. 4 : « Ce titre bien que consacré, est impropre. »

son acceptation d'un poste officiel. Il veut montrer qu'il n'y a pas contradiction entre sa conduite et un texte que nulle part, il ne s'excuse d'avoir écrit. Il n'en renie pas une ligne. Il s'en montre même plutôt fier. Et jamais il ne regrette la leçon de liberté, si âpre soit-elle, qu'il y a donnée.

ΠΕΡΙ ΤΩΝ ΕΠΙ ΜΙΣΘΩΙ ΣΥΝΟΝΤΩΝ

1. Καὶ τί σοι πρῶτον, ὦ φιλότης, ἢ τί ὕστατον, φασί, καταλέξω τούτων ἃ πάσχειν ἢ ποιεῖν ἀνάγκη τοὺς ἐπὶ μισθῷ συνόντας κἀν ταῖς τῶν εὐδαιμόνων τούτων φιλίαις ἐξεταζομένους – εἰ χρὴ φιλίαν τὴν τοιαύτην αὐτῶν δουλείαν ἐπονομάζειν; Οἶδα γὰρ πολλὰ καὶ σχεδὸν τὰ πλεῖστα τῶν συμβαινόντων αὐτοῖς, οὐκ αὐτὸς μὰ Δία τοῦ τοιούτου πειραθείς, οὐ γὰρ ἐν ἀνάγκῃ μοι ἡ πεῖρα ἐγεγένητο, μηδέ, ὦ θεοί, γένοιτο· ἀλλὰ πολλοὶ τῶν εἰς τὸν βίον τοῦτον ἐμπεπτωκότων ἐξηγόρευον πρός με, οἱ μὲν ἔτι ἐν τῷ κακῷ ὄντες, ἀποδυρόμενοι ὁπόσα καὶ ὁποῖα ἔπασχον, οἱ δὲ ὥσπερ ἐκ δεσμωτηρίου τινὸς ἀποδράντες οὐκ ἀηδῶς μνημονεύοντες ὧν ἐπεπόνθεσαν· ἀλλὰ γὰρ εὐφραίνοντο ἀναλογιζόμενοι οἵων ἀπηλλάγησαν.

Ἀξιοπιστότεροι δὲ ἦσαν οὗτοι διὰ πάσης, ὡς εἰπεῖν, τῆς τελετῆς διεξεληλυθότες καὶ πάντα ἐξ ἀρχῆς εἰς τέλος ἐποπτεύσαντες. Οὐ παρέργως οὖν οὐδὲ ἀμελῶς ἐπήκουον αὐτῶν καθάπερ ναυαγίαν

SUR LES HÔTES À GAGES

1. Comment débuter, mon doux ami, ou comment conclure[1], comme on dit, la liste de ce que doivent subir ou faire les hôtes salariés et ceux qui veulent être admis dans l'amitié des hommes fortunés, si tant est qu'il faille donner le nom d'amitié à un tel esclavage ? Je connais une grande partie, et presque l'essentiel de ce qui leur arrive : ce n'est pas que j'aie fait moi-même, par Zeus, l'essai d'une telle existence : je n'ai pas été obligé de subir cette épreuve – et que les dieux m'en préservent ! Mais nombre de ceux qui sont tombés dans cette vie m'en faisaient le récit. Les uns, encore plongés dans le malheur, se lamentaient sur le nombre et la rigueur de leurs épreuves ; les autres, comme s'ils s'étaient enfuis d'une prison, rappelaient non sans plaisir ce qu'ils avaient subi : en fait ils se réjouissaient d'énumérer les grandes souffrances dont ils étaient délivrés.

Ces derniers étaient les plus dignes de foi parce qu'ils avaient parcouru tous les degrés des mystères, si l'on peut dire, et qu'ils avaient été en tout parfaitement initiés[2]. Je les écoutais donc avec intérêt et attention relater ce qui

---

1. Paraphrase de l'*Odyssée*, IX, 14.
2. L' ἐπόπτης, celui qui « contemple » les Mystères, était le nom qu'on donnait à celui qui avait été initié au plus haut degré des Mystères d'Éleusis.

τινὰ καὶ σωτηρίαν αὐτῶν παράλογον διηγουμένων,
οἷοί εἰσιν οἱ πρὸς τοῖς ἱεροῖς ἐξυρημένοι τὰς
κεφαλὰς συνάμα πολλοὶ τὰς τρικυμίας καὶ ζάλας
καὶ ἀκρωτήρια καὶ ἐκβολὰς καὶ ἱστοῦ κλάσεις καὶ
πηδαλίων ἀποκαυλίσεις διεξιόντες, ἐπὶ πᾶσι δὲ
τοὺς Διοσκούρους ἐπιφαινομένους, – οἰκεῖοι γὰρ
τῆς τοιαύτης τραγῳδίας οὗτοί γε – ἤ τιν' ἄλλον ἐκ
μηχανῆς θεὸν ἐπὶ τῷ καρχησίῳ καθεζόμενον ἢ πρὸς
τοῖς πηδαλίοις ἑστῶτα καὶ πρός τινα ἠόνα μαλακὴν
ἀπευθύνοντα τὴν ναῦν, οἷ προσενεχθεῖσα ἔμελλεν
αὐτὴ μὲν ἠρέμα καὶ κατὰ σχολὴν διαλυθήσεσθαι,
αὐτοὶ δὲ ἀσφαλῶς ἀποβήσεσθαι χάριτι καὶ εὐμενείᾳ
τοῦ θεοῦ.

Ἐκεῖνοι μὲν οὖν τὰ πολλὰ ταῦτα πρὸς τὴν
χρείαν τὴν παραυτίκα ἐπιτραγῳδοῦσιν ὡς παρὰ
πλειόνων λαμβάνοιεν, οὐ δυστυχεῖς μόνον ἀλλὰ
καὶ θεοφιλεῖς τινες εἶναι δοκοῦντες· 2. οἱ δὲ
τοὺς ἐν ταῖς οἰκίαις χειμῶνας καὶ τὰς τρικυμίας
καὶ νὴ Δία πεντακυμίας τε καὶ δεκακυμίας, εἰ
οἷόν τε εἰπεῖν, διηγούμενοι, καὶ ὡς τὸ πρῶτον
εἰσέπλευσαν, γαληνοῦ ὑποφαινομένου τοῦ πελάγους,
καὶ ὅσα πράγματα παρὰ τὸν πλοῦν ὅλον ὑπέμειναν
ἢ διψῶντες ἢ ναυτιῶντες ἢ ὑπεραντλούμενοι τῇ
ἅλμῃ, καὶ τέλος ὡς πρὸς πέτραν τινὰ ὕφαλον ἢ
σκόπελον ἀπόκρημνον περιρρήξαντες τὸ δύστηνον
σκαφίδιον ἄθλιοι κακῶς ἐξενήξαντο γυμνοὶ καὶ

---

3. Dans *Hermotimos*, 86, Lucien évoque de la même manière les
hommes libres qui ont échappé à un naufrage et se rasent la tête.

4. La troisième vague était réputée la plus forte.

5. Les Dioscures, Castor et Pollux, étaient invoqués traditionnellement comme divinités protectrices de la navigation. La tache lumi-
neuse qui apparaît fréquemment sur les gréements pendant les tempê-

ressemblait à un naufrage et à une délivrance inespérée qui leur seraient arrivés, tels ces hommes au crâne rasé[3] qui se tiennent en foule devant les temples et racontent les troisièmes vagues[4], les tempêtes, les récifs, les cargaisons jetées à la mer, les mâts brisés, les gouvernails mis en pièces, et pour couronner le tout, l'apparition des Dioscures[5], personnages familiers à ce genre de tragédie, ou l'intervention de quelque autre *deus ex machina*, assis sur la hune ou debout près du gouvernail, dirigeant le bateau vers quelque plage en pente douce, où après avoir abordé, il devait prendre son temps pour se disloquer lentement tandis qu'eux débarqueraient en sécurité, par la grâce et la faveur de la divinité.

Ces naufragés exagèrent en général leur histoire pour en faire une tragédie adaptée à leurs besoins immédiats, afin d'augmenter le nombre de ceux qui leur font l'aumône, parce qu'ils voient en eux non seulement des malheureux mais aussi des êtres aimés des dieux. 2. Mais les autres, ceux qui évoquaient les tempêtes qu'ils avaient essuyées dans les maisons, les troisièmes vagues, et même par Zeus, les cinquièmes, les septièmes et les dixièmes, si j'ose dire, ceux qui racontaient comment au début ils s'embarquèrent sur une mer qui paraissait riante, puis toutes les épreuves endurées au long de la traversée, la soif, le mal de mer, l'eau salée qu'ils ne pouvaient écoper, et pour finir comment ayant brisé leur pauvre embarcation contre un récif caché sous l'eau ou un promontoire escarpé, ces malheureux s'échappèrent à la nage, nus et privés de tout le nécessaire

tes, à cause de l'électricité de l'atmosphère, était considérée comme indiquant la présence d'un des Dioscures. Par la suite, les marins ont parlé de « feu Saint-Elme ».

πάντων ἐνδεεῖς τῶν ἀναγκαίων – ἐν δὴ τούτοις καὶ
τῇ τούτων διηγήσει ἐδόκουν μοι τὰ πολλὰ οὗτοι
ὑπ' αἰσχύνης ἐπικρύπτεσθαι, καὶ ἑκόντες εἶναι
ἐπιλανθάνεσθαι αὐτῶν.

Ἀλλ' ἔγωγε κἀκεῖνα καὶ εἴ τιν' ἄλλα ἐκ τοῦ
λόγου συντιθεὶς εὑρίσκω προσόντα ταῖς τοιαύταις
συνουσίαις, οὐκ ὀκνήσω σοι πάντα, ὦ καλὲ Τιμόκλεις,
διεξελθεῖν· δοκῶ γάρ μοι ἐκ πολλοῦ ἤδη κατανενοηκέναι
σε τούτῳ τῷ βίῳ ἐπιβουλεύοντα, 3. καὶ πρῶτόν γε
ὁπηνίκα περὶ τῶν τοιούτων ὁ λόγος ἐνέπεσεν, εἶτα
ἐπήνεσέ τις τῶν παρόντων τὴν τοιαύτην μισθοφοράν,
τρισευδαίμονας εἶναι λέγων οἷς μετὰ τοῦ φίλους
ἔχειν τοὺς ἀρίστους Ῥωμαίων καὶ δειπνεῖν δεῖπνα
πολυτελῆ καὶ ἀσύμβολα καὶ οἰκεῖν ἐν καλῷ καὶ
ἀποδημεῖν μετὰ πάσης ῥᾳστώνης καὶ ἡδονῆς ἐπὶ
λευκοῦ ζεύγους, εἰ τύχοι, ἐξυπτιάζοντας, προσέτι
καὶ μισθὸν τῆς φιλίας καὶ ὧν εὖ πάσχουσιν τούτων
λαμβάνειν οὐκ ὀλίγον ἐστίν· ἀτεχνῶς γὰρ ἄσπορα
καὶ ἀνήροτα τοῖς τοιούτοις τὰ πάντα φύεσθαι.
Ὁπότε οὖν ταῦτα καὶ τὰ τοιαῦτα ἤκουες, ἑώρων
ὅπως ἐκεχήνεις πρὸς αὐτὰ καὶ πάνυ σφόδρα πρὸς
τὸ δέλεαρ ἀναπεπταμένον παρεῖχες τὸ στόμα.

Ὡς οὖν τό γε ἡμέτερον εἰσαῦθίς ποτε ἀναίτιον
ᾖ μηδὲ ἔχῃς λέγειν ὡς ὁρῶντές σε τηλικοῦτο μετὰ
τῆς καρίδος ἄγκιστρον καταπίνοντα οὐκ ἐπελαβόμεθα
οὐδὲ πρὶν ἐμπεσεῖν τῷ λαιμῷ περιεσπάσαμεν
οὐδὲ προεδηλώσαμεν, ἀλλὰ περιμείναντες ἐξ
ἑλκομένου καὶ ἐμπεπηγότος ἤδη συρόμενον καὶ
πρὸς ἀνάγκην ἀγόμενον ὁρᾶν, ὅτ' οὐδὲν ὄφελος
ἑστῶτες ἐπεδακρύομεν· ὅπως μὴ ταῦτα λέγῃς ποτέ,

---

6. Sur les chevaux blancs, voir *Timon*, 20 et la note.
7. *Odyssée,* IX, 109. Ce vers est également cité dans le *Parasite,* 24.
8. Littéralement : avec la crevette (qui sert d'appât).

– ces gens-là, dans ces aventures et le récit qu'ils en faisaient, me semblaient cacher la plupart de leurs malheurs
par honte, et chercher à les oublier volontairement.

Mais pour ma part ces récits et tous les autres détails
que je peux trouver dans ce qu'on rapporte concernant ces
sortes de relations d'hospitalité, je n'hésiterai pas à te les
rapporter tous par le menu, mon beau Timoclès, car depuis
longtemps déjà, il me semble avoir compris que tu envisa-
geais de mener cette existence. 3. D'abord quand la conversation est venue sur ceux qui vivent ainsi, et qu'ensuite un
des assistants a fait l'éloge de cette condition mercenaire :
« Trois fois heureux, disait-il, ceux qui, sans parler du fait
qu'ils ont pour amis les Romains les plus éminents, font
des dîners somptueux sans payer, sont superbement logés
et voyagent avec tout le confort et le plaisir en se prélas-
sant dans un char peut-être tiré par des chevaux blancs[6],
reçoivent par dessus le marché un salaire pour cette amitié et ces bienfaits, voilà qui n'est pas négligeable. De fait,
affirmait-il, ces gens-là voient pousser

Tout sans avoir semé sans avoir labouré[7]. »

Je voyais à quel point, en entendant ces réflexions ou
d'autres du même genre, tu béais d'admiration devant cette
existence : tu offrais avec avidité à l'hameçon ta bouche
grande ouverte.

Donc dans mon intérêt au moins, pour être exempt de
tout reproche à l'avenir, pour que tu ne puisses prétendre
qu'en te voyant gober avec la mouche[8] un aussi gros hameçon, je ne t'ai pas retenu, que je ne l'ai pas arraché avant
qu'il ne soit tombé dans ta gorge, que je ne t'ai pas mis
en garde, que j'ai attendu sans rien faire de te voir ferré et
emporté de force par cet hameçon qu'on tirait et qui était
désormais bien accroché, et qu'alors seulement, quand
cela ne servait à rien, je suis resté à pleurer – donc pour

πάνυ εὔλογα, ἢν λέγηται, καὶ ἄφυκτα ἡμῖν, ὡς οὐκ
ἀδικοῦμεν μὴ προμηνύσαντες, ἄκουσον ἐξ ἀρχῆς
ἁπάντων, καὶ τὸ δίκτυόν τε αὐτὸ καὶ τῶν κύρτων
τὸ ἀδιέξοδον ἔκτοσθεν ἐπὶ σχολῆς, ἀλλὰ μὴ ἔνδοθεν
ἐκ τοῦ μυχοῦ προεπισκόπησον, καὶ τοῦ ἀγκίστρου δὲ
τὸ ἀγκύλον καὶ τὴν εἰς τὸ ἔμπαλιν τοῦ σκόλοπος
ἀναστροφὴν καὶ τῆς τριαίνης τὰς ἀκμὰς εἰς τὰς
χεῖρας λαβὼν καὶ πρὸς τὴν γνάθον πεφυσημένην
ἀποπειρώμενος, ἢν μὴ πάνυ ὀξέα μηδὲ ἄφυκτα μηδὲ
ἀνιαρὰ ἐν τοῖς τραύμασι φαίνηται βιαίως σπῶντα
καὶ ἀμάχως ἀντιλαμβανόμενα, ἡμᾶς μὲν ἐν τοῖς
δειλοῖς καὶ διὰ τοῦτο πεινῶσιν ἀνάγραφε, σεαυτὸν
δὲ παρακαλέσας θαρρεῖν ἐπιχείρει τῇ ἄγρᾳ, εἰ θέλεις,
καθάπερ ὁ λάρος ὅλον περιχανὼν τὸ δέλεαρ.

4. Ῥηθήσεται δὲ ὁ πᾶς λόγος τὸ μὲν ὅλον ἴσως
διὰ σέ, πλὴν ἀλλ᾽ οὔ γε περὶ τῶν φιλοσοφούντων ὑμῶν
μόνον, οὐδὲ ὁπόσοι σπουδαιοτέραν τὴν προαίρεσιν
προείλοντο ἐν τῷ βίῳ, ἀλλὰ καὶ περὶ γραμματιστῶν
καὶ ῥητόρων καὶ μουσικῶν καὶ ὅλως τῶν ἐπὶ παιδείαις
συνεῖναι καὶ μισθοφορεῖν ἀξιουμένων. Κοινῶν δὲ ὡς
ἐπίπαν ὄντων καὶ ὁμοίων τῶν συμβαινόντων ἅπασι,
δῆλον ὡς οὐκ ἐξαίρετα μέν, αἰσχίω δὲ τὰ αὐτὰ ὄντα
γίγνεται τοῖς φιλοσοφοῦσιν, εἰ τῶν ὁμοίων τοῖς
ἄλλοις ἀξιοῖντο καὶ μηδὲν αὑτοὺς σεμνότερον οἱ
μισθοδόται ἄγοιεν. Ὅ τι δ᾽ ἂν οὖν ὁ λόγος αὐτὸς
ἐπιὼν ἐξευρίσκῃ, τούτου τὴν αἰτίαν μάλιστα μὲν
οἱ ποιοῦντες αὐτοί, ἔπειτα δὲ οἱ ὑπομένοντες αὐτὰ
δίκαιοι ἔχειν· ἐγὼ δὲ ἀναίτιος, εἰ μὴ ἀληθείας καὶ
παρρησίας ἐπιτίμιόν τί ἐστιν.

---

9. Cette image se trouve aussi dans *Timon,* 11.

que tu ne me dises jamais cela (tu serais tout à fait fondé à le dire, et je ne pourrais me défendre en prétendant ne pas être coupable de ne pas t'avoir prévenu), écoute tout dès le début. Le filet lui-même et la nasse sans issue, examine-les de l'extérieur, tout à loisir, et non de l'intérieur, quand tu seras au fond. Puis observe la courbure de l'hameçon, le retour du crochet, les trois pointes à l'extrémité ; prends le dans tes mains ; essaie-le sur ta joue gonflée ; vois si cet objet ne se révèle pas très aigu, irrésistible, propre à causer des blessures douloureuses, quand il tire avec violence et agrippe sans qu'on puisse lutter. Et puis range-moi parmi les lâches qui pour cette raison meurent de faim ! exhorte-toi au courage, et alors, si tu veux, pars en chasse comme la mouette[9], la bouche grande ouverte pour avaler l'appât tout entier.

4. L'ensemble de mon exposé sera sans doute composé pour l'essentiel à ton intention. Cependant il ne vous concerne pas seulement vous, les philosophes, ni ceux qui ont choisi un mode de vie plus sérieux que les autres : il s'adresse aussi aux grammairiens, aux orateurs, aux musiciens, et de manière générale à ceux qui jugent bon de vivre avec les grands et de recevoir un salaire pour les cultiver. Comme tous ces salariés sont en général traités d'une façon analogue et identique, il est évident que cette similitude, loin d'être enviable, est plus honteuse pour les philosophes, s'ils sont jugés dignes d'un sort identique à celui des autres et si ceux qui les paient ne leur témoignent pas un respect plus grand. Quant à tout ce que révélera la suite de cet exposé, il est juste d'en rendre responsables surtout ceux qui l'infligent, puis ceux qui acceptent de le subir ; quant à moi, on n'aura rien à me reprocher, à moins qu'il n'y ait quelque chose de répréhensible dans la vérité et la franchise.

Τοὺς μέντοι τοῦ ἄλλου πλήθους, οἷον γυμναστάς
τινας ἢ κόλακας, ἰδιώτας καὶ μικροὺς τὰς γνώμας
καὶ ταπεινοὺς αὐτόθεν ἀνθρώπους, οὔτε ἀποτρέπειν
ἄξιον τῶν τοιούτων συνουσιῶν, οὐδὲ γὰρ ἂν πεισθεῖεν,
οὔτε μὴν αἰτιᾶσθαι καλῶς ἔχει μὴ ἀπολειπομένους
τῶν μισθοδοτῶν εἰ καὶ πάνυ πολλὰ ὑβρίζοιντο ὑπ'
αὐτῶν, ἐπιτήδειοι γὰρ καὶ οὐκ ἀνάξιοι τῆς τοιαύτης
διατριβῆς· ἄλλως τε οὐδὲ σχοῖεν ἄν τι ἄλλο πρὸς ὅ τι
χρὴ ἀποκλίναντας αὐτοὺς παρέχειν αὐτοὺς ἐνεργούς,
ἀλλ' ἤν τις αὐτῶν ἀφέλῃ τοῦτο, ἄτεχνοι αὐτίκα
καὶ ἀργοὶ καὶ περιττοί εἰσιν. Οὐδὲν οὖν οὔτ' αὐτοὶ
δεινὸν πάσχοιεν ἂν οὔτ' ἐκεῖνοι ὑβρισταὶ δοκοῖεν
εἰς τὴν ἀμίδα, φασίν, ἐνουροῦντες· ἐπὶ γάρ τοι τὴν
ὕβριν ταύτην ἐξ ἀρχῆς παρέρχονται εἰς τὰς οἰκίας,
καὶ ἡ τέχνη φέρειν καὶ ἀνέχεσθαι τὰ γιγνόμενα.
Περὶ δὲ ὧν προεῖπον τῶν πεπαιδευμένων ἄξιον
ἀγανακτεῖν καὶ πειρᾶσθαι ὡς ἔνι μάλιστα μετάγειν
αὐτοὺς καὶ πρὸς ἐλευθερίαν ἀφαιρεῖσθαι.

5. Δοκῶ δέ μοι καλῶς ἂν ποιῆσαι, εἰ τὰς αἰτίας
ἀφ' ὧν ἐπὶ τὸν τοιοῦτον βίον ἀφικνοῦνταί τινες
προεξετάσας δείξαιμι οὐ πάνυ βιαίους οὐδ' ἀναγκαίας·
οὕτω γὰρ ἂν αὐτοῖς ἡ ἀπολογία προαναιροῖτο καὶ ἡ
πρώτη ὑπόθεσις τῆς ἐθελοδουλείας. Οἱ μὲν δὴ πολλοὶ
τὴν πενίαν καὶ τὴν τῶν ἀναγκαίων χρείαν προθέμενοι
ἱκανὸν τοῦτο προκάλυμμα οἴονται προβεβλῆσθαι τῆς
πρὸς τὸν βίον τοῦτον αὐτομολίας, καὶ ἀποχρῆν
αὐτοῖς νομίζουσιν εἰ λέγοιεν ὡς συγγνώμης ἄξιον
ποιοῦσιν τὸ χαλεπώτατον τῶν ἐν τῷ βίῳ, τὴν πενίαν,
διαφυγεῖν ζητοῦντες· εἶτα ὁ Θέογνις πρόχειρος
καὶ πολὺ τό

---

10. Avec le verbe ἀνέχεσθαι, Lucien esquisse peut-être ici une
parodie de la célèbre maxime stoïcienne : ἀνέχου καὶ ἀπέχου (supporte et abstiens-toi).

Mais pour ceux qui constituent le reste de cette foule, comme les maîtres de gymnastique et les flatteurs, individus ignorants, d'intelligence médiocre, et naturellement vils, il ne vaut pas la peine de les détourner de ce mode de vie – ils ne se laisseraient pas convaincre –, et il ne convient pas de leur reprocher de ne pas quitter ceux qui les paient même s'ils leur infligent quantité d'humiliations : ils sont faits pour une telle vie et la méritent bien. D'ailleurs ils n'auraient aucun autre emploi vers quoi se tourner pour exercer une activité ; si on leur enlève celui-là, ils sont aussitôt désœuvrés, oisifs et inutiles. Leur sort ne saurait donc rien avoir de scandaleux et on ne peut juger leurs employeurs insolents de pisser, comme on dit, dans le pot de chambre, puisque c'est précisément pour subir cette insolence que dès le début ils entrent dans les maisons : leur métier consiste à supporter et à endurer[10] ce qui leur arrive. Non, c'est à propos des gens instruits dont j'ai parlé précédemment qu'il est juste de s'indigner et d'essayer dans la mesure du possible de les faire changer de vie pour les ramener à la liberté.

5. Je ferais bien, je crois, d'examiner les motifs qui poussent certains à adopter ce genre de vie et de montrer qu'ils ne sont absolument pas impérieux ni contraignants. Cela ôterait par avance à ces hommes leur défense et la principale justification de leur servitude volontaire. La plupart prétextent la pauvreté et la nécessité de pourvoir à leurs besoins : ils imaginent avoir jeté ainsi devant eux un voile suffisant pour dissimuler qu'ils rejoignent ce mode de vie comme des déserteurs. Il leur suffit, pensent-ils, de prétendre que leur attitude est pardonnable dans la mesure où ils cherchent à échapper à ce qui est le plus pénible dans la vie, la pauvreté. Là dessus, ils brandissent Théognis, et on entend souvent :

πᾶς γὰρ ἀνὴρ πενίῃ δεδμημένος
καὶ ὅσα ἄλλα δείματα ὑπὲρ τῆς πενίας οἱ
ἀγεννέστατοι τῶν ποιητῶν ἐξενηνόχασιν.

Ἐγὼ δ᾽ εἰ μὲν ἑώρων αὐτοὺς φυγήν τινα ὡς
ἀληθῶς τῆς πενίας εὑρισκομένους ἐκ τῶν τοιούτων
συνουσιῶν, οὐκ ἂν ὑπὲρ τῆς ἄγαν ἐλευθερίας
ἐμικρολογούμην πρὸς αὐτούς· ἐπεὶ δὲ – ὡς ὁ καλός
που ῥήτωρ ἔφη – τοῖς τῶν νοσούντων σιτίοις ἐοικότα
λαμβάνουσι, τίς ἔτι μηχανὴ μὴ οὐχὶ καὶ πρὸς τοῦτο
κακῶς βεβουλεῦσθαι δοκεῖν αὐτούς, ἀεὶ μενούσης
αὐτοῖς ὁμοίας τῆς ὑποθέσεως τοῦ βίου; Πενία γὰρ
εἰσαεὶ καὶ τὸ λαμβάνειν ἀναγκαῖον καὶ ἀπόθετον
οὐδὲν οὐδὲ περιττὸν εἰς φυλακήν, ἀλλὰ τὸ δοθέν,
κἂν δοθῇ, κἂν ἀθρόως ληφθῇ, πᾶν ἀκριβῶς καὶ τῆς
χρείας ἐνδεῶς καταναλίσκεται. Καλῶς δὲ εἶχε μὴ
τοιαύτας τινὰς ἀφορμὰς ἐπινοεῖν αἳ τὴν πενίαν
τηροῦσι παραβοηθοῦσαι μόνον αὐτῇ, ἀλλ᾽ αἳ τέλεον
ἐξαιρήσουσιν, καὶ ὑπέρ γε τοῦ τοιούτου καὶ εἰς
βαθυκήτεα πόντον ἴσως ῥιπτεῖν, εἰ δεῖ, ὦ Θέογνι,
καὶ πετρέων, ὡς φής, κατ᾽ ἠλιβάτων. Εἰ δέ τις ἀεὶ
πένης καὶ ἐνδεὴς καὶ ὑπόμισθος ὢν οἴεται πενίαν
αὐτῷ τούτῳ διαπεφευγέναι, οὐκ οἶδα πῶς ὁ τοιοῦτος
οὐκ ἂν δόξειεν ἑαυτὸν ἐξαπατᾶν.

6. Ἄλλοι δὲ πενίαν μὲν αὐτὴν οὐκ ἂν φοβηθῆναι
οὐδὲ καταπλαγῆναί φασιν, εἰ ἐδύναντο τοῖς ἄλλοις
ὁμοίως πονοῦντες ἐκπορίζειν τὰ ἄλφιτα, νῦν δέ,
πεπονηκέναι γὰρ αὐτοῖς τὰ σώματα ἢ ὑπὸ γήρως ἢ
ὑπὸ νόσων, ἐπὶ τήνδε ῥάστην οὖσαν τὴν μισθοφορὰν
ἀπηντηκέναι. Φέρ᾽ οὖν ἴδωμεν εἰ ἀληθῆ λέγουσιν καὶ
ἐκ τοῦ ῥάστου, μὴ πολλὰ μηδὲ πλείω τῶν ἄλλων

11. Théognis, 177.
12. Démosthène, *Olynthienne* III, 33.
13. Théognis, 176-177. Le même passage est cité dans *Timon*, 26.
14. Littéralement : leur farine.

Car tout homme est soumis au joug de pauvreté[11],
ainsi que toutes les autres craintes concernant la pauvreté, répandues par les poètes les plus vils.

Pour ma part, si je constatais que les gens trouvent vraiment un refuge contre la pauvreté en vivant ainsi chez les grands, je ne les chicanerais pas au nom d'une excessive liberté. Mais puisque, comme l'a dit quelque part le bel orateur, ils reçoivent « une nourriture semblable à celle des malades[12] », comment ne pas penser que, même sous ce rapport, ils ont pris une mauvaise décision puisque la base de leur vie reste toujours la même ? Pauvreté pour toujours, nécessité de recevoir, impossibilité de mettre quoi que ce soit de côté ou de conserver du superflu ; ce qui leur est donné, à supposer qu'on le leur donne, à supposer qu'ils le reçoivent en abondance, est dépensé entièrement sans que cela suffise à leurs besoins. Il serait bon de chercher des moyens, non de maintenir la pauvreté en se contentant de l'assister, mais de la supprimer totalement, et en vérité, pour un tel but, de se jeter peut-être même *dans la mer aux gouffres profonds*, s'il le faut, Théognis, et comme tu le dis, *du haut de rocs inaccessibles*[13]. Mais si un homme qui est toujours pauvre, indigent, contraint de louer ses services, s'imagine avoir échappé à la pauvreté par ce moyen, je me demande comment on pourrait ne pas comprendre qu'il s'abuse lui-même.

6. D'autres disent que la pauvreté en elle-même ne les inquiéterait ni ne les frapperait de terreur, s'ils pouvaient se procurer leur pain[14] en travaillant comme les autres, mais que les choses étant ce qu'elles sont, leurs corps étant épuisés par la vieillesse ou par des maladies, ils en sont venus à cette vie mercenaire qui est la plus facile. Voyons donc s'ils disent vrai et si c'est de la manière la plus facile, sans travailler beaucoup ni davantage que les autres,

πονοῦσι, περιγίγνεται αὐτοῖς τὰ διδόμενα· εὐχῇ
γὰρ ἂν ἐοικότα εἴη ταῦτά γε, μὴ πονήσαντα μηδὲ
καμόντα ἕτοιμον ἀργύριον λαβεῖν. Τὸ δ' ἐστὶ καὶ
ῥηθῆναι κατ' ἀξίαν ἀδύνατον· τοσαῦτα πονοῦσιν
καὶ κάμνουσιν ἐν ταῖς συνουσίαις, ὥστε πλείονος
ἐνταῦθα καὶ ἐπὶ τοῦτο μάλιστα τῆς ὑγιείας δεῖσθαι,
μυρίων ὄντων ὁσημέραι τῶν ἐπιτριβόντων τὸ σῶμα
καὶ πρὸς ἐσχάτην ἀπόγνωσιν καταπονούντων. Λέξομεν
δὲ αὐτὰ ἐν τῷ προσήκοντι καιρῷ, ἐπειδὰν καὶ τὰς
ἄλλας αὐτῶν δυσχερείας διεξίωμεν· τὸ δὲ νῦν εἶναι
ἱκανὸν ἦν ὑποδεῖξαι ὡς οὐδ' οἱ διὰ ταύτην λέγοντες
αὐτοὺς ἀποδίδοσθαι τὴν πρόφασιν ἀληθεύοιεν ἄν.

7. Λοιπὸν δὴ καὶ ἀληθέστατον μέν, ἥκιστα
δὲ πρὸς αὐτῶν λεγόμενον, ἡδονῆς ἕνεκα καὶ τῶν
πολλῶν καὶ ἀθρόων ἐλπίδων εἰσπηδᾶν αὐτοὺς εἰς
τὰς οἰκίας, καταπλαγέντας μὲν τὸ πλῆθος τοῦ
χρυσοῦ καὶ τοῦ ἀργύρου, εὐδαιμονήσαντας δὲ ἐπὶ
τοῖς δείπνοις καὶ τῇ ἄλλῃ τρυφῇ, ἐλπίσαντας δὲ
ὅσον αὐτίκα χανδὸν οὐδενὸς ἐπιστομίζοντος πίεσθαι
τοῦ χρυσίου. Ταῦτα ὑπάγει αὐτοὺς καὶ δούλους ἀντὶ
ἐλευθέρων τίθησιν – οὐχ ἡ τῶν ἀναγκαίων χρεία,
ἣν ἔφασκον, ἀλλ' ἡ τῶν οὐκ ἀναγκαίων ἐπιθυμία
καὶ ὁ τῶν πολλῶν καὶ πολυτελῶν ἐκείνων ζῆλος.
Τοιγαροῦν ὥσπερ δυσέρωτας αὐτοὺς καὶ κακοδαίμονας
ἐραστὰς ἔντεχνοί τινες καὶ τρίβωνες ἐρώμενοι
παραλαβόντες ὑπεροπτικῶς περιέπουσιν, ὅπως ἀεὶ
ἐρασθήσονται αὐτῶν θεραπεύοντες, ἀπολαῦσαι δὲ
τῶν παιδικῶν ἀλλ' οὐδὲ μέχρι φιλήματος ἄκρου
μεταδιδόντες· ἴσασι γὰρ ἐν τῷ τυχεῖν τὴν διάλυσιν
τοῦ ἔρωτος γενησομένην. Ταύτην οὖν ἀποκλείουσιν
καὶ ζηλοτύπως φυλάττουσιν· τὰ δὲ ἄλλα ἐπ' ἐλπίδος
ἀεὶ τὸν ἐραστὴν ἔχουσιν. Δεδίασι γὰρ μὴ αὐτὸν

qu'ils reçoivent ce qu'on leur donne. Ce serait vraiment un bonheur tel qu'on pourrait le demander dans ses vœux de trouver de l'argent à sa disposition sans avoir travaillé et sans s'être fatigué. Mais c'est impossible – impossible même de trouver les mots adaptés pour le dire. Ils rencontrent tant de peines et de fatigues à vivre chez les grands que c'est précisément dans cette vie et pour la supporter qu'ils auraient besoin d'une meilleure santé : des milliers de tâches épuisent leurs corps chaque jour et les accablent jusqu'à les plonger dans le désespoir le plus profond. Nous les évoquerons en temps opportun, quand nous énumérerons leurs autres souffrances. Pour l'heure il suffisait de montrer que ceux qui invoquent ce prétexte pour se vendre ne sauraient eux non plus dire la vérité.

7. Il ne reste qu'un motif, le plus vrai, mais dont ils parlent le moins : c'est pour le plaisir et poussés par une foule d'espoirs innombrables qu'ils se précipitent dans ces maisons, éblouis par l'abondance de l'or et de l'argent, réjouis par les dîners et par tout le luxe ; ils espèrent boire immédiatement de l'or, à grandes gorgées, sans que personne leur ferme la bouche. Voilà ce qui les pousse, et les transforme d'hommes libres en esclaves : ce n'est pas le besoin du nécessaire, comme ils le prétendaient, mais le désir de ce qui n'est pas nécessaire et l'envie de tout ce faste. Voilà pourquoi, tels des soupirants mal aimés et infortunés, ils sont accueillis puis traités avec mépris par ceux dont ils sont amoureux, gens habiles et retors, qui les entourent de prévenances et les flattent pour être toujours aimés, sans leur permettre d'obtenir même le plus léger baiser de ceux qu'ils désirent : ils savent que la possession sera la fin de l'amour, c'est pourquoi ils l'interdisent et s'en gardent jalousement. Par ailleurs ils maintiennent constamment l'amant dans l'espérance, car ils craignent

ἡ ἀπόγνωσις ἀπαγάγῃ τῆς ἄγαν ἐπιθυμίας καὶ
ἀνέραστος αὐτοῖς γένηται· προσμειδιῶσιν οὖν καὶ
ὑπισχνοῦνται καὶ ἀεὶ εὖ ποιήσουσι καὶ χαριοῦνται
καὶ ἐπιμελήσονται πολυτελῶς. Εἶτ᾽ ἔλαθον ἄμφω
γηράσαντες, ἔξωροι γενόμενοι καὶ οὗτος τοῦ ἐρᾶν
κἀκεῖνος τοῦ μεταδιδόναι. Πέπρακται δ᾽ οὖν αὐτοῖς
οὐδὲν ἐν ἅπαντι τῷ βίῳ πέρα τῆς ἐλπίδος.

8. Τὸ μὲν δὴ δι᾽ ἡδονῆς ἐπιθυμίαν ἅπαντα
ὑπομένειν οὐ πάνυ ἴσως ὑπαίτιον, ἀλλὰ συγγνώμη
εἴ τις ἡδονῇ χαίρει καὶ τοῦτο ἐξ ἅπαντος θεραπεύει
ὅπως μεθέξει αὐτῆς. Καίτοι αἰσχρὸν ἴσως καὶ
ἀνδραποδῶδες ἀποδόσθαι διὰ ταύτην ἑαυτόν· πολὺ
γὰρ ἡδίων ἡ ἐκ τῆς ἐλευθερίας ἡδονή. Ὅμως δ᾽ οὖν
ἐχέτω τινὰ συγγνώμην αὐτοῖς, εἰ ἐπιτυγχάνοιτο· τὸ
δὲ δι᾽ ἡδονῆς ἐλπίδα μόνον πολλὰς ἀηδίας ὑπομένειν
γελοῖον οἶμαι καὶ ἀνόητον, καὶ ταῦτα ὁρῶντας ὡς
οἱ μὲν πόνοι σαφεῖς καὶ πρόδηλοι καὶ ἀναγκαῖοι,
τὸ δὲ ἐλπιζόμενον ἐκεῖνο, ὁτιδήποτέ ἐστιν τὸ ἡδύ,
οὔτε ἐγένετό πω τοσούτου χρόνου, προσέτι δὲ οὐδὲ
γενήσεσθαι ἔοικεν, εἴ τις ἐκ τῆς ἀληθείας λογίζοιτο.
Οἱ μέν γε τοῦ Ὀδυσσέως ἑταῖροι γλυκύν τινα τὸν
λωτὸν ἐσθίοντες ἠμέλουν τῶν ἄλλων καὶ πρὸς τὸ
παρὸν ἡδὺ τῶν καλῶς ἐχόντων κατεφρόνουν· ὥστε
οὐ πάντῃ ἄλογος αὐτῶν ἡ λήθη τοῦ καλοῦ, πρὸς τῷ
ἡδεῖ ἐκείνῳ τῆς ψυχῆς διατριβούσης. Τὸ δὲ λιμῷ
συνόντα παρεστῶτα ἄλλῳ τοῦ λωτοῦ ἐμφορουμένῳ
μηδὲν μεταδιδόντι ὑπὸ ἐλπίδος μόνης τοῦ κἂν
αὐτὸν παραγεύσασθαί ποτε δεδέσθαι, τῶν καλῶς
καὶ ὀρθῶς ἐχόντων ἐπιλελησμένον, Ἡράκλεις, ὡς
καταγέλαστον καὶ πληγῶν τινων Ὁμηρικῶν ὡς
ἀληθῶς δεόμενον.

que le désespoir ne dissipe l'excès de son désir et qu'il cesse de les aimer. Ils lui sourient donc, lui font des promesses, et sont sans cesse sur le point de se montrer bons avec lui, de lui accorder leurs faveurs et de prendre soin de lui sans compter. Et puis, insensiblement, tous deux vieillissent et passent l'âge, l'un d'aimer, l'autre d'accorder. Ainsi durant toute leur vie ils n'ont rien obtenu de plus que l'espoir.

8. Que le désir du plaisir amène à supporter n'importe quoi n'est sans doute pas totalement blâmable, et il faut excuser celui qui se réjouit du plaisir et cherche par tous les moyens à en avoir sa part. Cependant, peut-être est-il honteux et servile de se vendre pour cela, car le plaisir qu'on retire de la liberté est beaucoup plus délicat. Admettons cependant qu'on ait quelque indulgence pour ce comportement, si le plaisir est obtenu. Mais je trouve ridicule et stupide de subir de nombreux déplaisirs pour le seul espoir du plaisir, surtout quand on voit que les épreuves sont évidentes, prévisibles et inévitables alors que l'avantage espéré, si plaisant qu'il puisse être, ne s'est pas encore présenté depuis si longtemps, et qui plus est, ne se présentera vraisemblablement pas, si on fonde son raisonnement sur la vérité. En mangeant un aliment délectable, le lotos, les compagnons d'Ulysse négligeaient tout le reste et méprisaient le beau pour le plaisir immédiat : leur oubli du beau n'était donc pas totalement absurde puisque tout leur être était occupé à ce plaisir. Mais qu'un homme affamé, debout auprès d'un autre qui se rassasie de lotos sans rien partager avec lui, soit prisonnier du seul espoir de pouvoir y goûter lui aussi un jour, et oublie ce qui est beau et juste, par Héraclès, comme c'est ridicule ! Cela mérite des coups véritablement homériques.

9. Τὰ μὲν τοίνυν πρὸς τὰς συνουσίας αὐτοὺς
ἄγοντα καὶ ἀφ' ὧν αὐτοὺς φέροντες ἐπιτρέπουσι
τοῖς πλουσίοις χρῆσθαι πρὸς ὅ τι ἂν ἐθέλωσιν,
ταῦτά ἐστιν ἢ ὅτι ἐγγύτατα τούτων, πλὴν εἰ μὴ
κἀκείνων τις μεμνῆσθαι ἀξιώσειεν τῶν καὶ μόνη
τῇ δόξῃ ἐπαιρομένων τοῦ συνεῖναι εὐπατρίδαις τε
καὶ εὐπαρύφοις ἀνδράσιν· εἰσὶν γὰρ οἳ καὶ τοῦτο
περίβλεπτον καὶ ὑπὲρ τοὺς πολλοὺς νομίζουσιν, ὡς
ἔγωγε τοὐμὸν ἴδιον οὐδὲ βασιλεῖ τῷ μεγάλῳ αὐτὸ
μόνον συνεῖναι καὶ συνὼν ὁρᾶσθαι μηδὲν χρηστὸν
ἀπολαύων τῆς συνουσίας δεξαίμην ἄν.

10. Τοιαύτης δὲ αὐτοῖς τῆς ὑποθέσεως οὔσης,
φέρε ἤδη πρὸς ἡμᾶς αὐτοὺς ἐπισκοπήσωμεν οἷα μὲν
πρὸ τοῦ εἰσδεχθῆναι καὶ τυχεῖν ὑπομένουσιν, οἷα
δὲ ἐν αὐτῷ ἤδη ὄντες πάσχουσιν, ἐπὶ πᾶσι δὲ ἥτις
αὐτοῖς ἡ καταστροφὴ τοῦ δράματος γίγνεται.

Οὐ γὰρ δὴ ἐκεῖνό γε εἰπεῖν ἐστιν, ὡς εἰ
καὶ πονηρὰ ταῦτα, εὔληπτα γοῦν καὶ οὐ πολλοῦ
δεήσει τοῦ πόνου, ἀλλὰ θελῆσαι δεῖ μόνον, εἶτά
σοι πέπρακται τὸ πᾶν εὐμαρῶς· ἀλλὰ πολλῆς μὲν
τῆς διαδρομῆς δεῖ, συνεχοῦς δὲ τῆς θυραυλίας,
ἔωθέν τε ἐξανιστάμενον περιμένειν ὠθούμενον καὶ
ἀποκλειόμενον καὶ ἀναίσχυντον ἐνίοτε καὶ ὀχληρὸν
δοκοῦντα καὶ ὑπὸ θυρωρῷ κακῶς συρίζοντι καὶ
ὀνομακλήτορι Λιβυκῷ ταττόμενον καὶ μισθὸν τελοῦντα
τῆς μνήμης τοῦ ὀνόματος. Καὶ μὴν καὶ ἐσθῆτος
ὑπὲρ τὴν ὑπάρχουσαν δύναμιν ἐπιμεληθῆναι χρὴ
πρὸς τὸ τοῦ θεραπευομένου ἀξίωμα, καὶ χρώματα
αἱρεῖσθαι οἷς ἂν ἐκεῖνος ἥδηται, ὡς μὴ ἀπάδῃς
μηδὲ προσκρούσῃς βλεπόμενος, καὶ φιλοπόνως ἕπεσθαι,
μᾶλλον δὲ ἡγεῖσθαι, ὑπὸ τῶν οἰκετῶν προωθούμενον
καὶ ὥσπερ τινὰ πομπὴν ἀναπληροῦντα.

9. Les raisons qui amènent les gens à vivre chez les riches et à se remettre aussitôt en leur pouvoir pour qu'ils les traitent selon leur bon plaisir, sont donc celles que j'ai dites, ou en sont très proches. À moins qu'on ne juge bon de mentionner également ceux que seul le désir de gloire pousse à fréquenter des nobles et des personnages à la toge bordée de pourpre. Il y a en effet des hommes qui imaginent que cela attire l'attention sur eux et les élève au-dessus de la foule. En ce qui me concerne, je ne me contenterais pas de vivre chez quelqu'un – fût-ce le Grand Roi – et d'être vu en sa compagnie, si je ne devais tirer aucun autre profit de cette fréquentation.

10. Voilà pour leur motif. Examinons maintenant ensemble d'abord ce que ces hommes doivent supporter avant d'être admis et de toucher au but, ensuite tout ce qu'ils subissent quand ils sont désormais dans la place, et pour couronner le tout quel est pour eux le dénouement de la pièce.

Assurément on ne peut soutenir que, si misérable que soit cette situation, il sera facile de l'obtenir, que cela ne demandera pas beaucoup d'efforts, mais qu'il suffit de vouloir et qu'ensuite tout est fait sans difficulté. Non, il faut courir sans cesse dans tous les sens, passer continuellement la nuit à la porte. Tu dois te lever dès l'aurore et attendre en étant bousculé, sans avoir le droit d'entrer, passer parfois pour un insolent et un importun, être aux ordres d'un portier qui parle mal le syrien et d'un nomenclateur[15] libyen, les payer pour qu'ils se rappellent ton nom. De plus, tu dois te procurer des vêtements au-dessus de tes moyens, adaptés au rang de celui que tu courtises, choisir les couleurs qui lui plaisent pour éviter que ton aspect ne détonne ou ne choque, le suivre péniblement, ou plutôt le précéder, poussé en avant par les serviteurs, et complétant ce qui ressemble à un cortège.

---

15. Coutume romaine. Le *nomenclator* était chargé d'indiquer ou de rappeler à son maître les noms de ceux qu'il rencontrait ou qui se présentaient chez lui.

Ὁ δὲ οὐδὲ προσβλέπει πολλῶν ἑξῆς ἡμερῶν.
11. Ἦν δέ ποτε καὶ τὰ ἄριστα πράξῃς, καὶ ἴδῃ
σε καὶ προσκαλέσας ἔρηταί τι ὧν ἂν τύχῃ, τότε
δὴ τότε πολὺς μὲν ὁ ἱδρώς, ἀθρόος δὲ ὁ ἴλιγγος
καὶ τρόμος ἄκαιρος καὶ γέλως τῶν παρόντων ἐπὶ
τῇ ἀπορίᾳ. Καὶ πολλάκις ἀποκρίνασθαι δέον· "Τίς
ἦν ὁ βασιλεὺς τῶν Ἀχαιῶν," ὅτι "Χίλιαι νῆες
ἦσαν αὐτοῖς," λέγεις. Τοῦτο οἱ μὲν χρηστοὶ αἰδῶ
ἐκάλεσαν, οἱ δὲ τολμηροὶ δειλίαν, οἱ δὲ κακοήθεις
ἀπαιδευσίαν. Σὺ δ᾽ οὖν ἐπισφαλεστάτης πειραθεὶς
τῆς πρώτης φιλοφροσύνης ἀπῆλθες καταδικάσας
σεαυτοῦ πολλὴν τὴν ἀπόγνωσιν.
    Ἐπειδὰν δὲ
    πολλὰς μὲν ἀΰπνους νύκτας ἰαύσῃς
    ἤματα δ᾽ αἱματόεντα
διαγάγῃς, οὐ μὰ Δία τῆς Ἑλένης ἕνεκα οὐδὲ
τῶν Πριάμου Περγάμων, ἀλλὰ τῶν ἐλπιζομένων
πέντε ὀβολῶν, τύχης δὲ καὶ τραγικοῦ τινος θεοῦ
συνιστάντος, ἐξέτασις τοὐντεῦθεν εἰ οἶσθα τὰ
μαθήματα. Καὶ τῷ μὲν πλουσίῳ ἡ διατριβὴ οὐκ
ἀηδὴς ἐπαινουμένῳ καὶ εὐδαιμονιζομένῳ, σοὶ δὲ ὁ
ὑπὲρ τῆς ψυχῆς ἀγὼν καὶ ὑπὲρ ἅπαντος τοῦ βίου
τότε προκεῖσθαι δοκεῖ· ὑπεισέρχεται γὰρ εἰκότως
τὸ μηδ᾽ ὑπ᾽ ἄλλου ἂν καταδεχθῆναι πρὸς τοῦ
προτέρου ἀποβληθέντα καὶ δόξαντα εἶναι ἀδόκιμον.
Ἀνάγκη τοίνυν εἰς μυρία διαιρεθῆναι τότε, τοῖς
μὲν ἀντεξεταζομένοις φθονοῦντα, – τίθει γὰρ καὶ
ἄλλους εἶναι τῶν αὐτῶν ἀντιποιουμένους – αὐτὸν
δὲ πάντα ἐνδεῶς εἰρηκέναι νομίζοντα, φοβούμενον
δὲ καὶ ἐλπίζοντα καὶ πρὸς τὸ ἐκείνου πρόσωπον

16. *Iliade,* IX, 325.
17. Allusion au *deus ex machina,* dont l'apparition résout les situa-
tions les plus désespérées.

Pourtant, pendant plusieurs jours de suite, il ne tourne même pas les yeux vers toi. 11. Si d'aventure tu as une chance exceptionnelle, qu'il te voie, qu'il te fasse approcher et qu'il te pose une question banale, alors, eh bien ! alors… Sueur abondante, vertige violent, tremblement inopportun, rires de l'assistance devant ta détresse. Plusieurs fois alors que tu dois répondre à la question : « Qui était le roi des Achéens ? », tu dis : « Ils avaient mille navires. » Les gens généreux parlent de timidité, les audacieux de lâcheté, les méchants de balourdise. Quant à toi, ayant été mis à l'épreuve du premier échange d'amabilités, très périlleux, tu es parti, te condamnant toi-même à un profond désespoir.

Puis après

Tant de nuits sans sommeil, tant de journées de sang[16], endurées non pour Hélène ni pour la Pergame de Priam, par Zeus, mais pour les cinq oboles* que tu espères ! après avoir même obtenu l'assistance d'un dieu de tragédie[17], s'ensuit un examen pour savoir si tu as des connaissances. Pour un riche, ce passe-temps n'est pas désagréable, car on le loue et on le félicite, mais toi, tu as l'impression qu'on te propose alors une lutte dont dépendent ta vie et toute ton existence. Tu te dis à juste titre qu'aucun autre ne saurait t'accueillir, si celui qui l'a précédé t'a rejeté et jugé sans valeur. Tu es alors forcément partagé entre mille sentiments : tu jalouses les candidats qui te sont opposés (supposons que d'autres prétendent à la même place), tu penses que tout ce que tu as dit est insuffisant, tu as peur, tu espères, tu as les yeux tendus vers le visage du maître[18], s'il

---

18. Le maître, ou le « patron », au sens romain du terme, n'est jamais nommé dans le texte. Nous nous résignons à le faire, pour la clarté de la traduction, mais l'effet produit par la troisième personne sans aucune précision est beaucoup plus fort en grec.

ἀτενίζοντα καὶ εἰ μὲν ἐκφαυλίζοι τι τῶν λεγομένων, ἀπολλύμενον, εἰ δὲ μειδιῶν ἀκούοι, γεγηθότα καὶ εὔελπιν καθιστάμενον. 12. Εἰκὸς δὲ πολλοὺς εἶναι τοὺς ἐναντία σοι φρονοῦντας καὶ ἄλλους ἀντὶ σοῦ τιθεμένους, ὧν ἕκαστος ὥσπερ ἐκ λόχου τοξεύων λέληθεν. Εἶτ' ἐννόησον ἄνδρα ἐν βαθεῖ πώγωνι καὶ πολιᾷ τῇ κόμῃ ἐξεταζόμενον εἴ τι οἶδεν ὠφέλιμον, καὶ τοῖς μὲν δοκοῦντα εἰδέναι, τοῖς δὲ μή.

Μέσος ἐν τοσούτῳ χρόνος, καὶ πολυπραγμονεῖταί σου ἅπας ὁ παρεληλυθὼς βίος, κἂν μέν τις ἢ πολίτης ὑπὸ φθόνου ἢ γείτων ἔκ τινος εὐτελοῦς αἰτίας προσκεκρουκὼς ἀνακρινόμενος εἴπῃ μοιχὸν ἢ παιδεραστήν, τοῦτ' ἐκεῖνο, ἐκ τῶν Διὸς δέλτων ὁ μάρτυς, ἂν δὲ πάντες ἅμα ἑξῆς ἐπαινῶσιν, ὕποπτοι καὶ ἀμφίβολοι καὶ δεδεκασμένοι. Χρὴ τοίνυν πολλὰ εὐτυχῆσαι καὶ μηδὲν ὅλως ἐναντιωθῆναι· μόνως γὰρ ἂν οὕτως κρατήσειας.

Εἶεν· καὶ δὴ εὐτύχηταί σοι πάντα εὐχῆς μειζόνως· αὐτός τε γὰρ ἐπήνεσε τοὺς λόγους καὶ τῶν φίλων οἱ ἐντιμότατοι καὶ οἷς μάλιστα πιστεύει τὰ τοιαῦτα οὐκ ἀπέτρεψαν· ἔτι δὲ καὶ ἡ γυνὴ βούλεται, οὐκ ἀντιλέγει δὲ οὔτε ὁ ἐπίτροπος οὔτε ὁ οἰκονόμος· οὐδέ τις ἐμέμψατό σου τὸν βίον, ἀλλὰ πάντα ἵλεω καὶ πανταχόθεν αἴσια τὰ ἱερά. 13. Κεκράτηκας οὖν, ὦ μακάριε, καὶ ἔστεψαι τὰ Ὀλύμπια, μᾶλλον δὲ Βαβυλῶνα εἴληφας ἢ τὴν Σάρδεων ἀκρόπολιν καθῄρηκας, καὶ ἕξεις τὸ τῆς Ἀμαλθείας κέρας καὶ ἀμέλξεις ὀρνίθων γάλα. Δεῖ δή σοι ἀντὶ τῶν

---

19 Voir. Plaute, prologue du *Rudens*, 15, 21; et Hésiode, *Les Travaux et les Jours*, 231 sq.

20. La corne d'abondance.

n'apprécie pas une de tes paroles, tu es perdu, s'il t'écoute en souriant, tu es rayonnant, te voilà plein d'espoir. 12. Il est vraisemblable que beaucoup te sont hostiles et t'opposent d'autres candidats : chacun s'est placé en embuscade pour te décocher ses traits à ton insu. Imagine alors un homme à la barbe longue et aux cheveux blancs soumis à un examen pour savoir s'il sait quelque chose d'utile : certains pensent que oui, d'autres que non.

Là-dessus un peu de temps s'écoule et toute ta vie passée est l'objet d'une enquête indiscrète. Si un de tes concitoyens par jalousie, ou un de tes voisins, offensé pour quelque motif futile, répond quand on l'interroge que tu es un adultère ou un amateur de jeunes garçons, c'en est fait : le témoin parle avec l'autorité des livres de Zeus[19]. Inversement si tous font ton éloge comme un seul homme, ils sont suspects, douteux et corrompus. Tu dois donc avoir beaucoup de chance et ne rencontrer absolument aucune opposition : ce sont les seules conditions pour l'emporter.

Eh bien ! soit. Tout t'a réussi au delà de tes vœux. Le maître lui-même a loué tes propos, et les plus distingués de ses amis, ceux à qui il se fie le plus en pareille matière, ne l'ont pas dissuadé. De plus, sa femme veut que cela se fasse, et ni l'intendant, ni l'économe, ne s'y opposent ; personne n'a critiqué ta vie. Tout est favorable et de toutes parts viennent d'heureux présages. 13. Tu as vaincu, ô bienheureux mortel, tu as été couronné à Olympie, ou plutôt tu as pris Babylone, ou conquis l'acropole de Sardes, tu auras la corne d'Amalthée[20], et tu trairas le lait des oiseaux[21]. Il faut qu'en échange d'aussi grandes épreu-

---

21. Dans *Les Images d'Aristophane*, J. TAILLARDAT (§ 55 et note 5) précise que ce mets rare est le symbole d'une félicité toute matérielle et de la vie facile. Il cite ARISTOPHANE, *Guêpes*, 508 sq. et une scholie sur ὀρνίθων γάλα : ce proverbe vise ceux qui sont trop fortunés et possèdent tout, au point de se fournir en mets impossibles.

τοσούτων πόνων μέγιστα ἡλίκα γενέσθαι τἀγαθά, ἵνα
μὴ φύλλινος μόνον ὁ στέφανος ᾖ, καὶ τόν τε μισθὸν
οὐκ εὐκαταφρόνητον ὁρισθῆναι καὶ τοῦτον ἐν καιρῷ
τῆς χρείας ἀπραγμόνως ἀποδίδοσθαι καὶ τὴν ἄλλην
τιμὴν ὑπὲρ τοὺς πολλοὺς ὑπάρχειν, πόνων δὲ ἐκείνων
καὶ πηλοῦ καὶ δρόμων καὶ ἀγρυπνιῶν ἀναπεπαῦσθαι,
καὶ τοῦτο δὴ τὸ τῆς εὐχῆς, ἀποτείναντα τὼ πόδε
καθεύδειν, μόνα ἐκεῖνα πράττοντα ὧν ἕνεκα τὴν
ἀρχὴν παρελήφθης καὶ ὧν ἔμμισθος εἶ. Ἐχρῆν
μὲν οὕτως, ὦ Τιμόκλεις, καὶ οὐδὲν ἂν ἦν μέγα
κακὸν ὑποκύψαντα φέρειν τὸν ζυγὸν ἐλαφρόν τε
καὶ εὔφορον καὶ τὸ μέγιστον, ἐπίχρυσον ὄντα.
Ἀλλὰ πολλοῦ, μᾶλλον δὲ τοῦ παντὸς δεῖ· μυρία
γάρ ἐστιν ἀφόρητα ἐλευθέρῳ ἀνδρὶ ἐν αὐταῖς ἤδη
ταῖς συνουσίαις γιγνόμενα. Σκέψαι δὲ αὐτὸς ἑξῆς
ἀκούων, εἴ τις ἂν αὐτὰ ὑπομεῖναι δύναιτο παιδείᾳ
κἂν ἐπ᾽ ἐλάχιστον ὡμιληκώς. 14. Ἄρξομαι δὲ ἀπὸ
τοῦ πρώτου δείπνου, ἢν δοκῇ, ὅ σε εἰκὸς δειπνήσειν
τὰ προτέλεια τῆς μελλούσης συνουσίας.

Εὐθὺς οὖν πρόσεισιν παραγγέλλων τις ἥκειν ἐπὶ
τὸ δεῖπνον, οὐκ ἀνομίλητος οἰκέτης, ὃν χρὴ πρῶτον
ἵλεων ποιήσασθαι, παραβύσαντα εἰς τὴν χεῖρα,
ὡς μὴ ἀδέξιος εἶναι δοκῇς, τοὐλάχιστον πέντε
δραχμάς· ὁ δὲ ἀκκισάμενος καί, "Ἄπαγε, παρὰ
σοῦ δὲ ἐγώ;" καί, "Ἡράκλεις, μὴ γένοιτο," ὑπειπὼν
τέλος ἐπείσθη, καὶ ἄπεισί σοι πλατὺ ἐγχανών. Σὺ
δὲ ἐσθῆτα καθαρὰν προχειρισάμενος καὶ σεαυτὸν ὡς
κοσμιώτατα σχηματίσας λουσάμενος ἥκεις, δεδιὼς
μὴ πρὸ τῶν ἄλλων ἀφίκοιο· ἀπειρόκαλον γάρ, ὥσπερ
καὶ τὸ ὕστατον ἥκειν φορτικόν. Αὐτὸ οὖν τηρήσας
τὸ μέσον τοῦ καιροῦ εἰσελήλυθας, καί σε πάνυ

---

22. Expression proverbiale pour dire : tout à ton aise.

ves tu obtiennes les biens les plus grands afin que la couronne ne soit pas seulement faite de feuilles. Il faut que le salaire qu'on te fixe ne soit pas mesquin, qu'il soit versé sans difficulté au moment où tu en as besoin, et que par ailleurs tu sois plus honoré que les gens ordinaires, que tu te reposes des fatigues passées, de la boue, des courses, des insomnies, et conformément à ton vœu, que tu puisses dormir les deux pieds étendus[22], faisant seulement ce pour quoi tu as été engagé au début et pour quoi tu es payé. C'est ainsi que devraient être les choses, Timoclès, et ce ne serait pas un grand malheur de te courber pour recevoir un joug léger, supportable et – c'est le plus important – en or. Mais il s'en faut de beaucoup, ou plutôt du tout au tout. On subit d'innombrables tourments, intolérables pour un homme libre, quand on est déjà dans la maison. Ecoutes-en la liste, et vois si un homme cultivé, si peu que ce soit, pourrait les supporter. 14. Je commencerai par le premier dîner, si tu veux bien, car il est vraisemblable qu'un dîner préludera à ta future vie dans la maison.

Tout d'un coup[23] donc, quelqu'un se présente pour t'inviter à dîner : c'est un serviteur qui n'est pas sans éducation, que tu devras d'abord te concilier, pour ne pas avoir l'air malpoli, en lui glissant dans la main au moins cinq drachmes*. Lui se fait prier : « Arrête ! Moi, recevoir quelque chose de toi ? » et : « Par Héraclès, pas question ! » Pour finir, il se laisse convaincre et s'en va, en riant beaucoup de toi. Toi, tu prends un vêtement propre, tu t'habilles avec la plus grande élégance, tu vas te baigner, et tu te présentes, craignant d'arriver avant les autres : ce serait maladroit, comme arriver le dernier serait grossier.

23. Dans les *Œuvres de Lucien, extraits*, Paris 1941, p. 22, n. 3, M. Caster souligne que « la nuance de brusquerie est importante. Dès ce moment, le "client" perd son sang-froid, ce qui risque de lui faire manquer ses débuts ».

ἐντίμως ἐδέξατο, καὶ παραλαβών τις κατέκλινε
μικρὸν ὑπὲρ τοῦ πλουσίου μετὰ δύο που σχεδὸν
τῶν παλαιῶν φίλων.

15. Σὺ δ᾽ ὥσπερ εἰς τοῦ Διὸς τὸν οἶκον παρελθὼν
πάντα τεθαύμακας καὶ ἐφ᾽ ἑκάστῳ τῶν πραττομένων
μετέωρος εἶ· ξένα γάρ σοι καὶ ἄγνωστα πάντα· καὶ
ἥ τε οἰκετεία εἰς σὲ ἀποβλέπει καὶ τῶν παρόντων
ἕκαστος ὅ τι πράξεις ἐπιτηροῦσιν, οὐδὲ αὐτῷ
δὲ ἀμελὲς τῷ πλουσίῳ τοῦτο, ἀλλὰ καὶ προεῖπέ
τισι τῶν οἰκετῶν ἐπισκοπεῖν εἴ πως εἰς τοὺς
παῖδας ἢ εἰς τὴν γυναῖκα πολλάκις ἐκ περιωπῆς
ἀποβλέψεις. Οἱ μὲν γὰρ τῶν συνδείπνων ἀκόλουθοι
ὁρῶντες ἐκπεπληγμένον εἰς τὴν ἀπειρίαν τῶν
δρωμένων ἀποσκώπτουσι, τεκμήριον τοῦ μὴ παρ᾽
ἄλλῳ πρότερόν σε δεδειπνηκέναι τὸ καινὸν εἶναί
σοι τὸ χειρόμακτρον τιθέμενοι.

Ὥσπερ οὖν εἰκός, ἰδίειν τε ἀνάγκη ὑπ᾽ ἀπορίας
καὶ μήτε διψῶντα πιεῖν αἰτεῖν τολμᾶν, μὴ δόξῃς
οἰνόφλυξ τις εἶναι, μήτε τῶν ὄψων παρατεθέντων
ποικίλων καὶ πρός τινα τάξιν ἐσκευασμένων
εἰδέναι ἐφ᾽ ὅ τι πρῶτον ἢ δεύτερον τὴν χεῖρα
ἐνέγκῃς· ὑποβλέπειν οὖν εἰς τὸν πλησίον δεήσει
κἀκεῖνον ζηλοῦν καὶ μανθάνειν τοῦ δείπνου τὴν
ἀκολουθίαν. 16. Τὰ δ᾽ ἄλλα ποικίλος εἶ καὶ θορύβου
πλέως τὴν ψυχήν, πρὸς ἕκαστα τῶν πραττομένων
ἐκπεπληγμένος, καὶ ἄρτι μὲν εὐδαιμονίζεις τὸν
πλούσιον τοῦ χρυσοῦ καὶ τοῦ ἐλέφαντος καὶ τῆς
τοσαύτης τρυφῆς, ἄρτι δὲ οἰκτείρεις σεαυτόν, ὡς

---

24. La place d'honneur est dite « au-dessus » : plus on descend dans
le jeu des préséances, plus on est « en dessous ». Voir Fl. DUPONT, Le Plaisir et la loi, Du Banquet de Platon au Satiricon, Paris, 1977 ; Fr. LISSAR-
RAGUE, Un flot d'images, Une esthétique du banquet grec, Paris, 1987 ;

Tu attends donc le juste milieu et te voilà entré. On t'accueille en te témoignant beaucoup d'honneur ; quelqu'un te conduit et t'installe un peu au-dessus[24] du riche, et disons de deux de ses amis.

15. Toi, comme si tu étais entré chez Zeus, tu es en admiration devant tout, tu es en extase devant chaque geste ; tout est étrange et inconnu pour toi. La domesticité a les yeux fixés sur toi et chacun des assistants guette ce que tu vas faire. Le riche n'y est pas indifférent lui non plus : il a même chargé auparavant quelques serviteurs d'observer si tu regardes souvent avec insistance ses enfants ou sa femme. Les esclaves qui ont accompagné les convives, te voyant troublé, se moquent de ton inexpérience de ce qui se fait : ils voient dans ta serviette neuve[25] la preuve que tu n'as jamais dîné auparavant en société.

Comme on peut l'imaginer, l'embarras t'a forcément fait transpirer, tu as soif, et tu n'oses demander à boire de peur d'avoir l'air de trop aimer le vin ; des plats variés ont été placés devant toi, disposés dans un certain ordre, et tu ne sais vers lequel tu dois porter la main en premier ou ensuite. Tu devras donc regarder ton voisin à la dérobée, pour le prendre pour modèle et apprendre l'ordonnance du dîner. 16. De manière générale, tes pensées varient, ton âme est pleine de désordre et tu es abasourdi devant tout ce qui se passe : tantôt tu juges le riche heureux pour son or, son ivoire et son si grand luxe, tantôt tu te prends toi-

P. Schmitt-Pantel, *La Cité au banquet, Histoire des repas publics dans les cités grecques,* Rome, 1992.
    25. Les convives apportaient eux-mêmes leur serviette de table.

τὸ μηδὲν ὢν εἶτα ζῆν ὑπολαμβάνεις. Ἐνίοτε δὲ
κἀκεῖνο εἰσέρχεταί σε, ὡς ζηλωτόν τινα βιώσῃ τὸν
βίον ἅπασιν ἐκείνοις ἐντρυφήσων καὶ μεθέξων αὐτῶν
ἐξ ἰσοτιμίας· οἴει γὰρ εἰσαεὶ Διονύσια ἑορτάσειν.
Καί που καὶ μειράκια ὡραῖα διακονούμενα καὶ ἠρέμα
προσμειδιῶντα γλαφυρωτέραν ὑπογράφει σοι τὴν
μέλλουσαν διατριβήν, ὥστε συνεχῶς τὸ Ὁμηρικὸν
ἐκεῖνο ἐπιφθέγγεσθαι,

οὐ νέμεσις Τρῶας καὶ ἐϋκνήμιδας Ἀχαιούς
πολλὰ πονεῖν καὶ ὑπομένειν ὑπὲρ τῆς τοσαύτης
εὐδαιμονίας.

Φιλοτησίαι τὸ ἐπὶ τούτῳ, καὶ σκύφον εὐμεγέθη
τινὰ αἰτήσας προὔπιέν σοι τῷ διδασκάλῳ, ἢ
ὁτιδήποτε προσειπών· σὺ δὲ λαβών, ὅτι μέν τί σε
καὶ αὐτὸν ὑπειπεῖν ἔδει ἠγνόησας ὑπ' ἀπειρίας,
καὶ ἀγροικίας δόξαν ὦφλες. 17. Ἐπίφθονος δ' οὖν
ἀπὸ τῆς προπόσεως ἐκείνης πολλοῖς τῶν παλαιῶν
φίλων γεγένησαι, καὶ πρότερον ἐπὶ τῇ κατακλίσει
λυπήσας τινὰς αὐτῶν, ὅτι τήμερον ἥκων προὐκρίθης
ἀνδρῶν πολυετῆ δουλείαν ἠντληκότων. Εὐθὺς οὖν
καὶ τοιοῦτός τις ἐν αὐτοῖς περὶ σοῦ λόγος· "Τοῦτο
ἡμῖν πρὸς τοῖς ἄλλοις δεινοῖς ἐλείπετο, καὶ τῶν
ἄρτι εἰσεληλυθότων εἰς τὴν οἰκίαν δευτέρους
εἶναι, καὶ μόνοις τοῖς Ἕλλησι τούτοις ἀνέῳκται ἡ
Ῥωμαίων πόλις· καίτοι τί ἐστιν ἐφ' ὅτῳ προτιμῶνται
ἡμῶν; Οὐ ῥημάτια δύστηνα λέγοντες οἴονταί τι
παμμέγεθες ὠφελεῖν;" ἄλλος δέ· "Οὐ γὰρ εἶδες
ὅσα μὲν ἔπιεν, ὅπως δὲ τὰ παρατεθέντα συλλαβὼν
κατέφαγεν; ἀπειρόκαλος ἄνθρωπος καὶ λιμοῦ πλέως,

---

26. *Iliade*, III, 156. Ce sont les paroles des vieillards troyens en
voyant Hélène dont la beauté, selon eux, justifie les souffrances de la
guerre. Nous avons traduit « il ne faut s'étonner », par référence au célèbre poème de Ronsard (*Sonnets pour Hélène*, II, LXVII), mais pour une
traduction plus exacte de νέμεσις il faudrait écrire « s'indigner ».

même en pitié, de te croire vivant alors que tu n'es rien. Parfois aussi il te vient à l'esprit que tu vas mener une vie enviable, que tu profiteras de tous ces biens et que tu y auras part sur un pied d'égalité avec les autres : tu penses que tu célèbreras d'éternelles Dionysies. Peut-être même des adolescents dans la fleur de l'âge, qui font le service et t'adressent de petits sourires, te font-ils entrevoir une existence à venir plus raffinée, au point que tu murmures constamment ce passage d'Homère :

Il ne faut s'étonner en voyant les Troyens,
Comme les Achéens aux belles jambières[26]

peiner et endurer pour une telle félicité.

Puis on porte des santés. Réclamant une coupe de belle taille, le maître de maison boit à ta santé, en disant : « Au professeur », ou en te donnant quelque autre titre. Tu prends la coupe, et parce que dans ton inexpérience tu ne savais pas qu'il fallait répondre à ton tour, tu acquiers par-dessus le marché la réputation de balourd. 17. De plus, à cause de ce compliment, tu t'es attiré la jalousie de beaucoup d'amis anciens, dont tu avais précédemment contrarié certains par la place où on t'a installé, puisque toi, qui arrives aujourd'hui tu as été préféré à des hommes qui vidangent l'eau croupie de l'esclavage depuis de nombreuses années. Aussitôt voici ce qu'ils disent entre eux à ton sujet : « À tous nos malheurs il manquait encore celui-ci : passer même après des gens qui viennent d'entrer dans la maison ! La ville de Rome n'est ouverte qu'à ces Grecs ! Et pourquoi les honore-t-on plus que nous ? Parce qu'ils prononcent quelques misérables bouts de phrase, croient-ils être d'une immense utilité ? » Et un autre : « Tu n'as pas vu tout ce qu'il a bu, comment il s'est emparé de tous les plats posés devant lui, et les a engloutis ? C'est un grossier personnage, un crève-la-faim. Même en rêve, il ne

οὐδ' ὄναρ λευκοῦ ποτε ἄρτου ἐμφορηθείς, οὔτι γε
Νομαδικοῦ ἢ Φασιανοῦ ὄρνιθος, ὧν μόλις τὰ ὀστᾶ
ἡμῖν καταλέλοιπεν." Τρίτος ἄλλος· "Ὦ μάταιοι,"
φησίν, "πέντε οὐδ' ὅλων ἡμερῶν ὄψεσθε αὐτὸν ἐνταῦθά
που ἐν ἡμῖν τὰ ὅμοια ποτνιώμενον· νῦν μὲν γὰρ
ὥσπερ τὰ καινὰ τῶν ὑποδημάτων ἐν τιμῇ τινι καὶ
ἐπιμελείᾳ ἐστίν, ἐπειδὰν δὲ πατηθῇ πολλάκις καὶ
ὑπὸ τοῦ πηλοῦ ἀναπλασθῇ, ὑπὸ τῇ κλίνῃ ἀθλίως
ἐρρίψεται κόρεων ὥσπερ ἡμεῖς ἀνάπλεως."

Ἐκεῖνοι μὲν οὖν τοιαῦτα πολλὰ περὶ σοῦ
στρέφουσι, καί που ἤδη καὶ πρὸς διαβολάς τινες
αὐτῶν παρασκευάζονται. 18. Τὸ δ' οὖν συμπόσιον
ὅλον ἐκεῖνο σόν ἐστιν καὶ περὶ σοῦ οἱ πλεῖστοι
τῶν λόγων. Σὺ δ' ὑπ' ἀηθείας πλέον τοῦ ἱκανοῦ
ἐμπιὼν οἴνου λεπτοῦ καὶ δριμέος, πάλαι τῆς γαστρὸς
ἐπειγούσης, πονηρῶς ἔχεις, καὶ οὔτε προεξαναστῆναί
σοι καλὸν οὔτε μένειν ἀσφαλές. Ἀποτεινομένου
τοίνυν τοῦ πότου καὶ λόγων ἐπὶ λόγοις γιγνομένων
καὶ θεαμάτων ἐπὶ θεάμασι παριόντων – ἅπαντα γὰρ
ἐπιδείξασθαί σοι τὰ αὑτοῦ βούλεται – κόλασιν οὐ
μικρὰν ὑπομένεις μήτε ὁρῶν τὰ γιγνόμενα μήτε
ἀκούων εἴ τις ᾄδει ἢ κιθαρίζει πάνυ τιμώμενος
μειρακίσκος, ἀλλ' ἐπαινεῖς μὲν ὑπ' ἀνάγκης, εὔχῃ
δὲ ἢ σεισμῷ συμπεσεῖν ἐκεῖνα πάντα ἢ πυρκαϊάν
τινα προσαγγελθῆναι, ἵνα ποτὲ καὶ διαλυθῇ τὸ
συμπόσιον.

19. Τοῦτο μὲν δή σοι τὸ πρῶτον, ὦ ἑταῖρε,
καὶ ἥδιστον ἐκεῖνο δεῖπνον, οὐκ ἔμοιγε τοῦ θύμου
καὶ τῶν λευκῶν ἁλῶν ἥδιον ὁπηνίκα βούλομαι καὶ
ὁπόσον ἐλευθέρως ἐσθιομένων.

27. Il s'agit de la pintade.
28. Il s'agit du faisan.

s'est jamais goinfré de pain blanc, encore moins de poulet de Numidie[27] ou du Phase[28] : c'est tout juste s'il nous en a laissé les os ! » Et un troisième : « Vous êtes stupides. Dans moins de cinq jours vous le verrez ici avec nous pousser les mêmes plaintes. Maintenant on l'apprécie, on le soigne, comme un soulier neuf, mais quand on l'aura bien des fois foulé et qu'il sera déformé par la boue, on le jettera pitoyablement sous le lit, couvert de punaises comme nous. »

Tels sont les nombreux discours qu'ils enchaînent sur toi, et sans doute, certains préparent déjà des calomnies. 18. Tout ce banquet t'est donc consacré, et la plupart des propos te concernent. Quant à toi pour avoir bu, par manque d'habitude, plus que tu ne peux supporter d'un vin léger et aigrelet, ton ventre te presse depuis longtemps et tu es mal à l'aise : or, il n'est ni correct de te lever le premier ni sans risque de rester. Donc, tandis que le banquet se prolonge, que les propos s'enchaînent aux propos, et les spectacles succèdent aux spectacles – le maître veut étaler devant toi toutes ses richesses – tu es grandement au supplice : tu ne vois pas ce qui se passe, tu n'entends pas celui qui chante ou joue de la cithare, un adolescent très en vogue : tu le loues parce que tu y es contraint, mais tu souhaites que tout cela s'effondre dans un tremblement de terre, ou qu'on annonce un incendie pour qu'enfin la compagnie se sépare.

19. Voilà, mon camarade, ce que sera ce fameux dîner, le premier et le plus agréable – pour moi, en tout cas, il ne l'est pas plus que le thym et le sel blanc que je mange[29] en liberté quand et autant que je veux.

---

29. Même remarque (mais dans la bouche d'un imposteur qui feint d'être philosophe) dans *Timon*, 56.

Ἵνα γοῦν σοι τὴν ὀξυρεγμίαν τὴν ἐπὶ τούτοις
παρῶ καὶ τὸν ἐν τῇ νυκτὶ ἔμετον, ἕωθεν δεήσει
περὶ τοῦ μισθοῦ συμβῆναι ὑμᾶς, ὁπόσον τε καὶ
ὁπότε τοῦ ἔτους χρὴ λαμβάνειν. Παρόντων οὖν ἢ
δύο ἢ τριῶν φίλων προσκαλέσας σε καὶ καθίζεσθαι
κελεύσας ἄρχεται λέγειν· "Τὰ μὲν ἡμέτερα ὁποῖά
ἐστιν ἑώρακας ἤδη, καὶ ὡς τῦφος ἐν αὐτοῖς οὐδὲ
εἷς, ἀτραγῴδητα δὲ καὶ πεζὰ πάντα καὶ δημοτικά,
χρὴ δέ σε οὕτως ἔχειν ὡς ἁπάντων ἡμῖν κοινῶν
ἐσομένων· γελοῖον γὰρ εἰ τὸ κυριώτατον, τὴν ψυχήν
σοι τὴν ἐμαυτοῦ ἢ καὶ νὴ Δία τῶν παίδων" – εἰ
παῖδες εἶεν αὐτῷ παιδεύσεως δεόμενοι – "ἐπιτρέπων
τῶν ἄλλων μὴ ἐπ' ἴσης ἡγοίμην δεσπότην. Ἐπεὶ
δὲ καὶ ὡρίσθαι τι δεῖ, – ὁρῶ μὲν τὸ μέτριον καὶ
αὔταρκες τοῦ σοῦ τρόπου καὶ συνίημι ὡς οὐχὶ
μισθοῦ ἐλπίδι προσελήλυθας ἡμῶν τῇ οἰκίᾳ, τῶν δὲ
ἄλλων ἕνεκα, τῆς εὐνοίας τῆς παρ' ἡμῶν καὶ τιμῆς,
ἣν παρὰ πᾶσιν ἕξεις· ὅμως δ' οὖν καὶ ὡρίσθω τι,
– σὺ δ' αὐτὸς ὅ τι καὶ βούλει λέγε, μεμνημένος,
ὦ φίλτατε, κἀκείνων ἅπερ ἐν ἑορταῖς διετησίοις
εἰκὸς ἡμᾶς παρέξειν· οὐ γὰρ ἀμελήσομεν οὐδὲ τῶν
τοιούτων, εἰ καὶ μὴ νῦν αὐτὰ συντιθέμεθα· πολλαὶ
δέ, οἶσθα, τοῦ ἔτους αἱ τοιαῦται ἀφορμαί. Καὶ πρὸς
ἐκεῖνα τοίνυν ἀποβλέπων μετριώτερον δῆλον ὅτι
ἐπιβαλεῖς ἡμῖν τὸν μισθόν. Ἄλλως τε καὶ πρέπον
ἂν εἴη τοῖς πεπαιδευμένοις ὑμῖν κρείττοσιν εἶναι
χρημάτων."

20. Ὁ μὲν ταῦτα εἰπὼν καὶ ὅλον σε διασείσας
ταῖς ἐλπίσι τιθασὸν ἑαυτῷ πεποίηκε, σὺ δὲ πάλαι
τάλαντα καὶ μυριάδας ὀνειροπολήσας καὶ ἀγροὺς ὅλους

Je passe sur les aigreurs d'estomac qui suivent, les vomissements durant la nuit. Dès l'aurore, il faudra que vous vous entendiez sur ton salaire : combien dois-tu recevoir et à quel moment de l'année ? Le maître te convoque en présence de deux ou trois amis, il te prie de t'asseoir et commence à parler : « Notre manière de vivre, tu l'as vue maintenant : il n'y a pas le moindre faste, aucune pompe théâtrale : tout est simple et sans prétention. Il faut que tu te dises que tout sera commun entre nous. Alors que je te confie ce que j'ai de plus précieux, mon âme, ou par Zeus, celle de mes enfants (s'il a des enfants qui ont besoin d'être instruits), il serait ridicule que je ne te considère pas également comme maître de tout le reste. Mais il faut fixer quelque chose. Je vois que tu es un homme modeste dans ta manière de vivre et que tu te contentes de peu : je comprends que si tu es venu dans notre maison, ce n'est pas dans l'espoir d'un salaire mais pour tout le reste, l'affection que nous te manifesterons et l'estime dont tu jouiras auprès de tous. Cependant, fixons quelque chose. Dis toi-même ce que tu souhaites, en te souvenant aussi, mon cher ami, des gratifications que nous te ferons vraisemblablement aux fêtes solennelles : nous n'oublierons pas non plus ce genre de choses, même si nous ne les consignons pas aujourd'hui dans notre convention. Or, tu le sais, les occasions de ce genre sont nombreuses dans l'année. Eh bien, à l'évidence tu les prendras en considération pour nous réclamer un salaire plus modeste. D'ailleurs il sied à des gens cultivés comme vous de mépriser les richesses. »

20. En parlant ainsi et en t'ébranlant tout entier dans tes espérances, il t'a apprivoisé à sa volonté. Et toi qui depuis longtemps rêvais de talents*, de quantités de talents, de propriétés entières et de dépendances, tu comprends peu à

καὶ συνοικίας συνίης μὲν ἠρέμα τῆς μικρολογίας,
σαίνεις δὲ ὅμως τὴν ὑπόσχεσιν καὶ τό, "Πάντα ἡμῖν
κοινὰ ἔσται," βέβαιον καὶ ἀληθὲς ἔσεσθαι νομίζεις,
οὐκ εἰδὼς ὅτι τὰ τοιαῦτα

χείλεα μέν τ' ἐδίην', ὑπερῴην δ' οὐκ ἐδίηνε.

Τελευταῖον δ' ὑπ' αἰδοῦς αὐτῷ ἐπέτρεψας. Ὁ δὲ
αὐτὸς μὲν οὔ φησιν ἐρεῖν, τῶν φίλων δέ τινα τῶν
παρόντων κελεύει μέσον ἐλθόντα τοῦ πράγματος
εἰπεῖν ὃ μήτ' αὐτῷ γίγνοιτ' ἂν βαρὺ καὶ πρὸς
ἄλλα τούτων ἀναγκαιότερα δαπανῶντι μήτε τῷ
ληψομένῳ εὐτελές. Ὁ δὲ ὠμογέρων τις ἐκ παίδων
κολακείᾳ σύντροφος· "Ὡς μὲν οὐκ εὐδαιμονέστατος
εἶ," φησίν, "τῶν ἐν τῇ πόλει ἁπάντων, ὦ οὗτος, οὐκ
ἂν εἴποις, ᾧ γε τοῦτο πρῶτον ὑπῆρχεν ὃ πολλοῖς
πάνυ γλιχομένοις μόλις ἂν γένοιτο παρὰ τῆς Τύχης·
λέγω δὲ ὁμιλίας ἀξιωθῆναι καὶ ἑστίας κοινωνῆσαι
καὶ εἰς τὴν πρώτην οἰκίαν τῶν ἐν τῇ Ῥωμαίων
ἀρχῇ καταδεχθῆναι· τοῦτο γὰρ ὑπὲρ τὰ Κροίσου
τάλαντα καὶ τὸν Μίδου πλοῦτον, εἰ σωφρονεῖν
οἶσθα. Ἰδὼν δὲ πολλοὺς τῶν εὐδοκίμων ἐθελήσαντας
ἄν, εἰ καὶ προσδιδόναι δέοι, μόνης τῆς δόξης ἕνεκα
συνεῖναι τούτῳ καὶ ὁρᾶσθαι περὶ αὐτὸν ἑταίρους
καὶ φίλους εἶναι δοκοῦντας, οὐκ ἔχω ὅπως σε τῆς
εὐποτμίας μακαρίσω, ὃς καὶ προσλήψῃ μισθὸν τῆς
τοιαύτης εὐδαιμονίας. Ἀρκεῖν οὖν νομίζω, εἰ μὴ
πάνυ ἄσωτος εἶ, τοσόνδε τι·" –εἰπὼν ἐλάχιστον καὶ
μάλιστα πρὸς τὰς σὰς ἐκείνας ἐλπίδας. 21. Ἀγαπᾶν
δ' ὅμως ἀναγκαῖον· οὐ γὰρ οὐδ' ἂν φυγεῖν ἔτι σοι
δυνατὸν ἐντὸς ἀρκύων γενομένῳ. Δέχῃ τοίνυν τὸν
χαλινὸν μύσας καὶ τὰ πρῶτα εὐάγωγος εἶ πρὸς

30. C'est l'attitude du chien devant son maître : l'image est reprise
de l'*Odyssée*, X, 216-217.

peu sa mesquinerie, mais tu remues néanmoins la queue[30]
devant sa promesse. Tu crois que cette phrase « tout sera
commun entre nous », sera ferme et véritable. Tu ignores
que des phrases de ce genre

Ont humecté la lèvre et non point le palais[31].

Pour finir, par timidité, tu t'en remets à lui. Pour sa
part, il refuse de rien dire : il demande à un des amis qui
sont à ses côtés d'intervenir dans le débat et de fixer une
somme qui ne soit ni trop lourde pour lui, car il a d'autres
dépenses plus nécessaires que celle-ci, ni trop faible pour
le bénéficiaire. Cet homme, un vieillard encore vert, élevé
dès l'enfance dans l'art de flatter, déclare : « Tu ne peux
pas dire, toi que voilà, que tu n'es pas le plus heureux des
habitants de notre cité. Tu as obtenu d'abord ce que la Fortune accorderait à grand-peine à bien des gens qui le désirent ardemment, à savoir être jugé digne de fréquenter cet
homme, de dîner à sa table et d'être reçu dans la première
maison de l'empire romain. Cela représente plus que les
talents* de Crésus et la fortune de Midas, si tu sais te montrer raisonnable. Quand je vois tant de gens estimés qui
auraient voulu, seulement pour le renom, et même s'ils
devaient payer pour cela, partager sa vie et être vus en sa
compagnie en passant pour ses proches et ses amis, je ne
sais comment te féliciter de ton heureux destin, puisque tu
recevras en outre un salaire pour un tel bonheur. Je pense
qu'à moins que tu ne sois complètement prodigue, il suffit de telle somme… » Il en indique une fort minime, surtout par rapport à ce que tu espérais. 21. Pourtant, tu es
obligé de t'en contenter : impossible désormais d'envisa-
ger de fuir : tu es dans la nasse. Tu acceptes donc le mors,

31. *Iliade*, XXII, 495.

αὐτὸν οὐ πάνυ περισπῶντα οὐδὲ ὀξέως νύττοντα,
μέχρι ἂν λάθῃς τέλεον αὐτῷ συνήθης γενόμενος.

Οἱ μὲν δὴ ἔξω ἄνθρωποι τὸ μετὰ τοῦτο ζηλοῦσί
σε ὁρῶντες ἐντὸς τῆς κιγκλίδος διατρίβοντα καὶ
ἀκωλύτως εἰσιόντα καὶ τῶν πάνυ τινὰ ἔνδον
γεγενημένον· σὺ δὲ αὐτὸς οὐδέπω ὁρᾷς οὗτινος
ἕνεκα εὐδαίμων αὐτοῖς εἶναι δοκεῖς. Πλὴν ἀλλὰ
χαίρεις γε καὶ σεαυτὸν ἐξαπατᾷς καὶ ἀεὶ τὰ
μέλλοντα βελτίω γενήσεσθαι νομίζεις. Τὸ δ' ἔμπαλιν
ἢ σὺ ἤλπισας γίγνεται καὶ ὡς ἡ παροιμία φησίν,
ἐπὶ Μανδροβούλου χωρεῖ τὸ πρᾶγμα, καθ' ἑκάστην,
ὡς εἰπεῖν, τὴν ἡμέραν ἀποσμικρυνόμενον καὶ εἰς
τοὐπίσω ἀναποδίζον. 22. Ἠρέμα οὖν καὶ κατ' ὀλίγον,
ὥσπερ ἐν ἀμυδρῷ τῷ φωτὶ τότε πρῶτον διαβλέπων,
ἄρχῃ κατανοεῖν ὡς αἱ μὲν χρυσαῖ ἐκεῖναι ἐλπίδες
οὐδὲν ἀλλ' ἢ φῦσαί τινες ἦσαν ἐπίχρυσοι, βαρεῖς
δὲ καὶ ἀληθεῖς καὶ ἀπαραίτητοι καὶ συνεχεῖς οἱ
πόνοι. "Τίνες οὗτοι;" ἴσως ἐρήσῃ με· "οὐχ ὁρῶ γὰρ
ὅ τι τὸ ἐπίπονον ἐν ταῖς τοιαύταις συνουσίαις
ἐστὶν οὐδ' ἐπινοῶ ἅτινα ἔφησθα τὰ καματηρὰ καὶ
ἀφόρητα." Οὐκοῦν ἄκουσον, ὦ γενναῖε, μὴ εἰ κάματος
ἔνεστιν ἐν τῷ πράγματι μόνον ἐξετάζων, ἀλλὰ καὶ
τὸ αἰσχρὸν καὶ ταπεινὸν καὶ συνόλως δουλοπρεπὲς
οὐκ ἐν παρέργῳ τῆς ἀκροάσεως τιθέμενος.

23. Καὶ πρῶτόν γε μέμνησο μηκέτι ἐλεύθερον
τὸ ἀπ' ἐκείνου μηδὲ εὐπατρίδην σεαυτὸν οἴεσθαι.
Πάντα γὰρ ταῦτα, τὸ γένος, τὴν ἐλευθερίαν, τοὺς
προγόνους ἔξω τοῦ ὁδοῦ καταλείψων ἴσθι ἐπειδὰν
ἐπὶ τοιαύτην σαυτὸν λατρείαν ἀπεμπολήσας εἰσίῃς·
οὐ γὰρ ἐθελήσει σοι ἡ Ἐλευθερία συνεισελθεῖν

---

32. C'est-à-dire de mal en pis. Mandroboulos avait trouvé un trésor
à Samos. La première année, il offrit à Héra un bélier en or, la deuxième,
une statue d'argent, la troisième une statue de bronze, et il finit par ne

tu fermes la bouche, et au début, tu te laisses docilement conduire par cet homme, sans qu'il tire très fort, sans que son éperon soit pointu, jusqu'au moment où, sans t'en être aperçu, tu es complètement soumis à sa main.

Les gens du dehors te jalousent après cela, en te voyant vivre dans l'enclos, entrer sans qu'on t'en empêche et être devenu un de ceux qui comptent à l'intérieur. Toi, tu ne vois pas encore pourquoi ils trouvent que tu as de la chance. Néanmoins tu te réjouis, tu t'illusionnes toi-même, et tu penses toujours que l'avenir sera meilleur. Mais le contraire de ce que tu attendais se produit : ta situation va, comme dit le proverbe, à la mode de Mandroboulos[32] diminuant chaque, jour, pour ainsi dire, et marchant à reculons. 22. Doucement, peu à peu, comme si à une lumière indistincte, tu entrevoyais alors pour la première fois la réalité, tu commences à comprendre que les espoirs d'or que tu formais n'étaient que des bulles dorées, tandis que les épreuves, elle, sont accablantes, bien réelles, inévitables et continues. « Quelles épreuves ? » me demanderas-tu peut-être. « Je ne vois pas ce qu'il y a d'éprouvant à vivre ainsi dans ces maisons, et je ne comprends pas quelles sont les fatigues insupportables dont tu parlais. » Écoute donc, mon noble ami. Ne te contente pas de chercher s'il y a de la fatigue dans cette situation, mais écoute avec attention la honte, l'humiliation et l'état de servilité totale qui s'y trouve.

23. Souviens-toi d'abord de ne plus te considérer désormais comme un homme libre ou noble : tout cela, naissance, liberté, ancêtres, sache que tu l'abandonneras sur le bord du chemin dès que tu te seras vendu pour t'engager dans un tel service. La liberté ne voudra pas t'accom-

---

plus rien donner. ALCIPHRON fait référence à ce proverbe dans les *Lettres* I, 9. On trouve une version légèrement différente dans le *Corpus Parœmiographorum Graecorum*, t. 2, p. 114 où il s'agit de bœufs offerts en sacrifice dont le nombre diminue d'année en année.

ἐφ᾽ οὕτως ἀγεννῆ πράγματα καὶ ταπεινὰ εἰσιόντι. Δοῦλος οὖν, εἰ καὶ πάνυ ἀχθέσῃ τῷ ὀνόματι, καὶ οὐχ ἑνός, ἀλλὰ πολλῶν δοῦλος ἀναγκαίως ἔσῃ καὶ θητεύσεις κάτω νενευκὼς ἔωθεν εἰς ἑσπέραν "ἀεικελίῳ ἐπὶ μισθῷ." Καὶ ἅτε δὴ μὴ ἐκ παίδων τῇ Δουλείᾳ συντραφείς, ὀψιμαθήσας δὲ καὶ πόρρω που τῆς ἡλικίας παιδευόμενος πρὸς αὐτῆς οὐ πάνυ εὐδόκιμος ἔσῃ οὐδὲ πολλοῦ ἄξιος τῷ δεσπότῃ· διαφθείρει γάρ σε ἡ μνήμη τῆς ἐλευθερίας ὑπιοῦσα καὶ ἀποσκιρτᾶν ἐνίοτε ποιεῖ καὶ δι᾽ αὐτὸ ἐν τῇ δουλείᾳ πονηρῶς ἀπαλλάττειν.

Πλὴν εἰ μὴ ἀποχρῆν σοι πρὸς ἐλευθερίαν νομίζεις τὸ μὴ Πυρρίου μηδὲ Ζωπυρίωνος υἱὸν εἶναι, μηδὲ ὥσπερ τις Βιθυνὸς ὑπὸ μεγαλοφώνῳ τῷ κήρυκι ἀπημπολῆσθαι. Ἀλλ᾽ ὁπόταν, ὦ βέλτιστε, τῆς νουμηνίας ἐπιστάσῃς ἀναμιχθεὶς τῷ Πυρρίᾳ καὶ τῷ Ζωπυρίωνι προτείνῃς τὴν χεῖρα ὁμοίως τοῖς ἄλλοις οἰκέταις καὶ λάβῃς ἐκεῖνο ὁτιδήποτε ἦν τὸ γιγνόμενον, τοῦτο ἡ πρᾶσίς ἐστι. Κήρυκος γὰρ οὐκ ἔδει ἐπ᾽ ἄνδρα ἑαυτὸν ἀποκηρύξαντα καὶ μακρῷ χρόνῳ μνηστευσάμενον ἑαυτῷ τὸν δεσπότην.

24. Εἶτ᾽, ὦ κάθαρμα, φαίην ἄν, καὶ μάλιστα πρὸς τὸν φιλοσοφεῖν φάσκοντα, εἰ μέν σέ τις ἢ πλέοντα καταποντιστὴς συλλαβὼν ἢ λῃστὴς ἀπεδίδοτο, ᾤκτειρες ἂν σεαυτὸν ὡς παρὰ τὴν ἀξίαν δυστυχοῦντα, ἢ εἴ τίς σου λαβόμενος ἦγε δοῦλον εἶναι λέγων, ἐβόας ἂν τοὺς νόμους καὶ δεινὰ ἐποίεις καὶ ἠγανάκτεις καί, "Ὦ γῆ καὶ θεοί," μεγάλῃ τῇ φωνῇ ἐκεκράγεις

---

33. Il s'agit soit d'une variation sur un thème homérique (voir *Iliade*, XIII, 84 ; XXI, 444-445 ; *Odyssée*, XIX, 341), soit d'une citation d'une épopée perdue.

pagner quand tu entreras dans un emploi aussi vil et bas.
Tu seras donc forcément un esclave, même si le mot te
blesse profondément, et l'esclave non d'un seul, mais de
nombreux maîtres, un employé à gages, la tête baissée de
l'aurore au soir,

pour un salaire indigne[33].

Et comme tu n'as pas été nourri dès l'enfance en compagnie de Servitude, que tu apprends sur le tard et reçois
ses leçons alors que tu es déjà loin de la jeunesse, tu ne
seras pas du tout considéré ni estimé par ton maître : le
souvenir de la liberté, s'insinuant en toi, cause ta perte, te
pousse parfois à te cabrer, et pour cette raison tu t'acquit-
tes mal de ta fonction d'esclave.

Cependant peut-être juges-tu qu'il te suffit, pour prouver ta qualité d'homme libre, de ne pas être le fils d'un
Pyrrhias ou d'un Zopyrion, ou de ne pas avoir été vendu
à l'encan, comme un Bithynien, par un crieur à la voix
puissante. Mais mon excellent ami, chaque fois qu'à la
nouvelle lune, mêlé à Pyrrhias et à Zopyrion, tu tends la
main comme les autres serviteurs pour recevoir une gratification, quel qu'en soit le montant, tu te vends. Il n'y
avait pas besoin de crieur pour un homme qui s'est mis
lui-même sur le marché et qui a longuement recherché les
faveurs d'un maître.

24. « Et après cela, n'as-tu pas honte, ordure ? » dirais-
je volontiers, surtout à quelqu'un qui se prétend philosophe. Si lors d'une traversée, un pirate ou un forban te faisait prisonnier et te vendait, tu t'apitoierais sur toi-même,
te jugeant victime d'un malheur immérité. Si quelqu'un
mettait la main sur toi et t'emmenait, déclarant que tu es
son esclave, tu invoquerais à grands cris les lois, tu t'em-
porterais et t'indignerais, tu t'exclamerais d'une voix
forte : « Ô terre ! Ô dieux ! » Mais quand tu es à un âge

ἄν, σεαυτὸν δὲ ὀλίγων ἕνεκα ὀβολῶν ἐν τούτῳ τῆς
ἡλικίας, ὅτε καὶ εἰ φύσει δοῦλος ἦσθα, καιρὸς ἦν
πρὸς ἐλευθερίαν ἤδη ὁρᾶν, αὐτῇ ἀρετῇ καὶ σοφίᾳ
φέρων ἀπημπόληκας, οὐδὲ τοὺς πολλοὺς ἐκείνους
λόγους αἰδεσθεὶς οὓς ὁ καλὸς Πλάτων ἢ ὁ Χρύσιππος
ἢ Ἀριστοτέλης διεξεληλύθασι τὸ μὲν ἐλευθέριον
ἐπαινοῦντες, τὸ δουλοπρεπὲς δὲ διαβάλλοντες; Καὶ
οὐκ αἰσχύνῃ κόλαξιν ἀνθρώποις καὶ ἀγοραίοις καὶ
βωμολόχοις ἀντεξεταζόμενος καὶ ἐν τοσούτῳ πλήθει
Ῥωμαϊκῷ μόνος ξενίζων τῷ τρίβωνι καὶ πονηρῶς τὴν
Ῥωμαίων φωνὴν βαρβαρίζων, εἶτα δειπνῶν δεῖπνα
θορυβώδη καὶ πολυάνθρωπα συγκλύδων τινῶν καὶ τῶν
πλείστων μοχθηρῶν; Καὶ ἐν αὐτοῖς ἐπαινεῖς φορτικῶς
καὶ πίνεις πέρα τοῦ μετρίως ἔχοντος. Ἕωθέν τε
ὑπὸ κώδωνι ἐξαναστὰς ἀποσεισάμενος τοῦ ὕπνου τὸ
ἥδιστον συμπεριθεὶς ἄνω καὶ κάτω ἔτι τὸν χθιζὸν
ἔχων πηλὸν ἐπὶ τοῖν σκελοῖν. Οὕτως ἀπορία μέν σε
θέρμων ἔσχεν ἢ τῶν ἀγρίων λαχάνων, ἐπέλιπον δὲ
καὶ αἱ κρῆναι ῥέουσαι τοῦ ψυχροῦ ὕδατος, ὡς ἐπὶ
ταῦτά σε ὑπ᾽ ἀμηχανίας ἐλθεῖν; Ἀλλὰ δῆλον ὡς οὐχ
ὕδατος οὐδὲ θέρμων, ἀλλὰ πεμμάτων καὶ ὄψου καὶ
οἴνου ἀνθοσμίου ἐπιθυμῶν ἑάλως, καθάπερ ὁ λάβραξ
αὐτὸν μάλα δικαίως τὸν ὀρεγόμενον τούτων λαιμὸν
διαπαρείς. Παρὰ πόδας τοιγαροῦν τῆς λιχνείας
ταύτης τἀπίχειρα, καὶ ὥσπερ οἱ πίθηκοι δεθεὶς
κλοιῷ τὸν τράχηλον ἄλλοις μὲν γέλωτα παρέχεις,
σεαυτῷ δὲ δοκεῖς τρυφᾶν, ὅτι ἔστι σοι τῶν ἰσχάδων
ἀφθόνως ἐντραγεῖν. Ἡ δὲ ἐλευθερία καὶ τὸ εὐγενὲς
αὐτοῖς φυλέταις καὶ φράτερσι φροῦδα πάντα καὶ
οὐδὲ μνήμη τις αὐτῶν.

---

34. Aliment bon marché, mets favori des philosophes cyniques,
devenu le symbole de la simplicité.
35. Littéralement : un loup de mer.

ou même si tu étais né esclave, il serait temps de penser
enfin à la liberté, c'est toi-même que tu t'empresses de
vendre, pour quelques oboles*, avec ta vertu et ta sagesse,
sans respect pour tous ces grands arguments que le beau
Platon, Chrysippe ou Aristote ont développés en faisant
l'éloge de la liberté et en stigmatisant la servilité ! Tu n'as
pas honte de rivaliser avec des flatteurs, des boutiquiers
et des bouffons ? D'être le seul, au milieu d'une foule si
nombreuse de Romains, à porter un manteau étranger et à
écorcher le latin comme un barbare ? Puis de participer à
des dîners bruyants, où se mêle un ramassis d'individus,
malhonnêtes pour la plupart ? Dans ces repas, tu te répands
en compliments grossiers et tu bois plus que de raison. Dès
l'aurore, la sonnette te tire du lit ; secouant loin de toi la
douceur du sommeil, tu cours avec les autres par monts
et par vaux, les jambes encore couvertes de la boue de la
veille. Manque-t-on à ce point de lupins[34] ou de légumes
des champs ? Les sources d'eau fraîche sont-elles taries,
pour que la détresse t'ait réduit à cela ? Non, il est évident que tu ne désires ni de l'eau ni des lupins, mais des
gâteaux, des mets délicats et du vin parfumé. Voilà pourquoi tu es pris, comme un gros poisson[35] : ton gosier qui
s'ouvrait, avide de tout cela, a été transpercé – et c'est justice ! Tu as sous les yeux le salaire de ta gourmandise. Le
cou attaché à un carcan, comme les singes, tu es la risée de
tout le monde, alors que tu crois vivre dans le luxe parce
que tu peux manger des figues sèches[36] sans restriction.
La liberté et la noblesse, ainsi que les membres de leurs
tribus* et de leurs phratries*, tout cela est parti : il n'en
reste pas même un souvenir.

---

36. Les figues sèches de Carie étaient particulièrement appréciées
des gourmets (voir *Vies de philosophes à vendre*, 19).

25. Καὶ ἀγαπητὸν εἰ μόνον τὸ αἰσχρὸν προσῆν τῷ πράγματι, δοῦλον ἀντ' ἐλευθέρου δοκεῖν, οἱ δὲ πόνοι μὴ κατὰ τοὺς πάνυ τούτους οἰκέτας. Ἀλλ' ὅρα εἰ μετριώτερά σοι προστέτακται τῶν Δρόμωνι καὶ Τιβείῳ προστεταγμένων. Ὧν μὲν γὰρ ἕνεκα, τῶν μαθημάτων ἐπιθυμεῖν φήσας, παρείληφέ σε, ὀλίγον αὐτῷ μέλει. "Τί γὰρ κοινόν," φασί, "λύρα καὶ ὄνῳ;" Πάνυ γοῦν, –οὐχ ὁρᾷς;– ἐκτετήκασι τῷ πόθῳ τῆς Ὁμήρου σοφίας ἢ τῆς Δημοσθένους δεινότητος ἢ τῆς Πλάτωνος μεγαλοφροσύνης, ὧν ἢν τις ἐκ τῆς ψυχῆς ἀφέλῃ τὸ χρυσίον καὶ τὸ ἀργύριον καὶ τὰς περὶ τούτων φροντίδας, τὸ καταλειπόμενόν ἐστι τῦφος καὶ μαλακία καὶ ἡδυπάθεια καὶ ἀσέλγεια καὶ ὕβρις καὶ ἀπαιδευσία. Δεῖται δή σου ἐπ' ἐκεῖνα μὲν οὐδαμῶς, ἐπεὶ δὲ πώγωνα ἔχεις βαθὺν καὶ σεμνός τις εἶ τὴν πρόσοψιν καὶ ἱμάτιον Ἑλληνικὸν εὐσταλῶς περιβέβλησαι καὶ πάντες ἴσασί σε γραμματικὸν ἢ ῥήτορα ἢ φιλόσοφον, καλὸν αὐτῷ δοκεῖ ἀναμεμῖχθαι καὶ τοιοῦτόν τινα τοῖς προϊοῦσι καὶ προπομπεύουσιν αὐτοῦ· δόξει γὰρ ἐκ τούτου καὶ φιλομαθὴς τῶν Ἑλληνικῶν μαθημάτων καὶ ὅλως περὶ παιδείαν φιλόκαλος. Ὥστε κινδυνεύεις, ὦ γενναῖε, ἀντὶ τῶν θαυμαστῶν λόγων τὸν πώγωνα καὶ τὸν τρίβωνα μεμισθωκέναι.

Χρὴ οὖν σε ἀεὶ σὺν αὐτῷ ὁρᾶσθαι καὶ μηδέποτε ἀπολείπεσθαι, ἀλλὰ ἕωθεν ἐξαναστάντα παρέχειν σεαυτὸν ὀφθησόμενον ἐν τῇ θεραπείᾳ καὶ μὴ λιπεῖν τὴν τάξιν. Ὁ δὲ ἐπιβάλλων ἐνίοτέ σοι τὴν χεῖρα, ὅ τι ἂν τύχῃ ληρεῖ, τοῖς ἐντυγχάνουσιν ἐπιδεικνύμενος ὡς οὐδὲ ὁδῷ βαδίζων ἀμελής ἐστι τῶν Μουσῶν, ἀλλ' εἰς καλὸν τὴν ἐν τῷ περιπάτῳ διατίθεται σχολήν.

25. Et tu devrais t'estimer heureux si ton emploi n'entraînait que la honte de passer pour un esclave au lieu d'un homme libre, et si tu n'avais pas à peiner comme ceux qui sont de véritables esclaves. Eh bien ! vois si les tâches qu'on t'impose sont plus modestes que celles qui sont imposées à un Dromon ou un Tibios. En vérité, les connaissances que le maître prétendait désirer et pour lesquelles il t'a engagé lui importent très peu – qu'y a-t-il de commun, comme on dit, entre un âne et une lyre ? Évidemment, tu ne le vois pas ? ces gens-là sont consumés de désir pour la sagesse d'Homère, l'éloquence de Démosthène ou la grandeur d'âme de Platon ! Si on enlevait de leur âme l'or, l'argent et les soucis qu'ils leur causent, il ne resterait qu'orgueil, mollesse, goût pour le plaisir, impudence, insolence et grossièreté. Ce n'est nullement pour tes belles qualités que le maître a besoin de toi. Mais tu as une barbe longue, le visage grave, tu te drapes avec élégance dans un manteau grec et tout le monde sait que tu es grammairien, orateur ou philosophe. Voilà pourquoi le maître trouve beau qu'un homme comme toi se mêle à la procession de ceux qui le précèdent et ouvrent son cortège : il aura ainsi la réputation d'être amateur des savoirs grecs et de manière générale épris de culture. Tu risques donc, mon noble ami, d'avoir été engagé, non pour tes admirables propos, mais pour ta barbe et ton manteau.

Il faut donc qu'on t'aperçoive sans cesse en sa compagnie, que jamais tu ne t'éloignes de lui, que tu te lèves dès l'aurore et que tu te fasses voir au milieu de sa suite sans quitter ton poste. Posant parfois la main sur ton épaule, il te dit n'importe quelle ineptie qui lui passe par la tête, pour montrer aux passants que même en marchant, il n'oublie pas les Muses et qu'il organise harmonieusement le temps libre de ses promenades.

26. Σὺ δ' ἄθλιος τὰ μὲν παραδραμών, τὰ δὲ
βάδην ἄναντα πολλὰ καὶ κάταντα – τοιαύτη γάρ,
ὡς οἶσθα, ἡ πόλις – περιελθὼν ἵδρωκάς τε καὶ
πνευστιᾷς, κἀκείνου ἔνδον τινὶ τῶν φίλων πρὸς ὃ
ν ἦλθεν διαλεγομένου, μηδὲ ὅπου καθίζῃς ἔχων
ὀρθὸς ὑπ' ἀπορίας ἀναγιγνώσκεις τὸ βιβλίον
προχειρισάμενος.

Ἐπειδὰν δὲ ἄσιτόν τε καὶ ἄποτον ἡ νὺξ καταλάβῃ,
λουσάμενος πονηρῶς ἀωρὶ περὶ αὐτό που σχεδὸν τὸ
μεσονύκτιον ἥκεις ἐπὶ τὸ δεῖπνον, οὐκέθ' ὁμοίως
ἔντιμος οὐδὲ περίβλεπτος τοῖς παροῦσιν, ἀλλ' ἤν τις
ἄλλος ἐπεισέλθῃ νεαλέστερος, εἰς τοὐπίσω σύ· καὶ
οὕτως εἰς τὴν ἀτιμοτάτην γωνίαν ἐξωσθεὶς κατάκεισαι
μάρτυς μόνον τῶν παραφερομένων, τὰ ὀστᾶ, εἰ
ἐφίκοιτο μέχρι σοῦ, καθάπερ οἱ κύνες περιεσθίων
ἢ τὸ σκληρὸν τῆς μαλάχης φύλλον ᾧ τὰ ἄλλα
συνειλοῦσιν, εἰ ὑπεροφθείη ὑπὸ τῶν προκατακειμένων,
ἄσμενος ὑπὸ λιμοῦ παροψώμενος.

Οὐ μὴν οὐδὲ ἡ ἄλλη ὕβρις ἄπεστιν, ἀλλ' οὔτε ᾠὸν
ἔχεις μόνος – οὐ γὰρ ἀναγκαῖόν ἐστιν καὶ σὲ τῶν
αὐτῶν ἀεὶ τοῖς ξένοις καὶ ἀγνώστοις ἀντιποιεῖσθαι·
ἀγνωμοσύνη γὰρ δὴ τοῦτό γε – οὔτε ἡ ὄρνις ὁμοία
ταῖς ἄλλαις, ἀλλὰ τῷ μὲν πλησίον παχεῖα καὶ
πιμελής, σοὶ δὲ νεοττὸς ἡμίτομος ἢ φάττα τις
ὑπόσκληρος, ὕβρις ἄντικρυς καὶ ἀτιμία. Πολλάκις
δ' εἰ ἐπιλίποι ἄλλου τινὸς αἰφνιδίως ἐπιπαρόντος,
ἀράμενος ὁ διάκονος τὰ σοὶ παρακείμενα φέρων
ἐκείνῳ παρατέθεικεν ὑποτονθορύσας, "Σὺ γὰρ
ἡμέτερος εἶ." Τεμνομένου μὲν γὰρ ἐν τῷ μέσῳ
ἢ συὸς ὑπογαστρίου ἢ ἐλάφου, χρὴ ἐκ παντὸς

26. Et toi, malheureux, tantôt tu cours à ses côtés, tantôt tu arpentes à pied les innombrables montées et descentes dont Rome est remplie, comme tu sais, couvert de sueur, hors d'haleine, et pendant qu'à l'intérieur, il s'entretient avec un de ses amis auquel il rend visite, n'ayant pas d'endroit où t'asseoir, tu restes debout, sans autre possibilité, à lire un livre dont tu t'étais muni.

Quand vient la nuit, tu n'as encore ni mangé ni bu ; après t'être misérablement baigné, à une heure indue, alors qu'il est près de minuit, tu te rends au dîner. Mais tu n'es plus honoré ou envié par les convives : si survient quelqu'un d'autre, qui a plus que toi le charme de la nouveauté, tu passes après lui. Ainsi repoussé dans l'angle le plus dédaigné, tu ne prends place que pour assister au service des plats, rongeant les os, comme un chien, à condition qu'ils parviennent jusqu'à toi, ou bien ce sont les feuilles racornies de mauve enveloppant un mets, si les convives placés avant toi les ont dédaignées, que tu es heureux, tant tu as faim, de manger comme une friandise.

On ne t'épargne pas non plus les autres formes d'humiliation : tu es le seul à ne pas avoir d'œuf – il n'est pas nécessaire que tu prétendes toujours au même traitement que les hôtes et les inconnus : ce serait une grossière erreur. La volaille qu'on te sert ne ressemble pas aux autres : celle de ton voisin est grasse et dodue, mais tu reçois la moitié d'un poussin ou un pigeon plutôt coriace – l'insolence s'affiche ainsi que ta disgrâce. Souvent, s'il manque quelque chose parce qu'un nouveau convive s'est présenté à l'improviste, le serveur enlève ce qui était placé devant toi et le lui porte en murmurant : « C'est que tu es des nôtres. » Quand on découpe à table un ventre de porc ou de chevreuil, tu dois absolument t'être concilié la faveur de celui qui distribue les parts pour ne pas recevoir une

ἢ τὸν διανέμοντα ἵλεων ἔχειν ἢ τὴν Προμηθέως
μερίδα φέρεσθαι, ὀστᾶ κεκαλυμμένα τῇ πιμελῇ. Τὸ
γὰρ τῷ μὲν ὑπὲρ σὲ τὴν λοπάδα παρεστάναι ἔστ'
ἂν ἀπαγορεύσῃ ἐμφορούμενος, σὲ δὲ οὕτω ταχέως
παραδραμεῖν, τίνι φορητὸν ἐλευθέρῳ ἀνδρὶ κἂν ὁπόσην
αἱ ἔλαφοι τὴν χολὴν ἔχοντι; Καίτοι οὐδέπω ἐκεῖνο
ἔφην, ὅτι τῶν ἄλλων ἥδιστόν τε καὶ παλαιότατον
οἶνον πινόντων μόνος σὺ πονηρόν τινα καὶ παχὺν
πίνεις, θεραπεύων ἀεὶ ἐν ἀργύρῳ ἢ χρυσῷ πίνειν,
ὡς μὴ ἐλεγχθείης ἀπὸ τοῦ χρώματος οὕτως ἄτιμος
ὢν συμπότης. Καὶ εἴθε γε κἂν ἐκείνου εἰς κόρον
ἦν πιεῖν, νῦν δὲ πολλάκις αἰτήσαντος ὁ παῖς "οὐδ'
ἀΐοντι ἔοικεν."

27. Ἀνιᾷ δή σε πολλὰ καὶ ἀθρόα καὶ σχεδὸν τὰ
πάντα, καὶ μάλιστα ὅταν σε παρευδοκιμῇ κίναιδός
τις ἢ ὀρχηστοδιδάσκαλος ἢ Ἰωνικὰ συνείρων
Ἀλεξανδρεωτικὸς ἀνθρωπίσκος. Τοῖς μὲν γὰρ τὰ
ἐρωτικὰ ταῦτα διακονουμένοις καὶ γραμματίδια
ὑπὸ κόλπου διακομίζουσιν πόθεν σύ γ' ἰσότιμος;
Κατακείμενος τοιγαροῦν ἐν μυχῷ τοῦ συμποσίου
καὶ ὑπ' αἰδοῦς καταδεδυκὼς στένεις ὡς τὸ εἰκὸς
καὶ σεαυτὸν οἰκτείρεις καὶ αἰτιᾷ τὴν Τύχην οὐδὲ
ὀλίγα σοι τῶν χαρίτων ἐπιψεκάσασαν. Ἡδέως δ'
ἄν μοι δοκεῖς καὶ ποιητὴς γενέσθαι τῶν ἐρωτικῶν
ἀσμάτων ἢ κἂν ἄλλου ποιήσαντος δύνασθαι ᾄδειν
ἀξίως· ὁρᾷς γὰρ οἷ τὸ προτιμᾶσθαι καὶ εὐδοκιμεῖν
ἐστιν. Ὑποσταίης δὲ ἄν, εἰ καὶ μάγον ἢ μάντιν
ὑποκρίνασθαι δέοι τῶν κλήρους πολυταλάντους καὶ
ἀρχὰς καὶ ἀθρόους τοὺς πλούτους ὑπισχνουμένων·

---

37. Allusion au choix proposé par Prométhée à Zeus : d'un côté des
os, dissimulés sous de la graisse ; de l'autre de la viande (HÉSIODE, *Théogonie*, 535 sq., et plus précisément, pour la graisse et les os, le v. 541).
38. *Iliade*, XXIII, 430.

portion à la mode de Prométhée, c'est-à-dire des os cachés sous de la graisse[37]. Que le plat reste devant l'homme qui t'a supplanté jusqu'à ce qu'il en ait assez de s'empiffrer, alors qu'il passe si vite devant toi, quel homme libre pourrait le supporter, quand bien même il serait aussi irascible qu'une biche ? Et je n'avais pas encore précisé qu'alors que tous boivent le vin le plus parfumé et le plus vieux, tu es le seul à qui l'on sert un mauvais vin épais : voilà pourquoi tu prends soin d'avoir une coupe d'argent ou d'or pour éviter que la couleur du liquide ne prouve que tu es un convive en disgrâce. Et si seulement tu pouvais boire à satiété, ne serait-ce que de ce mauvais vin ! Mais en dépit de tes demandes répétées, le garçon

« *Est semblable à celui qui n'entend même pas*[38] ».

27. Tes tourments sont nombreux, abondants et presque tout est tourment, surtout quand tu te vois préférer un inverti, un maître à danser ou un misérable gringalet d'Alexandrin qui tresse des vers ioniens[39] ? Comment peux-tu, toi, mériter les mêmes honneurs que les gens qui servent les amours et portent des billets doux sous les plis de leurs vêtements ? Voilà pourquoi, couché dans un renfoncement de la salle et te dissimulant par honte, tu gémis comme de juste, tu t'apitoies sur toi-même et accuses la Fortune qui ne répand pas sur toi la moindre goutte de ses faveurs. Tu serais heureux, je crois, de composer des chansons d'amour ou même de savoir chanter convenablement celles qu'un autre aurait composées, car tu vois où sont l'honneur et le renom. Tu consentirais, s'il le fallait, à jouer même un mage ou un prophète, un de ces personnages qui promettent de riches héritages, des fonctions offi-

---

39. C'est-à-dire des poèmes érotiques d'inspiration anacréontique. On composait volontiers des « guirlandes poétiques ».

καὶ γὰρ αὖ καὶ τούτους ὁρᾷς εὖ φερομένους ἐν
ταῖς φιλίαις καὶ πολλῶν ἀξιουμένους. Κἂν ἕν τι
οὖν τούτων ἡδέως ἂν γένοιο, ὡς μὴ ἀπόβλητος καὶ
περιττὸς εἴης· ἀλλ' οὐδὲ πρὸς ταῦτα ὁ κακοδαίμων
πιθανὸς εἶ. Τοιγαροῦν ἀνάγκη μειοῦσθαι καὶ σιωπῇ
ἀνέχεσθαι ὑποιμώζοντα καὶ ἀμελούμενον.

28. Ἢν μὲν γὰρ κατείπῃ σοῦ τις ψιθυρὸς οἰκέτης,
ὡς μόνος οὐκ ἐπῄνεις τὸν τῆς δεσποίνης παιδίσκον
ὀρχούμενον ἢ κιθαρίζοντα, κίνδυνος οὐ μικρὸς ἐκ
τοῦ πράγματος. Χρὴ οὖν χερσαίου βατράχου δίκην
διψῶντα κεκραγέναι, ὡς ἐπίσημος ἔσῃ ἐν τοῖς
ἐπαινοῦσι καὶ κορυφαῖος ἐπιμελούμενον· πολλάκις
δὲ καὶ τῶν ἄλλων σιωπησάντων αὐτὸν ἐπειπεῖν
ἐσκεμμένον τινὰ ἔπαινον πολλὴν τὴν κολακείαν
ἐμφανιοῦντα.

Τὸ μὲν γὰρ λιμῷ συνόντα καὶ νὴ Δία γε διψῶντα
μύρῳ χρίεσθαι καὶ στεφανοῦσθαι τὴν κεφαλήν,
ἠρέμα καὶ γελοῖον· ἔοικας γὰρ τότε στήλῃ ἑώλου
τινὸς νεκροῦ ἄγοντος ἐναγίσματα· καὶ γὰρ ἐκείνων
καταχέαντες μύρον καὶ τὸν στέφανον ἐπιθέντες αὐτοὶ
πίνουσι καὶ εὐωχοῦνται τὰ παρεσκευασμένα.

29. Ἢν μὲν γὰρ καὶ ζηλότυπός τις ᾖ καὶ παῖδες
εὔμορφοι ὦσιν ἢ νέα γυνὴ καὶ σὺ μὴ παντελῶς
πόρρω Ἀφροδίτης καὶ Χαρίτων ᾖς, οὐκ ἐν εἰρήνῃ
τὸ πρᾶγμα οὐδὲ ὁ κίνδυνος εὐκαταφρόνητος. Ὦτα
γὰρ καὶ ὀφθαλμοὶ βασιλέως πολλοί, οὐ μόνον τἀληθῆ
ὁρῶντες, ἀλλ' ἀεί τι καὶ προσεπιμετροῦντες, ὡς μὴ
νυστάζειν δοκοῖεν. Δεῖ οὖν ὥσπερ ἐν τοῖς Περσικοῖς
δείπνοις κάτω νεύοντα κατακεῖσθαι, δεδιότα μή τις

---

40. Même image dans *Contre l'inculte*, 20.
41. C'était l'usage dans les banquets de parfumer les convives.

cielles et des richesses en abondance, car tu vois que ces gens eux aussi nouent facilement des amitiés et sont fort estimés. Tu accepterais volontiers un de ces rôles pour ne pas être inutile et rejeté. Cependant, pauvre diable, tu n'es pas convaincant, même dans ces emplois. Tu dois donc te laisser rabaisser et supporter sans rien dire de gémir en secret et d'être négligé.

28. Si un serviteur sournois t'accuse d'être le seul à ne pas louer le petit esclave de la maîtresse quand il danse ou joue de la cithare, tu cours de ce fait un danger considérable. Tu dois, pareil à une grenouille tirée de l'eau[40], coasser, le gosier altéré pour te faire remarquer et être le coryphée de ceux qui lancent des compliments : il te faut souvent, quand les autres se sont tus, prononcer seul quelque éloge bien senti qui fera montre d'une énorme flagornerie.

Qu'un homme affamé et – par Zeus –, même assoiffé se laisse couronner et parfumer la tête[41], voilà qui prête doucement à rire. Tu ressembles alors à la stèle d'un mort déjà ancien à qui on offre des sacrifices funèbres : sur elle aussi les gens versent des parfums et posent une couronne, mais ce sont eux qui boivent et se régalent des mets préparés.

29. Si le maître est jaloux et qu'il a de beaux garçons ou une femme jeune, et si toi tu n'es pas complètement abandonné d'Aphrodite et des Charites*, aucune paix en perspective : le danger n'est pas à négliger. Nombreux sont les yeux et les oreilles du roi[42] : non content de voir la vérité, ils en rajoutent toujours un peu pour faire bonne mesure, de façon à ne pas laisser croire qu'ils somnolent. Comme dans les repas des Perses, tu dois donc prendre place en gardant la tête baissée, de peur qu'un eunuque ne te voie

---

42. Proverbe cité également dans *Contre l'inculte*, 22.

εὐνοῦχός σε ἴδη προσβλέψαντα μιᾷ τῶν παλλακίδων,
ἐπεὶ ἄλλος γε εὐνοῦχος ἐντεταμένον πάλαι τὸ τόξον
ἔχων ἃ μὴ θέμις ὁρῶντα ἕτοιμος κολάσαι, διαπείρας
τῷ οἰστῷ μεταξὺ πίνοντος τὴν γνάθον.

30. Εἶτα ἀπελθὼν τοῦ δείπνου μικρόν τι
κατέδαρθες· ὑπὸ δὲ ᾠδὴν ἀλεκτρυόνων ἀνεγρόμενος,
"Ὦ δείλαιος ἐγώ," φής, "καὶ ἄθλιος, οἵας τὰς
πάλαι διατριβὰς ἀπολιπὼν καὶ ἑταίρους καὶ βίον
ἀπράγμονα καὶ ὕπνον μετρούμενον τῇ ἐπιθυμίᾳ
καὶ περιπάτους ἐλευθερίους εἰς οἷον βάραθρον
φέρων ἐμαυτὸν ἐνσέσεικα. Τίνος ἕνεκα, ὦ θεοί, ἢ
τίς ὁ λαμπρὸς οὗτος μισθός ἐστιν; Οὐ γὰρ καὶ
ἄλλως μοι πλείω τούτων ἐκπορίζειν δυνατὸν ἦν καὶ
προσῆν τὸ ἐλεύθερον καὶ τὸ πάντα ἐπ' ἐξουσίας;
Νῦν δὲ τὸ τοῦ λόγου, λέων κρόκῃ δεθείς, ἄνω
καὶ κάτω περισύρομαι, τὸ πάντων οἴκτιστον, οὐκ
εὐδοκιμεῖν εἰδὼς οὐδὲ κεχαρισμένος εἶναι δυνάμενος.
Ἰδιώτης γὰρ ἔγωγε τῶν τοιούτων καὶ ἄτεχνος,
καὶ μάλιστα παραβαλλόμενος ἀνδράσι τέχνην τὸ
πρᾶγμα πεποιημένοις, ὥστε καὶ ἀχάριστός εἰμι
καὶ ἥκιστα συμποτικός, οὐδ' ὅσον γέλωτα ποιῆσαι
δυνάμενος. Συνίημι δὲ ὡς καὶ ἐνοχλῶ πολλάκις
βλεπόμενος, καὶ μάλισθ' ὅταν ἡδίων αὐτὸς αὑτοῦ
εἶναι θέλῃ· σκυθρωπὸς γὰρ αὐτῷ δοκῶ. Καὶ ὅλως
οὐκ ἔχω ὅπως ἁρμόσωμαι πρὸς αὐτόν. Ἢν μὲν γὰρ
ἐπὶ τοῦ σεμνοῦ φυλάττω ἐμαυτόν, ἀηδὴς ἔδοξα καὶ
μονονουχὶ φευκτέος· ἢν δὲ μειδιάσω καὶ ῥυθμίσω τὸ
πρόσωπον εἰς τὸ ἥδιστον, κατεφρόνησεν εὐθὺς καὶ
διέπτυσεν, καὶ τὸ πρᾶγμα ὅμοιον δοκεῖ ὥσπερ ἂν
εἴ τις κωμῳδίαν ὑποκρίναιτο τραγικὸν προσωπεῖον
περικείμενος. Τὸ δ' ὅλον, τίνα ἄλλον ὁ μάταιος
ἐμαυτῷ βιώσομαι βίον τὸν παρόντα τοῦτον ἄλλῳ
βεβιωκώς;"

regarder une des concubines, car un autre eunuque, l'arc
tendu depuis longtemps, est prêt à te châtier et à te trans-
percer la mâchoire de sa flèche au moment où tu bois, si
tu vois ce qu'il n'est pas permis de voir.

30. Ensuite, après avoir quitté le banquet, tu som-
meilles un peu. Réveillé par le chant des coqs tu t'écries :
« Quel malheureux, quel infortuné je suis ! Comme elles
étaient belles, mes activités d'autrefois ! Et je les ai
abandonnées – ainsi que mes camarades, ma vie insou-
ciante, mon sommeil limité par mon seul désir, mes promenades libres. Et pour me jeter volontairement dans
quel abîme ! Dans quel but, grands dieux, et quel est ce
salaire mirifique ? N'y avait-il vraiment pas un moyen
différent de gagner davantage, en gardant ma liberté et
mon entière indépendance ? Au lieu de quoi, me voici,
comme on dit, lion attaché par une corde, traîné en tous
sens. Et le plus pitoyable de tout, je ne sais pas obtenir
l'estime et je ne peux pas me montrer complaisant. Je
suis ignorant en la matière, incompétent, surtout comparé à des gens qui en ont fait leur métier. C'est pourquoi je suis déplaisant, un convive désastreux, incapable même de faire rire. Je comprends que ma vue est
souvent importune, surtout quand il veut se surpasser
en amabilité : il me trouve grincheux. Je ne sais pas du
tout comment m'adapter à lui. Si je veille à conserver
ma gravité, il me juge désagréable et presque à fuir ; si
je souris et compose mon visage pour le rendre particulièrement enjoué, il me méprise aussitôt, me rejette, et
mon attitude produit le même effet que quelqu'un qui
jouerait la comédie sous un masque tragique. Et pour
tout dire, quelle autre vie me restera-t-il à mener pour
moi-même, insensé, puisque celle-ci, c'est pour un autre
que je l'aurai vécue ? »

31. Ἔτι σου ταῦτα διαλογιζομένου ὁ κώδων
ἤχησεν, καὶ χρὴ τῶν ὁμοίων ἔχεσθαι καὶ περινοστεῖν
καὶ ἑστάναι, ὑπαλείψαντά γε πρότερον τοὺς βουβῶνας
καὶ τὰς ἰγνύας, εἰ θέλεις διαρκέσαι πρὸς τὸν
ἆθλον. Εἶτα δεῖπνον ὅμοιον καὶ εἰς τὴν αὐτὴν
ὥραν περιηγμένον. Καί σοι τὰ τῆς διαίτης πρὸς
τὸν πάλαι βίον ἀντίστροφα, καὶ ἡ ἀγρυπνία δὲ καὶ
ὁ ἱδρὼς καὶ ὁ κάματος ἠρέμα ἤδη ὑπορύττουσιν,
ἢ φθόην ἢ περιπνευμονίαν ἢ κώλου ἄλγημα ἢ
τὴν καλὴν ποδάγραν ἀναπλάττοντες. Ἀντέχεις δὲ
ὅμως, καὶ πολλάκις κατακεῖσθαι δέον, οὐδὲ τοῦτο
συγκεχώρηται· σκῆψις γὰρ ἡ νόσος καὶ φυγὴ τῶν
καθηκόντων ἔδοξεν. Ὥστ' ἐξ ἁπάντων ὠχρὸς ἀεὶ
καὶ ὅσον οὐδέπω τεθνηξομένῳ ἔοικας.

32. Καὶ τὰ μὲν ἐν τῇ πόλει ταῦτα. Ἢν δέ
που καὶ ἀποδημῆσαι δέῃ, τὰ μὲν ἄλλα ἐῶ· ὕοντος
δὲ πολλάκις ὕστατος ἐλθὼν – τοιοῦτο γάρ σοι
ἀποκεκλήρωται καὶ τὸ ζεῦγος – περιμένεις ἔστ'
ἂν οὐκέτ' οὔσης καταγωγῆς τῷ μαγείρῳ σε ἢ τῷ
τῆς δεσποίνης κομμωτῇ συμπαραβύσωσιν, οὐδὲ τῶν
φρυγάνων δαψιλῶς ὑποβαλόντες.

33. Οὐκ ὀκνῶ δέ σοι καὶ διηγήσασθαι ὅ μοι
Θεσμόπολις οὗτος ὁ Στωϊκὸς διηγήσατο συμβὰν
αὐτῷ πάνυ γελοῖον καὶ νὴ Δί' οὐκ ἀνέλπιστον
ὡς ἂν καὶ ἄλλῳ ταὐτὸν συμβαίη. Συνῆν μὲν γὰρ
πλουσίᾳ τινὶ καὶ τρυφώσῃ γυναικὶ τῶν ἐπιφανῶν
ἐν τῇ πόλει. Δεῆσαν δὲ καὶ ἀποδημῆσαί ποτε,
τὸ μὲν πρῶτον ἐκεῖνο παθεῖν ἔφη γελοιότατον,
συγκαθέζεσθαι γὰρ αὐτῷ παραδεδόσθαι φιλοσόφῳ ὄντι
κίναιδόν τινα τῶν πεπιττωμένων τὰ σκέλη καὶ τὸν
πώγωνα περιεξυρημένων· διὰ τιμῆς δ' αὐτὸν ἐκείνη,

31. Tu es encore plongé dans ces réflexions quand la sonnette retentit : tu dois t'employer aux mêmes tâches, aller et venir, rester debout, non sans t'être auparavant frotté d'huile les cuisses et les jarrets si tu veux être à la hauteur de la lutte. Puis vient un dîner semblable au précédent, qui se prolonge jusqu'à la même heure. Ce régime est à l'opposé de ta vie d'autrefois : le manque de sommeil, la sueur, la fatigue te minent déjà insensiblement, entraînant consomption, inflammation des poumons, maux de ventre ou la noble goutte. Tu résistes pourtant. Souvent, tu devrais être au lit, mais on ne te le permet pas : la maladie est considérée comme un prétexte, une fuite pour échapper à tes devoirs. En conséquence de tout cela, tu es toujours pâle et tu ressembles à quelqu'un qui va mourir d'un instant à l'autre.

32. Voilà comment les choses se passent en ville. Si d'aventure, il faut voyager, je te fais grâce des autres détails, mais sache que souvent quand il pleut, tu arrives le dernier (oui, tel est également ton lot, même quand il s'agit de voiture !) : tu attends jusqu'à ce que, faute de place, on t'entasse avec le cuisinier ou le coiffeur de la maîtresse, sans même te fournir en abondance des branchages pour t'asseoir dessus.

33. Je n'hésite pas à te raconter la mésaventure que Thesmopolis, le stoïcien que tu connais, m'a dit avoir subie : c'est fort ridicule, et par Zeus, il n'est pas impossible de penser qu'un autre pourrait subir à son tour le même sort. Il vivait dans la maison d'une dame riche, qui menait une vie facile, une des personnes en vue à Rome. Un jour qu'ils devaient voyager, voici la première mésaventure, fort ridicule, qui lui arriva, me dit-il. On fit asseoir aux côtés de ce philosophe, un inverti, de ceux qui se font épiler les jambes et raser la barbe, apparemment très bien

ὡς τὸ εἰκός, ἦγεν. Καὶ τοὔνομα δὲ τοῦ κιναίδου
ἀπεμνημόνευεν· Χελιδόνιον γὰρ καλεῖσθαι. Τοῦτο
τοίνυν πρῶτον ἡλίκον, σκυθρωπῷ καὶ γέροντι ἀνδρὶ
καὶ πολιῷ τὸ γένειον – οἶσθα δὲ ὡς βαθὺν πώγωνα
καὶ σεμνὸν ὁ Θεσμόπολις εἶχεν – παρακαθίζεσθαι
φῦκος ἐντετριμμένον καὶ ὑπογεγραμμένον τοὺς
ὀφθαλμοὺς καὶ διασεσαλευμένον τὸ βλέμμα καὶ τὸν
τράχηλον ἐπικεκλασμένον, οὐ χελιδόνα μὰ Δί', ἀλλὰ
γῦπά τινα περιτετιλμένον τὰ πτερά· καὶ εἴ γε μὴ
πολλὰ δεηθῆναι αὐτοῦ, καὶ τὸν κεκρύφαλον ἔχοντα
ἐπὶ τῇ κεφαλῇ ἂν συγκαθίζεσθαι. Τὰ δ' οὖν ἄλλα
παρ' ὅλην τὴν ὁδὸν μυρίας τὰς ἀηδίας ἀνασχέσθαι
ὑπάδοντος καὶ τερετίζοντος, εἰ δὲ μὴ ἐπεῖχεν αὐτός,
ἴσως ἂν καὶ ὀρχουμένου ἐπὶ τῆς ἀπήνης.

34. Ἕτερον δ' οὖν τι καὶ τοιοῦτον αὐτῷ
προσταχθῆναι. Καλέσασα γὰρ αὐτὸν ἡ γυνή,
"Θεσμόπολι," φησίν, "οὕτως ὄναιο, χάριν οὐ μικρὰν
αἰτούσῃ δὸς μηδὲν ἀντειπὼν μηδὲ ὅπως ἐπὶ πλεῖόν
σου δεήσομαι περιμείνας." Τοῦ δέ, ὅπερ εἰκὸς ἦν,
ὑποσχομένου πάντα πράξειν, "Δέομαί σου τοῦτο," ἔφη,
"χρηστὸν ὁρῶσά σε καὶ ἐπιμελῆ καὶ φιλόστοργον,
τὴν κύνα ἣν οἶσθα τὴν Μυρρίνην ἀναλαβὼν εἰς τὸ
ὄχημα φύλαττέ μοι καὶ ἐπιμελοῦ ὅπως μηδενὸς
ἐνδεὴς ἔσται· βαρύνεται γὰρ ἡ ἀθλία τὴν γαστέρα
καὶ σχεδὸν ὡς ἐπίτεξ ἐστίν· οἱ δὲ κατάρατοι οὗτοι
καὶ ἀπειθεῖς οἰκέται οὐχ ὅπως ἐκείνης, ἀλλ' οὐδ'
ἐμοῦ αὐτῆς πολὺν ποιοῦνται λόγον ἐν ταῖς ὁδοῖς.
Μὴ τοίνυν τι σμικρὸν οἰηθῇς εὖ ποιήσειν με τὸ
περισπούδαστόν μοι καὶ ἥδιστον κυνίδιον διαφυλάξας."
Ὑπέσχετο ὁ Θεσμόπολις πολλὰ ἱκετευούσης καὶ

en cour auprès de cette dame. Thesmopolis précisa le nom
de l'inverti : il s'appelait Chélidonion[43]. Quelle situation,
donc, pour commencer ! Ce vieillard sévère à la barbe
blanche (tu sais combien celle de Thesmopolis était longue et imposante), et assis à côté de lui, un être aux joues
frottées de vermillon, aux yeux soulignés par du fard, lançant des œillades, et ondulant du cou : ce n'était pas une
hirondelle, par Zeus, mais un vautour dont on aurait plumé
les ailes ! Si on ne lui avait pas demandé à plusieurs reprises de n'en rien faire, il se serait assis en gardant la résille
qu'il avait sur la tête. Pendant tout le voyage, il infligea
à Thesmopolis mille autres désagréments : il chantonnait
et sifflotait et, si le philosophe ne l'en avait empêché, il
aurait peut-être même dansé dans la voiture.

34. Ensuite une deuxième corvée du même ordre lui fut
imposée. La dame l'appela : « Thesmopolis, que les dieux
te bénissent ! Je te demande un grand service. Accorde-
le moi. Ne dis pas non, ne me laisse pas te prier davantage. » Il promit naturellement de faire tout ce qu'elle voudrait. Elle reprit : « Puisque je te vois généreux, attentif
et dévoué, je te demande de prendre dans la voiture Myr-
rhiné, la chienne que tu connais. Veille sur elle pour moi
et arrange-toi pour qu'elle ne manque de rien. La pau-
vrette est pleine et va bientôt mettre bas. Et ces maudits
serviteurs sont désobéissants : en voyage, ils ne s'occupent guère de moi, et encore moins d'elle. Ne pense donc
pas que tu me rendras un service insignifiant en veillant
sur cette chienne à laquelle je tiens tant et qui est si déli-
cieuse. » Elle multipliait les prières et pleurait presque :
Thesmopolis promit. La situation était totalement ridicule :

---

43. Ce nom signifie petite hirondelle.

μονονουχὶ καὶ δακρυούσης. Τὸ δὲ πρᾶγμα παγγέλοιον
ἦν, κυνίδιον ἐκ τοῦ ἱματίου προκῦπτον μικρὸν ὑπὸ
τὸν πώγωνα καὶ κατουρῆσαν πολλάκις, εἰ καὶ μὴ
ταῦτα ὁ Θεσμόπολις προσετίθει, καὶ βαΰζον λεπτῇ
τῇ φωνῇ – τοιαῦτα γὰρ τὰ Μελιταῖα – καὶ τὸ γένειον
τοῦ φιλοσόφου περιλιχμώμενον, καὶ μάλιστα εἴ τι
τοῦ χθιζοῦ αὐτῷ ζωμοῦ ἐγκατεμέμικτο. Καὶ ὅ γε
κίναιδος, ὁ σύνεδρος, οὐκ ἀμούσως ποτὲ καὶ εἰς τοὺς
ἄλλους τοὺς παρόντας ἐν τῷ συμποσίῳ ἀποσκώπτων,
ἐπειδή ποτε καὶ ἐπὶ τὸν Θεσμόπολιν καθῆκε τὸ
σκῶμμα, "Περὶ δὲ Θεσμοπόλιδος," ἔφη, "τοῦτο μόνον
εἰπεῖν ἔχω, ὅτι ἀντὶ Στωϊκοῦ ἤδη Κυνικὸς ἡμῖν
γεγένηται." Τὸ δ᾽ οὖν κυνίδιον καὶ τετοκέναι ἐν τῷ
τρίβωνι τῷ τοῦ Θεσμοπόλιδος ἐπυθόμην.

35. Τοιαῦτα ἐντρυφῶσι, μᾶλλον δὲ ἐνυβρίζουσι
τοῖς συνοῦσι, κατὰ μικρὸν αὐτοὺς χειροήθεις τῇ
ὕβρει παρασκευάζοντες. Οἶδα δ᾽ ἐγὼ καὶ ῥήτορα τῶν
καρχάρων ἐπὶ τῷ δείπνῳ κελευσθέντα μελετήσαντα
μὰ τὸν Δί᾽ οὐκ ἀπαιδεύτως, ἀλλὰ πάνυ τορῶς καὶ
συγκεκροτημένως· ἐπῃνεῖτο γοῦν μεταξὺ πινόντων
οὐ πρὸς ὕδωρ μεμετρημένον, ἀλλὰ πρὸς οἴνου
ἀμφορέας λέγων, καὶ τοῦτο ὑποστῆναι τὸ τόλμημα
ἐπὶ διακοσίαις δραχμαῖς ἐλέγετο.

Ταῦτα μὲν οὖν ἴσως μέτρια. Ἦν δὲ ποιητικὸς
αὐτὸς ἢ συγγραφικὸς ὁ πλούσιος ᾖ, παρὰ τὸ δεῖπνον
τὰ αὑτοῦ ῥαψῳδῶν, τότε καὶ μάλιστα διαρραγῆναι
χρὴ ἐπαινοῦντα καὶ κολακεύοντα καὶ τρόπους ἐπαίνων
καινοτέρους ἐπινοοῦντα. Εἰσὶ δ᾽ οἳ καὶ ἐπὶ κάλλει

44. Jeu sur le chien et le philosophe cynique. Les cyniques étaient
souvent surnommés chien en raison d'une fausse étymologie, rattachant
leur nom au radical du mot chien *(cyn-)* ; il venait en fait du Cynosarge,
gymnase au sud-est d'Athènes, que fréquentaient ceux qui n'étaient pas
de pur sang athénien et où enseigna le philosophe cynique Antisthène.

la petite chienne sortant le museau du manteau, un peu en dessous de la barbe, pissant à plusieurs reprises (même si Thesmopolis n'ajouta pas ce détail), aboyant d'une voix grêle, comme les chiens de Malte, léchant le menton du philosophe, et surtout les restes de soupe de la veille qui pouvaient s'y trouver. Quant à l'inverti qui était assis à côté de lui, un jour dans un banquet, il raillait non sans esprit les autres convives ; lorsqu'enfin il dirigea ses sarcasmes contre Thesmopolis, il lança : « De Thesmopolis, je ne peux dire qu'une chose : de stoïcien qu'il était, notre homme est maintenant devenu un chien[44] ! » On m'a dit que la chienne fit même ses petits dans le manteau de Thesmopolis.

35. Telles sont les libertés, ou plutôt les insolences, qu'ils se permettent envers ceux qui viennent vivre chez eux, les ayant dressés peu à peu à supporter l'insolence. Je connais même un orateur à la langue acérée qui fut sommé dans un dîner de faire une déclamation. Celle-ci, loin d'être dépourvue de culture, par Zeus, fut pleine d'élégance et fort bien composée : or on le félicita d'avoir prononcé, pendant qu'ils buvaient, un discours mesuré non avec la clepsydre mais avec des amphores de vin. Il supporta cet affront[45] pour deux cents drachmes*, dit-on.

Cela est peut-être encore acceptable. Mais si le riche est poète ou historien et qu'il récite ses œuvres pendant le dîner, c'est alors surtout que tu dois t'épuiser à le louer, à le flatter, à inventer des formes nouvelles d'éloges. D'autres veulent être admirés pour leur beauté : il faut qu'ils entendent

---

45. L'affront est double. Il n'était pas d'usage pour les invités de faire des discours pendant les dîners : en acceptant de donner un échantillon de son répertoire, l'orateur se ravale donc au niveau d'un subalterne, chargé de distraire l'assemblée ; d'autre part, en autorisant les convives à mesurer son temps de paroles avec du vin, au lieu de l'eau de la clepsydre, il rabaisse encore davantage son art.

θαυμάζεσθαι ἐθέλουσιν, καὶ δεῖ ᾿Αδώνιδας αὐτοὺς καὶ
῾Υακίνθους ἀκούειν, πήχεως ἐνίοτε τὴν ῥῖνα ἔχοντας.
Σὺ δ᾿ οὖν ἂν μὴ ἐπαινῇς, εἰς τὰς λιθοτομίας τὰς
Διονυσίου εὐθὺς ἀφίξῃ ὡς καὶ φθονῶν καὶ ἐπιβουλεύων
αὐτῷ. Χρὴ δὲ καὶ σοφοὺς καὶ ῥήτορας εἶναι αὐτούς,
κἂν εἴ τι σολοικίσαντες τύχωσιν, αὐτὸ τοῦτο τῆς
᾿Αττικῆς καὶ τοῦ ῾Υμηττοῦ μεστοὺς δοκεῖν τοὺς
λόγους καὶ νόμον εἶναι τὸ λοιπὸν οὕτω λέγειν.

36. Καίτοι φορητὰ ἴσως τὰ τῶν ἀνδρῶν. Αἱ δὲ οὖν
γυναῖκες – καὶ γὰρ αὖ καὶ τόδε ὑπὸ τῶν γυναικῶν
σπουδάζεται, τὸ εἶναί τινας αὐταῖς πεπαιδευμένους
μισθοῦ ὑποτελεῖς συνόντας καὶ τῷ φορείῳ ἑπομένους·
ἓν γάρ τι καὶ τοῦτο τῶν ἄλλων καλλωπισμάτων
αὐταῖς δοκεῖ, ἢν λέγηται ὡς πεπαιδευμέναι τέ εἰσιν
καὶ φιλόσοφοι καὶ ποιοῦσιν ᾄσματα οὐ πολὺ τῆς
Σαπφοῦς ἀποδέοντα – διὰ δὴ ταῦτα μισθωτοὺς καὶ
αὗται περιάγονται ῥήτορας καὶ γραμματικοὺς καὶ
φιλοσόφους, ἀκροῶνται δ᾿ αὐτῶν – πηνίκα; Γελοῖον
γὰρ καὶ τοῦτο – ἤτοι μεταξὺ κομμούμεναι καὶ τὰς
κόμας παραπλεκόμεναι ἢ παρὰ τὸ δεῖπνον· ἄλλοτε
γὰρ οὐκ ἄγουσι σχολήν. Πολλάκις δὲ καὶ μεταξὺ
τοῦ φιλοσόφου τι διεξιόντος ἡ ἄβρα προσελθοῦσα
ὤρεξε παρὰ τοῦ μοιχοῦ γραμμάτιον, οἱ δὲ περὶ
σωφροσύνης ἐκεῖνοι λόγοι ἑστᾶσι περιμένοντες,
ἔστ᾿ ἂν ἐκείνη ἀντιγράψασα τῷ μοιχῷ ἐπαναδράμῃ
πρὸς τὴν ἀκρόασιν.

37. ᾿Επειδὰν δέ ποτε διὰ μακροῦ τοῦ χρόνου
Κρονίων ἢ Παναθηναίων ἐπιστάντων πέμπηταί τί σοι
ἐφεστρίδιον ἄθλιον ἢ χιτώνιον ὑπόσαθρον, ἐνταῦθα

46. Ces deux noms évoquent de beaux adolescents. Adonis fut aimé
d'Artémis, Hyacinthe d'Apollon qui le blessa accidentellement et le
transforma en fleur.
47. Carrière proche de Syracuse où l'on enfermait les condamnés.

dire qu'ils sont des Adonis ou des Hyacinthes[46], alors que parfois ils ont un nez long d'une coudée. Si tu ne fais pas de compliments, tu iras aussitôt aux Latomies[47] de Denys, accusé d'être un jaloux[48], conspirant contre ton maître. Il faut qu'ils soient aussi des sages et des orateurs : si d'aventure ils lâchent un solécisme, alors surtout on doit juger leurs propos pleins d'atticisme et du miel de l'Hymette et se faire une loi de s'exprimer ainsi désormais.

36. Cependant ce comportement est peut-être supportable de la part des hommes. Mais chez les femmes… Car les femmes aussi désirent avoir des gens cultivés qu'elles paient pour vivre dans leur maison et suivre leur litière. Elles considèrent comme une parure au même titre que les autres qu'on dise qu'elles sont cultivées, philosophes et qu'elles composent des chants qui valent presque ceux de Sappho. Voilà pourquoi elles aussi s'entourent d'orateurs, de grammairiens et de philosophes à qui elles versent un salaire. Elles les écoutent. Quand donc ? Cela aussi prête à rire : pendant qu'elles se font maquiller, ou coiffer, ou durant les repas, car le reste du temps, elles n'en ont pas le loisir. Souvent même, au milieu d'un exposé du philosophe, la petite servante entre et tend à la maîtresse un billet de son amant : les beaux discours sur la chasteté s'interrompent et attendent qu'elle ait fini de répondre à son amant et revienne en courant les écouter.

37. Quand parfois, de loin en loin, surviennent les fêtes de Cronos ou les Panathénées[49], on t'envoie un mauvais manteau ou une pauvre tunique moisie, alors que l'escorte

48. Sur la jalousie de Denys, voir *Contre l'inculte,* § 15 et la note.
49. Les fêtes de Cronos sont l'équivalent grec des saturnales ; J. Bompaire, *op. cit.,* p. 503, voit dans l'allusion aux Panathénées un « lapsus » prouvant que les détails vraiment romains sont, malgré les intentions affichées de Lucien, très rares et flous dans ce texte.

μάλιστα πολλὴν δεῖ καὶ μεγάλην γενέσθαι τὴν
πομπήν. Καὶ ὁ μὲν πρῶτος εὐθὺς ἔτι σκεπτομένου
παρακούσας τοῦ δεσπότου προδραμὼν καὶ προμηνύσας
ἀπέρχεται μισθὸν οὐκ ὀλίγον τῆς ἀγγελίας προλαβών.
Ἔωθεν δὲ τρισκαίδεκα ἥκουσιν κομίζοντες, ἕκαστος
ὡς πολλὰ εἶπε καὶ ὡς ὑπέμνησε καὶ ὡς ἐπιτραπεὶς
τὸ κάλλιον ἐπελέξατο διεξιών. Ἅπαντες δ' οὖν
ἀπαλλάττονται λαβόντες, ἔτι καὶ βρενθυόμενοι ὅτι
μὴ πλείω ἔδωκας.

38. Ὁ μὲν γὰρ μισθὸς αὐτὸς κατὰ δυ' ὀβολοὺς ἢ
τέτταρας, καὶ βαρὺς αἰτῶν σὺ καὶ ὀχληρὸς δοκεῖς.
Ἵνα δ' οὖν λάβῃς, κολακευτέος μὲν αὐτὸς καὶ
ἱκετευτέος, θεραπευτέος δὲ καὶ ὁ οἰκονόμος, οὗτος
μὲν κατ' ἄλλον θεραπείας τρόπον· οὐκ ἀμελητέος
δὲ οὐδὲ ὁ σύμβουλος καὶ φίλος. Καὶ τὸ ληφθὲν ἤδη
προωφείλετο ἱματιοκαπήλῳ ἢ ἰατρῷ ἢ σκυτοτόμῳ
τινί. Ἄδωρα οὖν σοι τὰ δῶρα καὶ ἀνόνητα.

39. Πολὺς δὲ ὁ φθόνος, καί που καὶ διαβολή τις
ἠρέμα ὑπεξανίσταται πρὸς ἄνδρα ἤδη τοὺς κατὰ σοῦ
λόγους ἡδέως ἐνδεχόμενον· ὁρᾷ γὰρ ἤδη σὲ μὲν ὑπὸ
τῶν συνεχῶν πόνων ἐκτετρυχωμένον καὶ πρὸς τὴν
θεραπείαν σκάζοντα καὶ ἀπηυδηκότα, τὴν ποδάγραν
δὲ ὑπανιοῦσαν. Ὅλως γὰρ ὅπερ ἦν νοστιμώτατον ἐν
σοὶ ἀπανθισάμενος καὶ τὸ ἐγκαρπότατον τῆς ἡλικίας
καὶ τὸ ἀκμαιότατον τοῦ σώματος ἐπιτρίψας καὶ
ῥάκος σε πολυσχιδὲς ἐργασάμενος ἤδη περιβλέπει, σὲ
μὲν οἷ τῆς κόπρου ἀπορρίψει φέρων, ἄλλον δὲ ὅπως
τῶν δυναμένων τοὺς πόνους καρτερεῖν προσλήψεται.

doit, plus que jamais, être nombreuse et impressionnante. Le premier qui vient d'entendre en passant le maître hésiter encore sur le cadeau court te prévenir, et repart avec une gratification considérable en échange de la nouvelle. Dès l'aurore, treize serviteurs viennent t'apporter le présent, chacun exposant combien d'arguments il a donnés en ta faveur, comment il a rafraîchi la mémoire du maître, comment, chargé du choix, il a pris ce qu'il y avait de plus beau. Tous repartent avec quelque chose, et de plus en se fâchant que tu n'aies pas donné davantage.

38. Quant au salaire lui-même, on te le verse par deux ou quatre oboles*, et quand tu le demandes, on te trouve pénible et importun. Pour l'obtenir, tu dois flatter et supplier le maître, entourer également d'égards l'intendant, ce dernier, sans doute, en faisant autrement ta cour, et il ne te faut pas négliger non plus le conseiller et l'ami. Ce qu'on te donne, tu le dois déjà à un fripier, à un médecin ou à un savetier. Ces cadeaux n'en sont donc pas pour toi : ils ne te servent à rien[50].

39. L'envie t'entoure, et peut-être même une calomnie, grandissant peu à peu, parvient jusqu'au maître, lequel est désormais heureux d'entendre des propos hostiles à ton égard. Il voit que tu es maintenant usé par les épreuves incessantes, que tu chancelles dans ton service, que tu es à bout de forces et que la goutte t'envahit insensiblement. Bref, après avoir cueilli ce qu'il y avait de plus précieux en toi, après avoir épuisé les meilleurs fruits de ta jeunesse et la plus grande vigueur de ton corps, après avoir fait de toi une loque en mille lambeaux, il cherche à présent un tas de fumier où te jeter sans attendre, et un autre homme à engager parmi ceux qui sont capables de suppor-

---

50. Citation de Sophocle, *Ajax*, 665.

Καὶ ἤτοι μειράκιον αὐτοῦ ὅτι ἐπείρασάς ποτε ἢ τῆς
γυναικὸς ἄβραν παρθένον γέρων ἀνὴρ διαφθείρεις ἢ
ἄλλο τι τοιοῦτον ἐπικληθείς, νύκτωρ ἐγκεκαλυμμένος
ἐπὶ τράχηλον ὠσθεὶς ἐξελήλυθας, ἔρημος ἁπάντων
καὶ ἄπορος, τὴν βελτίστην ποδάγραν αὐτῷ γήρᾳ
παραλαβών, καὶ ἃ μὲν τέως ᾔδεις ἀπομαθὼν ἐν
τοσούτῳ χρόνῳ, θυλάκου δὲ μείζω τὴν γαστέρα
ἐργασάμενος, ἀπλήρωτόν τι καὶ ἀπαραίτητον κακόν.
Καὶ γὰρ ὁ λαιμὸς ἀπαιτεῖ τὰ ἐκ τοῦ ἔθους καὶ
ἀπομανθάνων αὐτὰ ἀγανακτεῖ.

40. Καί σε οὐκ ἄν τις ἄλλος δέξαιτο ἔξωρον
ἤδη γεγονότα καὶ τοῖς γεγηρακόσιν ἵπποις ἐοικότα,
ὧν οὐδὲ τὸ δέρμα ὁμοίως χρήσιμον. Ἄλλως τε
καὶ ἡ ἐκ τοῦ ἀπωσθῆναι διαβολὴ πρὸς τὸ μεῖζον
εἰκαζομένη μοιχὸν ἢ φαρμακέα σε ἤ τι τοιοῦτον
ἄλλο δοκεῖν ποιεῖ· ὁ μὲν γὰρ κατήγορος καὶ σιωπῶν
ἀξιόπιστος, σὺ δὲ Ἕλλην καὶ ῥάδιος τὸν τρόπον
καὶ πρὸς πᾶσαν ἀδικίαν εὔκολος. Τοιούτους γὰρ
ἅπαντας ἡμᾶς εἶναι οἴονται, καὶ μάλα εἰκότως· δοκῶ
γάρ μοι καὶ τῆς τοιαύτης δόξης αὐτῶν, ἣν ἔχουσι
περὶ ἡμῶν, κατανενοηκέναι τὴν αἰτίαν. Πολλοὶ
γὰρ εἰς τὰς οἰκίας παρελθόντες ὑπὲρ τοῦ μηδὲν
ἄλλο χρήσιμον εἰδέναι μαντείας καὶ φαρμακείας
ὑπέσχοντο καὶ χάριτας ἐπὶ τοῖς ἐρωτικοῖς καὶ
ἐπαγωγὰς τοῖς ἐχθροῖς, καὶ ταῦτα πεπαιδεῦσθαι
λέγοντες καὶ τρίβωνας ἀμπεχόμενοι καὶ πώγωνας
οὐκ εὐκαταφρονήτους καθειμένοι. Εἰκότως οὖν
τὴν ὁμοίαν περὶ πάντων ὑπόνοιαν ἔχουσιν, οὓς
ἀρίστους ᾤοντο τοιούτους ὁρῶντες, καὶ μάλιστα
ἐπιτηροῦντες αὐτῶν τὴν ἐν τοῖς δείπνοις καὶ τῇ
ἄλλῃ συνουσίᾳ κολακείαν καὶ τὴν πρὸς τὸ κέρδος
δουλοπρέπειαν.

51. Cet adolescent peut être le fils du maître ou son mignon.

ter les épreuves. Tu es accusé de t'en être pris jadis à son garçon[51] ou de chercher à séduire à une petite servante de sa femme, une jeune fille, toi un vieillard, ou de quelque autre crime semblable. De nuit, en te voilant la face, jeté dehors la tête la première, tu t'en vas, privé de tout, sans ressources, emmenant avec toi, outre la vieillesse, cette excellente goutte. Ce que tu savais autrefois, tu l'as désappris, durant tout ce temps ; tu as rendu ton ventre plus gros qu'un sac, fléau que tu ne peux satisfaire ni apaiser. Ton gosier lui aussi réclame les mets dont il avait l'habitude et se révolte de les désapprendre.

40. Aucun autre protecteur ne voudrait te recevoir, car ton temps est déjà passé et tu ressembles aux vieux chevaux dont même la peau a perdu son utilité. Et d'autant plus que les calomnies liées à ton renvoi, exagérées par l'imagination, te font passer pour un adultère, un empoisonneur ou un criminel de ce genre. Ton accusateur, même s'il se tait, inspire confiance ; toi tu es un Grec au caractère accommodant, enclin à tous les crimes. Ils croient que nous sommes tous ainsi, et c'est très facile à comprendre : il me semble avoir trouvé la raison de cette opinion qu'ils ont de nous. Beaucoup d'individus se sont introduits dans leurs maisons, et comme ils ne possèdent aucun savoir utile, ils ont promis des prédictions, des philtres, des charmes d'amour, des envoûtements contre des rivaux, en prétendant être cultivés dans ces matières, en s'enveloppant de manteaux et en arborant des barbes respectables. Il est donc naturel que les Romains soupçonnent pareillement tous les Grecs, quand ils voient que ceux qu'ils croyaient les meilleurs sont ainsi, surtout quand ils observent leur flagornerie dans les dîners et plus généralement dans leurs relations ordinaires, ainsi que leur penchant servile pour le gain.

41. Ἀποσεισάμενοι δὲ αὐτοὺς μισοῦσι, καὶ
μάλα εἰκότως, καὶ ἐξ ἅπαντος ζητοῦσιν ὅπως
ἄρδην ἀπολέσωσιν, ἢν δύνωνται· λογίζονται γὰρ
ὡς ἐξαγορεύσουσιν αὐτῶν τὰ πολλὰ ἐκεῖνα τῆς
φύσεως ἀπόρρητα ὡς ἅπαντα εἰδότες ἀκριβῶς
καὶ γυμνοὺς αὐτοὺς ἐπωπτευκότες. Τοῦτο τοίνυν
ἀποπνίγει αὐτούς· ἅπαντες γὰρ ἀκριβῶς ὅμοιοί
εἰσιν τοῖς καλλίστοις τούτοις βιβλίοις, ὧν χρυσοῖ
μὲν οἱ ὀμφαλοί, πορφυρᾶ δὲ ἔκτοσθεν ἡ διφθέρα, τὰ
δὲ ἔνδον ἢ Θυέστης ἐστὶν τῶν τέκνων ἑστιώμενος
ἢ Οἰδίπους τῇ μητρὶ συνὼν ἢ Τηρεὺς δύο ἀδελφὰς
ἅμα ὀπυίων. Τοιοῦτοι καὶ αὐτοί εἰσι, λαμπροὶ καὶ
περίβλεπτοι, ἔνδον δὲ ὑπὸ τῇ πορφύρᾳ πολλὴν
τὴν τραγῳδίαν σκέποντες· ἕκαστον γοῦν αὐτῶν
ἢν ἐξειλήσῃς, δρᾶμα οὐ μικρὸν εὑρήσεις Εὐριπίδου
τινὸς ἢ Σοφοκλέους, τὰ δ' ἔξω πορφύρᾳ εὐανθὴς
καὶ χρυσοῦς ὁ ὀμφαλός. Ταῦτα οὖν συνεπιστάμενοι
αὐτοῖς, μισοῦσι καὶ ἐπιβουλεύουσιν εἴ τις ἀποστὰς
ἀκριβῶς κατανενοηκὼς αὐτοὺς ἐκτραγῳδήσει καὶ
πρὸς πολλοὺς ἐρεῖ.

42. Βούλομαι δ' ὅμως ἔγωγε ὥσπερ ὁ Κέβης
ἐκεῖνος εἰκόνα τινὰ τοῦ τοιούτου βίου σοι γράψαι,
ὅπως εἰς ταύτην ἀποβλέπων εἰδῇς εἴ σοι παριτητέον
ἐστὶν εἰς αὐτήν. Ἡδέως μὲν οὖν Ἀπελλοῦ τινος
ἢ Παρρασίου ἢ Ἀετίωνος ἢ καὶ Εὐφράνορος ἂν
ἐδεήθην ἐπὶ τὴν γραφήν· ἐπεὶ δὲ ἄπορον νῦν εὑρεῖν
τινα οὕτως γενναῖον καὶ ἀκριβῆ τὴν τέχνην, ψιλὴν
ὡς οἷόν τέ σοι ἐπιδείξω τὴν εἰκόνα.

52. Voir *Contre l'inculte* 7, et la note.

53. Roi thrace, époux de Procné, dont il viola la sœur, Philomèle.
Pour la venger, Procné tua leur enfant, Itys, et en servit les membres à
son époux. Celui-ci fut changé en huppe, Procné en rossignol et Philomèle en hirondelle (dans les traditions postérieures, c'est Philomèle qui
est changée en rossignol).

41. Quand ils ont chassé ces gens de chez eux, ils les détestent et c'est bien naturel. Ils cherchent par tous les moyens à les anéantir totalement, s'ils le peuvent, car ils calculent qu'ils révèleront les nombreux secrets de leur nature, puisqu'ils savent tout avec précision et les ont vus nus. Eh bien ! voilà ce qui les fait suffoquer. Ils ressemblent tous parfaitement à ces très beaux livres dont les cabochons[52] sont d'or, et la couverture en pourpre, mais à l'intérieur on trouve Thyeste dévorant ses enfants, Œdipe couchant avec sa mère, ou Térée[53] s'unissant à deux sœurs à la fois. Ils sont pareils eux aussi, brillants, attirant les regards, mais à l'intérieur, sous la pourpre, ils cachent de nombreuses et tragiques horreurs. Si tu déroules chacun d'eux, tu trouveras un drame considérable, digne d'un Euripide ou d'un Sophocle, tandis qu'à l'extérieur, la pourpre est fleurie et le cabochon doré. Conscients de cela, ils détestent et cherchent à perdre ceux qui, les quittant après les avoir examinés dans les moindres détails, vont les mettre en scène et parler d'eux en public.

42. Je veux cependant, comme le fameux Cébès[54], te peindre l'image d'une telle existence pour qu'en la regardant tu saches si tu veux t'y engager. J'aurais volontiers demandé à un Apelle, un Parrhasios, un Æton ou même à un Euphranor de la représenter. Mais comme il est impossible de trouver de nos jours un artiste aussi noble et dont la technique soit aussi minutieuse, je t'en montrerai, dans la mesure de mes moyens, l'image sans fioritures.

54. Ce philosophe de Thèbes, disciple de Socrate (c'est un des interlocuteurs du *Phédon),* a composé un traité, le *Pinax* (tableau) dans lequel il décrit une peinture imaginaire allégorique, représentant la vie humaine.

Καὶ δὴ γεγράφθω προπύλαια μὲν ὑψηλὰ καὶ
ἐπίχρυσα καὶ μὴ κάτω ἐπὶ τοῦ ἐδάφους, ἀλλ' ἄνω
τῆς γῆς ἐπὶ λόφου κείμενα, καὶ ἡ ἄνοδος ἐπὶ πολὺ
καὶ ἀνάντης καὶ ὄλισθον ἔχουσα, ὡς πολλάκις ἤδη
πρὸς τῷ ἄκρῳ ἔσεσθαι ἐλπίσαντας ἐκτραχηλισθῆναι
διαμαρτόντος τοῦ ποδός. Ἔνδον δὲ ὁ Πλοῦτος αὐτὸς
καθήσθω χρυσοῦς ὅλος, ὡς δοκεῖ, πάνυ εὔμορφος
καὶ ἐπέραστος. Ὁ δὲ ἐραστὴς μόλις ἀνελθὼν καὶ
πλησιάσας τῇ θύρᾳ τεθηπέτω ἀφορῶν εἰς τὸ χρυσίον.
Παραλαβοῦσα δ' αὐτὸν ἡ Ἐλπίς, εὐπρόσωπος καὶ
αὕτη καὶ ποικίλα ἀμπεχομένη, εἰσαγέτω σφόδρα
ἐκπεπληγμένον τῇ εἰσόδῳ. Τοὐντεῦθεν δὲ ἡ μὲν
Ἐλπὶς ἀεὶ προηγείσθω, διαδεξάμεναι δ' αὐτὸν ἄλλαι
γυναῖκες, Ἀπάτη καὶ Δουλεία, παραδότωσαν τῷ
Πόνῳ, ὁ δὲ πολλὰ τὸν ἄθλιον καταγυμνάσας τελευτῶν
ἐγχειρισάτω αὐτὸν τῷ Γήρᾳ ἤδη ὑπονοσοῦντα καὶ
τετραμμένον τὴν χρόαν. Ὑστάτη δὲ ἡ Ὕβρις
ἐπιλαβομένη συρέτω πρὸς τὴν Ἀπόγνωσιν. Ἡ δὲ
Ἐλπὶς τὸ ἀπὸ τούτου ἀφανὴς ἀποπτέσθω, καὶ μηκέτι
καθ' οὓς εἰσῆλθε τοὺς χρυσοῦς θυρῶνας, ἔκ τινος
δὲ ἀποστρόφου καὶ λεληθυίας ἐξόδου ἐξωθείσθω
γυμνὸς προγάστωρ ὠχρὸς γέρων, τῇ ἑτέρᾳ μὲν τὴν
αἰδῶ σκέπων, τῇ δεξιᾷ δὲ αὐτὸς ἑαυτὸν ἄγχων.
Ἀπαντάτω δ' ἐξιόντι ἡ Μετάνοια δακρύουσα εἰς
οὐδὲν ὄφελος καὶ τὸν ἄθλιον ἐπαπολλύουσα.

Τοῦτο μὲν ἔστω τὸ τέλος τῆς γραφῆς. Σὺ δ' οὖν,
ὦ ἄριστε Τιμόκλεις, αὐτὸς ἤδη ἀκριβῶς ἐπισκοπῶν
ἕκαστα ἐννόησον, εἴ σοι καλῶς ἔχει παρελθόντα
εἰς τὴν εἰκόνα κατὰ ταύτας τὰς θύρας ἐκείνης
τῆς ἔμπαλιν αἰσχρῶς οὕτως ἐκπεσεῖν. Ὅ τι δ'
ἂν πράττῃς, μέμνησο τοῦ σοφοῦ λέγοντος ὡς θεὸς
ἀναίτιος, αἰτία δὲ ἑλομένου.

55. Platon, *République*, X, 617e.

Peignons d'abord devant l'entrée un portique élevé, doré, bâti non en bas, sur le sol plat, mais en hauteur, sur une colline. La montée est en grande partie escarpée et glissante, de sorte que souvent, alors que les gens espèrent déjà être proches du sommet, ils font un faux pas et se rompent le cou. Asseyons à l'intérieur Ploutos en personne, tout en or, semble-t-il, d'une beauté parfaite, inspirant le désir. Que l'amoureux monte à grand peine, qu'il s'approche de la porte et reste stupéfait, les yeux fixés sur l'or. Qu'Espérance, au visage avenant elle aussi, avec des vêtements aux couleurs changeantes, l'accueille et le conduise, alors qu'il reste paralysé d'effroi à l'entrée. À partir de là, qu'Espérance lui montre toujours le chemin, mais que d'autres femmes, Tromperie et Servitude, le reçoivent à leur tour et le livrent à Labeur, lequel, après avoir soumis le malheureux à de nombreuses épreuves, finira par le remettre, désormais maladif et le teint altéré, à Vieillesse. Qu'en dernier lieu, Insolence le saisisse et le traîne jusqu'à Désespérance. Qu'Espérance, désormais invisible, s'envole. Qu'on le chasse, non par les portiques dorés par lesquels il était entré mais par une sortie dérobée et loin des regards, nu, le ventre gonflé, pâle, vieux, couvrant d'une main sa nudité, et de la droite se serrant la gorge. Que Repentance le rencontre à sa sortie : elle verse des pleurs inutiles et achève de perdre le malheureux.

Qu'ainsi s'achève la peinture. Quant à toi, mon excellent Timoclès, commence par examiner avec attention chaque détail et demande-toi s'il est glorieux pour toi d'entrer par la première porte dans la vie que je t'ai peinte, pour en être chassé si honteusement par la porte qui est du côté opposé. Quelle que soit ta vie, souviens-toi de ce que dit le sage : « Dieu n'est pas responsable ; la responsabilité appartient à celui qui a choisi[55]. »

VI. Introduction à *Lexiphanès*

Cet ouvrage porte le n° 34 dans la vulgate et occupe la 46ᵉ place dans le *corpus* du *Vatic. gr.* Γ. Il se présente sous la forme d'un dialogue entre Lexiphanès (celui qui exhibe sa parole) et Lycinos, un des porte-parole de Lucien, qu'on rencontre notamment dans le *Banquet ou les Lapithes, Hermotimos, Le Navire ou les vœux*. Dans ce dialogue est enchâssé, à la manière platonicienne, un long récit, lui-même dialogué, qui se donne pour une création littéraire de Lexiphanès (§§ 2-15). Ce texte ridicule est interrompu par Lycinos, qui confie Lexiphanès au médecin Sopolis, lequel lui fait régurgiter, par les deux bouts, ses mots précieux et controuvés (§§ 16-21) : le dialogue prétendument philosophique se transforme donc en scène de farce. Enfin (§§ 22-25), Lycinos adresse au nouveau purgé des conseils salutaires.

Le *Lexiphanès* est, pour une grande partie, comme l'annonce le personnage éponyme lui-même, qui se pique de dresser un « antibanquet au fils d'Ariston », un pastiche du *Banquet* de Platon. Il s'agit d'un banquet dépourvu de toute réflexion philosophique, qui se réduit à un fatras de détails prosaïques et sans intérêt. Lexiphanès et ses compagnons y font l'inventaire de la vaisselle ; ils énumèrent les aliments servis (beaucoup sont ridicules ou répugnants), et nous informent de la digestion des convives ou de leurs

ablutions, ce qui leur fournit matière à quelques commentaires scatologiques ou sexuels.

Mais l'essentiel de la charge, ainsi que le suggère le nom même de Lexiphanès (celui qui fait étalage de mots), concerne la langue et les dérives dans lesquelles le purisme archaïsant peut entraîner les écrivains. En effet, à l'époque de Lucien et de la seconde sophistique, on a vu apparaître, surtout dans la langue latine, avec Aulu-Gelle et Fronton, une véritable mode « antiquisante » : certains auteurs recherchent systématiquement les mots désuets et les archaïsmes de style. En grec, mais dans un esprit légèrement différent[1], les Atticistes prônent eux aussi l'emploi d'un vocabulaire suranné, de tournures anciennes et démodées.

Il peut paraître surprenant de voir Lucien, dont on sait l'attachement à la *mimésis*, et le culte pour l'Athènes du Vᵉ siècle, toute livresque et fortement idéalisée, s'en prendre à des gens qui, comme lui, admirent l'héritage attique, alors que, par moments, il n'est pas si éloigné de ce goût pour l'imitation qu'il stigmatise[2]. Mais précisément, il le fait au nom même de son amour pour la Grèce classique et pour les beaux modèles. Les « hyperattiques », qui saupoudrent au hasard leurs discours de mots attiques, pratiquent en effet une « *mimésis* mécanique… type de l'imitation servile[3] », alors qu'il cherche lui « l'Atticisme en esprit, non l'Atticisme de surface[4] ». Son imitation n'est pas une copie, mais un agencement nouveau des motifs hérités de

1. Voir J. Bompaire, *op. cit.*, p. 110-117.
2. Sur cette contradiction, voir notamment T. Whitmarsh, *op. cit.*, p. 45-47.
3. J. Bompaire, *op. cit.*, p. 141.
4. *Ibid.*, p. 143. Voir aussi M. Croiset, *Essai sur la vie et les œuvres de Lucien*, Paris, 1882, p. 262 : Lucien est « adepte passionné et défenseur du véritable Atticisme ».

la tradition. C'est ce que déclare Parrhèsiadès aux auteurs anciens dans les *Ressuscités ou le pêcheur* :

« <Les hommes> applaudissent et reconnaissent l'origine de chaque fleur, ils savent chez qui et comment je l'ai cueillie. En apparence c'est mon bouquet qu'ils admirent, mais en fait, c'est vous et votre prairie. C'est vous qui avez fait pousser de si belles fleurs aux couleurs chatoyantes et variées, si l'on sait les sélectionner, les entrelacer, les marier harmonieusement, pour qu'elles ne jurent pas l'une à côté de l'autre[5]. »

D'où sa sévérité à l'égard de ceux qui pratiquent une *mimésis* dévoyée. Il les fustige à de nombreuses reprises. Dans le *Soléciste ou le Pseudologiste,* il ridiculise un puriste qui, malgré ses prétentions à la connaissance grammaticale, ne cesse, sans s'en apercevoir, d'enchaîner solécisme sur solécisme. Le *Maître de rhétorique* est une lettre-programme attribuée à un professeur qui promet à son futur disciple de le faire atteindre au succès sans efforts :

« Ne te décourage pas en pensant que t'attendent d'innombrables travaux ; nous ne te conduirons pas sur un chemin rude, escarpé, qui te mettrait en sueur… car s'il en était ainsi nous n'aurions aucune supériorité sur les autres maîtres qui guident leurs élèves par la route ordinaire, longue, raide, fatigante et le plus souvent désespérante… Toi au contraire, tu auras reçu en un instant et presque en dormant tous les biens que peut procurer la rhétorique[6]. »

Pour parvenir à ce but, voici la méthode :

« Apporte avec toi, c'est le plus important, ton ignorance, puis de l'arrogance, et aussi de l'audace et de l'impudence… Il faut d'abord soigner au plus haut point ton extérieur et avoir un vêtement élégant ; puis ramas-

5. *Les Ressuscités ou le pêcheur*, 6.
6. *Le Maître de rhétorique*, 3.

ser n'importe où une quinzaine, une vingtaine au maximum, de mots attiques, et t'entraîner avec soin à les prononcer. Aie toujours sur le bout de la langue "d'aucuns",
"et puis ensuite", "or donc est-ce que d'aventure", "en
quelque sorte", "mon excellent ami", et des formules de
ce genre[7], et répands-les comme un assaisonnement sur
n'importe quel discours. Peu importe si le reste est sans
rapport, sans lien et sans accord avec ces mots. Il suffit
que la bande de pourpre soit belle et fleurie, même si le
vêtement est une peau de bête des plus grossières. Recherche les mots obscurs et étrangers, rarement employés par
les anciens, et gardes-en une provision pour les décocher
hardiment sur ceux qui viennent te voir. Ainsi les gens
en foule tourneront les yeux vers toi ; ils jugeront que
tu es admirable et bien plus cultivé qu'eux si, au lieu de
dire se racler avec un strigile, tu dis "se déstrigiler", au
lieu de se chauffer au soleil, "s'ensoleiller", au lieu des
arrhes, "prépaiement", au lieu de l'aube, la "pique du
jour". Fabrique parfois toi-même des mots nouveaux et
bizarres ; décrète d'appeler un homme éloquent "noble-
parlant", un homme avisé "sagessant", un danseur de pantomime "sagemain". Si tu fais un solécisme ou un barbarisme, un seul remède, l'impudence : aie aussitôt sous
la main le nom d'un auteur qui n'existe pas et n'a jamais
existé, poète ou historien, qui a jugé qu'il fallait parler
ainsi, homme sage, possédant une connaissance appro-
fondie au plus haut point de la langue[8]. »

Quant au mépris pour les œuvres d'autrui, dont fait
preuve Lexiphanès, qui croit qu'il sera le premier s'il atta-

---

7 En grec : τὸ ἄττα καὶ κᾷτα καὶ μῶν καὶ ἀμηγέπη καὶ
λῷστε καὶ τὰ τοιαῦτα.

8. *Le Maître de rhétorique*, 15-17.

que les œuvres de tout le monde[9], le maître de rhétorique le recommande, comme une des clefs du succès :

« Ne fais des gestes d'assentiment que rarement : c'est trop commun. Ne te lève pas non plus sauf une fois peut-être, ou deux au maximum. Souris dédaigneusement le plus souvent, et fais bien voir que tu n'es pas satisfait de ce qu'on dit… Pour le reste, il faut avancer hardiment. Aie l'audace, l'impudence et le mensonge toujours à ta portée. Que tes lèvres soient sans cesse sur le point de prêter serment. La jalousie à l'égard de tout le monde, la haine, la calomnie, les faux rapports convaincants – tout cela te rendra vite célèbre et attirera les regards sur toi[10]. »

Dans *Le Pseudologiste ou sur le mot « apophras »*, Lucien revient sur la question du vocabulaire. Il attaque avec une grande violence un personnage qui s'est moqué de lui parce qu'il a employé pour le qualifier l'adjectif ἀποφράς (néfaste), lequel serait désuet et non admis par l'usage.

« Comment as-tu pu m'accuser de parler comme un barbare, quand j'ai dit de toi que tu ressemblais à un *apophras*[11] ? »

Piqué au vif de se voir critiqué sur ce qui lui tient le plus à cœur, la qualité et la pureté de la langue, Lucien souligne que ce mot est profondément grec :

« Quant à toi, qui sais tout ce qui concerne les Athéniens, tu l'as exclu aussitôt, et tu as proclamé son bannissement du territoire grec. Tu t'en moques, disant que je fais des barbarismes, que je parle une langue étrangère et que je sors des frontières de l'Attique. Pourtant, y a-t-il un mot aussi enraciné dans le sol athénien que celui-là ? te deman-

9. *Lexiphanès*, 24.
10. *Le Maître de rhétorique*, 22.
11. *Le Pseudologiste ou sur le mot apophras*, 1.

deraient ceux qui connaissent de telles questions mieux que toi. Tu aurais plus vite fait de prouver qu'Érechthée et Cécrops sont des étrangers et des intrus à Athènes que de démontrer qu'*apophras* n'est pas un terme régional et autochtone en Attique[12]. »

Et aux critiques cinglantes visant les mœurs de son adversaire, il joint des remarques désobligeantes sur sa manière de parler :

« Et avec un tel comportement, tu te soucies des mots, tu ris des autres, tu les insultes. Cela se comprend. Nous serions tous incapables de parler comme toi. Comment le pourrions-nous ? Qui serait assez grandiloquent pour réclamer contre trois hommes adultères un trident et non des épées ? pour dire de Théopompe, en jugeant son *Tricaranos*[13] qu'il a secoué la Grèce de son trident et qu'il est un Cerbère en littérature[14] »

On voit l'importance de l'écriture dans la réflexion polémique de Lucien. Un jeu de mots sur les fils de Zeus et de Léda dans le *Maître de rhétorique*[15] a fait penser à certains critiques qu'il visait le lexicographe Pollux, lequel serait également attaqué dans le *Lexiphanès*. Mais le personnage éponyme ne se contente pas de la quinzaine, vingtaine au maximum, de mots attiques préconisés par le maître de rhétorique : ils envahissent toute sa conversation. En se fondant sur Athénée[16], on a pu penser aux « sophistes ulpianéens », et notamment au fils d'Ulpian, Pompeianus de Philadelphie.

---

12. *Ibid.*
13. Ce titre signifie *À trois têtes*. Il s'agit d'une attaque contre Athènes, Sparte et Thèbes, attribuée à Théopompe, mais probablement écrite par Anaximène.
14. *Le Pseudologiste ou sur le mot apophras*, 29.
15. Le *Maître de rhétorique*, 24.
16. Athénée, III, 97-98.

Quoi qu'il en soit, la parodie à laquelle Lucien se livre dans *Lexiphanès* est d'une grande virtuosité, désespérante pour le traducteur. E. Talbot écrit : « Il ne faut pas chercher un sens suivi dans la première partie de ce dialogue, que nous traduisons en français pour la première fois ; c'est un persiflage, une moquerie perpétuelle des auteurs qui, du temps de Lucien, employaient des termes surannés. » La difficulté la plus grande tient précisément à ces termes surannés : souvent, en vieillissant, ils ont perdu leur sens premier pour en acquérir un autre très différent, si bien que de nombreuses phrases prêtées à Lexiphanès ou à ses compagnons sont à double sens, celui qu'ils croient leur donner, et celui qu'entendent les contemporains de Lucien. Il est parfois impossible de rendre ces jeux de mots en français. Nous avons hésité : devions-nous ne donner qu'un sens, celui que Lexiphanès veut exprimer, et indiquer l'autre, celui qu'entendent ses contemporains, en note ? Dans ce cas, nous restions fidèle à un des niveaux de sens, mais perdions tout le comique. Nous avons préféré faire entendre ces catachrèses ridicules en employant nous aussi des mots à double sens, quitte à nous éloigner un peu du texte : dans tous les cas, nous avons indiqué en note les deux significations du terme, celle du « vieil usage » et celle de l'emploi courant.

ΛΕΞΙΦΑΝΗΣ

1. ΛΥΚΙΝΟΣ. Λεξιφάνης ὁ καλὸς μετὰ βιβλίου;

ΛΕΞΙΦΑΝΗΣ. Νὴ Δί᾿, ὦ Λυκῖνε, γράμμα ἐστὶν τητινόν τι τῶν ἐμῶν κομιδῇ νεοχμόν.

ΛΥΚΙΝΟΣ. Ἤδη γάρ τι καὶ περὶ αὐχμῶν ἡμῖν γράφεις;

ΛΕΞΙΦΑΝΗΣ. Οὐ δῆτα, οὐδὲ αὐχμὸν εἶπον, ἀλλὰ ὥρα σοι τὸ ἀρτιγραφὲς οὕτω καλεῖν. Σὺ δὲ κυψελόβυστα ἔοικας ἔχειν τὰ ὦτα.

ΛΥΚΙΝΟΣ. Σύγγνωθι, ὦ ἑταῖρε· πολὺ γὰρ τοῦ αὐχμοῦ τὸ νεοχμὸν μετέχει. Ἀλλ᾿ εἰπέ μοι, τίς ὁ νοῦς τῷ συγγράμματι;

ΛΕΞΙΦΑΝΗΣ. Ἀντισυμποσιάζω τῷ Ἀρίστωνος ἐν αὐτῷ.

ΛΥΚΙΝΟΣ. Πολλοὶ μὲν οἱ Ἀρίστωνες· σὺ δὲ ὅσον ἀπὸ τοῦ συμποσίου τὸν Πλάτωνά μοι ἔδοξας λέγειν.

ΛΕΞΙΦΑΝΗΣ. Ὀρθῶς ἀνέγνως. Τὸ δὲ λεγόμενον ὡς ἄλλῳ παντὶ ἀνόητον ἂν ἦν.

ΛΥΚΙΝΟΣ. Οὐκοῦν ὀλίγα μοι αὐτοῦ ἀνάγνωθι τοῦ βιβλίου, ὅπως μὴ παντάπασιν ἀπολειποίμην τῆς ἑστιάσεως· νέκταρος γάρ τινος ἔοικας οἰνοχοήσειν ἡμῖν ἀπ᾿ αὐτοῦ.

LEXIPHANÈS

1. LYCINOS : Le beau Lexiphanès avec un livre ?

LEXIPHANÈS : Oui par Zeus, Lycinos. C'est un écrit de l'année, un des miens, encore tout chaud.

LYCINOS : Alors tu nous écris à présent quelque chose sur les temps chauds.

LEXIPHANÈS : Non certes, et je n'ai pas dit « temps chauds ». Il est grand temps pour toi d'appeler ainsi ce qui vient d'être écrit. On dirait que tu as les oreilles obstruées à la cire.

LYCINOS : Pardonne-moi, mon ami : « tout chaud » a beaucoup en commun avec « temps chaud ». Mais dis-moi, quel est le sujet de cet ouvrage ?

LEXIPHANÈS : J'y dresse un anti-banquet au fils d'Ariston.

LYCINOS : Beaucoup d'hommes s'appellent Ariston, mais ton allusion au banquet me laisse supposer que tu parles de Platon.

LEXIPHANÈS : Fort bien ! tu as bien lu en moi, mais pour tout autre, la formule eût été obscure.

LYCINOS : Lis-moi donc quelques passages de ce livre pour que je ne sois pas totalement privé du festin. C'est du nectar, sans nul doute, que tu vas en extraire et nous donner à boire.

ΛΕΞΙΦΑΝΗΣ. Τὸν μὲν εἴρωνα πεδοῖ κατάβαλε·
σὺ δὲ εὔπορα ποιήσας τὰ ὦτα ἤδη ἄκουε. Ἀπέστω
δὲ ἡ ἐπιβύστρα ἡ Κυψελίς.

ΛΥΚΙΝΟΣ. Λέγε θαρρῶν, ὡς ἔμοιγε οὔτε Κύψελός
τις οὔτε Περίανδρος ἐν τοῖς ὠσὶν κάθηται.

ΛΕΞΙΦΑΝΗΣ. Σκόπει δὴ μεταξύ, ὅπως
διαπεραίνομαι, ὦ Λυκῖνε, τὸν λόγον, εἰ εὔαρχός τέ
ἐστι καὶ πολλὴν τὴν εὐλογίαν ἐπιδεικνύμενος καὶ
εὔλεξις, ἔτι δὲ εὐώνυμος.

ΛΥΚΙΝΟΣ. Ἔοικε τοιοῦτος εἶναι σός γε ὤν.
Ἀλλ' ἄρξαι ποτέ.

2. ΛΕΞΙΦΑΝΗΣ "Εἶτα δειπνήσομεν," ἦ δ' ὃς
ὁ Καλλικλῆς, "εἶτα τὸ δειλινὸν περιδινησόμεθα
ἐν Λυκείῳ, νῦν δὲ ἤδη καιρός ἐστιν χρίεσθαι
τὸ ἡλιοκαὲς καὶ πρὸς τὴν εἵλην θέρεσθαι καὶ
λουσαμένους ἀρτοσιτεῖν· καὶ ἤδη γε ἀπιτητέα.
Σὺ δέ, ὦ παῖ, στλεγγίδα μοι καὶ βύρσαν καὶ
φωσώνια καὶ ῥύμματα ναυστολεῖν ἐς τὸ βαλανεῖον
καὶ τοὐπίλουτρον κομίζειν· ἔχεις δὲ χαμᾶζε παρὰ
τὴν ἐγγυοθήκην δύ' ὀβολώ. Σὺ δὲ τί καὶ πράξεις,
ὦ Λεξίφανες, ἥξεις ἢ ἐλινύσεις ἔτι αὐτόθι;"

"Κἀγώ," ἦν δὲ ἐγώ, "τρίπαλαι λουτιῶ· οὐκ εὐπόρως
τε γὰρ ἔχω καὶ τὰ ἀμφὶ τὴν τράμιν μαλακίζομαι ἐπ'
ἀστράβης ὀχηθείς. Ὁ γὰρ ἀστραβηλάτης ἐπέσπερχεν
καίτοι ἀσκωλιάζων αὐτός. Ἀλλὰ καὶ ἐν αὐτῷ οὐκ

---

1. Jeu entre κυψελίς, le cérumen, et Cypsélos, fondateur de la famille
des Cypsélides.
2. Tyran de Corinthe, un des sept sages, il appartenait à la famille
des Cypsélides.
3. Dans *Le Maître de rhétorique*, 17, Lucien se moque de ce mot
forgé et prétentieux.
4. Le mot τρίπαλαι vient d'ARISTOPHANE, *Cavaliers,* 1153 (il l'am-
plifie aussitôt par δεκάπαλαι, δωδέκαπαλαι, χιλιόπαλαι, προπαλαι-
παλαίπαλαι).

LEXIPHANÈS : Jette à terre ton ironie, et n'écoute qu'après avoir rendu tes oreilles bien ouvertes. Loin d'ici Dame Cire qui les obstrue !

LYCINOS : Parle avec confiance, car en ce qui me concerne du moins je n'ai dans les oreilles ni Sire Cypsélos[1] ni Périandre[2].

LEXIPHANÈS : Examine pendant ce temps, Lycinos, comme je mène à bonne fin mon discours, s'il a noble prélude, s'il témoigne de force nobles expressions et d'un noble parler[3] et si de nobles mots enfin il est fait.

LYCINOS : Il est vraisemblablement tel puisqu'il est de toi. Allons, commence donc.

2. LEXIPHANÈS : « Ensuite nous dînerons, dit Calliclès, et ensuite, dans la soirée, nous virevolterons au Lycée. Maintenant il est grand temps de nous enduire de l'ardeur solaire, de nous chauffer à sa tiédeur, et après nous être baignés, de manger notre pain. Maintenant, oui, il faut partir. Et toi, petit esclave, charge ta barque et apporte-moi au bain une étrille, une peau, du linge, du savon, et le prix de l'entrée : tu trouves par terre, près du coffre, deux oboles. Et toi, Lexiphanès, que feras-tu, dis-moi ? Viendras-tu ou vaqueras-tu encore ici ?

– Moi aussi, dis-je, depuis trois fois longtemps[4] je me languis d'ablutions. Je ne me sens pas bien, j'ai une mollesse[5] du côté du périnée pour avoir subi le transport d'une mule. Il faut dire que le muletier l'aiguillonnait, bien qu'il clochât lui-même[6]. D'ailleurs, je ne fus

---

5. Le choix du verbe μαλακίζεσθαι, qui désigne l'amollissement, peut suggérer une plaisanterie obscène, sur le caractère efféminé de Lexiphanès.

6. Verbe à rapprocher des ἀσκώλια, fêtes en l'honneur de Dionysos où l'on sautait à cloche-pied sur des outres graissées.

ἀκμὴς ἦν τῷ ἀγρῷ· κατέλαβον γὰρ τοὺς ἐργάτας
λιγυρίζοντας τὴν θερινὴν ᾠδήν, τοὺς δὲ τάφον τῷ
ἐμῷ πατρὶ κατασκευάζοντας. Συντυμβωρυχήσας οὖν
αὐτοῖς καὶ τοῖς ἀναχοῦσιν τὰ ἄνδηρα καὶ αὐτὸς
ὀλίγα συγχειροποιήσας ἐκείνους μὲν διαφῆκα τοῦ
τε κρύους ἕνεκα καὶ ὅτι καύματα ἦν· οἶσθα δὲ
ὡς ἐν κρύει σφοδρῷ γίνεται τὰ καύματα. Ἐγὼ δὲ
περιελθὼν τὰ ἀρώματα σκόροδά τε εὗρον ἐν αὐτοῖς
πεφυκότα καὶ γηπαττάλους τινὰς ἀνορύξας καὶ τῶν
σκανδίκων καὶ βρακάνων λαχανευσάμενος, ἔτι δὲ
κάχρυς πριάμενος – οὔπω δὲ οἱ λειμῶνες ἀνθοσμίαι
ἦσαν, ὡς αὐτοποδητὶ βαδίζειν – ἀνατεθεὶς ἐπὶ τὴν
ἀστράβην ἐδάρην τὸν ὄρρον· καὶ νῦν βαδίζω τε
ὀδυνηρῶς καὶ ἰδίω θαμὰ καὶ μαλακιῶ τὸ σῶμα καὶ
δέομαι διανεῦσαι ἐν τῷ ὕδατι ἐπὶ πλεῖστον· χαίρω
δὲ μετὰ κάματον ἀπολούμενος. 3. Ἀποθρέξομαι
οὖν καὶ αὐτὸς ὡς τὸν παῖδα, ὃν εἰκὸς ἢ παρὰ τῇ
λεκιθοπώλιδι ἢ παρὰ τῷ γρυμαιοπώλῃ με περιμένειν·
καίτοι προηγόρευτο αὐτῷ ἐπὶ τὰ γέλγη ἀπαντᾶν.

Ἀλλ' εἰς καιρὸν οὑτοσὶ αὐτὸς ἐμπολήσας γε, ὡς
ὁρῶ, πυριάτην τέ τινα καὶ ἐγκρυφίας καὶ γήτεια
καὶ φύκας καὶ οἶβον τουτονὶ καὶ λωγάνιον καὶ τοῦ
βοὸς τὸ πολύπτυχον ἔγκατον καὶ φώκτας. Εὖ γε,
ὦ Ἀττικίων, ὅτι μοι ἄβατον ἐποίησας τὸ πολὺ
τῆς ὁδοῦ."

---

7. Cette chanson joyeuse du temps des moissons contraste avec la
saison (on semble en hiver puisqu'il est question d'un froid vif) et crée
une dissonance avec l'occupation funèbre des ouvriers qui sont en train
de construire un mausolée.

8. Lexiphanès use et abuse de mots composés ridicules, comme
celui-ci qui n'existe que dans ce texte.

pas exempt de fatigue, même en pleine campagne. Je
trouvai les ouvriers fredonnant le chant de l'été[7] tandis
que d'autres construisaient un tombeau pour mon père.
Je coédifiai[8] le sépulcre avec eux et collaborai quelques
instants avec ceux qui élevaient des remblais, puis je les
congédiai à cause du froid et parce qu'il y avait des brûlures (tu sais que lorsque le froid est vif se produisent des
brûlures). Pour moi, après avoir fait le tour des aroma-
tes (je trouvai que des aulx y avaient poussé), après avoir
déterré des raiforts, fait provision de légumes (cerfeuil
et salades sauvages) , et en outre acheté de l'orge, les
prés n'étant pas encore assez parfumés pour que je mar-
chasse à pied, je montai donc sur la mule et me déchi-
rai le sacrum. Maintenant, je marche douloureusement,
je sue abondamment, j'ai le corps mou et besoin de bati-
foler[9] dans l'eau très longtemps. Je me réjouis de sombrer dans l'eau[10] après la fatigue. 3. Je vais donc courir
moi-même vers mon petit esclave qui m'attend vraisemblablement près de la marchande de purée de légumes ou
du fripier, alors qu'il avait reçu ordre auparavant de venir
à ma rencontre auprès des brocanteurs. Mais fort à propos le voici en personne, et il a acheté, à ce que je vois, du
flan[11], du pain cuit sous la cendre, des poireaux, des petits
poissons, le collet que voici, du fanon, l'intestin de bœuf
aux nombreux replis[12] et des viandes rôties. Fort bien,
Atticion, tu m'as épargné une grande partie de la route.

9. Comme le signale A. M. Harmon dans son édition, le verbe peut
venir de διανέω, nager, ou de διανεύω, faire des signes de tête.
10. Pour A.M. Harmon, le verbe peut venir de ἀπολούω, se laver
(forme syncopée), ou être le futur d'ἀπόλλυμαι, périr.
11. Lait cuit lentement pour devenir une friandise.
12. Imitation grotesque d'un tour homérique.

"Ἐγὼ δέ," ἦ δ' ὅς, "σίλλος, ὦ δέσποτα, γεγένημαι
σὲ περιορῶν. Σὺ δὲ ποῦ χθὲς ἐδείπνεις; μῶν παρὰ
Ὀνομακρίτῳ;"

"Οὔ, μὰ Δί'," ἦν δ' ἐγώ, "ἀλλ' ἀγρόνδε ᾠχόμην
ψύττα κατατείνας· οἶσθα δὲ ὡς φίλαγρός εἰμι.
Ὑμεῖς δὲ ἴσως ᾤεσθέ με λαταγεῖν κοττάβους.
Ἀλλ' εἰσιὼν ταῦτά τε καὶ τὰ ἄλλα ἡδύνειν καὶ
τὴν κάρδοπον σμῆν, ὡς θριδακίνας μάττοιτε ἡμῖν.
Ἐγὼ δὲ ξηραλοιφήσω ἀπελθών."

4. "Καὶ ἡμεῖς," ἦ δ' ὃς ὁ Φιλῖνος, "ἐγώ τε καὶ
Ὀνόμαρχος καὶ Ἑλλάνικος οὑτοσὶ ἐψόμεθα· καὶ γὰρ
ὁ γνώμων σκιάζει μέσην τὴν πόλον, καὶ δέος μὴ
ἐν λουτρίῳ ἀπολουσώμεθα κατόπιν τῶν Καριμάντων
μετὰ τοῦ σύρφακος βύζην ὠστιζόμενοι."

Καὶ ὁ Ἑλλάνικος ἔφη, "Ἐγὼ δὲ καὶ δυσωπῶ· καὶ
γὰρ τὰ κόρα μοι ἐπιτεθόλωσθον καὶ σκαρδαμύττω
θαμὰ καὶ ἀρτίδακρύς εἰμι καὶ τὰ ὄμματά μοι φαρμακᾷ
καὶ δέομαι Ἀσκληπιάδου τινὸς ὀφθαλμοσόφου, ὃς
ταράξας καὶ ἐγχέας μοι φάρμακον ἀπερυθριᾶσαί τε
ποιήσει τοὺς ὀφθαλμοὺς καὶ μηκέτι τι λημαλέους
εἶναι μηδὲ διερὸν βλέπειν."

5. Τοιαῦτα ἄττα διεξιόντες ἅπαντες οἱ παρόντες
ἀπῇειμεν· κἀπειδήπερ ἥκομεν εἰς τὸ γυμνάσιον
ἀπη"σθημένοι ἤδη, ὁ μέν τις ἀκροχειριασμῷ, ὁ
δὲ τραχηλισμῷ καὶ ὀρθοπάλῃ ἐχρῆτο, ὁ δὲ λίπα
χρισάμενος ἐλυγίζετο, ὁ δὲ ἀντέβαλλε τῷ κωρύκῳ, ὁ

---

13. Μῶν est devenu un mot rare, comme le rappelle A.M. Harmon
à propos du § 16 du *Maître de rhétorique*.

14. Jeu qui consistait à lancer quelques gouttes de vin d'une coupe
dans le cratère, en prononçant le nom de l'être aimé.

15. C'est-à-dire sans avoir pris un bain au préalable.

– Mais moi, maître, dit-il, je me suis mis à loucher à te chercher de tous côtés. Où as-tu dîné hier ? D'aventure[13], serait-ce chez Onomacritos ?

– Non, par Zeus, dis-je, je suis allé illico presto à la campagne : tu sais combien je suis amoureux des champs. Vous pensiez peut-être, vous autres, que je jouais au cottabe[14] ! Allons, entre accommoder cela et le reste et nettoie le baquet pour nous y attendrir des laitues. Je m'en vais me frotter d'huile à sec[15].

4. – Quant à nous, dit Philinos, Onomarchos, Hellanicos que voici et moi, nous te suivrons. Déjà le gnomon[16] marque de son ombre la moitié du cadran et je crains que nous ne nous lavions dans de l'eau crasseuse après les Carimantes[17], nous faisant bousculer, tassés avec la lie du peuple. »

Alors Hellanicos dit : « Moi, de plus, j'y vois mal ; mes prunelles sont troubles, je clignote abondamment des paupières, je larmoie et mes yeux réclament un remède. J'ai besoin d'un disciple d'Asclépios, expert ophtalmologue, qui me prépare et me verse une mixture propre à dissiper la rougeur de mes yeux, faire qu'ils ne soient plus chassieux et cessent de couler. »

5. En devisant de la sorte, tous tant que nous étions, nous partîmes. Lorsque nous arrivâmes au gymnase, nous nous dévêtîmes et pratiquâmes, l'un la lutte avec les mains, l'autre les prises sur le cou et la lutte debout ; un autre, s'étant frotté d'huile, faisait des assouplissements, un autre renvoyait des coups au grand sac[18] ; un autre

---

16. La tige du cadran solaire.

17. Il s'agit peut-être, par une interversion de consonnes selon le principe de la contrepèterie, du mot μαριχᾶντες, qui désigne les invertis.

18. Gros sac en cuir contre lequel les boxeurs s'entraînaient, ancêtre de notre *punching ball*.

δὲ μολυβδαίνας χερμαδίους δράγδην ἔχων ἐχειροβόλει.
Εἶτα συντριβέντες καὶ ἀλλήλους κατανωτισάμενοι καὶ
ἐμπαίξαντες τῷ γυμνασίῳ ἐγὼ μὲν καὶ Φιλῖνος ἐν
τῇ θερμῇ πυέλῳ καταιονηθέντες ἐξήειμεν· οἱ λοιποὶ
δὲ τὸ ψυχροβαφὲς κάρα δελφινίσαντες παρένεον
ὑποβρύχιοι θαυμασίως.

Ἀναστρέψαντες δὲ αὖθις ἄλλος ἄλλοσε ἄλλα
ἐδρῶμεν. Ἐγὼ μὲν ὑποδησάμενος ἐξυόμην τὴν
κεφαλὴν τῇ ὀδοντωτῇ ξύστρα· καὶ γὰρ οὐ κηπίον,
ἀλλὰ σκάφιον ἐκεκάρμην, ὡς ἂν οὐ πρὸ πολλοῦ τὸν
κόννον καὶ τὴν κορυφαίαν ἀποκεκομηκώς· ἄλλος
ἐθερμοτράγει, ὁ δὲ ἤμει τὸν νῆστιν, ὁ δὲ ἀραιὰς
ποιῶν τὰς ῥαφανῖδας ἐμυστιλᾶτο τοῦ ἰχθυηροῦ ζωμοῦ,
ἄλλος ἤσθιεν φαυλίας, ὁ δὲ ἐρρόφει τῶν κριθῶν.

6. Κἀπειδὴ καιρὸς ἦν, ἐπ' ἀγκῶνος ἐδειπνοῦμεν·
ἔκειντο δὲ καὶ ὀκλαδίαι καὶ ἀσκάνται. Τὸ μὲν
δὴ δεῖπνον ἦν ἀπὸ συμφορῶν. Παρεσκεύαστο δὲ
πολλὰ καὶ ποικίλα, δίχηλα ὕεια καὶ σχελίδες καὶ
ἠτριαία καὶ τοκάδος ὑὸς τὸ ἐμβρυοδόχον ἔντερον
καὶ λοβὸς ἐκ ταγήνου καὶ μυττωτὸς καὶ ἀβυρτάκη
καὶ τοιαῦταί τινες καρυκεῖαι καὶ θρυμματίδες καὶ
θρῖα καὶ μελιτοῦτται· τῶν δὲ ὑποβρυχίων τὰ σελάχια
πολλὰ καὶ ὅσα ὀστράκινα τὸ δέρμα καὶ τεμάχη
Ποντικὰ τῶν ἐκ σαργάνης καὶ κωπαῖδες καὶ ὄρνις

19. Un peigne ; mais le mot ordinaire (κτείς) n'est pas assez élégant pour Lexiphanès.

20. Apparemment la coiffure en jardinet nécessitait une grande
quantité de cheveux mais n'avait pas besoin d'être peignée. La coupe
au bol pouvait cacher un début de calvitie ; mais si la perte de cheveux
était abondante, elle devait être ridicule. Comme le précise A.M. Harmon, les deux styles de coiffures étaient démodés depuis des siècles à
l'époque de Lexiphanès.

empoignant des balles de plomb grosses comme des pierres, les lançait. Ensuite, après nous être frottés, nous être
montés sur le dos les uns des autres et nous être ébat-
tus dans le gymnase, Philinos et moi nous nous trempâ-
mes dans le bassin d'eau chaude puis nous sortîmes tandis que les autres plongeaient la tête dans le bassin froid,
tels des dauphins, et nageaient sous l'eau merveilleusement.

Quand nous revînmes, nous nous rendîmes chacun en
des lieux différents pour des activités différentes. Pour
ma part, après m'être chaussé, je grattai ma tête avec
l'étrille dentée[19], car je ne me fais pas coiffer en jardinet, mais au bol, comme si depuis peu ma barbe et mon
chef s'étaient dégarnis[20]. Un autre avalait des lupins ; un
autre vomissait à vide ; un autre, évidant les raiforts, s'en
servait de cuiller pour prendre du brouet de poisson ; un
autre mangeait des olives cotonneuses ; un autre englou-
tissait des grains d'orge.

6. Puis, quand le moment fut venu, nous dînâmes,
appuyés sur le coude : on avait disposé des pliants et des
paillasses. C'était un repas où chacun apportait sa part de
misère[21]. Beaucoup de mets divers avaient été apprêtés :
pieds de porc fourchus, côtes, tripes, matrice de truie qui
a mis bas, lobe de foie poêlé, tapenade, sauce piquante
et autres assaisonnements épicés, compotes, feuilles de
figuier farcies et douceurs. Quant aux victuailles aquati-
ques, il y avait beaucoup de poissons cartilagineux, tous
ceux qui sont couverts d'écailles, des salaisons du Pont
tirées d'une corbeille, des anguilles du lac Copaïs[22], une

21. Lexiphanès croit dire « où chacun apportait son écot », mais
à son époque, l'expression ἀπὸ συμφορῶν signifie de manière cata-
strophique.
22. Lac de Béotie.

σύντροφος καὶ ἀλεκτρυὼν ἤδη ἀπῳδὸς καὶ ἰχθὺς ἦν
παράσιτος· καὶ οἶν δὲ ὅλον ἱπνοκαῆ εἴχομεν καὶ βοὸς
λειπογνώμονος κωλῆν. Ἄρτοι μέντοι ἦσαν σιφαῖοι,
οὐ φαῦλοι, καὶ ἄλλοι νουμήνιοι, ὑπερήμεροι τῆς
ἑορτῆς, καὶ λάχανα τά τε ὑπόγεια καὶ τὰ ὑπερφυῆ·
οἶνος δὲ ἦν οὐ γέρων, ἀλλὰ τῶν ἀπὸ βύρσης, ἤδη
μὲν ἀγλευκής, ἄπεπτος δὲ ἔτι.

7. Ποτήρια δὲ ἔκειτο παντοῖα ἐπὶ τῆς δελφίδος
τραπέζης, ὁ κρυψιμέτωπος καὶ τρυῆλης Μεντορουργὴς
εὐλαβῆ ἔχων τὴν κέρκον καὶ βομβυλιὸς καὶ
δειροκύπελλον καὶ γηγενῆ πολλὰ οἷα Θηρικλῆς ὦπτα,
εὐρυχαδῆ τε καὶ ἄλλα εὔστομα, τὰ μὲν Φωκαῆθεν,
τὰ δὲ Κνιδόθεν, πάντα μέντοι ἀνεμοφόρητα καὶ
ὑμενόστρακα. Κυμβία δὲ ἦν καὶ φιαλίδες καὶ ποτήρια
γραμματικά, ὥστε μεστὸν ἦν τὸ κυλικεῖον.

8. Ὁ μέντοι ἱπνολέβης ὑπερπαφλάζων ἐς κεφαλὴν
ἡμῖν ἐπέτρεπε τοὺς ἄνθρακας. Ἐπίνομεν δὲ ἀμυστὶ
καὶ ἤδη ἀκροθώρακες ἦμεν· εἶτ' ἐχριόμεθα βακχάριδι
καὶ εἰσεκύκλησέ τις ἡμῖν τὴν ποδοκτύπην καὶ
τριγωνίστριαν· μετὰ δὲ ὁ μέν τις ἐπὶ τὴν κατήλιφα
ἀναρριχησάμενος ... ἐπιφόρημα ἐζήτει, ὁ δὲ ληκίνδα
ἔπαιζεν, ἄλλος ἐρρικνοῦτο σὺν γέλωτι τὴν ὀσφῦν.

---

23. Il s'agit peut-être d'un élément des dîners d'Hécate, offrandes
déposées aux carrefours à la nouvelle lune et souvent mangées par les
mendiants. Lucien les mentionne dans La traversée ou le tyran, 7 ; Dialogues des morts, 2 (22).

24. Si l'on en croit le nom, ce serait une coupe en forme de cuiller
(τρυηλίς).

25. Une scholie indique que c'était un verrier, mais en se fondant
sur d'autres allusions (notamment PLINE L'ANCIEN, Histoire naturelle,
XXXIII, 147), il semble qu'il s'agissait plutôt d'un orfèvre. Voir CICÉ-
RON, De signis, 38.

26. Coupe qui faisait du bruit quand on la vidait.

27. Potier de Corinthe, contemporain d'Aristophane (ATHÉNÉE, XI,
470). Son nom était attaché à des formes précises, dont certaines furent

poule domestique, un coq déjà aphone et du poisson en surplus. Nous avions aussi un mouton entier cuit au four et le jarret d'un bœuf édenté. Il y avait des pains exotiques qui n'étaient pas mauvais, des gâteaux de nouvelle lune[23] en retard sur la fête, des légumes qui poussent sous terre et au dessus. Le vin n'était pas vieux, il sortait de l'outre : ce n'était déjà plus du vin bourru mais il était encore âcre.

7. Sur la table en forme de dauphin se trouvaient des coupes de toutes sortes : celle qui cache le visage du buveur, une truèlès[24], œuvre de Mentor[25], avec une anse facile à tenir, un bombulios[26], un vase à long col, quantité de céramiques, comme celles que cuisait Thériclès[27], à large contenance, et d'autres à la belle ouverture, les unes de Phocée, d'autres de Cnide, toutes légères comme le vent et fines comme des membranes[28]. Il y avait des tasses, des gobelets, des coupes avec des lettres gravées : l'armoire en était pleine.

8. Cependant la chaudière qui bouillonnait trop fort nous envoyait des charbons sur la tête. Nous buvions à longs traits et déjà, nous étions un peu ivres. Puis nous nous enduisîmes de baccaris[29] et quelqu'un introduisit sur notre scène[30] la femme qui frappe du pied[31] et une joueuse de harpe. Et après, l'un s'étant hissé au grenier (… lacune …) cherchait un dessert, un autre jouait à faire claquer ses doigts, un autre ondulait des hanches en riant.

---

imitées en métal. CICÉRON, *De Signis,* 38, évoque des coupes « théricléennes », faites par la main de Mentor avec une habileté extrême.

28. Il s'agit peut-être de coquilles d'œufs.

29. Scarée, sorte de nard, plante dont la racine fournit une huile parfumée.

30. Littéralement par l'eccyclème, machine tournante qui servait aux mises en scène, notamment à faire voir aux spectateurs ce qui se passe à l'intérieur du palais.

9. Καὶ ἐν ταὐτῷ λελουμένοι εἰσεκώμασαν ἡμῖν αὐτεπάγγελτοι Μεγαλώνυμός τε ὁ δικοδίφης καὶ Χαιρέας ὁ χρυσοτέκτων ὁ κατὰ νώτου ποικίλος καὶ ὁ ὠτοκάταξις Εὔδημος. Κἀγὼ ἠρόμην αὐτούς, τί παθόντες ὀψὲ ἥκοιεν. Ὁ μὲν οὖν Χαιρέας·

"Ἐγώ," ἦ δ' ὅς, "λῆρόν τινα ἐκρότουν καὶ ἐλλόβια καὶ πέδας τῇ θυγατρὶ τῇ ἐμῇ καὶ διὰ τοῦτο ὑμῖν ἐπιδείπνιος ἀφῖγμαι."

"Ἐγὼ δέ," ἦ δ' ὃς ὁ Μεγαλώνυμος, "περὶ ἄλλα εἶχον· ἦν μὲν γὰρ ἄδικος ἡ ἡμέρα, ὡς ἴστε, καὶ ἄλογος· ὡς ἂν οὖν ἐχεγλωττίας οὔσης οὔτε ῥησιμετρεῖν εἶχον οὔτε ἡμερολεγδὸν προσυδρονομεῖσθαι· πυθόμενος δὲ ὅτι ὁ στρατηγὸς ὀπτός ἐστιν, λαβὼν ἄχρηστα ἱμάτια εὐήτρια καὶ ἀφόρητα ὑποδήματα ἐξέφρησα ἐμαυτόν.

10. Εἶτ' εὐθὺς ἐντυγχάνω δᾳδούχῳ τε καὶ ἱεροφάντῃ καὶ τοῖς ἄλλοις ἀρρητοποιοῖς Δεινίαν σύρουσιν ἄγδην ἐπὶ τὴν ἀρχήν, ἔγκλημα ἐπάγοντας ὅτι ὠνόμαζεν αὐτούς, καὶ ταῦτα εὖ εἰδὼς ὅτι ἐξ οὗπερ ὡσιώθησαν, ἀνώνυμοί τέ εἰσι καὶ οὐκέτι ὀνομαστοὶ ὡς ἂν ἱερώνυμοι ἤδη γεγενημένοι."

"Οὐκ οἶδα," ἦν δ' ἐγώ, "ὃν λέγεις τὸν Δεινίαν· αἰκάλλει δ' οὖν με τοὔνομα."

---

31. C'est-à-dire la danseuse.

32. Son dos est zébré car il garde la trace des coups de fouet : il s'agit donc d'un ancien esclave.

33. C'est donc un pugiliste.

34. L'adjectif peut s'employer pour désigner un jour où l'on ne rend pas la justice (Athénée, III, 98 b), mais le sens premier, de loin le plus courant, est injuste.

35. Le mot signifie absence de parole (Megalonymos veut dire que ce jour-là les orateurs ne plaident pas), mais il signifie surtout absurdité.

9. Au même moment, après s'être baignés, se joigni-
rent à notre fête des convives qui s'étaient invités eux-
mêmes, Mégalonymos le chicanier, Chéréas, l'orfèvre au
dos zébré[32] et Eudémos aux oreilles écrasées[33]. Je leur
demandai ce qui leur était arrivé pour venir si tard. Chéréas déclara :

« Moi, je martelais un colifichet, des boucles d'oreilles
et des anneaux pour ma fille, voilà pourquoi vous me
voyez arriver à la fin du dîner.

– Moi, dit Mégalonymos, j'étais occupé à tout autre
chose. C'est, vous le savez, un jour de non-droit[34] et de
non-dit[35]. Donc, comme s'il y avait une trêve linguis-
tique, je ne pouvais ni métrer les discours[36] ni mesurer
avec exactitude l'eau de la clepsydre. Ayant appris que
le préteur était grillé[37], je pris un vêtement inusité[38] d'une
bonne étoffe, des chaussures importées[39] et je sortis.

10. Aussitôt après je rencontre un porteur de torche,
un hiérophante et aussi les initiés aux mystères qui traînaient en hâte Deinias devant le magistrat, lui reprochant
de les avoir nommés, alors qu'il savait bien que, dès
qu'ils ont été consacrés, ils sont anonymes et innomma-
bles comme s'ils avaient désormais un nom sacré.

– Je ne connais pas, dis-je, le Deinias dont tu parles,
mais le nom me titille[40].

36. Lucien se moque de ce verbe dans le *Pseudologiste* 24.
37. Le mot signifie visible, mais également cuit.
38. L'adjectif peut signifier non usé, mais son sens courant est inutile.
39. L'adjectif peut signifier neuf, non porté, mais le sens courant
est insupportable.
40. Sans doute parce que, si l'on en croit ATHÉNÉE, XI, 467 d-e, le
mot désigne une sorte de gobelet.

"Ἔστιν," ἦ δ' ὅς, "ἐν τοῖς σκιραφείοις ἐγκαψικήδαλος ἄνθρωπος τῶν αὐτοληκύθων καὶ τῶν αὐτοκαβδάλων, ἀεὶ κουριῶν, ἐνδρομίδας ὑποδούμενος ἢ βαυκίδας, ἀμφιμάσχαλον ἔχων."

"Τί οὖν," ἦν δ' ἐγώ, "ἔδωκεν ἀμηγέπη δίκην ἢ λὰξ πατήσας ᾤχετο;"

"Καὶ μὴν ἐκεῖνός γε," ἦ δ' ὅς, "ὁ τέως σαυλούμενος, ἤδη ἔμπεδός ἐστιν· ὁ γὰρ στρατηγὸς καίτοι ἀτιμαγελοῦντι καρπόδεσμά τε αὐτῷ περιθεὶς καὶ περιδέραιον ἐν ποδοκάκαις καὶ ποδοστράβαις ἐποίησεν εἶναι. Ὥστε ἔνδεσμος ὢν ὑπέβδυλλέν τε ὁ κακοδαίμων ὑπὸ τοῦ δέους καὶ πορδαλέος ἦν καὶ χρήματα ἀντίψυχα διδόναι ἤθελεν."

11. "Ἐμὲ δέ," ἦ δ' ὃς ὁ Εὔδημος, "ὑπὸ τὸ ἀκροκνεφὲς μετεστείλατο Δαμασίας ὁ πάλαι μὲν ἀθλητὴς καὶ πολυνίκης, νῦν δὲ ἤδη ὑπὸ γήρως ἔξαθλος ὤν· οἶσθα τὸν χαλκοῦν τὸν ἑστῶτα ἐν τῇ ἀγορᾷ. Καὶ τὰ μὲν πιττῶν τὰ δὲ εὔων διετέλεσεν, ἐξοικιεῖν γὰρ ἔμελλε τήμερον εἰς ἀνδρὸς τὴν θυγατέρα καὶ ἤδη ἐκάλλυνεν αὐτήν. Εἶτα Τερμέριόν τι κακὸν ἐμπεσὸν διέκοψε τὴν ἑορτήν· ὁ γὰρ υἱὸς αὐτοῦ ὁ Δίων, οὐκ οἶδ' ἐφ' ὅτῳ λυπηθείς, μᾶλλον δὲ θεοσεχθρίᾳ σχεθείς, ἀπῆγξεν ἑαυτόν, καὶ εὖ ἴστε, ἀπωλώλει ἄν, εἰ μὴ ἐγὼ ἐπιστὰς ἀπηγχόνισά τε αὐτὸν καὶ παρέλυσα τῆς ἐμβροχῆς, ἐπὶ πολύ τε ὀκλὰξ παρακαθήμενος ἐπένυσσον τὸν ἄνθρωπον,

41. Le mot ἐγκαψικήδαλος fait difficulté : certains pensent, avec A. BAILLY dans son dictionnaire, à ἐγκαψικίδαλος (amateur d'oignons) ; certains, dont M. D. MACLEOD à ἐκαμψικήδαλος (qu'il commente, sans traduire, par *pene flexibili praeditus* !), ce qui va assez bien avec le sens de κάμπτω, désignant certains mouvements érotiques (J. HENDERSON, *The Maculate Muse, Obscene Language in Attic Comedy,* New Haven et Londres, 1975).

42. C'est-à-dire des gueux, qui n'ont pas les moyens de faire porter leurs affaires par un esclave. Voir DÉMOSTHÈNE, *Contre Conon,* 14 et 16,

– C'est, me dit-il, un inverti qui court les tripots[41], de ceux qui portent eux-mêmes leur burette d'huile et leur pain[42] : il a toujours les cheveux longs, il est chaussé de grosses bottes ou d'escarpins, et porte une tunique à manches.

– Eh bien, demandai-je, a-t-il reçu un quelconque châtiment ou est-il parti après les avoir foulés aux pieds ?

– En vérité, dit-il, cet homme qui jusque-là dansait en se déhanchant est à présent immobile. Il avait beau vouloir s'écarter, le préteur lui a fait passer des menottes et un carcan et il l'a fait mettre aux fers et aux entraves. Voilà pourquoi, enchaîné, le pauvre diable a foiré de peur, il était puant et voulait payer le prix du sang[43].

11. – Quant à moi, dit Eudémos, vers la fin de la nuit, j'ai été appelé par Damasias, l'ancien athlète qui a remporté de nombreuses victoires et qui a maintenant abandonné les combats à cause de son âge – tu connais sa statue de bronze qui se dresse sur l'agora. Il ne cessait de cuisiner et de faire des grillades car il allait marier sa fille aujourd'hui et déjà il la faisait belle. Mais alors un malheur termérien[44] s'abattit sur lui et brisa la fête. Son fils Dion, chagriné de je ne sais quoi ou plutôt victime de la haine de la divinité, se pendit, et sachez-le bien, il était mort si je n'étais arrivé, ne l'avais dépendu et ne l'avais libéré du nœud. Restant longtemps accroupi à ses côtés,

---

et le commentaire de C. Carey et R.A. Reid dans *Demosthenes, Selected Private Speeches (CGLC)*, 1985, p. 86-88.

43. D'après A. M. Harmon, Lexiphanès emploie de travers le mot ἀντίψυχα (prix du sang) alors qu'il croit dire caution.

44. Il semble que les Anciens n'aient pas su eux-mêmes ce qu'était un malheur termérien : ce qui est sûr, c'est qu'il était considérable. La Souda évoque une prison qu'aurait ouverte un tyran en Carie.

βαυκαλῶν καὶ διακωδωνίζων, μή πη ἔτι συνεχὴς εἴη
τὴν φάρυγγα. Τὸ δὲ μάλιστα ὀνῆσαν ἐκεῖνο ἦν, ὅτι
ἀμφοτέραις κατασχὼν αὐτοῦ τὰ ἄκρα διεπίεσα."

12. "Μῶν ἐκεῖνον," ἦν δ' ἐγώ, "φὴς Δίωνα τὸν
καταπύγονα καὶ λακκοσχέαν, τὸν μύρτωνα καὶ
σχινοτρώκταν νεανίσκον, ἀναφλῶντα καὶ βλιμάζοντα,
ἤν τινα πεώδη καὶ πόσθωνα αἴσθηται; Μίνθων ἐκεῖνός
γε καὶ λαικαλέος." "'Αλλά τοί γε τὴν θεόν," ἦ δ'
ὃς ὁ Εὔδημος, "θαυμάσας – "Αρτεμις γάρ ἐστιν
αὐτοῖς ἐν μέσῃ τῇ αὐλῇ, Σκοπάδειον ἔργον – ταύτῃ
προσπεσόντες ὅ τε Δαμασίας καὶ ἡ γυνὴ αὐτοῦ,
πρεσβῦτις ἤδη καὶ τὴν κεφαλὴν πολιὰς ἀκριβῶς,
ἱκέτευον ἐλεῆσαι σφᾶς· ἡ δὲ αὐτίκα ἐπένευσεν, καὶ
σῶς ἦν, καὶ νῦν Θεόδωρον, μᾶλλον δὲ περιφανῶς
'Αρτεμίδωρον ἔχουσι τὸν νεανίσκον. 'Ανέθεσαν οὖν
αὐτῇ τά τε ἄλλα καὶ βέλη καὶ τόξα, ὅτι χαίρει
τούτοις· τοξότις γὰρ καὶ ἑκηβόλος καὶ τηλέμαχος
ἡ "Αρτεμις."

13. "Πίνωμεν οὖν," ἦ δ' ὃς ὁ Μεγαλώνυμος,
"καὶ γὰρ καὶ λάγυνον τουτονὶ παρηβηκότος ἥκω
ὑμῖν κομίζων καὶ τυροῦ τροφαλίδας καὶ ἐλαίας
χαμαιπετεῖς – φυλάττω δ' αὐτὰς ὑπὸ σφραγῖσιν
θριπηδέστοις – καὶ ἄλλας ἐλαίας νευστὰς καὶ πήλινα
ταυτὶ ποτήρια, ὀξυόστρακα, εὐπυνδάκωτα, ὡς ἐξ
αὐτῶν πίνοιμεν, καὶ πλακοῦντα ἐξ ἐντέρων κρωβυλώδη
τὴν πλοκήν. Σὺ δ', ὦ παῖ, πλέον μοι τοῦ ὕδατος

---

45. Comme le souligne A.M. Harmon, Eudémos veut dire qu'il a
tenté de secourir Dion, mais son langage peut suggérer le contraire : qu'il
essayait plutôt d'achever le malheureux.

46. Traduction proposée par P. Chantraine dans son *Dictionnaire
étymologique de la langue grecque,* avec la précision : « frotter, *sensu
obsceno* ».

je lui piquai la peau, le berçant et l'auscultant, pour voir si son gosier était encore intact. Mais ce qui surtout lui fit du bien, ce fut de lui maintenir les extrémités dans les deux mains et de les écraser[45].

12. – D'aventure parles-tu, demandai-je, de Dion l'inverti aux bourses flasques, de cet adolescent efféminé qui mâche du bois de lentisque, qui tripote[46] et palpe[47] ceux qu'il trouve bien membrés, dotés d'un gros braquemart ? C'est une belle ordure et un fieffé coureur.

– Oui, dit Eudémos. Eh bien, Damasias, ayant admiré la déesse, (il y a une Artémis au milieu de leur cour, une œuvre de Scopas[48], je crois), il tomba à ses genoux, ainsi que sa femme, déjà vieille et dont la tête est rigoureusement chenue, et ils la supplièrent de les prendre en pitié. Elle fit aussitôt un signe affirmatif et il fut sauvé. À présent ils ont en cet adolescent un Théodore[49], ou plutôt un véritable Artémidore[50]. Entre autres offrandes, ils ont consacré des traits et des flèches à la déesse, parce qu'elle aime ces objets : c'est une chasseresse en effet qu'Artémis, elle qui lance des traits et qui combat au loin.

13. – Buvons donc, dit Mégalonymos. Je vous ai apporté cette bouteille de vin qui n'est plus dans la force de l'âge, cette roue de fromage et des olives ramassées au pied de l'arbre (je les garde en apposant sur le récipient des sceaux faits dans du bois rongé aux vers), d'autres olives qui nagent dans la saumure et ces coupes d'argile aux arêtes aiguës, bien assises, pour que nous y buvions, ainsi qu'un gâteau de tripes en forme de chignon. Et toi,

---

47. Sens donné par J. Taillardat, *Les Images d'Aristophane, Études de langue et de style,* Paris, 1965, et par J. Henderson, *op. cit.*

48. Célèbre statuaire de Paros.

49. Don des dieux.

50. Don d'Artémis.

ἔγχει, ὡς μὴ καραιβαρεῖν ἀρξαίμην κᾆτά σοι τὸν
παιδοβοσκὸν καλῶ ἐπὶ σέ· ἴστε γὰρ ὡς ὀδυνῶμαι
καὶ διέμπιλον ἔχω τὴν κεφαλήν. 14. Μετὰ δὲ τὸν
ποτὸν συνυθλήσομεν οἷα καὶ ἅττ᾽ ἐώθαμεν· οὐ γὰρ
ἄκαιρον δήπουθεν ἐν οἴνῳ φλύειν."

"Ἐπαινῶ τοῦτο," ἦν δ᾽ ἐγώ, "καὶ γὰρ ὅτιπερ
ὄφελός ἐσμεν τῆς ἀττικίσεως ἄκρον." "Εὖ λέγεις,"
ἦ δ᾽ ὃς ὁ Καλλικλῆς· "τὸ γὰρ ἐρεσχηλεῖν ἀλλήλους
συχνάκις λάλης θηγάνη γίγνεται." "Ἐγὼ δέ," ἦ δ᾽ ὃς
ὁ Εὔδημος – "κρύος γάρ ἐστιν – ἥδιον ἂν εὐζωροτέρῳ
ὑποπυκνάζοιμι· καὶ γὰρ χειμοθνής εἰμι, καὶ χλιανθεὶς
ἥδιον ἂν ἀκούοιμι τῶν χειρεσόφων τούτων, τοῦ τε
αὐλητοῦ καὶ τῆς βαρβιτῳδοῦ."

15. "Τί ταῦτα ἔφησθα, ὦ Εὔδημε;" ἦν δ᾽ ἐγώ·
"ἀλογίαν ἡμῖν ἐπιτάττεις ὡς ἀστόμοις οὖσι καὶ
ἀπεγλωττισμένοις; Ἐμοὶ δὲ ἡ γλῶττά τε ἤδη λογᾷ
καὶ δὴ ἀνηγόμην γε ὡς ἀρχαιολογήσων ὑμῖν καὶ
κατανίψων ἀπὸ γλώττης ἅπαντας. Ἀλλὰ σὺ τὸ
ὅμοιον εἰργάσω με ὥσπερ εἴ τις ὁλκάδα τριάρμενον
ἐν οὐρίῳ πλέουσαν, ἐμπεπνευματωμένου τοῦ ἀκατίου,
εὐφοροῦσάν τε καὶ ἀκροκυματοῦσαν, ἕκτοράς τινας
ἀμφιστόμους καὶ ἰσχάδας σιδηρᾶς ἀφεὶς καὶ
ναυσιπέδας ἀναχαιτίζοι τοῦ δρόμου τὸ ῥόθιον, φθόνῳ
τῆς εὐηνεμίας."

mon garçon, verse moi plus d'eau pour que je ne commence pas à avoir mal à la tête et qu'ensuite je n'appelle pas ton maître pour te punir. Sachez en effet que je
souffre et que j'ai la tête entourée d'un bonnet de feutre.
14. Après boire, nous deviserons comme nous en avons
l'habitude car assurément le babillage n'est pas déplacé
avec le vin.

– J'approuve, dis-je, surtout que nous sommes la fine
fleur de l'atticisme.

– Tu as raison, dit Calliclès. Nous adresser fréquemment de fins propos les uns aux autres, c'est la pierre à
aiguiser le bavardage.

– Pour moi, dit Eudémos, comme il fait froid, je pré-
férerais que l'on me versât coup sur coup[51] du vin plus
pur ; je suis mort de froid et une fois réchauffé, je préfé-
rerais entendre ces êtres aux doigts habiles que sont les
joueurs d'aulos et de luth.

15. – Qu'as-tu dit là, Eudémos ? m'écriai-je. Nous
imposes-tu le non-dit[52] comme si nous étions non dotés de
bouche et non dotés de langue ? Mais ma langue déjà est
impatiente de parler. Oui, et même j'étais bien parti pour
archaïser avec vous et répandre sur vous tous la neige de
ma langue. Mais tu m'as rendu semblable à quelqu'un
qui, alors qu'un vaisseau à trois mâts navigue par vent
favorable, les voiles gonflées par la brise, avançant heureusement et glissant sur les flots, lancerait des harpons à
deux pointes, des ancres de fer et des amarres pour arrêter l'élan de sa course, par jalousie des souffles propices.

---

51. Le verbe très rare ὑποπυκνάζω (verser de manière dense ; πυκ-
νός signifie dru, serré, répété) est peut-être une réponse au verbe précieux
ἐπιψακάζω (verser en pluie fine) employé ironiquement par le Socrate de
Xénophon qui s'amuse à parler comme Gorgias (*Banquet*, 26).
52. Voir le § 9 et la note.

"Οὐκοῦν," ἦ δ᾿ ὅς, "σὺ μέν, εἰ βούλει, πλεῖ καὶ νεῖ καὶ θεῖ κατὰ τοῦ κλύδωνος, ἐγὼ δὲ ἀπόγειος πίνων ἅμα ὥσπερ ὁ τοῦ Ὁμήρου Ζεὺς ἢ ἀπὸ φαλάκρων ἢ ἀπὸ τῆς ἀκρουρανίας ὄψομαι διαφερόμενόν σέ τε καὶ τὴν ναῦν πρύμνηθεν ὑπὸ τοῦ ἀνέμου κατουρουμένην."

16. ΛΥΚΙΝΟΣ. Ἅλις, ὦ Λεξίφανες, καὶ ποτοῦ καὶ ἀναγνώσεως. Ἐγὼ γοῦν ἤδη μεθύω σοι καὶ ναυτιῶ καὶ ἢν μὴ τάχιστα ἐξεμέσω πάντα ταῦτα ὁπόσα διεξελήλυθας, εὖ ἴσθι, κορυβαντιάσειν μοι δοκῶ περιβομβούμενος ὑφ᾿ ὧν κατεσκέδασάς μου ὀνομάτων. Καίτοι τὸ μὲν πρῶτον γελᾶν ἐπήει μοι ἐπ᾿ αὐτοῖς, ἐπειδὴ δὲ πολλὰ καὶ πάντα ὅμοια ἦν, ἠλέουν σε τῆς κακοδαιμονίας ὁρῶν εἰς λαβύρινθον ἄφυκτον ἐμπεπτωκότα καὶ νοσοῦντα νόσον τὴν μεγίστην, μᾶλλον δὲ μελαγχολῶντα.

17. Ζητῶ οὖν πρὸς ἐμαυτὸν ὁπόθεν τὰ τοσαῦτα κακὰ συνελέξω καὶ ἐν ὁπόσῳ χρόνῳ καὶ ὅπου κατακλείσας εἶχες τοσοῦτον ἐσμὸν ἀτόπων καὶ διαστρόφων ὀνομάτων, ὧν τὰ μὲν αὐτὸς ἐποίησας, τὰ δὲ κατορωρυγμένα ποθὲν ἀνασπῶν κατὰ τὸ ἰαμβεῖον

ὄλοιο θνητῶν ἐκλέγων τὰς συμφοράς·

τοσοῦτον βόρβορον συνερανίσας κατήντλησάς μου μηδέν σε δεινὸν εἰργασμένου. Δοκεῖς δέ μοι μήτε φίλον τινὰ ἢ οἰκεῖον ἢ εὔνουν ἔχειν μήτε ἀνδρὶ ἐλευθέρῳ πώποτε καὶ παρρησίαν ἄγοντι ἐντετυχηκέναι, ὃς τἀληθὲς εἰπὼν ἔπαυσεν ἄν σε ὑδέρῳ μὲν ἐχόμενον καὶ ὑπὸ τοῦ πάθους διαρραγῆναι κινδυνεύοντα, σαυτῷ δὲ εὔσαρκον εἶναι δοκοῦντα καὶ

– Eh bien ! dit-il, si tu le veux, navigue, nage, cours sur les flots ; moi, depuis le rivage tout en buvant, comme le Zeus d'Homère, du haut de quelque mont chauve[53], ou depuis le sommet de la voûte céleste, je vous regarderai, toi et ton navire, être ballottés vent arrière par les souffles favorables. »

16. LYCINOS : Assez, Lexiphanès ! Assez de boisson et de lecture ! Pour ma part, je suis à présent ivre à cause de toi, j'ai le mal de mer et si je ne vomis pas le plus vite possible tout ce que tu as raconté, j'ai l'impression, sache-le, que je vais danser comme les Corybantes, pris dans le bourdonnement[54] de tous les mots que tu as déversés sur moi. D'abord, j'ai eu envie d'en rire, mais devant la quantité de toutes ces formules toujours identiques, j'ai eu pitié de ton infortune, te voyant tombé dans un labyrinthe sans issue, en proie à une maladie très grave, ou plutôt à la mélancolie.

17. Je cherche à part moi à quel endroit tu as pu ramasser de si grands vices, en combien de temps et où tu as pu enfermer une si grande foule de termes absurdes et tortueux, dont tu as forgé les uns toi même, et déterré les autres en les arrachant je ne sais où, selon le vers iambique :

Péris donc ! tu choisis le malheur des mortels !

Quelle masse de boue tu as amassée pour la déverser sur moi, alors que je ne t'ai rien fait de mal ! J'ai l'impression que tu n'as ni ami, ni parent, ni personne qui te veuille du bien, et que tu n'as jamais rencontré un homme libre, pratiquant la franchise, pour te dire la vérité et faire cesser l'hydropisie dont tu es atteint. Cette maladie risque de te faire éclater, mais tu t'imagines être bien portant, et tu

---

54. Verbe rare, que ne renierait pas Lexiphanès, choisi peut-être pour suggérer que le langage du personnage est dangereusement contagieux.

εὐρωστίαν οἰόμενον τὴν συμφορὰν καὶ ὑπὸ μὲν τῶν
ἀνοήτων ἐπαινούμενον ἀγνοούντων ἃ πάσχεις, ὑπὸ
δὲ τῶν πεπαιδευμένων εἰκότως ἐλεούμενον.

18. Ἀλλ' εἰς καλὸν γὰρ τουτονὶ Σώπολιν ὁρῶ
τὸν ἰατρὸν προσιόντα, φέρε τούτῳ ἐγχειρίσαντές
σε καὶ διαλεχθέντες ὑπὲρ τῆς νόσου ἴασίν τινά
σοι εὑρώμεθα· συνετὸς γὰρ ἀνὴρ καὶ πολλοὺς ἤδη
παραλαβὼν ὥσπερ σὲ ἡμιμανεῖς καὶ κορυζῶντας
ἀπήλλαξεν ἐγχέας φάρμακον. Χαῖρε, Σώπολι, καὶ
τουτονὶ Λεξιφάνην παραλαβὼν ἑταῖρον, ὡς οἶσθα, ἡμῖν
ὄντα, λήρῳ δὲ νῦν καὶ ξένῃ περὶ τὴν φωνὴν νόσῳ
ξυνόντα καὶ κινδυνεύοντα ἤδη τελέως ἀπολωλέναι
σῶσον ἑνί γέ τῳ τρόπῳ.

19. ΛΕΞΙΦΑΝΗΣ. Μὴ ἐμέ, Σώπολι, ἀλλὰ
τουτονὶ Λυκῖνον, ὃς περιφανῶς μακκοᾷ καὶ ἄνδρας
πεφρενωμένους ὀλισθογνωμονεῖν οἴεται καὶ κατὰ τὸν
Μνησάρχου τὸν Σάμιον σιωπὴν καὶ γλωτταργίαν ἡμῖν
ἐπιβάλλει. Ἀλλὰ μὰ τὴν ἀναίσχυντον Ἀθηνᾶν καὶ τὸν
μέγαν θηριομάχον Ἡρακλέα οὐδ' ὅσον τοῦ γρῦ καὶ
τοῦ φνεῖ φροντιοῦμεν αὐτοῦ· ὀττεύομαι γοῦν μηδὲ
ὅλως ἐντυγχάνειν αὐτῷ. Ἔοικα δὲ καὶ ῥιναυλήσειν
τοιαῦτα ἐπιτιμῶντος ἀκούων. Καὶ ἤδη γε ἄπειμι
παρὰ τὸν ἑταῖρον Κλεινίαν, ὅτι πυνθάνομαι χρόνου
ἤδη ἀκάθαρτον εἶναι αὐτῷ τὴν γυναῖκα καὶ ταύτην
νοσεῖν, ὅτι μὴ ῥεῖ. Ὥστε οὐκέτι οὐδ' ἀναβαίνει
αὐτήν, ἀλλ' ἄβατος καὶ ἀνήροτός ἐστιν.

prends ton malheur pour de la robustesse. Des insensés qui ignorent ce dont tu souffres te louent, alors que les gens instruits te plaignent, comme tu le mérites.

18. Mais enfin, quelle chance ! j'aperçois Sopolis, le médecin, qui vient vers nous. Allons ! Si nous te remettons entre ses mains et si nous parlons de ta maladie, nous trouverons quelque moyen de te guérir. C'est un homme intelligent et il s'est déjà occupé de beaucoup de gens à moitié fous comme toi, au cerveau embrumé : il les a guéris en leur versant une mixture. Salut, Sopolis ! Peux-tu t'occuper de Lexiphanès ici présent : c'est un camarade à moi, comme tu sais, mais actuellement il souffre de radotage et d'une étrange maladie affectant son langage : il risque d'être bientôt définitivement perdu. Sauve-le, par n'importe quel moyen.

19. LEXIPHANÈS : Ce n'est pas moi, Sopolis, mais Lycinos, ici présent, qui de toute évidence est hébété. Il pense que des gens sensés ont le jugement chancelant, et tel le Samien, fils de Mnésarque[55], il nous impose le silence et l'oisiveté de la langue. Mais par Athéna, la déesse sans honte[56] et par le grand combattant de monstres Héraclès, nous ne ferons pas plus cas de lui que d'un rien du tout[57], et j'abomine seulement de le rencontrer. J'ai l'impression même que je reniflerai en entendant de tels reproches. Je m'en vais à présent chez mon camarade Clinias, car j'ai appris que depuis longtemps déjà, sa femme n'a pas ses purifications et qu'elle souffre d'une maladie consistant à ne pas couler[58]. Aussi ne la monte-t-il même plus : c'est une route infréquentée, une terre non labourée.

---

57. Γρῦ désigne le grognement du porc et φνεῖ est une onomatopée.

58. C'est-à-dire qu'elle souffre d'aménorrhée. Ce sens d'ἀκάθαρτος est donné par le dictionnaire Liddell-Scott : *quae menstrua non habet*.

20. ΣΩΠΟΛΙΣ. Τί δὲ νοσεῖ, ὦ Λυκῖνε, Λεξιφάνης;

ΛΥΚΙΝΟΣ. Αὐτὰ ταῦτα, ὦ Σώπολι. Οὐκ ἀκούεις οἷα φθέγγεται; Καὶ ἡμᾶς τοὺς νῦν προσομιλοῦντας καταλιπὼν πρὸ χιλίων ἐτῶν ἡμῖν διαλέγεται διαστρέφων τὴν γλῶτταν καὶ ταυτὶ τὰ ἀλλόκοτα συντιθεὶς καὶ σπουδὴν ποιούμενος ἐπ' αὐτοῖς, ὡς δή τι μέγα ὄν, εἴ τι ξενίζοι καὶ τὸ καθεστηκὸς νόμισμα τῆς φωνῆς παρακόπτοι.

ΣΩΠΟΛΙΣ. Μὰ Δί' οὐ μικράν τινα λέγεις τὴν νόσον, ὦ Λυκῖνε. Βοηθητέα γοῦν τῷ ἀνδρὶ πάσῃ μηχανῇ καὶ – κατὰ θεὸν γὰρ τῶν χολώντων τινι φάρμακον τουτὶ κερασάμενος ἀπῄειν, ὡς πιὼν ἐμέσειε – φέρε πρῶτος αὐτὸς πῖθι, ὦ Λεξίφανες, ὡς ὑγιὴς ἡμῖν καὶ καθαρὸς γένοιο, τῆς τοιαύτης τῶν λόγων ἀτοπίας κενωθείς. Ἀλλὰ πείσθητί μοι καὶ πῖθι καὶ ῥάων ἔσῃ.

ΛΕΞΙΦΑΝΗΣ. Οὐκ οἶδ' ὃ καὶ δράσετέ με, ὦ Σώπολι, σύ τε καὶ Λυκῖνος, πιπίσκοντες τουτουὶ τοῦ φαρμάκου. Δέδοικα γοῦν μὴ πῶμα γένοιτό μοι τοῦτο τῶν λόγων τὸ πόμα.

ΛΥΚΙΝΟΣ. Πῖθι καὶ μὴ μέλλε, ὡς ἀνθρώπινα ἤδη φρονοίης καὶ λέγοις.

ΛΕΞΙΦΑΝΗΣ. Ἰδοὺ πείθομαι καὶ πίομαι. Φεῦ, τί τοῦτο; Πολὺς ὁ βορβορυγμός. Ἐγγαστρίμυθόν τινα ἔοικα πεπωκέναι.

---

59. L'expression νόμισμα παρακόπτω signifie frapper de la fausse monnaie. Il n'est pas étonnant de rencontrer une métaphore financière à propos du langage. PLUTARQUE, *Sur les oracles de la Pythie*, 24, rapproche étroitement ces deux réalités : « L'emploi du langage ressemble à la circulation de la monnaie : c'est l'usage habituel et familier qui le consacre et sa valeur diffère selon les époques. »

20. SOPOLIS : Quelle est la maladie de Lexiphanès, Lycinos ?

LYCINOS : C'est cela précisément, Sopolis. N'entends-tu pas ce qu'il profère ? Il nous abandonne, nous qui vivons aujourd'hui, et il nous parle en se plaçant mille ans plus tôt, en torturant son langage, en fabriquant ces monstruosités et en leur consacrant tous ses efforts, comme si c'était un grand exploit de s'exprimer comme un étranger et de se comporter avec le langage en faux-monnayeur[59].

SOPOLIS : Par Zeus, tu parles là, Lycinos, d'une maladie qui n'est pas bénigne. Il faut venir au secours de cet homme par tous les moyens. Grâce à dieu, j'étais parti avec la mixture que voici que j'ai préparée pour un atrabilaire à qui je devais la faire boire pour provoquer des vomissements. Eh bien, Lexiphanès, bois-la avant lui pour que nous te voyions redevenir sain et purifié, purgé de telles bizarreries de langage. Allons, obéis-moi, bois, tu te sentiras mieux.

LEXIPHANÈS : Je ne sais pas ce que vous allez me faire, Lycinos et toi, Sopolis, en me donnant à boire cette mixture. Je crains que cette boisson ne soit un bouchon[60] pour mon éloquence.

LYCINOS : Bois sans tarder, pour que tes pensées et tes paroles soient désormais humaines.

LEXIPHANÈS : Vois, j'obéis, je vais boire. Ah ! Qu'est-ce ? Quel énorme borborygme ! On dirait que j'ai avalé un ventriloque.

60. Le mot πῶμα (boisson) est rapproché de πόμα (couvercle).

21. ΣΩΠΟΛΙΣ. Ἄρξαι δὴ ἐμεῖν. Βαβαί. Πρῶτον
τουτὶ τὸ μῶν, εἶτα μετ' αὐτὸ ἐξελήλυθεν τὸ
κᾆτα, εἶτα ἐπ' αὐτοῖς τὸ ἢ δ' ὅς καὶ ἀμηγέπη καὶ
λῶστε καὶ δήπουθεν καὶ συνεχὲς τὸ ἄττα. Βίασαι δ'
ὅμως, καὶ κάθες εἰς τὴν φάρυγγα τοὺς δακτύλους.
Οὐδέπω τὸ ἴκταρ ἐμήμεκας οὐδὲ τὸ σκορδινᾶσθαι
οὐδὲ τὸ τευτάζεσθαι οὐδὲ τὸ σκύλλεσθαι. Πολλὰ
ἔτι ὑποδέδυκε καὶ μεστή σοι αὐτῶν ἡ γαστήρ.
Ἄμεινον δέ, εἰ καὶ κάτω διαχωρήσειεν ἂν ἔνια·
ἡ γοῦν σιληπορδία μέγαν τὸν ψόφον ἐργάσεται
συνεκπεσοῦσα μετὰ τοῦ πνεύματος.

Ἀλλ' ἤδη μὲν καθαρὸς οὑτοσὶ πλὴν εἴ τι μεμένηκεν
ὑπόλοιπον ἐν τοῖς κάτω ἐντέροις. Σὺ δὲ τὸ μετὰ
τοῦτο παραλαβὼν αὐτόν, ὦ Λυκῖνε, μεταπαίδευε καὶ
δίδασκε ἃ χρὴ λέγειν.

22. ΛΥΚΙΝΟΣ. Οὕτω ποιήσομεν, ὦ Σώπολι,
ἐπειδήπερ ἡμῖν προωδοποίηται τὰ παρὰ σοῦ· καὶ
πρὸς σὲ τὸ λοιπόν, ὦ Λεξίφανες, ἡ συμβουλή. Εἴπερ
ἄρ' ἐθέλεις ὡς ἀληθῶς ἐπαινεῖσθαι ἐπὶ λόγοις κἂν
τοῖς πλήθεσιν εὐδοκιμεῖν, τὰ μὲν τοιαῦτα πάντα
φεῦγε καὶ ἀποτρέπου, ἀρξάμενος δὲ ἀπὸ τῶν ἀρίστων
ποιητῶν καὶ ὑπὸ διδασκάλοις αὐτοὺς ἀναγνοὺς
μέτιθι ἐπὶ τοὺς ῥήτορας, καὶ τῇ ἐκείνων φωνῇ
συντραφεὶς ἐπὶ τὰ Θουκυδίδου καὶ Πλάτωνος ἐν καιρῷ
μέτιθι, πολλὰ καὶ τῇ καλῇ κωμῳδίᾳ καὶ τῇ σεμνῇ
τραγῳδίᾳ ἐγγεγυμνασμένος· παρὰ γὰρ τούτων ἅπαντα

---

61. Littéralement « pet au nez de quelqu'un ».

62. Beaucoup des mots que Sopolis invite Lexiphanès à rejeter n'ont
pas été employés dans le texte qu'il a lu à Lycinos et certaines expressions, notamment ἢ δ ὅς (dit-il), fréquente chez Platon pour les dia-

21. SOPOLIS : Commence donc à vomir. Ma parole !
Voilà d'abord « D'aventure est-ce que ?», ensuite voilà
que sort après lui un « sur ces entrefaites », puis après eux
un « dit-il », puis un « de quelque façon » puis un «très
cher », puis un « certes », puis cet incessant « d'aucunes
choses ». Allons, fais-toi violence, enfonce-toi les doigts
dans la gorge. Tu n'as pas encore vomi « concomitam-
ment » ni « être dans le mal-être », ni « vaquer longuement », ni « s'écharper ». Il en reste beaucoup en bas,
ton ventre en est plein. Ce serait mieux si quelques-uns
s'en allaient par en bas. Par exemple, le « prout prout
ma chère[61] » fera grand bruit quand il tombera avec les
vents[62].

Eh bien, voilà ! cet homme est à présent purgé, sauf
s'il y a encore quelques restes dans le bas des intes-
tins. Après cela, à ton tour de t'occuper de lui, Lycinos.
Donne-lui une nouvelle éducation et apprends-lui ce
qu'il faut dire.

22. LYCINOS : C'est ce que je vais faire, Sopolis,
puisque tu nous as ouvert la route dans la mesure de tes
moyens. Quant à toi, Lexiphanès, voici un conseil pour
l'avenir. Si tu désires vraiment être loué sincèrement pour
ton éloquence et obtenir du succès devant le public, fuis
absolument tous les mots de ce genre et détourne-t'en.
Commence par étudier les meilleurs poètes et lis leurs
œuvres sous la conduite de professeurs ; passe ensuite
aux orateurs et quand tu te seras nourri de leur langage, il
sera temps de passer à Thucydide et à Platon, après t'être
exercé longuement à la belle comédie et à la noble tragédie. Une fois que tu auras cueilli toutes les plus bel-

logues rapportés, sont couramment employées par Lucien. Signe de son
attitude ambiguë face à l'atticisme : s'il rejette les excès des « hyperattiques », il reste très attaché à la langue classique des ve et ive siècles.

τὰ κάλλιστα ἀπανθισάμενος ἔσῃ τις ἐν λόγοις· ὡς
νῦν γε ἐλελήθεις σαυτὸν τοῖς ὑπὸ τῶν κοροπλάθων
εἰς τὴν ἀγορὰν πλαττομένοις ἐοικώς, κεχρωσμένος
μὲν τῇ μίλτῳ καὶ τῷ κυανῷ, τὸ δ' ἔνδοθεν πήλινός
τε καὶ εὔθρυπτος ὤν.

23. Ἐὰν ταῦτα ποιῇς, πρὸς ὀλίγον τὸν ἐπὶ τῇ
ἀπαιδευσίᾳ ἔλεγχον ὑπομείνας καὶ μὴ αἰδεσθεὶς
μεταμανθάνων, θαρρῶν ὁμιλήσεις τοῖς πλήθεσι καὶ
οὐ καταγελασθήσῃ ὥσπερ νῦν οὐδὲ διὰ στόματος
ἐπὶ τῷ χείρονι τοῖς ἀρίστοις ἔσῃ, Ἕλληνα καὶ
Ἀττικὸν ἀποκαλούντων σε τὸν μηδὲ βαρβάρων ἐν
τοῖς σαφεστάτοις ἀριθμεῖσθαι ἄξιον. Πρὸ πάντων
δὲ ἐκεῖνο μέμνησό μοι, μὴ μιμεῖσθαι τῶν ὀλίγον
πρὸ ἡμῶν γενομένων σοφιστῶν τὰ φαυλότατα μηδὲ
περιεσθίειν ἐκεῖνα ὥσπερ νῦν, ἀλλὰ τὰ μὲν τοιαῦτα
καταπατεῖν, ζηλοῦν δὲ τὰ ἀρχαῖα τῶν παραδειγμάτων.
Μηδέ σε θελγέτωσαν αἱ ἀνεμῶναι τῶν λόγων, ἀλλὰ
κατὰ τὸν τῶν ἀθλητῶν νόμον ἡ στερρά σοι τροφὴ
συνήθης ἔστω, μάλιστα δὲ Χάρισι καὶ Σαφηνείᾳ
θῦε, ὧν πάμπολυ λίαν νῦν ἀπελέλειψο. 24. Καὶ ὁ
τῦφος δὲ καὶ ἡ μεγαλαυχία καὶ ἡ κακοήθεια καὶ
τὸ βρενθύεσθαι καὶ λαρυγγίζειν ἀπέστω, καὶ τὸ
διασιλλαίνειν τὰ τῶν ἄλλων καὶ οἴεσθαι ὅτι πρῶτος
ἔσῃ αὐτός, ἢν τὰ πάντων συκοφαντῇς.

Καὶ μὴν κἀκεῖνο οὐ μικρόν, μᾶλλον δὲ τὸ μέγιστον
ἁμαρτάνεις, ὅτι οὐ πρότερον τὰς διανοίας τῶν
λέξεων προπαρεσκευασμένος ἔπειτα κατακοσμεῖς
τοῖς ῥήμασιν καὶ τοῖς ὀνόμασιν, ἀλλὰ ἤν που ῥῆμα
ἔκφυλον εὕρῃς ἢ αὐτὸς πλασάμενος οἰηθῇς εἶναι

les fleurs de ces auteurs, tu seras quelqu'un en littérature, car pour le moment, tu es devenu sans t'en apercevoir semblable à ces figurines fabriquées par les gens qui les modèlent pour le marché : tu es coloré de vermillon et de bleu, mais à l'intérieur, c'est de l'argile friable.

23. Si tu suis ces avis, en te résignant quelque temps à être critiqué pour ton manque de culture, si tu n'as pas honte de recommencer à apprendre, tu t'adresseras avec assurance au public et tu ne prêteras pas à rire, comme maintenant ; tu ne seras plus rabaissé dans la bouche des meilleurs, toi qu'on surnomme « le Grec » ou « l'Attique », alors que tu ne mérites même pas d'être compté parmi les plus intelligibles des barbares. Par dessus tout, souviens-toi de ne pas imiter les pires abominations des sophistes qui sont venus peu avant nous : ne ronge pas ces restes sans valeur, comme tu le fais à présent ! foule-les aux pieds et cherche à rivaliser avec les exemples anciens. Ne te laisse pas envoûter par ces discours que le vent emporte, mais, à la manière des athlètes, habitue-toi à prendre une nourriture consistante ; sacrifie surtout aux Charites et à la Clarté, dont actuellement tu t'es bien trop écarté. 24. Quant aux fumées d'orgueil, à l'exaltation, aux habitudes vicieuses, à ta manière de te rengorger et de t'époumoner à plein gosier, renonces-y ! ainsi qu'à railler les autres et à croire que tu seras le premier si tu dénigres les œuvres de tout le monde.

Un de tes défauts, non le moindre et peut-être le plus grave, c'est qu'avant de t'exprimer tu ne prépares pas tes idées pour les parer ensuite des tournures et des mots qui conviennent. Si tu trouves une tournure extravagante ou si tu en fabriques toi même une que tu trouves belle, tu cherches à y adapter ta pensée et tu considères comme une perte de ne pas arriver à la fourrer quelque part,

καλόν, τούτῳ ζητεῖς διάνοιαν ἐφαρμόσαι καὶ ζημίαν
ἡγῇ, ἂν μὴ παραβύσῃς αὐτό που, κἂν τῷ λεγομένῳ
μηδ' ἀναγκαῖον ᾖ, οἷον πρῴην τὸν θυμάλωπα οὐδὲ
εἰδὼς ὅ τι σημαίνει, ἀπέρριψας οὐδὲν ἐοικότα τῷ
ὑποκειμένῳ. Καὶ οἱ μὲν ἰδιῶται πάντες ἐτεθήπεσαν
ὑπὸ τοῦ ξένου πληγέντες τὰ ὦτα, οἱ πεπαιδευμένοι
δὲ ἐπ' ἀμφοτέροις, καὶ σοὶ καὶ τοῖς ἐπαινοῦσιν,
ἐγέλων.

25. Τὸ δὲ πάντων καταγελαστότατον ἐκεῖνό
ἐστιν, ὅτι ὑπεράττικος εἶναι ἀξιῶν καὶ τὴν φωνὴν
εἰς τὸ ἀρχαιότατον ἀπηκριβωμένος τοιαῦτα ἔνια,
μᾶλλον δὲ τὰ πλεῖστα, ἐγκαταμιγνύεις τοῖς λόγοις
ἃ μηδὲ παῖς ἄρτι μανθάνων ἀγνοήσειεν ἄν· οἷον
ἐκεῖνα πῶς οἴει κατὰ γῆς δῦναι ηὐχόμην ἀκούων σου
ἐπιδεικνυμένου, ὅτε χιτώνιον μὲν καὶ τὸ ἀνδρεῖον
ᾤου λέγεσθαι, δουλάρια δὲ καὶ τοὺς ἄρρενας τῶν
ἀκολούθων ἀπεκάλεις, ἃ τίς οὐκ οἶδεν ὅτι χιτώνιον
μὲν γυναικὸς ἐσθής, δουλάρια δὲ τὰ θήλεα καλοῦσιν;
Καὶ ἄλλα πολὺ τούτων προφανέστερα, οἷον τὸ
ἵπτατο καὶ τὸ ἀπαντώμενος καὶ τὸ καθεσθείς, οὐδὲ
μετοικικὰ τῆς Ἀθηναίων φωνῆς. Ἡμεῖς οὐδὲ ποιητὰς
ἐπαινοῦμεν τοὺς κατάγλωττα γράφοντας ποιήματα.

---

63. Littéralement : petite tunique.

64. Ces erreurs qui portent sur le genre et le sexe (il emploie des
mots réservés aux femmes pour des réalités masculines) peuvent suggérer, comme plus haut, que Lexiphanès est efféminé.

65. Il aurait dû employer la forme ἐπέτετο (de πέτομαι) ; ἵπτασθαι
est un verbe très rare dont Lucien critique également l'emploi dans le
Pseudosophiste ou le Soléciste, 7. Ce qui ne l'empêche pas de l'employer
parfois en composition (voir par exemple *Le Jugement des déesses*, 5 :
καθιπτάμενοι ; 6 : συμπαριπτάμην).

même si elle n'est pas nécessaire le moins du monde à
ce que tu dis, comme tu l'as fait récemment avec le mot
« brandon » sans même savoir ce qu'il veut dire et sans
qu'il convienne au sujet. Les ignorants étaient tous sai-
sis d'admiration, les oreilles frappées par l'étrangeté du
terme, tandis que les gens instruits riaient doublement :
de toi et de ceux qui te louaient.

25. Et voici le plus ridicule de tout. Alors que tu cherches à être hyperattique et que tu as travaillé ton langage
pour le rendre le plus archaïque possible, tu mêles à tes
propos certains mots, ou plutôt la plupart d'entre eux,
sur lesquels même un enfant qui commence à étudier ne
se tromperait pas. Ainsi tu ne peux savoir combien j'ai
prié pour que la terre m'engloutisse quand je t'ai entendu
te donner en spectacle : tu pensais qu'on dit chemisier[63]
aussi pour un vêtement masculin, tu appelais petite bonne
même les serviteurs mâles[64]. Or qui donc ignore qu'un chemisier est un vêtement de femme et une petite bonne une
servante ? Il y a bien d'autres exemples, encore plus évi-
dents, comme « s'envoltigea[65] », « ayant allé au devant[66] »
et « se seyant[67] » qui n'ont même pas droit de cité dans la
langue attique. Les poètes eux-mêmes, nous ne les louons
pas quand ils écrivent des poèmes remplis de mots rares.

66. Il fait une faute de voix : il aurait dû employer l'actif (le moyen
est poétique, selon Phrynichos).
67. Dans le *Pseudosophiste ou le Soléciste,* 11, Lucien s'en prend
également à ce participe aoriste passif de καθίζω, barbarisme qui devait
donc être assez répandu, en déclarant : ἔστιν ἔκφυλον. Cependant il l'emploie en composition (*Histoires vraies, A,* 23: περικαθεσθέντες).

382 ΛΕΞΙΦΑΝΗΣ

Τὰ δὲ σά, ὡς πεζὰ μέτροις παραβάλλειν, καθάπερ
ὁ Δωσιάδα Βωμὸς ἂν εἴη καὶ ἡ τοῦ Λυκόφρονος
Ἀλεξάνδρα, καὶ εἴ τις ἔτι τούτων τὴν φωνὴν
κακοδαιμονέστερος.

Ἂν ταῦτα ζηλώσῃς καὶ μεταμάθῃς, ἄριστα
βεβουλευμένος ὑπὲρ σεαυτοῦ ἔσῃ· ἢν δὲ λάθῃς αὖθις
εἰς τὴν λιχνείαν κατολισθών, ἐμοὶ μὲν ἀποπεπλήρωται
ἡ παραίνεσις, σὺ δὲ σεαυτὸν αἰτιάσῃ, ἄν γε καὶ
ξυνῆς χείρων γενόμενος.

68. Dosiadès de Rhodes, poète du IIIe siècle avant J.-C.
69. Lycophron de Chalcis, poète grec du IVe siècle, disciple sans
doute de Gorgias. Le poème *Alexandra,* longue prédiction des malheurs

Quant à tes compositions, si l'on peut comparer la prose aux vers, elles ressemblent à l'*Autel* de Dosiadès[68] à l'*Alexandra* de Lycophron[69], ou à un ouvrage dont la langue serait encore plus maudite des dieux.

Si tu imites ce dont je t'ai parlé et si tu changes d'éducation tu auras pris une excellente décision pour toi-même. En revanche, si, sans t'en rendre compte, tu te laisses de nouveau aller sur la pente de cette intempérance verbale[70], je me serai acquitté de ma tâche de conseiller et tu n'auras à t'en prendre qu'à toi, si du moins tu es encore conscient que ton état a empiré.

---

qui suivent la prise de Troie, est écrit dans un style très précieux (vocabulaire, syntaxe, références mythologiques).

70. Littéralement de la goinfrerie, gloutonnerie.

VII. Introduction aux *Dialogues des hétaïres*

Cet ouvrage porte le numéro 67 dans la Vulgate et occupe la 80ᵉ place dans le *corpus* du *Vatic. gr.* Γ. C'est, avec les *Histoires vraies* et les *Dialogues des morts,* un des textes les plus connus de Lucien. Peut-être à cause du caractère un peu grivois de certaines pièces. Le dialogue 5, dans lequel une fausse ingénue, qui feint de ne pas comprendre ce qui lui est arrivé, évoque à demi-mots une expérience d'amour saphique, annonce – et a peut-être inspiré – les pages célèbres que Diderot consacre à ce motif dans la *Religieuse.* Dans le dialogue 12, un amant croit avoir surpris sa maîtresse dans les bras d'un jeune homme, lequel se révèle une femme à la chevelure rasée : Lucien joue sur le thème du travestissement, dont on sait la postérité dans la littérature libertine. Quant au dialogue 6, où une mère pousse sa jeune fille à se vendre, il mêle le pathétique (Corinne pleure en apprenant le destin qui l'attend) et les détails piquants (comment une hétaïre doit se comporter à table et au lit). Ce recueil, accompagné parfois d'illustrations assez lestes, figurait souvent en bonne place dans les bibliothèques des amateurs d'ouvrages légèrement licencieux[1]. À la fin du XIXᵉ siè-

---

1. J. Bﾟﾟﾟ, *op. cit.*, p. 571, évoque joliment des « éditions de luxe abondamment illustrées, destinées au rayon clandestin aux côtés de l'*Art d'aimer* ».

cle, Pierre Louÿs en a donné une traduction qui a obtenu
un grand succès[2].

Dans ces traductions, il était d'usage de traduire le
mot ἑταίρα par « courtisane », ce qui correspondait à une
réalité de l'époque. Il nous a semblé que de nos jours, ce
terme était un peu vieilli et n'évoquait plus grand-chose au
lecteur d'aujourd'hui. D'autre part, et plus profondément,
nous pensons qu'il faut se garder de ramener systématiquement le monde grec au nôtre, ce qui risque d'en fausser
la spécificité. C'est ainsi qu'en traduisant αὐλός par flûte,
des générations de traducteurs ont suggéré à leurs lecteurs « une image faussement douce, édulcorée de la musique antique (…) : *aulos* et *tibia* étaient des instruments à
anche double, c'est-à-dire des hautbois avec un mordant
peut-être comparable à celui de la *raïta*… au son parfaitement aigre[3]. » De même, rendre le mot éphèbe, comme on
l'a fait si souvent, par « jeune homme », voire « beau jeune
homme », amène à une méconnaissance complète de l'institution de l'éphébie, si importante à Athènes[4]. Si l'hétaïre
a beaucoup de points communs avec la courtisane française du XIXe siècle, elle se rapproche tout autant de ses
sœurs, la geisha japonaise ou la demoiselle du Quartier des
Saules de la Chine ancienne. Aussi préférons-nous la désigner par son nom grec.

Le mot ἑταίρα est le féminin de l'adjectif ἑταῖρος qui
désigne le compagnon : celui-ci est moins un ami (φίλος)
que celui dont on partage les activités, voire les engage-
ments politiques. Durant la guerre du Péloponnèse, les

---

2. Pierre Louÿs, 1892.

3. A Schaeffner, *Origine des instruments de musique,* Paris, 1936,
rééd. 1968, p. 270. Voir aussi A. Bélis, *Les Musiciens dans l'Antiquité,*
Paris, 1999.

4. P. Vidal-Naquet, *Le Chasseur noir,* Paris, 1981.

« compagnonnages » (ἑταιρεῖαι ou ἑταιρίαι) prirent la forme de véritables factions politiques, et c'est notamment en leur sein que se prépara la révolution oligarchique de 411. Dans le même esprit, les cavaliers issus de l'aristocratie macédonienne qui entouraient le roi étaient appelés ἑταῖροι : les plus célèbres sont ceux qui accompagnèrent Alexandre dans ses conquêtes.

L'hétaïre se distingue aussi nettement de l'épouse (γυνή) que de la concubine (παλλακή). Ce n'est pas non plus une simple prostituée (πόρνη). Il peut s'agir d'une femme brillante et cultivée, recherchée par les hommes les plus éminents : ce fut le cas notamment de Phrynè qui inspira des statues à Praxitèle[5] et dont Hypéride assura la défense[6], ou d'Aspasie, la compagne de Périclès, dans la bouche de qui Platon met l'éloge funèbre de son *Ménexène*. « Cette femme recevait parfois la visite de Socrate et de ses disciples, et ceux qui la fréquentaient lui amenaient leurs épouses pour leur faire entendre sa conversation, alors que pourtant le métier qu'elle exerçait n'était ni honnête ni respectable : elle formait de petites hétaïres[7] ». Mais l'hétaïre peut être aussi une fille pauvre et ignorante, dont les protecteurs appartiennent aux classes plus modestes de la société : paysans, matelots. C'est de toute évidence à cette dernière catégorie qu'appartiennent les personnages de Lucien.

Les quinze dialogues qu'il consacre aux hétaïres occupent une place à part dans son œuvre. Celle-ci est en effet résolument masculine. Les femmes en sont presque totalement absentes ou ne jouent qu'un rôle très secon-

5. Pline l'Ancien, *Histoires naturelles,* XXXIV, 70 ; Plutarque, *Sur la disparition des oracles,* 401, a-e.

6. Athénée, XIII, 590-591.

7. Plutarque, *Vie de Périclès,* XXIV, 5.

daire. Bien plus, dans les *Histoires vraies*, le texte le plus romanesque de notre auteur, celui où son imagination est donc la plus libre, s'exprime un véritable rejet du monde féminin. Les Sélénites, qui « ignorent absolument jusqu'au nom de femme », se tiennent lieu d'épouse, puis d'époux, et se reproduisent par le mollet, en « pratiquant le mariage entre mâles », ou en enfouissant le testicule droit d'un homme dans le sol[8]. À l'inverse, les rencontres du narrateur et de ses compagnons avec des femmes sont toujours maléfiques, qu'il s'agisse des femmes-vignes dont l'étreinte est funeste, la victime restant attachée par le sexe à leurs sarments et à leurs vrilles[9], ou des femmes aux jambes d'âne qui dévorent les visiteurs, ne laissant d'eux que des ossements et des crânes[10].

Or dans les *Dialogues des hétaïres*, non seulement Lucien donne la première place à des femmes, mais il va jusqu'à adopter leur regard et même leur voix. Neuf pièces ne font dialoguer que des personnages féminins : c'est l'occasion de confidences amoureuses parfois, mais aussi de conseils, généralement donnés par la plus âgée, sur la manière dont il faut manœuvrer pour attiser le désir des hommes et tirer d'eux le plus de profit possible. Quant aux hommes qui interviennent dans les six autres, le moins qu'on puisse dire, c'est qu'ils ne maîtrisent guère la situation : un marin est éconduit faute d'argent (dialogue 14) ; un jaloux voit ses soupçons ridiculisés (dialogue 12) ; un jeune homme est poussé au désespoir par une vieille coquette avant d'être consolé par une hétaïre plus jeune (dialogue 11) ; un soldat fanfaron voit ses mensonges se retourner contre lui (dialogue 13) ; un autre, trahi par sa bien-aimée qui a trouvé plus

8. *Histoires vraies A*, 22.
9. *Histoires vraies A*, 9.
10. *Histoires vraies, B*, 46.

riche que lui pendant qu'il était en campagne, en est réduit à proférer de ridicules menaces de bravache (dialogue 9).

Lucien se fait-il pour autant le porte-parole de ces hétaïres dont il admirerait l'énergie et plaindrait la condition ? Rien n'est moins sûr. N'oublions pas que dans *Lysistrata* et dans l'*Assemblée des femmes*, Aristophane a, bien avant lui, donné la parole à des femmes résolues, désireuses d'imposer une politique qui ne déplaît pas à l'auteur comique. Ce qui ne l'empêche pas dans ces deux pièces et dans les *Thesmophories,* où elles jouent également un rôle très important, de souligner, dans la grande tradition misogyne de la comédie, les défauts des femmes : elles sont présentées comme des coquettes, dépensières et menteuses, promptes à l'adultère et portées sur le vin. Les hétaïres sont l'objet dans son œuvre d'attaques violentes, notamment Aspasie[11], à laquelle s'en prennent également Cratinos et Eupolis[12].

Reprenant ce motif, les Comédies Moyenne et Nouvelle ont souvent dressé des hétaïres un portrait très noir. Elles sont rapaces et vulgaires : c'est le cas chez Plaute de Philenium dans l'*Asinaria*, pièce imitée de Démophile, ou de l'abominable Phronesium du *Truculentus*, qui dépouille un soldat babylonien tout en ruinant d'autres amants. Il est clair que la Pannychis du dialogue 9 de Lucien est directement inspirée de ce « type ». Quant à ses peintures d'hétaïres vieillies aux cheveux rares, grisonnants, teints ou cachés par une perruque (dialogues 1 et 11), elles rejoignent de nombreux fragments de Ménandre[13].

---

11. Voir notamment *Acharniens,* 324-325 ; vers cités par Plutarque, *Périclès,* XXX, 4.

12. *Ibid.,* 9-10.

13. Voir J. Bompaire, *op. cit.,* p. 217 et la note 3.

Mais la Comédie Moyenne et surtout la Néa ont également mis en scène des hétaïres aimantes et généreuses : pensons, chez Ménandre, à l'Habrotomon de l'*Arbitrage* ou à la Chrysis de la *Samienne*, qui par générosité accepte d'être chassée ignominieusement, et chez Térence, à Bacchis, la bonne *meretrix* de l'*Hécyre*. Si Lucien met en scène avec délicatesse la jeune Corinne à peine sortie de l'enfance, Myrtion qui craint d'être abandonnée, enceinte, par son amant, ou Mousarion qui, malgré les avis de sa mère, accorde gratuitement ses faveurs à un jeune homme à « la peau douce », il hérite ces motifs de la Néa, qui fait une grande place au pathétique[14].

En effet, peu d'œuvres de Lucien doivent autant à la Comédie, et notamment à Ménandre, que ces quinze dialogues[15]. Outre les hétaïres, Lucien emprunte de nombreux autres personnages au répertoire comique. Les « mères » des dialogues 6 et 7 ont tout de l'entremetteuse. La sorcière thessalienne du dialogue 4, qui boit un cratère entier de vin, rappelle, entre autres, la Corianno de Phérécratès[16] et la Leaena du *Cucurlio* de Plaute[17]. Quant aux figures masculines, les jeunes gens ressemblent trait pour trait aux *adulescentes* de la comédie : timides et gauches (dialogue 11), sommés par leurs parents d'épouser quelque riche héritière (dialogues 2, 4, 7), soumis à une stricte surveillance par leurs pères (dialogues 10, 12), impétueux, passionnés, jaloux (dia-

---

14. Voir notamment le portrait d'une beauté en pleurs que propose Térence, *Phormion*, 103-108, d'après une pièce d'Apollonios de Carystos, dont l'œuvre est postérieure à celle de Ménandre.

15. Voir Ph.-E. Legrand, « Les *Dialogues des courtisanes* comparés avec la Comédie », *Revue des Études Grecques*, 20, 1906, p. 176-231 et 21, 1908, p. 39-79.

16. Voir J. Bompaire, *ibid.*

17. *Cucurlio*, 97 sq.

logues 4, 10). La « mère » de Mousarion fait d'ailleurs une allusion implicite à la comédie, quand elle évoque les ruses que peut employer un jeune homme pour soutirer de l'argent à ses parents, en s'aidant d'un esclave et en menaçant de s'embarquer comme soldat : ce sont les procédés sur lesquels repose l'intrigue d'innombrables pièces comiques. Parmi les amants des hétaïres, on trouve également deux « types » abondamment traités par la comédie : les paysans et les soldats. Les paysans (dialogues 7 et 15) « sont les héritiers de tous les rustres mis en scène depuis Épicharne et le goût de Gorgos pour la flûte et la danse est dans le ton du mime alexandrin ; certes Gorgos boit sec et son confrère d'Acharnes sent mauvais, comme leur modèle des *Caractères*[18], mais le trait est fréquent dans la Comédie[19]. » Quant aux soldats fanfarons, présents dans les dialogues 9 et 13, le « type » en a été consacré par la Comédie nouvelle, notamment chez Ménandre[20] et Plaute. En lisant le dialogue 13, où le vantard Léontichos voit ses mensonges confirmés par Chénidas, comment ne pas penser à l'ouverture du *Miles gloriosus* où Astrologus, parasite de Pyrgopolinice, corrobore les vantardises les plus éhontées de son protecteur qui se vante d'avoir taillé tous ses ennemis en chair à pâté ?

Reprenant le texte de Lucien s'il lui est postérieur, ou puisant son inspiration aux mêmes sources, c'est-à-dire surtout dans la comédie, avec une prédilection marquée pour Ménandre, Alciphron s'est intéressé lui aussi aux

18 Dans le chapitre 3 (ἀγροικία) des *Caractères* de THÉOPHRASTE.

19 J. BOMPAIRE, *op. cit.*, p. 214 : il cite notamment ARISTOPHANE, *Nuées*, 50 et se réfère à une pièce de MÉNANDRE, Φεωργός ou Ἀγροικός.

20 Ph.-E. LEGRAND, art. cit., p. 70-74, rapproche ces dialogues du Κόλαξ et du Μισούμενος de Ménandre.

hétaïres, auxquelles est consacré le quatrième livre de
ses lettres fictives[21]. Certaines de ces femmes sont célèbres par elles-mêmes ou par leurs amants : outre Phryné,
on rencontre Glycéra, l'amante de Ménandre, Lamia,
celle de Démétrios Poliorcète, Léontion, celle d'Épicure.
C'est l'occasion pour l'auteur de peindre les grands hommes sous un jour inattendu et piquant. Dans l'intimité,
ils ne sont plus si grands, et Lamia s'étonne : « Est-ce
bien lui, le preneur de cités ? Est-ce lui qui commande
aux armées ? Est-ce vraiment lui que craignent la Macédoine et la Grèce et la Thrace. Aujourd'hui, par Aphrodite, c'est moi qui vais l'assiéger avec mon *aulos*[22]. » Le
portrait que les hétaïres dressent de ces personnages célèbres est souvent tendre[23], parfois ironique et irrévéren-
cieux : ainsi, Léontion montre méchamment que dans sa
vie privée, Épicure ne sait pas dominer ses passions, et à
« ce pouilleux, cet éternel malade tout enveloppé de toi-
sons brutes en guise de lainages[24] », elle préfère un beau
jeune homme. D'autres hétaïres, qui ressemblent davantage à celles de Lucien, sont des filles simples qui se
jalousent[25], redoutent la pauvreté[26], se livrent à de cocasses concours de beauté en comparant leurs fesses[27], et
organisent des banquets qui ne ressemblent que fort peu
à celui de Platon[28].

21 ALCIPHRON, *Lettres de pêcheurs, de paysans, de parasites et
d'hétaïres*, Paris, 1999.
22. *Lettres*, IV, 16.
23. Les *Lettres* IV, 18 et 19 de Ménandre et de Glycéra sont de
vraies lettres d'amour.
24 *Lettres*, IV, 17.
25. *Lettres*, IV, 6 et 10.
26. *Lettres*, IV, 9.
27. *Lettres*, IV, 14.
28. *Lettres*, IV, 13 et 14.

On voit donc la richesse du motif. Lucien, en donnant la parole aux hétaïres, Alciphron, en leur confiant le calame, opèrent un joyeux renversement des rôles et du regard.

I
ΓΛΥΚΕΡΑ ΚΑΙ ΘΑΙΣ

1. ΓΛΥΚΕΡΑ. Τὸν στρατιώτην, Θαί, τὸν Ἀκαρνᾶνα, ὃς πάλαι μὲν Ἀβρότονον εἶχε, μετὰ ταῦτα δὲ ἠράσθη ἐμοῦ, τὸν εὐπάρυφον λέγω, τὸν ἐν τῇ χλαμύδι, οἶσθα αὐτόν, ἢ ἐπιλέλησαι τὸν ἄνθρωπον;

ΘΑΙΣ. Οὔκ, ἀλλὰ οἶδα, ὦ Γλυκέριον, καὶ συνέπιε μεθ᾽ ἡμῶν πέρυσιν ἐν τοῖς Ἁλώοις. Τί δὲ τοῦτο; Ἐῴκεις γάρ τι περὶ αὐτοῦ διηγεῖσθαι.

ΓΛΥΚΕΡΑ. Γοργόνα αὐτὸν ἡ παμπόνηρος, φίλη δοκοῦσα εἶναι, ἀπέσπασεν ἀπ᾽ ἐμοῦ ὑπαγαγοῦσα.

ΘΑΙΣ. Καὶ νῦν σοὶ μὲν ἐκεῖνος οὐ πρόσεισι, Γοργόναν δὲ ἑταίραν πεποίηται;

ΓΛΥΚΕΡΑ. Ναί, ὦ Θαί, καὶ τὸ πρᾶγμα οὐ μετρίως μου ἥψατο.

ΘΑΙΣ. Πονηρὸν μέν, ὦ Γλυκέριον, οὐκ ἀδόκητον δέ, ἀλλ᾽ εἰωθὸς γίγνεσθαι ὑφ᾽ ἡμῶν τῶν ἑταιρῶν. Οὔκουν χρὴ οὔτε ἀνιᾶσθαι ἄγαν οὔτε μέμφεσθαι τῇ Γοργόνῃ· οὐδὲ γὰρ σὲ Ἀβρότονον ἐπ᾽ αὐτῷ πρότερον

---

1. L'Acarnanie est une région montagneuse, au nord-ouest de la Grèce.

I
GLYCÉRA, THAÏS

1. GLYCÉRA : Dis-moi, Thaïs, ce soldat, cet Acarna-nien[1] qui entretenait autrefois Abrotonon et qui est ensuite devenu mon amant, je parle de l'homme au vêtement brodé, celui qui porte la chlamyde… Tu le connais ? Ou l'as-tu oublié ?

THAÏS : Non, je le connais, ma petite Glycéra. Il a bu avec nous l'an passé aux Haloa[2]. Alors, qu'y a-t-il ? On dirait que tu as quelque chose à me raconter sur lui.

GLYCÉRA : Gorgona, cette fille très méchante, qui fait semblant d'être mon amie, me l'a enlevé. Elle l'a séduit en douce.

THAÏS : Alors maintenant, il ne viendra plus te voir ? Il a fait de Gorgona son hétaïre ?

GLYCÉRA : Oui, Thaïs, et cela m'a bien contrariée.

THAÏS : C'est méchant de sa part, chère Glycéra, mais cela n'a rien d'étonnant. Nous avons l'habitude d'agir ainsi, nous autres hétaïres. Il ne faut donc pas en avoir trop de chagrin, ni en vouloir à Gorgona. Après tout, Abroto-non ne t'a pas fait de reproches à propos de lui, et pour-

---

2. Fêtes en l'honneur de Déméter, littéralement fête des aires (ἅλως désigne l'aire à battre le blé).

ἐμέμψατο, καίτοι φίλαι ἦτε. 2. Ἀτὰρ ἐκεῖνο θαυμάζω,
τί καὶ ἐπήνεσεν αὐτῆς ὁ στρατιώτης οὗτος, ἐκτὸς
εἰ μὴ παντάπασι τυφλός ἐστιν, ὃς οὐχ ὡράκει τὰς
μὲν τρίχας αὐτὴν ἀραιὰς ἔχουσαν καὶ ἐπὶ πολὺ
τοῦ μετώπου ἀπηγμένας· τὰ χείλη δὲ πελιδνὰ καὶ
τράχηλος λεπτὸς καὶ ἐπίσημοι ἐν αὐτῷ αἱ φλέβες
καὶ ῥὶς μακρά. Ἓν μόνον, εὐμήκης ἐστὶ καὶ ὀρθὴ
καὶ μειδιᾷ πάνυ ἐπαγωγόν.

ΓΛΥΚΕΡΑ. Οἴει γάρ, ὦ Θαΐ, τῷ κάλλει ἠρᾶσθαι
τὸν Ἀκαρνᾶνα; οὐκ οἶσθα ὡς φαρμακὶς ἡ Χρυσάριόν
ἐστιν ἡ μήτηρ αὐτῆς, Θεσσαλάς τινας ᾠδὰς
ἐπισταμένη καὶ τὴν σελήνην κατάγουσα; φασὶ δὲ
αὐτὴν καὶ πέτεσθαι τῆς νυκτός· ἐκείνη ἐξέμηνε
τὸν ἄνθρωπον πιεῖν τῶν φαρμάκων ἐγχέασα, καὶ
νῦν τρυγῶσιν αὐτόν.

ΘΑΙΣ. Καὶ σὺ ἄλλον, ὦ Γλυκέριον, τρυγήσεις,
τοῦτον δὲ χαίρειν ἔα.

II
ΜΥΡΤΙΟΝ ΚΑΙ ΠΑΜΦΙΛΟΣ ΚΑΙ ΔΩΡΙΣ

ΜΥΡΤΙΟΝ. 1. Γαμεῖς, ὦ Πάμφιλε, τὴν Φίλωνος
τοῦ ναυκλήρου θυγατέρα καὶ ἤδη σε γεγαμηκέναι
φασίν; Οἱ τοσοῦτοι δὲ ὅρκοι οὓς ὤμοσας καὶ τὰ
δάκρυα ἐν ἀκαρεῖ πάντα οἴχεται, καὶ ἐπιλέλησαι
Μυρτίου νῦν, καὶ ταῦτα, ὦ Πάμφιλε, ὁπότε κύω μῆνα

---

3. Les sorcières de Thessalie étaient réputées (cf. LUCAIN, *Bellum
ciuile*, VI, 413 sq.).

tant, vous étiez amies. 2. Mais je me demande ce que ce soldat a bien pu trouver à Gorgona : à moins qu'il ne soit complètement aveugle, comment n'a-t-il pas vu qu'elle avait les cheveux rares, laissant dégarnie une grande partie du front, des lèvres livides, le cou maigre avec des veines saillantes, le nez trop long ? Elle n'a pour elle qu'une chose : elle est grande, se tient droite et sourit de manière enjôleuse.

GLYCÉRA : Parce que tu crois, Thaïs, que l'Acarnanien est attiré par sa beauté ? Tu ne sais pas que Chrysarion, la mère de Gorgona, est une sorcière, qu'elle connaît des incantations de Thessalie[3] et qu'elle peut faire descendre la lune[4] ? On dit même qu'elle vole la nuit. C'est elle qui a rendu fou le garçon en lui faisant boire des philtres, et maintenant, elles le plument...

THAÏS : Et toi, chère Glycéra, tu en plumeras un autre. Envoie promener celui-là !

II
MYRTION, PAMPHYLOS, DORIS

1. MYRTION : Alors, tu vas te marier, Pamphilos, avec la fille de l'armateur Philon ! On dit même que tu es déjà marié. Les grands serments que tu as prêtés, tes pleurs, tout a disparu en un instant. Maintenant tu as oublié Myrtion, et cela, Pamphilos, alors que je suis déjà enceinte de

---

4. On croyait que les incantations magiques avaient le pouvoir de déplacer la lune et les astres pour les attirer vers la terre (cf. PROPERCE, II, XXVIII, B, 3 ; OVIDE, *Métamorphoses,* VII, 207-8 ; LUCAIN, *Bellum ciuile,* VI, 499-506).

ὄγδοον ἤδη; τοῦτο γοῦν καὶ μόνον ἐπριάμην τοῦ σοῦ
ἔρωτος, ὅτι μου τηλικαύτην πεποίηκας τὴν γαστέρα
καὶ μετὰ μικρὸν παιδοτροφεῖν δεήσει, πρᾶγμα ἑταίρᾳ
βαρύτατον· οὐ γὰρ ἐκθήσω τὸ τεχθέν, καὶ μάλιστα
εἰ ἄρρεν γένοιτο, ἀλλὰ Πάμφιλον ὀνομάσασα ἐγὼ
μὲν ἕξω παραμύθιον τοῦ ἔρωτος, σοὶ δὲ ὀνειδιεῖ
ποτε ἐκεῖνος, ὡς ἄπιστος γεγένησαι περὶ τὴν ἀθλίαν
αὐτοῦ μητέρα. Γαμεῖς δ' οὐ καλὴν παρθένον· εἶδον
γὰρ αὐτὴν ἔναγχος ἐν τοῖς Θεσμοφορίοις μετὰ
τῆς μητρός, οὐδέπω εἰδυῖα ὅτι δι' αὐτὴν οὐκέτι
ὄψομαι Πάμφιλον. Καὶ σὺ δ' οὖν πρότερον ἰδοῦ
αὐτὴν καὶ τὸ πρόσωπον καὶ τοὺς ὀφθαλμοὺς ἰδέ·
μή σε ἀνιάτω, εἰ πάνυ γλαυκοὺς ἔχει αὐτοὺς μηδὲ
ὅτι διάστροφοί εἰσι καὶ ἐς ἀλλήλους ὁρῶσι· μᾶλλον
δὲ τὸν Φίλωνα ἑώρακας τὸν πατέρα τῆς νύμφης,
τὸ πρόσωπον αὐτοῦ οἶσθα, ὥστε οὐδὲν ἔτι δεήσει
τὴν θυγατέρα ἰδεῖν.

2. ΠΑΜΦΙΛΟΣ. Ἔτι σου ληρούσης, ὦ Μύρτιον,
ἀκούσομαι παρθένους καὶ γάμους ναυκληρικοὺς
διεξιούσης; Ἐγὼ δὲ ἢ σιμήν τινα ἢ καλὴν νύμφην
οἶδα; Ἢ ὅτι Φίλων ὁ Ἀλωπεκῆθεν – οἶμαι γὰρ
ἐκεῖνον λέγειν σε – θυγατέρα ὅλως εἶχεν ὡραίαν
ἤδη γάμου; Ἀλλ' οὐδὲ φίλος ἐστὶν οὗτος τῷ πατρί·
μέμνημαι γὰρ ὡς πρῴην ἐδικάσατο περὶ συμβολαίου·
τάλαντον, οἶμαι, ὀφείλων γὰρ τῷ πατρὶ οὐκ ἤθελεν
ἐκτίνειν, ὁ δὲ παρὰ τοὺς ναυτοδίκας ἀπήγαγεν
αὐτόν, καὶ μόλις ἐξέτισεν αὐτό, οὐδ' ὅλον, ὡς ὁ
πατὴρ ἔφασκεν. Εἰ δὲ καὶ γαμεῖν ἐδέδοκτό μοι, τὴν
Δημέου θυγατέρα τὴν τοῦ πέρυσιν ἐστρατηγηκότος

huit mois ! Voici donc le seul profit que j'ai retiré de ton amour : le ventre si gros que tu m'as fait et l'obligation de nourrir un enfant sous peu – une catastrophe pour une hétaïre ! Car je ne vais pas exposer[5] le petit, surtout si c'est un garçon. Je l'appellerai Pamphilos et je le garderai pour me consoler de mon amour : un jour il viendra te reprocher d'avoir été infidèle à sa pauvre mère. Quant à la fille que tu vas épouser, elle n'est pas jolie : je l'ai vue récemment aux Thesmophories* avec sa mère – je ne savais pas encore qu'à cause d'elle je ne verrais plus Pamphilos. Mais toi aussi, regarde-la donc auparavant ! Observe son visage, ses yeux ! Il ne faudrait pas que tu sois contrarié qu'elle les ait si glauques, qu'ils louchent et se regardent l'un l'autre. D'ailleurs tu as vu Philon, le père de la fiancée, tu connais son visage, ce qui fait que tu n'auras plus besoin de regarder la fille.

2. PAMPHILOS : Vais-je encore t'entendre débiter des sornettes, Myrtion, et me parler de mariages dans des familles d'armateurs ? Est-ce que moi, je connais la moindre fiancée – jolie ou au nez camus ? Est-ce que Philon d'Alopéké (car j'imagine que c'est de lui que tu parles) a seulement une fille en âge d'être mariée ? D'ailleurs ce n'est même pas un ami de mon père. Celui-ci, l'autre jour, je m'en souviens, lui a intenté un procès pour dette : je crois que Philon lui devait un talent* et ne voulait pas le rembourser. Mon père l'a traîné devant les juges maritimes, il a eu beaucoup de mal à récupérer son dû, et encore, pas en totalité, disait-il. Et puis, si j'avais décidé de me marier, est-ce que j'aurais refusé la fille de

5. Les enfants dont on ne voulait pas étaient abandonnés aux carrefours ou sur les tas d'ordures. Ils y mouraient, sauf s'ils étaient recueillis par des marchands d'esclaves qui les élevaient pour les vendre ou les prostituer.

ἀφείς, καὶ ταῦτα πρὸς μητρὸς ἀνεψιὰν οὖσαν, τὴν
Φίλωνος ἐγάμουν ἄν; Σὺ δὲ πόθεν ταῦτα ἤκουσας;
Ἢ τίνας σεαυτῇ, ὦ Μύρτιον, κενὰς ζηλοτυπίας
σκιαμαχοῦσα ἐξεῦρες;

3. ΜΥΡΤΙΟΝ. Οὐκοῦν οὐ γαμεῖς, ὦ Πάμφιλε;

ΠΑΜΦΙΛΟΣ. Μέμηνας, ὦ Μύρτιον, ἢ κραιπαλᾷς;
Καίτοι χθὲς οὐ πάνυ ἐμεθύσθημεν.

ΜΥΡΤΙΟΝ. Ἡ Δωρὶς αὕτη ἐλύπησέ με· πεμφθεῖσα
γὰρ ὡς ἔρια ὠνήσαιτό μοι ἐπὶ τὴν γαστέρα καὶ
εὔξαιτο τῇ Λοχείᾳ ὡς ὑπὲρ ἐμοῦ, Λεσβίαν ἔφη
ἐντυχοῦσαν αὐτῇ – μᾶλλον δὲ σὺ αὐτῷ, ὦ Δωρί, λέγε
ἅπερ ἀκήκοας, εἴ γε μὴ ἐπλάσω ταῦτα.

ΔΩΡΙΣ. Ἀλλ᾽ ἐπιτριβείην, ὦ δέσποινα, εἴ τι
ἐψευσάμην· ἐπεὶ γὰρ κατὰ τὸ πρυτανεῖον ἐγενόμην,
ἐνέτυχέ μοι ἡ Λεσβία μειδιῶσα καὶ φησίν· Ὁ
ἐραστὴς ὑμῶν ὁ Πάμφιλος γαμεῖ τὴν Φίλωνος
θυγατέρα· εἰ δὲ ἀπιστοίην, ἠξίου με παρακύψασαν
ἐς τὸν στενωπὸν ὑμῶν ἰδεῖν πάντα κατεστεφανωμένα
καὶ αὐλητρίδας καὶ θόρυβον καὶ ὑμέναιον ᾄδοντάς
τινας.

ΠΑΜΦΙΛΟΣ. Τί οὖν; Παρέκυψας, ὦ Δωρί;

ΔΩΡΙΣ. Καὶ μάλα, καὶ εἶδον ἅπαντα ὡς ἔφη.

4. ΠΑΜΦΙΛΟΣ. Μανθάνω τὴν ἀπάτην· οὐ γὰρ
πάντα ἡ Λεσβία, ὦ Δωρί, πρὸς σὲ ἐψεύσατο καὶ
σὺ τἀληθῆ ἀπήγγελκας Μυρτίῳ. Πλὴν μάτην γε
ἐταράχθητε· οὔτε γὰρ παρ᾽ ἡμῖν οἱ γάμοι, ἀλλὰ
νῦν ἀνεμνήσθην ἀκούσας τῆς μητρός, ὁπότε χθὲς
ἀνέστρεψα παρ᾽ ὑμῶν· ἔφη γάρ· Ὦ Πάμφιλε, ὁ μὲν
ἡλικιώτης σοι Χαρμίδης τοῦ γείτονος Ἀρισταινέτου

---

6. Épithète d'Artémis qui préside aux accouchements.

Déméas, qui a été stratège l'an dernier, alors qu'elle est ma cousine du côté de ma mère, pour épouser la fille de Philon ? Dis-moi, de qui tiens-tu cette histoire ? À moins que tu ne te sois inventé toi-même, Myrtion, de vains motifs de jalousie, en te battant contre des ombres ?

3. MYRTION : Alors tu ne vas pas te marier, Pamphilos ?

PAMPHILOS : Tu es folle, Myrtion, ou tu es saoule. Pourtant hier nous n'avons rien bu du tout.

MYRTION : C'est Doris qui m'a bouleversée. Je l'avais envoyée m'acheter de la laine pour ma grossesse, et prier Locheia[6] à mon intention : elle m'a dit qu'elle avait rencontré Lesbia… Ou plutôt, Doris, raconte-lui toi-même ce que tu as entendu dire, si du moins tu ne l'as pas inventé.

DORIS : Que je meure, maîtresse, si j'ai proféré le moindre mensonge ! Quand je suis arrivée au prytanée*, Lesbia est venue vers moi, souriante ; elle m'a dit : « Alors votre amoureux, Pamphilos, épouse la fille de Philon ! » Elle m'invitait, si je refusais de la croire, à jeter un coup d'œil dans votre ruelle : je verrais des couronnes partout, des joueuses d'aulos*, un grand branle-bas, des gens chantant l'hyménée…

PAMPHILOS : Et alors, Doris ? Tu es allée jeter un coup d'œil ?

DORIS : Parfaitement, et j'ai tout vu comme elle avait dit.

4. PAMPHILOS : Je comprends l'erreur. Lesbia ne t'a pas trompée en tout, et tu as rapporté la vérité à Myrtion. Seulement vous vous êtes tourmentées pour rien. Le mariage n'avait pas lieu chez nous. Je me rappelle maintenant avoir entendu ma mère me dire hier, quand je suis rentré de chez vous : « Pamphilos, ton camarade Charmide, qui a le même âge que toi, le fils du voisin Aristainétos, se

υἱὸς γαμεῖ ἤδη καὶ σωφρονεῖ, σὺ δὲ μέχρι τίνος ἑταίρα σύνει; τοιαῦτα παρακούων αὐτῆς ἐς ὕπνον κατηνέχθην· εἶτα ἕωθεν προῆλθον ἀπὸ τῆς οἰκίας, ὥστε οὐδὲν εἶδον ὧν ἡ Δωρὶς ὕστερον εἶδεν. Εἰ δὲ ἀπιστεῖς, αὖθις ἀπελθοῦσα, ὦ Δωρί, ἀκριβῶς ἰδὲ μὴ τὸν στενωπόν, ἀλλὰ τὴν θύραν, πότερα ἐστὶν ἡ κατεστεφανωμένη· εὑρήσεις γὰρ τὴν τῶν γειτόνων.

ΜΥΡΤΙΟΝ. Ἀπέσωσας, ὦ Πάμφιλε· ἀπηγξάμην γὰρ ἄν, εἴ τι τοιοῦτο ἐγένετο.

ΠΑΜΦΙΛΟΣ. Ἀλλ' οὐκ ἂν ἐγένετο, μηδ' οὕτω μανείην, ὡς ἐκλαθέσθαι Μυρτίου, καὶ ταῦτα ἤδη μοι κυούσης παιδίον.

III

MHTHP KAI ΦΙΛΙΝΝΑ

1. ΜΗΤΗΡ. Ἐμάνης, ὦ Φίλιννα, ἢ τί ἔπαθες ἐν τῷ ξυμποσίῳ χθές; Ἧκε γὰρ παρ' ἐμὲ Δίφιλος ἕωθεν δακρύων καὶ διηγήσατό μοι ἃ ἔπαθεν ὑπὸ σοῦ· μεμεθύσθαι γάρ σε καὶ ἐς τὸ μέσον ἀναστᾶσαν ὀρχήσασθαι αὐτοῦ διακωλύοντος καὶ μετὰ ταῦτα φιλῆσαι Λαμπρίαν τὸν ἑταῖρον αὐτοῦ, καὶ ἐπεὶ ἐχαλέπηνέ σοι, καταλιποῦσαν αὐτὸν ἀπελθεῖν πρὸς τὸν Λαμπρίαν καὶ περιβαλεῖν ἐκεῖνον, ἑαυτὸν δὲ ἀποπνίγεσθαι τούτων γιγνομένων. Ἀλλ' οὐδὲ τῆς νυκτός, οἶμαι, συνεκάθευδες, καταλιποῦσα δὲ δακρύοντα μόνη ἐπὶ τοῦ πλησίον σκίμποδος κατέκεισο ᾄδουσα καὶ λυποῦσα ἐκεῖνον.

2. ΦΙΛΙΝΝΑ. Τὰ γὰρ αὑτοῦ σοι, ὦ μῆτερ, οὐ διηγήσατο· οὐ γὰρ ἂν συνηγόρευες αὐτῷ ὑβριστῇ

marie déjà. Il se range. Et toi, combien de temps encore vas-tu rester avec une hétaïre ? » Je n'ai écouté que d'une oreille ce genre de propos, et je suis allé dormir. Ensuite j'ai quitté la maison dès l'aurore, et je n'ai donc rien vu de ce que Doris a vu plus tard. Si tu ne me crois pas, retournes-y, Doris, et regarde avec attention non pas la ruelle, mais la porte. Vois laquelle des deux est ornée de couronnes. Tu constateras que c'est celle des voisins.

MYRTION : Tu m'as sauvée, Pamphilos. Je me serais pendue si une chose pareille était arrivée.

PAMPHILOS : Elle n'aurait pas pu arriver. Puissé-je ne pas être fou au point d'oublier Myrtion, surtout quand elle porte mon enfant !

III
LA MÈRE, PHILINNA

1. LA MÈRE : Es-tu devenue folle, Philinna ? Qu'est-ce qui t'est arrivé, hier, pendant le banquet ? Diphilos est venu me trouver dès l'aurore en pleurant. Il m'a raconté comment tu l'as traité. À l'en croire, tu avais bu, tu t'es levée au milieu des convives et tu t'es mise à danser, malgré ses efforts pour t'en empêcher ; après quoi tu as embrassé son camarade Lamprias, et comme Diphilos se fâchait contre toi, tu l'as quitté pour rejoindre et enlacer Lamprias, tandis que Diphilos suffoquait d'indignation à ce spectacle. J'imagine que tu n'as même pas dormi avec lui cette nuit : tu l'as laissé pleurer et tu t'es couchée toute seule sur le lit voisin en chantant, pour lui faire de la peine.

2. PHILINNA : Mais il ne t'a pas raconté comment il s'est comporté, lui, mère. Sinon, tu ne prendrais pas le

ὄντι, ὃς ἐμοῦ ἀφέμενος ἐκοινολογεῖτο Θαΐδι τῇ
Λαμπρίου ἑταίρᾳ, μηδέπω ἐκείνου παρόντος· ἐπεὶ
δὲ χαλεπαίνουσαν εἶδέ με καὶ διένευσα αὐτῷ οἷα
ποιεῖ, τοῦ ὠτὸς ἄκρου ἐφαψάμενος ἀνακλάσας τὸν
αὐχένα τῆς Θαΐδος ἐφίλησεν οὕτω προσφυῶς, ὥστε
μόλις ἀπέσπασε τὰ χείλη, εἶτ᾽ ἐγὼ μὲν ἐδάκρυον,
ὁ δὲ ἐγέλα καὶ πρὸς τὴν Θαΐδα πολλὰ πρὸς τὸ
οὖς ἔλεγε κατ᾽ ἐμοῦ δηλαδή, καὶ ἡ Θαῒς ἐμειδίασε
βλέπουσα πρὸς ἐμέ. Ὡς δὲ προσιόντα ᾔσθοντο τὸν
Λαμπρίαν καὶ ἐκορέσθησάν ποτε φιλοῦντες ἀλλήλους,
ἐγὼ μὲν ὅμως παρ᾽ αὐτὸν κατεκλίθην, ὡς μὴ καὶ
τοῦτο προφασίζοιτο ὕστερον, ἡ Θαῒς δὲ ἀναστᾶσα
ὠρχήσατο πρώτη ἀπογυμνοῦσα ἐπὶ πολὺ τὰ σφυρὰ
ὡς μόνη καλὰ ἔχουσα, καὶ ἐπειδὴ ἐπαύσατο, ὁ
Λαμπρίας μὲν ἐσίγα καὶ εἶπεν οὐδέν, Δίφιλος δὲ
ὑπερεπήνει τὸ εὔρυθμον καὶ τὸ κεχορηγημένον, καὶ
ὅτι εὖ πρὸς τὴν κιθάραν ὁ ποὺς καὶ τὸ σφυρὸν
ὡς καλὸν καὶ ἄλλα μυρία, καθάπερ τὴν Καλάμιδος
Σωσάνδραν ἐπαινῶν, ἀλλ᾽ οὐχὶ Θαΐδα, ἣν καὶ σὺ
οἶσθα συλλουομένην ἡμῖν οἵα ἐστί. Θαῒς δὲ οἷα
καὶ ἔσκωψεν εὐθὺς ἐς ἐμέ· Εἰ γάρ τις, ἔφη, μὴ
αἰσχύνεται λεπτὰ ἔχουσα τὰ σκέλη, ὀρχήσεται
καὶ αὐτὴ ἐξαναστᾶσα. Τί ἂν λέγοιμι, ὦ μῆτερ;
Ἀνέστην γὰρ καὶ ὠρχησάμην. Ἀλλὰ τί ἔδει ποιεῖν;
Ἀνασχέσθαι καὶ ἐπαληθεύειν τὸ σκῶμμα καὶ τὴν
Θαΐδα ἐᾶν τυραννεῖν τοῦ συμποσίου;

parti de cet insolent. Il m'a abandonnée pour aller bavarder avec Thaïs, l'hétaïre de Lamprias, lequel n'était pas encore arrivé. Quand il a vu que j'étais fâchée et que je lui faisais des signes pour lui reprocher sa conduite, il a saisi Thaïs par le bout de l'oreille, lui a courbé la nuque en arrière, et l'a embrassée si étroitement qu'elle pouvait à peine décoller ses lèvres. Ensuite, je me suis mise à pleurer, et lui, il riait : il a longuement chuchoté à l'oreille de Thaïs – c'était pour se moquer de moi, c'est sûr, car Thaïs souriait en me regardant. Quand ils ont vu Lamprias arriver, ils avaient eu leur compte de baisers ; je me suis quand même allongée près de lui pour qu'il n'ait plus aucune excuse par la suite. Alors Thaïs s'est levée et s'est mise à danser – c'est elle qui a commencé ! — en dénudant largement ses chevilles, comme si elle était la seule à les avoir jolies. Quand elle s'est arrêtée, alors que Lamprias restait silencieux, sans faire de commentaire, Diphilos s'est répandu en éloges sur la beauté du rythme et de la danse : il disait que le pied suivait bien la cithare, que la cheville était jolie, et mille autres choses de ce genre, comme s'il vantait la Sosandra de Calamis[7], et non Thaïs, dont tu sais, toi aussi, à quoi elle ressemble puisqu'elle est allée se baigner avec nous. Et cette Thaïs, quelles moqueries elle m'a lancées aussitôt : « S'il y a une fille qui n'a pas honte d'avoir les jambes maigres, qu'elle danse ! Qu'elle se lève à son tour ! » Que pouvais-je dire, mère ? Je me suis levée et j'ai dansé. Qu'aurais-je dû faire ? Supporter cette situation et faire croire que ses railleries étaient fondées ? Laisser Thaïs être la reine du banquet ?

---

7. Statue d'Aphrodite, datant de l'époque de Périclès, qui se trouvait sur l'Acropole.

3. ΜΗΤΗΡ. Φιλοτιμότερον μέν, ὦ θύγατερ· οὐδὲ φροντίζειν γὰρ ἐχρῆν· λέγε δ᾽ ὅμως τὰ μετὰ ταῦτα.

ΦΙΛΙΝΝΑ. Οἱ μὲν οὖν ἄλλοι ἐπήνουν, ὁ Δίφιλος δὲ μόνος ὕπτιον καταβαλὼν ἑαυτὸν ἐς τὴν ὀροφὴν ἀνέβλεπεν, ἄχρις δὴ καμοῦσα ἐπαυσάμην.

ΜΗΤΗΡ. Τὸ φιλῆσαι δὲ τὸν Λαμπρίαν ἀληθὲς ἦν καὶ τὸ μεταβᾶσαν περιπλέκεσθαι αὐτῷ; Τί σιγᾷς; Οὐκέτι γὰρ ταῦτα συγγνώμης ἄξια.

ΦΙΛΙΝΝΑ. Ἀντιλυπεῖν ἐβουλόμην αὐτόν.

ΜΗΤΗΡ. Εἶτα οὐδὲ συνεκάθευδες, ἀλλὰ καὶ ᾖδες ἐκείνου δακρύοντος; Οὐκ αἰσθάνῃ, ὦ θύγατερ, ὅτι πτωχαί ἐσμεν, οὐδὲ μέμνησαι ὅσα παρ᾽ αὐτοῦ ἐλάβομεν ἢ οἷον δὴ τὸν πέρυσι χειμῶνα διηγάγομεν ἄν, εἰ μὴ τοῦτον ἡμῖν ἡ Ἀφροδίτη ἔπεμψε;

ΦΙΛΙΝΝΑ. Τί οὖν; Ἀνέχωμαι διὰ τοῦτο ὑβριζομένη ὑπ᾽ αὐτοῦ;

ΜΗΤΗΡ. Ὀργίζου μέν, μὴ ἀνθύβριζε δέ. Οὐκ οἶσθα ὅτι ὑβριζόμενοι παύονται οἱ ἐρῶντες καὶ ἐπιτιμῶσιν ἑαυτοῖς; Σὺ δὲ πάνυ χαλεπὴ ἀεὶ τῷ ἀνθρώπῳ γεγένησαι, καὶ ὅρα μὴ κατὰ τὴν παροιμίαν ἀπορρήξωμεν πάνυ τείνουσαι τὸ καλῴδιον.

3. LA MÈRE : Tu as pris la situation trop à cœur, ma fille : il ne fallait pas te tourmenter. Raconte quand même la suite.

PHILINNA : Tout le monde a fait mon éloge, sauf Diphilos. Il s'est allongé sur le dos en fixant le plafond jusqu'au moment où je me suis arrêtée, épuisée.

LA MÈRE : Mais est-il vrai que tu as embrassé Lamprias ? Que tu as changé de place pour aller l'enlacer ? Pourquoi ne dis-tu rien ? Là, tu n'as plus d'excuse.

PHILINNA : Je voulais lui faire de la peine à mon tour.

LA MÈRE : Et ensuite, au lieu de coucher avec lui, tu as chanté pendant qu'il pleurait ! Ne sais-tu pas, ma fille, que nous sommes dans la misère ? As-tu oublié tout ce que nous avons reçu de cet homme, et la vie que nous aurions menée l'hiver dernier si Aphrodite ne nous l'avait pas envoyé ?

PHILINNA : Et alors ? Est-ce une raison pour accepter qu'il m'humilie ?

LA MÈRE : Fâche-toi, mais ne l'humilie pas en retour. Ne sais-tu pas que les amants cessent d'aimer quand on les humilie, et qu'ils s'en veulent ? Tu as toujours été cruelle avec ce garçon. Faisons attention, comme dit le proverbe, à ne pas tirer sur la corde jusqu'à ce qu'elle se casse.

IV

ΜΕΛΙΤΤΑ ΚΑΙ ΒΑΚΧΙΣ

1. ΜΕΛΙΤΤΑ. Εἴ τινα οἶσθα, Βακχί, γραῦν, οἶαι πολλαὶ Θετταλαὶ λέγονται ἐπάδουσαι καὶ ἐρασμίους ποιοῦσαι, εἰ καὶ πάνυ μισουμένη γυνὴ τυγχάνοι, οὕτως ὄναιο, παραλαβοῦσα ἧκέ μοι· θαἰμάτια γὰρ καὶ τὰ χρυσία ταῦτα προείμην ἡδέως, εἰ μόνον ἴδοιμι ἐπ' ἐμὲ αὖθις ἀναστρέψαντα Χαρῖνον μισήσαντα Σιμίχην ὡς νῦν ἐμέ.

ΒΑΚΧΙΣ. Τί φής; Οὐκέτι σύνεστε – ἀλλὰ παρὰ τὴν Σιμίχην, ὦ Μέλιττα, καταλιπὼν οἴχεται Χαρῖνος – δι' ἣν τοσαύτας ὀργὰς τῶν γονέων ἠνέσχετο οὐ βουληθεὶς τὴν πλουσίαν ἐκείνην γῆμαι πέντε προικὸς τάλαντα, ὡς ἔλεγον, ἐπιφερομένην; Πέπυσμαι γὰρ ταῦτά σου ἀκούσασα.

ΜΕΛΙΤΤΑ. Ἅπαντα ἐκεῖνα οἴχεται, ὦ Βακχί, καὶ πέμπτην ταύτην ἡμέραν οὐδ' ἑώρακα ὅλως αὐτόν, ἀλλὰ πίνουσι παρὰ τῷ συνεφήβῳ Παμμένει αὐτός τε καὶ Σιμίχη.

ΒΑΚΧΙΣ. Δεινά, ὦ Μέλιττα, πέπονθας. Ἀλλὰ τί καὶ ὑμᾶς διέστησεν; Ἔοικε γὰρ οὐ μικρὸν τοῦτ' εἶναι.

2. ΜΕΛΙΤΤΑ. Τὸ μὲν ὅλον οὐδὲ εἰπεῖν ἔχω· πρῴην δὲ ἀνελθὼν ἐκ Πειραιῶς – κατεληλύθει γάρ, οἶμαι, χρέος ἀπαιτήσων πέμψαντος τοῦ πατρός – οὔτε προσέβλεψεν ἐσελθὼν οὔτε προσήκατο ὡς ἔθος προσδραμοῦσαν, ἀποσεισάμενος δὲ περιπλακῆναι

IV
MÉLITTA, BACCHIS

1. MÉLITTA : Dis-moi, Bacchis, connais-tu une de ces vieilles, si nombreuses, qu'on appelle Thessaliennes[8], qui font des incantations et rendent désirable même une femme qu'on déteste beaucoup. Sois bénie si tu m'en amènes une, car je renoncerais volontiers à ces vêtements et à ces bijoux si seulement je voyais Charinos me revenir et détester Simiché comme il me déteste maintenant.

BACCHIS : Que dis-tu ? Vous n'êtes plus ensemble ? Charinos est parti chez Simiché ? Il t'a laissée, toi pour qui il avait supporté tant de colères de ses parents, quand il a refusé d'épouser cette fille riche qui apportait une dot de cinq talents*, à ce qu'on disait. Cette histoire, c'est de toi que je la tiens.

MÉLITTA : Tout cela, c'est fini, Bacchis. Cela fait quatre jours que je ne l'ai seulement pas vu. Ils sont allés boire, lui et Simiché, chez son camarade d'éphébie* Pamménès.

BACCHIS : Ce qui t'arrive est épouvantable, Mélitta. Mais qu'est ce qui vous a séparés ? Ce ne doit pas être une mince affaire.

2. MÉLITTA : Le fond du problème, je ne saurais même pas le dire. En tout cas, l'autre jour, lorsqu'il est revenu du Pirée (il y était descendu parce que son père l'y avait envoyé recouvrer une dette, je crois), il ne m'a pas regardée en entrant ; il ne m'a pas laissée approcher quand, comme d'habitude, j'ai couru vers lui ; il m'a repoussée lorsque j'ai voulu l'embrasser. Il m'a dit : « Va-t'en retrouver l'ar-

θέλουσαν, "Απιθι, φησί, πρὸς τὸν ναύκληρον Ἑρμότιμον
ἢ τὰ ἐπὶ τῶν τοίχων γεγραμμένα ἐν Κεραμεικῷ
ἀνάγνωθι, ὅπου κατεστηλίτευται ὑμῶν τὰ ὀνόματα.
Τίνα Ἑρμότιμον, τίνα, ἔφην, ἢ ποίαν στήλην λέγεις;
Ὁ δὲ οὐδὲν ἀποκρινάμενος οὐδὲ δειπνήσας ἐκάθευδεν
ἀποστραφείς. Πόσα οἴει ἐπὶ τούτῳ μεμηχανῆσθαί
με περιλαμβάνουσαν, ἐπιστρέφουσαν, φιλοῦσαν
ἀπεστραμμένου τὸ μετάφρενον; Ὁ δ' οὐδ' ὁπωστιοῦν
ὑπεμαλάχθη, ἀλλ'· Εἴ μοι, φησίν, ἐπὶ πλέον ἐνοχλήσεις,
ἄπειμι ἤδη, εἰ καὶ μέσαι νύκτες εἰσίν.

3. ΒΑΚΧΙΣ. Ὅμως ᾔδεις τὸν Ἑρμότιμον;

ΜΕΛΙΤΤΑ. Ἀλλά με ἴδοις, ὦ Βακχί, ἀθλιώτερον
διάγουσαν ἢ νῦν ἔχω, εἴ τινα ἐγὼ ναύκληρον
Ἑρμότιμον οἶδα. Πλὴν ἀλλ' ὁ μὲν ἔωθεν ἀπεληλύθει
τοῦ ἀλεκτρυόνος ᾄσαντος εὐθὺς ἀνεγρόμενος,
ἐγὼ δὲ ἐμεμνήμην ὅτι κατὰ τοίχου τινὸς ἔλεγε
καταγεγράφθαι τοὔνομα ἐν Κεραμεικῷ· ἔπεμψα οὖν
Ἀκίδα κατασκεψομένην· ἡ δ' ἄλλο μὲν οὐδὲν εὗρε,
τοῦτο δὲ μόνον ἐπιγεγραμμένον ἐσιόντων ἐπὶ τὰ
δεξιὰ πρὸς τῷ Διπύλῳ, Μέλιττα φιλεῖ Ἑρμότιμον,
καὶ μικρὸν αὖθις ὑποκάτω, Ὁ ναύκληρος Ἑρμότιμος
φιλεῖ Μέλιτταν.

ΒΑΚΧΙΣ. Ὢ τῶν περιέργων νεανίσκων. Συνίημι
γάρ. Λυπῆσαί τις θέλων τὸν Χαρῖνον ἐπέγραψε
ζηλότυπον ὄντα εἰδώς· ὁ δὲ αὐτίκα ἐπίστευσεν.
Εἰ δέ που ἴδοιμι αὐτόν, διαλέξομαι. Ἄπειρός ἐστι
καὶ παῖς ἔτι.

ΜΕΛΙΤΤΑ. Ποῦ δ' ἂν ἴδοις ἐκεῖνον, ὃς
ἐγκλεισάμενος ἑαυτὸν σύνεστι τῇ Σιμίχῃ; Οἱ γονεῖς
δὲ ἔτι παρ' ἐμοὶ ζητοῦσιν αὐτόν. Ἀλλ' εἴ τινα
εὕροιμεν ὦ Βακχί, γραῦν, ὡς ἔφην· ἀποσώσει γὰρ
ἂν φανεῖσα.

mateur Hermotimos, ou lire ce qui est écrit sur les murs,
au Céramique*, où vos noms sont inscrits sur une stèle ! »
Moi, j'ai dit : « Quel Hermotimos ? De quelle stèle parles-tu ? » Mais lui, sans rien répondre et sans dîner, il est
allé se coucher en me tournant le dos. Tu imagines tout ce
que j'ai essayé dans cette situation. J'ai voulu l'enlacer,
le faire se retourner vers moi, lui donner un baiser sur les
épaules, puisqu'il me tournait le dos. Mais il ne s'est pas
laissé attendrir le moins du monde. Il a dit : « Si tu continues à me harceler, je m'en vais tout de suite, même si
c'est le milieu de la nuit. »

3. BACCHIS : Mais Hermotimos, tu le connais ?

MÉLITTA : Puisses-tu me voir, Bacchis, encore plus
malheureuse que maintenant, si je connais le moindre
armateur nommé Hermotimos ! Quoi qu'il en soit, il est
parti à l'aurore : il s'était éveillé au chant du coq. Alors
moi, je me suis souvenue qu'il avait dit que le nom était
inscrit sur un mur au Céramique. J'ai donc envoyé Acis
pour qu'elle regarde. Elle n'a rien trouvé, sauf cette inscription, à droite en entrant, près du Dipylon* : *Mélitta
aime Hermotimos*, et ensuite, un peu en dessous : *L'armateur Hermotimos aime Mélitta*.

BACCHIS : Ah ! ces jeunes qui se mêlent de ce qui
ne les regarde pas ! Je comprends tout. Quelqu'un a voulu
faire de la peine à Charinos, et comme on sait qu'il est
jaloux, on a inscrit cela. Lui, il l'a cru tout de suite. Si je le
vois quelque part, je lui parlerai. Il n'a pas d'expérience :
c'est encore un enfant.

MELITTA : Où pourrais-tu le voir ? Il s'est enfermé
avec Simiché ! Ses parents le cherchent encore chez moi.
Mais Bacchis, si nous trouvions une de ces vieilles dont
je parlais ? Son intervention me sauverait.

4. ΒΑΚΧΙΣ. Ἔστιν, ὦ φιλτάτη, ὅτι χρησίμη
φαρμακίς, Σύρα τὸ γένος, ὠμὴ ἔτι καὶ συμπεπηγυῖα,
ἥ μοί ποτε Φανίαν χαλεπαίνοντα κἀκεῖνον εἰκῆ,
ὥσπερ Χαρῖνος, διήλλαξε μετὰ μῆνας ὅλους τέτταρας,
ὅτε ἐγὼ μὲν ἤδη ἀπεγνώκειν, ὁ δὲ ὑπὸ τῶν ἐπῳ
δῶν ἧκεν αὖθις ἐπ᾽ ἐμέ.

ΜΕΛΙΤΤΑ. Τί δὲ ἔπραξεν ἡ γραῦς, εἴπερ ἔτι
μέμνησαι;

ΒΑΚΧΙΣ. Λαμβάνει μὲν οὐδὲ πολύν, ὦ Μέλιττα,
τὸν μισθόν, ἀλλὰ δραχμὴν καὶ ἄρτον· ἐπικεῖσθαι
δὲ δεῖ μετὰ τῶν ἁλῶν καὶ ὀβολοὺς ἑπτὰ καὶ
θεῖον καὶ δᾷδα. Ταῦτα δὲ ἡ γραῦς λαμβάνει, καὶ
κρατῆρα κεκερᾶσθαι δεῖ καὶ πίνειν ἐκείνην μόνην.
Δεήσει αὐτοῦ μέντοι τι τοῦ ἀνδρὸς εἶναι, οἷον
ἱμάτια ἢ κρηπῖδας ἢ ὀλίγας τῶν τριχῶν ἤ τι τῶν
τοιούτων.

ΜΕΛΙΤΤΑ. Ἔχω τὰς κρηπῖδας αὐτοῦ.

5. ΒΑΚΧΙΣ. Ταύτας κρεμάσασα ἐκ παττάλου
ὑποθυμιᾷ τῷ θείῳ, πάττουσα καὶ τῶν ἁλῶν ἐπὶ
τὸ πῦρ· ἐπιλέγει δὲ ἀμφοῖν τὰ ὀνόματα καὶ τὸ
ἐκείνου καὶ τὸ σόν. Εἶτα ἐκ τοῦ κόλπου προκομίσασα
ῥόμβον ἐπιστρέφει ἐπῳδήν τινα λέγουσα ἐπιτρόχῳ
τῇ γλώττῃ, βαρβαρικὰ καὶ φρικώδη ὀνόματα. Ταῦτα
ἐποίησε τότε. Καὶ μετ᾽ οὐ πολὺ Φανίας, ἅμα καὶ τῶν
συνεφήβων ἐπιτιμησάντων αὐτῷ καὶ τῆς Φοιβίδος, ᾗ
συνῆν, πολλὰ αἰτούσης, ἧκέ μοι, τὸ πλέον ὑπὸ τῆς
ἐπῳδῆς ἀγόμενος. Ἔτι δὲ καὶ τοῦτό με σφόδρα κατὰ
τῆς Φοιβίδος τὸ μίσηθρον ἐδιδάξατο, τηρήσασαν τὸ

---

9. L'allusion à l'ivrognerie de la sorcière ou de l'entremetteuse est
traditionnelle (PLAUTE, *Curculio*, 97 sq. ; OVIDE, *Amours*, I, 8).

10. Rouet magique d'airain dont se servaient les sorciers (voir PRO-
PERCE, II, XXVIIII, B).

4. BACCHIS : Il existe, ma chérie, une magicienne efficace, une Syrienne, encore verte et solide. Un jour, alors que Phanias était fâché contre moi (sans raison, lui aussi, comme Charinos), elle nous a réconciliés après quatre mois entiers, alors que moi, je désespérais déjà : elle me l'a ramené par ses incantations.

MELITTA : Combien a-t-elle demandé, cette vieille, si tu t'en souviens encore ?

BACCHIS : Elle ne demande pas un salaire élevé, Mélitta, une drachme* et un pain, mais il faut y ajouter, sans compter le sel, sept oboles*, du soufre et une torche. Voilà ce que la vieille demande. Il faut aussi qu'on lui prépare un cratère* de vin et qu'elle le boive seule[9]. Elle aura également besoin d'un objet appartenant à l'homme, un manteau, par exemple, des bottes, quelques cheveux, n'importe quoi de ce genre.

MELITTA : J'ai ses bottes.

5. BACCHIS : Elle les suspend à un clou et, dessous, elle fait brûler du soufre. Elle jette aussi le sel sur le feu en prononçant vos deux noms, le sien et le tien. Ensuite, elle sort de son giron un rhombe[10] qu'elle fait tourner en prononçant une incantation à toute vitesse – des noms barbares[11] qui donnent le frisson. C'est ce qu'elle a fait cette fois-là et peu après, malgré les reproches des autres éphèbes* et les nombreuses supplications de Phœbis avec laquelle il vivait, Phanias est venu à moi – c'est l'incantation surtout qui l'attirait. En plus, elle m'a appris le sortilège suivant contre Phœbis, pour qu'il la déteste : je devais cher-

---

11. Mots étranges et incompréhensibles, fondés sur des assonances et des allitérations, dont on trouve une grande quantité dans les papyrus magiques (voir C. GINZBURG, *Le Sabbat des sorcières*, Turin, 1989, trad., Paris, 1992 ; A. BERNAND, *Sorciers grecs*, Paris, 1991, p. 121-129 ; P. CHARVET et A.-M. OZANAM, *op. cit.*, p. 62-63).

ἴχνος, ἐπὰν ἀπολίποι, ἀμαυρώσασαν ἐπιβῆναι μὲν
τῷ ἀριστερῷ ἐκείνης τὸν ἐμὸν δεξιόν. Τῷ δεξιῷ δὲ
τὸν ἀριστερὸν ἔμπαλιν καὶ λέγειν· Ἐπιβέβηκά σοι
καὶ ὑπεράνω εἰμί· καὶ ἐποίησα ὡς προσέταξε.

ΜΕΛΙΤΤΑ. Μὴ μέλλε, μὴ μέλλε, ὦ Βακχί, κάλει
ἤδη τὴν Σύραν. Σὺ δέ, ὦ Ἀκί, τὸν ἄρτον καὶ τὸ θεῖον
καὶ τὰ ἄλλα πάντα πρὸς τὴν ἐπῳδὴν εὐτρέπιζε.

V
ΚΛΩΝΑΡΙΟΝ ΚΑΙ ΛΕΑΙΝΑ

1. ΚΛΩΝΑΡΙΟΝ. Καινὰ περὶ σοῦ ἀκούομεν, ὦ
Λέαινα, τὴν Λεσβίαν Μέγιλλαν τὴν πλουσίαν ἐρᾶν
σου ὥσπερ ἄνδρα καὶ συνεῖναι ὑμᾶς οὐκ οἶδ' ὅ τι
ποιούσας μετ' ἀλλήλων. Τί τοῦτο; Ἠρυθρίασας; Ἀλλ'
εἰπὲ εἰ ἀληθῆ ταῦτά ἐστιν.

ΛΕΑΙΝΑ. Ἀληθῆ, ὦ Κλωνάριον· αἰσχύνομαι δέ,
ἀλλόκοτον γάρ τί ἐστι.

ΚΛΩΝΑΡΙΟΝ. Πρὸς τῆς κουροτρόφου τί τὸ πρᾶγμα,
ἢ τί βούλεται ἡ γυνή; Τί δὲ καὶ πράττετε, ὅταν
συνῆτε; ὁρᾷς; Οὐ φιλεῖς με· οὐ γὰρ ἂν ἀπεκρύπτου
τὰ τοιαῦτα.

ΛΕΑΙΝΑ. Φιλῶ μέν σε, εἰ καί τινα ἄλλην. Ἡ
γυνὴ δὲ δεινῶς ἀνδρική ἐστιν.

---

12. Elle est sans doute originaire de l'île de Lesbos, mais la connotation
sexuelle de l'adjectif existe déjà en grec, comme le montre la suite.

cher ses traces de pas et quand elle en laissait les effacer en plaçant mon pied droit sur l'empreinte de son pied gauche, puis inversement mon pied gauche sur celle de son pied droit, en disant : « J'ai marché sur toi, je suis au-dessus de toi. » J'ai fait ce qu'elle m'avait conseillé.

MELITTA : Ne tarde pas, ne tarde pas, Bacchis. Va tout de suite chercher la Syrienne. Et toi, Acis, prépare le pain, le soufre, et tout ce qu'il faut pour l'incantation.

V

CLONARION, LÉANIA

1. CLONARION : Eh bien, Léania ! J'en apprends de belles sur ton compte ! Mégilla, cette riche Lesbienne[12] est amoureuse de toi comme un homme et vous vivez ensemble. Je ne sais ce que vous faites l'une avec l'autre… Eh quoi ? Tu rougis. Dis-moi si c'est vrai.

LÉANIA : C'est vrai, Clonarion. Mais j'ai honte. Cela a quelque chose d'étrange.

CLONARION : Par la Mère de l'Enfant[13], que se passe-t-il ? Que veut cette femme ? Et que faites-vous quand vous êtes ensemble ? Tu ne m'aimes pas, vois-tu, sinon tu ne me cacherais pas de telles choses.

LÉANIA : Je t'aime plus que toute autre. Mais cette femme est terriblement masculine.

---

13. L'adjectif qualifie de nombreuses déesses : Aphrodite, la Terre, Hécate, Artémis…

2. ΚΛΩΝΑΡΙΟΝ. Οὐ μανθάνω ὅ τι καὶ λέγεις, εἰ μή τις ἑταιρίστρια τυγχάνει οὖσα· τοιαύτας γὰρ ἐν Λέσβῳ λέγουσι γυναῖκας ἀρρενωπούς, ὑπ' ἀνδρῶν μὲν οὐκ ἐθελούσας αὐτὸ πάσχειν, γυναιξὶ δὲ αὐτὰς πλησιαζούσας ὥσπερ ἄνδρας.

ΛΕΑΙΝΑ. Τοιοῦτόν τι.

ΚΛΩΝΑΡΙΟΝ. Οὐκοῦν, ὦ Λέαινα, τοῦτο αὐτὸ καὶ διήγησαι, ὅπως μὲν ἐπείρα τὸ πρῶτον, ὅπως δὲ καὶ σὺ συνεπείσθης καὶ τὰ μετὰ ταῦτα.

ΛΕΑΙΝΑ. Πότον τινὰ συγκροτοῦσα αὐτή τε καὶ Δημώνασσα ἡ Κορινθία. Πλουτοῦσα δὲ καὶ αὐτὴ καὶ ὁμότεχνος οὖσα τῇ Μεγίλλῃ, παρειλήφει κἀμὲ κιθαρίζειν αὐταῖς· ἐπεὶ δὲ ἐκιθάρισα καὶ ἀωρὶ ἦν καὶ ἔδει καθεύδειν, καὶ ἐμέθυον, Ἄγε δή, ἔφη, ὦ Λέαινα, ἡ Μέγιλλα, κοιμᾶσθαι γὰρ ἤδη καλόν, ἐνταῦθα κάθευδε μεθ' ἡμῶν μέση ἀμφοτέρων.

ΚΛΩΝΑΡΙΟΝ. Ἐκάθευδες; Τὸ μετὰ ταῦτα τί ἐγένετο;

ΛΕΑΙΝΑ. 3. Ἐφίλουν με τὸ πρῶτον ὥσπερ οἱ ἄνδρες, οὐκ αὐτὸ μόνον προσαρμόζουσαι τὰ χείλη, ἀλλ' ὑπανοίγουσαι τὸ στόμα, καὶ περιέβαλλον καὶ τοὺς μαστοὺς ἔθλιβον· ἡ Δημώνασσα δὲ καὶ ἔδακνε μεταξὺ καταφιλοῦσα· ἐγὼ δὲ οὐκ εἶχον εἰκάσαι ὅ τι τὸ πρᾶγμα εἴη. Χρόνῳ δὲ ἡ Μέγιλλα ὑπόθερμος ἤδη οὖσα τὴν μὲν πηνήκην ἀφείλετο τῆς κεφαλῆς, ἐπέκειτο δὲ πάνυ ὁμοία καὶ προσφυής, καὶ ἐν χρῷ ὤφθη αὐτὴ καθάπερ οἱ σφόδρα ἀνδρώδεις τῶν ἀθλητῶν ἀποκεκαρμένη· καὶ ἐγὼ ἐταράχθην ἰδοῦσα.

14. Le mot ἑταιρίστρια se rencontre chez PLATON, *Banquet,* 191 e, à propos des femmes qui « se tournent vers les femmes » : dans son édition du *Banquet* (C.U.F., 1989), P. Vicaire traduit ce mot par « petites amies des dames ».

2. CLONARION : Je ne comprends pas ce que tu veux dire, à moins qu'il ne s'agisse d'une de ces hétaïres pour femmes[14], comme on dit qu'il y en a à Lesbos. Elles ont une allure masculine ; elles ne veulent pas subir l'étreinte des hommes, mais elles-mêmes s'unissent aux femmes à la manière des hommes.

LÉANIA : C'est à peu près cela.

CLONARION : Eh bien, Léania ! raconte-moi l'histoire en détail. Comment t'a-t-elle séduite la première fois ? Comment de ton côté t'es-tu laissée convaincre ? Et la suite…

LÉANIA : Elle avait organisé un banquet avec Démonassa de Corinthe, laquelle est riche elle aussi et s'adonne aux mêmes pratiques que Mégilla. Elle m'avait embauchée pour leur jouer de la cithare. Comme j'avais fini de jouer et qu'il était tard, que c'était l'heure de dormir et qu'elles étaient ivres, Mégilla dit : « Allons, Léania, on serait bien au lit, maintenant ; viens dormir ici avec nous, entre nous deux. »

CLONARION : Et tu l'as fait ? Et alors, que s'est-il passé ?

3. LÉANIA : Elles m'ont d'abord embrassée comme des hommes, non seulement en appliquant leurs lèvres, mais en entrouvrant la bouche, en m'enlaçant et en me pressant les seins ; Démonassa me mordait même, tout en me couvrant de baisers. Moi, je n'arrivais pas à comprendre ce qui se passait. Ensuite Mégilla, désormais bien échauffée, a enlevé de sa tête une perruque tout à fait semblable à une véritable chevelure et parfaitement ajustée : j'ai vu qu'elle avait le crâne rasé, comme les athlètes les plus virils. Je me suis troublée à ce spectacle. Alors elle m'a dit :

Ἡ δέ· Ὦ Λέαινα, φησίν, ἑώρακας ἤδη οὕτω καλὸν
νεανίσκον; Ἀλλ᾽ οὐχ ὁρῶ, ἔφην, ἐνταῦθα νεανίσκον,
ὦ Μέγιλλα. Μὴ καταθήλυνέ με, ἔφη, Μέγιλλος
γὰρ ἐγὼ λέγομαι καὶ γεγάμηκα πρόπαλαι ταύτην
τὴν Δημώνασσαν, καὶ ἔστιν ἐμὴ γυνή. Ἐγέλασα,
ὦ Κλωνάριον, ἐπὶ τούτῳ καὶ ἔφην· Οὐκοῦν σύ, ὦ
Μέγιλλε, ἀνήρ τις ὢν ἐλελήθεις ἡμᾶς, καθάπερ τὸν
Ἀχιλλέα φασὶ κρυπτόμενον ἐν ταῖς παρθένοις, καὶ
τὸ ἀνδρεῖον ἐκεῖνο ἔχεις καὶ ποιεῖς τὴν Δημώνασσαν
ἅπερ οἱ ἄνδρες; Ἐκεῖνο μέν, ἔφη, ὦ Λέαινα, οὐκ
ἔχω· δέομαι δὲ οὐδὲ πάνυ αὐτοῦ· ἴδιον δέ τινα
τρόπον ἡδίω παρὰ πολὺ ὁμιλοῦντα ὄψει με. Ἀλλὰ μὴ
Ἑρμαφρόδιτος εἶ, ἔφην, οἷοι πολλοὶ εἶναι λέγονται
ἀμφότερα ἔχοντες; Ἔτι γὰρ ἠγνόουν, ὦ Κλωνάριον,
τὸ πρᾶγμα. Οὔ, φησίν, ἀλλὰ τὸ πᾶν ἀνήρ εἰμι.

4. Ἤκουσα, ἔφην ἐγώ, τῆς Βοιωτίας αὐλητρίδος
Ἰσμηνοδώρας διηγουμένης τὰ ἐφέστια παρ᾽ αὐτοῖς,
ὡς γένοιτό τις ἐν Θήβαις ἐκ γυναικὸς ἀνήρ, ὁ δ᾽
αὐτὸς καὶ μάντις ἄριστος, οἶμαι, Τειρεσίας τοὔνομα.
Μὴ οὖν καὶ σὺ τοιοῦτόν τι πέπονθας; Οὔκουν, ὦ
Λέαινα, ἔφη, ἀλλὰ ἐγεννήθην μὲν ὁμοία ταῖς ἄλλαις
ὑμῖν, ἡ γνώμη δὲ καὶ ἡ ἐπιθυμία καὶ τἆλλα πάντα
ἀνδρός ἐστί μοι. Καὶ ἱκανὴ γοῦν σοι, ἔφην, ἐπιθυμία;
Πάρεχε γοῦν, ὦ Λέαινα, εἰ ἀπιστεῖς, ἔφη, καὶ γνώσῃ
οὐδὲν ἐνδέουσάν με τῶν ἀνδρῶν· ἔχω γάρ τι ἀντὶ
τοῦ ἀνδρείου. Ἀλλὰ πάρεχε, ὄψει γάρ. Παρέσχον,

15. Allusion à une tradition selon laquelle Thétis, désireuse d'empêcher Achille de participer à la guerre de Troie, l'aurait déguisé en jeune
fille et caché dans l'île de Skyros, chez le vieux roi Lycomède qui n'avait
que des filles (voir STACE, *Achilléide*).
16. Selon la tradition, Tirésias, ayant vu deux serpents en train de
s'accoupler, tua la femelle (ou les blessa, ou les sépara) ; il devint alors
une femme. Sept ans plus tard, il revit la même scène, intervint de la
même façon et reprit son sexe primitif. Un jour que Zeus et Héra se

« Léania, as-tu déjà vu un garçon aussi beau ? – Mais je ne vois pas de garçon ici, Mégilla, ai-je répondu. – Ne fais pas de moi une femelle, a-t-elle répliqué. Je m'appelle Mégillos et je suis depuis longtemps le mari de Démonassa, ici présente, qui est mon épouse. » En entendant ces mots, Clonarion, j'ai éclaté de rire et j'ai dit : « Alors Mégillos, tu es donc un homme et nous ne le savions pas ! Tu es comme Achille qui, dit-on, se dissimula parmi les jeunes filles[15]. Mais possèdes-tu aussi l'attribut viril et fais-tu à Démonassa ce que font les hommes. - Cela, répondit-elle, je ne l'ai pas, Léania. Mais je n'en ai absolument pas besoin. Tu verras que j'ai une manière beaucoup plus agréable de m'unir à quelqu'un. – Ne serais-tu pas hermaphrodite ? demandai-je. On dit qu'il y en a beaucoup qui possèdent les deux sexes. » C'est que j'ignorais encore, Cléonarion, de quoi il s'agissait. « Non, répondit-elle. Je suis totalement homme. » 4. Alors je dis : « J'ai entendu Isménodora, la joueuse d'aulos* béotienne, raconter une histoire de son pays : il y aurait eu à Thèbes quelqu'un qui, après avoir été femme, est devenu un homme, et c'était un excellent devin, il se nommait Tirésias, je crois[16]. T'est-il arrivé quelque chose semblable ? – Non, Léania, répondit elle. Je suis née pareille à vous toutes, mais ma pensée, mes désirs et tout le reste sont masculins. – Et les désirs te suffisent ? demandai-je. – Laisse-toi faire, Léania, dit-elle, si tu ne me crois pas, et tu sauras que je n'ai rien à envier aux hommes ; j'ai quelque chose qui remplace le sexe masculin. Allons, laisse-toi faire et tu verras. » Je me

querellaient pour savoir qui de l'homme et de la femme éprouvait le plaisir le plus intense, Tirésias déclara que, si la jouissance d'amour se composait de dix parties, la femme en avait neuf et l'homme une seule. Furieuse de voir révélé le secret de son sexe, Héra l'aveugla. Déjà le nom de la joueuse d'aulos évoque l'Isménos, fleuve de Béotie, patrie du célèbre devin thébain.

ὦ Κλωνάριον, ἱκετευούσης πολλὰ καὶ ὅρμον τινά
μοι δούσης τῶν πολυτελῶν καὶ ὀθόνας τῶν λεπτῶν.
Εἶτ᾽ ἐγὼ μὲν ὥσπερ ἄνδρα περιελάμβανον, ἡ δὲ
ἐποίει τε καὶ ἐφίλει καὶ ἦσθμαινε καὶ ἐδόκει μοι
ἐς ὑπερβολὴν ἥδεσθαι.

ΚΛΩΝΑΡΙΟΝ. Τί ἐποίει, ὦ Λέαινα, ἢ τίνα τρόπον;
Τοῦτο γὰρ μάλιστα εἰπέ.

ΛΕΑΙΝΑ. Μὴ ἀνάκρινε ἀκριβῶς, αἰσχρὰ γάρ·
ὥστε μὰ τὴν οὐρανίαν οὐκ ἂν εἴποιμι.

VI
ΚΡΩΒΥΛΗ ΚΑΙ ΚΟΡΙΝΝΑ

ΚΡΩΒΥΛΗ. 1. Ὦ Κόριννα, ὡς μὲν οὐ πάνυ δεινὸν
ἦν, ὃ ἐνόμιζες, τὸ γυναῖκα γενέσθαι ἐκ παρθένου,
μεμάθηκας ἤδη, μετὰ μειρακίου μὲν ὡραίου γενομένη,
μνᾶν δὲ τὸ πρῶτον μίσθωμα κομισαμένη, ἐξ ἧς
ὅρμον αὐτίκα ὠνήσομαί σοι.

ΚΟΡΙΝΝΑ. Ναί, μαννάριον. Ἐχέτω δὲ καὶ ψήφους
τινὰς πυραυγεῖς οἷος ὁ Φιλαινίδος ἐστίν.

ΚΡΩΒΥΛΗ. Ἔσται τοιοῦτος. Ἄκουε δὲ καὶ τἆλλα
παρ᾽ ἐμοῦ ἅ σε χρὴ ποιεῖν καὶ ὅπως προσφέρεσθαι
τοῖς ἀνδράσιν· ἄλλη μὲν γὰρ ἡμῖν ἀποστροφὴ τοῦ
βίου οὐκ ἔστιν, ὦ θύγατερ, ἀλλὰ δύο ἔτη ταῦτα
ἐξ οὗ τέθνηκεν ὁ μακαρίτης σου πατήρ, οὐκ οἶσθα
ὅπως ἀπεζήσαμεν; Ὅτε δὲ ἐκεῖνος ἔζη, πάντα ἦν
ἡμῖν ἱκανά· ἐχάλκευε γὰρ καὶ μέγα ἦν ὄνομα αὐτοῦ
ἐν Πειραιεῖ, καὶ πάντων ἐστὶν ἀκοῦσαι διομνυμένων
ἦ μὴν μετὰ Φιλῖνον μηκέτι ἔσεσθαι ἄλλον χαλκέα.

suis laissée faire, Clonarion : elle me suppliait tellement ; elle m'a donné un collier des plus chers et une étoffe des plus fines. Ensuite, je l'ai enlacée comme si elle était un homme : elle s'est mise à l'ouvrage, m'a embrassée ; elle haletait et me semblait au comble du plaisir.

CLONARION : Qu'a-t-elle fait, Leania ? De quelle manière ? Voilà ce qu'il faut me dire surtout.

LEANIA : Ne m'interroge pas en détail : ce sont des choses honteuses et c'est pourquoi, par la Céleste[17], je ne pourrais te les dire.

VI
CROBYLÉ, CORINNE

1. CROBYLÉ : Allons, Corinne, ce n'était pas aussi terrible que tu le pensais de passer de l'état de vierge à celui de femme, tu le sais maintenant. Tu es allée avec un beau jeune homme, et tu as gagné ton premier salaire : une mine* sur laquelle je vais t'acheter tout de suite un collier.

CORINNE : Oh oui, petite maman ! Je voudrais qu'il ait des pierres couleur de feu comme celui de Philainis.

CROBYLÉ : Il sera pareil. Mais écoute-moi : j'ai encore à te parler de ce que tu dois faire et de la conduite à adopter avec les hommes. Nous n'avons pas d'autre moyen pour vivre, ma fille. Voici deux ans que ton pauvre père est mort, et tu ne sais pas comment nous avons survécu. De son vivant, nous avions tout en abondance : il était forgeron et sa réputation était grande au Pirée : tu peux encore entendre chacun jurer qu'après Philinos,

---

17. Épithète d'Aphrodite. Dans le *Banquet* de Platon (180d-182a), Pausanias oppose l'Aphrodite populaire (Πάνδημος) et l'Aphrodite céleste (Οὐρανία).

422   ΕΤΑΙΡΙΚΟΙ ΔΙΑΛΟΓΟΙ

Μετὰ δὲ τὴν τελευτὴν τὸ μὲν πρῶτον ἀποδομένη
τὰς πυράγρας καὶ τὸν ἄκμονα καὶ σφῦραν δύο μνῶν,
μῆνας ἀπὸ τούτων ἑπτὰ διετράφημεν· εἶτα νῦν μὲν
ὑφαίνουσα, νῦν δὲ κρόκην κατάγουσα ἢ στήμονα
κλώθουσα ἐποριζόμην τὰ σιτία μόλις· ἔβοσκον δὲ
σέ, ὦ θύγατερ, τὴν ἐλπίδα περιμένουσα.
     2. ΚΟΡΙΝΝΑ. Τὴν μνᾶν λέγεις;
     ΚΡΩΒΥΛΗ. Οὔκ, ἀλλὰ ἐλογιζόμην ὡς τηλικαύτη
γενομένη θρέψεις μὲν ἐμέ, σεαυτὴν δὲ κατακοσμήσεις
ῥᾳδίως καὶ πλουτήσεις καὶ ἐσθῆτας ἕξεις ἁλουργεῖς
καὶ θεραπαίνας.
     ΚΟΡΙΝΝΑ. Πῶς ἔφης, μῆτερ, ἢ τί λέγεις;
     ΚΡΩΒΥΛΗ. Συνοῦσα μὲν τοῖς νεανίσκοις καὶ
συμπίνουσα μετ᾿ αὐτῶν καὶ συγκαθεύδουσα ἐπὶ
μισθῷ.
     ΚΟΡΙΝΝΑ. Καθάπερ ἡ Δαφνίδος θυγάτηρ Λύρα;
     ΚΡΩΒΥΛΗ. Ναί.
     ΚΟΡΙΝΝΑ. ᾿Αλλ᾿ ἐκείνη ἑταίρα ἐστίν.
     ΚΡΩΒΥΛΗ. Οὐδὲν τοῦτο δεινόν· καὶ σὺ γὰρ
πλουτήσεις ὡς ἐκείνη καὶ πολλοὺς ἐραστὰς ἕξεις.
Τί ἐδάκρυσας, ὦ Κόριννα; Οὐχ ὁρᾷς ὁπόσαι καὶ ὡς
περισπούδαστοί εἰσιν αἱ ἑταῖραι καὶ ὅσα χρήματα
λαμβάνουσι; Τὴν Δαφνίδος γοῦν ἐγὼ οἶδα, ὦ φίλη
᾿Αδράστεια, ῥάκη, πρὶν αὐτὴν ἀκμάσαι τὴν ὥραν,
περιβεβλημένην· ἀλλὰ νῦν ὁρᾷς οἷα πρόεισι, χρυσὸς
καὶ ἐσθῆτες εὐανθεῖς καὶ θεράπαιναι τέτταρες.
     3. ΚΟΡΙΝΝΑ. Πῶς δὲ ταῦτα ἐκτήσατο ἡ
Λύρα;

18. Crobylé s'adresse à elle pour pour conjurer le mauvais sort.
Adrasteia (l'Inévitable), un autre nom de Némésis, punit la vantardise
et l'orgueil.

il n'y aura plus de forgeron digne de ce nom. Après sa mort, j'ai d'abord vendu les tenailles, l'enclume et le marteau pour deux mines*, ce qui nous a fait vivre sept mois. Ensuite, en tissant, en maniant la navette, ou en tournant le fuseau, je nous ai procuré à grand peine de quoi manger. Je t'ai nourrie, ma fille, en attendant la réalisation de mes espérances.

2. CORINNE : Tu parles de la mine* ?

CROBYLÉ : Non, mais je me disais que lorsque tu aurais l'âge que tu as maintenant, tu m'entretiendrais, tout en te procurant facilement des parures, que tu serais riche, que tu aurais des vêtements de pourpre, des servantes…

CORINNE : Comment cela, maman ? Que veux-tu dire ?

CROBYLÉ : En allant avec des jeunes gens, en buvant avec eux, en couchant avec eux moyennant salaire.

CORINNE : Comme Lyra, la fille de Daphnis ?

CROBYLÉ : Oui.

CORINNE : Mais c'est une hétaïre !

CROBYLÉ : Cela n'a rien de terrible. Tu seras riche comme elle et tu auras beaucoup d'amants. Pourquoi pleures-tu, Corinne ? Ne vois-tu pas comme les hétaïres sont nombreuses, comme elles sont recherchées, et tout l'argent qu'elles gagnent ? En tout cas, en ce qui concerne la fille de Daphnis, je sais, chère Adrastée[18], qu'elle était vêtue de haillons avant d'atteindre la fleur de l'âge. Maintenant, tu vois dans quelle tenue elle sort : son or, ses vêtements brillants, ses quatre servantes.

3. CORINNE : Comment Lyra a-t-elle gagné tout cela ?

ΚΡΩΒΥΛΗ. Τὸ μὲν πρῶτον κατακοσμοῦσα ἑαυτὴν εὐπρεπῶς καὶ εὐσταλὴς οὖσα καὶ φαιδρὰ πρὸς ἅπαντας, οὐκ ἄχρι τοῦ καγχαρίζειν ῥᾳδίως καθάπερ σὺ εἴωθας, ἀλλὰ μειδιῶσα ἡδὺ καὶ ἐπαγωγόν, εἶτα προσομιλοῦσα δεξιῶς καὶ μήτε φενακίζουσα, εἴ τις προσέλθοι ἢ προπέμψειε, μήτε αὐτὴ ἐπιλαμβανομένη τῶν ἀνδρῶν. Ἢν δέ ποτε καὶ ἀπέλθῃ ἐπὶ δεῖπνον λαβοῦσα μίσθωμα, οὔτε μεθύσκεται – καταγέλαστον γὰρ καὶ μισοῦσιν οἱ ἄνδρες τὰς τοιαύτας – οὔτε ὑπερεμφορεῖται τοῦ ὄψου ἀπειροκάλως, ἀλλὰ προσάπτεται μὲν ἄκροις τοῖς δακτύλοις, σιωπῇ δὲ τὰς ἐνθέσεις οὐκ ἐπ' ἀμφοτέρας παραβύεται τὰς γνάθους, πίνει δὲ ἠρέμα, οὐ χανδόν, ἀλλ' ἀναπαυομένη.

ΚΟΡΙΝΝΑ. Κἂν εἰ διψῶσα, ὦ μῆτερ, τύχῃ;

ΚΡΩΒΥΛΗ. Τότε μάλιστα, ὦ Κόριννα. Καὶ οὔτε πλέον τοῦ δέοντος φθέγγεται οὔτε ἀποσκώπτει ἔς τινα τῶν παρόντων, ἐς μόνον δὲ τὸν μισθωσάμενον βλέπει· καὶ διὰ τοῦτο ἐκεῖνοι φιλοῦσιν αὐτήν. Καὶ ἐπειδὰν κοιμᾶσθαι δέῃ, ἀσελγὲς οὐδὲν οὐδὲ ἀμελὲς ἐκείνη ἄν τι ἐργάσαιτο, ἀλλὰ ἐξ ἅπαντος ἓν τοῦτο θηρᾶται, ὡς ὑπαγάγοιτο καὶ ἐραστὴν ποιήσειεν ἐκεῖνον· ταῦτα γὰρ αὐτῆς ἅπαντες ἐπαινοῦσιν. Εἰ δὴ καὶ σὺ ταῦτα ἐκμάθοις, μακάριαι καὶ ἡμεῖς ἐσόμεθα· ἐπεὶ τά γε ἄλλα παρὰ πολὺ αὐτῆς – ἀλλ' οὐδέν, ὦ φίλη Ἀδράστεια, φημί, ζῴης μόνον.

4. ΚΟΡΙΝΝΑ. Εἰπέ μοι, ὦ μῆτερ, οἱ μισθούμενοι πάντες τοιοῦτοί εἰσιν οἷος ὁ Εὔκριτος, μεθ' οὗ χθὲς ἐκάθευδον;

ΚΡΩΒΥΛΗ. Οὐ πάντες, ἀλλ' ἔνιοι μὲν ἀμείνους, οἱ δὲ καὶ ἤδη ἀνδρώδεις, οἱ δὲ καὶ οὐ πάνυ μορφῆς εὐφυῶς ἔχοντες.

CROBYLÉ : D'abord en s'habillant avec élégance, en ayant une tenue correcte, en étant aimable avec tout le monde, sans glousser à n'importe quel propos, comme toi, mais en souriant avec douceur, de manière séduisante. Ensuite, en se montrant habile avec ceux qui la fréquentent, sans décevoir ceux qui viennent la voir ou l'envoient chercher, et sans non plus se jeter à la tête des hommes. Si elle se fait payer pour aller à un dîner, elle ne s'enivre pas : c'est ridicule et les hommes détestent ce genre de femmes. Elle ne se bourre pas non plus grossièrement de nourriture. Elle y touche du bout des doigts ; elle saisit de petites portions délicatement, sans se gonfler les joues avec voracité. Elle boit tranquillement, sans avidité, en prenant son temps.

CORINNE : Même si elle a soif, maman ?

CROBYLÉ : Surtout dans ce cas-là, Corinne. Elle ne parle pas plus qu'il ne faut ; elle ne se moque d'aucun des convives ; elle regarde seulement celui qui l'a engagée. Voilà pourquoi les hommes l'aiment. Quand il faut aller au lit, elle ne se montre ni dévergondée ni indifférente. Elle n'a qu'un objectif : séduire l'homme et le rendre amoureux. Voilà ce que tous louent en elle. Si tu retiens cette leçon à ton tour, nous serons heureuses, nous aussi. Car pour le reste tu es bien supérieure à elle – je ne dis rien, chère Adrastée ! puisses-tu seulement rester en vie !

4. CORINNE : Mais dis-moi, maman, ceux qui engagent les hétaïres ressemblent-ils tous à Eucritos, avec qui j'ai couché hier ?

CROBYLÉ : Pas tous. Certains sont plus agréables que lui ; d'autres plus âgés ; d'autres ne sont pas très beaux physiquement.

ΚΟΡΙΝΝΑ. Καὶ τοιούτοις συγκαθεύδειν δεήσει;
ΚΡΩΒΥΛΗ. Μάλιστα, ὦ θύγατερ· οὗτοι μέν τοι
καὶ πλείονα διδόασιν· οἱ καλοὶ δὲ αὐτὸ μόνον καλοὶ
θέλουσιν εἶναι. Καὶ σοὶ δὲ μελέτω ἀεὶ τοῦ πλείονος,
εἰ θέλεις ἐν βραχεῖ λέγειν ἁπάσας ἐνδειξάσας σε τῷ
δακτύλῳ· Οὐχ ὁρᾷς τὴν Κόρινναν τὴν τῆς Κρωβύλης
θυγατέρα ὡς ὑπερπλουτεῖ καὶ τρισευδαίμονα πεποίηκε
τὴν μητέρα; Τί φής; Ποιήσεις ταῦτα; Ποιήσεις,
οἶδα ἐγώ, καὶ προέξεις ἁπασῶν ῥᾳδίως. Νῦν δ' ἄπιθι
λουσομένη, εἰ ἀφίκοιτο καὶ τήμερον τὸ μειράκιον
ὁ Εὔκριτος· ὑπισχνεῖτο γάρ.

VII
ΜΗΤΗΡ ΚΑΙ ΜΟΥΣΑΡΙΟΝ

1. ΜΗΤΗΡ. Ἂν δ' ἔτι τοιοῦτον ἐραστὴν εὕρωμεν,
ὦ Μουσάριον, οἷος ὁ Χαιρέας ἐστί, θῦσαι μὲν τῇ
πανδήμῳ δεήσει λευκὴν μηκάδα, τῇ οὐρανίᾳ δὲ
τῇ ἐν κήποις δάμαλιν, στεφανῶσαι δὲ καὶ τὴν
πλουτοδότειραν, καὶ ὅλως μακάριαι καὶ τρισευδαίμονες
ἐσόμεθα. Νῦν ὁρᾷς παρὰ τοῦ νεανίσκου ἡλίκα
λαμβάνομεν, ὃς ὀβολὸν μὲν οὐδέποτε σοι δέδωκεν, οὐκ
ἐσθῆτα, οὐχ ὑποδήματα, οὐ μύρον, ἀλλὰ προφάσεις
ἀεὶ καὶ ὑποσχέσεις καὶ μακραὶ ἐλπίδες καὶ πολὺ
τό, ἐὰν ὁ πατὴρ ..., καὶ κύριος γένωμαι τῶν
πατρῴων, καὶ πάντα σά. Σὺ δὲ καὶ ὀμωμοκέναι
αὐτὸν φὴς ὅτι νόμῳ γαμετὴν ποιήσεταί σε.

19. Voir *Dialogue* V, note 17.
20. Nom d'une statue d'Alcaménès évoquée par Lucien dans les
Portraits, 4 (voir aussi PAUSANIAS, I, 19, 2 et PLINE L'ANCIEN, *Histoires
naturelles,* XXXVI, 16).

CORINNE : Et je devrai coucher aussi avec des hommes pareils ?

CROBYLÉ : Surtout avec ceux-là, ma fille. Ce sont eux qui paient le mieux : les autres se contentent de leur beauté. Or tu devras toujours rechercher ce qui rapporte le plus, si tu veux que bientôt toutes les femmes disent, en te montrant du doigt : « Tu as vu Corinne, la fille de Crobylé ? Comme elle est supérieurement riche ! Comme elle a rendu sa mère trois fois bienheureuse ! » Qu'en dis-tu ? Agiras-tu ainsi ? Oui, tu le feras, je le sais, et tu l'emporteras facilement sur toutes les femmes. Maintenant, va te baigner au cas où ce jeune Eucritos viendrait encore aujourd'hui. Il l'a promis.

VII
LA MÈRE, MOUSARION

1. LA MÈRE : Si nous trouvons encore, Mousarion, un amant semblable à Chéréas, il nous faudra sacrifier une chèvre blanche à l'Aphrodite populaire[19], une génisse à l'Aphrodite céleste des Jardins[20], et offrir une couronne à la Dispensatrice des richesses[21]. Nous serons vraiment bienheureuses, trois fois comblées par le destin. Tu vois tout ce que nous recevons du jeune homme actuellement. Il ne t'a jamais seulement donné une obole*, ni un vêtement, ni des chaussures, ni un parfum. Ce sont toujours des excuses, des promesses, de lointaines espérances. Il ne cesse de répéter : « Si mon père… » et : « Si j'entre en possession des biens de mon père… » et : « Tout sera à toi… » Quant à toi, tu dis même qu'il a juré de faire de toi sa femme légitime !

21. Déméter.

ΜΟΥΣΑΡΙΟΝ. Ὤμοσε γάρ, ὦ μῆτερ, κατὰ ταῖν θεοῖν καὶ τῆς Πολιάδος.

ΜΗΤΗΡ. Καὶ πιστεύεις δηλαδή· καὶ διὰ τοῦτο πρῴην οὐκ ἔχοντι αὐτῷ καταθεῖναι συμβολὴν τὸν δακτύλιον δέδωκας ἀγνοούσης ἐμοῦ, ὁ δὲ ἀποδόμενος κατέπιε, καὶ πάλιν τὰ δύο περιδέραια τὰ Ἰωνικά, ἕλκοντα ἑκάτερον δύο δαρεικούς, ἅ σοι ὁ Χῖος Πραξίας ὁ ναύκληρος ἐκόμισε ποιησάμενος ἐν Ἐφέσῳ· ἐδεῖτο γὰρ Χαιρέας ἔρανον συνεφήβοις ἀπενεγκεῖν. Ὀθόνας γὰρ καὶ χιτωνίσκους τί ἂν λέγοιμι; Καὶ ὅλως ἕρμαιόν τι ἡμῖν καὶ μέγα ὄφελος ἐμπέπτωκεν οὗτος.

2. ΜΟΥΣΑΡΙΟΝ. Ἀλλὰ καλὸς καὶ ἀγένειος, καὶ φησὶν ἐρᾶν καὶ δακρύει καὶ Δεινομάχης καὶ Λάχητος υἱός ἐστι τοῦ Ἀρεοπαγίτου καὶ φησὶν ἡμᾶς γαμήσειν καὶ μεγάλας ἐλπίδας ἔχομεν παρ' αὐτοῦ, ἢν ὁ γέρων μόνον καταμύσῃ.

ΜΗΤΗΡ. Οὐκοῦν, ὦ Μουσάριον, ἐὰν ὑποδήσασθαι δέῃ, καὶ ὁ σκυτοτόμος αἰτῇ τὸ δίδραχμον, ἐροῦμεν πρὸς αὐτόν· Ἀργύριον μὲν οὐκ ἔχομεν, σὺ δὲ τῶν ἐλπίδων ὀλίγας παρ' ἡμῶν λαβέ· καὶ πρὸς τὸν ἀλφιτοπώλην τὰ αὐτά· καὶ ἢν τὸ ἐνοίκιον αἰτώμεθα, Περίμεινον, φήσομεν, ἔστ' ἂν Λάχης ὁ Κολυττεὺς ἀποθάνῃ· ἀποδώσω γάρ σοι μετὰ τοὺς γάμους. Οὐκ αἰσχύνη μόνη τῶν ἑταιρῶν οὐκ ἐλλόβιον οὐχ ὅρμον οὐ ταραντινίδιον ἔχουσα;

3. ΜΟΥΣΑΡΙΟΝ. Τί οὖν, ὦ μῆτερ; Ἐκεῖναι εὐτυχέστεραί μου καὶ καλλίους εἰσίν;

ΜΗΤΗΡ. Οὔκ, ἀλλὰ συνετώτεραι καὶ ἴσασιν ἑταιρίζειν, οὐδὲ πιστεύουσι ῥηματίοις καὶ νεανίσκοις

22. Δημήτηρ et Perséphone.

MOUSARION : Il l'a juré, maman, par les deux Déesses[22] et par la Protectrice de la cité[23].

LA MÈRE : Et tu le crois, bien sûr ! Voilà pourquoi l'autre jour, alors qu'il ne pouvait payer son écot, tu lui as donné ta bague, sans me le dire. Il l'a vendue, et il l'a bue. Et de même avec les deux colliers ioniens, qui pesaient chacun deux dariques*, et que Praxias, l'armateur de Chios, avait fait faire à Éphèse pour te les offrir : Chéréas devait apporter son écot pour dîner avec les autres éphèbes*. Quant aux étoffes fines et aux petites tuniques, n'en parlons pas. Bref, c'est une aubaine et un grand profit qui nous sont échus avec lui.

2. MOUSARION : Mais il est beau et imberbe, et il dit qu'il m'aime, et il pleure, et c'est le fils de Deinomaché et de Lachès, l'aréopagite*, et il dit qu'il m'épousera, et nous pouvons fonder de grands espoirs sur lui, à condition seulement que le vieillard tourne de l'œil.

LA MÈRE : Eh bien, Mousarion, quand nous aurons besoin de chaussures, et que le cordonnier nous demandera deux drachmes*, nous lui dirons : « Nous n'avons pas d'argent, mais tiens, nous te donnons un peu de nos espérances. » Et de même au boulanger. Et quand on nous réclamera le loyer, nous dirons : « Attends que Lachès de Colytteus soit mort ; je te rembourserai après les noces. » N'as-tu pas honte d'être la seule des hétaïres à n'avoir ni boucles d'oreilles, ni collier, ni fins tissus de Tarente ?

3. MOUSARION : Eh quoi, maman ? Sont-elles plus heureuses que moi, ou plus belles ?

LA MÈRE : Non, mais elles sont plus intelligentes et elles savent faire les hétaïres. Elles ne se fient pas aux bel-

23. Athéna Poliade.

ἐπ' ἄκρου τοῦ χείλους τοὺς ὅρκους ἔχουσι· σὺ δὲ
ἡ πιστὴ καὶ φίλανδρος οὐδὲ προσίῃ ἄλλον τινὰ ὅτι
μὴ μόνον Χαιρέαν· καὶ πρῴην μὲν ὅτε ὁ γεωργὸς ὁ
Ἀχαρνεὺς ἧκε δύο μνᾶς κομίζων, ἀγένειος καὶ αὐτός
– οἴνου δὲ τιμὴν ἀπειλήφει τοῦ πατρὸς πέμψαντος –
σὺ δὲ ἐκεῖνον μὲν ἀπεμύκτισας, καθεύδεις δὲ μετὰ
τοῦ Ἀδώνιδος Χαιρέου.

ΜΟΥΣΑΡΙΟΝ. Τί οὖν; Ἐχρῆν Χαιρέαν
καταλείψασαν παραδέξασθαι τὸν ἐργάτην ἐκεῖνον
κινάβρας ἀπόζοντα; Λεῖός μοι, φασί, Χαιρέας καὶ
χοιρίσκος Ἀχαρνεύς.

ΜΗΤΗΡ. Ἔστω· ἐκεῖνος ἀγροῖκος καὶ πονηρὸν
ἀποπνεῖ. Τί καὶ Ἀντιφῶντα τὸν Μενεκράτους μνᾶν
ὑπισχνούμενον οὐδὲ τοῦτον ἐδέξω; Οὐ καλὸς ἦν καὶ
ἀστικὸς καὶ ἡλικιώτης Χαιρέου;

4. ΜΟΥΣΑΡΙΟΝ. Ἀλλ' ἠπείλησε Χαιρέας
ἀποσφάξειν ἀμφοτέρους, εἰ λάβοι μέ ποτε μετ'
αὐτοῦ.

ΜΗΤΗΡ. Πόσοι δὲ καὶ ἄλλοι ταῦτα ἀπειλοῦσιν;
Οὐκοῦν ἀνέραστος σὺ μενεῖς διὰ τοῦτο καὶ
σωφρονήσεις καθάπερ οὐχ ἑταίρα, τῆς δὲ Θεσμοφόρου
ἱερειά τις οὖσα; Ἐῶ τἆλλα. Τήμερον Ἁλῷά ἐστι.
Τί δέ σοι δέδωκεν ἐς τὴν ἑορτήν;

ΜΟΥΣΑΡΙΟΝ. Οὐκ ἔχει, ὦ μαννάριον.

ΜΗΤΗΡ. Μόνος οὗτος οὐ τέχνην εὕρηκεν ἐπὶ
τὸν πατέρα, οὐκ οἰκέτην καθῆκεν ἐξαπατήσοντα, οὐκ
ἀπὸ τῆς μητρὸς ᾔτησεν ἀπειλήσας ἀποπλευσεῖσθαι
στρατευσόμενος, εἰ μὴ λάβοι, ἀλλὰ κάθηται ἡμᾶς

24. Dème rural d'Athènes.
25. Déméter, une des deux déesses thesmophores (avec sa fille,
Perséphone ou Koré). Pour la chasteté de leurs prêtresses, voir *Timon*,
17 et la note.

les paroles ni aux jeunes gens qui ont sans cesse des serments aux lèvres. Mais toi, tu es fidèle, amoureuse, et tu ne fréquentes personne d'autre que Chéréas. L'autre jour, le paysan d'Acharnes[24] est venu : il offrait deux mines* ; il est imberbe lui aussi, et il apportait le prix du vin que son père l'avait envoyé vendre. Mais tu t'es moqué de lui ; tu dors avec ton Adonis, Chéréas.

MOUSARION : Eh quoi ? Devais-je abandonner Chéréas pour recevoir ce paysan qui pue le bouc ? Pour moi, Chéréas a la peau douce, comme on dit, alors que l'Acharnien est un porc.

LA MÈRE : Soit ! c'est un paysan et il sent mauvais. Mais Antiphon, le fils de Ménécratès, qui t'a promis une mine*, pourquoi ne l'as-tu pas reçu, lui non plus ? N'est-il pas beau, poli et du même âge que Chéréas ?

4. MOUSARION : Mais Chéréas a menacé de nous égorger tous les deux si jamais il me trouvait avec lui.

LA MÈRE : Combien d'autres profèrent de telles menaces ! Vas-tu donc pour cela demeurer sans amant et vivre chaste, comme si tu n'étais pas une hétaïre, mais une prêtresse de la Législatrice[25]. Mais laissons cela. Aujourd'hui, ce sont les Haloa[26]. Que t'a-t-il donné pour la fête ?

MOSARION : Il n'a rien, chère petite maman.

LA MÈRE : Il est le seul à n'avoir pas trouvé d'expédient pour soutirer quelque chose à son père ? à n'avoir pas envoyé d'esclave pour le tromper ? à n'avoir rien demandé à sa mère, en menaçant de s'embarquer comme soldat si on ne lui donnait rien[27] ? Il reste assis à nous importuner, sans rien donner lui-même, et en nous empêchant de

26. Voir *Dialogue* I, note 2.
27. Ces ruses rappellent le comportement des adolescents et des esclaves qui les secondent dans la comédie (surtout dans la Néa).

ἐπιτρίβων μήτε αὐτὸς διδοὺς μήτε παρὰ τῶν
διδόντων ἐῶν λαμβάνειν; Σὺ δὲ οἴει, ὦ Μουσάριον,
ὀκτωκαίδεκα ἐτῶν ἀεὶ ἔσεσθαι; Ἢ τὰ αὐτὰ φρονήσειν
Χαιρέαν, ὅταν πλουτῇ μὲν αὐτός, ἡ δὲ μήτηρ γάμον
πολυτάλαντον ἐξεύρῃ αὐτῷ; Μνησθήσεται ἔτι, οἴει,
τότε τῶν δακρύων ἢ τῶν φιλημάτων ἢ τῶν ὅρκων
πέντε ἴσως τάλαντα προικὸς βλέπων;

ΜΟΥΣΑΡΙΟΝ. Μνησθήσεται ἐκεῖνος· δεῖγμα δέ·
οὐδὲ νῦν γεγάμηκεν, ἀλλὰ καταναγκαζόμενος καὶ
βιαζόμενος ἠρνήσατο.

ΜΗΤΗΡ. Γένοιτο μὴ ψεύδεσθαι. Ἀναμνήσω δέ
σε, ὦ Μουσάριον, τότε.

VIII
ΑΜΠΕΛΙΣ ΚΑΙ ΧΡΥΣΙΣ

ΑΜΠΕΛΙΣ. 1. Ὅστις δέ, ὦ Χρυσί, μήτε ζηλοτυπεῖ
μήτε ὀργίζεται μήτε ἐρράπισέ ποτε ἢ περιέκειρεν
ἢ τὰ ἱμάτια περιέσχισεν, ἔτι ἐραστὴς ἐκεῖνός
ἐστιν;

ΧΡΥΣΙΣ. Οὐκοῦν ταῦτα μόνα ἐρῶντος, ὦ Ἀμπελί,
δείγματα;

ΑΜΠΕΛΙΣ. Ναί, ταῦτ' ἀνδρὸς θερμοῦ· ἐπεὶ
τἄλλα, φιλήματα καὶ δάκρυα καὶ ὅρκοι καὶ τὸ
πολλάκις ἥκειν ἀρχομένου ἔρωτος σημεῖον καὶ
φυομένου ἔτι· τὸ δὲ πῦρ ὅλον ἐκ τῆς ζηλοτυπίας
ἐστίν. Ὥστε εἰ καὶ σέ, ὡς φής, ὁ Γοργίας ῥαπίζει
καὶ ζηλοτυπεῖ, χρηστὰ ἔλπιζε καὶ εὔχου ἀεὶ τὰ
αὐτὰ ποιεῖν.

ΧΡΥΣΙΣ. Τὰ αὐτά; Τί λέγεις; Ἀεὶ ῥαπίζειν με;

recevoir de ceux qui donnent. Crois-tu que tu auras éternellement dix-huit ans, Mousarion ? Ou que Chéréas sera
dans les mêmes dispositions quand il sera riche et que sa
mère lui aura arrangé un mariage plein de talents*? Crois-
tu qu'il se souviendra encore des larmes, des baisers et
des serments, en voyant une dot qui se montera peut-être
à cinq talents* ?

MOUSARION : Il s'en souviendra. La preuve : il
n'est toujours pas marié. On l'a forcé, on lui a fait violence, mais il a refusé.

LA MÈRE : Puisse-t-il ne pas mentir. Je te rafraîchi-
rai alors la mémoire, Mousarion.

VIII
AMPÉLIS, CHRYSIS

1. AMPÉLIS : Dis-moi, Chrysis, quelqu'un qui n'est
ni jaloux, ni coléreux, qui ne t'a jamais rouée de coups de
bâton, ni arraché les cheveux, ni déchiré les vêtements,
est-il encore amoureux ?

CHRYSIS : Alors, ce seraient là les seules preuves
d'amour, Ampélis ?

AMPÉLIS : Oui. C'est le comportement d'un homme
ardent. Le reste – baisers, pleurs, serments, visites fréquentes – est le signe d'un amour naissant qui débute encore. Le
véritable feu vient de la jalousie. Voilà pourquoi si, comme
tu le dis, Gorgias te bat et se montre jaloux, tu dois avoir
bon espoir et prier pour qu'il continue toujours ainsi.

CHRYSIS : Toujours ainsi ? Que veux-tu dire ? Qu'il
me frappe toujours ?

ΑΜΠΕΛΙΣ. Οὐχί, ἀλλ᾿ ἀνιᾶσθαι, εἰ μὴ πρὸς μόνον αὐτὸν βλέποις, ἐπεὶ εἰ μὴ ἐρᾷ γε, τί ἂν ὀργίζοιτο, εἰ σύ τινα ἕτερον ἐραστὴν ἔχεις;

ΧΡΥΣΙΣ. ᾿Αλλ᾿ οὐδὲ ἔχω ἔγωγε· ὁ δὲ μάτην ὑπέλαβε τὸν πλούσιόν μου ἐρᾶν, διότι ἄλλως ἐμνημόνευσά ποτε αὐτοῦ.

2. ΑΜΠΕΛΙΣ. Καὶ τοῦτο ἡδὺ τὸ ὑπὸ πλουσίων οἴεσθαι σπουδάζεσθαί σε· οὕτω γὰρ ἀνιάσεται μᾶλλον καὶ φιλοτιμήσεται, ὡς μὴ ὑπερβάλοιντο αὐτὸν οἱ ἀντερασταί.

ΧΡΥΣΙΣ. Καὶ μὴν οὗτός γε μόνον ὀργίζεται καὶ ῥαπίζει, δίδωσι δὲ οὐδέν.

ΑΜΠΕΛΙΣ. ᾿Αλλὰ δώσει – ζηλοτυπεῖ γάρ – καὶ μάλιστα ἢν λυπῇς αὐτόν.

ΧΡΥΣΙΣ. Οὐκ οἶδ᾿ ὅπως ῥαπίσματα λαμβάνειν βούλει με, ὦ ᾿Αμπελίδιον.

ΑΜΠΕΛΙΣ. Οὔκ, ἀλλ᾿, ὡς οἶμαι, οὕτως οἱ μεγάλοι ἔρωτες γίγνονται, καὶ εἰ πείθοιντο ἀμελεῖσθαι, εἰ δὲ πιστεύσαι μόνος ἔχειν, ἀπομαραίνεταί πως ἡ ἐπιθυμία. Ταῦτα λέγω πρὸς σὲ εἴκοσιν ὅλοις ἔτεσιν ἑταιρήσασα, σὺ δὲ ὀκτωκαιδεκαέτις, οἶμαι, ἢ ἔλαττον οὖσα τυγχάνεις. Εἰ βούλει δέ, καὶ διηγήσομαι ἃ ἔπαθόν ποτε οὐ πάνυ πρὸ πολλῶν ἐτῶν· ἤρα μου Δημόφαντος ὁ δανειστὴς ὁ κατόπιν οἰκῶν τῆς Ποικίλης. Οὗτος οὐδεπώποτε πλέον πέντε δραχμῶν δέδωκε καὶ ἠξίου δεσπότης εἶναι. Ἤρα δέ, ὦ Χρυσί, ἐπιπόλαιόν τινα ἔρωτα οὔτε ὑποστένων οὔτε δακρύων οὔτε ἀωρὶ παραγινόμενος ἐπὶ τὰς θύρας, ἀλλ᾿ αὐτὸ μόνον συνεκάθευδέ μοι ἐνίοτε, καὶ τοῦτο διὰ μακροῦ. 3. Ἐπειδὴ δὲ ἐλθόντα ποτὲ ἀπέκλεισα – Καλλίδης γὰρ ὁ γραφεὺς ἔνδον ἦν δέκα

AMPÉLIS : Non, mais qu'il soit fâché s'il n'est pas le seul que tu regardes. Car s'il n'est pas amoureux de toi, pourquoi se mettrait-il en colère à l'idée que tu aies un autre amant ?

CHRYSIS : Mais je n'en ai même pas. Il s'est figuré à tort qu'un riche était amoureux de moi, pour la seule raison que j'ai mentionné son nom par hasard.

2. AMPÉLIS : Eh bien ! voilà encore une bonne chose, s'il s'imagine que tu es recherchée par des riches. Il n'en sera que plus fâché et il fera tous ses efforts pour ne pas être supplanté par ses rivaux.

CHRYSIS : Mais il se contente de se mettre en colère et de me battre. Il ne donne rien.

AMPÉLIS : Il donnera puisqu'il est jaloux. Surtout si tu le fais souffrir.

CHRYSIS : Ma petite Ampélis, je ne comprends pas comment tu peux vouloir que je reçoive des coups.

AMPÉLIS : Ce n'est pas cela. Mais à mon avis, c'est ainsi que naissent les grandes passions, même si les hommes croient qu'on les néglige. Si l'amant est convaincu d'être le seul, son désir languit quelque peu. Je te l'affirme, moi qui suis hétaïre depuis vingt bonnes années alors que toi, tu dois avoir dix-huit ans, j'imagine, ou peut-être moins. Si tu veux, je vais te raconter ce qui m'est arrivé voici quelques années. L'usurier Démophantos, qui vit derrière le Pécile*, était mon amant. Il ne m'avait jamais donné plus de cinq drachmes*, et il prétendait être mon maître. Son amour, Chrysis, avait quelque chose de superficiel : il ne soupirait pas, ne pleurait pas, ne se présentait pas à ma porte à n'importe quelle heure ; il se contentait de coucher parfois avec moi, et seulement de loin en loin. 3. Or une fois qu'il était venu me voir, je lui ai fermé ma porte (le peintre Callidès, qui m'avait envoyé dix drachmes*,

δραχμὰς πεπομφώς – τὸ μὲν πρῶτον ἀπῆλθέ μοι
λοιδορησάμενος· ἐπεὶ δὲ πολλαὶ μὲν διῆλθον ἡμέραι,
ἐγὼ δὲ οὐ προσέπεμπον, ὁ Καλλίδης δὲ ἔνδον ἦν,
ὑποθερμαινόμενος ἤδη τότε ὁ Δημόφαντος καὶ
αὐτὸς ἀναφλέγεται ἐς τὸ πρᾶγμα καὶ ἐπιστάς ποτε
ἀνεῳγμένην τηρήσας τὴν θύραν ἔκλαεν, ἔτυπτεν,
ἠπείλει φονεύσειν, περιερρήγνυε τὴν ἐσθῆτα, ἅπαντα
ἐποίει, καὶ τέλος τάλαντον δοὺς μόνος εἶχεν ὀκτὼ
ὅλους μῆνας. Ἡ γυνὴ δὲ αὐτοῦ πρὸς ἅπαντας ἔλεγεν
ὡς ὑπὸ φαρμάκων ἐκμήναιμι αὐτόν. Τὸ δὲ ἦν ἄρα
ζηλοτυπία τὸ φάρμακον. Ὥστε, Χρυσί, καὶ σὺ χρῶ
ἐπὶ τὸν Γοργίαν τῷ αὐτῷ φαρμάκῳ· πλούσιος δὲ ὁ
νεανίσκος ἔσται, ἤν τι ὁ πατὴρ αὐτοῦ πάθῃ.

IX

ΔΟΡΚΑΣ ΚΑΙ ΠΑΝΝΥΧΙΣ
ΚΑΙ ΦΙΛΟΣΤΡΑΤΟΣ ΚΑΙ ΠΟΛΕΜΩΝ

ΔΟΡΚΑΣ. 1. Ἀπολώλαμεν, ὦ κεκτημένη,
ἀπολώλαμεν, ὁ Πολέμων ἀπὸ στρατιᾶς ἀνέστρεψε
πλουτῶν, ὥς φασιν· ἑώρακα δὲ κἀγὼ αὐτὸν
ἐφεστρίδα περιπόρφυρον ἐμπεπορπημένον καὶ
ἀκολούθους ἅμα πολλούς. Καὶ οἱ φίλοι ὡς εἶδον,
συνέθεον ἐπ' αὐτὸν ἀσπασόμενοι· ἐν τοσούτῳ
δὲ τὸν θεράποντα ἰδοῦσα κατόπιν ἑπόμενον, ὃς
συναποδεδημήκει μετ' αὐτοῦ, ἠρόμην καί· Εἰπέ μοι,
ἔφην, ὦ Παρμένων, ἀσπασαμένη πρότερον αὐτόν,
πῶς ἡμῖν ἐπράξατε καὶ εἴ τι ἄξιον τῶν πολέμων
ἔχοντες ἐπανεληλύθατε.

ΠΑΝΝΥΧΙΣ. Οὐκ ἔδει τοῦτο εὐθύς, ἀλλ' ἐκεῖνα,
ὅτι μὲν ἐσώθητε, πολλὴ χάρις τοῖς θεοῖς, καὶ μάλιστα

était chez moi). Démophantos est d'abord parti en m'in-
juriant. Plusieurs jours s'écoulèrent sans que je lui fasse
signe (Callidès était chez moi) ; alors, Démophantos, désormais plein d'ardeur, devint tout feu tout flamme. Il vint,
guetta l'ouverture de ma porte, puis se mit à pleurer, à me
frapper, à menacer de me tuer, à déchirer mes vêtements,
à faire n'importe quoi ; pour finir, il me donna un talent*
et il m'eut pour lui tout seul pendant huit mois entiers. Sa
femme prétendait que je l'avais rendu fou avec des philtres, mais mon philtre, c'était la jalousie. Eh bien, Chrysis,
use toi aussi avec Gorgias du même philtre. Cet adolescent
sera riche, s'il arrive quelque chose à son père.

IX
DORCAS, PANNYCHIS,
PHILOSTRATOS, POLÉMON

1. DORCAS : Nous sommes perdues, patronne, perdues ! Polémon est revenu de la guerre : il est riche dit-on.
Je l'ai vu de mes yeux tout cousu d'or dans un manteau
à bande de pourpre, au milieu d'une escorte nombreuse.
Dès que ses amis l'ont aperçu, ils ont couru vers lui pour
l'accueillir. Sur ces entrefaites, j'ai avisé derrière lui l'esclave qui l'avait accompagné à l'étranger. « Dis-moi, Parménon, lui ai-je demandé après l'avoir salué la première,
qu'êtes-vous devenus ? Rapportez-vous de vos combats
quelque objet de valeur ? »

PANNYCHIS : Il ne fallait pas demander cela tout de
suite, mais dire : « Vous êtes sains et saufs ! Grâces en

τῷ ξενίῳ Διὶ καὶ Ἀθηνᾷ στρατίᾳ· ἡ δέσποινα δὲ
ἐπυνθάνετο ἀεὶ τί πράττοιτε καὶ ἔνθα εἴητε. Εἰ
δὲ καὶ τοῦτο προσέθηκας, ὡς καὶ ἐδάκρυε καὶ ἀεὶ
ἐμέμνητο Πολέμωνος, ἄμεινον ἦν παρὰ πολύ.

2. ΔΟΡΚΑΣ. Προεῖπον εὐθὺς ἐν ἀρχῇ ἅπαντα·
πρὸς δὲ σὲ οὐκ ἂν εἶπον, ἀλλὰ ἃ ἤκουσα ἐβουλόμην
εἰπεῖν. Ἐπεὶ πρός γε Παρμένοντα οὕτως ἠρξάμην·
Ἦ που, ὦ Παρμένων, ἐβόμβει τὰ ὦτα ὑμῖν; Ἀεὶ
γὰρ ἐμέμνητο ἡ κεκτημένη μετὰ δακρύων, καὶ
μάλιστα εἴ τις ἐληλύθει ἐκ τῆς μάχης καὶ πολλοὶ
τεθνάναι ἐλέγοντο, ἐσπάραττε τότε τὰς κόμας καὶ
τὰ στέρνα ἐτύπτετο καὶ ἐπένθει πρὸς τὴν ἀγγελίαν
ἑκάστην.

ΠΑΝΝΥΧΙΣ. Εὖ γε, ὦ Δορκάς, οὕτως ἐχρῆν.

ΔΟΡΚΑΣ. Εἶτα ἑξῆς μετ' οὐ πολὺ ἠρόμην ἐκεῖνα.
Ὁ δέ· Πάνυ λαμπρῶς, φησίν, ἀνεστρέψαμεν.

ΠΑΝΝΥΧΙΣ. Οὕτως κἀκεῖνος οὐδὲν προειπών,
ὡς ἐμέμνητό μου ὁ Πολέμων ἢ ἐπόθει ἢ ηὔχετο
ζῶσαν καταλαβεῖν;

ΔΟΡΚΑΣ. Καὶ μάλα πολλὰ τοιαῦτα ἔλεγε.
Τὸ δ' οὖν κεφάλαιον ἐξήγγειλε πλοῦτον πολύν,
χρυσόν, ἐσθῆτα, ἀκολούθους, ἐλέφαντα· τὸ μὲν γὰρ
ἀργύριον μηδὲ ἀριθμῷ ἄγειν αὐτόν, ἀλλὰ μεδίμνῳ
ἀπομεμετρημένον πολλοὺς μεδίμνους. Εἶχε δὲ καὶ
αὐτὸς Παρμένων δακτύλιον ἐν τῷ μικρῷ δακτύλῳ,
μέγιστον, πολύγωνον, καὶ ψῆφος ἐνεβέβλητο τῶν
τριχρώμων, ἐρυθρά τε ἦν ἐπιπολῆς. Εἴασα δ' οὖν

28. Protecteur des hôtes et des étrangers.

soient rendues aux dieux et en particulier à Zeus Xénios[28] et à Athéna Stratia[29] ! Ma maîtresse se demandait sans cesse ce que vous deveniez et où vous étiez ». Et si tu avais ajouté : « Elle pleurait et parlait sans cesse de Polémon », cela aurait été encore beaucoup mieux.

2. DORCAS : J'ai commencé par tout cela en engageant la conversation, mais je ne voulais pas te le répéter, car je désirais te raconter ce que j'ai appris. Voici en vérité les premiers mots que j'ai adressés à Parménon : « Eh bien, Parménon, vos oreilles n'ont-elles pas sifflé ? La patronne pensait toujours à vous en pleurant, surtout si quelqu'un revenait de la bataille et disait qu'il y avait eu de nombreux morts. Alors, elle s'arrachait les cheveux, se frappait la poitrine et se lamentait à chaque message. »

PANNYCHIS : Très bien, Dorcas. C'est ce qu'il fallait.

DORCAS : Aussitôt après, sans attendre, je lui ai posé les questions que je t'ai dites. Il m'a répondu : « Nous revenons en brillant équipage. »

PANNYCHIS : Quoi ? Il n'a pas dit auparavant que Polémon pensait à moi, qu'il se languissait, qu'il priait pour me retrouver vivante ?

DORCAS : Il a tenu beaucoup de propos de ce genre. Mais l'essentiel, c'est qu'il annonçait de grandes richesses, de l'or, des vêtements, des serviteurs, de l'ivoire. Quant à l'argent qu'il rapporte, il paraît qu'il ne l'a pas compté mais mesuré en médimnes* – beaucoup de médimnes. Parménon lui-même portait au petit doigt un énorme anneau polygonal, couronné d'une pierre de trois couleurs dont la partie supérieure était rouge. Je l'ai laissé, alors

29. Déesse des armées.

440 ΕΤΑΙΡΙΚΟΙ ΔΙΑΛΟΓΟΙ

αὐτὸν ἐθέλοντά μοι διηγεῖσθαι ὡς τὸν Ἅλυν διέβησαν καὶ ὡς ἀπέκτειναν Τιριδάταν τινὰ καὶ ὡς διέπρεψεν ὁ Πολέμων ἐν τῇ πρὸς Πισίδας μάχῃ· ἀπέδραμόν σοι ταῦτα προσαγγελοῦσα, ὡς περὶ τῶν παρόντων σκέψαιο. Εἰ γὰρ ἐλθὼν ὁ Πολέμων –ἥξει γὰρ πάντως ἀποσεισάμενος τοὺς γνωρίμους – ἀναπυθόμενος εὕροι τὸν Φιλόστρατον ἔνδον παρ' ἡμῖν, τί οἴει ποιήσειν αὐτόν;

3. ΠΑΝΝΥΧΙΣ. Ἐξευρίσκωμεν, ὦ Δορκάς, ἐκ τῶν παρόντων σωτήριον· οὔτε γὰρ τοῦτον ἀποπέμψαι καλὸν τάλαντον ἔναγχος δεδωκότα καὶ τἆλλα ἔμπορον ὄντα καὶ πολλὰ ὑπισχνούμενον, οὔτε Πολέμωνα τοιοῦτον ἐπανήκοντα χρήσιμον μὴ παραδέχεσθαι· προσέτι γὰρ καὶ ζηλότυπός ἐστιν, ὃς καὶ πενόμενος ἔτι πολὺ ἀφόρητος ἦν· νῦν δὲ τί ἐκεῖνος οὐκ ἂν ποιήσειεν;

ΔΟΡΚΑΣ. Ἀλλὰ καὶ προσέρχεται.

ΠΑΝΝΥΧΙΣ. Ἐκλύομαι, ὦ Δορκάς, ἀπὸ τῆς ἀπορίας καὶ τρέμω.

ΔΟΡΚΑΣ. Ἀλλὰ καὶ Φιλόστρατος προσέρχεται.

ΠΑΝΝΥΧΙΣ. Τίς γένωμαι; Πῶς ἄν με ἡ γῆ καταπίοι;

4. ΦΙΛΟΣΤΡΑΤΟΣ. Τί οὐ πίνομεν, ὦ Παννυχί;

ΠΑΝΝΥΧΙΣ. Ἄνθρωπε, ἀπολώλεκάς με. Σὺ δὲ χαῖρε, Πολέμων, χρόνιος φανείς.

ΠΟΛΕΜΩΝ. Οὗτος οὖν τίς ἐστιν ὁ προσιὼν ὑμῖν; Σιωπᾷς; Εὖ γε· Οἴχου, ὦ Παννυχί. Ἐγὼ δὲ πεμπταῖος ἐκ Πυλῶν διέπτην ἐπειγόμενος ἐπὶ τοιαύτην γυναῖκα. Καὶ δίκαια μέντοι πέπονθα, καίτοι χάριν ἔχων· οὐκέτι γὰρ ἁρπασθήσομαι ὑπὸ σοῦ.

30. Fleuve d'Asie Mineure.

qu'il voulait me raconter comment ils ont traversé l'Halys[30], tué un certain Tiridatas, et comment Polémon s'est distingué à la bataille contre les Pisidiens[31]. J'ai couru te rapporter la nouvelle pour que tu réfléchisses à la situation. Si Polémon arrive (et il viendra forcément, dès qu'il se sera débarrassé de ses amis), s'il pose des questions, et s'il trouve Philostratos à la maison, chez nous, que va-t-il faire, à ton avis ?

3. PANNYCHIS : Il faut que nous trouvions un moyen de nous tirer de cette situation, Dorcas. Car ce ne serait pas bien de renvoyer Philostratos, qui vient de me donner un beau talent* : d'ailleurs c'est un marchand et il promet beaucoup. D'un autre côté, ce ne serait pas avisé non plus de ne pas recevoir Polémon qui revient si riche. En outre, il est jaloux : même quand il était pauvre, il était déjà insupportable. Alors que ne fera-t-il pas, maintenant ?

DORCAS : Le voici qui arrive.

PANNYCHIS : Je défaille, Dorcas. Je ne sais que faire. Je tremble.

DORCAS : Et voici Philostratos qui arrive.

PANNYCHIS : Que vais-je devenir ? Si la terre pouvait m'engloutir !

4. PHILOSTRATOS : Pourquoi ne pas nous mettre à boire, Pannychis ?

PANNYCHIS : Mon ami, tu m'as perdu… Bonjour, Polémon. Il y a bien longtemps que je ne t'ai vu.

POLÉMON : Quel est cet homme qui vient chez vous ? Tu te tais ? Très bien ! Va-t'en, Pannychis ! Je suis venu des Thermopyles à tire d'aile, en cinq jours, et c'est pour une femme pareille que je me hâtais ! Bien fait pour moi ! En tout cas, je te remercie : tu ne me mettras plus le grappin dessus !

31. Peuple d'Asie Mineure.

ΦΙΛΟΣΤΡΑΤΟΣ. Σὺ δὲ τίς εἶ, ὦ βέλτιστε;

ΠΟΛΕΜΩΝ. Ὅτι Πολέμων ὁ Στειριεὺς Πανδιονίδος φυλῆς, ἀκούεις· χιλιαρχήσας τὸ πρῶτον, νῦν δὲ ἐξαναστήσας πεντακισχιλίαν ἀσπίδα, ἐραστὴς Παννυχίδος, ὅτε ᾤμην ἔτι ἀνθρώπινα φρονεῖν αὐτήν.

ΦΙΛΟΣΤΡΑΤΟΣ. Ἀλλὰ τὰ νῦν σοι, ὦ ξεναγέ, Παννυχὶς ἐμή ἐστι, καὶ τάλαντον εἴληφε, λήψεται δὲ ἤδη καὶ ἕτερον, ἐπειδὰν τὰ φορτία διαθώμεθα. Καὶ νῦν ἀκολούθει μοι, ὦ Παννυχί, τοῦτον δὲ παρ' Ὀδρύσαις χιλιαρχεῖν ἔα.

ΠΟΛΕΜΩΝ. Ἐλευθέρα μέν ἐστι καὶ ἀκολουθήσει, ἢν ἐθέλῃ.

ΠΑΝΝΥΧΙΣ. Τί ποιῶ, Δορκάς;

ΔΟΡΚΑΣ. Εἰσιέναι ἄμεινον, ὀργιζομένῳ οὐχ οἷόν τε παρεῖναι Πολέμωνι, καὶ μᾶλλον ἐπιταθήσεται ζηλοτυπῶν.

ΠΑΝΝΥΧΙΣ. Εἰ θέλεις, εἰσίωμεν.

5. ΠΟΛΕΜΩΝ. Ἀλλὰ προλέγω ὑμῖν ὅτι τὸ ὕστατον πίεσθε τήμερον, ἢ μάτην ἐγὼ τοσούτοις φόνοις ἐγγεγυμνασμένος πάρειμι. Τοὺς Θρᾷκας, ὦ Παρμένων· ὡπλισμένοι ἡκέτωσαν ἐμφράξαντες τὸν στενωπὸν τῇ φάλαγγι· ἐπὶ μετώπου μὲν τὸ ὁπλιτικόν, παρ' ἑκάτερα δὲ οἱ σφενδονῆται καὶ τοξόται, οἱ δὲ ἄλλοι κατόπιν.

ΦΙΛΟΣΤΡΑΤΟΣ. Ὡς βρεφυλλίοις ταῦτα, ὦ μισθοφόρε, ἡμῖν λέγεις καὶ μορμολύττῃ. Σὺ γὰρ ἀλεκτρυόνα πώποτε ἀπέκτεινας ἢ πόλεμον εἶδες; Ἐρυμάτιον ἐφρούρεις τάχα διμοιρίτης ὤν, ἵνα καὶ τοῦτο προσχαρίσωμαί σοι.

PHILOSTRATOS : Qui es-tu, mon cher ?

POLÉMON : Sache que je suis Polémon du dème*
de Steiria, de la tribu* Pandionide, d'abord chiliarque*,
aujourd'hui commandant de cinq mille porteurs de bou-
cliers, J'étais l'amant de Pannychis, au temps où je lui
croyais encore des sentiments humains.

PHILOSTRATOS : À présent, comme tu vois, chef de
mercenaires, Pannychis est à moi. Elle a reçu un talent* ;
elle en recevra bientôt un second dès que j'aurai vendu
ma cargaison. Et maintenant, Pannychis, viens avec moi.
Laisse-le faire le chiliarque* chez les Odryses[32].

POLÉMON : Elle est libre. Elle t'accompagnera si
elle le veut.

PANNYCHIS : Que dois-je faire, Dorcas ?

DORCAS : Il vaut mieux rentrer. Impossible d'approcher Polémon quand il est en colère, et la jalousie le rendra encore plus exalté.

PANNYCHIS : Entrons, si tu veux.

5. POLÉMON : Eh bien ! je vous préviens que vous
buvez aujourd'hui pour la dernière fois ; sinon, ce serait en
pure perte que je me serais entraîné à de si grands massa-
cres ? Mes Thraces, Parménon ! Qu'ils viennent en armes !
Qu'ils encerclent la ruelle de leur phalange. Que les hoplites se placent sur le front ! À chacune des deux ailes, les
frondeurs et les archers ! Les autres à l'arrière !

PHILOSTRATOS : Tu nous prends pour des marmots,
mercenaire, pour nous parler ainsi et nous menacer d'un
croquemitaine ? As-tu jamais tué un coq ou vu la guerre ?
Peut-être as-tu monté la garde sur un bout de rempart, à la
tête d'une demi-cohorte, je veux bien te l'accorder pour
te faire plaisir.

---

32. Peuple thrace.

444 ΕΤΑΙΡΙΚΟΙ ΔΙΑΛΟΓΟΙ

ΠΟΛΕΜΩΝ. Καὶ μὴν εἴσῃ μετ' ὀλίγον, ἐπειδὰν προσιόντας ἡμᾶς ἐπὶ δόρυ θεάσῃ στίλβοντας τοῖς ὅπλοις.

ΦΙΛΟΣΤΡΑΤΟΣ. Ἥκετε μόνον συσκευασάμενοι. Ἐγὼ δὲ καὶ Τίβειος οὗτος – μόνος γὰρ οὗτος ἕπεταί μοι – βάλλοντες ὑμᾶς λίθοις τε καὶ ὀστράκοις οὕτω διασκεδάσομεν, ὡς μηδὲ ὅποι οἴχεσθε ἔχοιτε εἰδέναι.

X

ΧΕΛΙΔΟΝΙΟΝ ΚΑΙ ΔΡΟΣΙΣ

1. ΧΕΛΙΔΟΝΙΟΝ. Οὐκέτι φοιτᾷ παρὰ σέ, ὦ Δροσί, τὸ μειράκιον ὁ Κλεινίας; Οὐ γὰρ ἑώρακα, πολὺς ἤδη χρόνος, αὐτὸν παρ' ὑμῖν.

ΔΡΟΣΙΣ. Οὐκέτι, ὦ Χελιδόνιον· ὁ γὰρ διδάσκαλος αὐτὸν εἶρξε μηκέτι μοι προσιέναι.

ΧΕΛΙΔΟΝΙΟΝ. Τίς οὗτος; Μή τι τὸν παιδοτρίβην Διότιμον λέγεις; Ἐπεὶ ἐκεῖνός γε φίλος ἐστίν.

ΔΡΟΣΙΣ. Οὔκ, ἀλλ' ὁ κάκιστα φιλοσόφων ἀπολούμενος Ἀρισταίνετος.

ΧΕΛΙΔΟΝΙΟΝ. Τὸν σκυθρωπὸν λέγεις, τὸν δασύν, τὸν βαθυπώγωνα, ὃς εἴωθε μετὰ τῶν μειρακίων περιπατεῖν ἐν τῇ Ποικίλῃ;

ΔΡΟΣΙΣ. Ἐκεῖνόν φημι τὸν ἀλαζόνα, ὃν κάκιστα ἐπίδοιμι ἀπολούμενον, ἑλκόμενον τοῦ πώγωνος ὑπὸ δημίου.

2. ΧΕΛΙΔΟΝΙΟΝ. Τί παθὼν δὲ ἐκεῖνος τοιαῦτα ἔπεισε τὸν Κλεινίαν;

POLÉMON : Tu le sauras sous peu, quand tu nous verras attaquer sur votre côté découvert, brillants dans nos armures.

PHILOSTRATOS : Venez-y seulement, quand vous serez prêts. Pour ma part, avec Tibeios que voici (c'est mon seul compagnon), nous vous lancerons des pierres et des coquilles d'huîtres, et nous vous disperserons si bien que vous ne pourrez même pas savoir où vous partez.

X
CHÉLIDONION, DROSIS

1. CHÉLIDONION : Alors, Drosis, il ne vient plus te voir, le jeune Clinias ? Voici déjà longtemps que je ne l'ai pas vu chez vous.

DROSIS. Il ne vient plus, Chélidonion. Son maître lui a interdit de m'approcher désormais.

CHÉLIDONION : De qui s'agit-il ? Ne me dis pas que tu parles du pédotribe* Diotimos ? Car lui, c'est un ami.

DROSIS : Non, mais de celui des philosophes qui mérite de périr le plus misérablement, Aristainétos.

CHÉLIDONION : Tu parles de l'individu sinistre, velu, à la barbe épaisse, qui a l'habitude de déambuler en discutant[33] avec les jeunes gens au Pécile* ?

DROSIS : Oui, lui, cet imposteur. Je voudrais le voir périr misérablement, tandis que le bourreau le traînerait par la barbe !

2. CHÉLIDONION : Qu'est ce qui lui a pris de persuader Clinias d'agir ainsi ?

---

33. Allusion aux Péripatéticiens dont le nom vient précisément du verbe περιπατῶ.

ΔΡΟΣΙΣ. Οὐκ οἶδα, ὦ Χελιδόνιον. Ἀλλ' ὁ μηδέποτε ἀπόκοιτός μου γενόμενος ἀφ' οὗ γυναικὶ ὁμιλεῖν ἤρξατο – πρῶτον δὲ ὡμίλησέ μοι – τριῶν τούτων ἑξῆς ἡμερῶν οὐδὲ προσῆλθε τῷ στενωπῷ· ἐπεὶ δὲ ἠνιώμην – οὐκ οἶδα δὲ ὅπως τι ἔπαθον ἐπ' αὐτῷ – ἔπεμψα τὴν Νεβρίδα περισκεψομένην αὐτὸν ἢ ἐν ἀγορᾷ διατρίβοντα ἢ ἐν Ποικίλῃ· ἡ δὲ περιπατοῦντα ἔφη ἰδοῦσα μετὰ τοῦ Ἀρισταινέτου νεῦσαι πόρρω, ἐκεῖνον δὲ ἐρυθριάσαντα κάτω ὁρᾶν καὶ μηκέτι παρενεγκεῖν τὸν ὀφθαλμόν. Εἶτ' ἐβάδιζον ἅμα ἐς τὴν Ἀκαδημίαν· ἡ δὲ ἄχρι τοῦ Διπύλου ἀκολουθήσασα, ἐπεὶ μηδ' ὅλως ἐπεστράφη, ἐπανῆκεν οὐδὲν σαφὲς ἀπαγγεῖλαι ἔχουσα. Πῶς με οἴει διάγειν τὸ μετὰ ταῦτα οὐκ ἔχουσαν εἰκάσαι ὅ τι μοι πέπονθεν ὁ μειρακίσκος; Ἀλλὰ μὴ ἐλύπησά τι αὐτόν, ἔλεγον, ἢ τινος ἄλλης ἠράσθη μισήσας ἐμέ; Ἀλλ' ὁ πατὴρ διεκώλυσεν αὐτόν; Πολλὰ τοιαῦτα ἡ ἀθλία ἔστρεφον. Ἤδη δὲ περὶ δείλην ὀψίαν ἧκέ μοι Δρόμων τὸ γραμμάτιον τουτὶ παρ' αὐτοῦ κομίζων. Ἀνάγνωθι λαβοῦσα, ὦ Χελιδόνιον· οἶσθα γὰρ δή που γράμματα.

3. ΧΕΛΙΔΟΝΙΟΝ. Φέρ' ἴδωμεν· τὰ γράμματα οὐ πάνυ σαφῆ, ἀλλὰ ἐπισεσυρμένα δηλοῦντα ἔπειξίν τινα τοῦ γεγραφότος. Λέγει δέ· "πῶς μὲν ἐφίλησά σε, ὦ Δροσί, τοὺς θεοὺς ποιοῦμαι μάρτυρας."

ΔΡΟΣΙΣ. Αἰαῖ τάλαν, οὐδὲ τὸ χαίρειν προσέγραψε.

ΧΕΛΙΔΟΝΙΟΝ. "Καὶ νῦν δὲ οὐ κατὰ μῖσος, ἀλλὰ κατ' ἀνάγκην ἀφίσταμαί σου· ὁ πατὴρ γὰρ Ἀρισταινέτῳ παρέδωκέ με φιλοσοφεῖν αὐτῷ, κἀκεῖνος – ἔμαθε γὰρ τὰ καθ' ἡμᾶς ἅπαντα – πάνυ πολλὰ

34. Le coureur, nom de l'esclave messager dans la comédie (le *servus currens* dans la comédie latine).

DROSIS : Je ne sais pas, Chélidonion. Alors que Clinias n'avait jamais découché depuis qu'il a commencé à fréquenter une femme (je suis la première qu'il a connue), il n'est pas venu dans la ruelle depuis trois jours consécutifs. Comme j'avais de la peine (je ne sais pourquoi j'éprouve quelque chose pour lui), j'ai envoyé Nébris le guetter pendant qu'il était à l'agora ou au Pécile*. Elle m'a dit qu'elle l'avait vu se promener en discutant avec Aristainétos ; elle lui a fait signe de loin, mais il a rougi, baissé les yeux, et n'a plus regardé dans sa direction. Elle l'a suivi jusqu'au Dipylon*, et comme il ne s'est jamais retourné, elle est rentrée sans rien pouvoir rapporter de certain. Imagine ma vie, depuis lors. Je ne pouvais comprendre ce qui était arrivé à ce garçon. Je me disais : « Je ne lui ai pas fait de peine. Est-ce qu'il est amoureux d'une autre et qu'à présent il me déteste ? Est-ce son père qui l'empêche de venir ? » Telles étaient les nombreuses pensées que je remuais dans ma tête, pauvre de moi. Enfin, vers le soir, Dromon[34] est venu m'apporter cette lettre de sa part. Prends et lis, Chélidonion. Tu sais lire, je crois.

3. CHÉLIDONION : Eh bien voyons ! Les lettres ne sont pas bien nettes ; elles sont tracées à la hâte, ce qui montre que celui qui écrivait était pressé. Il dit : *Comme je t'ai aimée, Drosis ! j'en prends les dieux à témoin.*

DROSIS : Hélas ! Malheur ! Il n'a même pas commencé par : *Salut !*

CHÉLIDONION : *À présent, si je suis séparé de toi, ce n'est pas que je te déteste, mais j'y suis obligé. Mon père m'a confié à Aristainétos pour que je fasse de la philosophie avec lui, et celui-ci, qui a appris toute notre histoire, m'a adressé de très nombreux reproches ; il m'a dit qu'il est inconvenant de vivre avec une hétaïre quand on*

ἐπετίμησέ μοι ἀπρεπὲς εἶναι λέγων ἑταίρᾳ συνεῖναι
Ἀρχιτέλους καὶ Ἐρασικλείας υἱὸν ὄντα· πολὺ γὰρ
ἄμεινον εἶναι τὴν ἀρετὴν προτιμᾶν τῆς ἡδονῆς."

ΔΡΟΣΙΣ. Μὴ ὥρας ἵκοιτο ὁ λῆρος ἐκεῖνος τοιαῦτα
παιδεύων τὸ μειράκιον.

ΧΕΛΙΔΟΝΙΟΝ. "Ὥστε ἀνάγκη πείθεσθαι αὐτῷ·
παρακολουθεῖ γὰρ ἀκριβῶς παραφυλάσσων, καὶ ὅλως
οὐδὲ προσβλέπειν ἄλλῳ οὐδενὶ ἔξεστιν ὅτι μὴ
ἐκείνῳ· εἰ δὲ σωφρονοῖμι καὶ πάντα πεισθείην αὐτῷ,
ὑπισχνεῖται πάνυ εὐδαίμονα ἔσεσθαί με καὶ ἐνάρετον
καταστήσεσθαι τοῖς πόνοις προγεγυμνασμένον. Ταῦτά
σοι μόλις ἔγραψα ὑποκλέψας ἐμαυτόν. Σὺ δέ μοι
εὐτύχει καὶ μέμνησο Κλεινίου."

4. ΔΡΟΣΙΣ. Τί σοι δοκεῖ ἡ ἐπιστολή, ὦ
Χελιδόνιον;

ΧΕΛΙΔΟΝΙΟΝ. Τὰ μὲν ἄλλα ἡ ἀπὸ Σκυθῶν
ῥῆσις, τὸ δὲ "μέμνησο Κλεινίου" ἔχει τινὰ ὑπόλοιπον
ἐλπίδα.

ΔΡΟΣΙΣ. Κἀμοὶ οὕτως ἔδοξεν· ἀπόλλυμαι δ᾽
οὖν ὑπὸ τοῦ ἔρωτος. Ὁ μέντοι Δρόμων ἔφασκε
παιδεραστήν τινα εἶναι τὸν Ἀρισταίνετον καὶ ἐπὶ
προφάσει τῶν μαθημάτων συνεῖναι τοῖς ὡραιοτάτοις
τῶν νέων καὶ ἰδίᾳ λογοποιεῖσθαι πρὸς τὸν Κλεινίαν
ὑποσχέσεις τινὰς ὑπισχνούμενον ὡς ἰσόθεον ἀποφανεῖ
αὐτόν. Ἀλλὰ καὶ ἀναγιγνώσκει μετ᾽ αὐτοῦ ἐρωτικούς
τινας λόγους τῶν παλαιῶν φιλοσόφων πρὸς τοὺς
μαθητάς, καὶ ὅλος περὶ τὸ μειράκιόν ἐστιν. Ἠπείλει
δὲ καὶ τῷ πατρὶ τοῦ Κλεινίου κατερεῖν ταῦτα.

ΧΕΛΙΔΟΝΙΟΝ. Ἐχρῆν, ὦ Δροσί, γαστρίσαι τὸν
Δρόμωνα.

35. C'est-à-dire glacial (les Scythes vivent dans le nord) et barbare, inhumain.

est le fils d'Architélès et d'Érasicléia, car il vaut beau-
coup mieux préférer la vertu au plaisir.

DROSIS : Que ce vieux radoteur qui donne de telles leçons au jeune homme meure avant son heure !

CHÉLIDONION : *Je suis donc obligé de lui obéir. Il me suit et me surveille étroitement. Il m'est absolument interdit même de regarder quelqu'un d'autre que lui. Il me promet que, si je suis sage et lui obéis en tous points, je connaîtrai le bonheur parfait et que je parviendrai à la vertu après m'être entraîné à la souffrance. J'ai eu beau- coup de difficulté à t'écrire ces mots, en me cachant. Sois heureuse, je t'en prie, et souviens-toi de Clinias.*

4. DROSIS : Que penses-tu de cette lettre, Chélido- nion ?

CHÉLIDONION : Dans l'ensemble, c'est le discours d'un Scythe[35], mais le *souviens toi de Clinias* contient un reste d'espoir.

DROSIS : Moi aussi, je le pense : en tout cas, je meurs d'amour. D'ailleurs, Dromon m'a dit qu'Aristainétos est attiré par les jeunes garçons, et que sous prétexte de les instruire, il fréquente les plus beaux adolescents. En ce moment, il a des entretiens particuliers avec Clinias, il lui fait toutes sortes de belles promesses, s'engageant à le rendre semblable à un dieu, et en même temps il lit avec lui des discours amoureux adressés par les anciens philo- sophes à leurs disciples[36] : il s'applique entièrement à cir- convenir le jeune homme. Dromon a menacé d'en aver- tir le père de Clinias.

CHÉLIDONION : Eh bien, Drosis, il fallait régaler Dromon.

36. Allusion qui vise surtout Socrate dont Lucien évoque à plusieurs reprises le goût pour les garçons (voir notamment *Histoires vraies*, B, 17 ; *Dialogues des morts*, 6 ; *Vies de philosophes à vendre*, 15).

ΔΡΟΣΙΣ. Ἐγάστρισα, καὶ ἄνευ δὲ τούτου ἐμός ἐστι· κέκνισται γὰρ κἀκεῖνος τῆς Νεβρίδος.

ΧΕΛΙΔΟΝΙΟΝ. Θάρρει, πάντα ἔσται καλῶς. Ἐγὼ δὲ καὶ ἐπιγράψειν μοι δοκῶ ἐπὶ τοῦ τοίχου ἐν Κεραμεικῷ, ἔνθα ὁ Ἀρχιτέλης εἴωθε περιπατεῖν· Ἀρισταίνετος διαφθείρει Κλεινίαν· ὥστε καὶ ἐκ τούτου συνδραμεῖν τῇ παρὰ τοῦ Δρόμωνος διαβολῇ.

ΔΡΟΣΙΣ. Πῶς δ' ἂν λάθοις ἐπιγράψασα;

ΧΕΛΙΔΟΝΙΟΝ. Τῆς νυκτός, Δροσί, ἄνθρακά ποθεν λαβοῦσα.

ΔΡΟΣΙΣ. Εὖ γε, συστράτευε μόνον, ὦ Χελιδόνιον, κατὰ τοῦ ἀλαζόνος Ἀρισταινέτου.

XI

ΤΡΥΦΑΙΝΑ ΚΑΙ ΧΑΡΜΙΔΗΣ

1. ΤΡΥΦΑΙΝΑ. Ἑταίραν δέ τις παραλαβὼν πέντε δραχμὰς τὸ μίσθωμα δοὺς καθεύδει ἀποστραφεὶς δακρύων καὶ στένων; Ἀλλ' οὔτε πέπωκας ἡδέως, οἶμαι, οὔτε δειπνῆσαι μόνος ἠθέλησας· ἔκλαες γὰρ καὶ παρὰ τὸ δεῖπνον, ἑώρων γάρ· καὶ νῦν δὲ οὐ διαλέλοιπας ἀναλύζων ὥσπερ βρέφος. Ταῦτα οὖν, ὦ Χαρμίδη, τίνος ἕνεκα ποιεῖς; Μὴ ἀποκρύψῃ με, ὡς ἂν καὶ τοῦτο ἀπολαύσω τῆς νυκτὸς ἀγρυπνήσασα μετὰ σοῦ.

ΧΑΡΜΙΔΗΣ. Ἔρως με ἀπόλλυσιν, ὦ Τρύφαινα, καὶ οὐκέτ' ἀντέχω πρὸς τὸ δεινόν.

DROSIS : Je l'ai régalé, et même sans cela, d'ailleurs, il est de mon côté : il se ronge d'amour lui aussi, pour Nébris.

CHÉLIDONION : Courage, tout ira bien. Je crois que je vais écrire sur un mur, au Céramique*, à l'endroit où Architélès a l'habitude de se promener : « Aristainétos corrompt Clinias ». Cela confirmera l'accusation de Dromon.

DROSIS : Comment pourras-tu écrire sans être vue ?

CHÉLIDONION : J'irai pendant la nuit, Drosis. Je trouverai un charbon quelque part.

DROSIS : C'est bien ! Puisses-tu seulement, Chélidonion, combattre avec moi cet imposteur d'Aristainétos !

XI
TRYPHAINA, CHARMIDE[37]

1. TRYPHAINA : A-t-on jamais vu quelqu'un prendre une hétaïre, la payer cinq drachmes*, et dormir avec elle en lui tournant le dos, en versant des pleurs et en gémissant ? Je ne pense pas que tu aies eu du plaisir à boire, ni vraiment voulu dîner avec moi en tête à tête. Tu pleurais déjà pendant le dîner, je le voyais bien. Et maintenant, tu ne cesses de sangloter comme un tout petit enfant. Pourquoi ce comportement, Charmide ? Ne me le cache pas. Que je retire au moins ce profit de la nuit d'insomnie que j'ai passée avec toi.

CHARMIDE : L'amour me tue, Tryphaina. Je n'ai plus la force de résister à la souffrance.

---

37. Le nom évoque bien sûr Socrate et Platon.

ΤΡΥΦΑΙΝΑ. Ἀλλ᾽ ὅτι μὲν οὐκ ἐμοῦ ἐρᾷς, δῆλον· οὐ γὰρ ἂν ἔχων με ἠμέλεις καὶ ἀπωθοῦ περιπλέκεσθαι θέλουσαν καὶ τέλος διετείχιζες τὸ μεταξὺ ἡμῶν τῷ ἱματίῳ δεδιὼς μὴ ψαύσαιμί σου. Τίς δὲ ὅμως ἐκείνη ἐστίν, εἰπέ· τάχα γὰρ ἄν τι καὶ συντελέσαιμι πρὸς τὸν ἔρωτα, οἶδα γὰρ ὡς χρὴ τὰ τοιαῦτα διακονεῖσθαι.

ΧΑΡΜΙΔΗΣ. Καὶ μὴν οἶσθα καὶ πάνυ ἀκριβῶς αὐτὴν κἀκείνη σέ· οὐ γὰρ ἀφανὴς ἑταίρα ἐστίν.

2. ΤΡΥΦΑΙΝΑ. Εἰπὲ τοὔνομα, ὦ Χαρμίδη.

ΧΑΡΜΙΔΗΣ. Φιλημάτιον, ὦ Τρύφαινα.

ΤΡΥΦΑΙΝΑ. Ὁποτέραν λέγεις; Δύο γάρ εἰσι· τὴν ἐκ Πειραιῶς, τὴν ἄρτι διακεκορευμένην, ἧς ἐρᾷ Δάμυλος ὁ τοῦ νῦν στρατηγοῦντος υἱός, ἢ τὴν ἑτέραν, ἣν Παγίδα ἐπικαλοῦσιν;

ΧΑΡΜΙΔΗΣ. Ἐκείνην, καὶ ἑάλωκα ὁ κακοδαίμων καὶ συνείλημμαι πρὸς αὐτῆς.

ΤΡΥΦΑΙΝΑ. Οὐκοῦν δι᾽ ἐκείνην ἔκλαες;

ΧΑΡΜΙΔΗΣ. Καὶ μάλα.

ΤΡΥΦΑΙΝΑ. Πολὺς δὲ χρόνος ἔστι σοι ἐρῶντι ἢ νεοτελής τις εἶ;

ΧΑΡΜΙΔΗΣ. Οὐ νεοτελής, ἀλλὰ μῆνες ἑπτὰ σχεδὸν ἀπὸ Διονυσίων, ὅτε πρώτως εἶδον αὐτήν.

ΤΡΥΦΑΙΝΑ. Εἶδες δὲ ὅλην ἀκριβῶς, ἢ τὸ πρόσωπον μόνον καὶ ὅσα τοῦ σώματος φανερὰ εἶδες Φιλημάτιου, καὶ ὡς χρῆν γυναῖκα πέντε καὶ τετταράκοντα ἔτη γεγονυῖαν ἤδη;

---

38. Le mot παγίς (à rattacher au verbe πήγνυμι) signifie ce qui est fixé ou ce qui retient: il peut désigner un filet, voire une souricière (dans la *Batrachomyomachie*).

TRYPHAINA : Ce n'est pas moi que tu aimes, évidemment, car dans ce cas, tu ne me négligerais pas, alors que tu m'as, tu ne me repousserais pas quand je veux t'enlacer, enfin tu ne mettrais pas ton manteau entre nous, comme un rempart, de peur que je ne te touche. Qui est-elle donc, dis-moi ? Je pourrais peut-être apporter de l'aide à tes amours. Je sais comment il faut rendre service en pareille matière.

CHARMIDE : Tu la connais, et même très bien, et elle aussi te connaît ; c'est une hétaïre qui n'est pas sans renom.

2. TRYPHAINA : Dis-moi son nom, Charmide.

CHARMIDE : Philémation, Tryphaina.

TRYPHAINA : De laquelle parles-tu ? Il y en a deux : celle du Pirée, qui vient de perdre sa virginité et qui a pour amant Damylos, dont le père est actuellement stratège, ou l'autre, celle qu'on surnomme la Nasse[38].

CHARMIDE : C'est la seconde. Et moi, infortuné, je suis son prisonnier : elle m'a capturé.

TRYPHAINA : Alors, c'est à cause d'elle que tu pleurais ?

CHARMIDE : Tout à fait.

TRYPHAINA : Y a-t-il longtemps que tu l'aimes ou es-tu un nouvel initié[39] ?

CHARMIDE : Je ne suis pas un nouvel initié. Près de sept mois ont passé depuis les Dionysies, quand je l'ai vue pour la première fois.

TRYPHAINA : L'as-tu vue tout entière et en détail, ou seulement son visage et les quelques parties de son corps qu'elle laisse entrevoir, comme il faut s'y attendre de la part d'une femme qui a déjà quarante-cinq ans ?

---

39. Métaphore que l'on trouve pareillement appliquée à l'amour dans *Le Navire ou les vœux*, 11.

ΧΑΡΜΙΔΗΣ. Καὶ μὴν ἐπόμνυται δύο καὶ εἴκοσιν
ἐς τὸν ἐσόμενον Ἐλαφηβολιῶνα τελέσειν.

3. ΤΡΥΦΑΙΝΑ. Σὺ δὲ ποτέροις πιστεύσειας ἄν,
τοῖς ἐκείνης ὅρκοις ἢ τοῖς σεαυτοῦ ὀφθαλμοῖς;
Ἐπίσκεψαι γὰρ ἀκριβῶς ὑποβλέψας ποτὲ τοὺς
κροτάφους αὐτῆς, ἔνθα μόνον τὰς αὐτῆς τρίχας
ἔχει· τὰ δὲ ἄλλα φενάκη βαθεῖα. Παρὰ δὲ τοὺς
κροτάφους ὁπόταν ἀσθενήσῃ τὸ φάρμακον, ᾧ βάπτεται,
ὑπολευκαίνεται τὰ πολλά. Καίτοι τί τοῦτο; Βίασαί
ποτε καὶ γυμνὴν αὐτὴν ἰδεῖν.

ΧΑΡΜΙΔΗΣ. Οὐδεπώποτέ μοι πρὸς τοῦτο
ἐνέδωκεν.

ΤΡΥΦΑΙΝΑ. Εἰκότως· ἠπίστατο γὰρ μυσαχθησόμενόν
σε τὰς λεύκας. Ὅλη δὲ ἀπὸ τοῦ αὐχένος ἐς
τὰ γόνατα παρδάλει ἔοικεν. Ἀλλὰ σὺ ἐδάκρυες
τοιαύτῃ μὴ συνών; Ἦ που τάχα καὶ ἐλύπει σε καὶ
ὑπερεώρα;

ΧΑΡΜΙΔΗΣ. Ναί, ὦ Τρύφαινα, καίτοι τοσαῦτα
παρ' ἐμοῦ λαμβάνουσα. Καὶ νῦν ἐπειδὴ χιλίας
αἰτούσῃ οὐκ εἶχον διδόναι ῥᾳδίως ἅτε ὑπὸ πατρὶ
φειδομένῳ τρεφόμενος, Μοσχίωνα ἐσδεξαμένη
ἀπέκλεισέ με, ἀνθ' ὧν λυπῆσαι καὶ αὐτὸς ἐθέλων
αὐτὴν σὲ παρείληφα.

ΤΡΥΦΑΙΝΑ. Μὰ τὴν Ἀφροδίτην οὐκ ἂν ἧκον, εἴ
μοι προεῖπέ τις ὡς ἐπὶ τούτοις παραλαμβανοίμην,
λυπῆσαι ἄλλην, καὶ ταῦτα Φιλημάτιον τὴν σορόν.
Ἀλλ' ἄπειμι, καὶ γὰρ ἤδη τρίτον τοῦτο ᾖσεν
ἀλεκτρυών.

4. ΧΑΡΜΙΔΗΣ. Μὴ σύ γε οὕτως ταχέως,
ὦ Τρύφαινα· εἰ γὰρ ἀληθῆ ἐστιν ἃ φὴς περὶ
Φιλημάτίου, τὴν πηνήκην καὶ ὅτι βάπτεται καὶ
τὸ τῶν ἄλλων ἀλφῶν, οὐδὲ προσβλέπειν ἂν ἔτι
ἐδυνάμην αὐτῇ.

CHARMIDE : Mais voyons, elle jure qu'elle en aura vingt-deux en Elaphébolion[40] prochain !

3. TRYPHAINA : Et toi, qui veux-tu croire ? Ses serments ou tes propres yeux ? Examine-la avec attention, en regardant discrètement ses tempes, le seul endroit où elle ait ses vrais cheveux, car ailleurs c'est une perruque épaisse : le long de ses tempes, la plupart d'entre eux blanchissent, quand la couleur dont elle les teint faiblit. Mais à quoi bon ? Force-la un jour à se montrer toute nue.

CHARMIDE : Jamais elle ne m'a accordé cela.

TRYPHAINA : Naturellement. Elle sait que ses taches blanches te feraient horreur. Sur tout son corps, de la nuque aux genoux, on dirait un léopard. Et toi tu pleurais de ne pas t'unir à une femme semblable ? Est-ce que peut-être elle t'a fait souffrir et t'a dédaigné ?

CHARMIDE : Oui, Tryphaina, malgré tout ce qu'elle recevait de moi. Maintenant, comme elle me demandait mille drachmes* que je ne pouvais donner facilement, car je dépends d'un père avare, elle a fait entrer Moschion et m'a fermé sa porte. Voilà pourquoi j'ai voulu la faire souffrir à mon tour et je t'ai prise avec moi.

TRYPHAINA : Par Aphrodite, je ne serais pas venue si l'on m'avait annoncé que c'était pour cela qu'on me prenait, pour faire souffrir une autre, et particulièrement Philémation, ce sépulcre. Eh bien ! je m'en vais. Le coq a déjà chanté trois fois.

4. CHARMIDE : Pas si vite, Tryphaina. Si ce que tu dis de Philémation est vrai – la perruque, les cheveux teints et les taches blanches –, je ne pourrais plus seulement la regarder.

---

40. Le neuvième mois (deuxième moitié de mars, première moitié d'avril).

ΤΡΥΦΑΙΝΑ. Ἐροῦ τὴν μητέρα, εἴ ποτε λέλουται μετ᾽ αὐτῆς· περὶ γὰρ τῶν ἐτῶν κἂν ὁ πάππος διηγήσεταί σοι, εἴ γε ζῇ ἔτι.

ΧΑΡΜΙΔΗΣ. Οὐκοῦν ἐπεὶ τοιαύτη ἐκείνη, ἀφῃρήσθω μὲν ἤδη τὸ διατείχισμα, περιβάλλωμεν δὲ ἀλλήλους καὶ φιλῶμεν καὶ ἀληθῶς συνῶμεν· Φιλημάτιον δὲ πολλὰ χαιρέτω.

<h1 style="text-align:center">XII</h1>
ΙΟΕΣΣΑ ΚΑΙ ΠΥΘΙΑΣ ΚΑΙ ΛΥΣΙΑΣ

ΙΟΕΣΣΑ. 1. Θρύπτῃ, ὦ Λυσία, πρὸς ἐμέ; Καὶ καλῶς, ὅτι μήτε ἀργύριον πώποτε ᾔτησά σε μήτ᾽ ἀπέκλεισα ἐλθόντα, ἔνδον ἕτερος, εἰποῦσα, μήτε παραλογισάμενον τὸν πατέρα ἢ ὑφελόμενον τῆς μητρὸς ἠνάγκασα ἐμοί τι κομίσαι, ὁποῖα αἱ ἄλλαι ποιοῦσιν, ἀλλ᾽ εὐθὺς ἐξ ἀρχῆς ἄμισθον, ἀξύμβολον εἰσεδεξάμην, οἶσθα ὅσους ἐραστὰς παραπεμψαμένη, Θεοκλέα τὸν πρυτανεύοντα νῦν καὶ Πασίωνα τὸν ναύκληρον καὶ τὸν συνέφηβόν σου Μέλισσον, καίτοι ἔναγχος ἀποθανόντος αὐτῷ τοῦ πατρὸς καὶ κύριον αὐτὸν ὄντα τῆς οὐσίας· ἐγὼ δὲ τὸν Φάωνα μόνον εἶχον οὔτε τινὰ προσβλέπουσα ἕτερον οὔτε προσιεμένη ὅτι μὴ σέ· ᾤμην γὰρ ἡ ἀνόητος ἀληθῆ εἶναι ἃ ὤμνυες, καὶ διὰ τοῦτό σοι προσέχουσα ὥσπερ ἡ Πηνελόπη ἐσωφρόνουν, ἐπιβοωμένης τῆς

TRYPHAINA : Demande à ta mère, si jamais elle est allée se baigner avec elle. Quant à son âge, ton grand père te l'apprendra, si du moins il est encore de ce monde.

CHARMIDE : Eh bien, puisqu'elle est ainsi, enlevons tout de suite ce rempart, enlaçons-nous, donnons-nous des baisers et soyons vraiment l'un avec l'autre. Quant à Philémation, qu'elle aille au diable !

XII
IOESSA, PYTHIAS, LYSIAS

1. IOESSA : Lysias, tu prends de grands airs avec moi ? Fort bien ! Moi, je ne t'ai jamais demandé d'argent ; je ne t'ai pas fermé ma porte, en prétendant qu'un autre était à l'intérieur ; je ne t'ai pas forcé, comme les autres hétaïres, à tromper ton père ou à voler ta mère pour m'apporter quelque chose. Dès le début, je t'ai reçu sans te faire payer, sans te demander de participer aux frais. Tu sais quels amants j'ai éconduits : Théoclès, qui est actuellement prytane*, l'armateur Pasion, et ton camarade d'éphébie* Mélissos, bien que son père vienne de mourir et qu'il ait la libre jouissance de ses biens. J'ai fait de toi mon unique Phaon[41] ; je n'ai jamais regardé ou reçu un autre homme que toi. Je pensais, pauvre sotte, que tes serments étaient sincères : voilà pourquoi, je m'attachais à toi et restais chaste comme Pénélope, malgré les criailleries de ma mère

---

41. Phaon était un passeur de Lesbos, vieux et pauvre qui fit passer gratuitement Aphrodite, déguisée en vieille femme. Pour le remercier, la déesse lui donna la beauté : toutes les femmes de l'île devinrent amoureuses de lui, notamment Sappho, qui de désespoir se serait jetée dans la mer.

μητρὸς καὶ πρὸς τὰς φίλας ἐγκαλούσης. Σὺ δὲ
ἐπείπερ ἔμαθες ὑποχείριον ἔχων με τετηκυῖαν ἐπὶ
σοί, ἄρτι μὲν Λυκαίνη προσέπαιζες ἐμοῦ ὁρώσης,
ὡς λυποίης ἐμέ, ἄρτι δὲ σὺν ἐμοὶ κατακείμενος
ἐπῄνεις Μαγίδιον τὴν ψάλτριαν· ἐγὼ δ' ἐπὶ τούτοις
δακρύω καὶ συνίημι ὑβριζομένη. Πρῴην δὲ ὁπότε
συνεπίνετε Θράσων καὶ σὺ καὶ Δίφιλος, παρῆσαν
καὶ ἡ αὐλητρὶς Κυμβάλιον καὶ Πυραλλὶς ἐχθρὰ
οὖσα ἐμοί. Σὺ δὲ τοῦτ' εἰδὼς τὴν Κυμβάλιον μὲν
οὔ μοι πάνυ ἐμέλησεν ὅτι πεντάκις ἐφίλησας·
σεαυτὸν γὰρ ὕβριζες τοιαύτην φιλῶν· Πυραλλίδα δὲ
ὅσον ἐνένευες, καὶ πιὼν ἂν ἐκείνῃ μὲν ἀπέδειξας
τὸ ποτήριον, ἀποδιδοὺς δὲ τῷ παιδὶ πρὸς τὸ οὖς
ἐκέλευες, εἰ μὴ Πυραλλὶς αἰτήσειε, μὴ ἂν ἄλλῳ
ἐγχέαι· τέλος δὲ τοῦ μήλου ἀποδακών, ὁπότε τὸν
Δίφιλον εἶδες ἀσχολούμενον – ἐλάλει γὰρ Θράσωνι
– προκύψας πως εὐστόχως προσηκόντισας ἐς τὸν
κόλπον αὐτῆς, οὐδὲ λαθεῖν γε πειρώμενος ἐμέ· ἡ
δὲ φιλήσασα μεταξὺ τῶν μαστῶν ὑπὸ τῷ ἀποδέσμῳ
παρεβύσατο. 2. Ταῦτα οὖν τίνος ἕνεκα ποιεῖς; Τί
σε ἢ μέγα ἢ μικρὸν ἐγὼ ἠδίκησα ἢ λελύπηκα; Τίνα
ἕτερον εἶδον; Οὐ πρὸς μόνον σὲ ζῶ; Οὐ μέγα, ὦ
Λυσία, τοῦτο ποιεῖς γύναιον ἄθλιον λυπῶν μεμηνὸς
ἐπὶ σοί; Ἔστι τις θεὸς ἡ Ἀδράστεια καὶ τὰ τοιαῦτα
ὁρᾷ· σὺ δέ ποτε λυπήσῃ τάχα, ἂν ἀκούσῃς τι περὶ
ἐμοῦ, κειμένην με ἤτοι βρόχῳ ἐμαυτὴν ἀποπνίξασαν

42. Il s'agit d'une sorte de soutien-gorge.

qui me grondait devant ses amies. Mais toi, depuis que tu sais que tu me tiens en ton pouvoir et que je me consume pour toi, tu t'es mis, dernièrement, à lutiner Lycaina sous mes yeux, pour me faire de la peine ; dernièrement encore, alors que tu étais allongé à mes côtés, tu as fait l'éloge de Magidion, la joueuse de psaltérion. Cela me fait pleurer et je me sens humiliée. L'autre jour, quand vous buviez ensemble, Thrason, toi et Diphilos, il y avait également Cymbalion, la joueuse d'aulos*, et Pyrallis, qui est mon ennemie. Tu le savais. Alors, que tu aies embrassé Cymbalion cinq fois, cela ne m'a pas fait grand-chose – c'est toi que tu humilies en embrassant une telle femme – mais Pyrallis… Tous les signes de tête que tu lui as adressés… En buvant tu lui as montré la coupe, et en la rendant, tu as chuchoté à l'oreille du petit esclave de ne la remplir pour personne sauf si Pyrallis la demandait. Pour finir, tu as mordu dans une pomme, et quand tu as vu que Diphilos ne faisait pas attention et bavardait avec Thrason, tu t'es penché et tu l'as lancée adroitement dans le giron de Pyrallis, sans même essayer de te cacher de moi. Elle a embrassé la pomme et l'a glissée entre ses seins, sous son bandeau[42].
2. Pourquoi agis-tu ainsi ? T'ai-je, si peu que ce soit, fait du tort ou de la peine ? Qui d'autre que toi ai-je regardé ? N'est-ce pas pour toi seul que je vis ? Ce n'est pas glorieux, Lysias, de faire souffrir une pauvre petite femme qui est folle de toi. Mais il y a une déesse, Adrastée[43], qui observe ce genre de conduite. Bientôt peut-être, c'est toi qui souffriras, quand tu apprendras que je suis morte, que

43. Voir *Dialogue*, VI, note 18.

ἢ ἐς τὸ φρέαρ ἐπὶ κεφαλὴν ἐμπεσοῦσαν, ἢ ἕνα γέ
τινα τρόπον εὑρήσω θανάτου, ὡς μηκέτ' ἐνοχλοίην
βλεπομένη. Πομπεύσεις τότε ὡς μέγα καὶ λαμπρὸν
ἔργον ἐργασάμενος. Τί με ὑποβλέπεις καὶ πρίεις
τοὺς ὀδόντας; Εἰ γάρ τι ἐγκαλεῖς, εἰπέ, Πυθιὰς
ἡμῖν αὕτη δικασάτω. Τί τοῦτο; Οὐδὲ ἀποκρινάμενος
ἀπέρχῃ καταλιπών με; Ὁρᾷς, ὦ Πυθιάς, οἷα πάσχω
ὑπὸ Λυσίου;

ΠΥΘΙΑΣ. Ὢ τῆς ἀγριότητος, τὸ μηδὲ ἐπικλασθῆναι
δακρυούσης· λίθος, οὐκ ἄνθρωπός ἐστι. Πλὴν ἀλλ' εἴ
γε χρὴ τἀληθὲς εἰπεῖν, σύ, ὦ Ἰόεσσα, διέφθειρας
αὐτὸν ὑπεραγαπῶσα καὶ τοῦτο ἐμφαίνουσα. Ἐχρῆν δὲ
μὴ πάνυ αὐτὸν ζηλοῦν· ὑπερόπται γὰρ αἰσθανόμενοι
γίγνονται. Παῦ', ὦ τάλαινα, δακρύουσα, καὶ ἤν
μοι πείθῃ, ἅπαξ ἢ δὶς ἀπόκλεισον ἐλθόντα· ὄψει
γὰρ ἀνακαιόμενον αὐτὸν πάνυ καὶ ἀντιμεμηνότα
ἀληθῶς.

ΙΟΕΣΣΑ. Ἀλλὰ μηδ' εἴπῃς, ἄπαγε. Ἀποκλείσω
Λυσίαν; Εἴθε μὴ αὐτὸς ἀποσταίη φθάσας.

ΠΥΘΙΑΣ. Ἀλλ' ἐπανέρχεται αὖθις.

ΙΟΕΣΣΑ. Ἀπολώλεκας ἡμᾶς, ὦ Πυθιάς· ἠκρόαταί
σου ἴσως "ἀπόκλεισον" λεγούσης.

3. ΛΥΣΙΑΣ. Οὐχὶ ταύτης ἕνεκεν, ὦ Πυθιάς,
ἐπανελήλυθα, ἣν οὐδὲ προσβλέψαιμι ἔτι τοιαύτην
οὖσαν, ἀλλὰ διὰ σέ, ὡς μὴ καταγιγνώσκῃς ἐμοῦ
καὶ λέγῃς· Ἄτεγκτος ὁ Λυσίας ἐστίν.

ΠΥΘΙΑΣ. Ἀμέλει καὶ ἔλεγον, ὦ Λυσία.

ΛΥΣΙΑΣ. Φέρειν οὖν ἐθέλεις, ὦ Πυθιάς, Ἰόεσσαν
ταύτην τὴν νῦν δακρύουσαν αὐτὸν ἐπιστάντα αὐτῇ
ποτε μετὰ νεανίου καθευδούσῃ ἐμοῦ ἀποστάσῃ;

je me suis pendue avec un lacet ou jetée dans un puits la tête la première, ou que j'ai trouvé quelque autre moyen d'en finir pour que ma vue cesse de t'importuner. Alors, tu triompheras, comme si tu avais accompli un exploit grandiose et glorieux. Pourquoi me regardes-tu de travers ? Pourquoi grinces-tu des dents ? Si tu as un reproche à m'adresser, parle, et que Pythias, ici présente, soit notre juge. Eh quoi ? Tu ne réponds pas ? Tu t'en vas ? Tu me laisses ? Tu vois, Pythias, comment Lysias me traite ?

PYTHIAS : Quelle cruauté ! Ne pas se laisser attendrir même par tes larmes ! C'est une pierre, et non un homme. Néanmoins, s'il faut te dire la vérité, c'est toi, Ioessa, qui l'as gâté en l'aimant trop et en le lui montrant. Il ne fallait pas du tout te prendre de passion pour lui car les hommes deviennent arrogants quand ils s'en aperçoivent. Cesse de pleurer, ma pauvre, et crois-moi, ferme-lui une ou deux fois ta porte quand il viendra. Tu le verras brûler et devenir vraiment fou d'amour à son tour.

IOESSA : Ne dis pas cela ! Tais-toi ! Que je ferme ma porte à Lysias ? Si seulement il pouvait ne pas être le premier à s'en aller !

PYTHIAS : Le voici qui revient.

IOESSA : Tu nous as perdues, Pythias. Il t'a peut-être entendue quand tu disais : « Ferme-lui ta porte. »

3. LYSIAS : Ce n'est pas pour elle que je suis revenu, Pythias : je ne pourrais même plus la regarder, puisqu'elle est ainsi. C'est pour toi, afin que tu ne me condamnes pas en disant : « Lysias est insensible ! »

PYTHIAS : C'est précisément ce que je disais, Lysias.

LYSIAS : Tu veux donc, Pythias que je supporte cette Ioessa : maintenant, elle pleure, mais je l'ai trouvée au lit avec un garçon ; elle m'a trompé.

ΠΥΘΙΑΣ. Λυσία, τὸ μὲν ὅλον ἑταίρα ἐστί. Πῶς δ' οὖν κατέλαβες αὐτοὺς συγκαθεύδοντας;

ΛΥΣΙΑΣ. Ἕκτην σχεδὸν ταύτην ἡμέραν, νὴ Δί', ἕκτην γε, δευτέρα ἱσταμένου· τὸ τήμερον δὲ ἑβδόμη ἐστίν. Ὁ πατὴρ εἰδὼς ὡς πάλαι ἐρῴην ταυτησὶ τῆς χρηστῆς, ἐνέκλεισέ με παραγγείλας τῷ θυρωρῷ μὴ ἀνοίγειν· ἐγὼ δέ, οὐ γὰρ ἔφερον μὴ οὐχὶ συνεῖναι αὐτῇ, τὸν Δρόμωνα ἐκέλευσα παρακύψαντα παρὰ τὸν θριγκὸν τῆς αὐλῆς, ᾗ ταπεινότατον ἦν, ἀναδέξασθαί με ἐπὶ τὸν νῶτον· ῥᾷον γὰρ οὕτως ἀναβήσεσθαι ἔμελλον. Τί ἂν μακρὰ λέγοιμι; Ὑπερέβην, ἧκον, τὴν αὔλειον εὗρον ἀποκεκλεισμένην ἐπιμελῶς· μέσαι γὰρ νύκτες ἦσαν. Οὐκ ἔκοψα δ' οὖν, ἀλλ' ἐπάρας ἠρέμα τὴν θύραν, ἤδη δὲ καὶ ἄλλοτ' ἐπεποιήκειν αὐτό, παραγαγὼν τὸν στροφέα παρεισῆλθον ἀψοφητί. Ἐκάθευδον δὲ πάντες, εἶτα ἐπαφώμενος τοῦ τοίχου ἐφίσταμαι τῇ κλίνῃ.

ΙΟΕΣΣΑ. 4. Τί ἐρεῖς, ὦ Δάματερ; Ἀγωνιῶ γάρ.

ΛΥΣΙΑΣ. Ἐπειδὴ δὲ οὐχ ἑώρων τὸ ἆσθμα ἕν, τὸ μὲν πρῶτον ᾤμην τὴν Λυδὴν αὐτῇ συγκαθεύδειν· τὸ δ' οὐκ ἦν, ὦ Πυθιάς, ἀλλ' ἐφαψάμενος εὗρον ἀγένειόν τινα πάνυ ἁπαλόν, ἐν χρῷ κεκαρμένον, μύρων καὶ αὐτὸν ἀποπνέοντα. Τοῦτο ἰδὼν εἰ μὲν καὶ ξίφος ἔχων ἦλθον, οὐκ ἂν ὤκνησα, εὖ ἴστε. Τί γελᾶτε, ὦ Πυθιάς; Γέλωτος ἄξια δοκῶ σοι διηγεῖσθαι;

ΙΟΕΣΣΑ. Τοῦτό σε, ὦ Λυσία, λελύπηκεν; Ἡ Πυθιὰς αὕτη μοι συνεκάθευδε.

ΠΥΘΙΑΣ. Μὴ λέγε, ὦ Ἰόεσσα, πρὸς αὐτόν.

PYTHIAS : Allons, Lysias, après tout, c'est une hétaïre. Mais comment donc les as-tu surpris au lit ensemble ?

LYSIAS : Il y a presque cinq jours, par Zeus ! oui, cinq : c'était le deux du mois et nous sommes aujourd'hui le sept. Mon père, sachant que j'étais depuis longtemps amoureux de cette vertueuse fille, m'avait enfermé à la maison et avait interdit au portier de m'ouvrir. Alors moi, comme je ne supportais pas de ne pas être avec elle, je demandai à Dromon[44] de se courber devant le mur de la cour, à l'endroit où il est le plus bas, et de me laisser grimper sur son dos : ainsi je pourrais facilement faire l'escalade. Bref, j'ai sauté le mur, je suis arrivé ici, j'ai trouvé la porte de la cour soigneusement fermée, car il était minuit. Je n'ai pas frappé, mais soulevant doucement la porte comme je l'avais déjà fait à d'autres reprises, je l'ai enlevée de ses gonds et me suis glissé à l'intérieur sans faire de bruit. Tout le monde dormait. Ensuite, j'ai suivi le mur à tâtons et je suis parvenu devant le lit.

4. IOESSA : Que vas-tu dire, par Déméter ? Je suis à l'agonie.

LYSIAS : J'ai constaté qu'il n'y avait pas qu'une seule respiration. J'ai d'abord cru que Lydé dormait avec elle. Mais ce n'était pas le cas, Pythias. En tâtant, j'ai senti un visage délicat, sans barbe, le crâne rasé, sentant le parfum. En voyant cela, si j'étais venu avec mon épée, je n'aurais pas hésité, sachez-le bien… Pourquoi riez-vous toutes les deux, Pythias ? Trouvez-vous que mon récit a quelque chose de drôle ?

IOESSA : Alors c'est cela, Lysias qui t'a fait souffrir ? C'était Pythias, ici présente, qui dormait avec moi.

PYTHIAS : Ne lui dis pas, Ioessa.

---

44. Voir *Dialogue*, X, note 34.

ΙΟΕΣΣΑ. Τί μὴ λέγω; Πυθιὰς ἦν, φίλτατε, μετακληθεῖσα ὑπ' ἐμοῦ, ὡς ἅμα καθεύδοιμεν· ἐλυπούμην γὰρ σὲ μὴ ἔχουσα.

5. ΛΥΣΙΑΣ. Πυθιὰς ὁ ἐν χρῷ κεκαρμένος; Εἶτα δι' ἕκτης ἡμέρας ἀνεκόμησε τοσαύτην κόμην;

ΙΟΕΣΣΑ. Ἀπὸ τῆς νόσου ἐξυρήσατο, ὦ Λυσία· ὑπέρρεον γὰρ αὐτῇ αἱ τρίχες. Νῦν δὲ καὶ τὴν πηνήκην ἐπέθετο. Δεῖξον, ὦ Πυθιάς, δεῖξον οὕτως ὄν, πεῖσον αὐτόν. Ἰδοὺ τὸ μειράκιον ὁ μοιχὸς ὃν ἐζηλοτύπεις.

ΛΥΣΙΑΣ. Οὐκ ἐχρῆν οὖν, ὦ Ἰόεσσα, καὶ ταῦτα ἐρῶντα ἐφαψάμενον αὐτόν;

ΙΟΕΣΣΑ. Οὐκοῦν σὺ μὲν ἤδη πέπεισαι· βούλει δὲ ἀντιλυπήσω σε καὶ αὐτή; Ὀργίζομαι δικαίως ἐν τῷ μέρει.

ΛΥΣΙΑΣ. Μηδαμῶς, ἀλλὰ πίνωμεν ἤδη, καὶ Πυθιὰς μεθ' ἡμῶν· ἄξιον γὰρ αὐτὴν παρεῖναι ταῖς σπονδαῖς.

ΙΟΕΣΣΑ. Παρέσται. Οἷα πέπονθα διὰ σέ, ὦ γενναιότατε νεανίσκων Πυθίας.

ΠΥΘΙΑΣ. Ἀλλὰ καὶ διήλλαξα ὑμᾶς ὁ αὐτός, ὥστε μή μοι χαλέπαινε. Πλὴν τὸ δεῖνα, ὅρα, ὦ Λυσία, μή τινι εἴπῃς τὸ περὶ τῆς κόμης.

XIII
ΛΕΟΝΤΙΧΟΣ ΚΑΙ ΧΗΝΙΔΑΣ ΚΑΙ ΥΜΝΙΣ

1. ΛΕΟΝΤΙΧΟΣ. Ἐν δὲ τῇ πρὸς τοὺς Γαλάτας μάχῃ εἰπέ, ὦ Χηνίδα, ὅπως μὲν προεξήλασα τῶν ἄλλων ἱππέων ἐπὶ τοῦ ἵππου τοῦ λευκοῦ, ὅπως δὲ οἱ Γαλάται καίτοι ἄλκιμοι ὄντες ἔτρεσάν μ' εὐθὺς

IOESSA : Pourquoi ne pas le dire ? C'était Pythias, mon chéri. Je l'avais fait venir pour que nous dormions ensemble : j'étais si triste de ne pas t'avoir avec moi.

5. LYSIAS : C'était Pythias, cet homme au crâne rasé ? Et depuis, en cinq jours, il lui a poussé une chevelure aussi longue ?

IOESSA : Elle s'est rasée, Lysias, à la suite d'une maladie, parce que ses cheveux tombaient. Maintenant, elle porte une perruque. Montre-lui, Pythias, montre-lui ce qu'il en est. Persuade-le. Regarde le jeune amant dont tu étais jaloux.

LYSIAS : Ne devais-je pas l'être, Ioessa ? Je t'aime et j'avais touché moi-même…

IOESSA : Tu me crois désormais, n'est-ce pas ? Veux-tu que je te fasse souffrir moi aussi ? Ce serait justice que je me fâche à mon tour.

LYSIAS : N'en fais rien. Allons boire, maintenant, et que Pythias boive avec nous. Il faut qu'elle participe à nos libations de paix.

IOESSA : Elle y participera. Comme j'ai souffert à cause de toi, Pythias, toi le plus noble des garçons !

PYTHIAS : Mais je suis aussi celui qui vous a réconciliés. Ne te fâche donc pas contre moi. Et toi, Lysias, encore un mot : veille à ne parler à personne de mes cheveux !

XIII
LÉONTICHOS, CHÉNIDAS ET HYMNIS

1. LÉONTICHOS : Et dans la bataille contre les Galates, raconte, Chénidas, comment je m'élançai en avant de tous les cavaliers, sur mon cheval blanc, comment les Gala-

ὡς εἶδον καὶ οὐθεὶς ἔτι ὑπέστη. Τότε τοίνυν ἐγὼ
τὴν μὲν λόγχην ἀκοντίσας διέπειρα τὸν ἵππαρχον
αὐτὸν καὶ τὸν ἵππον, ἐπὶ δὲ τὸ συνεστηκὸς ἔτι
αὐτῶν – ἦσαν γάρ τινες οἳ ἔμενον διαλύσαντες μὲν
τὴν φάλαγγα, ἐς πλαίσιον δὲ συναγαγόντες αὑτούς
– ἐπὶ τούτους ἐγὼ σπασάμενος τὴν σπάθην ἅπαντι
τῷ θυμῷ ἐπελάσας ἀνατρέπω μὲν ὅσον ἑπτὰ τοὺς
προεστῶτας αὐτῶν τῇ ἐμβολῇ τοῦ ἵππου· τῷ ξίφει
δὲ κατενεγκὼν διέτεμον τῶν λοχαγῶν ἑνὸς ἐς δύο
τὴν κεφαλὴν αὐτῷ κράνει. Ὑμεῖς δέ, ὦ Χηνίδα,
μετ᾽ ὀλίγον ἐπέστητε ἤδη φευγόντων.

2. ΧΗΝΙΔΑΣ. Ὅτε γάρ, ὦ Λεόντιχε, περὶ
Παφλαγονίαν ἐμονομάχησας τῷ σατράπῃ, οὐ μεγάλα
ἐπεδείξω καὶ τότε;

ΛΕΟΝΤΙΧΟΣ. Καλῶς ὑπέμνησας οὐκ ἀγεννοῦς οὐδ᾽
ἐκείνης τῆς πράξεως· ὁ γὰρ σατράπης μέγιστος ὤν,
ὁπλομάχων ἄριστος δοκῶν εἶναι, καταφρονήσας τοῦ
Ἑλληνικοῦ, προπηδήσας ἐς τὸ μέσον προὐκαλεῖτο
εἴ τις ἐθέλοι αὐτῷ μονομαχῆσαι. Οἱ μὲν οὖν ἄλλοι
κατεπεπλήγεσαν οἱ λοχαγοὶ καὶ οἱ ταξίαρχοι καὶ
ὁ ἡγεμὼν αὐτὸς καίτοι οὐκ ἀγεννὴς ἄνθρωπος ὤν·
Ἀρίσταιχμος γὰρ ἡμῶν ἡγεῖτο Αἰτωλὸς ἀκοντιστὴς
ἄριστος, ἐγὼ δὲ ἐχιλιάρχουν ἔτι. Τολμήσας δ᾽ ὅμως
καὶ τοὺς ἑταίρους ἐπιλαμβανομένους ἀποσεισάμενος,
ἐδεδοίκεσαν γὰρ ὑπὲρ ἐμοῦ ὁρῶντες ἀποστίλβοντα
μὲν τὸν βάρβαρον ἐπιχρύσοις τοῖς ὅπλοις, μέγαν
δὲ καὶ φοβερὸν ὄντα τὸν λόφον, κραδαίνοντα τὴν
λόγχην...

45. Ce satrape est donc un hoplite, lourdement armé. Même s'il porte
lui aussi des armes en or, Léontichos, avec son cheval et son bouclier
de peltaste est armé à la légère : c'est l'opposition traditionnelle entre le
géant vigoureux et le jeune héros armé à la légère (cf. dans le Premier
livre de Samuel, 17, 4-51 le combat de David, frondeur, contre Goliath

tes, pourtant valeureux, tremblèrent devant moi dès qu'ils me virent, si bien que plus personne ne résista. Alors moi, lançant mon javelot, je transperçai l'hipparque* et son cheval. Ensuite, je me portai contre ceux des ennemis qui étaient encore regroupés (il y en avait qui tenaient bon, et, ayant rompu la phalange, s'étaient formés en rectangle) ; contre ceux-là donc, moi, je tirai l'épée et chargeai avec toute ma fougue. De l'élan de mon cheval j'en renversai environ sept du premier rang ; puis, abattant mon arme, je fendis en deux la tête d'un des lochages* avec son casque. Quant à vous autres, Chénidas, vous êtes arrivés un peu plus tard, alors que les ennemis fuyaient déjà.

2. CHÉNIDAS : Oui, Léontichos, et en Paphlagonie, quand tu as affronté le satrape en combat singulier, n'as-tu pas, là encore, donné une grande démonstration de bravoure ?

LÉONTICHOS : Tu as bien fait de me rappeler cette action qui n'était pas sans gloire elle non plus. Le satrape, un homme gigantesque, passait pour le meilleur des guerriers qui portent l'armure[45] : méprisant les forces grecques, il s'élança entre les deux armées et provoqua un volontaire à l'affronter seul à seul. Tous furent frappés de terreur, lochages*, taxiarques*, et même le général, qui pourtant n'était pas dépourvu de courage : c'était Aristaichmos qui nous commandait, un Étolien, très bon lanceur de javelot, alors que moi, je n'étais que chiliarque*. Malgré tout, j'osai ; repoussant mes compagnons qui essayaient de me retenir – ils avaient peur pour moi en voyant le barbare étincelant dans ses armes d'or, gigantesque avec son panache terrifiant, brandissant sa lance…

dont « la taille était de six coudées et un empan », qui « avait sur la tête un casque de bronze et était revêtu d'une cuirasse à écailles… »).

ΧΗΝΙΔΑΣ. Κἀγὼ ἔδεισα τότε, ὦ Λεόντιχε, καὶ οἶσθα ὡς εἰχόμην σου δεόμενος μὴ προκινδυνεύειν· ἀβίωτα γὰρ ἦν μοι σοῦ ἀποθανόντος.

3. ΛΕΟΝΤΙΧΟΣ. Ἀλλ' ἐγὼ τολμήσας παρῆλθον ἐς τὸ μέσον οὐ χεῖρον τοῦ Παφλαγόνος ὡπλισμένος, ἀλλὰ πάγχρυσος καὶ αὐτός, ὥστε βοὴ εὐθὺς ἐγένετο καὶ παρ' ἡμῶν καὶ παρὰ τῶν βαρβάρων· ἐγνώρισαν γάρ με κἀκεῖνοι ἰδόντες ἀπὸ τῆς πέλτης μάλιστα καὶ τῶν φαλάρων καὶ τοῦ λόφου. Εἰπέ, ὦ Χηνίδα, τίνι με τότε πάντες εἴκαζον;

ΧΗΝΙΔΑΣ. Τίνι δὲ ἄλλῳ ἢ Ἀχιλλεῖ νὴ Δία τῷ Θέτιδος καὶ Πηλέως; Οὕτως ἔπρεπε μέν σοι ἡ κόρυς, ἡ φοινικὶς δὲ ἐπήνθει καὶ ἡ πέλτη ἐμάρμαιρεν.

ΛΕΟΝΤΙΧΟΣ. Ἐπεὶ δὲ συνέστημεν, ὁ βάρβαρος πρότερος τιτρώσκει με ὀλίγον ὅσον ἐπιψαῦσαι τῷ δόρατι μικρὸν ὑπὲρ τὸ γόνυ, ἐγὼ δὲ διελάσας τὴν ἀσπίδα τῇ σαρίσῃ παίω διαμπὰξ ἐς τὸ στέρνον, εἶτ' ἐπιδραμὼν ἀπεδειροτόμησα τῇ σπάθῃ ῥαδίως καὶ τὰ ὅπλα ἔχων ἐπανῆλθον ἅμα καὶ τὴν κεφαλὴν ἐπὶ τῆς σαρίσης πεπηγυῖαν κομίζων λελουμένος τῷ φόνῳ.

4. ΥΜΝΙΣ. Ἄπαγε, ὦ Λεόντιχε, μιαρὰ ταῦτα καὶ φοβερὰ περὶ σαυτοῦ διηγῇ, καὶ οὐκ ἂν ἔτι σε οὐδὲ προσβλέψειέ τις οὕτω χαίροντα τῷ λύθρῳ, οὐχ ὅπως συμπίοι ἢ συγκοιμηθείη. Ἔγωγ' οὖν ἄπειμι.

ΛΕΟΝΤΙΧΟΣ. Διπλάσιον ἀπόλαβε τὸ μίσθωμα.

ΥΜΝΙΣ. Οὐκ ἂν ὑπομείναιμι ἀνδροφόνῳ συγκαθεύδειν.

CHÉNIDAS : Moi aussi, j'avais peur à ce moment-là, Léontichos. Tu sais comme je me suis agrippé à toi en te demandant de ne pas t'exposer : il m'aurait été impossible de vivre si tu étais mort.

3. LÉONTICHOS : Mais moi, j'ai osé, je me suis avancé entre les deux camps, avec une armure qui n'était pas moins belle que celle du Paphlagonien : comme lui, j'étais tout en or, si bien qu'un cri s'éleva aussitôt de notre armée et de celle des barbares. Eux aussi m'avaient reconnu, surtout à mon bouclier léger, à mon cimier et à mon panache. Raconte, Chénidas… À qui tous me comparaient-ils alors ?

CHÉNIDAS : À qui donc sinon, par Zeus ! à Achille, le fils de Thétis et de Pélée ? Ton casque t'allait si bien, ton manteau de pourpre était éclatant, ton bouclier resplendissait.

LÉONTICHOS : Quand nous engageons le combat, le barbare, le premier, me blesse ; il me touche légèrement de sa lance au-dessus du genou. Mais moi, traversant son bouclier de ma sarisse, je le frappe, de part en part, jusqu'à la poitrine. Puis courant sur lui, je lui tranche facilement la tête avec mon épée, et prenant ses armes, rapportant sa tête plantée sur ma sarisse, je m'en retourne, baigné de sang.

4. HYMNIS : Arrête, Léontichos ! Ce que tu racontes sur toi est répugnant et terrifiant. Quand tu manifestes une telle joie de ce sang mêlé de boue, il est impossible de te regarder – je ne parle même pas de boire ou de coucher avec toi. Je m'en vais.

LÉONTICHOS : Je t'offre double salaire.

HYMNIS : Je ne supporterais pas de dormir avec un assassin.

ΛΕΟΝΤΙΧΟΣ. Μὴ δέδιθι, ὦ Ὑμνί· ἐν Παφλαγόσιν ἐκεῖνα πέπρακται, νῦν δὲ εἰρήνην ἄγω.

ΥΜΝΙΣ. Ἀλλ' ἐναγὴς ἄνθρωπος εἶ, καὶ τὸ αἷμα κατέσταζέ σου ἀπὸ τῆς κεφαλῆς τοῦ βαρβάρου, ἣν ἔφερες ἐπὶ τῇ σαρίσῃ. Εἶτ' ἐγὼ τοιοῦτον ἄνδρα περιβάλω καὶ φιλήσω; Μή, ὦ Χάριτες, γένοιτο· οὐδὲν γὰρ οὗτος ἀμείνων τοῦ δημίου.

ΛΕΟΝΤΙΧΟΣ. Καὶ μὴν εἴ με εἶδες ἐν τοῖς ὅπλοις, εὖ οἶδα, ἠράσθης ἄν.

ΥΜΝΙΣ. Ἀκούουσα μόνον, ὦ Λεόντιχε, ναυτιῶ καὶ φρίττω καὶ τὰς σκιάς μοι δοκῶ ὁρᾶν καὶ τὰ εἴδωλα τῶν πεφονευμένων καὶ μάλιστα τοῦ ἀθλίου λοχαγοῦ ἐς δύο τὴν κεφαλὴν διῃρημένου. Τί οἴει, τὸ ἔργον αὐτὸ καὶ τὸ αἷμα εἰ ἐθεασάμην καὶ κειμένους τοὺς νεκρούς; Ἐκθανεῖν δή μοι δοκῶ· οὐδ' ἀλεκτρυόνα πώποτε φονευόμενον εἶδον.

ΛΕΟΝΤΙΧΟΣ. Οὕτως ἀγεννής, ὦ Ὑμνί, καὶ μικρόψυχος εἶ; Ἐγὼ δὲ ᾤμην ἡσθήσεσθαί σε ἀκούουσαν.

ΥΜΝΙΣ. Ἀλλὰ τέρπε τοῖς διηγήμασι τούτοις εἴ τινας Λημνιάδας ἢ Δαναΐδας εὕροις· ἐγὼ δ' ἀποτρέχω παρὰ τὴν μητέρα, ἕως ἔτι ἡμέρα ἐστίν. Ἕπου καὶ σύ, ὦ Γραμμί· σὺ δὲ ἔρρωσο, χιλιάρχων ἄριστε καὶ φονεῦ ὁπόσων ἂν ἐθέλῃς.

5. ΛΕΟΝΤΙΧΟΣ. Μεῖνον, ὦ Ὑμνί, μεῖνον... Ἀπελήλυθε.

ΧΗΝΙΔΑΣ. Σὺ γάρ, ὦ Λεόντιχε, ἀφελῆ παιδίσκην κατεφόβησας ἐπισείων λόφους καὶ ἀπιθάνους ἀριστείας

---

46. Les femmes de Lemnos, affligées d'une mauvaise odeur par Aphrodite, dont elles avaient négligé le culte, furent délaissées par leurs maris qui les remplacèrent par des captives thraces. Pour se venger, elles massacrèrent toute la population masculine de l'île.

LÉONTICHOS : N'aie pas peur, Hymnis. Ces actions ont eu lieu en Paphlagonie. Maintenant, je vis en paix.

HYMNIS : Mais tu es souillé ; le sang a ruisselé sur toi de la tête du barbare que tu portais sur la sarisse. Et moi, après cela, j'irais enlacer et embrasser un homme pareil ? Que les Charites* m'en préservent. Il ne vaut pas mieux que le bourreau.

LÉONTICHOS : Pourtant, si tu m'avais vu en armes, tu aurais été amoureuse, je le sais bien.

HYMNIS : Rien qu'à t'entendre, Léontichos, j'ai des nausées, des frissons ; j'ai l'impression de voir les ombres, les fantômes de ceux que tu as massacrés, et surtout celui du pauvre lochage* dont tu as fendu la tête en deux. Qu'en serait-il, à ton avis, si j'avais vu l'acte lui-même, le sang, les cadavres à terre. Je crois que je vais m'évanouir. Je n'ai jamais encore vu tuer même un coq.

LÉONTICHOS : Es-tu donc si lâche, Hymnis, et si poltronne ? Je pensais que tu aurais plaisir à m'entendre.

HYMNIS : Eh bien ; va donc charmer avec tes récits des Lemniennes[46] ou des Danaïdes[47], si tu en trouves. Moi je cours retrouver ma mère, tant qu'il fait jour. Suis moi, Grammis. Et toi, adieu, ô le plus brave des chiliarques*. Tu peux avoir tué autant de soldats que tu veux.

5. LÉONTICHOS : Reste, Hymnis, reste… Elle est partie.

CHÉNIDAS : Oui, Léontichos, c'est toi qui as effrayé cette fillette naïve en agitant tes panaches et en racontant tes prouesses incroyables. J'ai vu tout de suite comme elle

---

47. Les cinquante filles de Danaos, sauf une, massacrèrent leurs époux pour obéir à leur père ; elles en furent punies aux Enfers par l'obligation d'essayer de remplir éternellement un récipient percé.

διεξιών· ἐγὼ δὲ ἑώρων εὐθὺς ὅπως χλωρὰ ἐγένετο ἔτι σου τὰ κατὰ τὸν λοχαγὸν ἐκεῖνα διηγουμένου καὶ συνέστειλε τὸ πρόσωπον καὶ ὑπέφριξεν, ἐπεὶ διακόψαι τὴν κεφαλὴν ἔφης.

ΛΕΟΝΤΙΧΟΣ. Ὤιμην ἐρασμιώτερος αὐτῇ φανεῖσθαι. Ἀλλὰ καὶ σύ με προσαπολώλεκας, ὦ Χηνίδα, τὸ μονομάχιον ὑποβαλών.

ΧΗΝΙΔΑΣ. Οὐκ ἔδει γὰρ συνεπιψεύδεσθαί σοι ὁρῶντα τὴν αἰτίαν τῆς ἀλαζονείας; Σὺ δὲ πολὺ φοβερώτερον αὐτὸ ἐποίησας. Ἔστω γάρ, ἀπέτεμες τοῦ κακοδαίμονος Παφλαγόνος τὴν κεφαλήν, τί καὶ κατέπηξας αὐτὴν ἐπὶ τῆς σαρίσης, ὥστε σου καταρρεῖν τὸ αἷμα;

ΛΕΟΝΤΙΧΟΣ. 6. Τοῦτο μιαρὸν ὡς ἀληθῶς, ὦ Χηνίδα, ἐπεὶ τά γε ἄλλα οὐ κακῶς συνεπέπλαστο. Ἄπιθι δ' οὖν καὶ πεῖσον αὐτὴν συγκαθευδήσουσαν.

ΧΗΝΙΔΑΣ. Λέγω οὖν ὡς ἐψεύσω ἅπαντα γενναῖος αὐτῇ δόξαι βουλόμενος;

ΛΕΟΝΤΙΧΟΣ. Αἰσχρόν, ὦ Χηνίδα.

ΧΗΝΙΔΑΣ. Καὶ μὴν οὐκ ἄλλως ἀφίκοιτο. Ἑλοῦ τοίνυν θάτερον ἢ μισεῖσθαι ἀριστεὺς εἶναι δοκῶν ἢ καθεύδειν μετὰ Ὑμνίδος ἐψεῦσθαι ὁμολογῶν.

ΛΕΟΝΤΙΧΟΣ. Χαλεπὰ μὲν ἄμφω· αἱροῦμαι δ' ὅμως τὴν Ὑμνίδα. Ἄπιθι οὖν καὶ λέγε, ὦ Χηνίδα, ἐψεῦσθαι μέν, μὴ πάντα δέ.

a pâli, alors que tu n'en étais encore qu'à la première histoire, celle du lochage*. Ensuite, son visage s'est crispé et elle a frissonné quand tu as parlé de la tête tranchée.

LÉONTICHOS : Je croyais lui paraître plus séduisant. Et toi, Chénidas, tu as contribué à me perdre, en me suggérant ce combat singulier.

CHÉNIDAS : Ne devais-je pas ajouter mes mensonges aux tiens, quand j'ai compris la raison de tes vantardises ? Mais tu as rendu l'histoire beaucoup trop effrayante. Que tu aies tranché la tête du malheureux Paphlagonien, passe encore ; mais pourquoi l'avoir plantée sur ta sarisse pour que le sang ruisselle sur toi ?

6. LÉONTICHOS : C'est vrai, Chénidas, c'était répugnant, même si le reste n'était pas si mal imaginé. Va donc et persuade-la de coucher avec moi.

CHÉNIDAS : Dois-je lui dire que tu n'as raconté que des mensonges parce que tu voulais lui paraître valeureux ?

LÉONTICHOS : C'est humiliant, Chénidas.

CHÉNIDAS : Mais sinon, elle ne viendra pas. Choisis donc. De deux choses l'une : soit être détesté en passant pour un brave, soit coucher avec Hymnis en avouant que tu as menti.

LÉONTICHOS : Les deux solutions sont déplaisantes, mais je choisis Hymnis. Va donc lui dire, Chénidas, que j'ai menti – mais pas totalement.

XIV
ΔΩΡΙΩΝ ΚΑΙ ΜΥΡΤΑΛΗ

1. ΔΩΡΙΩΝ. Νῦν με ἀποκλείεις, ὦ Μυρτάλη, νῦν, ὅτε πένης ἐγενόμην διὰ σέ, ὅτε δέ σοι τοσαῦτα ἐκόμιζον, ἐρώμενος, ἀνήρ, δεσπότης, πάντ᾽ ἦν ἐγώ. Ἐπεὶ δ᾽ ἐγὼ μὲν αὖος ἤδη ἀκριβῶς, σὺ δὲ τὸν Βιθυνὸν ἔμπορον εὕρηκας ἐραστήν, ἀποκλείομαι μὲν ἐγὼ καὶ πρὸ τῶν θυρῶν ἕστηκα δακρύων, ὁ δὲ τῶν νυκτῶν φιλεῖται καὶ μόνος ἔνδον ἐστὶ καὶ παννυχίζεται, καὶ κυεῖν φῂς ἀπ᾽ αὐτοῦ.

ΜΥΡΤΑΛΗ. Ταῦτά με ἀποπνίγει, Δωρίων, μάλιστα ὁπόταν λέγῃς ὡς πολλὰ ἔδωκας καὶ πένης γεγένησαι δι᾽ ἐμέ. Λόγισαι γοῦν ἅπαντα ἐξ ἀρχῆς ὁπόσα μοι ἐκόμισας.

2. ΔΩΡΙΩΝ. Εὖ γε, ὦ Μυρτάλη, λογισώμεθα. Ὑποδήματα ἐκ Σικυῶνος τὸ πρῶτον δύο δραχμῶν· τίθει δύο δραχμάς.

ΜΥΡΤΑΛΗ. Ἀλλ᾽ ἐκοιμήθης νύκτας δύο.

ΔΩΡΙΩΝ. Καὶ ὁπότε ἧκον ἐκ Συρίας, ἀλάβαστρον μύρου ἐκ Φοινίκης, δύο καὶ τοῦτο δραχμῶν νὴ τὸν Ποσειδῶ.

ΜΥΡΤΑΛΗ. Ἐγὼ δέ σοι ἐκπλέοντι τὸ μικρὸν ἐκεῖνο χιτώνιον τὸ μέχρι τῶν μηρῶν, ὡς ἔχοις ἐρέττων, Ἐπιούρου τοῦ πρωρέως ἐκλαθομένου αὐτὸ παρ᾽ ἡμῖν, ὁπότε ἐκάθευδε παρ᾽ ἐμοί.

ΔΩΡΙΩΝ. Ἀπέλαβεν αὐτὸ γνωρίσας ὁ Ἐπίουρος πρώην ἐν Σάμῳ μετὰ πολλῆς γε, ὦ θεοί, τῆς μάχης. Κρόμμυα δὲ ἐκ Κύπρου καὶ σαπέρδας πέντε καὶ πέρκας τέτταρας, ὁπότε κατεπλεύσαμεν ἐκ Βοσπόρου, ἐκόμισά σοι. Τί οὖν; Καὶ ἄρτους ὀκτὼ ναυτικοὺς ἐν

XIV
DORION, MYRTALÉ

1. DORION : Tu me fermes ta porte, Myrtalé, maintenant que je me suis ruiné à cause de toi. Quand je t'apportais de si grands cadeaux, j'étais ton amoureux, ton homme, ton maître, j'étais tout pour toi. Mais depuis que je suis complètement à sec et que tu as pris pour amant ce marchand de Bithynie, je ne peux entrer, je reste devant la porte en pleurant tandis qu'il reçoit tes baisers nocturnes, qu'il est seul chez toi, qu'il y passe la nuit. Et tu dis être enceinte de lui.

MYRTALÉ : Je suffoque en t'écoutant, Dorion, surtout quand tu prétends m'avoir fait de nombreux cadeaux et t'être ruiné à cause de moi. Fais donc le compte, depuis le début, de ce que tu m'as apporté.

2. DORION : Très bien, Myrtalé, faisons le compte. D'abord des chaussures de Sicyone, deux drachmes* : mets deux drachmes*.

MYRTALÉ : Mais tu as couché deux nuits avec moi.

DORION : Et quand je suis revenu de Syrie, un vase en albâtre rempli de parfums de Syrie : deux drachmes* encore par Poséidon !

MYRTALÉ : Et moi, quand tu t'es embarqué, je t'ai donné cette petite tunique qui descend jusqu'aux cuisses, pour que tu la portes en ramant : le timonier Épiouros l'avait oubliée chez nous, quand il a couché avec moi.

DORION : Mais Épiouros, l'a reprise lorsqu'il l'a reconnue l'autre jour à Samos, et au terme d'une longue bataille, grands Dieux ! Je t'ai apporté de Chypre des oignons, et quand nous sommes revenus du Bosphore, cinq sardines et quatre perches. Et quoi, encore ? Huit

γυργάθῳ ξηροὺς καὶ ἰσχάδων βῖκον ἐκ Καρίας καὶ ὕστερον ἐκ Πατάρων σανδάλια ἐπίχρυσα, ὦ ἀχάριστε· καὶ τυρόν ποτε μέμνημαι τὸν μέγαν ἐκ Γυθίου.

ΜΥΡΤΑΛΗ. Πέντε ἴσως δραχμῶν, ὦ Δωρίων, πάντα ταῦτα.

3. ΔΩΡΙΩΝ. Ὦ Μυρτάλη, ὅσα ναύτης ἄνθρωπος ἐδυνάμην μισθοῦ ἐπιπλέων. Νῦν γὰρ ἤδη τοίχου ἄρχω τοῦ δεξιοῦ καὶ σὺ ἡμῶν ὑπερορᾷς, πρῴην δὲ ὁπότε τὰ Ἀφροδίσια ἦν, οὐχὶ δραχμὴν ἔθηκα πρὸ τοῖν ποδοῖν τῆς Ἀφροδίτης σοῦ ἕνεκεν ἀργυρᾶν; Καὶ πάλιν τῇ μητρὶ εἰς ὑποδήματα δύο δραχμὰς καὶ Λυδῇ ταύτῃ πολλάκις εἰς τὴν χεῖρα νῦν μὲν δύο, νῦν δὲ τέτταρας ὀβολούς. Ταῦτα πάντα συντεθέντα οὐσία ναύτου ἀνδρὸς ἦν.

ΜΥΡΤΑΛΗ. Τὰ κρόμμυα καὶ οἱ σαπέρδαι, ὦ Δωρίων;

ΔΩΡΙΩΝ. Ναί· οὐ γὰρ εἶχον πλείω κομίζειν· οὐ γὰρ ἂν ἤρεττον, εἴ γε πλουτῶν ἐτύγχανον. Τῇ μητρὶ δὲ οὐδὲ κεφαλίδα μίαν σκορόδου ἐκόμισα πώποτε. Ἡδέως δ' ἂν ἔμαθον ἅτινά σοι παρὰ Βιθυνοῦ τὰ δῶρα.

ΜΥΡΤΑΛΗ. Τουτὶ πρῶτον ὁρᾷς τὸ χιτώνιον; Ἐκεῖνος ἐπρίατο, καὶ τὸν ὅρμον τὸν παχύτερον.

ΔΩΡΙΩΝ. Ἐκεῖνος; Ἤδειν γάρ σε πάλαι ἔχουσαν.

ΜΥΡΤΑΛΗ. Ἀλλ' ὃν ᾔδεις, πολὺ λεπτότερος ἦν καὶ σμαράγδους οὐκ εἶχε. Καὶ ἐλλόβια ταυτὶ καὶ δάπιδα, καὶ πρῴην δύο μνᾶς, καὶ τὸ ἐνοίκιον κατέβαλεν ὑπὲρ ἡμῶν, οὐ σάνδαλα Παταρικὰ καὶ τυρὸν Γυθιακὸν καὶ φληνάφους.

---

48. Littéralement des pains secs.

biscuits[48] de marin dans une corbeille, puis de Carie, une amphore de figues sèches, et plus tard, de Patara, des sandales dorées, ingrate ! Et de Gythion[49], un jour, je m'en souviens, ce grand fromage.

MYRTALÉ : Tout cela fait peut-être cinq drachmes*, Dorion.

3. DORION : Ô Myrtalé, je t'ai donné tout ce que je pouvais, moi, un matelot qui loue mes services. Maintenant, j'en suis arrivé à commander le flanc droit du navire, et tu me méprises. Pourtant, l'autre jour, lors des fêtes d'Aphrodite, n'ai-je pas déposé à ton intention devant les deux pieds de la déesse une drachme* d'argent ? N'ai-je pas donné en plus à ta mère deux drachmes* pour qu'elle achète des chaussures ? N'ai-je pas glissé souvent dans la main de Lydé, ici présente, quelquefois deux, quelquefois quatre oboles*. Si l'on additionne tout, c'est la fortune d'un matelot.

MYRTALÉ : Les oignons et les sardines, Dorion ?

DORION : Oui, je ne pouvais pas offrir davantage. Je ne serais pas rameur si j'étais riche. À ma mère, je n'ai jamais apporté ne serait-ce qu'une tête d'ail. Je voudrais bien savoir quels cadeaux tu as reçus du Bithynien.

MYRTALÉ : D'abord, tu vois cette petite tunique ? C'est lui qui l'a achetée, ainsi que ce collier si gros.

DORION : Lui ? Mais je te le connaissais depuis longtemps.

MYRTALÉ : Non, celui que tu connaissais était beaucoup plus mince et n'avait pas d'émeraudes. Vois encore ces boucles d'oreilles, ce tapis. Dernièrement, il m'a donné deux mines* et il a payé le loyer pour nous. C'est autre chose que des sandales de Patara, du fromage de Gythion et des broutilles.

49. Port de Laconie.

4. ΔΩΡΙΩΝ. Ἀλλὰ ἐκεῖνο οὐ λέγεις, οἵῳ ὄντι συγκαθεύδεις αὐτῷ; Ἔτη μὲν ὑπὲρ τὰ πεντήκοντα πάντως, ἀναφαλαντίας καὶ τὴν χρόαν οἷος κάραβος. Οὐδὲ τοὺς ὀδόντας αὐτοῦ ὁρᾷς; Αἱ μὲν γὰρ χάριτες, ὦ Διοσκόρω, πολλαί, καὶ μάλιστα ὁπόταν ᾄδη καὶ ἁβρὸς εἶναι θέλη, ὄνος αὐτολυρίζων, φασίν. Ἀλλὰ ὄναιο αὐτοῦ ἀξία γε οὖσα καὶ γένοιτο ὑμῖν παιδίον ὅμοιον τῷ πατρί, ἐγὼ δὲ καὶ αὐτὸς εὑρήσω Δελφίδα ἢ Κυμβάλιόν τινα τῶν κατ᾽ ἐμὲ ἢ τὴν γείτονα ὑμῶν τὴν αὐλητρίδα ἢ πάντως τινά. Δάπιδας δὲ καὶ ὅρμους καὶ διμναῖα μισθώματα οὐ πάντες ἔχομεν.

ΜΥΡΤΑΛΗ. Ὦ μακαρία ἐκείνη, ἥτις ἐραστὴν σέ, ὦ Δωρίων, ἕξει· κρόμμυα γὰρ αὐτῇ οἴσεις ἐκ Κύπρου καὶ τυρόν, ὅταν ἐκ Γυθίου καταπλέῃς.

XV
ΚΟΧΛΙΣ ΚΑΙ ΠΑΡΘΕΝΙΣ

1. ΚΟΧΛΙΣ. Τί δακρύεις, ὦ Παρθενί, ἢ πόθεν κατεαγότας τοὺς αὐλοὺς φέρεις;

ΠΑΡΘΕΝΙΣ. Ὁ στρατιώτης ὁ Αἰτωλὸς ὁ μέγας ὁ Κροκάλης ἐρῶν ἐρράπισέ με αὐλοῦσαν εὑρὼν παρὰ τῇ Κροκάλῃ ὑπὸ τοῦ ἀντεραστοῦ αὐτοῦ Γόργου μεμισθωμένην καὶ τούς τε αὐλούς μου συνέτριψε καὶ τὴν τράπεζαν μεταξὺ δειπνούντων ἀνέτρεψε καὶ τὸν κρατῆρα ἐξέχεεν ἐπεισπαίσας· τὸν μὲν γὰρ ἀγροῖκον ἐκεῖνον τὸν Γόργον ἀπὸ τοῦ συμποσίου

4. DORION : Mais ce que tu ne me dis pas, c'est comment il est au lit avec toi. Il a largement plus de cinquante ans, ses tempes commencent à se dégarnir, et sa peau ressemble à celle d'un scarabée. Et tu n'as pas vu ses dents ? Par les Dioscures[50], que de grâces, surtout quand il chante et veut paraître distingué – c'est, comme on dit, un âne qui joue de la lyre. Profites-en bien, tu le mérites ! Puissiez-vous avoir un enfant qui ressemble à son père ! Pour moi, je trouverai une Delphis ou une Cymbalion qui me sera mieux assortie, ou votre voisine la joueuse d'aulos*... Je trouverai forcément quelqu'un. Nous n'avons pas tous des tapis, des colliers, et deux mines* à offrir.

MYRTALÉ : Quelle chance elle aura celle-là, quelle qu'elle soit, qui t'aura pour amant, Dorion ! Tu lui apporteras des oignons de Chypre, et du fromage, chaque fois que tu reviendras de Gythion.

XV
COCHLIS, PARTHÉNIS

1. COCHLIS : Pourquoi pleures-tu, Parthénis ? D'où viens-tu, avec ces aulos* brisés ?

PARTHÉNIS : C'est le soldat, le grand, l'Étolien, l'amant de Crocalé qui m'a frappée à coups de bâton, parce qu'il m'a trouvée en train de jouer de l'aulos* chez Crocalé : j'avais été engagée par son rival Gorgos. Il a écrasé mes aulos*, il a renversé la table en plein milieu du dîner, il s'est jeté sur le cratère* et en a répandu le contenu. Il a traîné par les cheveux Gorgos, ce paysan, hors de la salle

---

50. Divinités protectrices des matelots. Voir *Sur les Hôtes à gages*, 1.

κατασπάσας τῶν τριχῶν ἔπαιον περιστάντες αὐτός
τε ὁ στρατιώτης – Δεινόμαχος, οἶμαι, καλεῖται – καὶ
ὁ συστρατιώτης αὐτοῦ· ὥστε οὐκ οἶδα εἰ βιώσεται
ὁ ἄνθρωπος, ὦ Κοχλί· αἷμά τε γὰρ ἐρρύη πολὺ ἀπὸ
τῶν ῥινῶν καὶ τὸ πρόσωπον ὅλον ἐξῴδηκεν αὐτοῦ
καὶ πελιδνόν ἐστιν.

2. ΚΟΧΛΙΣ. Ἐμάνη ὁ ἄνθρωπος ἢ μέθη τις ἦν
καὶ παροινία τὸ πρᾶγμα;

ΠΑΡΘΕΝΙΣ. Ζηλοτυπία τις, ὦ Κοχλί, καὶ ἔρως
ἔκτοπος· ἡ Κροκάλη δὲ, οἶμαι, δύο τάλαντα αἰτήσασα,
εἰ βούλεται μόνος ἔχειν αὐτήν, ἐπεὶ μὴ ἐδίδου
ὁ Δεινόμαχος, ἐκεῖνον μὲν ἀπέκλεισεν ἥκοντα
προσαράξασά γε αὐτῷ τὰς θύρας, ὡς ἐλέγετο, τὸν
Γόργον δὲ Οἰνόεά τινα γεωργὸν εὔπορον ἐκ πολλοῦ
ἐρῶντα καὶ χρηστὸν ἄνθρωπον προσιεμένη ἔπινε
μετ᾿ αὐτοῦ κἀμὲ παρέλαβεν αὐλήσουσαν αὐτοῖς.
Ἤδη δὲ προχωροῦντος τοῦ πότου ἐγὼ μὲν ὑπέκρεκόν
τι τῶν Λυδίων, ὁ γεωργὸς δὲ ἤδη ἀνίστατο ὡς
ὀρχησόμενος, ἡ Κροκάλη δὲ ἐκρότει, καὶ πάντα ἦν
ἡδέα· ἐν τοσούτῳ δὲ κτύπος ἠκούετο καὶ βοὴ καὶ ἡ
αὔλειος ἠράσσετο, καὶ μετὰ μικρὸν ἐπεισέπεσον ὅσον
ὀκτὼ νεανίσκοι μάλα καρτεροὶ καὶ ὁ Μεγαρεὺς ἐν
αὐτοῖς. Εὐθὺς οὖν ἀνετέτραπτο πάντα καὶ ὁ Γόργος,
ὥσπερ ἔφην, ἐπαίετο καὶ ἐπατεῖτο χαμαὶ κείμενος·
ἡ Κροκάλη δὲ οὐκ οἶδ᾿ ὅπως ἔφθη ὑπεκφυγοῦσα
παρὰ τὴν γείτονα Θεσπιάδα· ἐμὲ δὲ ῥαπίσας ὁ
Δεινόμαχος· Ἐκφθείρου, φησί, κατεαγότας μοι τοὺς
αὐλοὺς προσρίψας. Καὶ νῦν ἀποτρέχω φράσουσα
ταῦτα τῷ δεσπότῃ· ἀπέρχεται δὲ καὶ ὁ γεωργὸς
ὀψόμενός τινας φίλους τῶν ἀστικῶν, οἳ παραδώσουσι
τοῖς πρυτανεῦσι τὸν Μεγαρέα.

51. Cet adjectif est surprenant, puisque Deinomachos a été présenté
comme un Étolien. On a supposé que cet Étolien pouvait être cantonné à

du banquet : puis ils l'ont entouré, le soldat en question (il s'appelle Deinomachos, je crois) et un autre soldat, son camarade. Ils ont frappé Gorgos si violemment que je ne sais s'il survivra, Cochlis. Beaucoup de sang a coulé de son nez : son visage tout entier est gonflé et livide.

2. COCHLIS : Était-il fou, cet homme ? Ou était-il ivre, avec le vin mauvais ?

PARTHÉNIS : C'était de la jalousie, Cochlis, et un amour déplacé. Je crois que Crocalé lui avait réclamé deux talents* s'il voulait l'avoir pour lui seul. Comme Deinomachos ne les lui a pas donnés, elle lui a fermé sa porte quand il est venu, la lui lançant en pleine figure, à ce qu'on m'a dit, pour recevoir Gorgos d'Œnoé, un riche paysan, qui l'aime depuis longtemps et qui est un brave homme : elle a bu avec lui et m'a fait venir pour leur jouer de l'aulos*. Le banquet allait déjà bon train, je jouais doucement un air lydien, le paysan se levait déjà pour danser, tandis que Crocalé battait des mains : tout était joyeux. Là-dessus, on entendit un choc violent, des cris ; la porte de la cour fut frappée avec violence, et peu après, environ huit garçons très robustes firent irruption, parmi lesquels le Mégarien[51]. Aussitôt, tout fut mis sens dessus dessous. Gorgos, comme je te l'ai dit, fut frappé et piétiné une fois à terre. Je ne sais comment Crocalé s'y est prise, mais elle a été assez rapide pour se réfugier chez Thespias, la voisine. Quant à moi, Deinomachos m'a frappée avec un bâton, puis il a dit « Va mourir ! » en me lançant mes aulos* brisés. Maintenant, je cours raconter cela au maître ; quand au paysan, il part voir des amis qu'il a en ville et qui livreront le Mégarien aux Prytanes*.

Mégare. On peut penser plutôt, avec M.D. MacLeod que le mot est pris au sens figuré, pour désigner un homme ignorant et couard. Dans ses *Propos de table,* V, 7, Plutarque rapporte un oracle de Delphes déclarant que pour la bravoure les Mégariens « ne comptaient pas du tout ».

3. ΚΟΧΛΙΣ. Ταῦτ' ἐστὶν ἀπολαῦσαι τῶν στρατιωτικῶν τούτων ἐραστῶν, πληγὰς καὶ δίκας· τὰ δὲ ἄλλα ἡγεμόνες εἶναι καὶ χιλίαρχοι λέγοντες, ἤν τι δοῦναι δέῃ· Περίμεινον, φασί, τὴν σύνταξιν, ὁπόταν ἀπολάβω τὴν μισθοφοράν, καὶ ποιήσω πάντα. Ἐπιτριβεῖεν δ' οὖν ἀλαζόνες ὄντες· ἔγωγ' οὖν εὖ ποιῶ μὴ προσιεμένη αὐτοὺς τὸ παράπαν. Ἁλιεύς τις ἐμοὶ γένοιτο ἢ ναύτης ἢ γεωργὸς ἰσότιμος κολακεύειν εἰδὼς μικρὰ καὶ κομίζων πολλά, οἱ δὲ τοὺς λόφους ἐπισείοντες οὗτοι καὶ τὰς μάχας διηγούμενοι, ψόφοι, ὦ Παρθενί.

3. COCHLIS : Voilà ce qu'on gagne en prenant ces militaires pour amants : des coups et des procès. En outre, bien qu'ils prétendent être généraux ou chiliarques*, chaque fois qu'il faut payer, ils disent : « Attends la solde : quand je recevrai mon salaire, je ferai tout ce que tu veux. » Puissent-ils périr, ces vantards ! Pour ma part, j'ai bien raison de ne pas les recevoir du tout. Puissé-je avoir un pêcheur, un matelot ou un paysan de ma condition qui sait peu flatter mais donne beaucoup. Quant à ceux qui agitent leurs panaches et racontent leurs batailles, ce ne sont que des beaux parleurs, Parthénis.

GLOSSAIRE

Aréopage : tribunal qui siégeait sur la colline d'Arès, à Athènes.

Aulos : instrument à anche double, dont le son devait être aigre et mordant (on traduit parfois par flûte, mais ce mot fait faux-sens).

Brasse ou **orgye** : unité de mesure équivalant à 6 pieds, soit 1,77 m.

Céramique : dème de l'Attique dont une partie était située à l'intérieur des murs et offrait une grande place de réunion, tandis que la partie extérieure, parcourue par la Voie Sacrée, près de la porte du Dipylon, était un cimetière. Son nom lui vient du fait qu'à l'origine c'était le quartier des potiers.

Charites : autre nom des Grâces. Divinités de la beauté, elles répandent la joie et habitent sur l'Olympe avec les Muses. On les représente généralement comme trois sœurs : Euphrosyné, Thalia et Aglaé.

Chiliarque : chef de mille hommes.

Coudée : unité de mesure équivalant à un pied et demi, soit 44 cm.

Cratère : grand vase où l'on mêlait l'eau et le vin.

Darique : pièce d'or orientale, à l'origine frappée à l'effigie de Darios.

Dème : division territoriale administrative. L'Attique comptait 100 dèmes, regroupés en 10 tribus. Dèmes et

tribus furent introduits par Clisthène en 508. Un citoyen devait être membre d'une phratrie, d'un dème et d'une tribu.

Dipylon : « double porte » au nord-ouest de l'agora, d'où partaient la voie sacrée d'Éleusis, une route qui menait vers le Pirée et une autre qui menait vers l'Académie.

Drachme : unité monétaire dont le poids valait 6 oboles.

Éphèbe : jeune homme soumis au service militaire.

Hipparque : chef de cavalerie.

Lochage : chef de compagnie.

Médimme : unité de capacité pour les solides équivalant à environ 52 litres.

Mine : unité monétaire dont le poids valait cent drachmes.

Obole : la plus petite unité monétaire (à part la demi-obole).

Pécile ou **Pœcile** : portique décoré de tableaux (littéralement la porte « bigarrée »), lieu traditionnel de rencontre des stoïciens (d'où le surnom de Portique, donné à leur école).

Pédotribe : maître de gymnastique pour les enfants.

Phratrie : subdivision de la tribu qui avait une grande importance pour le droit civil. Le troisième jour des Apaturies, fête de la phratrie, les pères présentaient les enfants nés dans l'année. Le registre de la phratrie faisait la preuve de la légitimité du citoyen athénien.

Prytane : titre que portaient les magistrats suprêmes dans les cités grecques. À Athènes, cinquante membres de chaque tribu étaient tous ensemble prytanes pendant un dixième de l'année : chaque tribu exerçait ainsi la prytanie à tour de rôle, par tirage au sort.

Prytanée : édifice public qui correspondait un peu à nos hôtels de ville. À Athènes, c'est au Prytanée, au nord de l'Acropole, que se réunissaient les prytanes et que siégeait l'archonte-éponyme ; des étrangers de marque et certains citoyens qui méritaient de la patrie étaient aussi nourris au Prytanée aux frais de l'État.

Stade : unité de mesure équivalant environ à 177 m.

Talent : unité monétaire dont le poids valait soixante mines.

Taxiarque : commandant d'une division d'infanterie ou d'un corps d'armée.

Thesmophories : fête solennelle célébrée en automne par les femmes en l'honneur de Déméter et de Koré. Elles comportaient deux jours de procession, une journée de jeûne, puis un banquet et des réjouissances. Les hommes en étaient exclus.

Tribu : la tribu ou *phylé* regroupait les Athéniens en fonction de leur origine. Clisthène en créa dix ; à la fin du IVe siècle on en ajouta deux autres. Chacune était rattachée à un héros éponyme et avait son culte, ses prêtres, ses sanctuaires.

BIBLIOGRAPHIE

Éditions, traductions commentées :

J. Bompaire, Lucien, *Œuvres* (4 volumes parus, édités, traduits et commentés), Paris 2003-2008.

É. Chambry, Lucien, *Œuvres* (traduction et notes), Paris, 1933-1934.

G. Lacaze, Lucien, *Histoires vraies et autres œuvres* (Préface de P. Demont, introduction, traduction et notes de G. Lacaze), Paris, 2003.

N. Hopkinson, *Lucian, a selection,* Cambridge, 2008.

E. Talbot, Lucien, *Œuvres* (traduction et notes) Paris, 1857, 1866 (nombreuses rééditions y compris sur Internet).

Cl. Terreaux, introduction et traduction d'*Éloge du parasite, Éloge de la danse, Éloge de la mouche*, Paris, 2001.

O. Zink, *Philosophes à vendre*, suivis de *Le Pêcheur ou les ressuscités* (traduction présentation et notes), Paris, 1996.

M. D. MacLeod, *Luciani Opera*, Oxford, 1972-1987, 4 vol.

Édition et traduction intégrale en latin de G. DINDORF, Paris, 1840.

Édition et traduction intégrale en anglais, aux éditions Loeb, en huit volumes par A. HARMON pour les cinq premiers tomes (1913-1936), par K. KILBURN pour le t.VI (1959), par M. D. MACLEOD pour les t. VII-VIII (1961-1967).

Études consacrées à Lucien

Actes du colloque « Lucien de Samosate », tenu à Lyon en 1993, Paris, 1994.

G. ANDERSON, *Studies in Lucian's comic fiction*, Leyde, 1976.

G. ANDERSON, « Lucian's Classics : some shortcuts to culture », *BICS* 23, 1959, p.59-68, et « Patterns in Lucian's Quotations », *BICS* 25, 1978, p. 97-100.

B. BALDWIN, *Studies in Lucian*, Toronto, 1973.

J. BOMPAIRE, *Lucien écrivain, imitation et création*, Paris, 1958 (rééd. 2000).

A. BOULANGER, « Lucien et Aelius Aristide », *Revue de Philologie*, 47, 1923, p. 144-151.

M. CASTER, *Lucien et la pensée religieuse de son temps*, Paris, 1937.

M. CASTER, *Études sur* Alexandre ou le faux-prophète *de Lucien*, Paris, 1938.

M. CROISET, *Essai sur la vie et les œuvres de Lucien*, Paris, 1882.

J. A. HALL, *Lucian's Satire*, New York, 1981.

C. P. JONES, *Culture and Society in Lucian*, Cambridge (Mass.), 1986.

Ph.-E. Legrand, « Les *Dialogues des courtisanes* comparés avec la Comédie », *Revue des Études Grecques*, 20, 1906, p. 176-231 et 21, 1908, p. 39-79.

S. Saïd, « Le "je" de Lucien », dans *L'Invention de l'autobiographie d'Hésiode à saint Augustin. Actes du deuxième colloque de l'équipe de recherche sur l'hellénisme post-classique,* Paris, 1993.

J. Schwartz, *Biographie de Lucien de Samosate*, Bruxelles-Berchem, 1965.

Autres études

A. Bernand, *Sorciers grecs*, Paris, 1991.

H. D. Betz, *The Greek Magical Papyri in translation, including demotic spells,* Chicago, 1986, 2ᵉ éd. modifiée, 1992.

P. Charvet et A.-M. Ozanam, *La Magie, voix secrètes de l'Antiquité,* Paris, 1994.

E.R. Dodds, *Les Grecs et l'irrationnel*, Berkeley, 1959 (trad. française, Paris, 1965).

Fl. Dupont, *Le Plaisir et la loi, Du Banquet de Platon au Satiricon*, Paris, 1977.

C. Ginzburg, *Le Sabbat des sorcières*, Turin, 1989 (trad. française, Paris, 1992).

J. Henderson, *The Maculate Muse. Obscene Language in Attic Comedy,* New Haven et Londres, 1975.

Th. Kock, « Neue Bruchstücke attischer Komiker », *Hermes*, 21, 1886, p. 373-410 ; *Comicorum atticorum fragmenta,* t. III, Leipzig, 1888 ; « Lucian und die Komödie », *Rheinisches Museum für Philologie,* 43, 1888, p. 35-44.

A. Oltramare, *Les Origines de la diatribe romaine*, Lausanne, 1926.

A.-M. OZANAM, Alciphron, *Lettres de pêcheurs, de pay-sans, de parasites et d'hétaïres* (introduction, traduc-tion et notes), Paris, 1999.

B.P. REARDON, *Courants littéraires grecs des IIe et IIIe siècles après J.-C*, Paris, 1971.

M. SARTRE, *D'Alexandre à Zénobie*, Paris, 2001.

S. SWAIN, *Hellenism and Empire : Language, Classicism and Power in the Greek World a.d. 50-250,* Oxford, 1996.

J. TAILLARDAT, *Les Images d'Aristophane. Études de lan-gue et de style,* Paris, 1965.

P. VIDAL-NAQUET, *Le Chasseur noir,* Paris, 1981.

T. WHITMARSH, *The Second Sophistic,* Oxford, 2000.

TABLE DES MATIÈRES

DANS LA MÊME COLLECTION

Ce volume,
le cent deuxième
de la collection « Classiques en poche »,
publié aux Éditions Les Belles Lettres,
a été achevé d'imprimer
en juin 2010
sur les presses
de la Nouvelle Imprimerie Laballery
58500 Clamecy

Dépôt légal : juillet 2010
N° d'édition : 7088 - N° d'impression : 006142
Imprimé en France